Siess
Ärztliche Leitungsstrukturen und Führungsaufgaben

GABLER EDITION WISSENSCHAFT
NPO-Management SVV

Herausgegeben von
Professor Dr. Dieter Witt

Seminar für Vereins- und
Verbandsforschung (SVV),
Institut für Sozialökonomik des Haushalts,
Technische Universität München

Das Management von Non-Profit-Organisationen (NPO), insbesondere des Dritten Sektors – neben Staat und Privatwirtschaft –, wird zunehmend von der betriebswirtschaftlichen Forschung untersucht. In dieser Schriftenreihe werden wichtige Forschungs- und Diskussionsbeiträge zu diesen gemein- oder bedarfswirtschaftlichen Betrieben präsentiert, die von Verbänden, Vereinen, Stiftungen, öffentlichen Betrieben bis zu Großhaushalten reichen. Die Veröffentlichungen wenden sich gleichermaßen an Theoretiker und Praktiker.

Martin A. Siess

Ärztliche Leitungsstrukturen und Führungsaufgaben

Organisationskonzepte
für das moderne Krankenhaus

Mit Geleitworten von Prof. Dr. Dieter Witt
und Prof. Dr. Herbert Genzel

Springer-Verlag Berlin Heidelberg GmbH

Die Deutsche Bibliothek - CIP-Einheitsaufnahme

Siess, Martin A.:
Ärztliche Leitungsstrukturen und Führungsaufgaben : Organisationskonzepte für das moderne
Krankenhaus / Martin A. Siess. Mit Geleitw. von Dieter Witt und Herbert Genzel.
- Wiesbaden : Dt. Univ.-Verl. ; Wiesbaden : Gabler, 1999
  (Gabler Edition Wissenschaft : NPO-Management)
Zugl.: München, Techn. Univ., Diss., 1998 u.d.T.: Siess, Martin A.: Ärztliche
Leistungsstrukturen und Führungsaufgaben im modernen Krankenhaus
ISBN 978-3-8244-6932-1   ISBN 978-3-663-08255-2 (eBook)
DOI 10.1007/978-3-663-08255-2

Alle Rechte vorbehalten
© Springer Fachmedien Wiesbaden 1999
Ursprünglich erschienen bei Betriebswirtschaftlicher Verlag Dr. Th. Gabler GmbH, Wiesbaden, und
Deutscher Universitäts-Verlag GmbH, Wiesbaden 1999
Lektorat: Ute Wrasmann / Albrecht Driesen

Das Werk einschließlich aller seiner Teile ist urheberrechtlich geschützt. Jede
Verwertung außerhalb der engen Grenzen des Urheberrechtsgesetzes ist
ohne Zustimmung des Verlages unzulässig und strafbar. Das gilt insbesondere für Vervielfältigungen, Übersetzungen, Mikroverfilmungen und die
Einspeicherung und Verarbeitung in elektronischen Systemen.

http://www.gabler.de
http://www.duv.de

Die Wiedergabe von Gebrauchsnamen, Handelsnamen, Warenbezeichnungen usw. in diesem
Werk berechtigt auch ohne besondere Kennzeichnung nicht zu der Annahme, dass solche Namen im Sinne der Warenzeichen- und Markenschutz-Gesetzgebung als frei zu betrachten wären
und daher von jedermann benutzt werden dürften.

Geleitwort des Herausgebers

Das vorliegende Buch ist das erste der Schriftenreihe „NPO-Management", das sich mit einer Einrichtung des Gesundheitswesens befaßt. Die Krankenhausbetriebsökonomik erscheint als ein bisher noch relativ wenig beachtetes Gebiet, wenn man berücksichtigt, daß in Deutschland in insgesamt 3.670 Betrieben (Kliniken, Vorsorge- und Rehabilitationseinrichtungen) mehr als 1,1 Millionen Menschen beschäftigt sind. Ein weiterer Hinweis auf die Bedeutung dieser Betriebe sind die Ausgaben der gesetzlichen Krankenversicherungen, die 1997 etwa 83 Milliarden DM betrugen. Die meisten Krankenhäuser (mit ca. 90 % der Betten) in Deutschland sind bedarfswirtschaftlich orientiert und lassen sich daher den „Non-Profit-Organisationen" in einem weiteren Sinne zurechnen, seien sie nun freigemeinnützig oder öffentlich getragen.

Die Arbeit geht von der Frage aus, wie die Kliniken trotz des großen Kostendrucks und Sparzwangs im Gesundheitswesen auch in Zukunft eine medizinisch fortschrittliche und qualitativ hochwertige Versorgung sichern können. Im Zentrum der Untersuchungen stehen die Organisation, die Leitungsstruktur und mit den leitenden Ärzten zentrale Führungskräfte von Krankenhäusern. Die auch für NPOs heute wesentlichen Führungsaspekte (Marketing, Kunden- bzw. Patientenorientierung, Wirtschaftlichkeit, Organisationskultur und Personalmotivation) werden an die spezifischen Gegebenheiten des Krankenhauswesens angepaßt und umfassend dargestellt.

Das Buch wendet sich nicht nur an die wissenschaftlich an der Krankenhausführung Interessierten, sondern auch an Praktiker. Es kann durchaus als Ratgeber oder Handbuch für Führungskräfte im Gesundheits- und Krankenhauswesen dienen.

Prof. Dr. Dieter Witt

Geleitwort

Die Krankenhäuser in der Bundesrepublik Deutschland stehen gegenwärtig im Brennpunkt der gesundheitspolitischen Diskussion. Ursache hierfür ist, daß die Kliniken in der Versorgung mit Gesundheitsleistungen eine zentrale Funktion einnehmen und in Folge einer ständigen Leistungsausweitung bedingt durch den medizinischen Fortschritt und die demographische Entwicklung der Bevölkerung über ein Drittel der finanziellen Ressourcen im Gesundheitsbereich beanspruchen. Kosten- und Rationalisierungsdruck bestimmen deshalb auch den Klinikalltag. Zukünftig wird besonders in Zeiten der „Budgetierung" das ärztliche Management vor großen Herausforderungen stehen.

Der Autor, - Mediziner und Betriebswirt -, untersucht fachkompetent die spezielle Rolle des ärztlichen Dienstes im modernen Klinikmanagement und greift wesentliche Grundlagen auf, die zukünftig die Leitungsstrukturen und Führungskonzepte in den Krankenhäusern bestimmen müssen. Er erkennt klar, daß gerade die leitenden Ärzte den Spagat zwischen Medizin und Ökonomie aufzulösen haben. Die Besonderheiten der Non-Profit Organisation „Krankenhaus" erläutert der Autor nicht nur aus wirtschaftlicher, sondern auch aus juristischem und medizinischem Blickfeld. Durch diese, der Komplexität des Organisationssystems Krankenhaus gerecht werdenden Sichtweise, kommt der Autor zu einer praxisnahen Analyse und Beurteilung der Leitungs- und Führungsstrukturen in den Kliniken und in besonderer Weise des ärztlichen Dienstes. Entsprechende Empfehlungen, die für das einzelne Krankenhaus von großer praktischer Bedeutung sein können, werden abgeleitet.

Das Buch kann als ein „Krankenhausmanagement-Ratgeber" für alle Führungskräfte in den verschiedenen Ebenen einer Klinik, insbesondere leitende Ärzte, aber auch wegen seiner Organisationsempfehlungen für Klinikträger, Klinikverbände und Krankenkassen von erheblichen Nutzen sein.

Prof. Dr. Herbert Genzel

Vorwort

Die Bearbeitung des Themas wurde durch das Gesundheitsstrukturgesetz von 1993 angestoßen, das einen einschneidenden Wendepunkt in der Krankenhauspolitik der vergangenen Jahrzehnte markiert hat. Seither werden Kliniken und leitende Ärzte zunehmend in die Finanzierungsproblematik des Gesundheitswesens und damit in die gesellschaftliche Verantwortung, eine bestmögliche medizinische Versorgung bei immer knapper werdenden Finanzmitteln sichern zu müssen, unmittelbar eingebunden. Sowohl die leitenden Ärzte als auch die Kliniken und ihre Träger kommen zunehmend in dieses Spannungsverhältnis von medizinischer und ökonomischer Verantwortung ohne in der Vergangenheit auf die Bewältigung dieser großen Herausforderung vorbereitet worden zu sein.

Das vorliegende Buch soll daher einen Beitrag zur Diskussion der vielen anstehenden Fragen und Aufgaben im Krankenhauswesen leisten und die Entscheidungsträger in der Gesundheitspolitik und im Klinikbereich, vor allem aber die leitenden Klinikärzte auf der Suche nach Lösungsansätzen unterstützen.

Das Buch verdankt seine Entstehung Herrn Prof. Dr. H. Genzel, der als Doktorvater nicht nur den Anstoß zur Bearbeitung dieses Themas gab, sondern mich auch über die vergangenen Jahre hinweg stets freundlich, hilfsbereit und tatkräftig unterstützt hat. Seine Anregungen waren immer eine wertvolle Hilfe; dafür möchte ich ihm an dieser Stelle meine besondere Dankbarkeit erweisen.

Danken möchte ich ferner Herrn Univ.-Prof. Dr. P. Emmrich, Direktor der Kinderklinik und Poliklinik der Technischen Universität München und Herrn Univ.-Prof. Dr. A. Neiß, Direktor des Instituts für Medizinische Statistik und Epidemiologie des Klinikums rechts der Isar der Technischen Universität München für die Übernahme der Koreferate.

In Zusammenhang mit der Publikation danke ich Herrn Prof. Dr. D. Witt von der Fakultät für Betriebswirtschaftslehre der Technischen Universität München und Herrn A. Driesen vom Gabler Verlag für die gute Zusammenarbeit.

Mein besonderer Dank gilt schließlich meiner Frau, Dr. Katharina Siess, und meinen Eltern, für ihre stete Hilfe und Unterstützung.

Dr. Martin A. Siess

Inhaltsverzeichnis

Einleitung, Problemstellung und Vorgehensweise 1

A Grundgedanken zu den Rahmenbedingungen und Aufgaben der stationären Versorgung 5

1 Allgemeine Gedanken zur Position des leitenden Arztes im Krankenhaus 5
  1.1 Die Entwicklung des Krankenhauses und der Stellung des Krankenhausarztes aus historischer Sicht 5
  1.2 Allgemeines zu den Aufgaben und der Position des leitenden Arztes im Organisationssystem des Krankenhauses 7
    1.2.1 Der leitende Arzt einer Fachabteilung (Chefarzt) 8
    1.2.2 Der leitende Arzt in der Krankenhausbetriebsleitung ("ärztlicher Direktor") ... 9

2 Der Stellenwert des Krankenhauses im gesundheitlichen Versorgungssystem Deutschlands 11
  2.1 Allgemeines zur Bedeutung, Struktur und Leistung des Krankenhauswesens 11
  2.2 Das Krankenhaus im Umfeld des gesellschaftlichen Wandels und des medizinisch-technischen Fortschritts 16
    2.2.1 Der demographische Wandel 17
    2.2.2 Der medizinische und medizinisch-technische Fortschritt 18
    2.2.3 Der Wandel gesellschaftlicher Wertvorstellungen 22
    2.2.4 Aspekte des besonderen Umfelds der Krankenhäuser 23
  2.3 Die wirtschaftliche Bedeutung und das ökonomische Umfeld des Krankenhauswesens 24

3 Grundsätzliches über Rechte und Pflichten der Krankenhäuser 29
  3.1 Das Sozialstaatsprinzip und die Trägerpluralität 29
  3.2 Krankenhausplanung und -förderung als Verpflichtung aus dem Sozialstaats-Prinzip 30
    3.2.1 Die Bedeutung der staatlichen Krankenhausplanung und des Versorgungsauftrags 30
    3.2.2 Das System der Krankenhausfinanzierung 33
  3.3 Die wesentlichen Aufgaben der Kliniken 37
    3.3.1 Die Behandlungs- und Aufnahmepflicht 37
    3.3.2 Das Wirtschaftlichkeitsgebot 38

4 Die Krankenhausgesetzgebung (GSG 93, BPflV 95, StabilisierungsG 96, Beitr.Entl.G. 1996, 2.GKV-NOG v. 1997) und ihre Konsequenzen für die Zukunft des Krankenhauses (Stand 01.07.1997) 39

4.1 Ökonomisierung des Krankenhauswesens 41
4.2 Qualitätssicherung im Krankenhaus 43
4.3 Wettbewerb mit anderen Leistungsanbietern 44

5 Das Krankenhaus als öffentlicher Betrieb und Nonprofit-Organisation 46

5.1 Gesundheitsleistungen als ökonomische Güter 46
5.2 Der Krankenhausbetrieb als besonderer Wirtschaftsbetrieb 47
5.3 Das Krankenhaus als Nonprofit-Organisation 49
    5.3.1 Leitung und Führungsstruktur der Nonprofit-Organisation 50
    5.3.2 Zielsetzung, Planung und Kontrolle 51
    5.3.3 Systemeffizienz und -effektivität 51
    5.3.4 Beziehung zum "Klienten" 52
    5.3.5 Finanz- und Rechnungswesen 53
    5.3.6 Besondere Aufgaben einer Nonprofit-Organisation 54
        5.3.6.1 Die Betriebskultur 54
        5.3.6.2 Human Resource Management 55
        5.3.6.3 Marketing und strategisches Management 56

B Die patientenbezogene ärztliche Versorgung im Krankenhaus 59

1 Grundlagen und Grunderfordernisse ärztlichen Handelns 60

1.1 Ärztliche Ethik 60
    1.1.1 Ethisch-ärztliche Werte 60
    1.1.2 Die Grundelemente ärztlichen Handelns 61
    1.1.3 Aspekte ethisch-ärztlicher Problembereiche 63
1.2 Der ärztliche Heilauftrag (die juristische Rechtmäßigkeit) 64
    1.2.1 Die Indikation 65
    1.2.2 Die Aufklärung 65
    1.2.3 Der ärztlich-medizinische Standard 68

2 Die ärztliche Betreuung des Patienten im Krankenhaus 71

2.1 Das Arzt - Patienten-Verhältnis im Krankenhaus 72
    2.1.1 Grundlagen des Arzt-Patienten-Verhältnisses im Krankenhaus 72
    2.1.2 Der Wandel des Arzt-Patienten-Verhältnisses 73
        2.1.2.1 Der Wandel gesellschaftlicher Wertvorstellungen 74

    2.1.2.2 Der medizinische Fortschritt 74
    2.1.2.3 Der Einfluß der Kostenentwicklung im Gesundheitswesen............... 75
    2.1.2.4 Das veränderte und zukünftige Arzt-Patienten-Verhältnis 75
  2.1.3 Probleme, Gefahren und Fehlentwicklungen als Folgen des Veränderungs-
    und Wandlungsprozesses in Gesellschaft und Medizin 76
    2.1.3.1 Kritische Aspekte der modernen Krankenhausmedizin 76
    2.1.3.2 Kritische Aspekte zu den Auswirkungen der Wandlungsprozesse
    auf die Patienten.. 79
2.2 Die "Kundenorientierung und -nähe" im Krankenhaus aus ärztlicher Sicht 83
  2.2.1 Die Übertragbarkeit des "Kundenbegriffs" auf den Patienten im
    Krankenhaus.. 83
    2.2.1.1 Begriffsdefinition von "Kundennähe", "Kundenorientierung",
    "Kunde" und "Patient" 84
    2.2.1.2 Das Verständnis vom Patienten als "Kunden" des Krankenhauses ... 85
    2.2.1.3 Die Definition von "Patientenorientierung" aus ärztlicher Sicht 88
  2.2.2 Die Bedeutung der "Patientenorientierung" und "Patientennähe" im
    Krankenhaus.. 89
  2.2.3 Die "Patientenorientierung" und "Patientennähe" - ein "Erfolgsfaktor"
    für das Krankenhaus?... 91
2.3 Ist die medizinische Versorgung im Krankenhaus am Patienten orientiert?........... 92
  2.3.1 Die Kontakte zwischen Arzt, Krankenhauspersonal und Patient
    ("moments of truth") 93
  2.3.2 Das ablauforganisatorische Bezugssystem 97
  2.3.3 Der krankenhausstrukturelle Bereich 99
2.4 Zur Zusammenarbeit von Pflegekräften und Ärzten 100
  2.4.1 Über die Bedeutung ihrer Zusammenarbeit 100
  2.4.2 Der Wandel im Berufsbild der Pflege und des Verhältnisses
    zu den Ärzten.. 102
  2.4.3 Zu den Ursachen des "Pflegenotstandes" 105

3 Organisationspflichten im ärztlichen Dienst.. 109
3.1 Organisationspflichten im Bereich Träger - leitender Arzt 109
3.2 Allgemeine Organisationsaufgaben im Krankenhaus 111
3.3 Die vertikale Organisationsverantwortung... 113
3.4 Die horizontale Organisationsverantwortung... 117
3.5 Konsequenzen für Krankenhausträger und leitende Ärzte 119

4 Die Qualitätssicherung der medizinischen Leistungen 121
4.1 Ansätze zur Definition von "Qualität" in der Medizin... 122

4.2 Gründe für Maßnahmen zur Qualitätssicherung 124
    4.2.1 Die Folgen des Marktversagens im Gesundheitswesen 125
    4.2.2 Die Fixierung und Konkretisierung der Qualitätssicherung durch Gesetze
          und die Folgen des Gesundheitsstrukturgesetzes von 1993 125
    4.2.3 Qualitätssicherung und Wirtschaftlichkeit 129
    4.2.4 Qualitätssicherung als originäre ärztliche Aufgabe 130
    4.2.5 "Qualitätssicherung" und Patient 131
    4.2.6 Tendenzen in der Medizin 133
4.3 Zur Bestimmung der medizinischen Qualität 134
    4.3.1 Die Meßbarkeit von "Qualität" in der Medizin 134
    4.3.2 Durchführung und Methoden der "Qualitätssicherung" 136
        4.3.2.1 Die externe und interne Qualitätssicherung 137
        4.3.2.2 Indikatoren und Werkzeuge der Qualitätssicherung 138
            4.3.2.2.1 Standards, Richtlinien, Leitlinien, Empfehlungen 139
            4.3.2.2.2 Second opinion 141
            4.3.2.2.3 Die Bestimmung der "Angemessenheit" der Indikation 141
            4.3.2.2.4 Patientenzufriedenheit 142
            4.3.2.2.5 "Evidence based medicine" 142
4.4 Derzeitiger Stand der Qualitätssicherung in Deutschland 143
4.5 Probleme und Grenzen der "Qualitätssicherung" 145
    4.5.1 Generelle Probleme und Grenzen der Qualitätssicherung 145
    4.5.2 Probleme und Grenzen der Meßwerkzeuge 147
        4.5.2.1 Standards, Richt-, Leitlinien und Empfehlungen 147
        4.5.2.2 Tracerdiagnosen 148
        4.5.2.3 Einzelindikatoren am Beispiel der Letalitätsrate 149
        4.5.2.4 Patientenzufriedenheit als Indikator der "Qualität" 149
        4.5.2.5 Das Problem der Ermittlung der "angemessenen Indikation" 150
    4.5.3 Probleme und Grenzen der "externen Qualitätssicherung" 151
        4.5.3.1 Daten und Dokumentation 151
        4.5.3.2 Hoher Aufwand bei schwierigem Effektivitätsnachweis externer
                Qualitätssicherung 152
        4.5.3.3 Skepsis/Ängste der Leistungserbringer aufgrund des potentiellen
                Kontroll- und Prüfcharakters externer Qualitätssicherung 153
4.6 Konsequenzen für Krankenhausträger und leitende Ärzte 154
    4.6.1 Qualitätssicherung als primär krankenhaus-interne Aufgabe 154
    4.6.2 Überwindung der zurückhaltenden Einstellung gegenüber der Qualitäts-
          sicherung 155
    4.6.3 Konsequenzen für die Zielsetzung und Zielerreichung im Krankenhaus 156

4.6.4 Welchen Ansatz zur Neugestaltung der Qualitätssicherung im
Krankenhaus gibt es? 157

C Der leitende Arzt im Krankenhausbetrieb 159

1 Die Auswirkungen des Gesundheitsstrukturgesetzes auf den ärztlichen Dienst im Krankenhaus 161

1.1 Die verstärkte Einbeziehung des leitenden Arztes in die Wirtschaftsführung des Krankenhauses 161

1.1.1 Auswirkungen des Entgeltsystems und der Budgetierung 162

1.1.2 Auswirkungen der vor-, nach- und teilstationären Behandlung und des ambulanten Operierens 168

1.2 Marketing als Aufgabe des leitenden Arztes 171

1.3 Personalführung und Motivation als Führungsaufgabe des leitenden Arztes 174

2 Defizite in den Leitungs- und Führungsstrukturen der Krankenhäuser 176

2.1 Schwachstellen im Bereich Krankenhausträger - Krankenhausleitung 176

2.1.1 "Bürokratische" Organisationsform mit der Dominanz des "Verwaltens" statt des "Managements" und Fragen der Kompetenzverteilung zwischen Krankenhausträger und -leitung 176

2.1.2 Schwachstellen im Bereich der Trägerorgane 181

2.2 Schwachpunkte innerhalb der Krankenhausstruktur und Mängel bei der Wahrnehmung von Führungsaufgaben 183

2.2.1 Probleme der bereichsbezogenen und berufsständischen Organisationsstruktur 183

2.2.2 Die Autonomie und der "Professional-Status" des ärztlichen Dienstes 189

2.2.3 Führung und Motivation im Krankenhaus ("human resource management") 192

3 Bedeutung der leitenden Ärzte im "Wirtschaftsbetrieb" Krankenhaus aus ökonomischer Sicht 201

3.1 Der Arzt als Inhaber des "Kerngeschäfts" 201

3.2 Der Umfang des ökonomischen Einflusses des leitenden Arztes 204

4 Die Wirtschaftlichkeit ärztlicher Leistungen im Krankenhaus 207

4.1 Definition der Begriffe "Wirtschaftlichkeit", "Effizienz", "Effektivität", "Produktivität" und "Leistungsfähigkeit" 208

4.2 Probleme der Meßbarkeit von "Effizienz" und "Effektivität" medizinischer

Leistungen 210
4.3 Methoden zur Bestimmung der "ökonomischen Qualität" medizinisch-ärztlicher Leistungen 212
    4.3.1 Herkömmliche Indikatoren zur Bestimmung der "Wirtschaftlichkeit" eines Krankenhauses bzw. medizinischer Leistungen 212
    4.3.2 Anwendung und Umsetzung der Methoden und Erkenntnisse der "medizinischen Ökonomie" (clinical economics) 214
        4.3.2.1 "Wirtschaftlichkeitsanalysen" (economic analysis) 215
            4.3.2.1.1 Kosten-Nutzen-Analyse (cost-benefit analysis) 215
            4.3.2.1.2 Kosten-Effektivitäts-Analyse (cost effectiveness analysis) 215
            4.3.2.1.3 Kosten-Nutzwert Analyse (cost-utility analysis) 216
            4.3.2.1.4 Kostenminimierungsanalyse (cost-minimization analysis) 216
        4.3.2.2 Klinische Entscheidungsmethodik und -analyse (decision analysis) . 217
        4.3.2.3 "Evidence based medicine" 218
        4.3.2.4 Ergebnisforschung (outcomes research) 219
    4.3.3 Leitlinien, Richtlinien, medizinische Standards und "practice profiling" (policy analysis) 219
    4.3.4 Bestimmung der "Angemessenheit" einer Indikation (appropriateness research) 220
        4.3.4.1 Ermittlung einer "second opinion" 222
4.4 Verschiedene Einflußfaktoren auf die "Effizienz" und "Effektivität" eines Krankenhauses und einer ärztlichen Leistung 223
    4.4.1 Einflußnahme der Rahmenbedingungen auf die Wirtschaftlichkeit des Krankenhauswesens und des ärztlichen Handelns 224
        4.4.1.1 Ordnungspolitische Rahmenbedingungen 224
        4.4.1.2 Staatliches Finanzierungs- und Planungssystem 225
        4.4.1.3 Die Verzahnung des Krankenhauses mit vor- und nachstationären Versorgungseinrichtungen 227
        4.4.1.4 Die demographische Struktur 228
    4.4.2 Einflußfaktoren auf der Ebene Krankenhaus-Arzt-Patient 228
        4.4.2.1 Leitungsstruktur der Krankenhäuser 228
        4.4.2.2 Ablauforganisation 229
        4.4.2.3 Patient (und Gesellschaft) 230
        4.4.2.4 Der ärztliche Entscheidungsprozeß 231
    4.4.3 Bewertung der Einflußfaktoren 234

D Leitgedanken für ärztliche Leitungsstrukturen und Führungsaufgaben im modernen Krankenhaus ... 237

1 Neustrukturierung der obersten Führungsebene des Krankenhauses ... 241
1.1 Verringerung der Gliederungsbreite und -tiefe in der obersten Führungsebene des Krankenhauses (Konzept der "Lean Organization") ... 242
1.2 Abgrenzung der Managementkompetenzen und -aufgaben zwischen Krankenhausträger und -leitung ... 244
1.3 Auswirkungen der Lean-Organization auf die Trägerorgane und die Einflußmöglichkeiten der Trägerorgane ... 245

2 Der leitende Arzt in der Krankenhausbetriebsleitung ... 248
2.1 Neuausrichtung der Krankenhausbetriebsleitung ... 250
2.1.1 Der kaufmännische und medizinische Direktor als Mitglieder der Krankenhausbetriebsleitung ... 250
2.1.2 Der medizinische Direktor in einer modernen Krankenhausbetriebsleitung ... 252
2.1.2.1 Organisatorische Integration der Pflegedienstleitung in einem modernen Krankenhaus ... 254
2.1.3 Alternative Organisationsstrukturen der Krankenhausbetriebsleitung ... 257
2.2 Der ärztliche Direktor im modernen Krankenhaus ... 259
2.2.1 Die Position des ärztlichen Direktors im modernen Krankenhaus ... 260
2.2.2 Alternative Gestaltungsmöglichkeiten für die Position des ärztlichen Direktors ... 264

3 Der leitende Abteilungsarzt (Chefarzt) in einer modernen Klinik ... 268
3.1. Ansätze zur Bewältigung der aufbauorganisatorischen Schwachstellen in einem Krankenhaus und einer medizinischen Abteilung ... 270
3.1.1 Entscheidungszentralisation als Integrations- und Koordinationsinstrument im Krankenhaus? ... 270
3.1.2 Umsetzung des Lean-Organization-Konzepts innerhalb der Organisationsstruktur eines Krankenhauses ... 271
3.1.2.1 Dezentralisierung von Aufgaben, Kompetenz und Verantwortung auf die Abteilungsebene als Merkmal einer Lean-Organization ... 272
3.1.2.2 Prozeßorientierte stellenbezogene Aufgabenkonzentration als Merkmal einer Lean-Organization ... 274
3.1.2.3 Modularisierung des Krankenhauses ... 275
3.1.3 Auswirkungen des Lean-Managements und der Modularisierung auf eine Klinik und medizinische Abteilung ... 275

3.1.3.1 Einsatz von neuen Informations- und Kommunikationstechniken und "Empowerment" als Folge modularisierter Abteilungen im Krankenhaus 275

3.1.3.2 Negative Auswirkungen der Modularisierung eines Krankenhauses. 277

3.1.3.3 Koordination und Kommunikation zwischen Ärzten und Pflegekräften auf Abteilungsebene 278

3.2 Führung und Integration des klinisch selbständigen leitenden Arztes in die Gesamtorganisation eines Krankenhauses 282

3.2.1 Führungs- und Organisationsmethoden in der Krankenhauspraxis 282

3.2.1.1 Führungsprinzipien bürokratischer Organisationen 283

3.2.1.2 Das Kollegialsystem im Krankenhaus 285

3.2.1.3 Anreizsysteme für leitende Ärzte 286

3.2.2 Führung und Integration eines medizinischen Moduls und eines leitenden Abteilungsarztes durch ein krankenhausspezifisches Führungskonzept 288

3.2.2.1 Führung und Integration durch Zielorientierung, Vorgabe von Zielen und Information (Management by Objectives) 288

3.2.2.2 Führung und Integration des leitenden Arztes und selbständigen Moduls über eine krankenhausspezifische Betriebs- und Führungskultur 291

3.2.2.2.1 Funktionen der Unternehmenskultur 291

3.2.2.2.2 Spezifische Charakteristika der Betriebs- und Führungskultur in einer modernen modularen Klinik 293

3.2.2.2.3 Führung und Motivation der leitenden Ärzte im modernen modularen Krankenhaus 295

3.2.2.3 Spezifisches Anreizsystem 297

3.2.2.4 Gruppenbildung 298

4 Patientenorientierung, Qualitätssteigerung und Rationalisierung durch Prozeßmanagement im Krankenhaus 299

4.1 Total Quality Management im Krankenhaus 301

4.2 Organisationsentwicklung im Krankenhaus 305

Zusammenfassung 308

Literaturverzeichnis 311

Abbildungs- und Tabellenverzeichnis

Abbildung 1: Ärztliches Personal in Krankenhäusern 1993 nach Gebietsbezeichnungen ... 12
Abbildung 2: Verteilung der Krankenhäuser nach ihrer Bettenzahl ... 13
Verteilung der Krankenhäuser nach der Krankenhausgröße ... 14
Abbildung 3: Leistungsprofil der Akutkrankenhäuser in Westdeutschland von 1970 bis 1989 ... 14
Abbildung 4: Altersstruktur der Krankenhaus- und Vertragsärzte 1995 ... 16
Abbildung 5: Bevölkerung im Alter von 80 bis 85 Jahren ... 18
Bevölkerung im Alter von über 90 Jahren ... 18
Abbildung 6: Müttersterbefälle je 100.000 Lebendgeborene von 1956 - 1993 in Westdeutschland ... 19
Säuglingssterbefälle je 1.000 Lebendgeborene von 1956 - 1993 in Westdeutschland ... 19
Abbildung 7: Anzahl der Linksherzkatheter-Meßplätze in West-Deutschland von 1982-1996 ... 20
Anzahl der Computertomographen in West-Deutschland von 1982-1996 ... 20
Anzahl der Kernspintomographen in West-Deutschland von 1982-1996 ... 20
Abbildung 8: Ausgaben für Gesundheit 1993 nach Ausgabenträgern in Deutschland ... 25
Abbildung 9: Ausgaben der Gesetzlichen Krankenversicherung 1995 ... 26
Abbildung 10: Ausgaben für Gesundheit im Vergleich - Früheres Bundesgebiet ... 27
Abbildung 11: Relevanz der verschiedenen Merkmale für die Einweisungsentscheidung niedergelassener Ärzte ... 173
Abbildung 12: Input-Output-Modell des medizinischen Leistungsprozesses im Krankenhaus ... 203
Abbildung 13: Sach- und Personalkostenanteil im Krankenhaus 1994 ... 205

Tabelle 1: GKV Leistungsausgaben von 1975 - 1995 in Westdeutschland ... 26
Tabelle 2: Die Vergütung der allgemeinen Krankenhausleistung nach der Bundespflegesatzverordnung 1995 ... 35
Tabelle 3: Die Bedeutung von Kundenkontakten in verschiedenen Wirtschaftsbranchen ... 71
Tabelle 4: Einführung der neuen Entgeltformen - zu klärende Fragen ... 162
Tabelle 5: Aspekte einer Fallzahlkalkulation ... 163
Tabelle 6: Besondere Kosten- und Leistungsverantwortung (Zur Ermittlung der Berechnungsgrundlagen der Pflegesätze) ... 164
Tabelle 7: Besondere Kosten- und Leistungsverantwortung (bei Aufnahme und Durchführung des Behandlungsprozesses) ... 165
Tabelle 8: Besondere Risiken der neuen Entgelte ... 165

Tabelle 9:	Chancen der neuen Entgelte	166
Tabelle 10:	Strategische Entscheidungen bei der Umsetzung der neuen Versorgungsformen	171
Tabelle 11:	Einige Merkmale der bürokratischen Organisationsform	180
Tabelle 12:	Die Voraussetzungen für die bürokratische Organisationsform	180
Tabelle 13:	Aufgaben des ärztlichen Direktors	186
Tabelle 14:	Merkmale und Besonderheiten von Berufsgruppen mit Professional-Status	192
Tabelle 15:	Kernaussagen der Zweifaktorentheorie von *Herzberg, Mausner & Snyderman*	194
Tabelle 16:	Die von behandelnden und leitenden Ärzten bestimmbaren Steuerungsgrößen im Leistungsprozeß des Krankenhauses in abnehmender Reihenfolge	204
Tabelle 17:	Zur Beurteilung der Wirtschaftlichkeit und Leistungsfähigkeit eines Krankenhauses verwendete Kennzahlen und Organisationsmerkmale	213
Tabelle 18:	RAND Appropriateness Studies	221
Tabelle 19:	Die zentralen Führungsaufgaben und Ziele im modernen Krankenhaus, die in den Kompetenzbereich der leitenden Ärzte fallen und ihn maßgeblich bestimmen werden	239
Tabelle 20:	Schwachstellen und Problembereiche in der Leitungsorganisation des Krankenhauses (Träger - Klinikleitung) und ihre Auswirkungen	241
Tabelle 21:	Empfehlungen zu den zukünftigen Aufgabenschwerpunkten der Krankenhausträger-Organe	245
Tabelle 22:	Schwachstellen und Problembereiche in der Leitungsorganisation des Krankenhausdirektoriums und ihre Auswirkungen	248
Tabelle 23:	Mit der Position des ärztlichen Direktors verbundene Schwachpunkte	260
Tabelle 24:	Aufgaben eines hauptamtlichen ärztlichen Direktors in einer modernen Klinik	261
Tabelle 25:	Schwachstellen und Problembereiche in der Leitungsorganisation und Führung einer medizinischen Abteilung und ihre Auswirkungen	268
Tabelle 26:	Die mit der Führung des Arztes als "Professional" verbundenen Probleme und offenen Fragen in der Führung eines Krankenhauses	284
Tabelle 27:	Merkmale kooperativer Führung nach *Wunderer*	296
Tabelle 28:	Schwachstellen und Problembereiche in der Ablauforganisation im Krankenhaus und ihre Auswirkungen	299
Tabelle 29:	Der FOCUS PDCA Prozeß	302

Abkürzungsverzeichnis - Allgemein

§ / §§	Paragraph / Paragraphen
Abs.	Absatz
a.D.	außer Dienst
a.F.	alte Fassung
AiP	Arzt im Praktikum
AOK	Allgemeine Ortskrankenkasse
Art.	Artikel
Ärzte-ZV	Zulassungsverordnung für Ärzte
BAT	Bundesangestelltentarif
BDC	Bund Deutscher Chirurgen
Bay KrG	Bayerisches Krankenhausgesetz
Bd.	Band
Beitr.EntlG.	Beitragsentlastungsgesetz
BGB	Bürgerliches Gesetzbuch
BGBl.	Bundesgesetzblatt
BGH	Bundesgerichtshof
BGHZ	Entscheidungssammlung des BGH in Zivilsachen
BMA	Bundesministerium für Arbeit und Soziales
BMG	Bundesministerium für Gesundheit
BOÄ	Bundesordnung für Ärzte
BPflV	Bundespflegesatzverordnung
bsp.	beispielsweise
BT-Dr.	Bundestags-Drucksache
bzw.	beziehungsweise
d.	des
ders.	derselbe
Diss.	Dissertation
DKG	Deutsche Krankenhausgesellschaft
DM	Deutsche Mark
DRG	diagnosis related group
DT. BT.	Deutscher Bundestag
ed.	edition
et al.	et alii
etc.	et cetera
f. (ff.)	folgende
Fn.	Fußnote
GG	Grundgesetz

ggf.	gegebenenfalls
GKV	Gesetzliche Krankenversicherung
GKV-NOG	GKV-Neuordnungsgesetz
GRG	Gesundheitsreformgesetz
GSG	Gesundheitsstrukturgesetz
Halbb.	Halbband
HMO	Health Maintenance Organization
Jg.	Jahrgang
Jhr.	Jahrhundert
KHG	Krankenhausfinanzierungsgesetz
KHK	koronare Herzerkrankung
KHNG	Krankenhausneuordnungsgesetz
KrG	Krankenhausgesetz
MbO	Management by Objectives
Mio.	Millionen
No.	number
NOG	Neuordnungsgesetz
NPO	Nonprofit-Organisation
Nr.	Nummer
OLG	Oberlandesgericht
p.(p.)	page(s)
pAVK	periphere arterielle Verschlußkrankheit
PMCs	Patient Management Categories
PRO	Peer Review Organization
PTCA	percutane transluminale coronare Angioplastie
RdNr.	Randnummer
RVO	Reichsversicherungsordnung
S.	Seite
SGB V	Sozialgesetzbuch 5
s.o.	siehe oben
sog.	sogenannte(r)
StGB	Strafgesetzbuch
s.u.	siehe unten
TQM	Total Quality Management
USA	United States of America
u.U.	unter Umständen
v.	vom
v.a.	vor allem
vgl.	vergleiche

Vol.	Volume
VWA	Verwaltungsakademie
WHO	World Health Organization
z.B.	zum Beispiel

Abkürzungsverzeichnis - Zeitschriften -

absatzwirtschaft	Die Absatzwirtschaft
AJR	American Journal of Radiology
Akt. Chir.	Aktuelle Chirurgie
ÄrzteZtg.	Ärztezeitung
Am.J.Nurs.	American Journal of Nursing
Am. J. Med.	American Journal of Medicine
Anästh. Intensivmed.	Anästhesiologie und Intensivmedizin
Anästh. Intensivther. Notfallmed.	Anästhesie, Intensivtherapie, Notfallmedizin
Anästhesiol. Intensivmed. Notfallmed.	Anästhesiologie, Intensivmedizin, Notfallmedizin,
Schmerzther.	Schmerztherapie
Ann. Intern. Med.	Annals of Internal Medicine
Arbeit und Sozialpolitik	Arbeit und Sozialpolitik
Arch. Intern. Med.	Archives of Internal Medicine
Archiv PV	Archiv für das Post- und Fernmeldewesen
ArztR.	Arztrecht
Arzt Kr.Haus	Arzt und Krankenhaus
Bay. Verw. bl.	Bayerische Verwaltungsblätter
Berliner Ärzte	Berliner Ärzte
BGBl.	Bundesgesetzblatt
Br. J. Surg.	British Journal of Surgery
Br. Med. J.	British Medical Journal
Can. Med. Assoc. J.	Canadian Medical Association Journal
Chest	Chest
Chirurg	Der Chirurg
Chirurg BDC	Der Chirurg, Mitteilungen des Bundesverbandes Deutscher Chirurgen
Clin. J. Pain.	Clinical Journal of Pain
Diagnostik	Diagnostik
DOK	DOK - Die Ortskrankenkasse -
Dtsch. Krankenpflegez.	Deutsche Krankenpflegezeitschrift
Dtsch. Ärzte Bl.	Deutsches Ärzteblatt
Dtsch. med. Wschr.	Deutsche medizinische Wochenschrift
Economist	The Economist
Ersatzkasse	Die Ersatzkasse
Ethik Med.	Ethik in der Medizin
Eur. Heart J.	European Heart Journal

f & w	Führen und Wirtschaften im Krankenhaus
FAZ	Frankfurter Allgemeine Zeitung
Fortschr. Med.	Fortschritte der Medizin
Frauenarzt	Der Frauenarzt
Gesellschaftspolitische Kommentare	Gesellschaftspolitische Kommentare
Gesundheitswesen	Das Gesundheitswesen
Gynäkologe	Der Gynäkologe
Harvard Business Manager	Harvard Business Manager
Harvard Business Review	Harvard Business Review
Healthcare Forum Journal	Healthcare Forum Journal
Health Care Manage. Rev.	Health Care Management Review
Health Policy	Health Policy
Herzschr. Elektrophys.	Herzschrittmachertherapie und Elektrophysiologie
Hosp. Health Net.	Hospitals & Health Networks
Hospital & Health Services Administration	Hospital & Health Services Administration
HSR	Health Services Research
Intensivmed.	Intensivmedizin und Notfallmedizin
Int. J. Health Planning and Management	International Journal of Health Planning and Management
Internist	Der Internist
J. Amer. Med. Ass.	Journal of American Medical Association
J. General Management	Journal of General Management
JZ	Juristenzeitung
Krank. Hs.	Das Krankenhaus
Kr.Hs. A.	Der Krankenhausarzt
Kr. Hs. Umsch.	Krankenhaus - Umschau
Lancet	The Lancet
Langenbecks Arch. Chir.	Langenbecks Archiv für Chirurgie
Management Science	Management Science
Marketing ZFP	Marketing Zeitschrift für Forschung und Praxis
McKinsey Quarterly	The McKinsey Quarterly
Med. Care	Medical Care
Medizin Mensch Gesellschaft	Medizin Mensch Gesellschaft
Med. Klinik	Medizinische Klinik
MedR	Medizinrecht
Milbank Mem. Fund. Q.	Milbank Memorial Fund Quarterly
Milbank Quarterly	The Milbank Quarterly

Münchner Ärztliche Anzeigen	Münchner Ärztliche Anzeigen
Münch. med. Wschr.	Münchner Medizinische Wochenschrift
N. Engl. J. Med.	The New England Journal of Medicine
NJW	Neue Juristische Wochenschrift
NZZ	Neue Züricher Zeitung
Obstet. Gynecol.	Obstetrics & Gynecology
Organisationsentwicklung	Organisationsentwicklung
Personal	Personal, Zeitschrift für Human resource management
Phys. Rehab. Kur. Med.	Physikalische Medizin, Rehabilitationsmedizin, Kurortmedizin
Psychother.Psychosom.med.Psychol.	Psychotherapie, Psychosomatik, medizinische Psychologie
Quality in Health Care	Quality in Health Care
Quality Management in Health Care	Quality Management in Health Care
Schweiz. med. Wschr.	Schweizerische medizinische Wochenschrift
Schweizer Spital	Schweizer Spital
Schwester / Pfleger	Die Schwester / Der Pfleger
Sociology of Health & Illness	Sociology of Health & Illness
Sozialer Fortschritt	Sozialer Fortschritt, Unabhängige Zeitschrift für Sozialpolitik
Spine	Spine
Surgery	Surgery
Swiss Surg.	Swiss Surgery
SZ	Die Süddeutsche Zeitung
TEST	TEST
Thür. Verw.bl.	Thüringer Verwaltungsblätter
Topics in Health Care Financing	Topics in Health Care Financing
Transfusion	Transfusion
Unternehmung	Die Unternehmung
Vers. Med.	Versicherungsmedizin, Prognose, Therapie, Begutachtung
Vers. R.	Versicherungsrecht
Wirtschaft und Statistik	Wirtschaft und Statistik
WISU	Das Wirtschaftsstudium
Wiwo	Die Wirtschaftswoche
ZfB	Zeitschrift für Betriebswirtschaft
zfo	Zeitschrift für Führung und Organisation
Z. Geburtsh. u. Perinat.	Zeitschrift für Geburtshilfe und Perinatologie

Z. f. Gesundheitswiss.	Zeitschrift für Gesundheitswissenschaften
Journal of Public Health	
ZögU	Zeitschrift für öffentliche und gemeinnützige Unternehmen
Z. Arb. wiss.	Zeitschrift für Arbeitswissenschaft
Z. Med. Ethik	Zeitschrift für medizinische Ethik
Z. Arbeits- u. Organisationspsychologie	Zeitschrift für Arbeits- und Organisationspsychologie

Einleitung, Problemstellung und Vorgehensweise

Das Gut "Gesundheit" als körperliches, geistiges und soziales Wohlbefinden[1] hat in Deutschland eine herausragende Bedeutung. Bei Umfragen in der Bevölkerung wird der Wunsch nach "Gesundheit" seit vielen Jahren an vorderster Stelle genannt *(Noelle-Neumann, Köcher 1993 S. 224)*. Entsprechend dem hohen Stellenwert dieses Gutes, ist unsere Verfassung, das Grundgesetz, dem "Sozialstaatsprinzip" verpflichtet.

Zu den wichtigsten öffentlichen Aufgaben gehört daher die Sicherstellung der Versorgung der Bevölkerung der Bundesrepublik Deutschland mit angemessenen Gesundheitsleistungen.

Seit etwa Mitte der siebziger Jahre verschärfen sich die Probleme im Zusammenhang mit der Frage der Finanzierung und der Finanzierbarkeit der "Gesundheit" und des Sozial- und Gesundheitswesens. Diese Frage stellt mittlerweile für Deutschland, aber auch für alle anderen modernen Industrienationen weltweit eine der größten Herausforderungen dar.

Trotz der Finanzierungsprobleme war bislang die Leistungsfähigkeit des Gesundheits- und Sozialwesens der Bundesrepublik sowie Art und Umfang der erbrachten Leistungen im internationalen Vergleich beispielhaft.

Aufgrund weitreichender politischer und vor allem ökonomischer Veränderungen[2] in den letzten Jahren ist jedoch nun zu befürchten, daß das deutsche Sozial- und Gesundheitssystem in seiner heutigen Form zukünftig nicht mehr bestehen kann[3].

Unabhängige Beobachter halten angesichts der enormen wirtschaftlichen Belastungen aus der Wiedervereinigung Deutschlands und des Aufbaus Ostdeutschlands, einer seit der Weltwirtschaftskrise in den dreißiger Jahren dieses Jahrhunderts nicht mehr dagewesenen Arbeitslosigkeit in Deutschland, den weltweit höchsten Arbeitskosten bei einer sich weiter verschärfenden Wettbewerbssituation für die deutsche Wirtschaft, des im internationalen Vergleichs seit Jahren unterdurchschnittlichen Produktivitätszuwachses der Industrie und weiterer grundlegender struktureller und politischer Wachstumshemmnisse tiefergreifende Reformen des deutschen Sozial-, Steuer-, Tarif-, Wirtschafts- und gesellschaftspolitischen Systems für unausweichlich[4].

---

[1] Die WHO definiert in der Präambel ihrer Satzung "Gesundheit" als körperliches, seelisches und soziales Wohlbefinden. Die Einbeziehung des "sozialen Wohlbefindens" in eine Definition von Gesundheit ist angesichts der weltweit verbreiteten sozialen Spannungen nicht unproblematisch.

[2] Neben den anschließend im Text aufgeführten Punkten muß vor allem die zunehmende Globalisierung der Wirtschaftsmärkte erwähnt werden, wodurch zukünftig auch die sozialen Leistungen der Staaten unvermeidlich in den internationalen Wettbewerb mit einbezogen werden, siehe *Giersch H. 1997, "Das Jahrhundert der Globalisierung", FAZ, Nr. 9, v. 11.01.1997, S. 13.*

[3] "Die Bundesrepublik steht vor Herausforderungen , wie wir sie in der zweiten Hälfte dieses Jahrhunderts noch nicht erlebt haben." Zitiert aus: *Sturm, Hagelüken 1996, "Der Reformzwang war noch nie so stark wie jetzt" in: SZ v. 24.05.1996, Nr. 119, S. 11.*

[4] The Economist, May 4th 1996, Vol. 339, No. 7964: "Restoring Germany´s shine" p. 11, "The german model" pp. 19-21.

Die Auswirkungen dieser Entwicklung zeigen sich im deutschen Gesundheits- und Sozialwesen in einer sich erheblich verschärfenden Finanzierungsproblematik.
Seit etwa 1993 stagnieren die Beitragseinnahmen der Krankenkassen weitgehend, bei jedoch unverändert steigenden Ausgaben *(Deutsche Krankenhausgesellschaft 1996 S. 65)*.
Bei den heute bestehenden ökonomischen Rahmenbedingungen, den leeren Kassen der verschuldeten Kommunen und angesichts des politischen Willens, die Beiträge zur Krankenversicherung nicht weiter steigen zu lassen, ist davon auszugehen, daß die finanziellen Mittel für das Gesundheitswesen in Deutschland in den nächsten Jahren nicht mehr im bisher gewohnten Umfange zur Verfügung stehen werden[5].

Von dem genannten Spar- und Reformzwang im deutschen Gesundheits- und Sozialsystem bleibt auch das Krankenhauswesen nicht verschont.
Da etwa ein Drittel aller Ausgaben der gesetzlichen Krankenversicherung auf den Krankenhausbereich entfällt, geraten vor allem die Kliniken in den Mittelpunkt der gesundheitspolitischen Spar- und Reformdiskussion *(Jacobs W. 1996, Sing R. 1996)*.
Fragen nach den Kosten und der Wirtschaftlichkeit der Krankenhäuser stehen heute in der gesundheitspolitischen Diskussion an vorderster Stelle.

Mit dem GSG von 1993 und weiteren nachfolgenden gesetzlichen Regelungen hat der Gesetzgeber versucht, durch eine Rationalisierung im Gesundheits- und Krankenhausbereich eine drohende Rationierung von Gesundheitsleistungen, wie sie teilweise in anderen Ländern seit einigen Jahren besteht, zu vermeiden *(Seehofer H. 1993)*.

Für das Krankenhaus bedeutete das GSG von 1993 eine Wende in der Ordnungspolitik mit tiefgehenden Einschnitten in seine Organisation, Struktur und Finanzierung.
Im Zuge dieser noch andauernden Reformbemühungen hat sich heute der Kostendruck für das einzelne Krankenhaus erheblich erhöht.
Ökonomische Ziele haben daher heute und in Zukunft für das Krankenhaus eine herausragende Bedeutung.

Gleichzeitig treten nunmehr andere im Krankenhauswesen seit längerem bestehende Entwicklungstendenzen, Probleme und offene Fragen durch den ökonomischen Kostendruck verstärkt in den Vordergrund.
Diese Punkte umfassen, neben Fragen nach der Art und Weise der Leitungsorganisation und der Wirtschaftlichkeit des Krankenhauses, auch die Stellung der leitenden Ärzte, Fragen nach einer patientengerechten medizinischen Versorgung und Mitarbeiterführung im Krankenhaus, den Umgang mit ethischen Konflikten und rechtlichen Erfordernissen und der Art und Weise

---

[5] Näheres in den Punkten A 2.3 und A 4.

der Gewährleistung einer gleichbleibend hohen medizinischen Qualität in den Kliniken. Auf diese Punkte wird in dieser Arbeit näher eingegangen werden.

Die neue Ordnungspolitik und die mit der Bewältigung der eben genannten Herausforderungen verbundenen Aufgaben werden zukünftig erheblichen Einfluß auf die Art der Leistungserbringung und die Organisation des Krankenhauses haben.

Die leitenden Ärzte stehen aufgrund ihrer zentralen Stellung innerhalb des Krankenhauses im Mittelpunkt dieser Entwicklung. Die zentrale Position der leitenden Ärzte innerhalb des Krankenhauses wird dabei sowohl bei der Betrachtung medizinischer als auch juristischer und ökonomischer Aspekte deutlich.

Die primäre und erste Aufgabe der leitenden Ärzte ist zugleich das "Kerngeschäft" des Krankenhauses, nämlich die medizinisch-ärztliche Behandlung von Patienten: die leitenden Ärzte tragen hierfür die juristische Letztverantwortung und sie können das Kosten- und Leistungsgeschehen und andere wichtige wirtschaftliche Rechnungsgrößen im Krankenhaus maßgeblich bestimmen. Oftmals werden sie auch für die "Wirtschaftlichkeit" eines Krankenhauses verantwortlich gemacht *(Böckle S. 1993).*

Vor dem Hintergrund des gesellschaftlichen und ökonomischen Wandels der letzten Jahre und der sich daraus ergebenden neuen Herausforderungen an das Krankenhauswesen wird sich die vorgestellte Arbeit mit den ärztlichen Führungsaufgaben und Leitungsstrukturen eines Krankenhauses befassen.

Ziel der Arbeit ist es,

1. den zukünftigen Herausforderungen entsprechende ärztliche Leitungsstrukturen,
2. zukünftige ärztliche Führungsaufgaben und
3. Möglichkeiten ihrer Umsetzung im Sinne eines modernen Krankenhausmanagements darzustellen.

Aufgrund der Komplexität des einzelnen Krankenhauses als Organisation und Betrieb und der Besonderheit der dort erbrachten Dienstleistungen wird für die Bearbeitung der Fragestellung ein interdisziplinärer Ansatz gewählt. Das Thema der ärztlichen Leitungsstrukturen und Führungsaufgaben wird unter juristischen, wirtschaftlichen und medizinischen Aspekten dargestellt.

In *Kapitel A* werden zunächst die Rahmenbedingungen für das deutsche Krankenhauswesen, das neue Finanzierungssystem, die Grundzüge der Krankenhausbedarfsplanung, der wesentlichen Aufgaben der Kliniken und das heutige wirtschaftliche Umfeld der Krankenhäuser mit den wichtigsten strukturellen Veränderungen beschrieben.

Anschließend wird der Frage nachgegangen werden, ob Kliniken wie Unternehmen geführt werden können und welche Probleme, bzw. Besonderheiten bei der Führung dieser Betriebe entstehen können.

In *Kapitel B* wird der Themenkreis Arzt-Patient im Krankenhaus erläutert. Anhand der Erörterung des gesellschaftlichen und medizinischen Wandels sollen Probleme und Schwachstellen bei der Versorgung der Patienten aufgezeigt werden. Ein weiteres Ziel ist es, eine Definition von "Kundenorientierung" aus ärztlicher Sicht zu geben. Vor dem Hintergrund der rechtlichen Anforderungen an die ärztlichen Leitungsstrukturen und der zukünftig bedeutenden Thematik der "Qualitätssicherung" medizinischer Leistungen sollen weitere Führungsaufgaben des leitenden Krankenhausarztes dargestellt werden.

Das *Kapitel C* widmet sich dem Themenkreis Arzt und Betrieb. Neben der Darstellung der innerbetrieblichen Auswirkungen der neuen Rahmenbedingungen werden die heute in den meisten Kliniken vorherrschenden Schwachstellen in der Führungsstruktur aufgezeigt. Zu dem ökonomischen Stellenwert und den wesentlichen betrieblichen Aufgaben, die in den Kompetenzbereich der leitenden Ärzte fallen wird näher Stellung genommen. Besondere Beachtung wird der Erörterung der "Wirtschaftlichkeit" ärztlicher Leistungen geschenkt.

In *Kapitel D* werden die Voraussetzungen für eine moderne, leistungsfähige und effiziente Krankenhausorganisation und -führung genannt. Die Stellung des leitenden Krankenhausarztes in der Betriebsleitung eines modernen Krankenhauses wird anhand einiger Alternativen erläutert. Danach wird die zukünftige Stellung und Position des leitenden Abteilungsarztes (Chefarztes) anhand der in der Arbeit entwickelten Aufgaben und des Anforderungsprofils dargestellt.

A Grundgedanken zu den Rahmenbedingungen und Aufgaben der stationären Versorgung

Im folgenden Kapitel werden zunächst das sich wandelnde Umfeld und die sich ändernden Rahmenbedingungen des deutschen Krankenhauswesens aufgezeigt. Nach der Darstellung des Stellenwertes des Krankenhauswesens im Gesundheitssystem Deutschlands und ihres wirtschaftlichen Umfeldes werden einige Grundsätze zu den Rechten und Pflichten der Krankenhäuser aufgezeigt. Anschließend wird auf die mit dem Gesundheitsstrukturgesetz eingeführten wesentlichen Neuerungen im Krankenhausbereich eingegangen. Hierzu zählen neben dem neuartigen Finanzierungssystem der Krankenhäuser auch ihre neuen Versorgungsmöglichkeiten. Zunächst aber wird die Position des leitenden Arztes im Krankenhaus dargestellt.

1 Allgemeine Gedanken zur Position des leitenden Arztes[6] im Krankenhaus

Die Entwicklung des ärztlichen Standes im Krankenhaus ist eng mit der Entwicklung des Krankenhauses verbunden. Deshalb soll zunächst ein kurzer Überblick über die Entwicklung des Krankenhauses im Wandel der Zeit gegeben werden. Mit der Darstellung der Position des leitenden Arztes im Organisationssystem und der Betriebsleitung des Krankenhauses wird dieser Abschnitt fortgesetzt.

1.1 Die Entwicklung des Krankenhauses und der Stellung des Krankenhausarztes aus historischer Sicht

Die Anfänge unseres Krankenhauswesens gehen bis in das frühe Mittelalter zurück[7]. Vor mehr als 1000 Jahren entwickelten sich auf der geistigen Grundlage der christlichen Nächstenliebe und Barmherzigkeit erste sozialkaritative Einrichtungen, in denen die leibliche Pflege und seelische Betreuung von Pilgern, Alten, Armen, Verletzten und Behinderten im Vordergrund standen. Die stationäre Krankenpflege war bis zur Neuzeit die Hauptaufgabe des mittelalterlichen Hospitals. Die Bedeutung der Ärzte in den Spitälern war bis zum 17.Jhr. gering, sie wurden meist nur zu Konsilien herangezogen *(Murken A.H. 1988)*.

---

[6] Zur Definition des "leitenden" Arztes vgl. *Lippert, Kern 1991 S. 97*. Diese Autoren zählen den ärztlichen Direktor, den Chefarzt und in eingeschränktem Maße auch den Oberarzt dazu. *Hoffmann H. 1983 S. 145 ff.* trennt zwischen dem leitenden Arzt, als dem ärztlichen Direktor, und Ärzten mit alleiniger Verantwortung für Diagnose und Therapie, für die unterschiedliche Bezeichnungen gebraucht werden wie "Chefarzt, Fachgruppenarzt, leitender Arzt der Fachabteilung, Abteilungsarzt". In der vorliegenden Arbeit soll jeder Arzt mit Führungsaufgaben und in Leitungsfunktion als "leitender Arzt" bezeichnet werden, d.h. der ärztliche Direktor und der Chefarzt.

[7] Im Altertum gab es zwar eine Heilkunde, Ärzteschulen und Gebäranstalten, aber keine Hospitäler *(Jetter D. 1986; Knoll K.H., 1991)*.

Mit der Gründung der Allgemeinen Krankenhäuser im 18. Jhr., die für alle Bevölkerungsschichten offen waren, wie z.b. das Allgemeine Wiener Krankenhaus 1784, setzte eine Bewegung ein, in deren Zuge die Bedeutung und der Einfluß der Medizin in den Krankenanstalten wuchs. Eine größere Zahl an Ärzten, die zum Teil für längere Zeit oder auf Lebenszeit beschäftigt waren, wurden für medizinische Verfahren und die akademische Lehre, wie die Ausbildung von Feldchirurgen an der Charité in Berlin, benötigt *(Schadewaldt H. 1978)*.

Erst mit dem medizinischen und technischen Fortschritt des 19. Jhr. aber entwickelte sich eine eigenständige Krankenhausmedizin im modernen Sinne. Die Einführung der Narkose und der Anti- bzw. Asepsis in der zweiten Hälfte des 19. Jhr. ermöglichte nun große chirurgische, wie z.b. abdominalchirurgische, Operationen, und führte zu einem raschen Aufstieg der Chirurgie im Krankenhaus. Die von R. Virchow begründete Zellularpathologie legte einen Grundstein für die naturwissenschaftliche Betrachtungsweise der Medizin und naturwissenschaftliche Arbeitsmethoden. Zahlreiche technische Entwicklungen, wie die Entdeckung der Röntgenstrahlen oder die Erfindung des Augenspiegels, ließen neue Spezialdisziplinen wie die Röntgenologie, Augenheilkunde oder Hals-Nasen-Ohren-Heilkunde entstehen.

Die Aufgaben der Krankenanstalten hatten sich gewandelt: Nicht die pflegerische Betreuung von Pilgern, Alten, Armen und Behinderten, sondern die Erfordernisse der medizinischen und ärztlichen Heilbehandlung der Kranken standen nun im Vordergrund *(Schadewaldt H. 1973)*.

Der Einfluß der Ärzte auf die Krankenhausmedizin vergrößerte sich. Erfahrene, fachlich qualifizierte Ärzte[8] leiteten nun die einzelnen Abteilungen der Krankenanstalten. Ärztliche und hygienische Erfordernisse bestimmten die Organisation und bauliche Gestaltung der Krankenhäuser. Gerade die dirigierenden[9] Ärzte, die eigene Privatkrankenanstalten betrieben, und auch die ärztlichen Vorstände der Fachabteilungen an Universitätskliniken hatten dank ihrer klinischen Autonomie die Möglichkeit, neuartige Ideen in ihren Abteilungen durchzusetzen und leisteten ärztliche Pionierarbeit (z. B. T. Billroth, A. von Graefe). Gefestigt wurde die Position der leitenden Ärzte, neben ihrer Bedeutung für den medizinischen Fortschritt, durch die Vermittlung der Erkenntnisse der Krankenhausmedizin für freipraktizierende Kollegen, Assistenzärzte und Studenten *(Schadewaldt H., 1978)*. Durch diese dominierende Stellung wurde die ärztliche Unabhängigkeit weiter gefestigt.

Neben dem medizinischen Fortschritt erfuhr die Krankenhausversorgung im 19. Jhr. durch die Sozialgesetzgebung[10] einen erheblichen Schub. Nunmehr wurde ein Krankenhausaufenthalt für eine immer größer werdende Zahl an sozialversicherten Bürgern erst erschwinglich *(Genzel et al. 1990)*.

---

[8] Die Bezeichnung "Facharzt" wurde erst 1924 eingeführt, vgl. *Willmanns J.C. 1994*.
[9] Damalige Bezeichnung für die leitenden Ärzte, vgl. *Schadewaldt H. 1973*.
[10] Z.B. Gesetz betreff die Krankenversicherung der Arbeiter 1883, Unfallversicherungsgesetz 1884, u.a., zusammengefaßt zur RVO 1911.

In den ersten Jahren nach dem 2. Weltkrieg litt das deutsche Krankenhauswesen unter der allgemeinen Knappheit. Die finanziellen Mittel standen nur in einem äußerst begrenzten Maße zur Verfügung. Der durch die Zerstörungen des Krieges schlechte bauliche Zustand der Kliniken und ein Überangebot an Ärzten waren weitere Kennzeichen dieser Zeit *(Schindler C. 1949)*. Erst mit Beginn des anhaltenden wirtschaftlichen Aufschwungs in den fünfziger und sechziger Jahren verbesserte sich die Situation des Krankenhauswesens. Bis in die siebziger Jahre wurden zahlreiche neue stationäre Einrichtungen geschaffen. Die Medizintechnik und die personelle Ausstattung wurden deutlich verbessert *(Beske F. 1989)*. Gesundheitspolitisches Ziel war die Modernisierung der Krankenhäuser und die Vorhaltung einer hochleistungsfähigen Krankenhausmedizin. Die Erkenntnisse des medizinischen Fortschritts konnten rasch in den Kliniken verwirklicht werden, etwa bei der Errichtung der ersten Intensivstationen und dem folgenden Aufschwung der Anästhesie im Krankenhaus[11]. Diese Entwicklungsarbeit war, neben der Versorgung der Patienten, die zweite wesentliche Aufgabe eines leitenden Arztes.

1.2 Allgemeines zu den Aufgaben und der Position des leitenden Arztes im Organisationssystem des Krankenhauses

Im Zuge der oben geschilderten Entwicklung hat sich das Krankenhaus immer mehr aus seiner Ergänzungsfunktion zum ambulanten Bereich heraus zu einem weitgehend eigenständigen Sektor des Gesundheitswesens entwickelt *(Genzel H. 1983)*. Entscheidend dazu beigetragen hat die rasche Umsetzung des medizinischen und medizinisch-technischen Fortschritts in den Kliniken mit seinen erweiterten diagnostischen und therapeutischen Möglichkeiten. Das Krankenhaus heute ist der Ort der medizinischen Schwerpunktversorgung im Gesundheitswesen der Bundesrepublik Deutschland und hat dementsprechend einen hohen Stellenwert erlangt.

Nach der Definition des § 2 Nr.1 KHG ist das Krankenhaus "eine Einrichtung, in der durch ärztliche und pflegerische Hilfeleistung Krankheiten, Leiden und Körperschäden festgestellt, geheilt oder gelindert werden sollen oder Geburtshilfe geleistet wird und in denen die zu versorgenden Personen untergebracht und verpflegt werden können".

Von anderen stationären Einrichtungen mit medizinischer und sozialer Betreuungsfunktion, wie z.B. Alten- und Pflegeheimen, unterscheidet sich das Krankenhaus dadurch[12], daß die ärztliche Behandlung nach der Zielsetzung in das Versorgungskonzept eingebunden sein muß[13] *(Genzel H. 1992a in Laufs, Uhlenbruck 1992, § 83 Rdnr. 10 u. 42 ff. S. 451)*.

---

[11] Hatten 1970 erst 903 Krankenhausärzte die Gebietsbezeichnung "Arzt für Anästhesie", so waren es 1989 5921 Ärzte. Bei keinem anderen Fachgebiet läßt sich eine solche Steigerungsrate nur annähernd nachweisen. (*Statistisches Bundesamt 1991 S. 11*).

[12] Unterschieden wird zudem noch zwischen "Krankenhaus" und "Rehabilitationseinrichtungen" nach § 107 Abs. 1 und 2. Der Grund liegt in der unterschiedlichen Finanzierung.

Die ärztliche Betreuung und Versorgung der Patienten steht somit im Krankenhaus primär im Vordergrund. Notwendigerweise bedarf er aber auch der pflegerischen Betreuung, Versorgung mit Arznei-, Heil- und Hilfsmitteln sowie der Unterkunft und Verpflegung[14].

1.2.1 Der leitende Arzt einer Fachabteilung (Chefarzt)

Der leitende Arzt einer Fachabteilung ist ein Arzt, der für Diagnose, Therapie und die Versorgung der Patienten in seinem Versorgungsbereich die alleinige Verantwortung trägt. In diagnostischer und therapeutischer Hinsicht ist er den nachgeordneten Ärzten, dem medizinisch-technischen Personal und in medizinischen Fragen auch dem Pflegepersonal fachlich weisungsberechtigter Vorgesetzter *(Westermann H.P. 1974, Laufs A. 1988 RdNr. 357 ff. S. 164, Steffen E. 1990 S. 20 ff., Genzel H. 1992a in Laufs, Uhlenbruck 1992 § 88 RdNr.4 S. 546)*.

Neben der Aufgabe der Sicherung und Überwachung einer reibungslosen ärztlichen und eingeschränkt auch pflegerischen Versorgung entsprechend den medizinischen Erkenntnissen hat der leitende Abteilungsarzt zahlreiche weitere Aufgaben wahrzunehmen, nämlich die Gewährleistung einer ordnungsgemäßen Führung der ärztlichen Patientenunterlagen, der ordnungsgemäßen Aufklärung der Patienten, der Beachtung der Schweigepflicht, der Beachtung einschlägiger Rechtsvorschriften über Gerätesicherheit, Strahlenschutz, Hygienerichtlinien etc. und nicht zuletzt die Durchführung und Überwachung einer sach- und fachgerechten Aus- und Weiterbildung sowie Auswahl des ärztlichen Personals. Aus dieser kurzen Aufzählung einiger Aufgaben eines leitenden Arztes wird ersichtlich, daß sich diese bisher im wesentlichen auf die medizinischen Belange konzentriert haben[15].

Bei der Wahrnehmung seiner Aufgaben kann der leitende Arzt allerdings seinen ärztlichen Mitarbeitern, dem medizinisch-technischen Personal und den Pflegekräften, entsprechend der Vorbildung und der besonderen Kenntnisse, bestimmte Tätigkeitsfelder oder einzelne Aufgaben zur selbständigen Erledigung übertragen. Diese Delegationsbefugnis umfaßt jedoch nicht die juristische Letztverantwortung in Organisationsbelangen und grundlegende Führungsentscheidungen, die nicht übertragen werden können.

Somit übernehmen die leitenden Ärzte Aufgaben und treffen Entscheidungen, die ein hohes Maß an Bedeutung für den Krankenhausbetrieb haben. Sie können insbesondere die Qualität der medizinischen Leistungen, die Leistungsmenge und damit die Kosten beeinflussen, sowie den betrieblichen Versorgungsablauf maßgeblich bestimmen. Vor dem Hintergrund der personalintensiven Patientenbehandlung und der Bedeutung des Personals im Krankenhaus wird

---

[13] Siehe auch § 107 Abs. 1 Satz 2 und Abs. 2 Satz 2 SGB V.
[14] Siehe § 39 Abs. 1 Satz 3 SGB V und § 2 Nr. 2 BPflV.
[15] Im Musterdienstvertrag der DKG für Chefärzte wird daneben im § 5 auf das Wirtschaftlichkeitsgebot hingewiesen (*"Beratungs- und Formulierungshilfe Chefarzt-Vertrag" 5. Auflage, Hrsg. Deutsche Krankenhausgesellschaft 1995*). Siehe auch den Mustervertrag der Arbeitsgemeinschaft Arztrecht (*ArztR 1993 S. 363 ff.*).

ersichtlich, daß die leitenden Ärzte auch eine wichtige Aufgabe in der Führung der Mitarbeiter innehaben.
Wesentlichen Einfluß auf die Erfüllung der Aufgaben und das Erreichen der Betriebsziele hat die Organisationsstruktur eines Unternehmens[16]. Dementsprechend wird den Organisationsstrukturen in den Krankenhäusern große Bedeutung bei der Erfüllung der Aufgaben und der Qualität der Versorgung zugeschrieben *(Francke R. 1989 S. 59)*, auch wenn den Kliniken durch öffentlich- rechtliche Reglementierungen[17] bei der Ausgestaltung ihrer Betriebsstruktur spürbar engere Grenzen gesetzt sind, als dies bei Wirtschaftsunternehmen der Fall ist *(Berger, Berkel 1988 S. 14)*.

Organisation im Sinne von Organisationsarbeit wird als "zielbezogenes Gestalten eines Betriebs durch systematisches, geplantes Zuordnen von Menschen, Sachen, Objekten und Funktionen unter zeitlichen und räumlichen Bedingungen" verstanden. Ein Organisationssystem ist "ein soziotechnisches und -ökonomisches, arbeitsteiliges und damit hierarchisches System mit sozialen und zweckbezogenen Strukturen von anhaltender Bestandsdauer." *(zitiert aus: Berger, Berkel 1988 S. 351)*.

In Anbetracht des hohen Stellenwerts der Entscheidungen der Ärzte, insbesondere der leitenden Ärzte für das Krankenhaus, und der von ihnen durchzuführenden Organisationsarbeit muß den ärztlichen Leitungsstrukturen und Führungsaufgaben im Organisationssystem des Unternehmens "Krankenhaus" und bei der Aufgabenerfüllung sowohl aus medizinischer, rechtlicher als auch aus wirtschaftlicher Sicht große Bedeutung zukommen.

1.2.2 Der leitende Arzt in der Krankenhausbetriebsleitung ("ärztlicher Direktor")

In der Ausgestaltung der Organisation des Krankenhauses wird versucht der Verantwortung der Ärzte als Führungskräften gegenüber den Patienten und dem Krankenhausbetrieb gerecht zu werden. Für den organisatorischen Aufbau der Leitungsspitze des Krankenhauses hat sich ein Grundmuster herausgebildet, das eine als Klinikleitung, Krankenhausdirektorium oder als Betriebsleitung bezeichnete kollegiale Führung vorsieht. In dieser sind die Leiter der drei Säulen des Krankenhausbetriebs, nämlich die leitende Pflegekraft, die Leitung des Wirtschafts- und Verwaltungsbereichs und ein leitender Abteilungsarzt, als "ärztlicher Direktor" bezeichnet, vertreten.

Einige Bundesländer haben gemäß ihrer Gesetzgebungskompetenzen auch die inneren Strukturen der Kliniken in den Landeskrankenhausgesetzen geregelt[18] und, entsprechend den 1969 erstmals veröffentlichten Empfehlungen der Arbeitsgemeinschaft Deutsches Krankenhaus

---

[16] Siehe *Bühner R. 1994 S. 1*
[17] Siehe Punkt A 1.2.2.
[18] Vgl. bspw. § 33 (1) KrG Nordrhein-Westfalen, § 13 (3) Hessisches KrG, § 32 (1) Saarländisches KrG, im Bay KrG werden die inneren Strukturen dagegen nicht gesetzlich geregelt.

und der Deutschen Krankenhausgesellschaft[19], die Führungstroika als Organ der Krankenhausbetriebsleitung normativ festgelegt. Aufgabe der Krankenhausleitung ist die kollegiale Führung des Krankenhausbetriebes[20], d. h. die Planung, Organisation, Durchführung und Kontrolle der Betriebsabläufe, die Finanzverwaltung und das Rechnungswesen und die Personalverwaltung *(Deutsche Krankenhausgesellschaft 1992)*, innerhalb des durch die allgemeinen Richtlinien und Beschlüsse des Krankenhausträgers vorgegebenen Rahmens.

Im Innenverhältnis vertritt das einzelne Mitglied der Betriebsleitung, entsprechend der vertikalen und hierarchisch gegliederten Aufbauorganisation jeder der drei Säulen, sein Aufgabengebiet selbständig. Gegenüber dem Krankenhausträger ist die Klinikleitung gemeinsam für die ihr zugestandenen Kompetenzen und Aufgaben sowie deren Durchführung verantwortlich.

Welche Aufgaben die Krankenhausbetriebsleitung im einzelnen hat und wie weit ihre Kompetenzen reichen, hängt wesentlich von der Aufgabenverteilung zwischen Krankenhausträger und Klinikleitung ab und ist eine der wichtigsten Führungsaufgaben, die der jeweilige Träger wahrzunehmen hat *(Adam D. 1972, Eichhorn S. 1983, Prößdorf K. 1990, Hoffmann H. 1991, Deutsche Krankenhausgesellschaft 1992)*.

Der ärztliche Direktor ist ein leitender Abteilungsarzt (Chefarzt), dem weitere bestimmte und das gesamte Krankenhaus betreffende Aufgaben übertragen worden sind.
Der ärztliche Direktor hat in der Regel die Aufgaben[21] eines medizinischen Koordinators innerhalb des Krankenhauses *(Hoffmann H. 1991a, Debong B. 1993)*, eines sachverständigen Ansprechpartners und Beraters des Krankenhausträgers in abteilungsübergreifenden medizinischen Fragen sowie die Rolle des obersten ärztlichen Schlichters des Krankenhauses *(Debong B. 1993)*.

---

[19] Vgl. aktuelle Empfehlungen der DKG zu der Organisation der Krankenhausführung v. 11.03.1992, die sich nur unwesentlich von den Empfehlungen von 1969 unterscheiden.
[20] Die Leitung wird bei ihrer Arbeit von beratenden Gremien unterstützt, etwa durch die Arzneimittel- oder Hygienekommission.
[21] Näheres siehe Punkt C 2.2.1 und *Tabelle 13*.

2 Der Stellenwert des Krankenhauses im gesundheitlichen Versorgungssystem Deutschlands

2.1 Allgemeines zur Bedeutung, Struktur und Leistung des Krankenhauswesens

Das Krankenhauswesen hat heute in der Bundesrepublik Deutschland gesundheitspolitisch eine große Bedeutung. Die Kliniken sind zu Orten der Schwerpunktmedizin geworden. Neben den diagnostischen werden vor allem die therapeutischen Möglichkeiten der modernen Medizin in diesen Zentren umgesetzt. Medizinische Forschung und Lehre wird in Deutschland fast ausschließlich in den größeren Hochschulkliniken erbracht.

Das Krankenhaus ist zudem eine wichtige Aus- und Weiterbildungsstätte für verschiedene Berufsgruppen. Neben den Ärzten und Pflegekräften erhalten über elf weitere Berufsgruppen ihre Ausbildung dort[22]. Von besonderer Wichtigkeit ist das Krankenhaus für die Ärzte. Rund 90 % aller Mediziner erwerben eine Gebietsbezeichnung. Die Weiterbildung ist zwingend in einem Krankenhaus zu durchlaufen und dauert durchschnittlich fünf Jahre. Selbst der Arzt, der sich in einer Praxis als Allgemeinarzt niederlassen möchte, muß einen großen Teil seiner Weiterbildung in einer Klinik absolvieren *(Nunius V. 1983 S. 1)*. Der hohe Anteil an Ärzten ohne Gebietsbezeichnung von ca. 50 % aller Krankenhausärzte spiegelt die hohe Bedeutung des Krankenhauses als Weiterbildungsstätte wider *(siehe Abbildung Nr. 1)*.

Aber auch für den Arzt mit einer Facharztbezeichnung hat das Krankenhaus, und besonders die Universitätsklinik, eine wichtige Aufgabe, da er dort seine Qualifikation für eine Position als Leitender Abteilungsarzt erhalten kann. Annähernd 60 % der neugewählten Chefärzte im Fach Chirurgie kommen heute z.B. von einer Universitätsklinik *(Siewert J.R. 1994)*.

---

[22] In § 2 Abs. 1a KHG werden für die verschiedenen Einrichtungen der Fachberufe des Gesundheitswesens Regelungen zur Planung und Finanzierung gegeben.

Abbildung 1: Ärztliches Personal[23] in Krankenhäusern 1993 nach Gebietsbezeichnungen

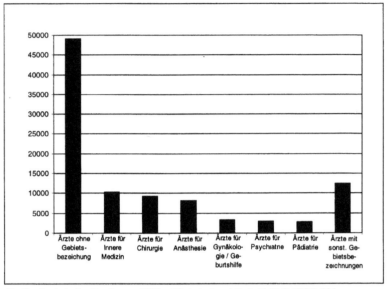

Quelle: *Statistisches Bundesamt 1995a , Wirtschaft und Statistik Heft 4/95 S. 304*

Anhand einiger Zahlen sollen nun im folgenden verschiedene Entwicklungstendenzen im Krankenhausbereich aufgezeigt werden.

Im Jahre 1994 gab es in Deutschland 2337 Krankenhäuser, davon waren 2089 Allgemeine Krankenhäuser, 248 fielen unter die Kategorie sonstige Krankenhäuser[24]. Bei den Allgemeinen Krankenhäusern standen 876 in öffentlicher, 848 in freigemeinnütziger und 365 in privater Trägerschaft *(Deutsche Krankenhausgesellschaft 1996 S. 36)*.

Die ebenfalls zum stationären Sektor gehörenden 1329 reinen Vorsorge- und Rehabilitationseinrichtungen, die 1994 in Deutschland vorgehalten wurden, sind in der Krankenhausstatistik gesondert aufgeführt und in der oben genannten Zahl der Krankenhäuser nicht berücksichtigt *(Deutsche Krankenhausgesellschaft 1996 S. 32)*.

Abbildung 2 zeigt die Aufteilung der Krankenhäuser nach ihrer Größe und Bettenzahl.

---

[23] Nicht mit berücksichtigt sind 12.981 Ärzte im Praktikum
[24] Krankenhäuser mit ausschließlich psychiatrischen oder psychiatrischen und neurologischen Betten, sowie reine Tages- oder Nachtkliniken (nicht nach Trägern differenziert).

Abbildung 2:

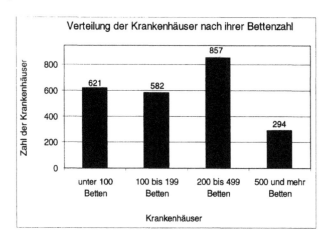

Quelle: *Statistisches Bundesamt 1995a, Wirtschaft und Statistik Heft 4/1995, S.303*

Mit zusammen 618.176 Betten behandelten die 2337 Krankenhäuser in Deutschland 1994 14.626.639 Fälle. Bei einer durchschnittlichen Bettenauslastung von 82,1 % und einer durchschnittlichen Verweildauer von 12,7 Tagen wurden 185.178.403 Pflegetage erbracht *(Deutsche Krankenhausgesellschaft 1996 S. 39, 43, 46)*.

Im Jahre 1990 waren es noch 2447 Krankenhäuser, die 13.776.912 Fälle in 209.826.153 Pflegetagen behandelten. Die Verweildauer lag 1990 bei 15,3 Tagen *(Deutsche Krankenhausgesellschaft 1996 S. 39, 43, 46)*.
Im gleichen Zeitraum verringerte sich die Anzahl der Betten je 10.000 Einwohner von 86,5 auf 75,9 *(Deutsche Krankenhausgesellschaft 1996 S. 34)*.

Der in dem Zeitraum 1990 bis 1994 bereits festzustellende Trend der Leistungsverdichtung, also mehr behandelte Patienten in weniger Kliniken, weniger Betten und in einer kürzeren Zeit, wird besonders bei der Betrachtung eines längeren Zeitraums deutlich. Dies zeigt *Abbildung Nr. 3*, die Daten beziehen sich auf die alten Bundesländer.

Abbildung 3:

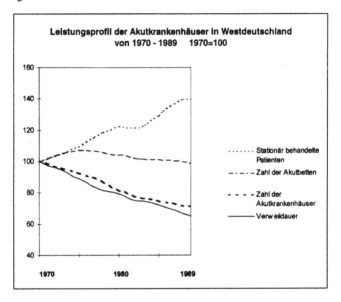

Quelle: Deutsche Krankenhausgesellschaft 1996 S. 42 ff., Statistisches Bundesamt 1992

Von 1970 bis 1989 nahm die Zahl der stationär versorgten Fälle um 69,5 % zu, während die Verweildauer um 32,2 % sank. Es versorgen heute also weniger Krankenhäuser in kürzerer Zeit deutlich mehr Patienten als noch vor 20 Jahren. Dieser Trend[25] hat sich nach der Wieder-

---

[25] Eine vergleichende Darstellung der Leistungsentwicklung in den Akutkrankenhäusern nach 1989 war aufgrund der mit der Wiedervereinigung Deutschlands verbundenen Vermengung des unterschiedlichen Zahlenmaterials und der anschließenden Reform der Krankenhausstatistik nicht möglich.

vereinigung Deutschlands in gleichen Maßen fortgesetzt *(Deutsche Krankenhausgesellschaft 1996 S. 42 ff.).*
Diese Leistungsverdichtung wurde von den Kliniken mit Hilfe einer steigenden Zahl an Personal bewältigt.
In Deutschland waren 1994 114.208 Ärzte im Krankenhaus[26] beschäftigt *(Deutsche Krankenhausgesellschaft 1996 S. 33).* Damit waren 1994 in Deutschland mehr Ärzte im Krankenhaus als im niedergelassenen Bereich mit 109.417 Ärzten tätig *(Dtsch. Ärztebl. Suppl. Heft 19/1996 S. 15, Deutsche Krankenhausgesellschaft 1996 S. 53).*
Bezogen auf die alten Bundesländer hat sich die Zahl der Krankenhausärzte von 1970 bis 1990 von 46.550 auf 96.203 mehr als verdoppelt *(Deutsche Krankenhausgesellschaft 1993 S. 50).* Die Altersstruktur der Ärzte im Krankenhaus und im niedergelassenen Bereich spiegelt *Abbildung 4* wider.

Abbildung 4:

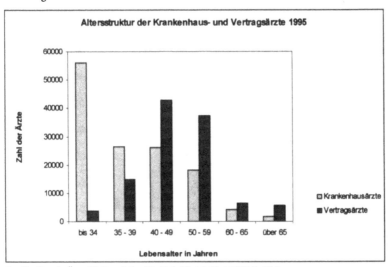

Quelle: Dtsch. Ärztebl. Suppl. Jg. 93, Heft 19, 10. Mai 1996 S. 19 f.

Im gleichen Zeitraum von 20 Jahren stieg die Zahl der Pflegekräfte von 175.183 auf 345.269 *(Deutsche Krankenhausgesellschaft 1993 S. 51).*
Im Jahr 1994 waren im Krankenhaus 417.272 Pflegekräfte, sowie zusätzlich 87.109 sich in der Pflegeausbildung befindliche Personen und 94.036 Pflegekräfte im Funktionsdienst be-

---

[26] Ohne 6362 Belegärzte und von den Belegärzten angestellten Ärzten, jedoch einschließlich von 13.289 Ärzten im Praktikum. Im gesamten stationären Bereich waren 1995 132.736 Ärzte beschäftigt *(Deutsche Krankenhausgesellschaft 1996 S. 50 f.).*

schäftigt, ohne Berücksichtigung der Auszubildenden also insgesamt 511.308 Pflegekräfte *(Deutsche Krankenhausgesellschaft 1996 S. 33)*.

Allerdings hat sich gerade im Pflegebereich in den letzten Jahren gezeigt, daß die Besetzung freier Planstellen deutlich schwieriger geworden ist. Vor allem im intensivmedizinischen Bereich fehlen heute trotz vorhandener Planstellen Pflegekräfte, der Begriff des Pflegenotstandes in den Kliniken bezeichnet diesen Zustand *(Eichhorn S. 1993a)*.

2.2 Das Krankenhaus im Umfeld des gesellschaftlichen Wandels und des medizinisch-technischen Fortschritts

Die Veränderungen gesellschaftlicher Strukturen, der Wandel der Werte *(Kloos M.B. 1994, Baier H. 1995)* und die wachsenden Möglichkeiten der modernen Medizin *(Schuster H.-P. 1993, Pfleiderer T. 1994)* haben heute großen Einfluß und eine entscheidende Bedeutung für den Krankenhausbereich. Von den dadurch ausgelösten Entwicklungen sind nicht nur die im Krankenhaus zu versorgenden und auch arbeitenden Menschen[27] maßgeblich betroffen.

Gerade für die Sozialversicherungssysteme und die Gesamtwirtschaft haben die ökonomischen Auswirkungen der genannten Entwicklungstendenzen eine herausragende Bedeutung.

Eine der entscheidensten Determinanten der Ausgabenentwicklung im Gesundheits- und Krankenhauswesen war in der Vergangenheit und wird voraussichtlich auch in der Zukunft der demographische Wandel in der Gesellschaft sein *(Eichhorn S. 1990, Deckner R. 1992, Jecker, Schneidermann 1992, Arnold, Straub 1993, Sachverständigenrat 1996 S. 23)*.

Bedingt durch die Zunahme der Zahl der Betagten im Rahmen des demographischen Wandels und der im Zuge des Wertewandels[28] zu beobachtenden Auflösung traditioneller familiärer Strukturen *(Kloos M.B. 1994, Baier H. 1995)* wächst nicht nur der Anteil der betagteren Patienten im Krankenhaus, sondern auch der Anteil derer, die einer intensiveren pflegerischen und, oftmals im Anschluß an eine stationäre Versorgung, auch einer sozialen Betreuung bedürfen.

Als zweiter maßgeblicher Motor werden die Ausgabensteigerungen im Gesundheitswesen, die durch den medizinisch-technischen Fortschritt und seinen neuen und sich laufend verbessernden Möglichkeiten in Diagnostik und Therapie verursacht werden, angesehen *(Eichhorn S. 1990, Deckner R. 1992, Jecker, Schneidermann 1992, Arnold, Straub 1993, Sachverständigenrat 1996 S. 24)*.

---

[27] Die Folgen dieser gesellschaftlichen Veränderungen für das Verhältnis von Arzt und Patient und für die Zusammenarbeit von Arzt und Pflegekraft werden in Kapitel B 2 erläutert.

[28] Genannt werden u.a. die Betonung des Wertes des einzelnen Individuums und die Selbstverwirklichung und Selbstentfaltung des einzelnen, der sog. Individualismus, der Trend zum Freizeit- und Lebensgenuß, der hohe Wert der "Lebensqualität", das größer werdende Sicherheitsbedürfnis, das erwachte Umweltbewußtsein, der Trend der Emanzipation der Frau etc. *(Kloos M.B., Baier H. 1995)*. Siehe auch Punkt B 2.1.2.1.

Auch andere wichtige Determinanten der Ausgabenentwicklung[29] im Krankenhauswesen werden von dem Wandel gesellschaftlicher Wertvorstellungen und Strukturen und dem medizinischen Fortschritt beeinflußt, dazu gehören die Veränderung des Krankheitsspektrums, die gestiegene Anspruchshaltung der Bevölkerung gegenüber der medizinischen Versorgung oder auch eine Leistungsintensivierung durch die sog. Defensivmedizin[30] *(Sachverständigenrat 1996 S. 24).*

2.2.1 Der demographische Wandel

Anhand einiger Zahlen soll die Bedeutung der demographischen Entwicklung als einem der beiden wichtigsten Nachfrageparameter für Krankenhausleistungen aufgezeigt werden.
So ist zunächst die im Laufe der Jahre deutlich gestiegene Lebenserwartung der Menschen festzuhalten. Sie betrug 1990/92 für Frauen 79,3 Jahre (1901/1910 48,3 Jahre, 1970/72 73,8 Jahre) und für Männer 72,9 Jahre (1901/1910 44,8 Jahre, 1970/72 67,4 Jahre) *(Deutsche Krankenhausgesellschaft 1994/95 S. 72).* Auch die Zahl der Betagten vergrößert sich kontinuierlich. Besonders eindrucksvoll zeigt sich dies bei der Entwicklung der Bevölkerung über achtzig Jahren *(siehe Abbildung Nr. 5).*

Das höher werdende Lebensalter des Menschen verursacht jedoch auch eine steigende Nachfrage nach Krankenhausleistungen[31]. Denn bei einem Bevölkerungsanteil der über 60-jährigen im Jahre 1994 von 20,8 % und einem Patientenanteil von 37,0 % benötigte diese Patientengruppe 49,1 % der Pflegetage im Krankenhaus *(Deutsche Krankenhausgesellschaft 1996 S. 77).*
Ein weiteres Kennzeichen der alten Patienten ist das gleichzeitige Bestehen mehrerer Krankheiten, die sog. Multimorbidität. Eine im Auftrag des Bundesministers für Arbeit und Sozialordnung durchgeführte Studie ergab, daß in der Gruppe der Patienten unter 60 Jahren in 29,2 % der Fälle mehr als drei Diagnosen gestellt wurden, bei den Patienten über 60 Jahren jedoch in 70,7 % mehr als drei Diagnosen gefunden wurden *(Bundesminister für Arbeit und Sozialordnung 1988).*

---

[29] Davon unabhängige Größen der Ausgabenentwicklung sind der insbesondere durch den umfassenden Versicherungsschutz gegebene Anreiz zu einer übermäßigen Inanspruchnahme von Gesundheitsleistungen, eine Leistungsausweitung durch angebotsinduzierte Nachfrage und der negative Preisstruktureffekt *(Sachverständigenrat 1996 S. 23 ff.).*

[30] Siehe Punkt B 3.

[31] Bestimmte Leistungen werden in einem weit überwiegenden Teil bei älteren Patienten erbracht. So werden 90 % aller Herzschrittmacher Patienten die älter als sechzig Jahre sind implantiert. Der Altersgipfel bei Frauen liegt heute bei knapp achtzig Jahren *(Batz, Irnich 1995).* Bei der aufgezeigten großen Zunahme der alten Patienten ist folglich auch eine Zunahme der implantierten Schrittmacher in Zukunft zu erwarten. Die Kosten für den einzelnen Schrittmacher liegen zwischen 5.000 und 10.000 DM.

Abbildung 5:

Quelle: Deutsche Krankenhausgesellschaft 1996, Zahlen, Daten, Fakten '96, Seite 76

Als weitere Folge der demographischen Entwicklung, der Verbesserung der Lebensbedingungen und des medizinisch-technischen Fortschritts hat sich auch das Krankheitsspektrum verändert. An erster Stelle der Todesursachen stehen heute die Herzkreislauferkrankungen mit 50 % aller Sterbefälle, an zweiter Stelle folgen die bösartigen Neubildungen mit 23,1 % *(Bundesminister für Gesundheit 1993)*. Noch zu Anfang des 20. Jhr. war mehr als die Hälfte aller Todesfälle durch Infektionskrankheiten bedingt. Heute liegt ihr Anteil unter 5 % *(Schott H. 1993 S. 341)*.

In 80 % der Fälle starben die Menschen in Deutschland 1990 an chronischen bzw. unheilbaren Krankheiten, die gleichermaßen der Grund für Erwerbs- und Berufsunfähigkeit waren *(Enquete-Kommission 1990)*.

2.2.2 Der medizinische und medizinisch-technische Fortschritt

Als bedeutsamste Folgen des medizinischen Fortschritts haben sich Qualität der medizinischen Versorgung und die Möglichkeiten der modernen Medizin sowohl in der Diagnostik als auch in der Therapie in den letzten Jahrzehnten deutlich verbessert. Dies zeigt sich beispielsweise eindrucksvoll in der Entwicklung der Säuglings- und Müttersterblichkeit:
Registrierte man 1956 noch eine Säuglingssterblichkeit von 38,5 Sterbefälle je 1000 Lebendgeborene, so waren es 1993 nur mehr 5,8 Sterbefälle je 1000 Lebendgeborene. Im gleichen Zeitraum ging die Müttersterblichkeit von 138,4 Sterbefälle je 100.000 Lebendgeborene auf 5,3 Sterbefälle je 100.000 Lebendgeborene zurück *(Bundesminister für Gesundheit 1995 S. 155 und 168) (siehe Abbildung 6)*.

Abbildung 6:

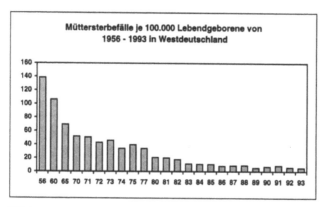

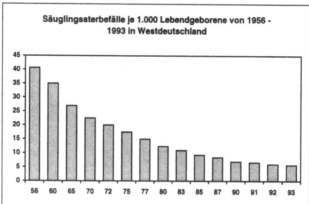

Quelle: Bundesminister für Gesundheit 1995 S. 155 und 168

Die Transplantation von Organen, mikrochirurgische Replantation von Gliedmaßen, Implantation von Herzklappen, Herzschrittmachern und künstlichen Gelenken, Dialyse, Steinzertrümmerung durch Ultraschall, Ballonkatheterdilatation von Herzkranzgefäßen und intensivmedizinische Behandlung und Überwachung Schwersterkrankter und vieles mehr haben Eingang in das Behandlungsspektrum des Krankenhauses gefunden. Biochemische Labortests und bildgebende Verfahren wie z.B. die digitale Subtraktionsangiographie, Endoskopie, die Sonographie, Computertomographie und Kernspintomographie haben im Krankenhaus große Bedeutung erlangt. Die rasche Zunahme gerade dieser modernen Verfahren sei an der Zunahme medizinisch-technischer Großgeräte beispielhaft verdeutlicht *(siehe Abbildung 7).*

Abbildung 7:

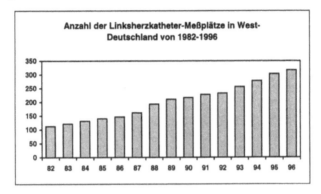

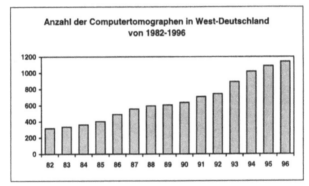

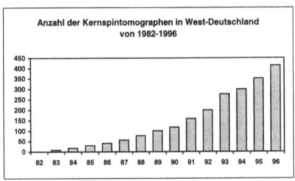

Quelle: *Deutsche Krankenhausgesellschaft 1996, Zahlen, Daten, Fakten '96, S. 73*

Zwangsläufig hat diese medizinisch-technische Entwicklung auch Auswirkungen auf die Kostenentwicklung. Die Grenzen der medizinischen Indikation haben sich durch die immer besseren Möglichkeiten für Diagnostik und Therapie heute bis ins hohe Alter ausgeweitet. Gehörte es vor 20 Jahren noch zu den Ausnahmen, 70jährige Patienten einer eingreifenden Operation zu unterziehen, vor 10 Jahren, 80jährige zu operieren, so gilt heute ein Alter von 90 Jahren schon nicht mehr als eine Kontraindikation für eine erforderliche operative Therapie *(Opderbecke H.W. 1989)*. Da sich das deutsche Gesundheits- und Krankenhauswesen dadurch auszeichnet, jedem Versicherten, gleich welchen Alters, die gebotene und ärztlich indizierte Behandlung zukommen zu lassen, hat diese Entwicklung auch ökonomische Folgen.

Eine wesentliche Herausforderung für die medizinische Versorgung und die Kliniken ist auch die zunehmende Spezialisierungstendenz in der Medizin als notwendige und auch sinnvolle Konsequenz des medizinischen Fortschritts *(Schuster H.-P. 1993, Pfleiderer T. 1994)*.
Die fortschreitende Spezialisierung hat innerhalb der Ärzteschaft bereits erhebliche Diskussionen über die Zukunft der Inneren Medizin und der Chirurgie ausgelöst *(Schuster H.-P. 1993, Pfleiderer T. 1994)*.
Die Auswirkungen des medizinischen Fortschritts zeigen sich heute in der Gliederung der einzelnen Fachbereiche in den Kliniken. Der enorme Wissenszuwachs und die neuen Möglichkeiten der Medizin führen zu einer zunehmenden Spezialisierung. Gerade in den Krankenhäusern findet daher eine Aufgliederung der Fachgebiete in Teildisziplinen statt. Ärzte für Innere Medizin können zusätzlich eine der acht Zusatzbezeichnungen (Kardiologie, Gastroenterologie, Rheumatologie, Pulmonologie, Angiologie, Endokrinologie, Hämatologie und internistische Onkologie, Nephrologie) führen. Die Weiterbildungsordnung für die Ärzte Bayerns sieht insgesamt 38 Facharztbezeichnungen vor.
An großen Häusern sind die Abteilungen (z.B. Chirurgie) meist in einzelne teilspezifische Stationen (Unfallchirurgie, Abdominalchirurgie, plastische Chirurgie, Gefäßchirurgie etc.) aufgegliedert.
Diese Aufgliederung eines Fachs in verschiedene Teilgebiete kann für die Organisation des ärztlichen Dienstes und der Gestaltung der Leistungserbringung innerhalb der Kliniken erhebliche Schwierigkeiten mit sich bringen. Bedingt durch die Spezialisierung besteht die Gefahr, daß sich das einzelne Teilgebiet verselbständigt, der Spezialist die anderen Bereiche und Aspekte der Medizin aus den Augen verliert, der Patient von Spezialist zu Spezialist weitergereicht wird und sich der Spezialist, bedingt durch seine notwendige Konzentration auf sein Gebiet, sich vom Krankenbett entfernt *(Pfleiderer T. 1994)*.
Ähnliche Auswirkungen hat die zunehmende Spezialisierung auch auf die Aus-, Fort- und Weiterbildung des ärztlichen Personals. Eine Aufteilung einer Abteilung eines großen Krankenhauses in einzelne kleine Fachbereiche kann eine "Grundausbildung" der jungen Ärzte in ihrem Fach erheblich erschweren. Verstärkt wird diese Entwicklung an den Universitäten, wo der Arzt bereits frühzeitig in die Forschungsvorhaben seines Fachbereichs mit eingebunden

wird. Aber selbst die Erlangung einer Facharztbezeichnung kann heute gerade in kleineren Krankenhäusern erschwert sein. In der Chirurgie beispielsweise kann der Fall eintreten, daß nicht alle für die Facharztanerkennung notwendigen Operationen an einem Haus durchgeführt werden. Eine daher notwendige Rotation der Weiterzubildenden zwischen verschiedenen Krankenhäusern ist jedoch derzeit nicht vorgesehen *(Mayer H. 1996)*. Daneben entstehen aus der zunehmenden Spezialisierung in der Medizin auch Probleme für die Abteilungen kleinerer Häuser, die ja, wie Abbildung 2 zeigt, von ihrer Zahl her in der Mehrheit sind. Aufgrund der kleineren Abteilungsgröße gerade der Krankenhäuser geringerer Versorgungsstufen ist oftmals eine Aufgliederung in verschiedene spezifische Abteilungen nicht sinnvoll durchführbar *(Schröder H.-J. 1993)*. Bei dem breiten Spektrum der Medizin heute ist der Abteilungsleiter gefordert, der die dem Stand der modernen Medizin erforderlichen Leistungen erbringen bzw. vorhalten kann, etwa endoskopische Operationsverfahren in der Chirurgie. Der leitende Arzt eines kleineren Krankenhauses steht also heute vor der Aufgabe, wegen der Spezialisierungstendenz in der Medizin letztlich ein Generalist sein zu müssen *(Schröder H.-J. 1993)*.

Eine weitere Folge der Spezialisierung der Krankenhausmedizin ist, daß die am Patienten zu erbringende Leistung heute in der Regel durch mehrere verschiedene Berufsgruppen (Ärzte, Pflegekräfte, Krankengymnasten, Masseure, Logopäden, röntgentechnische Assistenz, Ernährungsberater etc.) in zahlreichen Einzelleistungen erbracht wird.

Die Anforderungen, die an die Zusammenarbeit aller an der Patientenversorgung Beteiligten, an die interne Kommunikation und an die interne Ablauforganisation im Krankenhaus heute gestellt werden, müssen daher hoch angesetzt werden.

2.2.3 Der Wandel gesellschaftlicher Wertvorstellungen

Etwa Mitte der sechziger Jahre begann in Westdeutschland eine Tendenz, die eine weitreichende Verschiebung der Gewichtung bestimmter gesellschaftlicher Wertvorstellungen zur Folge hatte. Die Ursachen dieses Wertewandels sind multifaktoriell und nicht umfassend erklärbar. Auch in den neuen Bundesländern kann seit der Wiedervereinigung ein prägnanter Wertewandelschub festgestellt werden. Gekennzeichnet ist dieser Trend, der nach übereinstimmender Ansicht der Forscher bis in das nächste Jahrzehnt hinein anhalten wird, dadurch, daß sich die Wertvorstellungen von den "Pflicht- und Akzeptanzwerten" zu den sog. "Selbstentfaltungswerten" hin verschoben haben *(Klages H. 1993 S. 2 ff.)*. Waren früher Werte wie "Gehorsam", "Unterordnung", "Disziplin" oder "Selbstlosigkeit" maßgeblich, so sind es heute Wertvorstellungen, die die Emanzipation von Autoritäten, eine Gleichbehandlung und Gleichheit oder auch die Möglichkeit der Selbstverwirklichung und der Eigenständigkeit fordern *(Klages H. 1993 S. 4 f.).* Die Auswirkungen auf das Arzt-Patienten-Verhältnis[32] und auf das im Krankenhaus tätige Personal[33] sind tiefgreifend.

2.2.4 Aspekte des besonderen Umfelds der Krankenhäuser

Eine im gesundheitlichen Versorgungssystem der Bundesrepublik Deutschland bestehende Besonderheit der stationären Krankenversorgung ist es, in besonderem Maße fremdbestimmt zu sein *(Zuck R. 1987, Sachs I. 1994).* Neben den gesetzlichen Regelungen[34] nehmen die übrigen Sektoren des Gesundheitswesens und eine Reihe weiterer externer Faktoren Einfluß auf die Gestaltung der Organisation im Krankenhaus. Dies ist insofern von Bedeutung, als es den Führungsorganen der Krankenhäuser dadurch erschwert wird, auf bestimmte Entwicklungen, wie die des Patientenaufkommens und der damit verbundenen Ausgaben, zu reagieren.

Als externe Bestimmungsfaktoren für die Nachfrage nach stationären Leistungen wären nach der demographischen Entwicklung und dem medizinischen Fortschritt zu diesem Punkt z.B. die Einwohnerzahl, die Bevölkerungsdichte, die Morbiditätsstrukturen, die Arztdichte und die Möglichkeit der Notfallversorgung am Wochenende im niedergelassenen Bereich oder das Einweisungsverhalten der niedergelassenen Ärzte zu nennen. Eine von der AOK Magdeburg durchgeführte Studie hat beispielsweise erhebliche regionale Unterschiede in der Einweisungshäufigkeit von niedergelassenen Ärzten festgestellt *(Swart et al. 1996).*
Von großer Wichtigkeit ist auch das Verhältnis des Krankenhauswesens zu den anderen Bereichen der Krankenversorgung, etwa den ambulanten und poststationären Einrichtungen. So muß das Krankenhaus beispielsweise in seiner Funktion als "letzte Instanz" im Gesundheitswesen Patienten behandeln, die ambulant nicht angemessen versorgt werden können und/oder für die es keine ausreichenden stationären Pflegeeinrichtungen gibt *(Reiners H. 1989 S. 16, Enquete-Kommission 1990 S. 194 Rdnr.3).* Zu einer Fehlbelegung von Krankenhausbetten kann es auch dann kommen, wenn der Patient, vor allem der immobile und/oder alte Patient, im Anschluß an den Krankenhausaufenthalt zu einer Anschlußheilbehandlung/Rehabilitation verlegt werden soll und die Wartezeit in Ermangelung anderer Alternativen im Krankenhaus verbracht werden muß *(Schicker H. 1992 S. 130 ff.).*
Hier werden die Folgen der Auflösung traditioneller familiärer Strukturen deutlich. Aus diesen Gegebenheiten resultiert unter anderem die hohe Fehlbelegungsquote von Krankenhausbetten von ca.15-20 %[35] *(Priester K. 1989, Genzel H. 1994a).*

---

[32] Siehe Punkt B.2.1.2.4.
[33] Siehe Punkt B 2.4, C 1.3.
[34] Siehe Punkt A 3.
[35] Der Bundesminister für Arbeit und Sozialordnung geht von ca. 17 % fehlbelegten Pflegetagen in Akutkrankenhäusern bei Patienten über 60 Jahren aus *(Bundesminister für Arbeit und Sozialordnung 1989 S. 28).*

Eine weitere Folge des oben kurz skizzierten strukturellen Wandels sei abschließend genannt. Das Krankenhaus ist heute, anders als noch vor etwa vierzig Jahren, in der Regel der Ort geworden, wo der Großteil der Bevölkerung geboren wird. Das Krankenhaus ist heute aber auch der Ort, an dem die Mehrheit der Bevölkerung, etwa zwei Drittel aller Menschen, versterben *(Mendler T.M. 1993)*. Die Aufgaben und Anforderungen, die mit der Sterbebegleitung von Patienten verbunden sind, fallen heute zunehmend nicht mehr dem Familienkreis sondern dem Krankenhaus zu.

2.3 Die wirtschaftliche Bedeutung und das ökonomische Umfeld des Krankenhauswesens

In den vergangenen Jahrzehnten hat sich die wirtschaftliche Bedeutung der Krankenhäuser durch die zunehmende Verlagerung der medizinischen Schwerpunktversorgung in die Krankenhäuser und die erweiterten Möglichkeiten der Medizin erhöht.

Parallel zu dieser Entwicklung ist das Krankenhauswesen heute zu einem wichtigen Zweig des Dienstleistungssektors geworden. Anhand einiger Zahlen und Vergleichsbeispiele soll dies kurz verdeutlicht werden.

Im Krankenhauswesen waren 1994 mehr als 1,1 Millionen Menschen beschäftigt *(Deutsche Krankenhausgesellschaft 1996 S. 32)*. Das bedeutet, daß jeder 27. abhängig Beschäftigte in Deutschland seinen Arbeitsplatz im Krankenhaus hatte *(Deutsche Krankenhausgesellschaft 1996 S. 32)*. Damit übertreffen die Kliniken die deutsche Bundespost und Bundesbahn mit zusammen etwa 900.000 Mitarbeitern *(Ossen P. 1992)*. Größere Kliniken sind von ihrer Wirtschaftskraft her mit mittelständischen Betrieben vergleichbar. Das Universitätsklinikum München-Großhadern hatte 1993 einen Umsatz von 550 Mio. DM bei 1600 Betten. Der größte Krankenhausträger Deutschlands, der LBK Hamburg mit zusammen 10 Allgemeinen Krankenhäusern, hatte 1992 eine Bilanzsumme von 1,4 Milliarden DM, 7940 Betten und rund 14.000 Beschäftigte *(Mellmann H. 1993)*.

Für die Städte, Landkreise und Kommunen sind die Krankenhäuser durch ihren hohen Personalbestand und die hohen Umsatzzahlen wichtige Arbeitgeber, aber auch Steuerzahler und Auftraggeber für Betriebe in der umliegenden Region.

Die ökonomische Bedeutung des Gesundheits- und Krankenhauswesens wird aus volkswirtschaftlicher Sicht jedoch erst bei der Betrachtung der Kostenentwicklung der vergangenen Jahre deutlich. Bedingt durch die ständig steigende Nachfrage nach Gesundheits- und Krankenhausleistungen sowie die neuen Möglichkeiten des medizinisch-technischen Fortschritts sind auch die Aufwendungen und Ausgaben für Gesundheit im Verlaufe der letzten Jahr-

zehnte kontinuierlich gestiegen. Zu dieser Entwicklung und den Auswirkungen auf den Krankenhausbereich nun im einzelnen.
Im Jahre 1993 wurden in Deutschland insgesamt 440,3 Milliarden DM für das Gesundheitswesen ausgegeben, im Bereich der früheren Bundesrepublik waren es 376,5 Milliarden. Knapp die Hälfte der Ausgaben trägt die Gesetzliche Krankenversicherung *(Abbildung 8)*.

Abbildung 8:

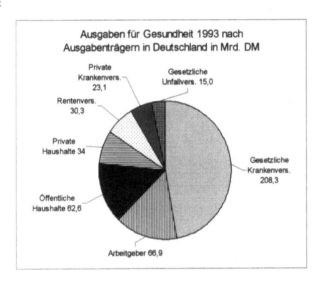

Quelle: Statistisches Bundesamt 1995b, Wirtschaft und Statistik, Heft 12, S. 915

Bezogen auf das Bruttosozialprodukt werden 10,5 % für Gesundheitsleistungen aufgewandt, für den Krankenhausbereich 2,9 %.
Die Ausgaben der gesetzlichen Krankenversicherung beliefen sich 1995 auf 228,1 Milliarden DM. Auf den Bereich der stationären Versorgung entfielen 77,6 Milliarden DM oder 34,0 % *(siehe Abbildung 9)*.
Bei einer längerfristigen Betrachtung erkennt man, daß der Anteil der Ausgaben für den stationären Bereich von 1975 bis 1995 von 30,1 % auf 34,1 % zugenommen hat. Der Anteil des ambulanten Bereichs (ohne Zahnbehandlung) im gleichen Zeitraum von 34,7 % auf 30,5 % dagegen abgenommen hat *(Tabelle 1)*. In der Tabelle werden die Ausgaben der GKV für die ambulante Behandlung zusätzlich in Ausgaben für ambulant tätige Ärzte und für Arzneimittel aus Apotheken aufgegliedert.

Abbildung 9:

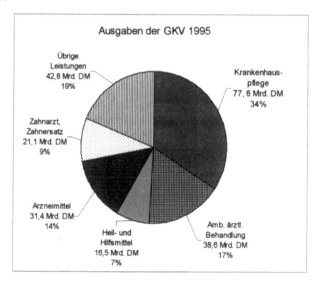

Quelle: Deutsche Krankenhausgesellschaft 1996 S. 62

Tabelle 1: GKV-Leistungsausgaben 1975 - 1995 in Westdeutschland

Jahr	Ausgaben insgesamt in Mio. DM	Krankenhaus in %	Ambulante Behandlung in %	Ärzte in %	Arzneimittel in %	Heil- und Hilfsmittel in %
1975	58.171	30,1	34,7	19,4	15,3	4,4
1980	85.956	29,6	32,5	17,9	14,6	5,7
1985	108.704	31,3	33,4	18,1	15,3	6,0
1989	123.242	33,1	34,8	18,4	16,4	6,4
1990	134.238	33,2	34,4	18,2	16,3	6,3
1991	151.634	32,4	33,8	17,6	16,1	6,4
1992	167.850	32,1	33,4	17,2	16,1	6,7
1993	166.092	34,3	31,1	18,0	13,1	6,8
1994	178.463	34,4	30,2	17,4	12,8	7,2
1995	189.563	34,1	30,5	17,3	13,2	7,4

Quelle: Deutsche Krankenhausgesellschaft 1996 S. 63

Im gleichen Zeitraum ist der Anteil des Krankenhauswesens am Bruttosozialprodukt von 2,7 % auf 2,9 % gestiegen *(Deutsche Krankenhausgesellschaft 1996 S. 67)*.

Aufgrund dieser Entwicklung steht heute gerade das Krankenhauswesen vor der Forderung, in verstärktem Maße Kosten einsparen zu müssen *(Jacobs W. 1996, Sing R. 1996, v. Stackelberg J.-M. 1996)*.

Obwohl sich der Anteil der Ausgaben der GKV für das Krankenhauswesen im Verhältnis zum ambulanten Bereich in den letzten 20 Jahren erhöht hat, weist dies allein noch nicht auf die zukünftig große ökonomische Brisanz der Ausgabenentwicklung im Gesundheits- und Krankenhauswesen hin.

Dies wird erst bei einer Gegenüberstellung wichtiger gesamtwirtschaftlicher Parameter mit den Ausgaben für Gesundheit über einen längeren Zeitraum deutlich *(siehe Abbildung 10)*.

Abbildung 10:

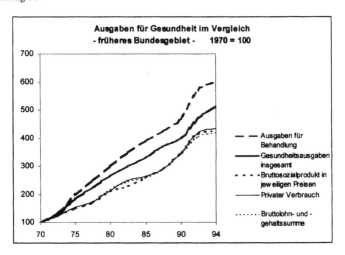

Quelle: Statistisches Bundesamt 1995b, Wirtschaft und Statistik, Heft 12, S. 921

Es zeigt sich, daß die Gesundheitsausgaben von 1970 bis 1993 erheblich stärker gestiegen sind als der private Verbrauch, das nominale Bruttosozialprodukt oder die Bruttolohn- und -gehaltssumme *(Statistisches Bundesamt 1995)*. Als Folge der überproportionalen Steigerungsrate für Gesundheitsausgaben muß bei dem in Deutschland vorherrschenden beitragsfinanzierten Krankenversicherungssystem ein immer größer werdender Teil der Einkommen für die Finanzierung der Gesundheitsausgaben verwendet werden.

Diese Entwicklung spiegelt sich in der **Höhe der Beitragssätze zur gesetzlichen Krankenversicherung** wider. **Von 1970 bis 1995 erhöhte sich der Beitragssatz** der GKV in den alten Bundesländern **von durchschnittlich 8,2 % auf 13,2 %** *(Deutsche Krankenhausgesell-*

schaft 1996 S. 67). Da die Hälfte des Beitragssatzes der Arbeitgeber zu leisten hat, ist diese Entwicklung in dem derzeit schwierigen ökonomischen Umfeld für die Unternehmen, den Arbeitsmarkt und das Wirtschaftswachstum von sehr großer Bedeutung. Um die Betriebe und den Faktor Arbeit zukünftig nicht noch mehr durch weiter steigende Krankenversicherungsbeiträge zu belasten, wurden bereits einige entsprechende Maßnahmen, wie die zukünftige Fixierung des Arbeitgeberanteils, vorgeschlagen. Der Gesetzgeber versucht auf diese sich zuspitzende Entwicklung im Finanzierungssystem der gesetzlichen Krankenversicherung verstärkt seit 1993 durch eine Reihe einschneidender rechtlicher und gesetzgeberischer Maßnahmen zu reagieren um zukünftig zumindest ein weiteres Öffnen der Schere zwischen der Ausgaben- und Einnahmenseite der GKV zu verhindern[36].

Dies deutet darauf hin, daß die Ausgaben für Gesundheit die volkswirtschaftlich tolerable Belastungsgrenze der Unternehmen und privaten Haushalte erreicht oder überschritten haben, und der langfristige Trend der überproportional steigenden Gesundheitsausgaben nunmehr durchbrochen werden muß.

Die Frage der Kosten und der Wirtschaftlichkeit wird daher in den Kliniken zukünftig eine dominierende Rolle einnehmen.

---

[36] Siehe Punkt A 4.

3 Grundsätzliches über Rechte und Pflichten der Krankenhäuser

Im folgenden Abschnitt werden die öffentlich-rechtlichen Rahmenbedingungen des Krankenhauswesens dargestellt. In diesem Zusammenhang wird auf die aus dem Sozialstaatsprinzip abgeleiteten besonderen Rechte und die sich daraus ergebenden Pflichten für die Krankenhäuser eingegangen.

3.1 Das Sozialstaatsprinzip und die Trägerpluralität

Die Sicherstellung der gesundheitlichen Versorgung der Bevölkerung in der Bundesrepublik Deutschland ist eine dem Sozialstaatsprinzip der Verfassung[37] entsprechende öffentliche Aufgabe im Rahmen der Daseinsvorsorge. Es ist eine Aufgabe des Staates, allen Bürgern eine nach dem allgemein anerkannten Stand der modernen Medizin entsprechende Versorgung mit Krankenhausleistungen anzubieten. Der Staat hat daher dafür Sorge zu tragen, daß für alle Bürger eine ausreichende und bedarfsgerechte Versorgung durch leistungsfähige Krankenhäuser zur Verfügung steht (allgemeiner stationärer Sicherstellungsauftrag des Staates).

An der Krankenversorgung nehmen neben den staatlichen und kommunalen auch freigemeinnützige und private Träger teil. Das Prinzip der Trägerpluralität, also die Gleichwertigkeit öffentlicher, freigemeinnütziger und privater Krankenhausträger in Erfüllung ihres Versorgungsauftrages, ist ein tragendes Prinzip des Gesundheitssystems der Bundesrepublik Deutschland und grundrechtlich geschützt *(Genzel H. 1992a in Laufs, Uhlenbruck 1992 § 85 Rdnr.1)*. In der Krankenhausgesetzgebung wird die Vielfalt der Träger im KHG § 1 Abs. 2 und in den jeweiligen Landeskrankenhausgesetzen[38] festgelegt.

Der stationäre Sicherstellungsauftrag wird unter Berücksichtigung der Trägervielfalt durch die staatliche Krankenhausbedarfsplanung und Krankenhausförderung nach dem Krankenhausfinanzierungsgesetz, den Krankenhausgesetzen der Länder und durch sozialversicherungsrechtliche Regelungen näher präzisiert. Der Gesetzgeber legt dabei normativ fest, wer für die stationäre Versorgung in einem bestimmten Gebiet die rechtliche und politische Verantwortung zu tragen hat. In Bayern, wie auch in anderen Bundesländern, sind die Landkreise und kreisfreien Städte durch die Kommunalgesetzgebung verpflichtet, Krankenhäuser zu errichten und vorzuhalten[39] *(Genzel H. 1984)*.

Gemeinsames Ziel der Gesetzgebung ist nach § 1 Abs. 1 KHG "die wirtschaftliche Sicherung der Krankenhäuser, um eine bedarfsgerechte Versorgung der Bevölkerung mit leistungs-

---

[37] Art. 20 Abs. 1 und Art. 28 Abs. 1 GG.
[38] Vgl. das Bay KrG in Art. 1 bis 5.
[39] Die Sicherstellung der psychiatrischen Versorgung liegt bei den Bezirken.

fähigen, eigenverantwortlich wirtschaftenden Krankenhäusern zu gewährleisten und zu sozial tragbaren Pflegesätzen beizutragen."

3.2 Krankenhausplanung und -förderung als Verpflichtung aus dem Sozialstaatsprinzip

Der Staat kommt seinem stationären Sicherstellungsauftrag nach, indem er dafür Sorge trägt, daß allen Bürgern qualitativ und quantitativ ausreichend stationäre Versorgungsmöglichkeiten zur Verfügung stehen. Um dies gewährleisten zu können, regelt er die bedarfsgerechte Versorgung durch planerische Maßnahmen (Krankenhausbedarfsplanung / öffentliche Investitionsprogramme) und sorgt für ein Vergütungssystem für die von den Krankenhäusern erbrachten Leistungen (Krankenhausfinanzierung).
Auf diese Art und Weise sind die Krankenhäuser in ein öffentlich-rechtliches Planungs- und Finanzierungssystem eingebunden, das ihnen Rechte einräumt und Pflichten zuteilt.

Für die Erfüllung des sozialstaatlichen Sicherstellungsauftrages steht dem Gesetzgeber ein weiter Gestaltungsspielraum zu. Vorgaben, die als Leitlinien für das gesetzgeberische Ermessen dienen, sind verfassungsrechtliche Grundsätze, wie die bedarfswirtschaftliche Ausrichtung der Krankenhausversorgung, das Prinzip der Trägerpluralität, der Grundsatz der Subsidiarität bei der Leistungserfüllung und die Beachtung gesamtwirtschaftlicher Grenzen *(Genzel H. 1992a in Laufs, Uhlenbruck 1992 § 84 Rdnr. 4).*

3.2.1 Die Bedeutung der staatlichen Krankenhausplanung und des Versorgungsauftrags

Aufgabe der einzelnen Bundesländer ist es, entsprechend ihrer Planungshoheit zur Verwirklichung einer bedarfsgerechten Versorgung, Krankenhauspläne aufzustellen[40]. Die Länder haben also die Kompetenz, die Qualität und Quantität des Versorgungsangebots zu steuern.
Das Ziel der Krankenhausplanung, die Sicherung einer gleichmäßigen, bedarfsgerechten[41] und einander ergänzenden stationären Versorgung soll durch die Einteilung der Krankenhäuser nach Anforderungs- und Versorgungsstufen erreicht werden[42].
Für das einzelne Krankenhaus und seine betrieblichen Strukturen hat der Krankenhausplan und der Versorgungsauftrag[43] erhebliche Bedeutung.

---

[40] Siehe § 6 Abs. 1 KHG.
[41] Zur Definition der Bedarfsgerechtigkeit siehe Art. 5 Abs. 2 BayKrG. Zur Problematik der Definition siehe *Schicker H. 1992 S. 18.*
[42] Die Einteilung nach Versorgungsstufen ist in den Bundesländern nicht einheitlich geregelt, im allgemeinen wird zwischen Krankenhäusern der Grund-, Regel- oder Haupt- und der Schwerpunkt- oder Maximalversorgung unterschieden *(Genzel H. 1992a in Laufs, Uhlenbruck 1992 § 83 Rdnr. 40 S. 457 und § 86 Rdnr. 34 u. Fn. 37 S. 492).*
[43] Näher definiert wird der Versorgungsauftrag in § 4 BPflV 1995.

Bedeutsam ist vor allem der mit der Aufnahme in den Krankenhausplan und im Investitionsprogramm einhergehende gesetzlich zugesicherte Finanzierungsanspruch im Rahmen des dualen Finanzierungssystems für das jeweilige Krankenhaus[44]. Das sog. Plankrankenhaus ist aufgrund eines fingierten Versorgungsvertrags zur Leistungserbringung zugelassen[45] und hat nach § 109 Abs. 4 SGB V einen Rechtsanspruch auf Abschluß einer Pflegesatzvereinbarung mit leistungsgerechten Entgelten (Pflegesätzen) zur Finanzierung seiner Betriebskosten. Gleichzeitig werden auf dem Wege der öffentlichen Förderung (§ 8 Abs. 1 S. 1 KHG) die Investitionskosten des Plankrankenhauses und Errichtungsmaßnahmen auch durch Aufnahme in ein Investitionsprogramm vom Staat übernommen. Die Aufnahme eines Krankenhauses in den Landeskrankenhausplan und ggf. in ein Investitionsprogramm hat daher für den einzelnen Krankenhausträger existenzentscheidende Bedeutung *(Genzel H. 1992a in Laufs, Uhlenbruck § 86 Rdnr. 29)*.

Im Rahmen der Krankenhausbedarfsplanung[46] werden daneben das medizinische Leistungsangebot, die einzelnen Fachrichtungen, die Behandlungsplätze für semistationäre Einrichtungen und die Anzahl der Betten eines Krankenhauses festgelegt. Über die Ausstattung mit medizinisch-technischen Großgeräten wurde[47] ebenfalls in einem planerischen Verfahren entschieden (§ 122 SGB V, § 10 KHG). Bestimmte, in der Planungshoheit der Länder befindliche strategische Organisationsentscheidungen können sich somit weitgehend dem Gestaltungseinfluß der Klinikleitung entziehen[48].

Aber nicht nur der Staat, sondern nunmehr auch die Krankenkassen können bei der Ausgestaltung des Versorgungsauftrags eines Krankenhauses Einfluß nehmen. Die staatliche Planungshoheit wird als eine Folge des GSG 1993 durch ein Mitspracherecht der gesetzlichen Krankenkassen eingeschränkt[49]. Der § 109 Abs. 1 Satz 3 und 4 SGB V sieht jetzt vor, daß die Vertragsparteien im Einvernehmen mit der für die Krankenhausplanung zuständigen Landesbehörde eine gegenüber dem Krankenhausplan geringere Bettenzahl vereinbaren können, soweit die Leistungsstruktur des Krankenhauses nicht verändert wird. Auch die Kündigung von Versorgungsverträgen durch die Krankenkassen wird durch den neugefaßten § 110 SGB V erleichtert *(Heinze M. 1994)*.

---

[44] Siehe § 8 Abs. 1 KHG.
[45] Siehe § 109 Abs. 1 Satz 2 SGB V.
[46] Vgl. Bayerischen Krankenhausplan Ausgabe v. 01.01.1996 (21.Fortschreibung).
[47] Durch Art.1 Nr. 23b, Nr. 32; Art.5 Nr.2 des am 01.07.1997 in Kraft getretenen 2.GKV-NOG ist die gemeinsame Großgeräteplanung für den ambulanten und stationären Bereich als zu wenig effizient aufgehoben worden *(Genzel H. 1997)*.
[48] Dies gilt auch für freigemeinnützige und private Träger, die aufgrund ihrer Freiheit der Aufgabendefinition über Art, Inhalt und Umfang ihres karitativen Engagements grundsätzlich entscheiden können *(Lauffer E. 1988 S. 188, Genzel H. 1992a in Laufs, Uhlenbruck 1992 § 85 Rdnr. 10 S. 477)*
[49] Siehe § 7 KHG.

Erste Erfahrungen haben bereits gezeigt, daß die Krankenkassen diese neugewonnenen Kompetenzen auch in der Praxis umsetzen wollen *(Hoffmann H. 1996)*. So wurde einer Klinik von den Kassen angekündigt, daß sie zukünftig Kosten einer bestimmten Operation nicht mehr vergüten wollen, da die Anzahl der entsprechenden Leistungen zu gering sei *(Hoffmann H. 1996)*. Die Krankenkassen können heute also nicht nur auf die Struktur und Organisation einer Klinik, sondern auch auf gewisse Führungsentscheidungen des Trägers und der Klinikleitung im Rahmen des Planungsverfahrens (§ 7 KHG) und des Versorgungsvertrages Einfluß nehmen.

Aufgewertet wurde der Versorgungsauftrag durch das am 01.01.1993 in Kraft getretene GSG, das für die Krankenhäuser zur besseren Verzahnung des ambulanten und stationären Bereichs neue und den bisherigen Versorgungsauftrag aller Krankenhäuser erweiternde Aufgaben[50] vorsieht. Während bisher die Aufgabenstellung der Krankenhäuser grundsätzlich auf die vollstationäre Behandlung ausgerichtet war, ist diese durch die Neufassung des § 39 Abs. 1 SGB V jetzt neu definiert: "Die Krankenhausbehandlung wird vollstationär, teilstationär, vor- und nachstationär (§ 115 a) sowie ambulant (§ 115 b) erbracht." Die Einzelheiten über vor- und nachstationäre Behandlung werden nach § 115 a SGB V durch kollektive Verträge geregelt. Voraussetzung für die vor- und nachstationäre Behandlung ist die Verordnung von Krankenhausbehandlung, in der Regel durch den niedergelassenen Arzt (§ 73 Abs. 2 Nr. 7 und Abs. 4 SGB V).

Nach dem § 115 b SGB V sind die Krankenhäuser neben dem niedergelassenen Bereich zum ambulanten Operieren zugelassen. Die neuen Versorgungsformen haben nach § 39 Abs. 1 Satz 2 SGB V Vorrang vor der vollstationären Behandlung. Die Patienten können nach Prüfung durch den Krankenhausarzt nur dann vollstationär behandelt werden, wenn das Behandlungsziel nicht durch teilstationäre, vor- und nachstationäre Behandlung erreicht werden kann. Ergänzenden Einfluß auf die planerische Ausgestaltung von Art und Umfang der Krankenhausbehandlung nehmen auch die kollektiv verbindlichen zwei- und dreiseitigen Verträge nach § 112 Abs. V und § 115 Abs. 5 SGB V. Der dreiseitige Vertrag zwischen der Deutschen Krankenhausgesellschaft, der bundeskassenärztlichen Vereinigung und den Spitzenverbänden der Krankenkassen über das Ambulante Operieren beispielsweise soll einheitliche Rahmenbedingungen für die Krankenhäuser und die niedergelassenen Ärzte schaffen sowie deren Zusammenarbeit regeln.

Eine Einschränkung erfährt der Versorgungsauftrag durch die neuen Entgeltsysteme[51]. Da die neuen Entgeltformen einen steuernden Effekt auf das Leistungsangebot haben, tritt der Versorgungsauftrag in seinem bisher umfassenden Sinne dahinter zurück *(Heinze M. 1994)*. Die

---

[50] Die bisherigen ambulanten Behandlungsmöglichkeiten der Kliniken ergaben sich aus der Ermächtigung von Krankenhausärzten nach § 116, § 98 Abs. 2 Nr.11 SGB V in Verbindung mit § 31, § 31a Ärzte-ZV. Zuzulassen sind die Polikliniken der Hochschulen § 117 SGB V und die Psychiatrischen Krankenhäuser § 118 SGB V.

[51] Siehe Punkt A 3.2.2.

Konkretisierung des Umfanges des Versorgungsauftrags ist aufgrund der Neuregelungen des GSG auch Gegenstand der Pflegesatzvereinbarung[52].

3.2.2 Das System der Krankenhausfinanzierung

Neben der Krankenhausplanung hat besonders die Art und Weise der Krankenhausfinanzierung große Bedeutung für das Krankenhaus und seine Leistungen. Gerade in diesem Bereich wurden in den letzten Jahren durch neue gesetzliche Vorgaben zahlreiche Änderungen und Novellierungen vorgenommen[53].

Ein in den Krankenhausplan des Landes aufgenommenes Krankenhaus hat zu seiner wirtschaftlichen Sicherung nach § 4 und § 8 Abs. 1 KHG Anspruch auf Förderung der Investitionskosten durch den Staat[54] und der Finanzierung der Betriebskosten über leistungsgerechte Pflegesätze durch die Benutzer bzw. ihre Kostenträger (v.a. Krankenkassen) (duales Finanzierungsprinzip). Die einzelnen Fördertatbestände der staatlichen Krankenhausförderung (§ 9 KHG) werden in den einzelnen Landeskrankenhausgesetzen näher konkretisiert. Auf Antrag werden, nach Aufnahme der Klinik in das Jahresbauprogramm, Investitionskosten für Errichtung (Neubau, Umbau, Errichtungsbau) und Wieder- und Ergänzungsbeschaffung von Anlagegütern gefördert.

Grundlegende Änderungen haben sich bei der Finanzierung der Betriebskosten für stationäre Krankenhausleistungen ergeben. Mit der Verordnung zur Regelung der Krankenhauspflegesätze (Bundespflegesatzverordnung) BPflV 1995 v. 26.09.1994 *(BGBl. I S. 2750)* wurde die Vergütung der Krankenhausleistungen vom bisherigen allgemeinen vollpauschalierten, tagesgleichen Pflegesatz auf ein differenziertes System medizinisch leistungsgerechter Entgelte umgestellt *(Genzel H. 1995b)*.

Die Krankenhäuser erhalten für die erbrachten Leistungen nicht mehr die rechtliche Zusicherung der Deckung "der vorauskalkulierten Selbstkosten eines sparsam wirtschaftenden und leistungsfähigen Krankenhauses" (Selbstkostendeckungsgrundsatz) (§ 4 a. F. KHG), sondern die Vergütung "leistungsgerechter Erlöse aus den Pflegesätzen und Vergütung für vor- und nachstationäre Behandlung und für das ambulante Operieren" (§ 4 Nr. 2, § 17 Abs. 1 KHG).

Der tagesgleiche Pflegesatz, als eine Abschlagszahlung auf das jeweils mit den Kassen für jedes Krankenhaus individuell vereinbarte Budget, wird so weitgehend wie möglich durch Fallpauschalen[55], Sonderentgelte[56] und differenzierte Pflegesätze abgelöst.

---

[52] Siehe § 17 Abs. 1 Satz 3 KHG, § 3 Abs. 1 Satz 3 BPflV 1995.
[53] Siehe Punkt A 4.
[54] Siehe Punkt A 3.2.1.
[55] Bei einer Fallpauschale wird die gesamte Behandlung und Versorgung des Patienten mit einer bestimmten Diagnose vergütet, bei einem Sonderentgelt jedoch nur ein bestimmter, in der Regel sehr teurer oder aufwendiger Leistungskomplex (§ 11 BPflV 1995). Neben einem Sonderentgelt wird also immer noch ein weiteres Entgelt geleistet.

Die allgemeine Krankenhausleistung (§ 2 Abs. 2 BPflV) wird zukünftig durch Fallpauschalen und Sonderentgelte (§ 10 Abs. 1 Nr.1, § 11 BPflV 1995), durch einen Gesamtbetrag (Budget) aufgeschlüsselt in tagesgleiche Pflegesätze in Form von Abteilungspflegesätzen und einen Basispflegesatz sowie durch entsprechende teilstationäre Pflegesätze (§ 10 Abs. 1 Nr.2, § 12, § 13 BPflV 1995) vergütet *(Genzel H. 1995b)*. Wie nach altem Pflegesatzrecht sind die tagesgleichen Pflegesätze Abschläge auf das Gesamtbudget *(Genzel H. 1994b)*.

Seit dem 01.01.1996 sind die Krankenhäuser verpflichtet, die Behandlungskosten eines Patienten über Fallpauschale oder Sonderentgelt abzurechnen, wenn die erbrachte Leistung einem der derzeit 160 Sonderentgelte oder einer der 40 Fallpauschalen zugeordnet werden kann (Vorrang der neuen Entgeltformen). Bisher erfassen diese Entgeltformen aber nur weitgehend operative Leistungen[57]. Für die übrigen nicht über Fallpauschale oder Sonderentgelt abrechenbaren Leistungen, dem sog. Restbudget, verbleibt es bei einer krankenhausindividuellen Vereinbarung der Pflegesätze, allerdings in einer neuen Gliederung. Die ärztlichen und pflegerischen Leistungen werden über Abteilungspflegesätze vergütet, die nicht durch ärztliche oder pflegerische Tätigkeit veranlassten sog. Vorhalteleistungen über einen für die Krankenhäuser einheitlichen Basispflegesatz[58]. Einen Überblick über die Vergütung der allgemeinen Krankenhausleistung gibt *Tabelle 2*.

Krankenhäuser, die ihre Leistungen vollständig über Fallpauschalen abrechnen, haben seit dem 01.01.1996 kein Budget mehr. Kliniken, die keine Leistungen über Fallpauschalen abrechnen, erhalten demnach ausschließlich Vergütungen über Sonderentgelte oder tagesgleiche Pflegesätze. Die überwiegende Zahl der Kliniken aber wird nur einen Teil der Vergütungen[59] über Fallpauschalen und Sonderentgelte abrechnen und im übrigen auf der Grundlage des Restbudgets tagesgleiche Pflegesätze vereinbaren *(Genzel H. 1995a)*.

Die Abteilungspflegesätze werden auch zukünftig krankenhausindividuell bestimmt. Für die Berechnung der Höhe der Fallpauschalen und Sonderentgelte sind hingegen bundeseinheitliche Bewertungsrelationen (Punktezahl einer Leistung) maßgeblich (§ 17 Abs. 2a Satz 1 BPflV), die mit den landesweit einheitlichen Punktewerten multipliziert die Höhe der Fallpauschalen und Sonderentgelte ergeben (§ 16 Abs. 1 Satz1 BPflV). D.h., daß die neuen Vergütungsformen nicht krankenhausindividuell bestimmt werden, sondern für alle Krankenhäuser landesweit und in gleicher Höhe Gültigkeit besitzen. Bei der einheitlichen Gültigkeit der

---

[56] Im Gegensatz zu den Sonderentgelten nach der alten Gesetzgebung, die noch mit jedem Krankenhaus einzeln vereinbart wurden, gilt nun ein landesweit einheitlich festgelegter Satz.

[57] Zukünftig könnten aber nicht nur Krankenhausleistungen im operativen Bereich über Fallpauschalen vergütet werden, sondern auch Leistungen in den konservativen Fächern, etwa der Inneren Medizin. Im Auftrag des Bundesministeriums für Gesundheit wurde anhand zweier internistischer Abteilungen eine Erprobung der Fallklassifikation "Patient Management Categories" (PMCs) durchgeführt. Als Ergebnis dieser Studie stellen die Autoren fest, daß eine Fallgruppierung auch für das Fachgebiet der Inneren Medizin, vor allem in den Fachgebieten der Kardiologie und Gastroenterologie, möglich ist *(Neubauer et al. 1995)*.

[58] Die Bemessung des Basispflegesatzes kann hinsichtlich Unterkunft und Verpflegung nach § 16 Abs. 3 Satz 2 BPflV landesweit einheitlich vorgenommen werden.

[59] Je nach Verteilung der Fachrichtungen einer Klinik liegt der Anteil der neuen Entgelte etwa bei 20 % - 30 %. Interne Fachkliniken dürften derzeit keine Fallpauschalen haben, in der Augenheilkunde kann der Anteil bei über 60 % liegen *(Werner, Seidel 1996)*.

Entgelte müssen diese **einem** und nicht einem bestimmten Krankenhaus bei wirtschaftlicher Betriebsführung ermöglichen, seinen Versorgungsauftrag zu erfüllen. Der Umfang des Versorgungsauftrags ist damit Gegenstand der Pflegesatzvereinbarung (§ 17 Abs. 1 Satz 3 KHG) (s. o.).

Tabelle 2: Die Vergütung der allgemeinen Krankenhausleistung nach der BPflV 1995

---

1. Pauschalierte Entgelte
(obligatorisch und vorrangig anzuwenden)

Fallpauschalen Vergütung allgem. Krankenhausleistungen: Behandlungsfall (§ 11 Abs. 1)	**Sonderentgelte** Vergütung eines Teiles allgem. Krankenhausleistungen: Leistungskomplex (§ 11 Abs. 2)
1. **bundeseinheitlich** definiert (Anlage 1) oder landeseinheitlich vereinbart (§ 16 Abs. 2)	1. **bundeseinheitlich** definiert (Anlage 2) oder landeseinheitlich vereinbart (§ 16 Abs. 2)
2. entsprechende Bewertungsrelationen (Punktezahlen)	2. entsprechende Bewertungsrelationen (Punktezahlen)
3. **landeseinheitliche** Vereinbarung der Punktewerte	3. **landeseinheitliche** Vereinbarung der Punktewerte
4. **krankenhausindividuell** vereinbarte a. *Zuschläge* (§ 11 Abs. 3 Satz 2, Abs. 4,5,7) ··zur Sicherung bedarfsgerechter Versorgung (max. 30 %) ··für Qualitätssicherungsmaßnahmen ··für Ausbildungseinrichtungen und Ausbildungsvergütungen ··für Investitionskosten bei nicht oder nur teilweise geförderten Krankenhäusern ··zeitlich befristete Ausgleichsbeträge für Mehrerlöse (§ 11 Abs. 8) b. *Abschläge* (§ 11 Abs. 3 Satz 2, Abs. 6) ··keine Teilnahme an der stat. Notfallversorgung ··auf ungewöhnlich wenig Leistungsarten begrenzte Leistungserbringung bei Fachkrankenhäusern, Fachabteilungen, Belegkrankenhäusern, Belegabteilungen ··Abzüge für wahlärztliche Leistungen ··zeitlich befristete Ausgleichsbeträge für Mehrerlöse (§ 11 Abs. 8)	4. **krankenhausindividuell** vereinbarte a. *Zuschläge* (§ 11 Abs. 3 Satz 2, Abs. 4,7) ··zur Sicherung bedarfsgerechter Versorgung (max. 30 %) ··für Qualitätssicherungsmaßnahmen ··für Investitionskosten bei nicht oder nur teilweise geförderten Krankenhäusern b. *Abschläge* (§ 11 Abs. 3 Satz 3) ··keine Teilnahme an der stationären Notfallversorgung ··auf ungewöhnlich wenig Leistungsarten begrenzte Leistungserbringung bei Fachkrankenhäusern, Fachabteilungen, Belegkrankenhäusern, Belegabteilungen

2. Krankenhausindividuelle Entgelte
Flexibles Krankenhaus - Gesamt (Rest) - Budget
(§ 10 Abs. 1 Nr.2, § 12 Abs. 1)

Abteilungspflegesätze	Basispflegesätze	teilstationäre Pflegesätze
für ärztliche und pflegerische Leistungen (§ 13 Abs. 1 u. 2)	für nicht-ärztliche und nicht - pflegerische Leistungen (§ 13 Abs. 1 u. 3)	(§ 13 Abs. 1 u. 4)
für jede org. selbständige bettenführende Abteilung und besondere Einrichtungen (§ 13 Abs. 2)	landeseinheitlich pauschalierte Entgelte für Unterkunft und Verpflegung (§ 13 Abs. 3 Satz 2)	anteilig entsprechend der voraussichtlichen Leistungen vereinfacht aus den vollstationären Pflegesätzen

Mit der Einführung neuer Entgeltformen soll sich die Vergütung der Krankenhausbehandlung zukünftig an der medizinisch gebotenen Leistung und nicht mehr an den entstandenen Kosten orientieren. Ziel dieser differenzierten Pflegesatzgestaltung ist die Erhöhung der Transparenz[60], die bessere Vergleichbarkeit der Krankenhäuser und die Stärkung der abteilungsbezogenen Verantwortung.

Mit dem am 01.07.1997 in Kraft getretenen 2. GKV-NOG werden die Gestaltungsmöglichkeiten der Selbstverwaltung bei der Weiterentwicklung der pauschalen Vergütungsformen ab dem Pflegesatzzeitraum 1998 erweitert (§ 17 Abs. 2a KHG).

Mit der völligen Trennung der Fallpauschalen und Sonderentgelte vom bisherigen Gesamtbudget des Krankenhauses zum 01.01.2000 wird die laufende Überarbeitung bestehender Entgeltarten und die Einführung und Bewertung neuer Entgelte anstelle staatlicher Verordnung von den Selbstverwaltungspartnern auf Bundes- und Landesebene übernommen *(Genzel H. 1997)*. Die an der Vereinbarung über entsprechende Entgeltkataloge und deren Weiterentwicklung beteiligten Selbstverwaltungspartner sind die Spitzenverbände der Krankenkassen, der Verband der privaten Krankenversicherungen und die Deutsche Krankenhausgesellschaft. Soweit medizinische Fragen der Entgelte und der zugrunde liegenden Leistungsabgrenzungen betroffen sind, hat die Ärztekammer Gelegenheit zur Stellungnahme (§ 17 Abs. 2a Satz 4 KHG). Kommt eine Einigung zwischen den genannten Partnern nicht zustande, entscheidet auf Antrag einer der Vertragsparteien die neu zu errichtende Bundesschiedsstelle (§ 18a Abs. 6, § 17 Abs. 2a Satz 5 KHG). Die vereinbarten Entgeltkataloge sind für die Träger von Krankenhäusern, die Mitglied einer Landeskrankenhausgesellschaft sind, unmittelbar verbindlich. Für die Klinikträger, die nicht Mitglied einer Landeskrankenhausgesellschaft sind, sind die

---

[60] Allerdings werden diese Ziele durch die "feste" Budgetierung des Stabilisierungsgesetztes 1996 weitgehend verhindert, da hierdurch im pauschalierten Bereich und im Restbudget verschiedene Anreize wirken. Die dem neuen Vergütungssystem innewohnenden ökonomischen Anreize, Steuerungsmöglichkeiten und Funktionen können aufgrund des festen Budgets nicht wirken *(Ernst, Ernst 1996)*.

Entgeltkataloge der Pflegesatzvereinbarung (§ 17 BPflV) zugrunde zu legen. Die Vereinbarung weiterer Fallpauschalen und pauschalierter Sonderentgelte durch die Selbstverwaltungspartner auf Landesebene ist auch weiterhin möglich[61]. In Ergänzung des § 26 BPflV (Modellvorhaben) können die Vertragsparteien nach § 18 Abs. 2 KHG darüber hinaus zeitlich begrenzte Modellvorhaben zur Entwicklung neuer pauschalierter Entgelte vereinbaren (§ 17 Abs. 2a Satz 9 KHG).

3.3 Die wesentlichen Aufgaben der Kliniken

Aus der Einbindung in das staatliche Planungs- und Finanzierungssystem ergeben sich für die Krankenhäuser verschiedene Aufgaben und Pflichten.

3.3.1 Die Behandlungs- und Aufnahmepflicht

Die Aufgabe des Krankenhauses ist es, durch ärztliche und pflegerische Hilfeleistung Krankheiten, Leiden, Körperschäden festzustellen, zu heilen oder zu lindern, Geburtshilfe zu leisten und die zu versorgenden Personen unterzubringen und zu verpflegen (§ 2 Nr. 1 KHG). Durch die Einbindung in das öffentliche Planungs- und Finanzierungssystem besteht eine dem Versorgungsauftrag entsprechende Behandlungspflicht, wenn der Patient der stationären Behandlung bedarf. Für sozialversicherte Patienten folgt die Aufnahme- und Behandlungspflicht darüber hinaus aus § 109 Abs. 4 Satz 1 und 2 SGB V. Die stationäre Aufnahme eines Patienten und der darauf beruhende Abschluß eines Behandlungsvertrages zieht für die zuständigen, fachkompetenten Ärzte die Pflicht zur Patientenbehandlung nach sich. Dies wird in der Regel durch Dienstordnung und Dienstvertrag näher festgelegt. Aufgabe des Krankenhausträgers ist es, durch eine entsprechende Organisation und Personalausstattung die Erfüllung der Aufnahme- und Behandlungspflicht zu ermöglichen. Die konkrete Leistungspflicht und der Umfang der Leistungsfähigkeit des Krankenhauses wird durch seinen jeweiligen Versorgungsauftrag näher ausgeführt *(Quaas M. 1993)*. In Notfällen allerdings ist jedes für die Erstversorgung geeignete Krankenhaus zur Aufnahme und Primärversorgung eines Patienten verpflichtet. Dies gilt auch dann, wenn die Klinik aus betrieblichen Gründen (Renovierung, Vollbelegung etc.) eigentlich ihre Behandlungspflicht nicht erfüllen kann.

Die zu erbringende allgemeine Krankenhausleistung umfaßt, unter Berücksichtigung der Leistungsfähigkeit des Krankenhauses, nach Art und Schwere der Erkrankung des Patienten das medizinisch Zweckmäßige und Notwendige (§ 2 Abs. 2 BPflV).

---

[61] Vgl. § 16 Abs. 2 BPflV.

3.3.2 Das Wirtschaftlichkeitsgebot

Das Krankenhauswesen der Bundesrepublik Deutschland ist bedarfsorientiert ausgerichtet, das heißt, daß die Deckung eines von den Patienten nachgefragten Bedarfs an Gesundheitsleistungen und nicht die Erzielung eines Gewinns im Vordergrund steht. Die Finanzierung der Leistungen für die Bedarfsdeckung über die Beiträge der gesetzlichen Krankenversicherung bzw. der Solidargemeinschaft erfordert einen rationellen und sparsamen Einsatz der verfügbaren Mittel. Das Wirtschaftlichkeitsgebot ist im § 12 SGB V und in den §§ 1 Abs. 1, 9 Abs. 5 und 17 Abs. 1 Satz 3 KHG festgeschrieben. Die Leistungen müssen ausreichend, zweckmäßig und wirtschaftlich sein. Sie dürfen das Maß des Notwendigen nicht überschreiten[62], d. h., die Leistungen müssen ihrem medizinischen Zweck entsprechen, eine Krankheit zu erkennen oder zu behandeln. Die im Gesetz genannten unbestimmten Rechtsbegriffe "ausreichend", "zweckmäßig", "wirtschaftlich" sind zwar nicht näher ausgeführt oder definiert, aber "in vollem Umfang gerichtlich überprüfbar" *(Genzel H. 1992a in Laufs, Uhlenbruck 1992 § 87 Rdnr. 20 S. 529).*

Daraus leitet sich die Forderung ab, daß unter mehreren medizinisch gleichwertigen Maßnahmen diejenige anzuwenden ist, die die geringsten Kosten verursacht. "Dabei ist in jedem Fall der therapeutische Nutzen vor dem Preis entscheidend" *(zitiert aus: Genzel H. 1992a in Laufs, Uhlenbruck 1992 § 87 Rdnr.20 S. 529).*

---

[62] In den sechziger Jahren wurde noch die bestmögliche Versorgung in der Krankenhausgesetzgebung gefordert. Auch das KHG von 1972 sah das "Gebot der Optimierung" vor. *Siehe Genzel H. 1992a in Laufs, Uhlenbruck 1992 § 84 Fn. 5 S. 464 f.*

4 Die Krankenhausgesetzgebung[63] (GSG 1993, BPflV 1995, StabilisierungsG 1996, Beitr.Entl.G. 1996, 2. GKV-NOG v. 1997) und ihre Konsequenzen für die Zukunft des Krankenhauses (Stand 01.07.1997)

Das Gesundheitsstrukturgesetz von 1993 und die nachfolgenden gesetzlichen Regelungen mit ihren tiefen Einschnitten in die Struktur, Organisation und Finanzierung des Krankenhauswesens stellen einen Wendepunkt in der bisherigen Ordnungspolitik[64] dar *(Eichhorn, Schmidt-Rettig 1995a)*. Ausgehend von den oben aufgezeigten ökonomischen Rahmenbedingungen und der Ausgaben-/Einnahmenentwicklung in der Gesetzlichen Krankenversicherung und den dadurch ausgelösten Beitragssatzsteigerungen der letzten Jahre wurde, und wird auch weiterhin Handlungsbedarf gesehen *(Sachverständigenrat 1992, Seehofer H. 1993, AOK-Bundesverband 1996, Sing R. 1996, v. Stackelberg J.-M. 1996)*.

Vor Verabschiedung des GSG von 1993 bestand bei den Parlamentariern Einigkeit über den hohen medizinischen Leistungsstandard, aber auch über erhebliche Strukturmängel, Überkapazitäten und Fehlsteuerungen im Krankenhausbereich *(Genzel H. 1994a)*. Das Ziel der Gesetzgebung war es, bestehende Überkapazitäten ("Bettenabbau") und Unwirtschaftlichkeiten abzubauen, sowie durch Beseitigung falscher Anreizstrukturen, die Effektivität des Systems zu erhöhen *(Genzel H. 1994a)*. Das Gesundheitsstrukturgesetz sollte durch eine Rationalisierung im System eine Rationierung der medizinischen Leistung verhindern *(Seehofer H. 1993)*.

Die Eckpunkte des Gesundheitsstrukturgesetzes 1993 und bestimmende Merkmale der sich anschließenden gesetzgeberischen Reformmaßnahmen waren:

1. **Die Aufhebung des Selbstkostendeckungsgrundsatzes**:

Das bisher das Krankenhausfinanzierungssystem tragende Prinzip (§ 4 KHG a. F.) wurde als Strukturfehler[65] erachtet und mit dem GSG 1993 beseitigt *(Genzel H. 1995b)*. Der Grundsatz

---

[63] Gesetz zur Sicherung und Strukturverbesserung der gesetzlichen Krankenversicherung (Gesundheitsstrukturgesetz -GSG) v. 21.12.1992 *(BGBl. I S. 2266)*, Verordnung zur Regelung der Krankenhauspflegesätze (Bundespflegesatzverordnung 1995) v. 26.09.1994 *(BGBl. I. S. 2750)*, Gesetz zur Stabilisierung der Krankenhausausgaben 1996 (StabilisierungsG 1996) v. 28.04.1996 *(BGBl. I S. 654)*, Gesetz zur Entlastung der Beiträge in der gesetzlichen Krankenversicherung (Beitragsentlastungsgesetz) v. 01.11.1996 *(BGBl. I S. 1631)* und Zweites Gesetz zur Neuordnung von Selbstverwaltung und Eigenverantwortung in der Gesetzlichen Krankenversicherung (2.GKV-NOG) v. 01.07.1997 *(BGBl. I S. 1520)*.

[64] Innerhalb der letzten zwanzig Jahre war das GSG bereits der fünfte Versuch des Gesetzgebers, die wirtschaftliche Sicherung des Krankenhauswesens in Einklang mit den volkswirtschaftlichen Rahmenbedingungen zu bringen. Im Mittelpunkt stand und steht dabei die Reform der Krankenhausfinanzierung *(Eichhorn, Schmidt-Rettig 1995a)*. Die gesetzgeberischen Reformmaßnahmen waren im einzelnen das Gesetz zur wirtschaftlichen Sicherung der Krankenhäuser und zur Regelung der Krankenhauspflegesätze (KHG) v. 29.06.1972 *(BGBl. I S. 1009)*; das Krankenhaus-Kostendämpfungsgesetz v. 22.12.1981 *(BGBl. I S. 1568)*, das Krankenhausneuordnungsgesetz v. 20.12.1984 *(BGBl. I S. 1716)*; das Gesetz zur Strukturreform im Gesundheitswesen (Gesundheits-Reformgesetz-GRG) v. 20.12.1988 *(BGBl. I S. 2477)* und das Gesetz zur Sicherung und Strukturverbesserung der gesetzlichen Krankenversicherung (Gesundheitsstrukturgesetz - GSG) v. 21.12.1992 *(BGBl. I S. 2266)*.

[65] In Verbindung mit den tagesgleichen Pflegesätzen kann das Selbstkostendeckungsprinzip zu einer möglichst weitgehenden Auslastung der Bettenkapazität, zu einer Verlängerung der Verweildauer und damit zu Unwirtschaftlichkeit führen *(Genzel H. 1994a)*. Der Selbstkostendeckungsgrundsatz stand in engem Zusammenhang mit der staatlichen Krankenhausplanung und war ein rechtliches und wirtschaftliches Äquivalent für die Aufnahme- und Behandlungspflicht des Krankenhauses *(Genzel H. 1994a)*.

der Beitragsstabilität (§ 141 Abs. 2 SGB V) gilt unmittelbar auch für den Krankenhausbereich.

2. **Die Einführung leistungsorientierter Vergütungsformen**:
   Wie in Punkt A. 3.2.2 dargestellt, bekommt das Krankenhaus spätestens seit dem 01.01.1996 nicht mehr seinen individuellen tagesgleichen Pflegesatz. Zukünftig muß sich das Leistungs- und Kostengeschehen des einzelnen Hauses an regional gültigen und/oder an fall- und leistungsbezogenen Preisen orientieren (Fallpauschale, Sonderentgelt, Abteilungspflegesätze, Basispflegesatz).

3. **Die Einführung neuer Versorgungsformen im Krankenhaus**:
   Die bisherige Aufgabenstellung des Krankenhauses war auf die vollstationäre Versorgung beschränkt[66]. Zur besseren Verzahnung des stationären und des ambulanten Bereichs hat das GSG allen Krankenhäusern die Möglichkeit zur teil-, vor- und nachstationären Behandlung und zum ambulanten Operieren eröffnet. Gleichzeitig haben diese Versorgungsformen Vorrang vor einer vollstationären Behandlung (§ 39 Abs. 1 SGB V).

4. **Die Deckelung der Klinikbudgets in den Jahren 1993 bis 1995; verschärft fortgeführt im Stabilisierungsgesetz 1996**:
   Von 1993 bis 1995 waren als Konsequenz der auseinander laufenden Einnahmen und Ausgaben der Krankenkassen die Budgets der Krankenhäuser an die Einnahmen der Kostenträger gebunden. Als "Sofortbremsung" gedacht, erwies sich dieses Instrument aufgrund einiger Ausnahmeregelungen (z. B. Pflegepersonalregelung) als nur bedingt tauglich. Da der Ausgabenanstieg im Krankenhaus noch über dem der Einnahmen der Krankenkassen lag, wurde mit dem am 22.03.1996 verabschiedeten Stabilisierungsgesetz 1996 rückwirkend zum 01.01.1996 die Deckelung der Krankenhausbudgets in einer keine größeren Ausnahmeregelungen mehr enthaltenden verschärften Form fortgeführt *(Herbold et al. 1996, Norden G. 1997).*

   Mit dem am 01.11.1996 in Kraft getretenen **"Gesetz zur Entlastung der Beiträge in der Gesetzlichen Krankenversicherung (Beitragsentlastungsgesetz)"** *(BGBl I S. 1631)* hat sich die finanzielle Situation der Krankenhäuser weiter zugespitzt. Das Beitragsentlastungsgesetz dient dem Ziel, durch einen breiten Fächer von Kürzungen in allen Leistungsbereichen die gesetzliche Krankenversicherung kurzfristig finanzwirksam zu entlasten *(Norden G. 1997).* Für den Bereich der stationären Versorgung sieht das Beitragsentlastungsgesetz schwerpunktmässig vor, die Budgets und die Entgelte für Fallpauschalen/Sonderentgelte der Krankenhäuser in den Jahren 1997 bis 1999 jeweils um mindestens 1 % pauschal zu kürzen (Art. 3 Beitr.Entl.G.).

5. **Die Neuordnung der Selbstverwaltung im Krankenhausbereich durch das 2. GKV-NOG**:
   Das am 01.07.1997 in Kraft getretene **"Zweite Gesetz zur Neuordnung von Selbstverwaltung und Eigenverantwortung in der Gesetzlichen Krankenversicherung (2.**

---

[66] Siehe Punkt A. 3.2.1.

GKV-NOG)" *(BGBl I S. 1520-1536)* überträgt die Verantwortung für Ausgaben- und Leistungsentwicklung in erweitertem Ausmaß an die Selbstverwaltung der Beteiligten *(Genzel H. 1997)*. Es erweitert die Gestaltungsmöglichkeiten der Selbstverwaltungspartner und baut im Gegenzug staatliche Regelungen ab *(Genzel H. 1997)*. Wesentliche Eckpunkte der gesetzlichen Vorgaben und Regelungen sind die Festschreibung des sozialrechtlichen Status der Krankenhausgesellschaften in Bund und Ländern mit privatrechtlichen Verbandsstrukturen[67], die Weiterentwicklung der pauschalen Vergütungsformen[68], die Übertragung der Verantwortung für die Beitragssatzstabilität (§ 141 Abs. 2 SGB V) im Krankenhausbereich auf die Selbstverwaltungspartner, die Einrichtung einer Bundesschiedsstelle zur Konfliktlösung (§ 18a Abs. 6 KHG), die Erweiterung des Gestaltungsspielraumes für die ärztliche Selbstverwaltung bei Qualitätssicherungsmaßnahmen im Krankenhausbereich[69], die Aufhebung der Pflege-Personalregelung[70] und die Aufhebung der gemeinsamen Großgeräteplanung[71] *(Genzel H. 1997)*.

4.1 Ökonomisierung des Krankenhauswesens

Die bedeutsamste Konsequenz der aufgezeigten gesetzlichen Regelungen ist die erheblich gewachsene Bedeutung der Ökonomie und der ökonomischen Zielsetzung des Krankenhauses. Herausragend dabei ist der sich erheblich verschärfende Rationalisierungsdruck im Krankenhaus durch:

1. Zukünftig verstärkte Budgetierung stationärer Leistungen:
   Das Ziel des Gesetzgebers, die Ausgaben der Kostenträger an ihre Einnahmen zu koppeln, bedeutet für die Krankenhäuser, daß sie zukünftig das Risiko einer weiter steigenden Nachfrage nach stationären Leistungen mit überproportionalen Steigerungsraten der dabei anfallenden Kosten tragen (Mengenrisiko). Angesichts der oben aufgezeigten langjährigen Tendenz der Leistungs- und Kostenentwicklung *(siehe Abbildung 10)* wird der Rationalisierungsdruck für die Krankenhäuser zukünftig ständig wachsen. Einen steuernden Einfluß auf die diese Nachfrageentwicklung vermutlich bestimmenden Parameter (v. a. den medizinischen Fortschritt, die demographische Entwicklung, aber auch Strukturmängel im Gesundheitswesen) hat das Krankenhaus jedoch im allgemeinen nicht.

2. Die neuen Entgeltformen und die Aufgabe des bisher gültigen Individualprinzips:
   Rationalisierungsdruck entsteht auch, wie vom Gesetzgeber beabsichtigt, durch die neuen Entgelte (Fallpauschale, Sonderentgelt, einheitliche Vergütung für das ambulante Operie-

---

[67] Näheres siehe *Genzel H. 1997 S. 124 f.*
[68] Siehe Punkt A 3.2.2.
[69] § 137a und b SGB V.
[70] Art. 9.2 GKV-NOG.
[71] Art. 1 Nr. 23b, Nr.32, Art. 5 Nr.2.2. GKV-NOG.

ren) *(Jäger P. 1994).* Insbesondere dann, wenn das Krankenhaus aus der Vergütung durch die Fallpauschalen und Sonderentgelte Verluste machen sollte, wird es versuchen seine Kosten zu senken. Auf der anderen Seite eröffnen die neuen Entgeltformen prinzipiell auch die Möglichkeit "Gewinne" zu erwirtschaften[72]. Auf dem Weg zur "Gewinnmaximierung" ergäben sich weitere Anreize, die Kosten zu senken.

Die seit dem 01.01.1996 verbindlich und vorrangig anzuwendenden neuen Entgelte und die Methode ihrer Bemessung bedeuten daneben die Aufgabe des bisherigen sog. Individualprinzips. Im Gegensatz zum bisher angewandten, für jedes Krankenhaus individuell durchgeführten Pflegesatzverfahren, ist die Höhe der neuen Entgelte landesweit für jede Klinik gleich. Der Selbstkostendeckungsgrundsatz wurde bereits im Zuge des GSG 1993 abgeschafft.

3. Der zunehmende Einfluß der Krankenkassen:
Aufgrund der oben aufgezeigten neuen und erweiterten Möglichkeiten der Krankenkassen auf die Leistungsstruktur eines Krankenhauses einwirken zu können, erhält das Gebot der Wirtschaftlichkeit zusätzliches Gewicht. Eine Folge dieser Entwicklung wäre, daß die Kassen zukünftig, wie bereits geschehen *(Flenker I. 1996, Hoffmann H. 1996),* bei "Unwirtschaftlichkeit"[73] beabsichtigen, die entsprechenden Leistungen nicht mehr zu vergüten. Zusätzlichen Druck brächte auch der Kostenvergleich verschiedener Krankenhäuser, der über die einheitlichen Entgelte indirekt möglich geworden ist. Ein Krankenhausvergleich ist vorgesehen (§ 5 BPflV).

Zusätzlicher Druck auf die Krankenhäuser, wirtschaftlicher zu arbeiten, wird durch die Erwartung der Kassen entstehen, daß zukünftig nichtleistungsfähige Krankenhäuser aus dem Markt ausscheiden *(Sing R. 1996).* In diesem Zusammenhang ist auch das Ziel der Kassen zu sehen, die Qualität der von den Krankenhäusern erbrachten Leistungen mit der Höhe der Vergütung in Verbindung zu bringen[74].

Als weitere Folge der Ökonomisierung des Krankenhauses, insbesondere des Rationalisierungsdrucks und der Dominanz wirtschaftlicher Überlegungen, erhöhen sich auch die Anforderungen an die Kompetenz und Qualität der Führungsstruktur und der Trägerorgane der Kliniken in hohem Maße *(Genzel H. 1994a, Eichhorn, Schmidt-Rettig 1995a S. 25 ff.).*

Das GSG fordert von Krankenhausleitung und Trägerorganen vor allem eine spezifische Fachkompetenz, aber auch ökonomische Sensibilität, die Bereitschaft, Verantwortung zu übernehmen und zu delegieren und die Fähigkeit, Mitarbeiter führen und motivieren zu kön-

---

[72] Nach Wegfall der Budgetdeckelung kann es sich für ein Krankenhaus lohnen, die Menge "rentabler" Fallpauschalen auszuweiten, um die Fixkostendegression gewinnsteigernd zu nutzen.
[73] *Hoffmann* nennt den Fall einer Klinik, die wegen zu geringer Fallzahl eines Operationsverfahrens die entsprechenden Vergütungen nicht erstattet bekommen hatte *(Hoffmann H. 1996).*
[74] Siehe Punkt B 4.

nen *(Genzel H. 1994a)*. Für die Umsetzung der sich aus dem GSG ergebenden Konsequenzen in die Krankenhauspraxis sind diese Punkte unabdingbar.

Das innerbetriebliche Rechnungswesen muß auf- und ausgebaut werden *(Genzel H. 1994a)*. Desweiteren erhöht sich der Verwaltungsaufwand für das neue und durch die verschiedenen parallel zu berechnenden Entgeltarten komplizierte Abrechnungsverfahren bei Kliniken und Krankenkassen erheblich. Vertreter der Kassen rechnen damit, daß die Zahl der Abrechnungseinheiten der Krankenhäuser sich verzehnfachen wird *(Werner, Seidel 1996)*.

Ein weiterer wichtiger Punkt wird sein, daß zukünftig im Krankenhaus als einem "Medizinbetrieb" der ärztlichen Leistungs- und Wirtschaftlichkeitsverantwortung erhöhte Bedeutung zukommen muß *(Genzel H. 1994a, 1995a,. 1996, Bauer H. 1995a, Hoffmann H. 1995, Weissauer W. 1995, Junghanns K. 1996)*.

4.2 Qualitätssicherung im Krankenhaus

Der mit den neuen Entgelten und der Budgetierung einhergehende wachsende Rationalisierungsdruck auf die Krankenhäuser kann negative Folgen für die Qualität der Krankenhausleistungen haben. Die Kliniken könnten versucht oder gezwungen sein, die Qualität der Leistungserbringung zu vernachlässigen, um so Kosten einzusparen. Die Einführung von Qualitätssicherungsmaßnahmen bei der Anwendung von Fallpauschalen und Sonderentgelten ist daher zwingend notwendig, um die Gefahr des Qualitätsverlustes zu verhindern. Diese müßten sich auch auf die Strukturqualität[75] beziehen.

Die Ökonomisierung des Krankenhauswesens hat auch wichtige Folgen für die Beziehung zwischen Arzt und Patient. Als Konsequenz der neuen Rahmenbedingungen und des Rationalisierungsdrucks wird jede erbrachte Leistung und damit die Behandlung des Patienten zu einem Kostenfaktor, der sich "rechnen" muß *(Kühn H. 1993)*. In einer Analyse der Aufnahme- und Verlegungspraxis der Krankenhäuser 1993 konnte bereits ein Trend zur zunehmenden Patientenselektion und Spezialisierung beobachtet werden *(Simon M. 1996)*. Nach dem Ergebnis dieser Untersuchung steht weniger das Risiko möglicher Versorgungsengpässe *(Flenker I. 1996)*, als das Risiko einer Schädigung der ärztlich-pflegerischen Ethik im Vordergrund der Auswirkungen des neuen Finanzierungssystems *(Simon M. 1996)*.

Bezogen auf das untersuchte Gebiet der Aufnahme oder Verlegung von Patienten bedeutet dies, daß von der heutigen Krankenhausfinanzierung Anreize ausgehen, Entscheidungen über eine Aufnahme oder Weiterverlegung eines Patienten zunehmend mehr nach wirtschaftlichen Überlegungen als nach ärztlich-pflegerischen Handlungsnormen auszurichten *(Simon M. 1996)*.

---

[75] Siehe Punkt B 4.

Der seit jeher bestehende Zielkonflikt im Gesundheitswesen zwischen medizinisch-ärztlichem und wirtschaftlichem Handeln wird somit erheblich verschärft *(Genzel H. 1994a)*. Die Ökonomisierung des Krankenhauses stellt damit auch für das ärztliche Gewissen und die ärztliche Ethik eine neue Herausforderung dar. Zur Sicherung der "Humanität" als einem Aspekt der Behandlungsqualität und wesentlichem Bestandteil ärztlichen Gedankengutes muß sich der Arzt zukünftig mit dieser neuen Aufgabe befassen und auseinandersetzen.

4.3 Wettbewerb mit anderen Leistungsanbietern

Als weitere Folge der neuen Rahmenbedingungen steht das Krankenhaus heute in einer wettbewerbsähnlichen Situation zu anderen Leistungsanbietern, also anderen Krankenhäusern, teilstationären Versorgungsformen und dem niedergelassenen Bereich.

Aufgrund der neuen Möglichkeiten der Kliniken zur vor-, nach-, teilstationären Behandlung und zum ambulanten Operieren treten sie nicht nur in eine Art Konkurrenz zum ambulanten Bereich. Als weitere Folge der neuen Versorgungsformen ist auch mit einem vom Gesetzgeber gewünschten Bettenabbau im akutstationären Bereich zu rechnen *(Eichhorn, Schmidt-Rettig 1995a)*. Die sich daraus ergebende Konzentrierung und Zentralisierung von Krankenhausbetten wird durch die bereits erwähnten Anreize des neuen Entgeltsystems zur Spezialisierung und Konzentrierung nochmals verschärft. Eine dadurch entstehende Wettbewerbssituation zwischen den Krankenhäusern wird die Existenz bisher leistungsschwacher und unwirtschaftlicher Krankenhäuser gefährden *(Eichhorn, Schmidt-Rettig 1995a)*. Ohne den Anspruch auf Selbstkostendeckung und mit der im neuen Finanzierungssystem und den neuen Versorgungsformen gegebenen Verweildauerverkürzung steigt der Trend zum Bettenabbau nochmals. *Eichhorn* rechnet damit, daß der notwendige Bettenabbau nicht proportional bei allen Krankenhäusern erfolgt, sondern damit, daß eine Reihe von Krankenhäusern aus dem Leistungsgeschehen ausscheiden wird *(Eichhorn, Schmidt-Rettig 1995a S. 26)*.

Verstärkt wird diese Entwicklung durch den zukünftigen Qualitäts- und Preiswettbewerb der Kliniken untereinander und mit dem ambulanten Bereich. Gegebenenfalls ergeben sich auch aus der neugeschaffenen Konkurrenzsituation zwischen den Krankenkassen weitere Belastungen für das Krankenhaus. Gleichfalls einen Abbau von Krankenhausbetten hat das Beitragsentlastungsgesetz zum Ziel[76]. Bedenkt man, daß derzeit die staatlichen pauschalen Fördermittel weitgehend an die Zahl der Betten gekoppelt ist, wird deutlich, daß sich aus dem Bettenabbau zusätzliche finanzielle Risiken und Gefahren für das Krankenhaus ergeben können, die Folgen eines Wettbewerbs im Krankenhauswesen also zusätzlich verschärft werden können.

Aufgrund der zunehmenden Wettbewerbssituation und der Zwänge, Betten im akutstationären Bereich abbauen zu müssen, gewinnt der Patient aus ökonomischer Sicht eine größere Be-

---

[76] § 17a KHG

deutung. So schreibt Eichhorn, daß die Wettbewerbsfähigkeit des Krankenhauses künftig einen hohen Grad an "Kundenorientierung" (Patientenorientierung) erfordert *(Eichhorn, Schmidt-Rettig 1995a)*. Der Patient wird also aus ökonomischer Sicht als "Kunde" angesehen, der für das zukünftige Wohlergehen der Klinik von Bedeutung sein wird. Dieser Standpunkt verstärkt zugleich die künftige Bedeutung des Marketings im Krankenhaus[77]: Ein Thema, das es bisher in einer Klinik, deren Fortbestehen unter den alten Rahmenbedingungen in der Regel nicht gefährdet war, nicht gegeben hat.

Eine Wettbewerbsorientierung im Krankenhauswesen hat jedoch Grenzen. Krankenhäuser sind bisher bedarfswirtschaftlich strukturiert gewesen und nicht erwerbswirtschaftlich. Die Deckung eines vermuteten Bedarfs und nicht die Gewinnerzielung steht im Vordergrund. Soziale, humanitäre, kulturelle und kommunale Besonderheiten nehmen Einfluß. Echter Wettbewerb bei administrierten Preisen, staatliche Eingriffe in die Strukturplanung und vergrößerte Einflußnahme der Kassen in die Strukturpolitik schränken Entscheidungsräume des Krankenhauses erheblich ein. Diese Überlegungen werden durch Erfahrungen der Praxis bestätigt, wo Krankenkassen in das Leistungsangebot eines Krankenhauses eingegriffen haben *(Hoffmann H. 1996)*.

---

[77] Siehe Punkt C 1.2.

5 Das Krankenhaus als öffentlicher Betrieb und Nonprofit Organisation

Im vorangegangenen Kapitel wurde die Kehrtwende in der Ordnungspolitik für die Krankenhauswirtschaft dargestellt.
Als Folge dieser Entwicklung verschärft sich der ökonomische Druck auf die Krankenhäuser erheblich. Die Ökonomisierung des Krankenhauswesens mit einer Steuerung über die neuen Entgelte als "Preisäquivalente", Wegfall des bisherigen Bestandschutzes mit entsprechendem Verlust- und sogar Konkursrisiko und der Einführung wettbewerblicher Elemente verstärken die "marktwirtschaftlichen" Elemente im Krankenhausbereich. Die Kliniken selbst stehen vor der Aufgabe, die "Wirtschaftlichkeit" bzw. Effizienz ihrer Leistungen zukünftig kontinuierlich steigern sowie den gewachsenen Anforderungen an die Kompetenz und Führungsqualitäten der Träger- und Leitungsorgane gerecht werden zu müssen.

Angesichts der neuen und komplexen Rahmenbedingungen stellt sich die Frage, ob ein Krankenhaus wie ein Wirtschaftsbetrieb oder ein Unternehmen handeln, agieren und geführt werden kann, d. h., ob mit den Methoden der Wirtschaftsbetriebe die Effizienz im Krankenhaus gesteigert und ein Krankenhaus geführt werden kann und inwieweit sich eine Klinik in dem heutigen ordnungspolitischen Umfeld von einem Wirtschaftsbetrieb unterscheidet.
Beginnend mit der Darstellung der "Wirtschaftsgüter", die die Krankenhäuser erbringen, nämlich in erster Linie "Gesundheitsleistungen", wird diese Frage im folgenden erörtert.

5.1 Gesundheitsleistungen als ökonomische Güter

Krankenhäuser sind aus ökonomischer Sicht Dienstleistungsbetriebe, da dort Krankheiten festgestellt, geheilt oder gelindert werden und Geburtshilfe geleistet wird, also Leistungen, die der Gesundheit dienen, "Gesundheitsleistungen" erbracht werden *(Eichhorn S. 1974 S. 13)*.
Unter ökonomischer Sichtweise dienen diese Leistungen zur Befriedigung bestimmter Bedürfnisse. Im Falle des Krankenhauses ist es primär das Bedürfnis eines Patienten nach Heilung, Linderung oder Besserung seines Gesundheitszustandes oder das Bedürfnis nach Geburtshilfe.
Die Mittel, die zur Befriedigung der Bedürfnisse des Menschen geeignet sind, werden in der Ökonomie als "Güter" bezeichnet *(Woll A. 1993 S. 49)*. "Gesundheitsleistungen" einer Klinik, die nachgefragt werden, sind somit "Güter" im ökonomischen Sinn. Güter stehen aber in der Regel nicht unbegrenzt zur Verfügung. Auch "Gesundheitsleistungen" sind nur bis zu einem bestimmten volkswirtschaftlich vertretbaren Maße erschwinglich und somit knappe Güter. Aus der Knappheit des Gutes "Gesundheitsleistung" folgt, daß es Gegenstand des Wirtschaftens ist *(Woll A. 1993 S. 49)*. Wirtschaften heißt, daß der Nachfrager seine Entscheidungen über die Nutzung und Verwendung des knappen Gutes zur bestmöglichen Befriedigung seiner

Bedürfnisse nach bestimmten Kriterien und Präferenzen trifft *(Woll A. 1993 S. 51)*. Der Preis eines Gutes drückt seine Knappheit aus.

An diesem Punkt werden die Besonderheiten des Gutes "Gesundheitsleistung" deutlich. Von anderen Dienstleistungen unterscheidet sich die "Gesundheitsleistung" zum einen dadurch, daß der unmittelbare Zusammenhang von Leistungsnachfrage, Leistungsveranlassung, Leistungsverbrauch und Leistungsfinanzierung im deutschen Gesundheits- und Krankenhauswesen aus sozialpolitischen Gründen nicht gegeben ist (solidarische Krankenversicherung). Der Patient als Träger des Bedürfnisses und letztlich Leistungsempfänger tritt in der Regel weder als unmittelbarer Leistungsveranlasser noch als Leistungsfinanzierer auf. Die Ärzte entscheiden durch das Stellen der Indikation über Art und Umfang der Inanspruchnahme der Gesundheitsleistungen durch den Patienten. Im Solidarsystem der Bundesrepublik Deutschland tragen in über 90 % der Fälle die Krankenkassen die Kosten der "Gesundheitsleistungen", die der Patient erhalten hat. Die dem Wirtschaften zugrunde liegende Kompetenz des Bedürfnisträgers, alternativ Wahlentscheidungen treffen zu können, gibt es daher bei Gesundheitsleistungen nicht.

Zum anderen unterscheiden sich Gesundheitsleistungen von anderen Leistungen dadurch, daß sie unmittelbar an einem Menschen, und zwar einem notleidenden Menschen, dem Patienten, erbracht werden *(Eichhorn S. 1974 S. 14)*. "Gesundheit" kann nicht allgemein gültig definiert, gemessen oder bestimmt werden und ist in hohem Maße von individuellen Bedürfnissen und dem subjektiven Befinden abhängig. Die Frage, welchen Wert (Preis) "Gesundheit" hat oder haben darf, kann somit nicht beantwortet werden. Gleiches gilt für eine Beurteilung des individuellen Wertes von Gesundheit oder der Bewertung von Nutzen und Kosten einer Gesundheitsleistung. Aus dem Gesagten folgt, daß die Steuerung, Koordination und Finanzierung der Gesundheitsleistungen in einem solidarisch finanzierten Gesundheitswesen unter Wahrung sozialer Gesichtspunkte (Sozialstaat) nicht in einem marktwirtschaftlich organisierten System gestaltet werden kann.

5.2 Der Krankenhausbetrieb als besonderer Wirtschaftsbetrieb

Aus dem oben Gesagten ergibt sich aber auch, daß die diese Leistungen erbringenden Einrichtungen, also die Kliniken im allgemeinen nicht nach rein ökonomischen und damit gewinnorientierten Gesichtspunkten handeln und ausgerichtet sein können. Diese Besonderheit hat tiefgreifenden Einfluß auf das gesamte Betriebsgeschehen.

Der Mensch als Empfänger und Nutzer der "Gesundheitsleistung" setzt dem Gewinnstreben und den Wirtschaftlichkeitsüberlegungen im Krankenhaus Grenzen. Bei Mißachtung dieser Grenze wird die eigentliche Zielsetzung des Krankenhauses gefährdet *(Eichhorn S. 1974 S.*

14). Aus diesem Grunde unterscheiden sich Krankenhäuser von Unternehmen und primär gewinnorientierten Betrieben[78] entscheidend.

Bei der Beantwortung der Frage, ob und inwieweit Krankenhäuser wie Wirtschaftsbetriebe handeln und dementsprechend auch geführt werden können, müssen also die Besonderheiten und grundlegenden Unterschiede der erbrachten "Güter", der Betriebsorganisation und der Betriebsziele eines Krankenhauses berücksichtigt werden.

Dabei muß von bestimmten, sich aus dem Sozialstaatsprinzip ableitenden, grundlegenden ordnungspolitischen Wertvorstellungen des Staates ausgegangen werden. Traditionelle Werthaltungen des deutschen Gesundheits- und Krankenhauswesens, die auch bei der jüngsten ordnungspolitischen Gestaltung der Rahmenbedingungen weitgehend beachtet wurden, sind die prinzipiell am Bedarfsprinzip und der Bedarfswirtschaftlichkeit ausgerichtete Krankenhausversorgung, die Vielgestaltigkeit der Krankenhausträger (Trägerpluralität) und der Organisationsformen der Leistungserbringung, die Priorität der Selbstverwaltung gegenüber staatlichen Organisationsformen, die Wahrung der Autonomie des einzelnen Krankenhausbetriebs und die Förderung von Elementen marktwirtschaftlicher Steuerung, soweit diese mit der Bedarfswirtschaftlichkeit vereinbar sind *(Eichhorn, Schmidt-Rettig 1995).*

Neben den Krankenhäusern gibt es nun aber weitere Betriebe, deren primäres Ziel nicht Gewinnmaximierung, sondern vielmehr humanitärer, karitativer oder gemeinnütziger Art ist.

Die Frage nach der Führung, Organisation und Effizienz ist bei anderen nicht gewinnorientierten Einrichtungen, wie der öffentlichen Verwaltung, den Schulen, der Polizei, den Gefängnissen, Theatern, Museen, den kirchlichen und karitativen Einrichtungen, Stiftungen, Universitäten, öffentlichen Rundfunkanstalten, den Krankenkassen, der ärztlichen Selbstverwaltung, der Entwicklungshilfe, etc. aber gleichfalls von großer Bedeutung.

Aufgrund der großen sozialen und ökonomischen Bedeutung dieses Sektors der Wirtschaft hat sich die wissenschaftliche Forschung seit einiger Zeit mit den speziellen Problemen und Fragen der Leitung solcher nicht erwerbswirtschaftlicher Betriebe befaßt. Auf Erkenntnisse der diesen Bereich der sog. Dritte-Sektor-Organisationen oder Nonprofit-Organisationen betreffenden Forschung wird im anschließenden Punkt eingegangen. Die sich für das Krankenhaus ergebenden Folgen werden aufgezeigt.

---

[78] An dieser Stelle sei erwähnt, daß es als Ausdruck der Trägerpluralität in Deutschland neben den primär nicht gewinnorientierten öffentlichen und freigemeinnützigen Krankenhäusern auch private gewinnorientierte Kliniken gibt. So sind etwa mittlerweile drei Krankenhausträger an der Aktienbörse notiert, nämlich die Rhönklinikum AG als erstes börsennotiertes Unternehmen im Krankenhauswesen, daneben im Rehabilitationsbereich die Eifelhöhenklinik AG und im gerontologischen Bereich die Marseille-Kliniken AG. Die weit überwiegende Mehrzahl der Akutkrankenhäuser sind aber dennoch typische Nonprofit-Betriebe. Anzumerken ist an dieser Stelle auch, daß in den USA auch viele gewinnorientierte Krankenhausketten als Nonprofit-Unternehmen gelten und auch vergleichbare Schwachstellen und Probleme aufweisen. Erklärt wird diese Beobachtung durch die Dominanz und Autonomie des medizinischen Bereichs im Leistungsprozeß der Krankenhäuser und die Probleme in der Zusammenarbeit von Management und Medizin.

5.3 Das Krankenhaus als Nonprofit-Organisation

Das Krankenhauswesen als gemeinnütziger und primär nicht erwerbswirtschaftlicher Zweig des Wirtschaftssektors fällt in einen Bereich zwischen Marktwirtschaft und Staat, der im deutschen Sprachgebrauch häufig als dritter Sektor bezeichnet wird *(Reichhard C. 1988, Zimmer A. 1989, Neuhoff K. 1995)*. Weitere Begriffe werden aufgrund der ausgeprägten Inhomogenität und Komplexität solcher Unternehmen und Betriebe verwandt. Aufgrund des starken Engagements amerikanischer Autoren auf diesem Gebiet sind dies überwiegend englische Begriffe wie "third sector economy", "Charitable Sector", "Philantropy", "Voluntarisme", aber vor allem der auch in Deutschland verbreitete Begriff der "Nonprofit-Organisation"*(Zimmer A. 1989, Blümle E.-B. 1994)*. Obwohl die Thematik solcher Organisationen in Deutschland eine lange Tradition hat, fehlt bis heute eine allgemein gültige Betriebswirtschaftslehre der Nonprofit-Organisationen *(Schüller, Strasmann 1989)*. Als Ursache wird die große Vielschichtigkeit und Komplexität dieser Unternehmen genannt *(Schwarz P. 1985)*; dies kommt auch schon in der negativen bzw. ausgrenzenden Beschreibung "Nonprofit" zum Ausdruck. Erschwerend kommt hinzu, daß es bedingt durch das unterschiedliche Verständnis verschiedene Ansätze gibt, diese besonderen Betriebe zu beschreiben, einzuteilen und wissenschaftlich zu erforschen *(Burla S. 1989, Schüller, Strasmann 1989)*.

In einer Übersicht hat *Schwarz* die Vielfalt und den unterschiedlichen erwerbswirtschaftlichen Charakter der Nonprofit-Organisationen für den deutschen Sprachraum dargestellt *(Schwarz P. 1985)*.

Trotz der genannten Vielfältigkeit dieser Unternehmen gibt es aber Bereiche und Punkte, die durchgehend für die meisten Nonprofit-Organisationen als Struktur, bedingt problematisch erachtet werden. Das bedarfswirtschaftlich ausgerichtete Krankenhauswesen gehört zu den staatswirtschaftlich-gemeinwirtschaftlich ausgerichteten Nonprofit-Organisationen in Deutschland. Anhand der Beschreibung der wichtigsten und speziellen Merkmale der in dieser Weise ausgerichteten Betriebe werden nun die wesentlichen Probleme der Führung und Organisation dieser Betriebe herausgestellt. In den Kapiteln B und C werden die wichtigsten Problemfelder mit den Gegebenheiten des Krankenhauses einzeln untersucht.

Ausgehend von dem namengebenden Merkmal ist die Nicht-Gewinnorientierung das wichtigste und prägende Merkmal dieser Organisationen. Weitere sekundäre Charakteristika sind das Fehlen von Marktpreisen für die erbrachten Leistungen, nichtschlüssige Tauschbeziehungen, vorwiegend immaterielle Güter, Zusammenspiel von Ehrenamtlichen und Professionellen sowie oftmals eine mitgliedschaftliche Struktur *(Burla S. 1989 S. 72)*. Durch das Fehlen der klassischen Gewinnorientierung wird die Bedarfswirtschaftlichkeit, also das Erbringen spezifischer Leistungen, zu ihrem Hauptzweck *(Schwarz P. 1985)*. Aus dieser Sachziel-Dominanz folgt eine Reihe von Merkmalen, die das Problemfeld der "Nicht-Markt-Ökonomik" bilden *(Schwarz P. 1985)*.

5.3.1 Leitung und Führungsstruktur der Nonprofit-Organisation

Das Führungsorgan der Nonprofit-Betriebe ist oftmals komplexer und breiter als bei einer Unternehmung. Das "Top-Management" einer Aktiengesellschaft oder die Geschäftsführung eines Unternehmens sind kleiner und im Gegensatz zu Nonprofit-Betrieben mit alleiniger Strategie- und Grundsatzkompetenz versehen *(Schwarz P. 1985, Hofmann, Strunz 1989, Oster S. 1995 S. 75 ff.)*. Ausgehend von der besonderen Struktur[79] sozialer Systeme sind die Grundsatzkompetenzen zwischen den Ebenen verteilt und werden von besonderen politischen Interessen beeinflußt *(Hofmannn, Strunz 1991, Machura S. 1993, Oster S. 1995 S. 75 ff.)*.

Von Bedeutung ist auch die Effizienz des übergeordneten Führungsorgans einer Nonprofit-Organisation. Die Mitglieder der obersten Leitungsebene können etwa nur nebenamtlich tätig werden, aufgrund politischer Faktoren dorthin berufen worden sein; u. U. benötigen sie viel Zeit und entsprechenden Aufwand, um sich aktuelle Informationen beschaffen zu können, da sie oftmals eine relative Distanz zum Betriebsgeschehen haben (day-by-day-Management) *(Burla S. 1989 S. 99)*. Hinzu kommt ein im Vergleich zu Wirtschaftsbetrieben wesentlich ausgeprägterer Einfluß der oberen auf die untere Ebene und von anderen bzw. externen Faktoren *(Hofmann, Strunz 1991, Machura S. 1993, Oster S. 1995 S. 75 ff.)*.

Die Führungspersonen einer Nonprofit-Organisation haben als Folge der "Gewaltenteilung" nicht die ganze Machtfülle, sondern eher eine generelle "Problemlösungsverantwortung"[80]. Ein weitere Schwierigkeit der "Gewaltenteilung" ist, daß der Problemfindungs- und Entscheidungsprozeß nicht kontinuierlich von oben nach unten (top-down) und von unten nach oben (bottom-up) verläuft, sich also aufgrund der diskontinuierlich verlaufenden Entscheidungsprozesse die jeweiligen Teilprozesse nicht in einer "Top-Entscheidung" verdichten können *(Schwarz P. 1985)*.

Dies kann zudem auch zu Problemen der Akzeptanz und Legitimation der Leitungsebene durch die Realisationsebene führen *(Machura S. 1993, Oster S. 1995 S. 75 ff.)*. Ein weiteres Führungsproblem ergibt sich aus der fehlenden Legitimation der Leitung aufgrund des Fehlens des Gewinnzieles bzw. sonstiger meßbarer Ziele (s. u.).

Diese Abhängigkeit der sich auf der Realisationsebene befindlichen Nonprofit-Organisation von der übergeordneten Leitungsebene hat zu einer bürokratischen Steuerung der Organisation geführt. Daraus folgen entsprechende Organisationsprinzipien, wie eine straffe Hierarchie, weitgehende Arbeitsteilung, eine schriftlich-aktenmäßige Kommunikation und ein hoher

---

[79] *Schwarz* beschreibt in seiner Darstellung der Elemente und der Grundstruktur mitgliedschaftlicher sozialer Systeme drei verschiedene Ebenen:
1. allgemein die Mitgliederebene (Interessengruppen, Ideologiegruppen, Regionalgruppen, aber auch politische Wahlen und eine Urabstimmung),
2. eine Leitungsebene (aufgeteilt in das Trägerschaftsorgan wie ein Parlament oder Delegiertenversammlung, ein Leitungsorgan, wie Regierung oder Vorstand, und auch Ausschüsse und Aufsichtsräte) und
3. eine Realisationsebene (öffentliche Betriebe, Verwaltungsapparat, Regionalgruppen, Interessengruppe, Mitglieder) *(Schwarz P. 1985 S. 95)*.

[80] Einleiten und Realisieren des Problemlösungsprozesses, sowie Stabsverantwortung für die Erarbeitung tauglicher Alternativen *(Schwarz P. 1985)*.

Standardisierungsgrad in den Abläufen *(Schwarz P. 1985, Schüller, Strasmann 1989).* Auch hieraus erwachsen Mängel und Defizite in der Personalführung. Durch die Gewaltenteilung und die diskontinuierlichen Entscheidungsprozesse reagieren Non-profit-Organisationen zudem tendenziell schlechter und langsamer auf sich ändernde Bedürfnisse und Bedingungen als Unternehmungen *(Burla S. 1989).* Ein weiteres besonderes Problem und eine nur bei Nonprofit-Betrieben auftretende Gefahr ist das kritiklose Übernehmen von Methoden und Verhaltensweisen der erwerbswirtschaftlichen Unternehmen *(Machura S. 1993).* Bedingt durch die fehlende Zielvorgabe der oberen Leitungsebene und der Anwendung erwerbswirtschaftlicher Managementmethoden besteht die Gefahr, daß die eigentlichen bedarfswirtschaftlichen Aufgaben des gemeinnützigen Betriebes nur unzureichend, nicht mehr oder gar im gegenteiligen Sinne wahrgenommen werden *(Machura S. 1993).*

5.3.2 Zielsetzung, Planung und Kontrolle

Das Setzen von Zielen, die Planung entsprechender Maßnahmen und die Kontrolle der Zielerreichung sind bedeutende Probleme bei der Aufgabenerfüllung in Nonprofit-Betrieben. Wegen der Dominanz des das Selbstverständnis dieser sozialen Systeme prägenden Sachzieles fehlt der "Gesamtindikator" für die Systemeffektivität und -effizienz, nämlich die "Gewinnerzielungsabsicht" *(Schwarz P. 1985, Burla S. 1989 S. 86 ff., Schüller, Strasmann 1989).* Hinzu kommt, daß das Sachziel einer Nonprofit-Organisation heterogen ist und es kein meßbares Leistungsziel (outcome, output), sondern lediglich ein Leistungswirkungsziel gibt. Die Beurteilung der Wirksamkeit einer Maßnahme wird bei der zunehmenden Komplexität der zu lösenden Probleme oder Leistungen und damit einer zunehmend schwierigeren Beurteilbarkeit einer Mittel-Zweck bzw. Ziel-Maßnahmen Relation erschwert *(Schwarz P. 1985).*
Die Schwierigkeit des Setzens überprüfbarer Ziele führt aber auch dazu, daß bestimmte Oberziele in einer Nonprofit-Organisation nicht gesetzt werden und dementsprechend fehlen *(Schwarz P. 1985, Machura S. 1993).* Zielkonflikte können dann durch eine jeweils individuelle Reduktion der verschiedenen Ziele auf den kleinsten gemeinwirtschaftlichen Nenner vermieden werden. Eine weitere Einschränkung der Planung und Zielsetzung stellt bei Nonprofit-Organisationen eine Zweckbindung über Gesetze oder eine Bindung an übergeordnete Gesamtsystemziele dar. Bestimmte Strategien (z.B. Diversifikation), die aus der Sicht des Marktes rational wären, sind daher ausgeschlossen.

5.3.3 Systemeffizienz und -effektivität

Wie erwähnt, fehlt der Gewinn als "Gesamtindikator" und damit fehlen Indikatoren, die sich auf Gewinn bzw. Rentabilitätsgrößen beziehen können. Der Nonprofit-Organisation fehlt damit das einheitliche meßbare Feedback, das der erwerbswirtschaftlichen Organisation anzeigt, welcher Wert der Leistung beigemessen wird *(Burla S. 1989 S. 87).*

Die Folge ist, daß die Leistungsgestaltung stärker durch betriebsinterne Machtverteilung bestimmt ist als durch den eigentlichen Leistungsadressaten *(Machura S. 1993).* Dies wiederum hat zur Folge, daß in einer Nonprofit-Organisation die Effektivität prinzipiell stärker als in einer erwerbswirtschaftlichen Organisation gefährdet ist, obwohl eigentlich die Grundfunktion der Nonprofit-Organisation primär auf den Bedarf ausgerichtet ist und dadurch vermeintlich eine Effektivität als gegeben angenommen werden kann *(Burla S. 1989 S. 88).*

Aufgrund des fehlenden Gewinnziels, der Probleme bei der Zielsetzung, Planung, Kontrolle und der Sachziele an sich, ist ein weiteres wesentliches Problem einer Nonprofit-Organisation die Frage nach ihrer Effizienz *(Schwarz P. 1985, Burla S. 1989 S. 88, Schüller, Strasmann 1989, Hofmann, Strunz 1991).* In dem bedeutenden Problem der Frage nach der Effizienz einer Nonprofit-Organisation spiegeln sich die oben genannten und wesentlichen Elemente der Nicht-Markt-Ökonomik und die Schwierigkeiten, Grenzen und Hemmnisse von Führungsinstrumenten und -methoden in diesem Bereich wider *(Schwarz P. 1985).*

5.3.4 Beziehung zum "Klienten"

Eine weitere Besonderheit der nicht-gewinnorientierten Betriebe des dritten Sektors ist die Beziehung zu ihren Klienten. Unter Klienten fallen all die Personen und Einrichtungen, die in einem näheren Beziehungsverhältnis zu diesem Betrieb stehen, also die Kunden im Sinne von Nutzern der besonderen Dienstleistung oder auch mögliche Geldgeber, etwa Mäzene, Spender etc. Aufgrund der nicht-schlüssigen Tauschbeziehungen (d.h., daß Leistungsempfänger und Leistungsfinanzierer nicht identisch sind), der Bedarfswirtschaftlichkeit und des geringen Effizienzdrucks aufgrund eines stabilen und weitgehend konkurrenzfreien Umfeldes besteht die Gefahr, daß "Kundenbedürfnisse" zu kurz kommen können *(Burla S. 1989 S. 88, 109).*

Hinzu kommt eine aus den oben beschriebenen besonderen Leitungsstrukturen und Führungsinhalten dieser Nonprofit-Betriebe bestehende "Dienstgesinnung", d.h. eine Orientierung primär am Aufgabenvollzug, anstatt einer "Dienstleistungsgesinnung", d.h. primäre Orientierung an den Abnehmer-Bedürfnissen und -Präferenzen *(Schwarz P. 1985).*

Schwierig ist auch die Beziehung zu dem Klientel der "Geldgeber" dieser sozialen Betriebe, vor allem bei durch einzelne Institutionen oder Personen finanzierten Einrichtungen. Aufgrund des bei Nonprofit-Betrieben schwierigen bzw. fehlenden Gewinn- und Effizienznachweises und der Schwierigkeit der Messung des Outcomes fehlen Indikatoren, die die "Qualität" der Leistungen und somit eine Art Leistungsberechtigung darstellen können, um die zukünftige Verwendung neuer Mittel rechtfertigen zu können. Nach *Schüller* und *Strasmann* ist die Beziehung zu den Klienten ein grundlegendes Problem der Nonprofit-Organisation *(Schüller, Strasmann 1989).*

5.3.5 Finanz- und Rechnungswesen

Nonprofit-Betriebe haben einen erweiterten Finanzierungsbegriff, der das Spektrum der Finanzmittel-Beschaffung über Steuern, Beiträge, Spenden, Gebühren und Preise umfaßt. Die Finanzmittel-Verwendung wird über das Haushaltsbudget festgelegt. Ein großer Teil des Budgets enthält Personal- und Arbeitsplatz-Kosten. Das Budget spiegelt die für eine bestimmte Einheit vorgesehene Zuteilung wider, ohne über die für die Aufgabenerfüllung erforderlichen Maßnahmen, Projekte oder Aktivitäten Auskunft geben zu können.

Solche Budgets fördern das Besitzstands-Denken der organisatorischen Einheiten und erschweren die ziel- und prioritätenorientierte Umlagerung von Kapazitäten. Die genannten Zielsetzungs- und Planungsschwierigkeiten werden dadurch zusätzlich vergrößert *(Schwarz P. 1985)*.

Ein weiterer spezifischer Unterschied zu einem erwerbswirtschaftlich geführten Unternehmen besteht in der weitgehend fehlenden Finanz-Autonomie der Nonprofit-Organisation. Die Handlungs- und Entscheidungsautonomie der Betriebsleitung ist durch das Fehlen des Gewinns und der damit verbundenen fehlenden Möglichkeit stille Reserven/Eigenkapital zu bilden, eingeschränkt *(Burla S. 1989 S. 91)*. Zusätzlich fehlt den Nonprofit-Betrieben oftmals die Möglichkeit, die Einkünfte durch spezielle Maßnahmen steigern zu können (Bedarfswirtschaftlichkeit, gesetzliche Regelungen, externe Vorgaben etc.). Die Handlungsfreiheit einschränkend wirken bei den betroffenen Betrieben auch die staatlich festgesetzten Preise.

Die Voraussetzungen, ein Rechnungswesen in Nonprofit-Organisationen zu einem unternehmensähnlichen Führungsinstrument auszubauen, fehlen oftmals. Für eine erforderliche Kostenstellen-/Kostenträgerrechnung wäre zum einen ein relativ aufwendiges leistungs- und produktorientiertes Zeiterfassungssystem notwendig, dessen Erfahrungswerte für die Planung anderer und neuer Programme relevant sein müßten, was nur in wenigen Fällen durchführbar erscheint *(Schwarz P. 1985)*. Zum anderen gibt es das Problem der geldwertmäßigen Erfassung von Erträgen der Nonprofit-Organisation, die letztlich nur über qualitative Standards faßbar sind. Dies schränkt auch die Anwendbarkeit von Kosten-Nutzen- oder Kosten-Wirksamkeits-Analysen erheblich ein *(Schwarz P. 1985)*.

Zusammenfassend ist festzustellen, daß die wesentlichen Probleme der öffentlichen-gemeinwirtschaftlichen Nonprofit-Organisationen im Managementbereich liegen. Sie resultieren aus einem charakteristischen Steuerungs- und Zielvakuum, Motivationsproblemen und den besonderen Leitungsstrukturen. Es treten erhebliche Probleme bei der Messung und Beurteilung der Effektivität und Effizienz des Betriebes auf. Bei einer Nonprofit-Organisation besteht eher die Gefahr, daß sie die Bedürfnisse der Klienten vernachlässigt. Aber nicht nur deshalb, sondern auch aus Gründen der Effektivitätssteigerung muß sie sich in einem besonderen Marketingkonzept um die Bedürfnisse der Klienten sorgen.

5.3.6 Besondere Aufgaben einer Nonprofit-Organisation

Aus den eben gemachten Ausführungen werden teilweise grundlegende Unterschiede zwischen Wirtschaftsunternehmen und primär nicht-gewinnorientierten Betrieben deutlich. Dies macht klar, daß sich eine Nonprofit-Organisation nicht alleine durch das Fehlen eines bestimmten Zieles, nämlich des Zieles der Gewinnmaximierung, von anderen Wirtschaftsbetrieben unterscheidet. In diesen Punkten werden die Grenzen einer Anwendung betriebswirtschaftlicher Kenntnisse im Nonprofit-Bereich deutlich.

Allerdings konnten Managementprobleme gefunden werden, die in vergleichbarer Art auch in den Unternehmen bestehen, die sich an dem Prinzip der Gewinnmaximierung orientieren. Damit erscheint das Übernehmen von Aussagen der Betriebswirtschaftslehre und von Managementwissen der Wirtschaftsbetriebe in den Nonprofit-Sektor in bestimmten Bereichen und gegebenenfalls mit gewissen Modifikationen praktikabel. Diese Aussage kann durch das Ergebnis einer wissenschaftlichen Arbeit, die sich u. a. mit Managementproblemen einer karitativen Einrichtung beschäftigt hat, bestätigt werden *(Burla S. 1989 S. 170)*.

Aufgrund der oben aufgeführten Besonderheiten und Probleme der Nonprofit-Betriebe, die mit der Nicht-Ökonomik verbunden sind, lassen sich aber auch Aussagen über einige Punkte treffen, die in einer Nonprofit-Organisation von besonderer Bedeutung sind.

5.3.6.1 Die Betriebskultur

Die Betriebskultur gilt heute in jedem modernen Wirtschaftsunternehmen als ein unverzichtbarer Bestandteil der Unternehmung *(O'Neill M. 1989 S. 261 ff.)*. Sie ist Ausdruck eines gelebten Wertbildes, des Selbstverständnisses der Unternehmung und ihrer Mitarbeiter und kann auch Ausdruck der Zielsetzung des Unternehmens sein. Ihr Wert für die Unternehmung liegt in einer höheren Motivation und Zufriedenheit der Mitarbeiter und kann durch das entsprechende Engagement der Mitarbeiter zu finanziellen Vorteilen führen. Es gehört zu den ersten Aufgaben des Managements die Werte, die die Unternehmenskultur maßgeblich bestimmen, zu formulieren und vorzuleben. Diese moralische Verantwortung erfordert die sogenannte "soziale Kompetenz" einer Führungskraft. Für die bedarfswirtschaftlichen Betriebe besitzen diese Aussagen gleichermaßen Gültigkeit *(O'Neill M. 1989 S. 261 ff.)*.

Nonprofit-Betriebe befassen sich jedoch im Gegensatz zu den Wirtschaftsbetrieben mit komplexeren und ethisch konfliktreicheren Themen, haben ein besonderes hilfebedürftiges Klientel und oftmals auch eine primär humanitäre, religiöse oder karitative Zielsetzung.

Für diese Arbeit benötigen die Mitarbeiter eine besondere soziale Einstellung, ideelle Werte, Ziele und besondere Qualitäten und Fertigkeiten. Aufgrund der dabei auftretenden ethischen und moralischen Konflikte und Probleme steigen die Anforderungen an die soziale Kompetenz der Mitarbeiter und ihrer Vorgesetzten. Grundlegende Werthaltungen und ethische Ein-

stellungen im Sinne einer Betriebskultur können bei der Bewältigung dieser komplexen Aufgaben hilfreich sein und sind daher in einer Nonprofit-Organisation von großer Bedeutung *(O'Neill M. 1989 S. 261 ff.)*.
Aufgrund der besonderen humanitären, karitativen, sozialen oder religiösen Aufgaben einer Vielzahl von Nonprofit-Organisationen haben diese eine Art "bürgerschaftlichen Gemeinsinns" bewußt oder unbewußt als Organisationskultur *(Katterle S. 1988)*. Durch die oben bereits beschriebene zunehmende Orientierung gemeinnütziger Betriebe an den in den gewinnorientierten Unternehmen angewandten Managementmethoden und ihren Prinzipien der Rentabilität und Effizienz wächst die Gefahr, daß diese humanitären, gemeinnützigen und nicht gewinnbringenden Aufgaben nicht mehr in der notwendigen Art und Weise erfüllt werden. Nach dem Ergebnis empirischer Studien "gehen bei Führungskräften religiöse Bindungen und humanistische Wertorientierungen zurück und werden durch eine *opportunistische Situationsorientierung* abgelöst, die sich keinen als verbindlich erachteten normativen Kriterien verpflichtet fühlt, sondern dem Diktat der Prosperität und der ökonomischen Logik gehorcht" *(zitiert aus: Katterle S. 1988, "Ethische Aspekte des Verhaltens von Führungskräften öffentlicher und gemeinwirtschaftlicher Unternehmen", S. 442)*. Die Bewußtmachung und Bewahrung einer Betriebskultur und -ethik hat aus diesen zwei genannten Gründen bei Nonprofit-Organisationen eine Schlüsselstellung *(Schüller, Strasmann 1989)* und einen wohl noch größeren Stellenwert als bei erwerbswirtschaftlichen Unternehmen *(Burla S. 1989 S. 106)*.

5.3.6.2 Human Resource Management

Zu den Merkmalen der Nonprofit-Organisationen gehört auch die besondere Personalintensität ihrer Leistungen. Diese Dienstleistungen zeichnen sich durch ihre Komplexität, geringe Standardisierbarkeit und Meßbarkeit der jeweiligen Abläufe und Ergebnisse aus *(Oster S. 1995)*. Oftmals brauchen die Mitarbeiter besondere Fertigkeiten und Fähigkeiten. Die Förderung und Schulung des Personals ist daher eine wichtige Aufgabe einer Nonprofit-Organisation. Beschrieben wurden auch bereits die grundlegenden Schwierigkeiten, die eine Nonprofit-Organisation mit der Bestimmung der Effektivität und Effizienz ihrer Leistungen hat. Beides ist jedoch wie bei einem Unternehmen von der Motivation und Qualität des Personals abhängig.
Aufgrund der fehlenden Möglichkeiten, die Effektivität und Effizienz zu messen, ist die nicht erwerbswirtschaftliche Organisation in einem größeren Maße von der Motivation und Qualität ihres qualifizierten Personals und ihrer Führungspersonen abhängig *(Oster S. 1995)*. Angedeutet wurde auch die große Bedeutung, die der Klient für die Nonprofit-Organisation hat. Da in den gemeinwirtschaftlichen und sozialen Betrieben die speziellen Leistungen in einem besonderen Kontakt zwischen Mensch und Mensch erbracht werden, hat der Mitarbeiter auch aus dieser Aufgabe heraus eine spezielle Verantwortung. Die wichtige Aufgabe der Personal-

führung und -förderung ergibt sich auch aus der besonderen Bedeutung der Betriebskultur einer Nonprofit-Organisation, denn der Träger der Betriebskultur und -ethik ist der einzelne Mensch und Mitarbeiter. Ohne dessen Führung und Motivation läßt sich eine Firmenkultur nicht verwirklichen.

5.3.6.3 Marketing und strategisches Management

Einen besonderen Aspekt hat das Marketing in Nonprofit-Organisationen. In der Literatur wird die Bedeutung des Marketings für Nonprofit-Betriebe unterschiedlich gesehen *(Schwarz P. 1985, Burla S. 1989 S. 134)*.

Auf den ersten Blick erscheint im Rahmen der Nicht-Markt-Ökonomik der Marketing-Gedanke bei nicht-gewinnorientierten Betrieben widersinnig, da Marketing, als Gesamtheit der Maßnahmen, die auf Verkauf, Vertrieb und Distribution von Gütern gerichtet sind, eigentlich Marktkomponenten, wie eine schlüssige Güter-Geld-Tauschbeziehung, Vorhandensein von Individualgütern, Preisfinanzierung und Konkurrenz auf der Anbieter- und Nachfragerseite verlangt *(Schwarz P. 1985)*. Unter Marketing wird jedoch heute auch ein unternehmerischer Ansatz verstanden, der davon ausgeht, daß sich alle Unternehmensaktivitäten zur optimalen Erfüllung der Unternehmensziele am Markt auszurichten haben. Oder anders ausgedrückt, daß sich die Aktivitäten des Unternehmens auf die Ermittlung und Erfüllung der Bedürfnisse der Kunden zu konzentrieren haben (kundenorientierte Unternehmenspolitik).

Aus diesem Verständnis von Marketing leitet *Burla* ab, daß für Nonprofit-Betriebe ein umfassendes Marketing-Konzept im Sinne der Kundenorientierung einen noch wichtigeren Stellenwert haben muß, als dies bei gewinnorientierten Betrieben der Fall ist, da bei einer Nonprofit-Organisation die Effektivität, wie oben gezeigt, stärker gefährdet ist als bei einem gewinnorientierten Betrieb *(Burla S. 1989 S. 137)*.

Aus der Sichtweise des Marketings als "Marktorientierung" und dem sich heute in ökonomischen, politischen, rechtlichen und gesellschaftlichen Bereichen wandelnden Umfeld wird das sog. strategische Management für viele Nonprofit-Betriebe zukünftig eine wichtige Aufgabe sein *(Zimmer, Nährlich 1993)*. Unter strategischem Management in einer Nonprofit-Organisation wird neben der strategischen Planung der einzelnen Teilbereiche / Geschäftsfelder vor allem ein kontinuierlicher Prozeß der Definition und Umsetzung der grundlegenden-ideellen Ziele und Werte (Mission) sowie der operativen und taktischen Ziele verstanden *(Zimmer, Nährlich 1993)*.

Aus der Sicht der "Kundenorientierung" ist die Feststellung wichtig, daß den bedarfswirtschaftlich ausgerichteten Nonprofit-Organisationen eine stärkere Überwachung durch die Öffentlichkeit und damit ein höherer Bedarf an Akzeptanz attestiert wird als erwerbswirtschaftlichen Betrieben *(Burla S. 1989 S. 93)*.

Nonprofit-Betrieben könnte es daher gelingen, die gute Erfüllung der Grundfunktion in ein vorteilhaftes Image umzusetzen und sich damit eine gewisse Legitimation zu sichern. Ein Management, dem dies gelingt, kann auf diese Weise seine Verhandlungsposition auch gegenüber kritischen Anspruchsgruppen wesentlich verbessern *(Burla S. 1989 S. 93)*.
Anhand der Darstellung der Schwierigkeiten und Probleme, die mit der Organisation und Führung einer bedarfswirtschaftlichen und gemeinnützigen Nonprofit-Organisation verbunden sein können, werden die im Krankenhaus voraussichtlich bestehenden Schwachstellen deutlich. Die Problemzonen sind demnach die Wirtschaftlichkeit/Effizienz und ihre Bestimmung im Krankenhaus, das Verhältnis zu den Klienten, hier Patient und Kassen, die für den Betrieb wichtigen Fragen der Personalführung und Motivation der Mitarbeiter, die gleichfalls bedeutenden Fragen nach der Betriebskultur im Krankenhaus und bei schwierigem Effektivitäts- und Effizienznachweis und dem besonderen Verhältnis zu den Kassen als den Geldgebern letztlich auch die Frage nach der Qualität der Leistungen.

In den nachfolgenden Kapiteln werden diese Punkte unter dem Aspekt der besonderen Stellung und der Aufgaben des leitenden Arztes im Krankenhaus betrachtet und erläutert.

B Die patientenbezogene ärztliche Versorgung im Krankenhaus

Das folgende Kapitel befaßt sich vor dem Hintergrund der zukünftig entscheidenden Herausforderungen, die die neue Ordnungspolitik und das sich ändernde Umfeld in Gesellschaft und Ökonomie an das Krankenhaus und den leitenden Arzt stellen, mit den zentralen Themen, die die ärztliche Versorgung der Patienten im Krankenhaus betreffen.

Zu den wichtigsten Themen bei der medizinischen Versorgung der Patienten, als Hauptaufgabe des leitenden Arztes, gehört in Zukunft die Bewältigung ethischer Probleme und Fragestellungen die der medizinische Fortschritt mit sich bringt, angesichts der nun "wettbewerbsähnlichen" Situation, die Definition einer Marketingstrategie, d.h. u.a. einer eindeutigen "Patientenorientierung" im Krankenhaus aus ärztlicher Sicht, die Einhaltung der hohen rechtlichen Anforderungen an das ärztliche Handeln und an die Organisationsstruktur des ärztlichen Dienstes, und nicht zuletzt die "Qualitätssicherung" der medizinischen Leistung. Der leitende Arzt als zentrale Figur in der Versorgung der Patienten hat bei der Erfüllung dieser Aufgabe eine dreifache Verantwortung.

Aus medizinischer Sicht hat der leitende Arzt eine sach-, fachgerechte und humane ärztliche Versorgung der Patienten zu gewährleisten. Aus wirtschaftlicher Sicht steht der leitende Arzt in der Pflicht, Verantwortung für die ökonomischen Belange des Krankenhauses zu übernehmen. Aus juristischer Sicht trägt der leitende Arzt für die Behandlung und Betreuung der Patienten die Letztverantwortung, unbeachtet des sich verschärfenden Konflikts zwischen der medizinischen Versorgung des einzelnen Patienten und den ökonomischen Belangen des Krankenhauses und der Gesellschaft.

Zunächst werden die ethischen Grundlagen ärztlichen Handelns und Selbstverständnisses als Basis einer Erörterung medizinisch-ethischer Problemfelder, die sich aus dem medizinischen Fortschritt, der Kostenentwicklung und einer wie auch immer gestalteten Einbindung des leitenden Arztes in das Krankenhausmanagement ergeben können, dargestellt. Anschließend wird vor dem Hintergrund des gesellschaftlichen Wandels und der neuen Ordnungspolitik die ärztliche Betreuung der Patienten dargestellt und erörtert. Dabei wird eine Definition von "Kundenorientierung" im Sinne einer "Patientenorientierung" aus ärztlicher Sicht gegeben. Anhand der derzeit in den Krankenhäusern bestehenden tatsächlichen Situation werden Schwachstellen aufgezeigt.

In Punkt B 3 werden die gestiegenen Anforderungen der Rechtsprechung gegenüber den ärztlichen Organisationspflichten dargestellt. Zum Abschluß dieses Kapitels wird das vor allem wegen der Ökonomisierung und des Wandels der Medizin und der gesellschaftlichen Werte zukünftig besonders wichtige Thema der Qualitätssicherung im Krankenhaus dargestellt. Die Folgen für die Tätigkeit der leitenden Ärzte werden anschließend näher erörtert.

1 Grundlagen und Grunderfordernisse ärztlichen Handelns

Das ärztliche Handeln im Krankenhaus ist heute zahlreichen verschiedenen Einflüssen unterworfen. Mit dem im Zuge des medizinischen Fortschritts einhergehenden Wandel der Medizin und des Krankenhauses als solches sind heute zunehmend ethische Fragen und Probleme in den Vordergrund des ärztlichen Alltags gerückt. Aufgrund der ständig wachsenden diagnostischen und therapeutischen Möglichkeiten der modernen Medizin kommt der Arzt oftmals in ethische Grenzbereiche und wird mit Fragen konfrontiert, die belastend, zeitaufwendig und äußerst komplex sein können. Der Fall des sog. "Erlanger Babys" mag ein besonders deutliches Beispiel hierfür sein. Aber nicht nur die Medizin und ihr beständiger Fortschritt, sondern auch zunehmend die Ökonomisierung der Medizin und der Zielkonflikt von ärztlichem Handeln und ökonomischen Zwängen führt zu ethischen Problemen.

1.1 Ärztliche Ethik

Die ständige Zunahme komplexer und schwieriger ethischer Fragen und Probleme stellt den Arzt vor eine große Herausforderung. Zur Bewältigung dieser Aufgabe ist nicht nur ein geschärftes ärztliches Gewissen notwendig, sondern auch die Kenntnis der häufig vorkommenden Zwangslagen. Denn nur wenn der Arzt offene ethische Fragestellungen erkennt, vermag er sie zu lösen.

1.1.1 Ethisch-ärztliche Werte

Das Fundament ihres Handelns erhält die Ärzteschaft aus der kritisch geprüften und rational fortentwickelten Tradition und den Wertvorstellungen ihres Standes. Seit frühester Zeit wird der Schutz des Patienten als höchstes Gut vorangestellt (salus aegroti suprema lex). Mit seinem Handeln darf der Arzt dem Patienten keinen Schaden zufügen (nil nocere).
Die Grundlagen der ärztlich-ethischen Werte gehen von dem Eid des Hippokrates aus, dessen Geist auch das moderne Genfer Arztgelöbnis, in seiner letzten Fassung von 1983 der Bundesärzteordnung vorangestellt, maßgeblich geprägt hat[1]. Danach ist die Erhaltung und Wiederherstellung der Gesundheit des einzelnen Menschen und des gesamten Volkes oberstes Gebot ärztlichen Handelns. Bei der Erfüllung seiner ärztlichen Pflichten darf der Arzt weder nach der Religion, Nationalität, Rasse, Parteizugehörigkeit noch nach der sozialen Stellung seiner Patienten einen Unterschied machen. Der Arzt muß jedem Menschenleben von der Empfängnis an Ehrfurcht entgegenbringen und darf selbst unter Bedrohung seine ärztliche Kunst nicht in Widerspruch zu den Geboten der Menschlichkeit anwenden.

---

[1] Siehe *Dtsch.ÄrzteBl. 1988 S. 360 ff.*

Der Arzt hat seine Aufgabe nach bestem Wissen und Gewissen und entsprechend den Geboten der ärztlichen Sitte zu erfüllen (§ 1 Abs. 1 BOÄ).
Er darf keine Vorschriften oder Anweisungen beachten, die mit seiner Aufgabe nicht vereinbar sind oder deren Befolgung er nicht verantworten kann (§ 1 Abs. 2 BOÄ). Die hier festgelegte Berufsfreiheit ergibt sich aus dem hohen Maß an Eigenverantwortlichkeit und spezieller Sachkunde des ärztlichen Standes und ist ein Hauptmerkmal ärztlicher Tätigkeit *(Laufs A. 1992 in Laufs, Uhlenbruck 1992 § 3 RdNr. 7 ff. S. 10 ff.).* Die berufsethisch begründete verantwortliche Freiheit läßt dem ärztlichen Gewissen ausdrücklich Raum. Folge der Berufsfreiheit der Ärzte im Krankenhaus ist, daß sie insbesondere von Nichtärzten keinerlei Anweisungen, die medizinische Sachfragen betreffen, befolgen müssen. Die originäre klinische Autonomie der leitenden Ärzte als letztverantwortlichen Ärzten in Diagnose und Therapie gründet sich hierauf. Aus der Berufsfreiheit läßt sich das in § 1 Abs. 2 BOÄ festgelegte Prinzip der Therapiefreiheit ableiten. Eine strenge Bindung des Arztes an bestimmte vorgegebene diagnostische und therapeutische Maßnahmen im Einzelfall schließt dieser Grundsatz daher aus.

Untrennbar verbunden mit der Berufs- und Therapiefreiheit ist aber auch die ärztliche Sorgfaltspflicht. An den ärztlichen Berufsstand, der sich mit dem Wohle des Menschen befaßt, der aber auch aufgrund seiner Berufsfreiheit von Weisungen und daher von "Kontrollen" nicht berührt werden kann, müssen größte Anforderungen an die gestellte Selbstkontrolle, Selbstkritik und Sorgfaltspflicht gestellt werden. Der Arzt übernimmt somit im Auftrag des Patienten eine vielfältige und weitreichende Verantwortung, und zwar sowohl für den Kranken, für sein eigenes Handeln und für das Verhältnis zwischen ihm und dem Patienten, als auch für das Krankenhaus und die Gesellschaft im ganzen *(Heiss et al. 1994).*

1.1.2 Die Grundelemente ärztlichen Handelns

Die Grundlagen der Medizin bilden die Wissenschaft und die in dem ärztlichen Gelöbnis zum Ausdruck gebrachte "Humanitas" *(Jaspers K. 1986).* Anwendung der medizinischen Wissenschaft bedeutet ein ärztliches Handeln aufgrund der Erkenntnisse, die durch die Anwendung wissenschaftlicher Methoden gewonnen wurden. Erst durch die Anwendung wissenschaftlicher Verfahren und Methoden und den daraus resultierenden Erkenntnissen und Möglichkeiten begann der Aufstieg der Medizin und der Fortschritt in Diagnostik und Therapie.

Unter "Humanitas" als zweiter Säule der Medizin versteht man die "voll entfaltete edle Menschlichkeit, die in der Ausbildung des Geistes und seiner Herrschaft über die eigenen Leidenschaften gründet und sich insbesondere in Teilnahme und Hilfsbereitschaft für den Mitmenschen, in Verständnis und Duldsamkeit für seine Lebensform äußert." *(zitiert aus: Brockhaus-Enzyklopädie 17. Auflage, 8. Band, Wiesbaden, 1969, S. 734).*

Der Beruf des Arztes ist die Ausübung einer auf wissenschaftlicher Erkenntnis und Humanitas gegründeten Kunst *(Jonas H. 1987 S. 146).* Einer Kunst, die in engstem Zusammenhang mit einer forschenden Wissenschaft steht, aber dennoch nicht durch die Anwendung dieser theoretischen Grundlage, d.h. nicht durch "eindeutige Anwendung eindeutigen Wissens an eindeutigem Material zu eindeutigem Zweck [...]" *(zitiert aus Jonas H. 1987 S. 148)* ausgeübt werden kann[2]. Die Besonderheit ärztlichen Handelns ist gerade der Umgang mit dem lebendigen menschlichen Organismus in seiner Ganzheit als Individuum. Der Arzt hat es daher mit dem jeweils gegebenen Einzelfall zu tun und den Besonderheiten einzelner Menschen mit ihren individuellen Krankheitsgeschichten und -erleben, die in ihrer Gesamtheit durch analytische Schemata nur unzureichend erfaßt werden können. Ärztliches Handeln kann sich daher nicht allein auf die Anwendung theoretischen Wissens beschränken *(Gross R. 1979, Anschütz F. 1987 S. 190, Jonas H. 1987 S. 148)*. Von größter Bedeutung für das ärztliche Wirken ist daher die Erfahrung und Intuition, "eine undefinierbare Eigenschaft" aber "gesicherte empirische Erkenntnis" *(zitiert aus: Anschütz F. 1987 S. 190)*, "die die erlernbare Kunstfertigkeit des Arztes zur eigentlichen "Kunst" macht und über bloße Technik hinaushebt" *(zitiert aus: Jonas H. 1987 S. 148)*. Erst durch die entsprechende Kombination der Erkenntnisse der medizinischen Wissenschaft mit dem Erfahrungsschatz des Arztes und seiner Intuition wird das ärztliche Handeln zu einer Kunst *(Isselbacher et al. 1994 S. 1)*.

"Der Patient erwartet und muß vertrauen können, daß die Behandlung ihn allein im Auge hat" *(zitiert aus: Jonas H. 1987 S. 148)*. Wenn sich der Patient in einer seelischen oder körperlichen Notlage hilfesuchend an den Arzt wendet, herrscht zwischen beiden ein besonderes Vertrauensverhältnis. Durch die Verpflichtung des Arztes zur Verschwiegenheit wird das Verhältnis geschützt. In diesem Sinne wirkt auch das ärztliche Gebot, bei der Behandlung von Patienten keinerlei Unterschiede machen zu dürfen. Durch die freiwillige Übernahme der Behandlung seines Patienten, sozusagen der Obhutnahme, tritt der Arzt in eine Schutzfunktion ein[3]. Damit übernimmt der behandelnde Arzt eine Garantenschaft für den Patienten und ist verpflichtet, helfend tätig zu werden und ein Fortschreiten der Krankheit zu verhindern *(Laufs A. 1988 RdNr. 84 f. S. 42)*. Seiner Fürsorgepflicht kommt der Arzt nach, indem er seinen Patienten die gebotene Sorgfalt, d. h. eine den modernen medizinischen Erkenntnissen entsprechende Behandlung gewährleistet. Denn der Patient kann darauf vertrauen, daß der Arzt die nötige Kompetenz besitzt, um ihn entsprechend behandeln zu können[4]. Durch das ärztliche Handeln im Sinne des Patienten kann der Arzt jedoch in Konflikt mit der Autonomie des Patienten kommen. Im Einzelfall und in speziellen Situationen kann die Abgrenzung zwischen dem Handeln im wohlverstandenen Interesse des Patienten und der Beachtung des Selbstbestimmungsrechts des Patienten für den Arzt schwierig werden *(Isselbacher et al. 1994 S. 6)*.

---

[2] Nach *Gross R. 1979, Hartmann F. 1990* unterscheidet sich die medizinische Wissenschaft von der exakten Naturwissenschaft, da die Medizin einige Bedingungen exakter naturwissenschaftlicher Aussagen nicht erfüllen kann, siehe im einzelnen dort. Allerdings befaßt sich die medizinische Wissenschaft mit dem menschlichen Körper, "mit dem der Mensch zum Reich der tierischen Organismen gehört, ein Naturding unter Naturdingen ist und insofern unter die Naturwissenschaft kommt" *(zitiert aus: Jonas H. 1987 S. 149)*.

[3] Dies wird bereits für eine erstmalige telefonische Konsultation bejaht *(Laufs. A. 1988 S. 43 RdNr. 84)*.

[4] Siehe Punkt B 1.2.3.

1.1.3 Aspekte ethisch-ärztlicher Problembereiche

Ärztliche Ethik und die Beziehung zwischen Arzt und Patient sind durch die erweiterten Möglichkeiten der modernen Medizin und des technischen Fortschritts im Krankenhaus zunehmend Belastungen ausgesetzt. So sind heute vielfach moderne Verfahren möglich geworden, die der ursprünglichen auf das Heilen von Krankheiten und Linderung der Schmerzen beschränkten Aufgabe des Arztes nicht mehr entsprechen. Genannt seien hier medizinisch-ethische Fragen zu Beginn des Lebens, etwa Fragen im Zusammenhang mit der Fortpflanzungsmedizin oder dem Schwangerschaftsabbruch.

Auch wird zunehmend die Frage gestellt, ob die heutige Medizin alles machen darf, was sie kann, d. h. wie weit der ärztliche Heilauftrag im einzelnen gehen darf *(Laufs A. 1989, Anschütz F. 1990, S. 218, Grewel H. 1993)*. Dies gilt beispielsweise für die Möglichkeiten der maximal invasiven Tumorchirurgie, der Anwendung gentechnischer Verfahren, der Transplantationsmedizin und nicht zuletzt der lebensverlängernden und lebenserhaltenden Maßnahmen der modernen Intensivmedizin. Gerade bei alten und schwerstkranken Patienten, für die ein Nutzen der intensivmedizinischen Therapie schwer einzuschätzen sein kann, steht der Arzt immer wieder zwischen der Indikationsstellung zu lebensverlängernden Maßnahmen und dem Selbstbestimmungsrecht seines Patienten und dessen Wunsch und Anspruch auf einen würdigen Tod *(Hiersche H.D. 1986, Obderbecke H.W. 1989, Uhlenbruck 1992 § 132 RdNr. 1 ff. S. 778 ff., Heiss H.W., Illhardt F.J. 1993, Pfenninger, Himmelseher 1993)*. Vergleichbare Herausforderungen an das ärztliche Handeln enstehen täglich bei der Betreuung und Behandlung Schwerkranker und Sterbender in Hospizien *(Genzel, Binsack 1995)*.

Bei solchen komplexen Fragestellungen haben sich die interdisziplinären Ethikkommissionen bewährt. Die Mitglieder einer Ethikkommission im Krankenhaus, meist aus Juristen, Geisteswissenschaftlern und Ärzten verschiedener Fachgebiete zusammengesetzt, nehmen eine Art Stellvertreterfunktion für die schutzwürdigen Interessen des Patienten wahr. Die von Weisungen unabhängigen Ärzte unterwerfen sich somit im Rahmen einer selbstverwalteten wissenschaftlichen Instanz einer kritischen Prüfung und Konsultation *(Laufs A. 1992 in Laufs, Uhlenbruck 1992 RdNr. 32 ff. S. 25)*.

Neben den zahlreichen ethischen Fragestellungen, die die moderne Medizin aufwerfen kann, wird zukünftig die ökonomische Entwicklung das heutige Arzt-Patienten-Verhältnis maßgeblich beeinflussen und bestimmen *(Anschütz F. 1990)*. Aufgrund der Kostenentwicklung im Gesundheitswesen weltweit und den daraus folgenden steigenden volkswirtschaftlichen Belastungen gewinnen die wirtschaftliche Seite ärztlichen Handelns und die Fragen der Kostendämpfung in der gesundheitspolitischen Diskussion verstärkt Bedeutung.

Während diese Problematik von den Ärzten in der Bundesrepublik Deutschland seit dem GSG 1993 zunehmend erkannt wird, befaßt sich die amerikanische Ärzteschaft seit vielen Jahren mit dem Thema "Gesundheitskosten" und daraus abgeleitet mit Fragen über Kosten-Nutzen-Bewertungen, Rationierung von Leistungen (beispielsweise bei alten Menschen) und den moralischen und ethischen Problemen und Konsequenzen, die sich hieraus ergeben können *(Schröder S.A. et al 1981, Bayer R. et al. 1983, Siu A.L. et al. 1986, Strauss M.J. et al. 1986, Brook E.H. 1990, Levinsky N.G. 1990, Smedira N.G. et al. 1990, Jecker N.S., Schneidermann L.J. 1992, Singer P.A., Lowy F.H. 1992, Fries I.F. et al. 1993, Emanuel E.J., Emanuel L.L. 1994).*

Diese Entwicklung macht deutlich, daß solche ethisch-moralischen Probleme nur dann im Sinne einer "Humanitas" und somit im Sinne des Patienten gelöst werden können, wenn der Arzt den ärztlichen Grundwerten verpflichtet ist. Gleichzeitig mit den wachsenden Herausforderungen der modernen Medizin, den Möglichkeiten des modernen ärztlichen Handelns im Krankenhaus, der verstärkten Kostendiskussion und dem Kostendruck steigen auch die Anforderungen an die ethische und soziale Kompetenz des leitenden Arztes.

Zudem hat besonders der leitende Arzt als Führungsperson im Krankenhaus eine Vorbildfunktion. Die Verwirklichung einer "humanen" Gesinnung und der ärztlichen Grundwerte durch medizinisch-ethische "Verhaltensregeln" kann letztlich umfassend nur einem Arzt mit Führungs- und Vorbildsfunktion gelingen. Somit müssen die leitenden Ärzte, angesichts der Unabhängigkeit ihrer Entscheidungen, des individuellen nach außen geschützten und auf gegenseitigem Vertrauen basierenden Arzt-Patienten-Verhältnisses, der Garantenstellung des Arztes für seine Patienten und der zunehmenden ethisch-moralisch belastenden Einflüsse auf das ärztliche Handeln im Krankenhaus, eng an die Führungs- und Entscheidungsstrukturen gebunden sein, um ihren Patienten eine nach humanen Gesichtspunkten ausgerichtete Versorgung gewährleisten zu können.

1.2 Der ärztliche Heilauftrag (die juristische Rechtmäßigkeit)

Der Arzt handelt nicht nur nach den Regeln und Grundsätzen seines Standes, sondern ist auch an Gesetzgebung und Rechtsprechung gebunden. Die juristische Rechtmäßigkeit des ärztlichen Handelns kann als das ethische "Minimum" ärztlichen Wirkens gelten. Aus den Anforderungen, die Recht und Rechtsprechung an den Arzt stellen, leiten sich aufgrund der Letztverantwortung einige Führungsaufgaben eines leitenden Arztes ab. Ärztliches Handeln und ärztliche Tätigkeit werden durch drei Grunderfordernisse gerechtfertigt:

Der ärztliche Heileingriff muß indiziert sein (**Indikation**), er setzt das Einverständnis des aufgeklärten Patienten voraus (**Aufklärung**) und muß nach den Regeln und dem Standard ärztlicher Kunst ausgeführt werden (**lege artis**). Nur wenn diese drei Bedingungen erfüllt sind, ist ärztliches Handeln legitim und kann vor dem Recht bestehen.

1.2.1 Die Indikation

Für das Tätigwerden des Arztes muß zunächst ein Grund zur Anordnung bzw. Verordnung eines bestimmten diagnostischen und/oder therapeutischen Verfahrens vorliegen, d.h. ärztliches Handeln muß indiziert sein. Die Indikation ist somit Folge und Bestandteil der Diagnosestellung *(Anschütz F. 1987 S. 107)*. Art und Umfang der ärztlichen Behandlung richten sich im weiteren nach der individuellen Art und Schwere der Erkrankung des Patienten und auch nach seiner individuellen Krankheitsauffassung. So kann beispielsweise das Vorgehen des Arztes bei der Diagnose "koronare Herzerkrankung" bei zwei verschiedenen Patienten gänzlich unterschiedlich indiziert sein. Bei der Diagnosefindung muß der Arzt daher seiner individuellen Sorgfaltspflicht nachkommen, d.h. dies für jeden Patienten im einzelnen nach dem Stand der modernen medizinischen Erkenntnisse tun.

Ein besonderes ethisches und auch rechtliches Problem bei der Indikationsstellung kann sich im Bereich der Intensivmedizin ergeben, da die Grenzen der modernen Intensivmedizin und der ärztlichen Behandlungspflicht nicht exakt zu ziehen sind. Der Arzt ist zum einen grundsätzlich dazu verpflichtet, alle ihm zu Gebote stehenden Mittel und Möglichkeiten einzusetzen, um das Leben eines ihm anvertrauten Patienten zu erhalten, unabhängig davon, ob das vorliegende Grundleiden heilbar ist oder nicht. Die umfassende Behandlungspflicht hat auch der BGH bestätigt *(NJW 1984 S. 2639, MedR 1985 S. 40)*. Eine generelle, immer gültige ärztliche Behandlungspflicht läßt sich aus diesem Grundsatz jedoch nicht ableiten. Keinesfalls kann diese Pflicht soweit reichen, Leiden eines Patienten in der Schlußphase einer progredienten und inkurablen Krankheit durch intensivmedizinische Maßnahmen um jeden Preis verlängern zu müssen *(Genzel, Binsack 1995, Opderbecke, Weissauer 1997)*.

In der Situation zwischen Leben und Tod gibt es immanente Grenzen der ärztlichen Behandlungspflicht, die dort erreicht sind, wo die Lebensverlängerung dem Patienten keine Hilfe mehr bedeutet und damit der Sinn des ärztlichen Heilauftrages verfehlt wird *(Genzel, Binsack 1995, Opderbecke, Weissauer 1997)*. Besonders deutlich wird diese Feststellung im Leistungsgeschehen eines klinischen Hospizes. Nicht die Machbarkeit der Therapie, sondern die Frage nach der für das Wohl des Patienten besten, menschlich gebotenen und von ihm letztlich auch erwarteten Betreuungs- und Behandlungsmethode hat das ärztliche Handeln in einem Hospiz zu bestimmen *(Genzel, Binsack 1995)*.

1.2.2 Die Aufklärung

In der Regel sind ärztliche Maßnahmen mit Eingriffen in die körperliche und psychische Integrität des Patienten verbunden. Nach juristischer Terminologie erfüllen solche Eingriffe den Tatbestand der Körperverletzung, auch wenn sie zu Heilzwecken, dem medizinischen Standard entsprechend und mit Erfolg durchgeführt werden. Die nach der Rechtsprechung ord-

nungsgemäße ärztliche Maßnahme erfordert somit zum Schutz seiner Persönlichkeitsrechte das Einverständnis des über den Eingriff aufgeklärten Patienten.
Die rechtswirksame Einwilligung des Patienten setzt jedoch seine Einsicht in seine Lage, d.h. Art, Umfang und Folgen des geplanten Eingriffs, voraus[5] *(Giesen D. 1990 S. 99 ff.)*. Dies wiederum bedeutet, daß der Patient vom Arzt soweit aufgeklärt werden muß, daß er seinen eigenen Entschluß abwägen und damit sein weiteres Schicksal selbst mitbestimmen kann ("informed consent"). Kommt der Arzt dieser Pflicht nicht nach, so könnte sein Tun entweder strafrechtlich wegen Körperverletzung nach §§ 223, 223a und 230 StGB geahndet werden oder zivilrechtlichen Schadensersatzansprüchen nach §§ 823 ff. BGB und vertraglichen Schadensersatzansprüchen wegen positiver Forderungsverletzung nach §§ 305 und 276 BGB des Patienten ausgesetzt sein *(Schmid H. 1984, Giesen D. 1990 S. 99 ff., Laufs A. 1992 S. 47 RdNr. 21 ff.)*.
Über die Art und Weise der Aufklärung gibt es keine generellen rechtlichen Bestimmungen. Der Bundesgerichtshof überläßt das "Wie" der Aufklärung prinzipiell dem **pflichtgemäßen Beurteilungsermessen des Arztes** *(Steffen E. 1995b S. 149)*. Demzufolge hat die Rechtsprechung im Falle einer Klage für jeden Einzelfall und den individuellen Umständen entsprechend zu urteilen. Eine Übersicht über die bisherige höchstrichterliche Rechtsprechung und grundlegende Richtlinien über die Art und Weise der erforderlichen Aufklärung geben *Giesen D. 1995, Steffen E. 1995b* und *Giesen R. 1997*.
Gerade in der jüngeren Rechtsprechung des BGH[6] ist eine Verschärfung der Aufklärungspflichten zu beobachten *(Giesen D. 1997)*. Nach Ansicht von *Giesen* kommt der BGH in seiner Rechtsprechung einer Gefährdungshaftung des Arztes sehr nahe *(Giesen D. 1997)*.
Ist der Patient nach dem ärztlichen Eingriff der Meinung, daß der Arzt ihn nicht oder nicht ausreichend über die durchgeführten Maßnahmen aufgeklärt hat, so ist der Patient bei einem Schadensersatzprozeß zunächst von der Beweispflicht befreit. Im Gegensatz zu einem "Kunstfehlerprozeß", bei dem der Patient in der Regel dem Arzt einen schuldhaft begangenen Fehler nachzuweisen hat, ist bei dem Vorwurf der mangelhaften Aufklärung der Arzt verpflichtet, das Gegenteil zu beweisen. Dies kann er in aller Regel vor Gericht nur tun, wenn er das Aufklärungsgespräch dokumentiert hat. In welcher Form der Arzt zu dokumentieren hat, wird von der Rechtsprechung nicht genau vorgeschrieben. Grundsätzlich hält der BGH eine Dokumentation dann für ausreichend, wenn aus den Unterlagen klar ersichtlich ist, daß, wann und über welche Risiken aufgeklärt worden ist und der Arzt durch seine Mitarbeiter belegen kann, daß er sich generell um eine sachgemäße Aufklärung bemüht *(Steffen E. 1990 S. 106, Steffen E. 1995b S. 149 ff.)*. Auch hier gilt wiederum die Einzelfallentscheidung. So kann beispielsweise unter Umständen auch eine Aufklärung mit standardisierten Formularen nicht ausreichend sein *(Steffen E. 1990 S. 106)*.

---

[5] Eine Ausnahme gilt hier bei bewußtlosen Patienten: Der Arzt handelt hier nach dem mutmaßlichen Willen des Patienten.
[6] BGH, NJW 1994, S. 2414 f.

Die Dokumentationspflicht darf aber nicht soweit gehen, daß der Arzt zu Zwecken der Transparenz und der Nachvollziehbarkeit sein gesamtes Handeln protokolliert. Dies würde zu einer "defensiven Medizin" führen, die die Dokumentation des ärztlichen Handelns nicht mehr dem Heilerfolg, sondern der Minimierung von Haftungsrisiken verpflichten würde *(Giesen R. 1997)*. Der BGH hat daher festgehalten, daß die Dokumentationspflicht rein medizinischer Natur ist und nicht eine nachträgliche Überwachung des Arztes ermöglichen soll[7] *(Giesen D. 1995 RdNr. 426, Giesen R. 1997)*. Wesentlich für eine sachgerechte Aufklärung ist, wie oben erwähnt, der Umfang, der Inhalt und der Zeitpunkt der Aufklärung. Dabei gilt der Grundsatz, daß eine Aufklärung umso genauer, umfangreicher und früher zu erfolgen hat, je höher das Risiko für den Patienten ist. Besondere Bedeutung hat dieser Grundsatz bei den ambulant durchgeführten Operationen[8] *(Bock R.-W. 1993, Bonvie H. 1993, Ulsenheimer K. 1993)*.

Eine exakte Vorgabe wann eine Aufklärung im einzelnen durchgeführt werden muß, kann im allgemeinen nicht gegeben werden. So kann es beispielsweise auch bei einer ambulanten Operation unter bestimmten Voraussetzungen noch ausreichend sein, erst am Tage der Operation den Patienten aufzuklären *(Jansen C. 1994c)*. Die Richter räumen jedoch dem Schutz des Persönlichkeitsrechtes des Patienten höchsten Stellenwert ein. So hat der BGH in seiner jüngsten Rechtsprechung neue Grundsätze zur Rechtzeitigkeit der Aufklärung aufgestellt, die der zunehmend größer werdenden Betonung der Individualwerte in der Gesellschaft entsprechen[9]. Demnach ist es für den Arzt geboten, soweit möglich grundsätzlich bereits bei der Terminvereinbarung für einen operativen Eingriff die Aufklärung vorzunehmen *(Wertenbruch 1995)*. Zum anderen wird es in vielen Fällen aber auch angeraten sein, eine weitere Aufklärung am Tage vor der Operation vorzunehmen, nämlich dann, wenn aufgrund der Aufnahmeuntersuchungen Änderungen beim operativen Vorgehen oder weitere Risiken zutage getreten sind, auf die der Arzt bei der ersten Aufklärung nicht hinweisen konnte, da er sie selbst nicht kannte *(Giesen R. 1997)*. Selbstverständlich gilt diese Rechtsprechung in den Fällen nicht, in denen keine Zeit für eine derartige Aufklärung bleibt und der Patient sich in einem Zustand befindet, in dem er nicht wirksam einwilligen kann[10].

Die steigenden Anforderungen an die Aufklärung können nach Ansicht der Ärzte zu einem im Klinikalltag nicht umsetzbaren Zeit- und Dokumentationsaufwand und zu großer Verunsicherung des Patienten führen. Daher gab und gibt es in Aufklärungsfragen häufig Meinungsverschiedenheiten zwischen Ärzten und Juristen *(Schmid H. 1984, Carstensen C. 1992)*. Diese Meinungsverschiedenheiten dürfen allerdings nicht dazu führen, daß der Arzt die von der Rechtsprechung gestellten Forderungen nicht beachtet, also nur so aufklärt, wie er es aus me-

---

[7] BGH, NJW 1993, S. 2375, 2376; BGH, VersR 1989, S. 512, 513.
[8] Gerade hier steht der im SGB V § 39 festgelegte Vorrang der ambulanten vor den stationären Versorgungsformen in einem gewissen Spannungsverhältnis mit den strengen rechtlichen Sorgfaltsanforderungen *(Ulsenheimer K. 1993)*.
[9] BGH, NJW 1992, S. 2351 f.; BGH, NJW 1994, S. 3009, 3011.
[10] BGH, NJW 1993, S. 2372 für beim Geburtsvorgang auftretende Komplikationen; OLG Düsseldorf, NJW 1996, S. 1599, 1600, zur fehlenden Aufklärungspflicht über ein HIV-Infektionsrisiko bei eilbedürftiger Transfusionsbehandlung.

dizinischer Sicht für richtig erachtet. Andererseits darf die zu starke Verinnerlichung der rechtlichen Anforderungen nicht zu einer Defensivmedizin[11] führen.

Nach *Giesen* wird ein "auf dem Wissensstand seiner Zunft stehender und die entsprechende Sorgfalt einhaltender, das Selbstbestimmungsrecht ernst nehmender, ihn angemessen aufklärender und Aufklärung und Behandlungsweise dokumentierender Arzt auch bei einer sich verschärfenden Sorgfalts- und Aufklärungserwartung der Gerichte nach wie vor unbelastet und ohne Gefahr des Entstehens einer den Fortschritt lähmenden Defensivmedizin arbeiten können, weil er vor begründeten Schadensersatzklagen so gut wie sicher ist" *(zitiert aus: Giesen D. 1990 S. 189).*

Primär ist die Durchführung der Aufklärung die Sache eines jeden einzelnen Arztes. Allerdings muß der Behandlungsträger (Krankenhausträger, leitender Arzt) für die Erfüllung seiner Aufklärungspflichten aus dem Behandlungsvertrag einstehen (§ 278 BGB). Der letztverantwortliche leitende Arzt hat also die Aufgabe, durch detaillierte Anweisungen, Informationen und Kontrollen, die ausreichende Aufklärung der Patienten durch die nachgeordneten Ärzte sicherzustellen. Die sachgerechte Durchführung der Patientenaufklärung gehört damit zu den organisatorischen Führungsaufgaben der leitenden Ärzte. Angesichts der steigenden Zahl an Arzthaftungsprozessen gerade durch eine fehlerhafte Aufklärung, gewinnt diese Führungsaufgabe zukünftig verstärkte Bedeutung[12].

1.2.3 Der ärztlich-medizinische Standard

Die Rechtmäßigkeit ärztlichen Handelns setzt als dritte Grundlage die dem allgemeinen ärztlichen Standard entsprechende Durchführung der diagnostischen und therapeutischen Eingriffe voraus *(Laufs A. 1992 S. 50 RdNr. 30).*

Als ärztlicher Standard wird die nach den jeweils allgemein anerkannten, praktisch bewährten und wissenschaftlich gesicherten medizinischen Grundkenntnissen und ärztlichen Erfahrungen bestehende Lehrmeinung angesehen. Diese ärztlichen Standards werden auf der Grundlage von Konvention und Konsens von Expertengremien, wissenschaftlichen Fachgesellschaften, Berufsverbänden oder Ärztekammern erarbeitet *(Buchborn E. 1993).*

Ärztliche Fehlleistungen bilden folglich dann eine Haftungsgrundlage, wenn sie im konkreten Fall nach dem jeweils gültigen Standard ärztlichen Könnens und Wissens nicht unterlaufen und somit vermeidbar gewesen wären. Der hier von den Gerichten zugrunde gelegte und erforderliche Sorgfaltsmaßstab orientiert sich dabei nicht an den örtlichen Umständen und Ge-

---

[11] "Aus der verrechtlichten droht eine defensive Medizin zu werden, die aus Scheu vor der Klage zu viel untersucht oder zu wenig an Eingriffen wagt."*(zitiert aus Ulsenheimer K., "Defensives Denken in der Medizin" - Irrweg oder Notwendigkeit?, in: Chirurg BDC, 30. Jg. (1991), S. 221).*

[12] Zunehmend wird statt des Vorwurfs der Verletzung der ärztlichen Sorgfaltspflicht der Vorwurf der Verletzung der Aufklärungspflicht erhoben, da diese Klage leichter und schneller zu führen ist *(Raabe R., Vogel H. 1987 S. 11, 25 ff.).*

gebenheiten, etwa fehlender Ausbildung und Erfahrung des Arztes, sondern an einer objektiven Sorgfaltsnorm, d.h., was in dieser Situation von einem sorgfältig, gewissenhaft handelnden und ausreichend erfahrenen Arzt des jeweiligen Fachgebietes zu erwarten ist[13] *(Giesen D. 1990 S. 29 ff., Steffen E. 1990 S. 36 ff., Cyran W. 1992 S. 9 f., Mallach et al. 1993 S. 9 ff.).*
Der Arzt muß also "objektiv dem Qualitätsmaßstab gerecht werden, mit dem die Angehörigen seines eigenen Berufsstandes und seiner besonderen Fachrichtung gemessen werden" *(zitiert aus: Giesen D. 1990 S. 30).* Entsprechend dieser Rechtsprechung[14] schuldet damit das Krankenhaus und der für die Patientenbehandlung letztverantwortliche leitende Arzt dem Patienten, beispielsweise bei Operationen, den Behandlungsstandard eines Facharztes (Facharztstandard)[15] *(Opderbecke, Weißauer 1993, Jansen C. 1994a, Jansen C. 1994b).*
Die gebotene Sorgfalt muß die Qualität der Maßnahme und Methode nach dem jeweiligen medizinischen Standard gewährleisten. Ein Abweichen von bewährten Methoden und sogenannte Außenseitermethoden erhöhen in gleichem Zuge die Anforderungen an die Sorgfaltspflicht und den Umfang und Inhalt der Aufklärung (siehe im einzelnen Punkt B 1.2.3) *(Laufs A. 1988 RdNr. 339 ff.).* Verstößt der Arzt gegen den Sorgfaltsmaßstab, begeht er schuldhaft (§ 276 BGB) einen Behandlungsfehler und macht sich entsprechend einem Verstoß gegen die Aufklärungspflicht strafrechtlich oder zivilrechtlich haftbar. Im Falle einer Klage muß er darlegen können, daß seine Behandlungsmethode dem damals gültigen Stand der medizinischen Erkenntnis entsprochen hat.
Auch hierfür benötigt der Arzt exakte und sorgfältig geführte Krankenunterlagen, in denen Art und Umfang der Maßnahmen klar ersichtlich dokumentiert sind, so daß er sich gegebenenfalls dadurch entlasten kann. Bei unzureichender Dokumentation droht dem Arzt die Beweislastumkehr, d.h. er muß nun dem Patienten und dem Gericht nachweisen, daß seine angewandte Methode dem damaligen Standard entsprochen hat, was im allgemeinen deutlich schwieriger ist. Eine Beweislastumkehr tritt bereits bei dem Vorwurf grober Fahrlässigkeit also eines groben Behandlungsfehlers in Kraft. Einer sorgfältigen ärztlichen Dokumentation im Krankenhaus kommt daher eine große Bedeutung zu.
Da der Arzt nach dem jeweils gültigen Erkenntnisstand der medizinischen Wissenschaft zu handeln hat, kann er sich daher nicht auf sein einmal gewonnenes Wissen berufen, er muß sich fortbilden. Die Anforderungen an die ärztliche Fortbildung sind generell hoch angesetzt *(Giesen D. 1990).* In seinem Fachgebiet hat sich der Arzt wenigstens durch die Lektüre von Fachzeitschriften auf dem laufenden zu halten. Auch bei der Einführung neuer Diagnose- und Therapieverfahren aus der wissenschaftlichen Diskussion in die Praxis läßt die Rechtsprechung keine größeren Zeiträume zu *(Steffen E. 1990, VersR 1987, S. 414).*

---

[13] Diese vom BGH bestätigte Anforderung an den Sorgfaltsmaßstab gilt in gleichem Maße für den organisatorischen Ablauf der Patientenversorgung (siehe B 3).
[14] BGH MedR 1984 S. 63, BGH NJW 1992 S. 1560.
[15] Zu den organisatorischen Auswirkungen auf den ärztlichen Dienst und den näheren Einzelheiten zum Facharztstandard siehe B 3.2.

So hoch die rechtlichen Anforderungen an den Sorgfaltsmaßstab ärztlicher Leistungen auch sind, können sie dennoch auch nicht die allgemeinen Grenzen, etwa der Finanzierbarkeit und der Wirtschaftlichkeit im System der Krankenversicherung, gänzlich vernachlässigen *(Steffen E. 1990)*. Deshalb kann der Patient nicht immer optimale Behandlungsmöglichkeiten oder modernste Apparate erwarten[16]. Auch das Krankheitsrisiko, beispielsweise das Risiko des Fortschreitens der Erkrankung, darf haftungsrechtlich nicht auf den Arzt abgewälzt werden.

Die Sicherung der drei dargestellten Grunderfordernisse ärztlichen Handelns ist Aufgabe der leitenden Ärzte. In ihren Verantwortungsbereich fällt folglich die Überwachung einer dem jeweiligen Stand der Rechtsprechung genügenden Aufklärung durch die nachgeordneten Ärzte, die Kontrolle einer kontinuierlichen Fort- und Weiterbildung des ärztlichen Personals sowie die Gewährleistung einer Versorgung der Patienten, die dem Stand der modernen medizinischen Erkenntnisse entspricht.

Wie oben ausgeführt wurde, kann der leitende Arzt jedoch keine exakten Handlungsrichtlinien für eine sachgerechte Aufklärung im Einzelfall geben. Eine Aufklärung der Patienten durch den nachgeordneten ärztlichen Dienst nach den Maßstäben der Rechtsprechung wird der leitende Arzt am ehesten dann verwirklichen können, wenn er die Voraussetzungen einer sachgerechten Aufklärung schafft: Ausprägung eines "Sorgfaltspflicht-Bewußtseins", Achtung der Selbstbestimmung des einzelnen Patienten, exakte und ausreichende Dokumentation der Behandlung und das Pflegen einer vertrauensvollen Beziehung zwischen Arzt und Patient.

---

[16] BGH NJW 1988 S. 1511, BGH NJW 1989 S. 2321.

2 Die ärztliche Betreuung des Patienten im Krankenhaus

Im folgenden wird nun näher auf die Belange der Patienten und das Verhältnis zwischen Arzt und Patient unter den sich verändernden Rahmenbedingungen im Krankenhaus eingegangen. Dabei wird die besondere und zukünftig wohl noch größer werdende Bedeutung des Patienten im Krankenhaus herausgestellt. Die hervorgehobene Stellung des Patienten ergibt sich zunächst aus der primär sozialen und humanen Zielsetzung des Krankenhauses. Als "Dienstleistungsbetrieb" wird das Krankenhaus wie kein anderer Betrieb in der Wirtschaft und Gesellschaft durch die herausragende Bedeutung der Kontakte und der Nähe zum Menschen gekennzeichnet und geprägt *(Tabelle 3)*.

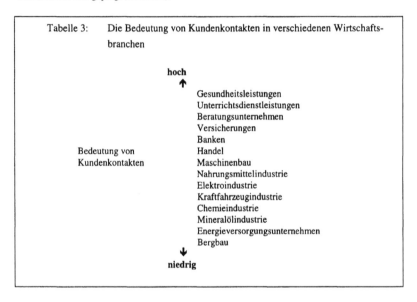

Tabelle 3: Die Bedeutung von Kundenkontakten in verschiedenen Wirtschaftsbranchen

Quelle: Zollner G. 1995 "Kundennähe in Dienstleistungsunternehmen" S. 53

Veränderungen und Entwicklungen, die das Krankenhaus und die Medizin betreffen, haben daher unmittelbar Auswirkungen auf den Patienten und auf die jeweiligen "Gesundheitsleistungen". Im vielschichtigen Leistungsgeschehen dieses Betriebes steht jedoch besonders das Verhältnis von Arzt und Patient im Mittelpunkt *(Cassel C.K. 1996)*. Der Patient kommt primär wegen der ärztlichen Behandlung in die Klinik. Andere Leistungen, wie Pflege, Unterbringung und Versorgung sind zwar wichtig für den hilfsbedürftigen Menschen im Krankenhaus, stehen aber hier nicht im Vordergrund. Von anderen stationären Einrichtungen, wie etwa Pflege- und Rehabilitationszentren unterscheidet sich das Krankenhaus allein durch die

Dominanz der ärztlichen Aufgabenstellung. Auch für den (leitenden) Arzt hat die Beziehung zum Patienten eine besondere Bedeutung, da im Mittelpunkt seines ärztlichen Handelns das Wohl des Patienten steht. Entsprechend der ärztlichen Ethik ist es aus ärztlicher Sicht das oberste Ziel, das Wohlergehen des Patienten zu beachten und zu gewährleisten.

Vor der Erörterung der "Kundenorientierung" im Krankenhaus aus ökonomischer und ärztlicher Sicht werden zunächst die Grundlagen und Eigenheiten des Arzt-Patienten Verhältnisses sowie der Einfluß des Wertewandels und des medizinischen Fortschritts dargestellt.

2.1 Das Arzt-Patienten-Verhältnis im Krankenhaus

Eingangs wurde schon aufgezeigt, daß sowohl der Patient, der leitende Arzt als auch die Beziehung zwischen Arzt und Patient besondere und kennzeichnende Elemente aller Leistungen und allen Handelns im Krankenhaus sind *(Cassel C.K. 1996)*.

Der Wert und die Bedeutung eines engen und persönlichen Verhältnisses ist anerkanntermaßen hoch. Sowohl die Ermittlung der richtigen Diagnose als auch das Ergebnis der Behandlung hängen davon wesentlich ab *(Isselbacher et al. 1994 S. 4)*. Für den kranken Menschen sind die zwischenmenschlichen Beziehungen zum Arzt gleichfalls von großer Bedeutung.

2.1.1 Grundlagen des Arzt-Patienten-Verhältnisses im Krankenhaus

Die Grundlage des Arzt-Patienten-Verhältnisses beruht auf gegenseitigem Respekt, Verständnis und vor allem Vertrauen *(Isselbacher et al. 1994, Kleinschmidt W. 1993, Balint, Shelton 1996, Cassel C.K. 1996)*. Ein vertrauensvolles Verhältnis zwischen Arzt und Patient ist für die Behandlung der Patienten im Krankenhaus außerordentlich wichtig *(Isselbacher et al. 1994, Hoffmann H. 1991, Kleinschmidt W. 1993, Balint, Shelton 1996, Cassel C.K. 1996)*. Es kann Vorbehalte, die Ängste des Patienten vor dem Ungewissen, seinem weiteren Schicksal und auch vor der Komplexität des Krankenhauses und der Abläufe mindern. Die Vertrauensfunktion wird daher umso wichtiger, je schwerwiegender die Erkrankung oder je risikoreicher der Eingriff oder die Therapie ist *(Kleinschmidt W. 1993)*.

Der Arzt ist der wissenschaftlich Sachkundige, der sein Wissen und Können im Sinne und zum Wohle des Patienten einsetzt und der auf der Grundlage der "Humanitas" diesen behandelt und belehrt. Der Patient muß darauf vertrauen können, daß der Arzt das Gesagte für sich behält, ihn nach den Erkenntnissen der modernen Medizin versorgt und die Interessen des Patienten in den Mittelpunkt seiner Tätigkeit stellt. Der Arzt wiederum muß das ihm entgegengebrachte Vertrauen durch ein "besonders ausgeprägtes Verantwortungsbewußtsein" rechtfertigen *(Nissen R. 1969, Kleinschmidt W. 1993)*. Durch die Behandlung des Patienten übernimmt der Arzt eine Schutzfunktion und eine Garantenschaft für den Patienten *(Laufs A. 1988*

RdNr. 84 f. S. 42). Der Arzt schützt das Vertrauen des Patienten und kommt seiner Fürsorgepflicht nach, indem er die für die Behandlung des Patienten notwendige Kompetenz besitzt, den Patienten der ärztlich-ethischen Berufsauffassung entsprechend nach bestem Wissen und Gewissen und nach den Regeln des ärztlichen Standes behandelt. Der Arzt seinerseits kann darauf vertrauen, daß der Patient ihm vollständig und wahrheitsgemäß Auskunft gibt und sich an der Behandlung aktiv beteiligt ("Compliance" des Patienten). Idealerweise sind daher Arzt und Patient vernünftige Wesen, "die sich einem Naturvorgang, ihn erkennend und behandelnd, gemeinsam gegenüberstellen, und die aus ihrer Humanität einig sind in der Wünschbarkeit des Ziels." *(zitiert aus: Jaspers K. 1986 S. 19).*
Diese besondere Schutzfunktion und Fürsorgepflicht des Arztes für den einzelnen Patienten erfordert einen in seiner Entscheidung freien Arzt. Nur so kann gewährleistet sein, daß der Arzt im Sinne und zum Wohle des Patienten handeln kann. Dieser Bund mit dem Patienten verpflichtet den Arzt daher auch geistig und moralisch integer zu sein, sich in Bescheidenheit zu üben, Anstand, Mitgefühl und menschliches Verständnis zu zeigen, den Patienten zu respektieren und seine eigenen Interessen denen des Patienten unterzuordnen *(Isselbacher et al. 1994 S. 3, Cassel C.K. 1996).* Die Autorität des Arztes gründet unter anderem auf moralischen Wertvorstellungen des Arzttums und aus seiner Funktion als Heiler, Helfer und Anwalt der Kranken. Innerhalb des Verhältnisses von Arzt und Patient spiegelt sich die Autorität des Arztes wider. Nach traditioneller Auffassung wird der Arzt im besten Interesse des Patienten für sein Wohl tätig und trifft die hierfür notwendigen Entscheidungen über Diagnostik und Therapie *(Deber R.B. 1994a, Balint, Sheldon 1996, Laine, Davidoff 1996).* Diese, von der "Dominanz" oder patriarchalischen Stellung des Arztes ausgehende Auffassung des Arzt-Patienten-Verhältnisses gründet auf der Überzeugung, daß Arzt und Patient die gleichen Ziele verfolgen, daß der Arzt den Präferenzen des Patienten entsprechend urteilen kann, daß nur der Arzt über den notwendigen Sachverstand verfügt, um darüber urteilen zu können, was richtigerweise zu tun ist und daß es einfacher und angemessen ist, wenn dem Patienten die mit einer Entscheidung verbundenen Sorgen und Zweifel genommen werden oder er sogar in bestimmten Fällen "getäuscht" werden kann, um ihm dadurch Glauben, Hoffnung und Beruhigung geben zu können *(Deber R.B. 1994a).* Diese noch weitverbreitete Deutung des Arzt-Patienten-Verhältnisses läßt für die Entscheidungen und eine Einbeziehung des Patienten nur wenig Freiraum *(Deber R.B. 1994a).*

2.1.2 Der Wandel des Arzt-Patienten-Verhältnisses

Das dargestellte traditionelle und von äußeren Einflüssen bislang weitgehend unbehelligte Bündnis zwischen Arzt und Patient befindet sich seit geraumer Zeit in einem grundlegenden Wandlungsprozeß. Ursächlich hierfür sind der Wandel gesellschaftlicher Wertvorstellungen, der medizinische Fortschritt und die Entwicklung der Kosten im Gesundheitswesen.

2.1.2.1 Der Wandel gesellschaftlicher Wertvorstellungen

Die Wechselbeziehungen zwischen Arzt und Patient werden von den einzelnen Persönlichkeiten und ihren Wertvorstellungen geprägt. Gerade bei der Gewichtung bestimmter Werte hat sich in den letzten Jahrzehnten aber ein tiefgreifender Wandel vollzogen.
Die Antriebsmomente dieses prägnanten Wertewandelschubs, der etwa Mitte der sechziger Jahre in Westdeutschland einsetzte, sind multifaktoriell und nicht umfassend erklärbar. An der Tatsache aber, daß sich die Präferenzen bzw. die Gewichtung verschiedener Wertvorstellungen von den sog. "Pflicht- und Akzeptanzwerten" zu den sog. "Selbstentfaltungswerten" hin verschoben hat und daß dieser in der Vergangenheit nicht zu bremsende Trend in Deutschland bis in das nächste Jahrzehnt hinein anhalten wird, besteht heute kein Zweifel *(Klages H. 1993, S. 2 ff.)*.
Unter die sog. "Pflicht- und Akzeptanzwerte" fallen, bezogen auf die Gesellschaft, Werte wie Disziplin, Gehorsam, Pflichterfüllung, Treue, Unterordnung, Fleiß und Bescheidenheit und bezogen auf das individuelle Selbst, Werte wie Selbstbeherrschung, Selbstlosigkeit, Hinnahmebereitschaft, Fügsamkeit und Enthaltsamkeit.
Waren diese genannten Werte früher maßgeblich, so sind es heute die Werte der sog. "Selbstentfaltung", bezogen auf die Gesellschaft etwa die Emanzipation von Autoritäten, Gleichbehandlung und Gleichheit, Partizipation oder Autonomie des einzelnen. Bezogen auf das Individuum, zum einen hedonistische Werte wie Genuß, Abenteuer, Spannung, Abwechslung und das Ausleben emotionaler Bedürfnisse und zum anderen Werte, die das Individuum an sich betonen wie Selbstverwirklichung, Ungebundenheit, Eigenständigkeit, Kreativität oder Spontaneität *(Klages H. 1993 S. 4 f.)*.
Nach herrschender Ansicht kann diese Entwicklung nicht nur bei der jüngeren Generation beobachtet werden, sondern ebenso, wenn auch weniger stark ausgeprägt, bei der älteren Generation *(Klages H. 1993 S. 3)*.
Die Auswirkungen und Folgen des Wertewandels auf das Verhalten und die Mentalität der Menschen wird allgemein als einschneidend bezeichnet *(Klages H. 1993 S. 5)*.

2.1.2.2 Der medizinische Fortschritt

Großen Einfluß auf das Verhältnis von Arzt und Patient hat die zunehmende Technisierung der Medizin, der zunehmende Einsatz der Medizintechnik unmittelbar am Patienten und die zunehmende Spezialisierung in der Medizin mit der Aufgliederung einzelner Fachbereiche in verschiedene kleinere Abteilungen.
Eine weitere Folge des medizinischen Fortschritts und der neuen diagnostischen und therapeutischen Möglichkeiten ist die zunehmende Chronifizierung der Leiden. War noch beispielsweise der juvenile Diabetes mellitus vor der Insulintherapie eine nicht beherrschbare

und rasch zum Tode führende Erkrankung, so hat sich die Prognose, die Überlebenszeit und -rate dieser Krankheit heute erheblich verbessert. Die Typ I Diabetiker versterben in der Regel nicht mehr in jungen Jahren, leiden aber im Alter an den Spätschäden ihrer Zuckerkrankheit, wie etwa einer zunehmenden Sehverschlechterung, die bis zur Erblindung führen kann, der Schädigung der Nieren bis zur Dialyse-Pflicht, Durchblutungsstörungen der Beine mit nachfolgenden Amputationen, Herzinfarkt, Schlaganfall etc. Die ärztliche Betreuung solcher Patienten ist jedoch aufgrund des langen Leidens, größeren Leidensdruckes, der geringen Aussicht auf Besserung ihres Zustandes, der Multimorbidität, des möglicherweise nachlassenden Lebenswillens und der damit einhergehenden psychischen Belastungen der Patienten schwieriger.

2.1.2.3 Der Einfluß der Kostenentwicklung im Gesundheitswesen

Einen zukünftig erheblich größer werdenden und belastenden Einfluß auf das Arzt-Patienten-Verhältnis haben die als Folge der Ausgabenentwicklung im Gesundheits- und Krankenhauswesen eingeführten "kostendämpfenden" Maßnahmen. Durch das preisähnliche Entgeltsystem der Fallpauschalen und Sonderentgelte ist die Erkrankung des Patienten entweder zu einem Kostenfaktor für das Krankenhaus geworden oder zu einer Möglichkeit, Gewinne erzielen zu können. Zukünftig könnten daher ökonomische Zwänge und Überlegungen das ärztliche Handeln ebenso beeinflussen wie die ethisch-moralischen Werte.

Als weitere Konsequenz der Neuregelungen erhalten externe Faktoren größer werdenden Einfluß auf das bisher "intime" Verhältnis von Arzt und Patient. Die mit Einführung des Entgeltsystems verbundenen Kontrollen der Krankenkassen und des medizinischen Dienstes, das Einholen einer Zweitmeinung vor schwierigen chirurgischen Eingriffen und die zukünftig erforderliche Menge an Patientendaten beeinflussen das bisher "persönliche" Bild der Arzt-Patienten-Beziehung. In den USA wurde bereits die Erfahrung gemacht, daß die mit der Einführung wettbewerblicher Elemente im Gesundheitswesen verbundenen Kontrollinstrumente, z.B. zur Prüfung der Angemessenheit der Diagnose und Therapie, der Korrektheit der Abrechnungsverfahren, der Qualität der Gesundheitsleistungen etc. zu einer erheblichen "Bürokratisierung" des Arzt-Patienten-Verhältnisses geführt haben *(Lee, Etheredge 1989)*.

2.1.2.4 Das veränderte und zukünftige Arzt-Patienten-Verhältnis

Als Folge der sich wandelnden Wertvorstellungen der Menschen befindet sich auch die Beziehung von Arzt und Patient selbst im Umbruch. Die Betonung der Autonomie des Patienten hat erheblich an Bedeutung gewonnen *(Delbanco T.L. 1992, Balint, Sheldon 1996, Deber R.B. 1996, Laine, Davidoff 1996)*.

Im Zuge der zunehmenden Selbstbestimmung des Patienten wird heute eine weitaus stärkere Einbindung des Patienten in den Entscheidungs- und Behandlungsprozeß gefordert *(Delbanco T.L. 1992, Balint, Sheldon 1996, Deber R.B. 1996, Laine, Davidoff 1996)*. Die "Autorität" des Arztes als Person und seine Entscheidungskompetenz wird heute als Folge der zunehmenden "Emanzipation" des Patienten von einer größer werdenden Zahl an Patienten nicht mehr von vorne herein hingenommen *(Delbanco T.L. 1992, Balint, Sheldon 1996, Deber R.B. 1996, Laine, Davidoff 1996)*. Die Patienten sind heute zunehmend kritischer und skeptischer geworden *(Löblich H. 1989, Lemke M. 1989, Franzki H. 1990, Kessler D.A. 1991, Levinson W. 1994, Jaspers K. 1986, Anschütz F. 1987)*. Der "moderne" Patient ist sich seiner wirklichen oder vermeintlichen Rechte stärker bewußt und weniger als früher bereit, seinen Arzt als unfehlbare Autorität anzuerkennen *(Löblich H. 1989, Franzki H. 1990, Lemke M. 1989)*.
In der Rechtsprechung spiegelt sich diese Entwicklung bereits wider *(Franzki H. 1990)*. So wird bei Entscheidungen über die anstehende Diagnostik und Therapie der sog. "informed consent" gefordert, also die Entscheidung des Patienten über das weitere diagnostische und therapeutische Vorgehen nach einer umfassenden Aufklärung durch den Arzt. Durch diese umfassende Aufklärung soll der Patient in die Lage versetzt werden, die entsprechenden Entscheidungen selbst treffen zu können *(Laufs A. 1992 § 6 RdNr. 21 ff.)*. Als Folge dieser Entwicklungen und der zunehmenden Betonung der Selbstbestimmung des Patienten wird das früher enge Bündnis zwischen Arzt und Patient brüchiger *(Delbanco T.L. 1992)*. Die Bildung einer Vertrauensbeziehung wird dadurch schwieriger. Damit schwindet aber auch die "Schutzfunktion des Vertrauens" für den Patienten, aber auch für den Arzt (siehe unten). Die Probleme, die durch die zunehmende Distanz zwischen Arzt und Patient entstehen können, verstärken wiederum die Tendenz des Auseinanderrückens von Arzt und Patient.

2.1.3 Probleme, Gefahren und Fehlentwicklungen als Folgen des Veränderungs- und Wandlungsprozesses in Gesellschaft und Medizin

Aus den genannten Entwicklungstendenzen und der zunehmenden Distanz zwischen Arzt und Patient können sich jedoch auch Schwierigkeiten und Gefahren für eine patientengerechte ärztliche Versorgung im Krankenhaus ergeben.

2.1.3.1 Kritische Aspekte der modernen Krankenhausmedizin

Im folgenden werden einige Gefahrenmomente für das Krankenhaus, den leitenden Arzt und das Arzt-Patienten-Verhältnis im Krankenhaus dargestellt, die sich als Folge des Veränderungs- und Wandlungsprozesses in Gesellschaft und Medizin ergeben können. Auch hierbei sind wiederum die drei bereits genannten Tendenzen maßgeblich.

So betrifft der **Wandel der Wertvorstellungen** der Menschen gleichermaßen auch die Ansichten der Ärzte, der Pflegekräfte und des übrigen Personals in den Kliniken *(Baier H. 1995)*. Die Betonung der Individualität, Ungebundenheit und der hedonistischen und materialistischen Werte sowie der Trend zur Freizeitgesellschaft bringen für das Krankenhaus, wo traditionelle Werte, wie z.b. Selbstlosigkeit, Bescheidenheit und oftmals auch religiöse Motive, eine große Bedeutung haben, erhebliche Probleme mit sich. Neben den Schwierigkeiten der Personalbeschaffung im nicht-ärztlichen Bereich (siehe Punkt B 2.4) und dem generellen Problem der Motivation im Krankenhaus (siehe Punkt C 2) stellt der Wandel der Wertvorstellungen mit der Betonung des eigenen "Ich´s" und Betonung von materiellen Werten für die humane Zielsetzung des Krankenhauses eine große Herausforderung dar. *Münch* geht heute bereits davon aus, daß die Handlungsmotive des Krankenhauspersonals mit denen der Menschen in der Erwerbswirtschaft gleichzusetzen sind *(Münch E. 1990)*.

Auch die **zunehmende Technisierung, Arbeitsteilung, und Spezialisierung als Folge des medizinischen Fortschritts und der Trend zum "Groß-Krankenhaus"** können für Arzt und Patient Gefahren in sich bergen. So führt die an sich sehr sinnvolle und für den medizinischen Fortschritt notwendige Spezialisierung zu einer Tendenz, die jeweiligen Spezialisten bzw. Abteilungen aus einem Ganzen herauszulösen und zu verselbständigen *(Pfleiderer T. 1993)*. So gibt es heute beispielsweise Ärzte für Innere Medizin, deren Haupttätigkeit in der Durchführung von Koronarangiographien liegt und die somit im diagnostischen und therapeutischen Prozeß nur eine spezielle Funktion oder bestimmte Teilaufgaben innehaben. Die Aufteilung des Behandlungsprozesses in einzelne Leistungen aber verliert ihren guten Sinn, wenn sie nicht durch einen Arzt, der den gesamten Menschen in seiner realen Situation vor Augen hat, aufgenommen wird und für den Patienten als eine Gesamtleistung und einheitlich in sich schlüssige Behandlung dargestellt wird *(Isselbacher et al. 1994)*. Dies wird jedoch heute durch die Spezialisierungstendenz in der Medizin und die Aufsplitterung der am Patienten zu erbringenden Leistungen im Krankenhaus bedroht.

Diese Tendenz führt dazu, daß die Betroffenen sich auf ihr jeweiliges Spezialgebiet konzentrieren, die notwendige Übersicht und wichtige Querverbindungen verloren gehen können, gegebenenfalls zu diagnostisch-therapeutischer Inkonsequenz gegenüber dem Kranken und somit zu einer Gefährdung eines auf den Patienten als Ganzes abgestimmten und für den Patienten einheitlichen, Behandlungskonzeptes *(Schuster H.P. 1993, Pfleiderer T. 1994)*. Nach Jaspers sieht sich der Patient vielen Ärzten gegenüber, während keiner sein Arzt ist *(Jaspers K. 1986 S. 74)*.

Durch die Tendenz der zunehmenden Arbeitsteilung und Spezialisierung steigt auch die Gefahr, daß sich Kommunikationsfehler und Informationsmängel in den Behandlungsablauf mit entsprechenden Folgen einschleichen können. Zudem wächst nach *Pfleiderer* bei steigender Spezialisierung auch die Gefahr, daß Ärzte dazu neigen, Schwierigkeiten zu ignorieren *(Pfleiderer T. 1994)*.

Der zunehmende Einsatz der Medizintechnik am Patienten, die gerade aufgezeigten Folgen der Arbeitsteilung für das Verhältnis zwischen Arzt und Patient und die Aura des modernen Groß-Krankenhauses haben auch oftmals zu Klagen über die Anonymität, Lieblosigkeit oder gar mangelnde Humanität im Krankenhaus geführt *(Pfleiderer T. 1994)*. Trotz der großen therapeutischen Erfolge und der immer besseren und schonenderen Möglichkeiten der Diagnostik und Therapie wächst die Skepsis der Bevölkerung vor der sogenannten "Apparatemedizin" und dem dadurch anonymer werdenden Krankenhaus *(Töllner R. 1989, Hoffmann H. 1991, Schara J. 1993)*[17].

Eine weitere **Folge des medizinischen Fortschritts ist die durch die medizinische Wissenschaft geprägte Denkens- und Handlungsweise.** Die "Medizin", die der Arzt in seiner Ausbildung erlernt hat und die er bei seinem Tun anwendet, ist heute eng an die Erkenntnisse der Naturwissenschaft gebunden. Denn die Anwendung naturwissenschaftlicher Forschung und Erkenntnisse ist der Grund und Schlüssel für die großen Erfolge und den ständigen Fortschritt der Medizin *(Jaspers K. 1986, Anschütz F. 1987, Jonas H. 1987, Pfleiderer T. 1993, Schuster H.P. 1994)*.

Mit der Ausrichtung medizinischen Handelns und Forschens auf das Objektive, Meßbare und Nachvollziehbare ist zugleich auch die Konzentration auf den Körper und das einzelne Organ des Patienten verbunden[18]. In der Chirurgie mit ihrem definierten und örtlich begrenzten Operieren an einzelnen Organen wird dies deutlich.

Auch der Patient will es häufig nicht anders. Er will z. B. seine Blutwerte wissen oder seine Blinddarmentzündung oder seinen Knochenbruch behandelt haben und nicht mehr. Demnach kann die Betrachtung des Patienten als "Objekt" zu einer gewissen "Versachlichung" oder "Verdinglichung" des Patienten führen *(Jonas H. 1987, Jaspers K. 1986, Toellner R. 1989, Tannock I.F. 1987)*. Andere Aspekte der Ätiologie einer Erkrankung wie Leid, Trauer, Hoffnungslosigkeit oder Aspekte des Heilens wie Verständnis, Trost, Zuwendung, Hoffnung und Erklärung können dann zurücktreten *(Jaspers K. 1986, Toellner R. 1989, Schuster H.P. 1993, Pfleiderer T. 1994)*. Die aus der Ausbildung zum Arzt und der an den Erkenntnissen der Naturwissenschaft ausgerichteten Medizin resultierende Geisteshaltung und Denkweise ist nach *Anschütz* und *Jaspers* unter anderem von Exaktheit, Spezialisierung und einer gewissen Kritiklosigkeit gekennzeichnet *(Hartmann F. 1990, Jaspers K. 1986, Anschütz F. 1987)*.

Hinter den Begriffen "Exaktheit" und "Kritiklosigkeit" verbirgt sich eine bei vielen Ärzten bestehende Tendenz, sogenannten harten Daten, also exakt meßbaren Werten oder aufge-

---

[17] Ganz im Gegensatz zur öffentlichen Meinung über die Intensivbehandlung ist die Erfahrung der jeweils Betroffenen. Nach einer Untersuchung von Hannich waren 94 % der befragten Patienten, die auf einer Intensivstation behandelt wurden, der Auffassung, daß sie dieser ihr Leben verdanken, 97 % würden sich wiederum auf einer Intensivstation behandeln lassen *(Hannich et. al. 1993)*. Auch wenn man berücksichtigt, daß die Patienten tendenziell Fragen nach ihrer Versorgung im Krankenhaus "positiver" bewerten, zeigt sich dennoch die Akzeptanz der Intensivmedizin bei den Betroffenen.

[18] In größerem Maße noch gilt dies für den forschenden Arzt, der sich häufig mit nur einem bestimmten Körperteil des Patienten auseinandersetzt und der nach *Anschütz* selektieren (sucht bestimmte Gruppe heraus), simplifizieren (vereinfacht das ärztliche Problem durch ausschließliche Betrachtung dieser Krankheitsgruppe) muß.

zeichneten Befunden bildgebender Verfahren, mehr Glauben zu schenken als den "weichen Daten", beispielsweise den Informationen über das soziale Umfeld des Patienten oder den Erkenntnissen aus Inspektion und körperlicher Untersuchung des Patienten. Eine mögliche Folge dieser Geisteshaltung aber ist, die körperliche Untersuchung, weil "unzuverlässig", zu vernachlässigen (und dann auch zu verlernen) und hierfür lieber die modernen medizinisch-technischen Verfahren einzusetzen. Neben einer daraus folgenden tendenziellen Überdiagnostik zieht sich der Arzt zudem zusehends aus der Beziehung zum Patienten zurück, der Patient seinerseits kommt verstärkt mit der modernen Technik in Berührung.

Eine Folge dieser Entwicklung ist jedoch auch, daß die Bedeutung und der Wert der "Humanitas" als zweiter Säule ärztlichen Handelns in den Hintergrund rücken kann *(McManus I.C. 1995)*. Vor dem Hintergrund der Technisierung, Spezialisierung, des Wertewandels und vor allem der zunehmenden, in Punkt B 1 beschriebenen, ethischen Herausforderungen an das ärztliche Handeln im Krankenhaus, erhält diese Fehlentwicklung heute zusätzlichen Schub. Verschiedentlich wird bereits von der Gefahr einer "Medizin ohne Arzt" *(Toellner R. 1989)* oder einer von einer in der Bevölkerung vermeintlich bestehenden Antithese von Arzt und Medizin gesprochen *(Schuster H.P. 1993)*. Auf die Gefahrenmomente, die von der zunehmenden Ökonomisierung des Krankenhauses ausgehen können, wurde bereits in Punkt 2.1.2.3 hingewiesen.

Zusammenfassend lassen sich aus der heutigen Entwicklung der Gesellschaft und der Medizin drei Gefahrenmomente für das Krankenhaus und seine Leistungen, für den leitenden Arzt und für die Beziehung zwischen Arzt und Patient nennen: Aus ärztlicher Sicht ist dies eine Bedrohung der primären und humanen Zielsetzung des Krankenhauses sowie der Behandlungsqualität. Aus rechtlicher Sicht kann eine zunehmende Gefährdung der Behandlungssicherheit und ein zunehmendes Risiko für zivil- und strafrechtliche Schadensfälle genannt werden (siehe Punkt B 3). Aus wirtschaftlicher Sicht lassen sich einige Verhaltensweisen der Ärzte finden (tendenzielle Überdiagnostik), die die Effizienz und Effektivität des Mitteleinsatzes gefährden.

2.1.3.2 Kritische Aspekte zu den Auswirkungen der Wandlungsprozesse auf die Patienten

Gefahren für eine patientengerechte Versorgung im Krankenhaus können aber auch von seiten des Patienten selbst herrühren. Der Wandel der Wertvorstellungen, die Möglichkeiten der modernen Medizin und andere sich verändernde Ansichten der Gesellschaft nehmen heute gleichermaßen Einfluß auf die Versorgung der Menschen im Krankenhaus und können dementsprechend auch Fehlentwicklungen auslösen und festigen. Bereits erwähnt wurde, daß der Patient unter anderem durch den Trend zu mehr Selbstverwirklichung und Selbstbestimmung heute zunehmend kritischer und skeptischer geworden ist *(Jaspers K. 1986, Anschütz F. 1987, Löblich H. 1989, Lemke M. 1989, Franzki H. 1990, Kessler D.A. 1991, Levinson W. 1994)*.

Diese Haltung wird durch das heute weit verbreitete Gesundheitsbewußtsein, den oftmals guten Kenntnis- und Informationsstand des Patienten und auch die aufklärende und auch kritische Berichterstattung in den Medien gefördert. Der "moderne" Patient hat heute oftmals selbst ein Wissen und eine gewisse Vorstellung über seine Krankheit. Zudem ist er sich seiner wirklichen oder vermeintlichen Rechte stärker bewußt und weniger als früher bereit, seinen Arzt als unfehlbare Autorität anzuerkennen *(Löblich H. 1989, Franzki H. 1990, Lemke M. 1989).*

Auch die Rechtsprechung und ihre zunehmende Betonung der Persönlichkeitsrechte des Patienten in Arzthaftungsfragen hatte zur Folge, daß der Patient in verstärktem Maße und größerem Umfang dem Arzt "gleichberechtigt" zur Seite gestellt wird *(Franzki H. 1990).*

Gefördert wurde diese Entwicklung auch durch die zunehmende Spezialisierung und Ökonomisierung der Medizin, wodurch die "Omnipotenz" und "Autorität" des Arztes heute größtenteils verloren gegangen sind.

Das früher dem Arzt gegenüber stets und spontan gezeigte Vertrauen seines Patienten ist heute wesentlich seltener geworden. Das Herstellen einer für die Behandlung des Patienten notwendigen Vertrauensbeziehung zwischen Arzt und Patient wird durch diese kritische Haltung des Patienten zunehmend erschwert. Auf der anderen Seite gilt dies trotz der allgemeinen Tendenz zu Selbstbestimmung und vorsichtig-skeptischer Haltung gegenüber dem Krankenhaus und dem Arzt nicht für alle Patienten. Denn ebenso wie es den kritischen Patienten gibt, gibt es auch den, der bei seinem Arzt Halt, Hilfe und Autorität sucht und sich in grenzenlosem Vertrauen hingibt *(Jaspers K. 1986 S. 10).* Dieser Patient will sich seiner eigenen Verantwortung entheben und oftmals auch nichts über seine Erkrankung und sein weiteres Schicksal erfahren *(Jaspers K. 1986 S. 10).*

"Weil der Mensch als Kranker so oft nicht vernünftig, sondern unvernünftig und widervernünftig ist, muß sich die ideale ärztliche Beziehung notwendig verkehren" *(zitiert aus: Jaspers K. 1986 S. 10).*

Einen belastenden und problematischen Einfluß auf das ärztliche Handeln und das Verhältnis zwischen Arzt und Patient haben heute das zunehmende Erfolgs- und Anspruchsdenken der Patienten. Das sogenannte "Anspruchsdenken" der Patienten kann sich zum einen in der Erwartung äußern, nur die bestmögliche und modernste Diagnostik und Therapie im Sinne einer "Maximalleistung" erhalten zu wollen und zum anderen in der Erwartung, daß die Medizin mit ihren modernen Möglichkeiten eine Erfolgsgarantie und eine Versorgung ohne größere Komplikationen ermöglichen kann. Dazu beigetragen hat sicherlich der enorme medizinische Fortschritt mit entsprechendem Echo in den Medien, der sowohl manche Ärzte als auch Patienten glauben läßt, daß so gut wie alles machbar sei ("Erfolgsdenken"[19])*(Anschütz F. 1987 S. 248, Löblich H. 1989, Franzki H. 1990, Jahn, Kümper 1993, Ziegenhagen D.J. 1996).*

---

[19] Ein Beispiel hierfür aus der Gynäkologie und Geburtshilfe, wo der Wunsch nach einem gesunden Kind und einer möglichst gefahrlosen und natürlichen Geburt wächst *(Neuhaus, Scharkus 1994, Jahn, Kümper 1993).* Hier steht den großen medizinischen Erfolgen in der Reduzierung der Mütter- und Kindersterblichkeit (siehe Graphik) und den Möglichkeiten der modernen intensivmedizinischen Versorgung von Früh- und Neugebo-

Hinzu kommt, daß viele Bürger die durch die Auflösung familiärer Strukturen mit Tod und Krankheit nicht mehr unmittelbar oder im täglichen Zusammenleben konfrontiert sind, eine Krankheit häufig nicht mehr als schicksalsgegeben ansehen und die Beeinträchtigung durch eine Krankheit nur schwer hinnehmen *(Franzki H. 1990)*. Die Erwartungshaltungen an den Arzt und den Erfolg der Behandlung sind dementsprechend hoch. Gerade aber bei chronischen Krankheiten lassen sich nur schwer dauerhaft Erfolge erzielen. Die Enttäuschung der Patienten, gerade der chronisch Kranken, kann daher entsprechend groß sein.

Gefördert wird dieses "Anspruchsdenken" auch durch die sich verändernde Auffassung von Krankheit, wie sie sich beispielsweise in der Präambel der Verfassung der WHO widerspiegelt. Danach wird Krankheit nicht mehr durch das Fehlen von körperlichem und seelischem Wohlbefinden, sondern auch durch das Fehlen von sozialem Wohlergehen bestimmt. Legt der Patient diesen Maßstab an die Tätigkeit der Ärzte und der modernen Medizin an und erhofft sich eine Besserung seines Zustandes, muß dies zwangsläufig zu Enttäuschungen führen, da jede chronische Krankheit, das natürliche Altern des Menschen sowohl gesundheitlich, psychisch als auch sozial diesen vor Probleme stellen kann, die der Arzt oder die Medizin aber alleine nicht lösen können *(Anschütz F. 1987)*.

Vor dem Hintergrund der "Emanzipation" des Patienten, der zunehmenden Distanz zwischen Arzt und Patient, der der heutigen Krankenhausmedizin innewohnenden Gefahren und der eben geschilderten Fehlentwicklungen auf seiten der Patienten ist auch die zunehmende Bedeutung und Anzahl an Klagen und Prozessen gegen Ärzte und Krankenhausträger zu sehen. Diese Entwicklung dürfte zukünftig noch stärker an Bedeutung gewinnen, vor allem für die chirurgischen Fächer und die Geburtshilfe *(Löblich H.J. 1989, Lemke M. 1989, Franzki H. 1990, Ulsenheimer K. 1992)*.

Waren ärztliches Handeln und das Arzt und Patienten Verhältnis weit mehr von den Regeln der ärztlichen Standesethik als von rechtlichen Normen und ihrer Auslegung durch die Gerichte bestimmt, so hat sich dies in den letzten zwei Jahrzehnten grundlegend geändert. Die Arzthaftung hat sich mittlerweile zu einem umfangreichen und selbständigen Rechtsgebiet entwickelt *(Franzki H. 1990)*. Die Bedeutung der Arzt-Patienten-Beziehung als Grund für gerichtliche Klagen des Patienten gegen seinen Arzt wird durch verschiedene Studien aus den USA, wo die Arzthaftung heute eine herausragende Bedeutung erlangt hat, bestätigt. Das Ziel dieser Untersuchungen war, die tatsächlichen Gründe herauszufinden, die die Patienten veranlaßten, gegen Ärzte Klage zu erheben *(Delbanco T. 1992, Beckman et al. 1994, Hickson et al. 1992, Levinson W. 1994)*.

---

renen und der Versorgung etwaiger geburtshilflicher Komplikationen dennoch eine ständig steigende Zahl an Klagen gegen Ärzte wegen "fehlerhafter Behandlung" gegenüber *(Franzki H. 1990, Jahn, Kümper 1993)*.
"[...] diesem [...] Erfolgsdenken kann die heutige Medizin nicht nachkommen und wird ihm auch nie gerecht werden können - zu häufig setzt die gegebene Konstellation natürliche Grenzen und wird dies immer tun" *(zitiert aus: Jahn, Kümper 1993 S. 417)*. Zu den vielfältigen Ursachen der ständig steigenden Zahl an Haftungsprozessen siehe *Mallach et al. 1993*.

Übereinstimmend nennen die Autoren als die wichtigsten Gründe in ca. 80 % der Fälle Mängel in der Kommunikation zwischen Arzt und Patient. "Kommunikationsprobleme" waren dann gegeben, wenn der Arzt Ansichten des Patienten gering geschätzt hat, er sich überheblich und für die Probleme des Patienten unaufgeschlossen gezeigt hat, den Patienten "im Stich" gelassen oder ihn unzureichend über seinen Zustand oder durchzuführende Maßnahmen informiert hat *(Beckman et al. 1994, Hickson et al. 1992, Levinson W. 1994)*. Demgegenüber waren Fehler des Arztes oder Mängel in der ärztlichen Versorgungsqualität als Grund für eine Klageerhebung des Patienten von untergeordneter Bedeutung *(Entman et al. 1994, Levinson W. 1994, Beckman et al. 1994)*.

Dies zeigt die Gefahren haftungsrechtlicher Folgen für Arzt und Krankenhaus auf, die sich aus einer fehlenden Vertrauensbasis, aber auch fehlender "patientengerechter" Information ergeben können. Dies zeigt aber auch, daß sich der Arzt und das Krankenhaus heute, im Vergleich mit der Situation vor etwa zwanzig Jahren, allein bereits aus rechtlicher Sicht verstärkt um die Belange und um das Vertrauen der Patienten zu sorgen haben.

Zuletzt sei an dieser Stelle noch ein besonderes und äußerst komplexes Phänomen genannt, das zukünftig wohl verstärkt Einfluß auf die Krankenhausmedizin nehmen könnte, nämlich der derzeitige Trend der Menschen hin zur sogenannten "Alternativmedizin" oder den alternativen Behandlungsmethoden *(Toellner R. 1989, Anschütz F. 1987, Hartmann F. 1990, Nolte D. 1992, Marx H.M. 1995, Nolte D. 1995, Ziegenhagen D.J. 1996)*[20]. Demgegenüber erfährt die "wissenschaftliche Medizin", trotz der Erfolge und sich erweiternden Möglichkeiten der modernen Medizin, neben der Bewunderung medizinischer "Pioniertaten" als "Wunder der Medizin" in zunehmendem Maße weniger Anerkennung und Wertschätzung in der Bevölkerung *(Anschütz F. 1987, Toellner R. 1989, Jaspers K. 1986)*. Die Ursachen dieser Entwicklung sind vielfältig und äußerst komplex *(Toellner R. 1989, Anschütz F. 1987, Hartmann F. 1990, Nolte D. 1992, Marx H.M. 1995, Nolte D. 1995, Ziegenhagen D.J. 1996)*.

Im Zusammenhang[21] mit dem Trend zur "Alternativmedizin" gibt es bei den Patienten aber auch Fehleinschätzungen[22] bzw. Vorurteile, die der Klinikarzt letztlich nur durch eine weiter-

---

[20] Zur Prüfung und Validierung dieser alternativ-medizinischen Verfahren befaßt sich die "Schulmedizin" verstärkt mit den von den Patienten nachgefragten unkonventionellen Methoden *(siehe beispielsweise: Der Gynäkologe, Heft 6, Dezember 1994)*.

[21] Eine mögliche Antwort auf die Frage, weshalb es heute einen Trend zur "Alternativmedizin" gibt, ist nach Ziegenhagen das teilweise übersteigerte Gesundheitsbewußtsein vieler Bürger. Offen bleibt allerdings, ob das übermäßige Gesundheitsbewußtsein und die teilweise übergroße Angst vor Gesundheitsrisiken den Trend zur sog. "sanften und nebenwirkungsfreien Naturmedizin" verstärkt hat oder ob es einen umgekehrten Trend gibt. Verstärkt durch eine entsprechende Berichterstattung der Medien gibt es heute Ängste vor Gesundheitsrisiken, deren tatsächliches Gefahrenpotential für die Gesundheit des Menschen nicht bewiesen ist oder kaum, bzw. gar nicht exisitiert. Ziegenhagen nennt in diesem Zusammenhang beispielsweise die nicht gerechtfertigte Angst vor Amalgam in Zahnplomben (in der unten genannten Allensbach-Umfrage von 31 % der Befragten als gesundheitsschädlich eingestuft), die Angst vor einer Ebola-Virus Infektion in Deutschland *(Ziegenhagen D.J. 1996)*.

[22] In einer Umfrage des Allensbach-Institutes nannten die befragten Menschen auf die Frage, was sie aus einer ihnen vorgelegten Liste für besonders gesundheitsschädigend ansehen, an dritter Stelle mit 76 % Zustimmung "starke Medikamente", nach Giftmüll und Asbest mit 81 % , aber noch vor "Verunreinigung des Trinkwassers", und "Autoabgase" mit je 74 % oder "selbst Zigaretten rauchen" mit 62 %, "Fische aus stark ver-

gehende Aufklärung der Patienten ausräumen kann. Die Gefahr solcher Fehleinschätzungen liegt in unbegründeten Ängsten des Patienten vor Behandlungsmaßnahmen, Fehleinschätzungen der Patienten über die diagnostischen und therapeutischen Maßnahmen und einer mangelnden Compliance des Patienten, die sich u.a. in der Nichtbefolgung ärztlicher Ratschläge, Verordnungen oder Verhaltensregeln äußern kann.

Es lassen sich aus dem genannten möglichen "Fehlverhalten" der Patienten zusammenfassend drei wesentliche Gefahrenmomente für die Versorgung des Patienten und für die Beziehung zwischen Arzt und Patient nennen. Zum einen aus ärztlicher Sicht die Gefährdung der "Behandlungsqualität", in dem Sinne, daß das bei der Behandlung dieses Patienten eigentlich "Erreichbare" nicht erreicht werden kann. Zum anderen aus rechtlicher Sicht ein für Krankenhausträger und leitenden Arzt tendenziell steigendes Risiko in zivil- und strafrechtliche Klagen und Verfahren verwickelt zu werden (siehe Punkt B 3). Und letztlich lassen sich auch aus wirtschaftlicher Sicht Verhaltensweisen der Patienten finden (Anspruchsdenken, Erwartungshaltung), die die Effizienz und Effektivität des Mitteleinsatzes gefährden können.

2.2 Die "Kundenorientierung und -nähe" im Krankenhaus aus ärztlicher Sicht

Zu Beginn des Kapitels B wurde bereits erwähnt, daß die sog. "Kundenorientierung" im Krankenhaus zukünftig eine größere Bedeutung haben muß und wohl auch haben wird *(Eichhorn, Schmidt-Rettig 1995a)*. Für den Arzt mag diese neue und aus ökonomischer Sichtweise bedeutsame Definition der Rolle des Patienten im Krankenhaus zunächst befremdlich wirken. Daher setzt sich der folgende Abschnitt mit der erstmals von ökonomischer Seite erhobenen Forderung nach einer "Kundenorientierung, bzw. Kundennähe" im Krankenhaus auseinander. Das Ziel dieses Kapitels soll sein, Aspekte der "Kundenorientierung" zu erörtern, um anschließend eine Art Definition von "Kundenorientierung" aus ärztlicher Sicht geben zu können. Weshalb die Nähe zum "Kunden", also die Nähe zum Patienten für das Krankenhaus zukünftig wichtiger sein wird, soll anschließend aufgezeigt werden.

2.2.1 Die Übertragbarkeit des "Kundenbegriffs" auf den Patienten im Krankenhaus

Bevor die heute zunehmend erhobene Forderung nach einer verstärkten Kundenorientierung, bzw. Patientenorientierung im Krankenhaus *(Hildebrand R. 1994, Brudermanns R. 1995, Eichhorn, Schmidt-Rettig 1995, Thill K.-D. 1996)* und deren Ursachen diskutiert werden, soll zunächst der Frage nachgegangen werden, inwieweit der Patient als ein "Kunde" des Kran-

---

schmutzten Gewässern" mit 59 %, "Benzindämpfe beim Tanken" mit 49 %, "gespritztes Gemüse, Obst" mit 48 %, "hochprozentige alkoholische Getränke" mit 43 % *(Noelle-Neumann, Köcher 1993 S. 223)*.

kenhauses angesehen werden kann und inwieweit ökonomische und ärztliche Sichtweise Gemeinsamkeiten und Unterschiede aufweisen.
Dazu ist zu klären, was unter den Begriffen "Kunde", "Patient", "Kundennähe" und "Kundenorientierung" zu verstehen ist und ob Unterschiede in der Auffassung von "Patient" und "Kunde" aus wirtschaftlicher und ärztlicher Sicht bestehen.

2.2.1.1 Begriffsdefinition von "Kundennähe", "Kundenorientierung", "Kunde" und "Patient"

Zunächst zu den Begriffen "Kundennähe" und "Kundenorientierung" aus wirtschaftlicher Sicht. Die Entstehung und Verwendung der Begriffe "Kundennähe" und "Kundenorientierung" ist eng mit der Entwicklung des Marketinggedankens verbunden. Die heute in den Unternehmen angestrebte Marketingkonzeption ist das "kundenspezifische Marketing". Die hierfür notwendige Grundhaltung wird als "Kundenorientierung" bezeichnet. Das Ziel dieser Haltung ist die "Kundennähe" bzw. "Kundenbeziehung, -bindung"[23]. Unter "Kundennähe" versteht man in Dienstleistungsunternehmen allgemein die "Qualität des Kundenkontakts". Demnach kann das Streben nach Kundennähe als eine Strategie bezeichnet werden, die mittels Verbesserung der Kundenkontakte das Ziel der Kundenbindung anstrebt *(Zollner G. 1995 S. 46)*.

Der "Kunde" wiederum ist nach der Definition der Brockhaus-Enzyklopädie eigentlich ein "Kundiger", "Eingeweihter" bzw. im heutigen Sprachgebrauch der (potentielle) Käufer von Waren oder Dienstleistungen *(Brockhaus Enzyklopädie 19. Auflage (1990), 12. Band, S. 596)*.

Nach einer weiteren und vom Standpunkt des "Marketing" geprägten Definition ist der Kunde ein "Koalitionspartner" des Unternehmens *(Plinke W. 1995 S. 1327)*. Demnach sind die Betriebe darauf angewiesen, Koalitionspartner zu gewinnen um langfristig das Überleben des Unternehmens zu sichern[24]. Diese Koalitionspartner bieten eine sog. kritische Ressource, nämlich die Nachfrage. "Kritisch" ist diese Ressource, weil sie die Wettbewerbsfähigkeit und damit das Überleben des Unternehmens nachhaltig beeinflussen kann *(Plinke W. 1995 S. 1327)*.

---

[23] Das heute gültige und eben beschriebene Marketingkonzept hat im Verlauf der letzten Jahrzehnte eine Wandlung erfahren. In den sechziger Jahren galt die Marketingkonzeption des "undifferenzierten Massenmarketing" mit der Grundhaltung der "Marketingorientierung" und dem Ziel marktfähige Produkte herzustellen. In den siebziger Jahren stand das "differenzierte Produktmarketing" mit einer absatzorientierten Grundhaltung mit dem Ziel einer Marktdominanz und Marktdurchdringung im Vordergrund. In den achtziger Jahren war das segmentspezifische Marketing mit einer markt- und wettbewerbsorientierten Grundhaltung und dem Ziel der Marktsegmentierung vorherrschend *(Zollner G. 1995 S. 10)*. In den neunziger Jahren steht wie beschrieben der Kunde im Mittelpunkt des Marketingkonzeptes. Diese Entwicklung steht im Zusammenhang mit dem Wandel von einem Verkäufermarkt in den sechziger Jahren hin zu einem Käufermarkt in den neunziger Jahren. Die Gründe für die zunehmende Bedeutung des Kunden werden in Punkt B 2.2.2 genannt.

[24] Voraussetzung ist, daß das wichtigste Ziel des Unternehmens das langfristige Überleben ist *(Plinke W. 1995 S. 1327)*.

Nach der letztgenannten Definition des Kunden aus Sicht des Marketing als einem "Koalitionspartner" des Betriebes ist folglich auch der Patient der Kunde des Krankenhauses. Den Kundenstatus haben aber demnach neben dem Patienten auch der einweisende Arzt, die Krankenkasse, die für die jeweilige Klinik zuständigen Behörden (Planungsbehörde, Zulassungsausschuß, Großgeräteausschuß, Fördermittelstelle etc.), Sozialstationen, Familienangehörige usw. Und letztlich könnte nach dieser Definition auch der einzelne Mitarbeiter des Krankenhauses ein "Koalitionspartner" und somit "Kunde" des Krankenhausbetriebs sein (etwa ein Belegarzt). An dieser Stelle wird aber nur auf den Patienten näher eingegangen.

2.2.1.2 Das Verständnis vom Patienten als "Kunden" des Krankenhauses

Ausgehend von dem Verständnis dieser Definition lassen sich nun Gemeinsamkeiten, aber auch erhebliche Unterschiede in der Auffassung von "Kunde" und "Patient"[25] feststellen.
Aus der Sichtweise des Marketing ist der Patient, wie erwähnt, auch der Kunde des Krankenhauses *(Brudermanns R. 1995)*. Allerdings ist die Definition des Kunden als "Koalitionspartner" sehr weit gefaßt und umschließt primär mehr Personengruppen, als es die Definition des Kunden als (potentiellem) Käufer von Waren oder Dienstleistungen tut[26].
Betrachtet man hingegen einzelne den "Kundenstatus" bestimmende Elemente, werden bereits aus wirtschaftlicher Sicht erste Unterschiede deutlich. So sind zwar sowohl ein Patient als auch ein Kunde jeweils Träger bestimmter Bedürfnisse (Bedarfsträger). Auch die Funktion als Kaufkraftträger hat sowohl der Kunde als auch der Patient, da dieser über seine Versicherungsbeiträge einen Sachleistungs- oder Kostenerstattungsanspruch hat und so das Notwendige vergütet wird.
Ein drittes Wesenselement des Kundenbegriffs aber fehlt dem Patienten. Es ist die Entscheidungsfreiheit, sowohl den Umfang als auch die Art der jeweiligen Mittel, die zu seiner Bedürfnisbefriedigung eingesetzt werden sollen, selbst zu bestimmen. Die Entscheidungen hierüber kann der Patient als (in der Regel) medizinischer Laie alleine nicht treffen. Er ist hierbei von der Kompetenz des sachkundigen Arztes abhängig. Wie oben bereits erwähnt wurde, handelt der Arzt traditionellerweise im besten Interesse und zum Wohle des Patienten und veranlaßt die hierfür notwendigen diagnostischen und therapeutischen Maßnahmen.
Da das den "Kundenbegriff" beschreibende Element der "Bedarfsbestimmung" nicht der Patient selbst, sondern der Arzt festlegt, kann folglich der Patient auch nicht "Kunde" des Krankenhauses im eigentlichen Sinne sein. Er besitzt nicht alle maßgeblichen Wesensmerkmale eines "Kunden" *(Brudermanns R. 1995)*.

---

[25] Der Begriff "Patient" leitet sich vom lateinischen "patiens" ab und bedeutet "erleidend, erduldend". Der Patient ist ein kranker Mensch, der sich in ärztlicher Behandlung oder Betreuung befindet *(Brockhaus Enzyklopädie 19. Auflage (1990), 16. Band, S. 595)*.

[26] So ist beispielsweise ein Lieferant des Betriebes primär kein Käufer von Waren oder Dienstleistungen dieses Betriebes. Dennoch ist er ein Koalitionspartner des Betriebes.

Es können aber auch aus ärztlicher Sicht noch einige weitere wesentliche Unterschiede zwischen dem Patienten als Kunden des Krankenhauses und einem Kunden eines Unternehmens festgehalten werden.

Wie gesagt, ist der Patient im allgemeinen kein "Kundiger", sondern medizinischer Laie und kann somit weder den "Bedarf" oder die "Notwendigkeit" bestimmen, noch die Qualität der Leistungen beurteilen. Eine objektive Beurteilung der ärztlich-medizinischen Leistungen ist dem Patienten noch viel weniger möglich als den Kunden anderer Dienstleistungen[27].

Allerdings kann sich der Patient sehr wohl über seine Zufriedenheit mit der Betreuung im Krankenhaus äußern. Die "Zufriedenheit" des Patienten mit der Leistungserbringung im Krankenhaus hat als ein Teilaspekt der Behandlungsqualität die gleiche steuernde Funktion, d.h. die Auswahl der Leistungserbringer entsprechend den Präferenzen der Kunden, wie dies bei erwerbswirtschaftlichen Unternehmen der Fall ist. Ein weiterer besonderer Aspekt bei der Betrachtung des Patienten als "Käufer von Gesundheitsleistungen" sind die speziellen Eigenheiten dieser Dienstleistung, die sich wesentlich von anderen Dienstleistungen unterscheiden können (siehe Punkt B 1). Zudem entspricht der physische und psychische Zustand des Patienten nicht dem eines rational handelnden Konsumenten, sondern ist durch eine menschliche Ausnahmesituation gekennzeichnet *(Erzberger et al. 1989)*.

Auch wenn man der Betrachtungsweise des Marketing folgt, nämlich den Patienten als "Koalitionspartner" des Betriebes sieht, müssen einige Besonderheiten und Unterschiede in dieser Beziehung festgehalten werden. Die Grundlage des Verhältnisses von Patient und Krankenhaus bzw. Arzt ist nicht wie bei der Beziehung Kunde-Unternehmung eine Geschäftsbeziehung zwischen zwei in der Regel etwa gleich starken Partnern, sondern, wie in Punkt B 2.1 ausgeführt, ein besonderes Vertrauensverhältnis, in dem der Arzt in eine besondere Schutz- und Fürsorgefunktion für den Patienten als notleidendem Menschen tritt. Aufgrund des hohen Maßes an Fremdbestimmung und der fehlenden Urteilsfähigkeit des Patienten über die "fachliche Qualität" der Gesundheitsleistungen ist die Koalition zwischen Patient und Krankenhaus bzw. Arzt von einem deutlichen Ungleichgewicht geprägt. Der von dem jeweils anderen "mehr abhängige" Partner in dieser Koalition ist letztlich in dem bisher bedarfswirtschaftlich strukturierten Krankenhauswesen der Patient[28].

Dieses Ungleichgewicht, das von besonderen, im Gegensatz zur "Geschäftsbeziehung" in Wirtschaftsunternehmen, primär humanen Aspekten geprägte Verhältnis und diese mehr oder weniger stark ausgeprägte Abhängigkeit[29] des Patienten von der ärztlichen und pflegerischen Betreuung mag auch der Grund dafür sein, daß der Arzt und das übrige Krankenhauspersonal den Patienten bisher schwerlich als einen "Kunden" des Krankenhauses ansehen können. Of-

---

[27] Siehe hierzu Punkt B 4.
[28] Zu den Folgen dieses Ungleichgewichts siehe Kapitel C 2. Die hier beschriebene "ungleiche" Beziehung zwischen dem Betrieb Krankenhaus und seinem "Kunden" Patient wurde bereits in Punkt A 5 erwähnt. Dort war die gerade beschriebene schwierige und problematische Beziehung zum Klienten ein Wesensmerkmal einer Nonprofit-Organisation.
[29] Nach *Siegrist* gibt es nur wenige Sozialbeziehungen, die eine so stark ausgeprägte Ungleichheit und Abhängigkeit enthalten, wie die Patient-Personal-Beziehung im Krankenhaus *(Siegrist J. 1978 S. 3)*.

fensichtlich wird dies vor allem bei erheblich schutzbedürftigen, etwa verwirrten, psychisch kranken oder akut lebensgefährdeten oder bewußtlosen Patienten, wo der Arzt und die Pflegekraft nicht aufgrund einer "Geschäftsbeziehung"[30] sondern aufgrund humaner Aspekte die notwendigen Leistungen erbringen.

Festzuhalten bleibt, daß der Patient aus der weit gefaßten Sichtweise des Marketing ein "Kunde" des Krankenhauses ist. Nach dem bisherigen Verständnis und der herkömmlichen Definition des Kundenbegriffs aber ist der Patient sowohl aus Sicht der allgemeinen Betriebswirtschaftslehre als auch vom Standpunkt des Arztes aus gesehen nicht als ein "Kunde" des Krankenhauses anzusehen.

Dennoch hat aber der Patient einzelne Teilfunktionen und -kompetenzen eines "Kunden" inne. So ist er Träger der Nachfrage, der Kaufkraft und hat auch wichtige, die Nachfrage steuernde Funktionen und Kompetenzen. Diese Kompetenzen wirken, wenn auch eingeschränkt, doch ähnlich wie die eines Kunden in einer Unternehmung. Bereits oben wurde die Ressource "Nachfrage" eines Betriebes als wesentlich für dessen Fortbestehen genannt. In einem Krankenhaus, als einem besonderen Wirtschaftsbetrieb, ist also dementsprechend auch der Patient die "kritische Ressource". Auch die "Zufriedenheit" eines Patienten und eines Kunden ist bei einer Unternehmung *(Zollner G. 1995 S. 33)* vor allem aber im Krankenhaus durch den Wegfall anderer und objektiver Qualitätsmaßstäbe ein wichtiges Steuerungsmoment. Gleichzeitig ist die "Patienten- Kundenzufriedenheit" ein wichtiger Indikator dafür, ob ein Krankenhaus „patientennah" und an den Bedürfnissen der Patienten orientiert ist *(Zollner G. 1995 S. 33)*.

Der Patient ist also, wenn nicht "Kunde" des Krankenhauses im herkömmlichen Sinne, so doch ein besonderer "Klient", in einer besonderen Beziehung zum Krankenhausbetrieb und Arzt. Zugleich besitzt dieser "Klient" für das Krankenhaus wichtige Funktionen und Kompetenzen, die dem eines "Kunden" in einer modifizierten Art entsprechen können.

Wird die "Kundenorientierung" im Unternehmen gefordert, so entspricht dies übertragen auf das Krankenhaus generell einer Forderung nach "Patientenorientierung" einschließlich der Berücksichtigung der damit verbundenen Besonderheiten.

Sowohl der leitende Arzt als auch der Krankenhausökonom müssen sich dieser besonderen "kundenähnlichen Nicht-Kundenrolle" des Patienten und der dabei bestehenden Besonderheiten bei einer Neustrukturierung und Organisation einer am Patienten ausgerichteten Versorgung bewußt sein. Das schlichte Übernehmen des Ansatzes der "Kundenorientierung" aus der Erwerbswirtschaft in den Krankenhausbereich, aber auch das einfache Gleichsetzen von "Kundenorientierung" mit "Patientenorientierung"[31], wird wegen der unterschiedlichen An-

---

[30] Aus juristischer Sicht wird in den Fällen, in denen der Patient bewußtlos ist, das ärztliche Handeln, das eigentlich den Tatbestand der Körperverletzung erfüllt, erst durch das Handeln im mutmaßlichen Willen des Patienten gerechtfertigt, oder anders ausgedrückt, handelt der Arzt in einer "Geschäftsführung ohne Auftrag" *(Laufs A. 1988 S. 38 Rdnr.77)*. Die im Text angesprochene Geschäftsbeziehung hingegen meint die Beziehung auf einer rein ökonomischen Basis.

[31] Dies soll an dem Beispiel des Aspekts "Kundenwunsch" kurz dargestellt werden. Dem Krankenhaus fehlt aufgrund seiner besonderen Aufgabenstellung und seiner eingeschränkten Entscheidungs- und Ausführungs-

sichtsweise der beteiligten Ärzte, Pflegekräfte und Krankenhausbetriebswirte nicht ohne die gleichzeitige Betonung und ohne das Bewußtsein der Andersartigkeit von "Patient" und "Kunde" gelingen können. Die Suche nach einem gemeinsamen Nenner und einer gemeinsamen Sprache innerhalb der drei "Säulen" des Krankenhauses ist daher für eine erfolgreiche "patientenorientierte" Ausrichtung des Krankenhauses eine unbedingte Voraussetzung.

2.2.1.3 Die Definition von "Patientenorientierung" aus ärztlicher Sicht

Nach den Ausführungen über den "Patienten" als "Kunden" und über das Arzt-Patienten-Verhältnis kann nun eine Erläuterung von "Patientenorientierung" und "Patientennähe" aus ärztlicher Sicht gegeben werden. Wie oben erwähnt wurde gibt es in der Auffassung von "Patient" und "Kunden" Unterschiede, aber auch Gemeinsamkeiten. Auf die für Dienstleistungsbetriebe geltende Definition von "Kundennähe", verstanden als "Qualität der Kundenkontakte" aber haben die genannten Unterschiede zwischen "Patient" und "Kunden" keinen wesensverändernden Einfluß. Demnach kann das Ziel im Krankenhaus, die "Patientennähe", als die "Qualität der Patientenkontakte" verstanden werden. Wenn die "Patientennähe" das Ziel einer Grundhaltung im Krankenhaus sein soll, nämlich der "Patientenorientierung", kann unter "Patientenorientierung" eine Strategie verstanden werden, die zum einen erfordert, die Sicht des Patienten einzunehmen, um vor diesem Hintergrund die Strukturen und die Ablauforganisation des Krankenhauses auf die entsprechenden Anforderungen der Patienten auszurichten. Zum anderen erfordert die "Patientenorientierung" eines Krankenhauses zugleich auch das Streben des Arztes nach dem "Ideal" einer Arzt-Patienten-Beziehung.

Dieses Ideal ist gekennzeichnet durch gegenseitiges Vertrauen, Respekt und Verständnis[32]. Arzt[33] und Patient, als vernünftige Menschen, stehen einem Naturvorgang, ihn erkennend und

---

kompetenz die Flexibilität eines erwerbswirtschaftlichen Unternehmens. So kann das Krankenhaus und der Arzt beispielsweise nicht in dem Maße auf die Bedürfnisse der Patienten eingehen wie es ein Unternehmen mit den Bedürfnissen seiner Kunden kann, genannt sei etwa das "Anspruchsdenken" mancher Patienten, das gegen die gesamtwirtschaftliche Verantwortung des Arztes steht oder besondere ethische Probleme: So kann der Arzt bei entsprechenden moralischen Bedenken die Durchführung einer Abtreibung ablehnen. Die unflexiblen und festgelegten Rahmenbedingungen erlauben es dem Krankenhaus nicht, mehr Personal einzustellen, um die Zeitnot und Hektik im Ablauf zu vermindern etc. Hierzu ausführlicher in Punkt B 2.3.

[32] Siehe Punkt B 2.1.1.

[33] Was vom Arzt erwartet wird: *"No greater opportunity, responsibility, or obligation can fall to the lot of human being than to become a physician. In the care of the suffering he needs technical skill, scientific knowledge, and human understanding. He who uses these with courage, with humility, and with wisdom will provide a unique service for his fellow man, and will build an enduring edifice of character within himself. The physician should ask of his destiny no more than this; he should be content with no less.*
Tact, sympathy and understanding are expected of the physician, for the patient is no mere collection of symptoms, signs, disordered functions, damaged organs, and disturbed emotions. He is human, fearful, and hopeful, seeking relief, help and reassurance. To the physician, as to the anthropologist, nothing human is strange or repulsive. The misanthrope may become a smart diagnostician of organic disease, but he can scarcely hope to succeed as a physician. The true physician has a Shakespearean breadth of interest in the wise and the foolish, the proud and the humble, the stoic hero and the whining rogue. He cares for people."
(zitiert aus: Isselbacher et al. 1994 "Harrison's Principles of Internal Medicine" p. 1)

behandelnd gegenüber und sind sich aus ihrer Humanität gemeinsam einig in der Wünschbarkeit des Ziels *(Jaspers K. 1986 S. 19)*.

Die große Bedeutung des Strebens nach dem idealen "Arzt-Patienten-Verhältnis" für das Betriebsziel der "Patientenorientierung" wird auch deutlich, wenn man die eingeschränkte Urteilsfähigkeit des Patienten über die "Qualität" der Krankenhausleistungen bedenkt. Aufgrund des Fehlens "objektiver Maßstäbe" (siehe Punkt B 4) kann der Patient letztlich ein Krankenhaus nur danach bewerten, wie er sich dort versorgt gefühlt hat. Dabei sind aber vor allem die zwischenmenschlichen Beziehungen maßgeblich[34] (siehe 2.3). Werden diese von der Klinik oder den Ärzten vernachlässigt[35], wird sich der Patient "schlecht versorgt" fühlen, obwohl er beispielsweise fachmedizinisch "sehr gut" behandelt wurde. Dieser Patient kann mit der Betreuung in der Klinik "unzufrieden" sein, obwohl "Service" und "Hotelleistung" entsprechend seinen Bedürfnissen gestaltet waren und obwohl er medizinisch-fachlich gut behandelt wurde.

Das Streben des Arztes nach dem idealen Verhältnis zwischen ihm und seinem Patienten kann aber nur gelingen, wenn er die Schwächen, Probleme und Fehlentwicklungen in der heutigen Medizin und der Gesellschaft kennt und entsprechend versucht, diese Fehlentwicklungen auszugleichen (siehe B 2.1.3.1 und 2.1.3.2).

Dieses Verständnis von "Patientenorientierung" kann die oben dargestellten Unterschiede zwischen "Patient" und "Kunden" aufzeigen.

Wird beispielsweise das "Ideal" durch das Verhalten des Patienten gefährdet (etwa durch den Wunsch des Patienten nach medizinisch nicht indizierten und begründbaren Untersuchungen), so handelt ein Arzt, der die Durchführung dieser Untersuchungen ablehnt, dennoch "patientenorientiert" in dem Sinne, daß er dadurch bei beschränkten volkswirtschaftlichen Ressourcen einem anderen Patienten indizierte und notwendige Untersuchungen ermöglichen kann.

2.2.2 Die Bedeutung der "Patientenorientierung" und "Patientennähe" im Krankenhaus

Eingangs wurde bereits erwähnt, daß die "Patientenorientierung" im Krankenhaus eine große Bedeutung bekommen wird *(Hildebrand R. 1994, Brudermanns R. 1995, Döring J. 1995, Eichhorn, Schmidt-Rettig 1995, Thill K.-D. 1996)*. Schon die Aufgabenstellung des Krankenhauses und die Zielsetzung des ärztlichen Handelns zielen auf das Wohl des Patienten ab. Daraus folgt bereits die "Patientenorientierung" aus der primären Aufgabe des Krankenhauses und der Berufsauffassung und dem Selbstverständnis des Arztes.

---

[34] Diese intensiven Kontaktsituationen (hier zwischen Patient und Arzt sowie Krankenschwester und anderen direkt am Patienten tätigen Krankenhausmitarbeitern) werden aufgrund ihrer entscheidenden Bedeutung für die Beurteilung eines Betriebes auch "Moments of Truth" genannt *(Carlzon J. 1995 S. 15 ff.)*. Diese "Moments of Truth" beeinflussen die Zufriedenheit der Patienten maßgeblich. Zu Beginn des Kapitels B wurde die große Bedeutung des Arzt-Patienten-Verhältnisses dargestellt. Daher haben auch die sog. "Moments of Truth" in der Beziehung von Arzt und Patient eine herausragende Bedeutung.

[35] Zu den Ursachen siehe Punkt B 2.1.2.1 ff.

Auch aus der Besonderheit der vom Krankenhausbetrieb erbrachten Leistung, nämlich dem direkten Handeln am Menschen, der sich regelhaft in einer psychischen und physischen Ausnahmesituation befindet und dessen wichtigstem Gut der Gesundheit , kann die Verpflichtung zur "Patientenorientierung" abgeleitet werden. Wie aus *Tabelle 3* ersichtlich, zeichnen sich gerade Gesundheitsleistungen durch eine in keinem anderen Bereich zu findende Nähe zum "Kunden" aus. Auch aus dieser Tatsache folgt, daß "Patientenorientierung" bei Betrieben die "Gesundheitsdienstleistungen" erbringen, wichtiger als bei anderen Dienstleistungsunternehmen sein müßte.

Ein weiterer Grund die Leistungen des Krankenhauses am Patienten auszurichten, sind die mit Nonprofit-Organisationen typischerweise verbundenen und häufig problematischen Beziehungen zu ihren "Klienten" (siehe Punkt A 5). Bei der Bedarfswirtschaftlichkeit der meisten Kliniken wird daher prinzipiell die Gefahr bestehen, daß die Interessen der "Klienten" nicht ausreichend berücksichtigt werden. Aus diesem Grund müßten sich gerade diese Nonprofit-Betriebe "Krankenhäuser" bemühen, bewußt ihre Handlungen und Leistungen am "Klienten" (Patienten) auszurichten.

Neben den genannten Punkten gibt es heute aber zwei weitere besonders bedeutsame Gründe dafür, daß das Krankenhaus zukünftig "patientenorientiert" handeln muß.

Zu nennen sind hier zum einen die Folgen des Veränderungs- und Wandlungsprozesses. Wie oben beschrieben gibt es als Folge dieser Entwicklung zunehmend Gefahrenmomente für die "humane" Versorgung der Patienten im Krankenhaus. Die zunehmende Distanz zwischen Arzt und Patient gefährdet die Erfüllung wichtiger Aspekte der Krankenbehandlung.

Auch für Krankenhausträger und leitende Ärzte erwachsen aus dieser Entwicklung vor allem juristische Risiken (Haftungs-, Schadensfall-Risiko). Im Sinne einer "Risikominimierung" bzw. des sog. "risk management", ist eine "Patientenorientierung" in der oben beschriebenen Art und Weise notwendig. Deutlich wird dies anhand der oben erwähnten Studienergebnisse, wonach in mehr als 80 % der Fälle, in denen Patienten gegen ihren Arzt gerichtlich vorgegangen sind, nicht der Vorwurf der "Fehlbehandlung", sondern letztlich die Folgen einer mangelhaften Kommunikation zwischen Arzt und Patient im Vordergrund standen[36].

Entscheidende Bedeutung aber erhält die "Patientenorientierung" durch die veränderten ordnungspolitischen Rahmenbedingungen. Wie in Kapitel A 4 ausgeführt wurde, sind durch das Gesundheitsstrukturgesetz von 1993 in verstärktem Maße "marktwirtschaftliche" Elemente in das Gesundheits- und Krankenhauswesen eingeführt worden.

Als Folge dieser Maßnahmen wurde eine wettbewerbs-ähnliche Situation geschaffen, in der Krankenhäuser mit anderen Kliniken und niedergelassenen Ärzten über einheitliche Entgelte (Fallpauschalen, Sonderentgelte, Abteilungspflegesatz) sowie teilstationäre Versorgungsformen (vor- und nachstationäre Behandlung) und ambulantes Operieren in einer Art Konkurrenzsituation stehen[37]. Hinzu kommt, daß zukünftig die Klinik durch die Behandlung des Pa-

---

[36] Siehe Punkt B 2.1.3.2.
[37] Zu den Auswirkungen dieser Wettbewerbssituation siehe Punkt C 1.2.

tienten "Gewinne" machen kann. In diesem Fall kann um diese "profitablen Patienten" ebenfalls ein verstärkter "Konkurrenzkampf" entstehen.

Das "Ziel" oder das "Objekt" in dieser "Konkurrenzsituation" ist der Patient. Die Wettbewerbsfähigkeit des Krankenhauses ist heute vor dem Hintergrund des geplanten Bettenabbaus im stationären Bereich zu einem wichtigen Aspekt für die Zukunft und letztlich das Überleben des Krankenhauses geworden. Diese Wettbewerbsfähigkeit des Krankenhauses aber verlangt ein hohes Maß an "Patientenorientierung" *(Hildebrand R. 1994, Döring J. 1995, Eichhorn, Schmidt-Rettig 1995a)*.

Ist es also das Ziel einer Klinik, langfristig das "Überleben" zu sichern, wird sie an einer Organisationsstruktur im Sinne der "Patientenorientierung" nicht herumkommen können.

2.2.3 Die "Patientenorientierung" und "Patientennähe" - ein "Erfolgsfaktor" für das Krankenhaus?

Nach den gerade dargelegten Überlegungen ist die "Patientenorientierung" des Krankenhauses wohl ein entscheidender Faktor für die zukünftige Wettbewerbsfähigkeit einer Klinik, d.h. ein Krankenhaus dessen Ablauforganisation, Führungsstruktur und Mitarbeiter tatsächlich "am Patienten orientiert" sind, müßte auch in der Praxis "Wettbewerbsvorteile" haben.

Bei den Unternehmungen der Erwerbswirtschaft gibt es aber bereits starke Hinweise dafür, daß die "Kundennähe" tatsächlich ein "Erfolgsfaktor" ist, d.h., daß die Nähe zum Kunden für die Entstehung des Unternehmenserfolges[38] von zentraler Bedeutung ist. Verschiedene Untersuchungen, Studien und Erfahrungsberichte von Unternehmensberatern haben weitgehend übereinstimmend belegen können, daß gerade die "Kundennähe", neben anderen "Erfolgsfaktoren", in der Praxis entscheidende Bedeutung für den langfristigen Erfolg einer Unternehmung hat *(Peters, Waterman 1982 p. 156 ff., Albach H. 1984, Fritz W. 1990, Nagel K. 1993 S. 215 ff., Zollner G. 1995 S. 16 ff.)*.

Untersuchungen über den Erfolgsfaktor "Patientennähe" in der Krankenhauspraxis wurden bisher in Deutschland nicht durchgeführt.

Hingegen hat sich eine internationale Studie, die in Großbritannien, Kanada und den Vereinigten Staaten von Amerika durchgeführt wurde, unter anderem mit dieser Frage beschäftigt *(Braithwaite J. 1993)*. In Anlehnung an die bereits erwähnte Untersuchung von *Peters* und *Waterman* ist der Frage nachgegangen worden, ob sich die von *Peters* und *Waterman* gefundenen "Erfolgsfaktoren" einer Unternehmung auch auf Krankenhäuser übertragen lassen und

---

[38] Unternehmenserfolg wird bei *Albach* beispielsweise durch 6 Kriterien definiert. 1. Wachstumsrate des Anlagevermögens 2. Wachstumsrate des Eigenkapitals 3. Marktwert/Buchwert 4. Gesamtkapitalrendite 5. Eigenkapitalrendite 6.Umsatzrendite *(Albach H. 1984)*.

ob diese Faktoren auch in "erfolgreichen Krankenhäusern"[39] gefunden werden können. Dabei wurden bewußt auch öffentliche und Nonprofit-Kliniken in Ländern, deren Gesundheitswesen sowohl staatlich als auch weitgehend marktwirtschaftlich organisiert ist, miteinbezogen. Der Autor dieser Studie beschreibt letztlich acht "Erfolgsfaktoren" für Krankenhäuser. Darunter ist auch die "willingness to embrace and improve **quality of care**", die nach Ansicht des Autors mit der von *Peters* und *Waterman* beschriebenen "Kundennähe" gleichgesetzt werden kann *(Braithwaite J. 1993 S. 17 f.)*. Auch wenn die Untersuchung von *Braithwaite* einige methodische Schwachpunkte[40] aufweist, kann sie dennoch Hinweise darauf geben, daß in anderen Ländern, wo es bereits seit einigen Jahren ein "wettbewerbsähnliches Umfeld" gibt, die im Streben nach "Qualität" zum Ausdruck gebrachte "Kundenorientierung" ein "Erfolgsfaktor" für Krankenhäuser ist.

Eine zweite, auch an der Untersuchung von *Peters* und *Waterman* angelehnte Studie in den USA, ging ebenfalls der Frage nach, inwiefern sich die von *Peters* and *Waterman* gefundenen Merkmale hervorragender Unternehmen auf Krankenhäuser übertragen lassen *(Kramer, Schmalenberg 1989)*. Nach *Kramer* und *Schmalenberg* zeichneten sich diese hervorragenden Kliniken u.a. durch ein außerordentliches Qualitätsbewußtsein aus. Damit einhergehend stand der Patient im Mittelpunkt der Handlungen. Auch hier wird die "Patientennähe" durch ein besonderes "Qualitätsdenken" ausgedrückt *(Kramer, Schmalenberg 1989)*. Im Gegensatz zur Studie von *Braithwaite* aber wurde hier der "Erfolg" der Kliniken genauer definiert und zwar anhand der Auswirkungen des "Pflegenotstandes"[41]. Als übereinstimmendes Ergebnis beider Studien kann festgehalten werden, daß sich "erfolgreiche" Kliniken durch eine besondere Nähe zum Patienten auszeichnen.

2.3 Ist die medizinische Versorgung im Krankenhaus am Patienten orientiert?

Inwieweit die Krankenhäuser bereits "am Patienten orientiert" arbeiten soll anhand einiger Studien namhafter Autoren und Ergebnissen von Umfragen verschiedener Meinungsforscher in der Bevölkerung geprüft werden.

---

[39] Die in der Studie analysierten 14 erfolgreichen Kliniken wurden aufgrund ihres in der Fachliteratur beschriebenen und anerkannten Erfolges ausgewählt *(Braithwaite J. 1993)*. Wie der Erfolg dieser Kliniken im einzelnen definiert wird beschreibt der Autor hingegen nicht.

[40] Dazu zählen die fehlende Definition des "Erfolges" der ausgewählten Kliniken, die unzureichende, aber vom Autor auch nicht beanspruchte Repräsentativität der Stichprobe exzellenter Kliniken oder das Fehlen einer statistisch vergleichbaren Kontrollgruppe.

[41] Die beiden Autorinnen fanden "hervorragende" Kliniken, sog. "Magnet-Hospitals" oder "Magnet-Spitäler", die trotz eines in den USA weitverbreiteten Pflegekräftemangels selbst jedoch keine freie Stellen im Pflegedienst hatten, im Gegenteil sogar mehr Bewerbungen als freie Stellen hatten. Probleme, die sich in anderen Krankenhäusern durch häufigen Personalwechsel, ständiges Einarbeiten von neuem Personal, hohen Anteil von Personal ohne Berufserfahrung und Bedarf an Aushilfspersonal ergaben, waren in diesen "excellenten" Kliniken so gut wie unbekannt. Die Pflegekräfte in den "Magnet-Hospitals" zeichneten sich zudem durch ihr großes Engagement, hohe Motivation, hohe Qualität der Pflegeteams und der Pflegeleistungen und ihrer "Nähe zum Patienten" aus *(Kramer, Schmalenberg 1989)*.

Die Frage nach der "Patientenorientierung" der Krankenhäuser wird anhand dreier Bezugssysteme erörtert. In dem ersten Punkt geht es um den Bereich der Kontakte zwischen Arzt, übrigem Krankenhauspersonal und dem Patienten oder den sog. "moments of truth". Anschließend folgt das arbeitsorganisatorische Bezugssystem, die Organisationsstruktur des Krankenhausbetriebes. Und als dritter Punkt werden die Rahmenbedingungen bzw. der krankenhausstrukturelle Bereich im Bezug auf seine "Patientenorientierung" hin erörtert.

2.3.1 Die Kontakte zwischen Arzt, Krankenhauspersonal und Patient ("moments of truth")

Die wichtigsten Bedürfnisse der Patienten liegen sowohl aus Sicht der Kranken selbst als auch der Ärzte im "humanitären" Bereich *(Hundt W. 1984, Jonas H. 1987, Tannock J.F. 1987, Anschütz F. 1988, Schmeling-Kludas 1988, Töllner R. 1989, Hofer M. 1990, Ahlert E. 1991, Delbanco T.L. 1992, Füllbrandt W. 1992, Grewell H. 1993, Kleinschmidt W. 1993, Schara J. 1993, Bowers et al. 1994, Thurau M. 1994)* und im Bereich der "Qualität"[42] der medizinischen Leistungen *(Schmeling-Kludas 1988, Boston Consulting Group 1993 S. 21).*
Will man nun untersuchen inwieweit die Krankenhäuser und die Ärzte dem Bedürfnis der Patienten nach "Humanität" und "Qualität" der Versorgung nachkommen, stößt man auf das Problem der Definition und Messung von "Humanität" und "Qualität"[43].
Hinzu kommt, daß der Patient, wie bereits erwähnt wurde, in der Regel die "fachliche Qualität" einer Behandlung objektiv nicht beurteilen kann. Seinen Eindruck von einer Klinik und seinem behandelnden Arzt gewinnt der Patient also vorwiegend im Umgang mit dem Arzt und dem übrigen Krankenhauspersonal *(Erzberger et al. 1989).* Aufgrund der für den Patienten großen Bedeutung dieser "Kontakt-Momente" zum medizinischen Personal, die die Meinung und das Urteil des Patienten über das Krankenhaus nachhaltig beeinflussen können, werden diese auch als "moments of truth" bezeichnet *(Carlzon J. 1995 S. 15 ff.).*
Parallel zu der eingangs dargestellten, gerade aus Sicht des Patienten, herausragenden Bedeutung seines Verhältnisses zum Arzt im Krankenhaus, haben vor allem das ärztliche Handeln und die "moments of truth" in der Arzt-Patienten-Beziehung erheblichen Einfluß auf das Wohlempfinden, das Sicherheitsgefühl, die Zufriedenheit und das Urteil des Patienten über das Krankenhaus *(Erzberger et al. 1989).* Für die Frage aber, welche "Elemente" von "Humanität" und "Qualität" die wichtigsten Bedürfnisse des Patienten auf eine allgemein verständliche Art und Weise reflektieren, können nun gerade einige Aspekte des Arzt-Patienten-Verhältnisses herangezogen werden.

---

[42] Hier stellt sich die Frage der Definition von "Qualität" in der Medizin. Dazu siehe Kapitel B 4. In der Studie der *Boston Consulting Group* umfaßt der Begriff "Qualität" die Merkmale der "technical quality" wie fachliche Kompetenz des Arztes und die anderen Komponenten der medizinischen Behandlung.
[43] Siehe Punkt B 4.

Als Ergebnis zahlreicher Studien kann festgehalten werden, daß die eingehende **Information** und **Aufklärung** des Patienten über seine Erkrankung und seine Situation, sowie die Achtung der **Würde der Person** und der **Autonomie des Patienten** zu den entscheidenden Bedürfnissen der Patienten zählen [44](*Bundesminister für Arbeit und Sozialordnung 1980, Raspe H.H. 1983, Schmeling-Kludas C. 1988, Beisecker, Beisecker 1990, Delbanco T.L. 1992, Kleinschmidt W. 1993, Beckman et al 1994, Bowers et al. 1994, Deber R.B. 1994a u. 1994b, Hickson et al. 1994, Levinson W. 1994, Balint, Shelton 1996, Laine, Davidoff 1996*).

Zugleich werden diese Punkte von den Patienten weitgehend übereinstimmend als die wichtigsten Elemente einer "Humanität" verstanden *(Bundesminister für Arbeit und Sozialordnung 1980, Bowers et al. 1994)*.

Besonders Information und Aufklärung helfen dem Patienten seine Ängste vor für ihn bedrohlichen Situationen und dem Ungewissen zu vermindern *(Seidl, Walter 1984 S. 39, Kleinschmidt W. 1993)*. Dies zu berücksichtigen erscheint aufgrund eines Umfrageergebnisses eines Meinungsforschungsinstitutes bedeutsam. Es gaben nämlich im Jahr 1993 deutlich mehr Patienten als noch 1970 an, Ängste während eines Krankenhausaufenthaltes zu haben *(Noelle-Neumann, Köcher 1993 S. 228)*.

Information, Respekt vor der Person und der Autonomie des Patienten tragen maßgeblich an der Bildung eines Vertrauensverhältnisses zwischen Arzt und Patient bei, mindern die Unsicherheit des Patienten und steigern das Ansehen des Arztes *(Kleinschmidt W. 1993)*.

Hier drücken sich die Bedürfnisse des "modernen Patienten" aus, der zunehmend aufgeklärt, aktiv in den Behandlungs- und Betreuungsprozeß mit eingebunden und versorgt werden will und der verstärkt die Achtung seiner Autonomie fordert (siehe Punkt 2.1.2).

Gerade aber bei der Frage der Information, Aufklärung, d.h. in der Kommunikation zwischen Arzt und Patient machen sich die in Punkt 2.1.3 beschriebenen Gefahren und die zunehmende Distanz zwischen Arzt und Patient negativ bemerkbar.

Eine Reihe von Untersuchungen konnte belegen, daß die Mehrheit der Patienten von einem teilweise großen Mangel an Aufklärung, Auskünften und Ratschlägen berichten bzw., daß die weit überwiegende Mehrheit gerne mehr Informationen und ausführlichere Erklärungen[45] be-

---

[44] Eine in den USA durchgeführte und großangelegte Studie hat über mehrere Jahre die Bedürfnisse der Patienten analysiert und "definiert" *(Delbanco T.L. 1992)*. Der Autor faßte das Ergebnis wie folgt zusammen: *"What did we learn? Patients want to be able to trust the competence and efficiency of their caregivers. They want to be able to negotiate the health care system effectively and to be treated with dignity and respect. Patients want to understand how their sickness or treatment will affect their lives, and they often fear that their doctors are not telling them everything they know. Patients worry about and want to learn how to care themselves away from clinical setting. They want us to focus on their pain, physical discomfort, and functional disabilities. They want to discuss the effect their illness will have on their family, friends, and finances. And they worry about the future."* (zitiert aus: *Delbanco T.L. Enriching the Doctor-Patient Relationship by Inviting the Patient's Perspective, in: Ann.Intern.Med., 116 (1992), p. 414*).

[45] Ebenfalls Ausdruck der "Distanz" zwischen Arzt und Patient ist, daß Arzt und Patient dasselbe Gespräch unterschiedlich beurteilen können, der Arzt eine andere Auffassung von den Punkten hat, die den Patienten interessieren, als dies tatsächlich der Fall ist. So interessiert den Patienten primär seine Prognose. Die Ärzte hingegen sind der Auffassung, daß den Patienten seine Diagnose am meisten interessieren wird *(Hartmann F. 1990 S. 43, Schmeling-Kludas C. 1988, S. 53)*.

kommen hätte, als dies geschehen sei *(Raspe H.H. 1983, Schmeling-Kludas C. 1988, Erzberger et al. 1989, Beisecker, Beisecker 1990, Hofer M. 1990, Delbanco T.L. 1992, Stiftung Warentest 1995, Balint, Shelton 1996, Laine, Davidoff 1996).*
Der prozentuale Anteil der Patienten allerdings, die sich zu wenig aufgeklärt und informiert gefühlt haben, zeigte in den verschiedenen Untersuchungen und bei den einzelnen Patienten große Unterschiede *(Schmeling-Kludas 1988, Erzberger et al. 1989, Beisecker, Beisecker 1990).* Für den Arzt besteht also das Problem, herauszufinden[46], welche Patienten im einzelnen ausführlich informiert werden wollen und welche nicht.
Bereits hingewiesen wurde auch, daß in ca. 80 % der Fälle, in denen die Patienten in den USA gegen ihren Arzt eine Klage erhoben haben, letztlich "Kommunikationsmängel"[47] zwischen Arzt und Patient ursächlich waren *(Beckman et al. 1994, Hickson et al. 1994, Levinson W. 1994).*
Informations- und Kommunikationsmängel wurden ebenfalls in der sog. Visitenforschung festgestellt *(Erzberger et al. 1989).* Demnach umfaßt die Visite am Krankenbett Organisationsabsprachen zwischen Arzt und Schwester, Falldiskussionen, Kurvenvisite sowie Inspektion, körperliche Untersuchung und das Gespräch des Arztes mit dem Patienten. Dadurch wird die Visite inhaltlich überladen, Informationsdefizite und Kommunikationsmängel sind angesichts des Zeitdrucks des Arztes[48] die Folge *(Erzberger et al. 1989).*
Dementsprechend fanden 70 % der vom Allensbacher Institut für Demoskopie befragten Patienten, daß die Ärzte zu wenig Zeit für den einzelnen Patienten hätten *(Allensbacher Institut für Demoskopie 1992).*
Trotz dieser oftmals beschriebenen Defizite bewerten die Patienten die Krankenhausbetreuung überraschend positiv[49] *(Erzberger et al. 1989, Allensbacher Institut für Demoskopie 1992, Satzinger et al. 1995, Schmeling-Kludas 1995, Stiftung Warentest 1995).*

---

[46] Das Bedürfnis nach Information war nach dem Ergebnis einer Untersuchung von der individuellen Situation (Länge der Behandlung, Art der Diagnose, Grund des Aufenthaltes) des einzelnen Patienten geprägt *(Beisekker, Beisecker 1990).* Ein besonders schwieriges Problem, angesichts der individuellen Unterschiede der Bedürfnisse nach Informationen, ist in diesem Zusammenhang die Frage, wie und wieweit unheilbar Kranke aufgeklärt werden sollen *(Carstensen G. 1993).*

[47] Unter "Kommunikationsmängel" zwischen Arzt und Patient in diesem Zusammenhang fallen Punkte, wie den Patienten unzureichend über seinen Zustand aufzuklären und zu informieren, die Entscheidungsfreiräume des Patienten einzuschränken oder ihn sogar zu bevormunden, dem Patienten wenig Aufmerksamkeit zu schenken, seine Meinung gering zu schätzen oder ihn unzureichend zu beachten *(Beckman et al. 1994, Hickson et al. 1994, Levinson W. 1994).*

[48] Nach einer Untersuchung von *Schmeling-Kludas* befaßt sich der Arzt einer internistischen Station während der Visite ca. 4 Minuten mit einem Patienten *(Schmeling-Kludas C. 1988).* Nur zu 43 % seines Arbeitstages hat der internistisch tätige Arzt Patientenkontakt (übrige Zeit: 39 % Einzelarbeit, 18 % Gespräche und Besprechungen). Neben den ureigenen ärztlichen Dokumentationsaufgaben (Arztbriefe, Überweisungen, Kurvenvisite, etc.) wächst der Umfang der Arbeit für Krankenhausverwaltung und Krankenkassen *(Schmeling-Kludas C. 1988).* Nach einer Umfrage von *Tischmann* in einem Krankenhaus würden die Ärzte alleine 8 % ihrer tariflichen Arbeitszeit für die Bearbeitung von Anfragen der Krankenkassen, Berufsgenossenschaften etc. benötigen *(Tischmann P. 1991).*

[49] In der Studie des Allensbacher Institutes für Demoskopie hatten 40 % der Befragten einen guten Eindruck von den Krankenhäusern, 33 % waren geteilter Meinung, 11 % hatten keinen guten Eindruck, 16 % hatten kein Urteil über die Kliniken *(Allensbacher Institut für Demoskopie 1992).* In den von den Krankenhäusern selbst durchgeführten Befragungen sind die Zahlen deutlich höher, so beurteilten z.B. bei einer Umfrage von

Dieses Phänomen wird durch die Sondersituation erklärt, in der sich die Patienten im Krankenhaus befinden[50] *(Erzberger et al. 1989)*. Dies mag auch die Ursache dafür sein, daß die Befragungen der Patienten, die durch das Krankenhaus selbst durchgeführt werden, ein deutlich positiveres Bild zeichnen, als dies bei den Umfragen der Meinungsforscher der Fall ist[51].

Die Kenntnis dieses Phänomens aber sollte nun ein um "Patientenorientierung" bemühtes Krankenhaus und einen leitenden Arzt, denen jeweils in einer Umfrage von den Patienten eine "gute" oder "sehr gute" Versorgung bestätigt wurde, nicht in dem Glauben belassen, daß keine Defizite vorhanden seien. Im nachhinein dürfte der Patient über die Krankenhausbehandlung anders urteilen, die Diskrepanz der Umfrageergebnisse von den einzelnen Krankenhäusern einerseits und den Meinungsforschern andererseits mag ein Beleg dafür sein.

Bei der Darstellung der wesentlichen Patientenbedürfnisse, die im "Kontakt" mit den unmittelbar am Patienten tätig werdenden Ärzten und Krankenpflegekräften zum Ausdruck kommen, soll abschließend noch auf ein hierbei oftmals auftretendes und spezielles Problem hingewiesen werden. Dies sind die Sterbebedingungen im Krankenhaus. Angesichts der derzeitig dominierenden Diskussion um Kostendämpfung und Rationalisierung der Behandlungsabläufe wird leicht übersehen, daß der weit überwiegende Teil der Bevölkerung in einem Krankenhaus verstirbt (siehe A 2.1). Die Sterbebegleitung eines schwerkranken und oftmals alleinestehenden Patienten aber erfordert aus humanitären Gründen Zeit, Ruhe und besondere menschliche Zuwendung. Diese Anforderungen sind jedoch heute zunehmend schwieriger zu erfüllen. Erschwerend kommt hinzu, daß weder Arzt noch das Pflegepersonal auf solche Situationen in ihrer Ausbildung vorbereitet wurden, noch später Unterstützung oder Rat beim Umgang mit solchen Patienten erhalten. Dementsprechend schlecht schätzt selbst das Krankenhauspersonal[52] die Sterbebedingungen in den Kliniken ein *(George W. 1989, Herschbach P. 1991, Martmüller R. 1991)*.

Diese Erfahrungen sind nicht auf Deutschland beschränkt, denn eine in Großbritannien durchgeführte Studie kam grundsätzlich zum gleichen Ergebnis *(Mills et al. 1994)*. Neben der ter-

---

Satzinger et al. 1995 deutlich mehr als neunzig Prozent der Patienten ihren Krankenhausaufenthalt mit "gut" oder "sehr gut". Vergleichbare Zahlen hatten auch andere Kliniken, die ihre Patienten selbst befragt hatten *(Erzberger et al. 1989, Senn H.-J. 1992, Schmeling-Kludas 1995).*

[50] Diese Sondersituation des Patienten wird durch die Sorge um sein elementares körperliches Wohlbefinden, den kollektiven Tagesablauf, seine ständige Präsenzpflicht, der Kontaktbegrenzung und sein ungeregeltes Sanktionspotential bedingt. Aus sozialpsychologischer Sicht wird dieses oben genannte Phänomen durch die sog. "kognitive Dissonanz" erklärbar. Der Patient steht mit seinen Wünschen im Widerspruch von Anspruch und Realität. Zur Überwindung dieses Konflikts und um sein kognitives System wieder ins Gleichgewicht zu bekommen, würde der Patient den Kontakt zum Arzt zeitlich und informativ überschätzen *(Erzberger et al. 1989)* und dementsprechend verfälscht auf Anfragen im Krankenhaus antworten.

[51] Vergleiche hierzu die in der Literatur angegebenen Zahlen bei *Schmeling-Kludas 1988 und 1995, Erzberger et al. 1989, Satzinger et al. 1995* im Gegensatz zu den Ergebnissen von *Allensbacher Institut für Demoskopie 1992, Noelle-Neumann, Köcher 1993 S. 229, Stiftung Warentest 1995.*

[52] Nach einer Umfrage von *George* glaubten 75 % der befragten Krankenhausmitarbeiter, daß die Sterbebedingungen in den Krankenhäusern "menschenunwürdig" und "belastend für Sterbende und Helfer" seien. Nur 28 % glauben, genügend Zeit für die Sterbenden zu finden (als Ursache wird Personalmangel angegeben) *(George W. 1989).*

minalen Pflege der Sterbenden wurde vor allem der unzureichende Kontakt zwischen Pflegekräften und Ärzten einerseits und den moribunden Patienten andererseits bemängelt. Die "Isolation" der Sterbenden nimmt nach einer Untersuchung in britischen Kliniken sogar mit dem Nahen des Todes zu *(Mills et al. 1994)*.
In den vorangegangenen Ausführungen wurde erörtert, inwieweit die Kliniken und Ärzte einzelnen wichtigen Bedürfnissen der Patienten nachkommen. Es wurde jedoch nicht gefragt, welche Determinanten, neben den eingangs geschilderten und in Punkt B 2.1.3 aufgezeigten Gefahren, diese "moments of truth" beeinflussen und mitbestimmen können. Daher wird nun auf das zweite Bezugssystem, die Krankenhausorganisation, eingegangen.

2.3.2 Das ablauforganisatorische Bezugssystem

Die Bedeutung der Ablauforganisation im Krankenhaus für die Patientenorientierung ergibt sich nicht nur aus der Patientenbezogenheit der Abläufe selbst, sondern auch aus der Möglichkeit, die Kommunikationsmöglichkeiten zwischen Patient und Krankenhauspersonal mitzubeeinflussen[53].
Bereits 1978 befaßte sich *Siegrist* mit dem Problem der "Rigidität der bürokratisch organisierten Medizin", und suchte nach den wesentlichen Determinanten, die eine "Patientenzentrierung" des organisationsgebundenen Handelns erschweren bzw. bestimmen können *(Siegrist J. 1978 S. 1 ff.)*. Eine vergleichbar umfassende Studie in verschiedenen Akutkrankenhäusern wurde seither nicht mehr durchgeführt. Allerdings lassen die Ergebnisse verschiedener kleinerer Untersuchungen, einzelner Studien und die von Beratern gemachten Erfahrungen bzw. veröffentlichte Aufsätze von Krankenhausökonomen die Vermutung zu, daß sich im wesentlichen die von *Siegrist* gefundenen Probleme bis heute in den meisten Krankenhäusern nicht grundlegend verändert haben. Die beschriebenen Probleme äußern sich in der allgemeinen Schwierigkeit "der begrenzten Kompatibilität von organisationsgebundenem Handeln und patientenzentrierter Orientierung" *(Siegrist J. 1978 S. 3)*, im speziellen in der Kooperation, interdisziplinären Kommunikation und in der Ablauforganisation im Krankenhaus *(Siegrist J. 1978 S. 61 ff., Lathrop J.P. 1991, ders. 1992, Weber D.O. 1991, ders. 1992, v. Kempski et al. 1994, Siepe A. 1994 S. 36 f., Picot, Schwarz 1995, Dullinger F. 1996 S. 49 ff.)*.
Unter dem allgemeinen Problem der begrenzten Kompatibilität von organisationsgebundenem Handeln und patientenzentrierter Orientierung versteht man beispielsweise Konflikte zwischen dem Bedürfnis des Patienten, sich frei bewegen zu können und dem Zwang im Bett liegen zu müssen oder auf der Station ständig präsent sein zu müssen, zwischen dem Bedürfnis nach Individualität und den Gegebenheiten eines Großklinikums oder auch die Unvereinbarkeit bestimmter Erwartungshaltungen der Patienten mit denen des Personals. Während der

---

[53] Daneben hat die Organisation der Abläufe im gesamten Krankenhaus auch Einfluß auf die ökonomische Effizienz und Effektivität der Versorgung.

Patient etwa die Einmaligkeit seines Falles vor Augen hat, geht es dem Personal in der Regel um die routinemäßige Bewältigung seiner Arbeitsaufgaben[54]. Ein Arzt auf einer internen Station behandelt beispielsweise pro Jahr circa 250 Patienten *(Schmeling-Kludas 1988)*. Was aber für den Arzt Teil seines Arbeitsalltags ist, kann für den Patienten von großer personaler Erlebensbedeutung sein. Diese genannten systemimmanenten Probleme können zu Spannungen zwischen Patient und Personal führen *(Siegrist J. 1978 S. 3)*.

Neben den genannten grundsätzlich gegebenen Einschränkungen der verschiedenen Bedürfnisse der Patienten, wurden jedoch auch Schwachpunkte in der Ablauforganisation beschrieben, die nicht von vornherein als unveränderbar angesehen werden müssen.

An dieser Stelle sei beispielsweise das oftmals beklagte frühe Wecken der Patienten erwähnt. In einer Umfrage waren 62 % der Patienten der Ansicht, sie würden im Krankenhaus zu früh geweckt werden *(Noelle-Neumann, Köcher 1993 S. 232)*. Dies war zugleich der Punkt, der an erster Stelle der Fragen nach den Ursachen der Unzufriedenheit[55] der Patienten mit der Krankenhausbehandlung lag. Dies mag ein Hinweis auf eine Organisationsstruktur sein, die primär nach den Erfordernissen des Krankenhausbetriebes, der Arbeitszeiten des Personals und der Gliederung der einzelnen Berufsgruppen innerhalb des Krankenhauses ausgerichtet ist und nicht nach den Belangen der Patienten.

Die starre "Versäulung" des Krankenhauses führt dazu, daß die Koordination zwischen den Sparten Diagnostik und Therapie und zwischen den einzelnen Abteilungen häufig unzureichend ist *(Eichhorn S. 1991)*. Aus dieser nach Funktionen gegliederten Organisationsstruktur ergeben sich zudem Kommunikationsprobleme[56]. Erschwerend hinzu kommt die zunehmende Aufteilung der Arbeitsprozesse durch fortschreitende Spezialisierung. Ein besonderes Problem scheint die Zusammenarbeit[57] von Arzt und Krankenpflege zu sein. Verschiedene Autoren berichten davon, daß es erhebliche Reibungspunkte zwischen den Ärzten und den Pflegenden gibt *(Opderbecke H.W. 1992, Emminger C. 1995, Schriefers K.H. 1996)*. Mancherorts gehen Arzt und Schwester jeweils getrennt zu einer "ärztlichen" bzw. "pflegerischen" Visite *(Opderbecke H.W. 1992, Emminger C. 1995, Schriefers K.H. 1996)*.

Das Ziel des Krankenhauses soll es sein, letztlich alle Leistungen, die am und für den Patienten erbracht werden, in der Person des Patienten zu bündeln, so daß die unter einem einzigen Behandlungsschema erbrachte Vielzahl der Einzelleistungen zu einer Leistungseinheit und in sich schlüssigen Behandlung zusammengefaßt wird. Dies setzt Koordination, Kommunikation und Zusammenarbeit voraus.

---

[54] Nach der Untersuchung von *Siegrist* besteht ein Zusammenhang zwischen der Berufsroutine und den Beziehungsformen. Je älter die Personen, bzw. je länger ihre Berufsdauer, desto geringer ihr Einfühlungsvermögen bzw. desto größer die Ausprägung schematischer und unpersönlicher Beziehungsformen *(Siegrist 1978 S. 141)*.

[55] 44 % der Patienten beklagten, daß das Essen nicht gut sei, 35 %, daß zu viele Patienten in einem Raum lagen, und 31 %, daß alles sehr unpersönlich und man nur eine Nummer sei *(Noelle-Neumann, Köcher 1993 S. 232)*.

[56] Siehe Punkt C 2.

[57] Siehe Punkt B 2.4.

Probleme für eine "patientenbezogene Versorgung" ergeben sich ferner durch den Tatbestand der Irregularität und Variabilität einzelner Abläufe im Krankenhaus, wodurch der Arzt oder die Krankenpflegekräfte oftmals in ihren Tätigkeiten unterbrochen werden. Die Probleme daraus nehmen zu, wenn die Personalknappheit oder der Unterschied in der Qualifikation des Personals größer wird und wenn Arbeitsaufgaben vom Vollzug vorangegangener Arbeiten abhängig sind *(Siegrist J. 1978 S. 140)*. Dieser Effekt wird durch betriebliche Irregularität und Variabilität, wie Überschneidungen von Koordinations- und Ausführungsaufgaben bei einzelnen Personen, wie dem Stationsarzt oder der Stationsschwester, Notfallsituationen, Übernahme von verschiedenen Aufgaben, etwa des Notarztdienstes durch den Stationsarzt etc. noch verstärkt.

Folge dieser zunehmenden Irregularitäten und Variabilitäten im Arbeitsablauf waren eine erheblich größere Mehrarbeit für Ärzte und Krankenpflegekräfte und ein großer Zeitdruck während der einzelnen Tätigkeiten *(Siegrist J. 1978 S. 140)*. Hier wird der bereits eingangs erwähnte konfliktträchtige Zusammenhang von Ablauforganisation und Kommunikation zwischen Patient und Personal sowie Ärzten und Pflegekräften deutlich.

2.3.3 Der krankenhausstrukturelle Bereich

Auf die Rahmenbedingungen und ihre Folgen für eine "am Patienten orientierte" Versorgung wird nur kurz eingegangen, da in diesem Bereich der leitende Arzt und der Krankenhausträger nur indirekt intervenieren können. Drei Punkte seien an dieser Stelle angesprochen, nämlich die Begrenzung der finanziellen Ressourcen für das Gesundheitswesen, davon bestimmt die personelle Knappheit und die räumliche Überalterung.

Die Qualität der ärztlichen und pflegerischen Betreuung des Patienten wird maßgeblich von den finanziellen Möglichkeiten bestimmt. In diesem Punkt aber haben sich wie in der Einleitung dargestellt erhebliche Veränderungen ergeben. Sah die Sozialpolitik noch in den siebziger Jahren als Ziel vor, jedem Bürger die bestmögliche gesundheitliche Versorgung zukommen zu lassen, wird heute von den Kostenträgern nur mehr das Ausreichende, Zweckmäßige und Notwendige erstattet.

Besonders deutlich wird die veränderte Situation in der Ausgestaltung des Stellenplanes für Ärzte, Pflegekräfte und medizinisches Assistenzpersonal sichtbar, da die Personalkosten ca. 70 % der Gesamtkosten des Krankenhauses ausmachen. Eine personelle Unterbesetzung oder ein unzureichender Stellenplan lassen kaum Zeit für Gespräche, eingehende Information oder Diskussion der den Patienten belastenden Probleme *(Herschbach P. 1991)*. Auch die Art und Weise, wie das Krankenhaus seine Leistung vergütet bekommt, hat auf die Qualität der Patientenversorgung Einfluß. Durch die neuen Vergütungsformen, Fallpauschalen und Sonderentgelte, wird ein Junktim zwischen Kosten und Patient hergestellt.

Schließlich hängen die bauliche Instandhaltung und die räumlichen Zustände der Kliniken in großem Maße von der Verfügbarkeit finanzieller Mittel ab.
Im Bereich der "Hotelleistungen" des Krankenhauses läßt sich feststellen, daß die Ansprüche des Patienten an Ausstattung, Komfort und der Verwirklichung der persönlichen Freiheit im Krankenhaus (Einzel- Zweibett-Zimmer, seperate Dusche, WC, "Raucherzimmer" etc.) gewachsen sind. Eine Unterbringung in einem Sechsbettzimmer oder Zimmern ohne Toilette und Duschgelegenheit, wie vor Jahren und in vielen Krankenhäusern älterer Bauart heute noch üblich, wird den Bedürfnissen der Mehrzahl der Patienten nicht mehr gerecht *(Füllbrandt W. 1992)*. Kliniken, die sich auf diese Wünsche nach mehr persönlichem Freiraum und Komfort einstellen konnten, wurden deshalb für die Patienten attraktiver *(Westphal E. 1992)*.

2.4 Zur Zusammenarbeit von Pflegekräften und Ärzten

Eine auf Patienten ausgerichtete Versorgung im Krankenhaus sicherzustellen ist nicht nur eine Aufgabe der Ärzte, sondern auch der ebenfalls unmittelbar am Patienten tätig werdenden Pflegekräfte. Für den Patienten ist neben dem Arzt die Krankenschwester oder der Krankenpfleger die wichtigste Person im Krankenhaus.[58] Ärzte und Pflegekräfte sind in der Regel die Personengruppen, zu denen der Patient während seines stationären Aufenthalts den intensivsten und engsten Kontakt hat und zu denen er in der Regel ein persönliches Verhältnis entwickelt. Eine Behandlung des Patienten und ein ärztliches Handeln ohne den Einsatz und das Mitwirken einer Schwester oder eines Pflegers ist im Krankenhaus undenkbar.

2.4.1 Über die Bedeutung ihrer Zusammenarbeit

Die große Bedeutung einer engen Zusammenarbeit von Arzt und Schwester im Krankenhaus ist vielfach betont worden und allgemein anerkannt[59] *(Mechanic D. 1982, Aiken I.H. 1982, Heyssel et al. 1984, Makadon, Gibbons 1985, Prescott, Bowen 1985, Schreiner P.-W. 1986, Stein et al. 1990, Betz G. 1990, Huth K. 1992, Opderbecke H.-W. 1992, Elsbernd A. 1994, Moers M. 1994)*.
Die Qualität ihrer Zusammenarbeit beeinflußt die Qualität der gesamten Behandlung und Betreuung des Patienten. Denn angesichts der Zunahme betagter, chronisch und mehrfach Erkrankter, der Aufteilung des Versorgungsablaufs in viele einzelne, häufig von Spezialisten durchgeführte Behandlungsschritte und der sich erweiternden diagnostischen und therapeutischen Möglichkeiten der modernen Krankenhausmedizin, steigen nicht nur die Anforderun-

---

[58] Gerade bei der sog. Primärpflege (primary nursing) hat der Patient "seine" Schwester, die jeden Tag für ihn zuständig ist *(Kellnhauser E. 1994, Porter-O'Grady T. 1994 p. 33 ff.)*.
[59] Siehe auch das Positionspapier der "Konferenz der Fachberufe im Gesundheitswesen bei der Bundesärztekammer" zur "Kooperation zwischen Ärzten und Pflegeberufen" *(Dtsch.Ärztebl. 1994, Heft 9, S. C 386)*.

gen an die Qualifikation von Ärzten und Pflegekräften, sondern auch an die Art ihres Zusammenwirkens, Umgangs, ihrer Kommunikation und an ihr gemeinsames Handeln am Patienten. Eine schlechte Zusammenarbeit, eine ungenügende Kommunikation oder unzureichender Informationsfluß kann zu Fehlern im medizinischen Behandlungsablauf führen und für den Patienten unmittelbare und ernste Folgen haben *(Prescott, Bowen 1985, Huth K. 1992).* Zudem haben Untersuchungen gezeigt, daß die Motivation des Personals direkten Einfluß auf die "Zufriedenheit" der Patienten hat *(Weisman, Nathanson 1985).*

Neben der Qualität der Patientenversorgung wird aber auch die Effektivität und Effizienz des medizinischen Behandlungsablaufs und der Betreuung durch das Zusammenspiel von Arzt und Pflegekraft mitbestimmt *(Makadon, Gibbons 1985, Prescott, Bowen 1985).* Gemeinsames Wirken am Patienten, verkürzte Informationszeit und -wege vermindern Kommunikationsfehler und ermöglichen dadurch einen rationelleren Mitteleinsatz und effektivere Abläufe (Vermeidung von Doppelanforderungen bzw. Doppeluntersuchungen aufgrund von Kommunikationsfehlern etc.). Zudem kann der Arzt durch seine täglichen Anordnungen den Arbeitsaufwand der Pflegkräfte ganz erheblich beeinflussen *(Schreiner P.-W. 1986, Betz G. 1990, Huth K. 1992, Nolte A. 1992, Breckheimer W. 1994).*

Von dem Verhältnis der für die Patientenversorgung wichtigsten Berufsgruppen hängt zudem das Betriebsklima und die Arbeitszufriedenheit beider entscheidend ab. Ein schlechtes Verhältnis kann zu Demotivation, Frustration und Unzufriedenheit mit Konsequenzen für den Patienten und die Qualität, Effektivität und Effizienz der Arbeitsleistung von Arzt und Schwester führen *(Linn et al. 1985, Weisman, Nathanson 1985).* Auch aus rechtlicher Sicht ist eine enge Zusammenarbeit von Pflegekraft und Arzt erforderlich, um so haftungsrelevante Kommunikationsfehler zu vermeiden. Arzt und Pflegekräfte arbeiten nicht nur auf der Krankenstation, sondern auch in der Funktion als leitender Arzt und leitende Pflegekraft in der Krankenhausführung zusammen. Als Führungskräfte tragen sie zusammen mit dem Verwaltungsleiter die Verantwortung für den Krankenhausbetrieb. Ihre Entscheidungen haben direkten Einfluß auf die medizinische Versorgung, die Wirtschaftlichkeit der Leistungen, das Betriebsklima und die Motivation des medizinischen Personals im gesamten Krankenhaus *(Eichhorn S. 1993a).* Auch in der Krankenhausleitung muß eine enge und kooperative Zusammenarbeit von leitendem Arzt, Pflegekraft und Verwaltungsleiter zum Wohle der Patienten und des Betriebs das Ziel sein *(Makadon, Gibbons 1985).*

Das Verhältnis von Arzt und Pflegekraft ist somit sowohl für den Patienten als auch für den Krankenhausbetrieb von Bedeutung. Ein modernes Krankenhaus, das den Herausforderungen der derzeitigen Entwicklung im Gesundheitswesen und der Gesellschaft gegenüber gestellt ist, wird sich aus Gründen der besseren Versorgungsqualität, Wirtschaftlichkeit und des betrieblichen Erfolgs mit Fragen der Personalführung, insbesondere im Bereich der Pflegekräfte und Ärzte, beschäftigen müssen, um im neu geschaffenen "Markt" bestehen zu können *(Eichhorn S. 1993a).* Dies gilt sowohl für die Chefärzte, leitenden Pflegekräfte und Mitarbeiter der Administration als auch für das übrige Krankenhauspersonal mit Leitungsfunktionen.

2.4.2 Der Wandel im Berufsbild der Pflege und des Verhältnisses zu den Ärzten

Der großen Bedeutung des Verhältnisses von Arzt und Krankenpflege steht jedoch heute eine schwierige und problembehaftete Lage des Pflegedienstes in den Krankenhäusern gegenüber. Diese auch als "Pflegenotstand" bezeichnete Situation ist durch einen anhaltenden Mangel an Pflegekräften, einen starken Rückgang der Schwesternschülerinnenzahl und ein frühes Ausscheiden aus dem Pflegeberuf gekennzeichnet[60]. Beginnend mit einer Zusammenfassung der geschichtlichen Entwicklung des Pflegeberufes wird das veränderte Selbstverständnis der Pflegenden und die sich wandelnde Beziehung zu den Ärzten dargestellt.

Die Ursprünge der modernen Krankenpflege gehen auf die Gründung der Vorläufer des heutigen Krankenhauses zurück[61]. In den Krankenhausanstalten und Hospitälern stand lange Zeit allein die Pflege im Zentrum der menschlichen Fürsorge. Ein Wandel trat erst mit dem Aufschwung der medizinischen Wissenschaft im 18. und 19. Jahrhundert ein. Die in christlicher Schwesternschaft lebenden Diakonissen, Ordensschwestern und Nonnen waren die Wegbereiterinnen der modernen Krankenpflege, denen sich im 18./19. Jahrhundert zunehmend auch bürgerliche Frauen angeschlossen haben *(Toellner R. 1989, Nolte A. 1992)*. Das Bild der Krankenschwester, ihre Berufsauffassung und ihr hohes Ansehen wurden in dieser Zeit begründet und hatten bis in das 20. Jahrhundert hinein Bestand. Die Schwestern verstanden ihr Tun am kranken Menschen als eine ihnen aus christlicher Nächstenliebe und Barmherzigkeit zukommende Aufgabe. Es galt das Prinzip der Einheit von Beruf und Leben und der Verzicht auf Ehe, Familie und Einkommen, wodurch die Schwestern geistig, wirtschaftlich und moralisch integer und frei für ihren Beruf waren *(Toellner R. 1989)*.

Mit dem Aufstieg der Medizin im Krankenhaus und der Entwicklung neuerer und besserer Diagnostik- und Therapiemöglichkeiten gewannen die Ärzte aber zunehmend an Bedeutung[62]. Wie das Berufsbild des Arztes, so hat sich auch das Tätigkeitsprofil der Krankenpflege im Krankenhaus bis heute durch die moderne Medizin, die Spezialisierungstendenz und den größer werdenden Einsatz der Medizintechnik entscheidend geändert *(Karrer D. 1995)*. Aus der religiös motivierten körperlichen und vor allem seelischen Fürsorge, Betreuung und Pflege des Kranken ist heute ein qualifizierter und anspruchsvoller Dienstleistungsberuf geworden. Entsprechend dem allgemeinen Wertewandel in der Gesellschaft haben sich auch die Pflegekräfte verstärkt an erwerbsorientierten, privaten und in einem bestimmten Sinne eigennützigen Zielen orientiert *(Betz G. 1990, Andler W. 1991, Meyer B. 1992, Eichhorn S. 1993a)*. Im Gegenzug haben jedoch die meisten Pflegenden durch den weitgehenden Verlust ihrer alten religiös motivierten Identität und dem Vorherrschen der heutigen gesellschaftlichen Werte (bsp. Werte der Freizeit- und Konsumgesellschaft, Betonung der Selbstbestimmung) noch kein

---

[60] Siehe Punkt B 2.4.3.
[61] Siehe Punkt A 1.
[62] Siehe Punkt A 1.1.

neues Selbstverständnis gefunden. Viele Schwestern und Pfleger sind heute offensichtlich auf der Suche nach einer neuen Identität, was Pflege ist und was Pflege will *(Betz G. 1990, Andler W. 1991, Opderbecke H.-W. 1992, Meyer B. 1992, Eichhorn S. 1993a, Moers M. 1994)*. Von dem sich ändernden Selbstverständnis der Pflegenden und den sich wandelnden Werten der Gesellschaft bleibt auch die Beziehung von Arzt und Schwester nicht unberührt *(Emminger C. 1995, Karrer D. 1995)*. Noch in den 60er Jahren war der Arzt, seine "Autorität" und "Dominanz" im Krankenhaus unbestritten und anerkannt *(Stein et al. 1990)*. Die Pflegekraft war ihm anerkanntermaßen "untergeordnet" *(Makadon, Gibbons 1985 ,Prescott, Bowen 1985, Stein et al. 1990, Huth K. 1992, Nolte A. 1992, Düwel M. 1994, Elsbernd A. 1994, Moers M. 1994)*. Es war nur "natürlich", daß jede Anordnung vom Arzt kam. Auch wenn die Schwestern gelegentlich Empfehlungen aussprachen, so blieben sie jedoch meist passiv *(Stein et al. 1990)*.

Geschützt wurde dieses Verhältnis zudem durch die gesellschaftliche Position und Rollenverteilung (der Arztberuf als typischer Männerberuf, der Pflegeberuf als typischer Frauenberuf) und die Ausbildung der Pflegekräfte in den Schwesternschulen *(Stein et al. 1990)*.

Der Wandel in der Gesellschaft hin zu mehr Selbstbestimmung und mehr Selbstverwirklichung und hin zu einer verstärkten Gleichberechtigung von Mann und Frau hat das bisherige Verständnis der Arzt-Pflege-Beziehung in Frage gestellt *(Prescot, Bowen 1985, Stein et al. 1990, Huth K. 1992, Düwel M. 1994, Moers M. 1994)*. Dieser Wandel hatte zudem die Folge, daß heute sowohl die Medizin als auch die Pflege keine typischen Männer- bzw. Frauenberufe mehr sind und sich somit das "alte" Rollenverständnis vielfach aufgelöst hat. Für junge Ärztinnen beispielsweise können sich heute Probleme ergeben, von den erfahrenen Krankenschwestern als "Autorität" oder "Vorgesetzte" verstanden zu werden[63]. Verstärkt wird der Drang der Pflege, sich selbst zu behaupten auch durch die Weiterentwicklung in der Medizin und der zunehmenden Spezialisierung und Technisierung. In einigen Bereichen wie beispielsweise der Anästhesie oder Intensivmedizin können die Pflegekräfte heute durch Spezialisierung und Fortbildung und durch lange Erfahrung so viel Wissen erlangt haben, daß sie Ärzten ohne größere Intensiverfahrung ohne weiteres zur Seite stehen können *(Schreiner P.-W. 1986)*.

Durch den demographischen Wandel der Zunahme der Betagten und der steigenden Bedeutung der Geriatrie im Krankenhaus treten oftmals nach der akuten Versorgung der Alten pflegerische Probleme in den Vordergrund. Die Pflege der geriatrischen Patienten im Krankenhaus bei einer weiteren Versorgung kann sozusagen "gleichbedeutend" mit ärztlichen Maßnahmen werden *(Opderbecke H.-W. 1992)*.

Diese Entwicklung erhält durch die Suche der Pflege nach ihrer eigenen Bestimmung und Identität zusätzliches Gewicht. Durch den Wertewandel und den Wandel des Berufsbildes der Pflege, insbesondere des weitgehenden Verlusts des religiösen Hintergrunds sowie ihrer zunehmend anspruchsvolleren Tätigkeit, sind heute viele Pflegende nicht mehr bereit, sich, wie

---

[63] Siehe Leserbrief zu *Stein et al.* von Munday T.L. in: *N Engl J Med (1990) Vol. 323 p.201.*

vor Jahrzehnten noch üblich und selbstverständlich, dem ärztlichen Beruf "unterzuordnen". Sie verstehen den Pflegeberuf als einen eigenständigen Beruf mit spezifischen Zielen *(Schreiner P.-W. 1986, Anliker R. 1990, Nolte A. 1992, Düwel M. 1994, Moers M. 1994, Dätwyler, Baillod 1995, Emminger C. 1995)* und lehnen beispielsweise die selbstverständliche Übernahme von traditionellen Hilfstätigkeiten für die Ärzte ab *(Schreiner P.-W. 1986, Nolte A. 1992, Opderbecke H.-W. 1992, Emminger C. 1995)*. Dieses gewandelte Selbstverständnis der Pflegenden entspricht jedoch nicht mehr ihrer traditionellen Rolle im Verhältnis zu den Ärzten.

Dem gegenüber steht die wohl meist noch unveränderte Sichtweise der Ärzte *(Prescott, Bowen 1985, Stein et al. 1990, Breckheimer W. 1994, Elsbernd A. 1994, Düwel M. 1994, Moers M. 1994)*. Nach *Emminger* wissen heute viele Ärzte nicht, wie sie auf die "Emanzipation" der Pflege reagieren sollen *(Emminger C. 1995)*. Folge dieser Entwicklung ist, daß das Verhältnis zwischen Pflegenden und Ärzten in den Krankenhäusern heute oftmals angespannt ist[64] und große Reibungspunkte im Stationsalltag existieren. Nach verschiedenen Berichten gibt es bereits Abteilungen, wo der Arzt und die Pflegekraft getrennte Visiten durchführen *(Opderbecke H.-W. 1992, Emminger C. 1995, Schriefers 1996)*.

Als Folge der "Emanzipation" der Pflegenden und der traditionellen Haltung der meisten Ärzte berichten Autoren, daß sich nicht wenige Schwestern und Pfleger benachteiligt, zurückgesetzt und in ihrem Wert und Beitrag zum Ganzen auch von seiten der Ärzte verkannt fühlen *(Betz G. 1990, Stein et al. 1990, Neander et al. 1993)*. Einige Pflegekräfte sind heute der Ansicht, daß die Ärzte ihre Arbeit oftmals geringschätzen. Zudem fühlen sie sich häufig als Hilfskraft oder Befehlsempfänger "degradiert". Als Beispiel wird unter anderem auch die tägliche Visite genannt, wo manche Pflegekraft glaubt, ohne Nutzen mitzugehen *(Opderbecke H.-W. 1992, Breckheimer W. 1994)*.

Ein weiterer Punkt, der zu Spannungen in der Beziehung von Arzt und Pflegekraft führen kann, ist eine oftmals beschriebene unterschiedliche Betrachtungsweise bezüglich der Situation und des Behandlungsplans eines Patienten *(Prescott, Bowen 1985, Schreiner P.-W. 1986, Klapp B.F. 1989)*. Nach einer in den USA durchgeführten Untersuchung mit ca. 440 beteiligten Pflegekräften und Ärzten traten in annähernd 50 % der Fälle Meinungsverschiedenheiten auf, die sich fast ausschließlich auf die unmittelbare Versorgung und Behandlung des Patienten bezogen *(Prescott, Bowen 1985 S. 129 ff.)*. Auch *Klapp*, der psychologisch-medizinische Untersuchungen in der Intensivmedizin durchführte, berichtet von "häufig stark kontrovers geführten Diskussionen zwischen Schwestern, Pflegern und Ärzten über das richtige Vorgehen. Emotionale Befindlichkeit und Belastbarkeit der Patienten werden unterschiedlich eingeschätzt." *(zitiert aus: Klapp, B.F. 1989 S. 589)*.

---

[64] Nach Emminger zeigen sich diese Spannungen beispielsweise in den Auseinandersetzungen zwischen Pflegedienstleitung und Chefärzten über die neue Dienstordnung für die städtischen Krankenhäuser in München *(Emminger C. 1995)*.

Als Folge dieser Spannungen zwischen Pflegekräften und Ärzten ist es denkbar und auch wahrscheinlich, daß die für das Erreichen der gesetzten Ziele des Krankenhauses notwendige enge Zusammenarbeit zwischen Arzt und Pflegekraft oftmals von den gewünschten Vorstellungen abweicht. Eine weitere Frage ist, ob und wenn ja, inwieweit die "Emanzipation" der Pflege und das gespannte Verhältnis zu den Ärzten zu der Notlage der heutigen Krankenpflege beigetragen haben könnte. Dies soll nun bei der Erörterung des Pflegenotstandes und seiner Folgen für die Krankenhäuser ausgeführt werden.

2.4.3 Zu den Ursachen des "Pflegenotstandes"

Mit dem oben aufgezeigten Wandel gesellschaftlicher Werte und Strukturen hat sich gleichzeitig die Lage der Krankenpflege zusehends verschlechtert. In den 80er Jahren fehlten erstmals in den Krankenhäusern so viele Pflegekräfte, daß vielfach von einem "Pflegenotstand" in den Kliniken die Rede war. Dies bezog sich nicht allein auf die Bundesrepublik Deutschland, sondern betraf auch andere Staaten, wie bsp. die USA *(Stein et al. 1990)*.

Gekennzeichnet war dieser "Notstand"[65] von einem starken Rückgang der Schwesternschülerinnenzahl, dem nach einer durchschnittlichen Berufsdauer von 4 Jahren frühen Ausscheiden der Pflegenden aus ihrem Beruf und der deshalb zunehmenden Zahl von nicht besetzten Stellen im Krankenhaus mit der Folge, daß ganze Stationen geschlossen werden mußten *(Huth K. 1992)*. Für die betroffenen Krankenhäuser bedeutete dies oftmals finanzielle Einbußen, wenn vorgehaltene Betten, insbesondere auf Intensivstationen, nicht belegt und damit das vereinbarte Budget nicht eingehalten werden konnte. Die Folgen für die Patienten und Ärzte ergaben sich bsp. in der Chirurgie aus der verringerten OP-Kapazität mit einer Aufschiebung dringlicher Operationen. Auch die Arbeitsbelastung für Ärzte und Krankenschwestern stieg durch die zunehmende Variabilität der Abläufe, bedingt durch den Personalmangel und den Einsatz von Aushilfskräften und weniger qualifiziertem Personal.

Verschiedene Analysen haben eine Vielzahl von Ursachen aufgedeckt[66]. Zu den genannnten Gründen zählen bsp. die schlechte Vergütung, die große Arbeitsbelastung, die Arbeitszeitenregelung mit Schichtarbeit, die Wohnungssituation in den Ballungsräumen, die Kinderbetreuung und das Sozialprestige der Pflege.

Auch ist das Berufsbild der Pflege als Folge des gesellschaftlichen Wandels in eine gewisse "Konkurrenzsituation" mit anderen Berufen getreten. Bei einigen der heutigen Kriterien der Berufswahl, wie beispielsweise Verdienst und Ansehen des Berufs, Arbeitszeitgestaltung,

---

[65] Nach Ansicht von *Huth K.* äußert sich der "Notstand" zudem in einem größer werdenden Krankenstand, da sich die Pflegenden häufig überfordert fühlten *(Huth K. 1992)*.

[66] Eine Ursache war auch, daß es der Selbstverwaltung von Krankenkassen und Krankenhäusern seit 1981 nach § 19 Abs. 1 a. F. KHG nicht gelungen war gemeinsam Empfehlungen zur Personalausstattung zu vereinbaren. Zur Lösung dieses Konfliktes hat der Gesetzgeber 1993 mit dem GSG (Art. 13) die Pflege-Personalregelung erlassen, die mit dem 2. GKV-NOG am 01.07.1997 wieder außer Kraft gesetzt wurde, nachdem von 1993 bis 1996 mit fast 21.000 neuen Stellen das geplante Soll um 50 % überschritten wurde *(Genzel H. 1997)*.

-belastung und Aufstiegschancen, schneidet der Pflegeberuf nach Aussage der Pflegenden durchweg schlecht ab[67]. Auch der Rückgang der Zahl an Pflegekräften als Ausdruck der schwierigen Situation führt an sich durch die resultierende Mehrbelastung der verbleibenden Pflegekräfte erneut wieder zu einem verstärkten Abgang von Pflegepersonal.

Nach übereinstimmender Ansicht zahlreicher Autoren und der Ergebnisse verschiedener Studien sind jedoch nicht die materiellen Nachteile und externen Versäumnisse allein maßgeblich *(Eichhorn S. 1993a)*. Von größerem Einfluß ist der Wandel im Berufsbild der Pflege, der Verlust des religiösen Hintergrundes und das Fehlen einer inhaltlichen Neukonzeption der heutigen Krankenpflege *(Schreiner P.W. 1986, Anliker R. 1990, Betz G. 1990, Andler 1991, Huth K. 1992, Eichhorn S. 1993a)*. Deshalb besteht Unklarheit über die Frage, was Pflege heute ist und Pflege heute will, nachdem sie das alte Selbstverständnis verloren und ein neues noch nicht gefunden hat.

Entscheidende Gründe für die kritische Lage der Krankenpflege und die verbreitete Frustration und Resignation unter den Pflegenden liegen offenbar in **Mängeln und Versäumnissen des Pflegemanagements** *(Betz G. 1990, Eichhorn S. 1993a, Neander et. al. 1993, Düwel M. 1994)*. Oftmals beschränkt sich das Personalmanagement im Pflegedienst auf die numerische Ermittlung des Personalbedarfs ohne auf die entsprechende Qualifikation zu achten. So wurden Planstellen examinierter Schwestern mit Aushilfskräften, Schwesternschülerinnen oder sprachunkundigem Personal besetzt, ohne die Umstände, die das qualifizierte Personal zur Abwanderung bewogen hatten, zu ändern *(Düwel M. 1994)*.

Diese mehr instrumentelle als personelle Auffassung von Mitarbeitern im Pflegedienst drückt sich weiterhin in einem häufig autoritären Führungsstil, der fehlenden Mitsprachemöglichkeit bei Entscheidungen, der fehlenden Anerkennung von Leistung und Leistungsbereitschaft und der fehlenden Entwicklungs- und Entfaltungsmöglichkeiten für neue eigene Ideen und Vorschläge aus. Demotivation, Frustration und Resignation sind letztlich die Folge.

Diese Defizite im Pflegemanagement und die dadurch bedingten Belastungen für das Pflegepersonal, können noch durch Spannungen gegenüber den Ärzten verstärkt werden, wenn die Pflegenden versuchen sich von ihrer traditionellen Position zu lösen um als ein den Ärzten gleichberechtigter Partner am diagnostischen und therapeutischen Behandlungsprozeß mitzuwirken.

Neben der vordringlichen Professionalisierung des Pflegemanagements in den Krankenhäusern *(Eichhorn S. 1993a S. 377)* ist folglich auch ein Überdenken der Beziehung zwischen Ärzten und Pflegekräften notwendig, damit ein Krankenhaus zur Lösung des Pflegeproblems und zu verbesserter Zusammenarbeit kommen kann.

Bezüglich der von den Pflegenden geforderten "Gleichstellung" mit den Ärzten bei der Behandlung des Patienten, ist aus juristischer Sicht festzuhalten, daß die Verantwortung für die Behandlung (Diagnostik und Therapie) eines Kranken nach der bundesdeutschen Gesetzge-

---

[67] In den Punkten Verdienst, Belastung wurde durch eine deutlich bessere Bezahlung und einer Schaffung neuer Stellen bereits interveniert.

bung allein der approbierte Arzt trägt *(Opderbecke H.-W. 1992)*. Dem **Arzt** obliegen alle Entscheidungen über diagnostische und therapeutische Maßnahmen am Patienten. Im Krankenhaus ist der leitende Arzt (Chefarzt) für die fach- und sachgerechte Versorgung des Patienten letztverantwortlich *(Debong B. 1997)*. Die notwendige Arbeitsteilung im Krankenhaus entläßt den leitenden Arzt nicht aus seiner Gesamtverantwortung.

In diesen Verantwortungsbereich fällt auch der Pflegedienst, weil es zur Aufgabe des behandelnden Arztes gehört, die erforderlichen Anweisungen zur **Behandlungspflege** zu geben[68]. Dies erfordert regelhaft eine gewisse Anleitung und Überwachung an die die Rechtsprechung im allgemeinen strenge Anforderungen gestellt hat[69].

Im Bereich der **Grundpflege** hingegen ist das Pflegepersonal für eine allgemeine, umfassende sach- und fachkundige Pflege des Patienten **eigenverantwortlich**[70]. In den Aufgabenbereich der Pflegekräfte fällt daneben die Unterstützung des Arztes bei der Durchführung diagnostischer und therapeutischer Maßnahmen.

Soll den Pflegenden mehr Eigenständigkeit eingeräumt werden, stellt sich aus rechtlicher Sicht die Frage, welche Tätigkeiten in die spezifischen fachlichen Zuständigkeiten und den Verantwortungsbereich des Arztes oder der Pflegekraft fallen bzw. welche Tätigkeiten in den Bereich der Grundpflege oder der Behandlungspflege gehören. Zu einzelnen spezifischen Tätigkeiten z.B. die Vornahme von Injektionen und Transfusionen wurden in der Vergangenheit von der DKG, der Bundesärztekammer und dem Berufsverband für Krankenpflege gemeinsame Stellungnahmen oder Beschlüsse veröffentlicht[71]. In der Zusammenarbeit von Ärzten und Pflegekräften ist allerdings eine derartige Abgrenzung eigenständiger Verantwortungsbereiche lediglich für einzelne Punkte möglich, nicht aber für den Großteil der gemeinsam zu bewältigenden Aufgaben *(Steffen E. 1996)*.

Dementsprechend kann oftmals auch **keine scharfe Trennung zwischen Grund- und Behandlungspflege** vorgenommen werden *(Steffen E. 1996)*. Dies aber ist aus rechtlicher Sicht von großer Bedeutung, da der Arzt primär nur für die Behandlungspflege nicht jedoch für die Grundpflege die Verantwortung zu tragen hat.

Die scharfe Trennung pflegerischer und ärztlicher Verantwortungsbereiche und die Betonung der Eigenverantwortlichkeit der Pflegekräfte für den Bereich der Grundpflege ist aber nicht nur wegen der unzureichenden Abgrenzbarkeit der einzelnen Tätigkeitsgebiete problematisch.

---

[68] BGH NJW 1984, S. 1400, BGH NJW 1986, S. 2365, BGH NJW 1988, S. 762, OLG Düsseldorf VersR 1990, S. 1277, OLG Stuttgart VersR 1993, S. 1358, OLG Köln VersR 1993, S. 1487, OLG München VersR 1994, S. 1113.
[69] BGH VersR 1979, S. 844, BGH NJW 1984, S.1403, Näheres *siehe Giesen D. 1995*.
[70] Das Positionspapier der "Konferenz der Fachberufe im Gesundheitswesen bei der Bundesärztekammer" zur "Kooperation zwischen Ärzten und Pflegeberufen" erkennt **eigenständige** Verantwortungsbereiche der Pflegenden an und versucht eine Abgrenzung herbeizuführen *(Dtsch.Ärztebl. 1994, Heft 9, S. C 386)*.
[71] Siehe z.B. Krank.Hs. 1980, Heft 5; Dtsch.ÄrzteBl. v. 03.07.1980; Dtsch.ÄrzteBl. 1988 Nr. 38; Krank.Hs. 1991, Heft 7.

Nach der Rechtsprechung des BGH kann sich nämlich die Haftung des Arztes unter Umständen auch auf Mängel bei der Grundpflege ausweiten, und zwar dann, wenn sich aus diesen Mängeln in der Grundpflege Behandlungsfehler entwickelt haben[72].
Dementsprechend zeigt die Rechtsprechung des BGH und die Gesetzgebung der geforderten "Gleichstellung" der Pflegenden und der Ärzte Grenzen auf. Aus haftungsrechtlichen Gründen muß immer der leitende Arzt die Letztverantwortung für die Versorgung des Patienten tragen. Das beinhaltet notwendigerweise auch bestimmte Kontrollen bzw. Anleitungskompetenzen. Die Pflegekräfte sind zwar anerkanntermaßen für die allgemeine Pflege der Patienten eigenverantwortlich, ein scharfe Abgrenzung eigenständiger Verantwortungsbereiche ist jedoch bisher nicht möglich.

---

[72] BGH Urteil vom 18.03.1986 ArztR 1987, S.98, BGH Urteil vom 02.06.1987 ArztR 1988, S.121.

3 Organisationspflichten im ärztlichen Dienst

Für die Gestaltung einer patientenbezogenen Organisation und der fachlichen Strukturierung des ärztlichen Dienstes im Krankenhaus haben die Fragen der juristischen Organisationsverantwortung grundlegende Bedeutung. Die Anforderungen, die an die Organisationsstruktur des Krankenhauses aus rechtlicher Sicht gestellt werden, nehmen vor dem Hintergrund der Spezialisierung und der damit verbundenen Arbeitsteilung zu. Je größer die Zahl der an der Behandlung des Patienten beteiligten Ärzte, Pflegekräfte und Hilfskräfte, je aufwendiger und auch gefährlicher der Einsatz von diagnostischen und therapeutischen Verfahren und je komplexer das arbeitsteilige medizinische Geschehen in einem großen Betrieb ist, desto mehr Umsicht und Einsatz erfordern Planung, Koordination und Kontrolle der klinischen Abläufe, desto größer werden die Anforderungen an die organisatorischen Sorgfaltspflichten des Krankenhausträgers und des leitenden Arztes.

Aufgabe der organisatorischen Maßnahmen ist es, zum Schutze des Patienten eine reibungslose und lückenlose Versorgung der Aufgabenstellung des Krankenhauses entsprechend dem allgemein anerkannten Stand der medizinischen Erkenntnisse zu gewährleisten. Mangelnde Kooperation, Kommunikation und unzureichende oder fehlende Abgrenzung von Kompetenzen und Aufgaben sind Organisationsmängel, die, wenn sie zu Schäden am Patienten führen, haftungsrechtliche Lücken darstellen und zu Lasten der für die Organisation verantwortlichen Krankenhausträger oder leitenden Ärzte gehen können.

Die mangelnde Einsichtsmöglichkeit des Patienten in die inneren Strukturen des Krankenhauses und die Betriebsorganisation erhöht die an den Träger und dessen Vertreter gestellten Sorgfaltspflichten und kann vor Gericht zu Beweiserleichterungen bis zur Beweislastumkehr führen[73] *(Laufs A. 1992, Giesen D. 1990)*. Entsprechend den allgemein hohen Anforderungen, die der BGH an den Organisationsbereich eines Krankenhauses stellt, ist die Schwelle für eine Exkulpation des Trägers und seiner Organe für Mängel im organisatorischen Pflichtenkreis hoch[74] *(Giesen D. 1990 S. 250, Laufs A. 1994, Steffen E. 1995 S. 81 ff., Giesen R. 1997)*.

Da die klinische Organisation und Koordination zu den beherrschbaren Gefahrenmomenten gehören, soll im folgenden auf die einzelnen Organisationspflichten des Trägers und des leitenden Arztes eingegangen werden.

3.1 Organisationspflichten im Bereich Träger - leitender Arzt

Für eine ordnungsgemäße Organisation des Krankenhausbetriebes zu sorgen, ist primär Aufgabe des Krankenhausträgers. Ihn trifft die Letztverantwortung für eine klare und eindeutige Abgrenzung von Zuständigkeiten und Verantwortlichkeiten innerhalb des betrieblichen Ge-

---

[73] NJW 1978, S. 1681, NJW 1982, S. 699, JZ 1979, S. 530.
[74] BGH NJW 1982, S.699, BGH NJW 1991, S.2660.

schehens. Dem Träger obliegt, daß das Krankenhaus entsprechend seiner Aufgabenstellung den in personeller, fachlicher und operativer Hinsicht gebotenen Standard bietet, um dem Patienten gegenüber die Krankenhausleistung im gebotenen Umfang erbringen zu können. Der Umfang der Organisationsverantwortung erstreckt sich auf die Erfüllung allgemeiner und besonderer Verkehrssicherungspflichten[75] für Unterkunft und Verpflegung, den baulichen Zustand der Einrichtung, die hygienischen Verhältnisse[76], die Sicherheit der Medizintechnik[77] bis hin zur ordnungsgemäßen Organisation der Weiter- und Fortbildung des Personals.

Durch Übertragung von Kompetenzen und Verantwortung an die Krankenhausbetriebsleitung muß der Träger überschaubare und steuerbare Betriebsabläufe ermöglichen. Aus organisationsrechtlichen Gründen ist es notwendig, daß die Aufgaben und Kompetenzen der Trägerorgane (z. B. Stadtrat, Kirchenverwaltungsvorstand, Gesellschafterversammlung etc.) und derjenigen der Krankenhausbetriebsführung eindeutig definiert und klar voneinander abgegrenzt werden *(Genzel H. 1992a in Laufs, Uhlenbruck 1992 § 89 RdNr.18 f. S. 555)*. Eine Abgrenzung der Dienstaufgaben der einzelnen Mitglieder der Krankenhausbetriebsführung untereinander und auch gegenüber der Trägerseite erfolgt zweckmäßigerweise durch den Erlaß einer Dienstordnung.

Haftungsrechtlich können die Mitglieder der Krankenhausführung (leitende Pflegekraft, leitender Arzt, Verwaltungsdirektor) im Rahmen ihrer Aufgaben und Gebiete als "verfassungsmäßig berufene Vertreter" im Sinne der §§ 30, 31, 89 BGB angesehen werden *(Steffen E. 1995b S. 35 f.)*. Für ein schuldhaftes Fehlverhalten und die Verletzung ihrer jeweiligen Organisationspflichten hat demnach der Krankenhausträger neben vertraglichen Ansprüchen nach § 278 BGB auch deliktisch nach §§ 823 ff. BGB einzustehen. Der Träger haftet also für den weisungsfreien Chefarzt als Organ nach §§ 30, 31 BGB und kann sich nach richterlicher Spruchpraxis kaum noch für dessen Verschulden nach § 831 Abs. 1 Satz 2 BGB (Verrichtungsgehilfe) entlasten *(Steffen E. 1995b S. 35 ff.)*.

Qualifikation und Kompetenz als Auswahlkriterien für einen leitenden Arzt erhalten daher für den Krankenhausträger auch aus rechtlicher Sicht große Bedeutung[78].

Im medizinisch ärztlichen Leistungsbereich besteht vor allem aus haftungsrechtlichen Gründen heute eine Organisationsform in den Krankenhäusern, die die Stellung eines in der Versorgung des Patienten letztlich verantwortlichen Arztes vorsieht. Der Sicherstellungsauftrag für die medizinische Versorgung des Krankenhausträgers geht somit auf den leitenden Arzt, der in diesem Bereich weisungsungebunden handeln kann, über.

---

[75] BGH NJW 1991, S. 1540.
[76] BGH NJW 1978, S. 1683.
[77] BGH NJW 1976, S. 584.
[78] Über die Grundsätze zur Auswahl und Berufung eines leitenden Arztes siehe *Genzel 1992a in Laufs, Uhlenbruck 1992 § 89 RdNr. 24 S. 557.*

Diesem letztverantwortlichen Arzt (ärztlicher Direktor, ärztliche Leitung einer Abteilung oder eines Instituts) steht ein nachgeordneter medizinischer Dienst mit abgestufter Handlungs- und Organisationsverantwortung zur Seite.

Die Position eines letztverantwortlichen Arztes im Krankenhaus wird durch die bestehende Rechtsordnung notwendig. Sowohl Straf- als auch Zivilrecht gehen von einer personellen Verantwortung aus. Eine kollektive Verantwortlichkeit kennt das deutsche Rechtssystem nicht *(Debong B. 1997)*. Ein Krankenhausträger, der seine rechtlichen Organisations- und Überwachungspflichten gegenüber dem Patienten wahrzunehmen hat, kann einen Organisationsmangel nur dann vermeiden, wenn er eindeutig Kompetenzen und personale Verantwortlichkeit schafft. Das historisch bedingte hierarchische System ist also aus rechtlicher Sicht eine unbedingte Notwendigkeit und muß letztlich auch bei einer immer wieder propagierten "Teamarzt"-Organisation sichergestellt werden.

Die Haftpflicht des leitenden Arztes kann sich sowohl aus seiner Handlungsverantwortung[79] als auch aus seiner Führungs- oder Organisationsverantwortung ergeben. Aus der Tatsache, daß der leitende Arzt die Letztverantwortung für die ärztliche Versorgung des Patienten trägt und im diagnostischen und therapeutischen Bereich von Weisungen unabhängig ist, folgt, daß er aus rechtlicher Sicht zugleich Organisations- und Führungsaufgaben wahrzunehmen hat.

Im Schadensfall kann der leitende Arzt gegenüber dem Patienten sowohl aus dem Arztvertrag als auch aus dem Recht der unerlaubten Handlung nach §§ 823 ff. BGB deliktisch haften. Der Unterschied der beiden haftpflichtrechtlichen Grundlagen beruht vor allem in den verschiedenen Verjährungsfristen, dem unterschiedlichen Einstehenmüssen für das Verhalten von Hilfspersonen und in der unterschiedlichen Einstandspflicht für Schäden. Nur aus dem Deliktsrecht können dem Patienten im Schadensfall Schmerzensgeld nach § 847 BGB und dessen Angehörigen Ersatz für Unterhaltsverlust bei Tod nach § 844 BGB zustehen. Zudem hat der leitende Arzt bei einem schuldhaften Verletzen seiner Organisationspflicht für die weiteren Folgeschäden aus §§ 823 ff. BGB einzustehen. Entlasten nach § 831 BGB kann er sich nur, wenn er seinen Sorgfaltspflichten nachgekommen ist. Erfüllt der leitende Arzt seine Sorgfaltspflichten, haftet für ihn der Träger nach §§ 30, 31 und 89 BGB (Organhaftung). Auf die einzelnen Aufgaben und organisatorischen Erfordernisse einer Patientenversorgung, die die Trägerorgane und die leitenden Krankenhausärzte zu beachten haben, soll im folgenden näher eingegangen werden.

3.2 Allgemeine Organisationsaufgaben im Krankenhaus

Der Patient kann darauf vertrauen, daß er im Krankenhaus eine seiner Erkrankung entsprechende, angemessene und wirksame Behandlung nach dem Erkenntnisstand der modernen Me-

---

[79] Siehe Punkt B 1.2.

dizin erhält[80]. Das Krankenhaus muß seinem jeweiligen Versorgungsauftrag und seiner planerischen Zielsetzung entsprechend jederzeit die fachgerechte Durchführung der Patientenversorgung nach dem Stand der modernen Medizin[81] gewährleisten können. Dies setzt die Bereithaltung einer ausreichenden Anzahl qualifizierter Ärzte und ausreichend erfahrener und geübter Pflegepersonen sowie Hilfspersonal voraus.

Nach Gesetzgebung und Rechtsprechung hat, angesichts des hohen Spezialisierungsgrades der heutigen Medizin, die Versorgung des Patienten den Kenntnissen und Erfahrungen eines Gebietsarztes (Facharztes) zu entsprechen (Facharztstandard, Näheres siehe unten). Für alle Abschnitte eines diagnostischen und therapeutischen Verfahrens muß deshalb ein verantwortungsvoller und qualifizierter Arzt bereitstehen. Der Standard eines Gebietsarztes gilt gleichermaßen für Not- und Eilfälle, Nachtstunden und am Wochenende[82].

Eine personelle ärztliche Unterversorgung oder ein durch Nachtdienst übermüdeter und deswegen nicht voll einsatzfähiger Arzt gefährden den erreichbaren medizinischen Standard einer modernen Versorgung im Krankenhaus und kann bei Komplikationen zu einer Haftung des Krankenhausträgers und ggf. des leitenden Arztes führen[83].

Bei personellen Engpässen (z. B. durch Krankheit) muß der leitende Arzt angewiesen werden, durch entsprechende Maßnahmen, beispielsweise Verschiebung von Routineoperationen oder Aufnahmestop, eine Gefährdung des Patienten zu verhindern[84].

Für eine fachgerechte Leistungserbringung ist auch eine angemessene apparative Ausstattung des Krankenhauses notwendig[85]. Allerdings muß das Krankenhaus nicht stets die neuesten und modernsten Geräte vorhalten. Es besteht so lange kein Anschaffungsbedarf, wie die apparative Ausstattung den normalen Sicherheitsanforderungen genügt und nicht Risiken für den Patienten oder deutlich schlechtere Heilungschancen aufweist, die durch neuere Geräte wesentlich reduziert bzw. verbessert werden könnten *(Genzel H. 1992b)*.

Fehlen die finanziellen Mittel, um dem medizinischen Standard zu genügen, ist der Arzt verpflichtet, den Patienten über die Kliniksituation aufzuklären[86].

Organisatorische Maßnahmen müssen zudem eine Unterweisung des Personals in der Handhabung der Geräte sowie eine Kontrolle der Gerätefunktion und ihres technischen Zustandes sicherstellen[87]. Da Risiken durch technische Mängel generell vermeidbar sind, stellt der BGH an die getroffenen Kontrollmaßnahmen sehr hohe Anforderungen.

---

[80] Definition der allgemeinen Krankenhausleistung in § 2 Abs. 2 BPflV.
[81] In Grenzen kann der zu fordernde medizinische Standard nach den personellen und sachlichen Möglichkeiten verschieden sein. So gelten beispielsweise für die Universitätsklinik höhere Ansprüche als für ein kleines Krankenhaus. Auch in den neuen Bundesländern kann noch nicht überall der medizinische Standard der alten Bundesländer erreicht werden (BGHZ 102, 17).
[82] OLG Düsseldorf NJW 1986, S. 790.
[83] BGH NJW 1986, S. 776, BGH NJW 1985, S. 2189
[84] Zu den rechtlichen Gefahren der "Parallelnarkose" BGH NJW 1983, S. 1347, BGH NJW 1985, S. 2189, Berufsverband der Anästhesisten: *Anästhesie und Intensivmedizin 1989 S. 56.*
[85] OLG Düsseldorf Urteil v. 11.06.1987, BGHZ 88, S. 248; BGH NJW 1985, S. 2193.
[86] BGH MedR 1988, S. 91.
[87] BGH VersR 1980, S. 822; BGH NJW 1982, S. 699; OLG Düsseldorf VersR 1985, S. 744.

Organisationspflichten bestehen aber auch hinsichtlich der Aufklärung des Patienten und der Dokumentation für den Krankenhausträger, die Klinikleitung und die leitenden Ärzte.
Aufgabe des Trägers oder der Klinikleitung ist es, durch verbindliche Anordnungen, z. B. Dienstanweisungen, für die Einhaltung und Kontrolle der ärztlichen Aufklärungspflicht zu sorgen. Die Verantwortung über Inhalt und Umfang der Aufklärung tragen indes die im medizinischen Aufgabengebiet weisungsunabhängigen leitenden Ärzte.
Spezielle organisatorische Maßnahmen müssen zum Schutze des Kranken vor Selbstschädigung getroffen werden *(Steffen E. 1990 S. 56)*. Besonders in psychiatrischen Abteilungen spielt die Fürsorge für Suizid gefährdete Patienten eine große Rolle. Probleme können sich für die behandelnden Ärzte bei der Abwägung dieses Gebots gegen therapeutische Gesichtspunkte, etwa Therapiegefährdung durch eine strikte Verwahrung, ergeben. Weitere Organisationspflichten ergeben sich für das Krankenhaus aus den Sicherungs- und Verwahrungspflichten *(Genzel H. 1992a in Laufs, Uhlenbruck 1992 § 96 RdNr. 5 f.)*, allgemeinen Verkehrssicherungspflichten[88] und Sicherung ausreichend hygienischer Verhältnisse[89].

3.3 Die vertikale Organisationsverantwortung

Die Frage der Haftung im ärztlichen Organisationsbereich stellt sich insbesondere im Verhältnis zwischen dem leitenden Krankenhausarzt und den ärztlichen und nicht ärztlichen Mitarbeitern.
Da der leitende Arzt für die gesamte medizinische Versorgung des Patienten die Letztverantwortung trägt, verfügt er über das fachliche Weisungsrecht, hat aber auch die Pflicht zur Überwachung und Kontrolle des nachgeordneten ärztlichen und nicht ärztlichen Dienstes[90] inne *(Steffen E. 1995b S. 83, Debong B. 1997)*.
Zu seinen weiteren Kontrollaufgaben gehört ebenso, die Prüfung von Geräten, Medikamenten und medizinischen Hilfsmitteln organisatorisch sicherzustellen[91]. Weitere wichtige Aufgaben des leitenden Arztes sind, das ärztliche Personal über Inhalt und Umfang der ärztlichen Aufklärung zu unterrichten und ihre ordnungsgemäße Durchführung sicherzustellen, über Pläne oder Regeln klare Zuständigkeiten für Behandlungs- und Notfälle zu schaffen und durch einen Dienstplan, Urlaubsplan und Bereitschaftsdienstregelung eine fachärztliche Versorgung im Bedarfsfalle auch nachts und sonntags zu gewährleisten[92].

---

[88] BGH NJW 1966, S. 145.
[89] BGH NJW 1978, S. 1683; BGH VersR 1983, S. 735.
[90] BGH NJW 1980, S. 1901; BGH NJW 1984, S. 1403.
[91] BGH NJW 1994, S. 1594.
[92] OLG Düsseldorf NJW 1986, S. 790.

Von rechtlich besonderer Bedeutung ist der Einsatz von Berufsanfängern und "Nichtfachärzten" im Krankenhaus[93]. Durch organisatorische Maßnahmen hat der leitende Arzt ihren Einsatz so zu gestalten, daß der Standard eines Gebietsarztes in den Fachabteilungen jederzeit sichergestellt ist. Durch Ärzte, die sich in der Facharztausbildung befinden, darf für den betroffenen Patienten kein zusätzliches Risiko entstehen. Dies erfordert eine regelmäßige Kontrolle des ärztlichen Berufsanfängers[94]. Eine Überwachung der Assistenzärzte durch regelmäßige Chef- oder Oberarztvisiten genügt dabei nicht. Erforderlich sind gezielte Kontrollen ihrer praktischen Tätigkeit durch Chef- oder Oberarzt *(Steffen E. 1995b S. 83, S. 113 ff.)*. Allerdings verringern sich die Anforderungen, wenn sich der Assistenzarzt bewährt hat[95]. Eine ausreichende Instruktion, Überwachung und Weiterbildung des ärztlichen Dienstes muß umso intensiver gewährleistet sein, je risikobelasteter und entfernter die Behandlung von der Routine ist und je weniger Zeit zu einer Gefahrenvorkehrung bleibt[96].

Einen besonderen Stellenwert hat die sogenannte Anfängeroperation in der Chirurgie. Auch hier gilt, daß der Standard eines erfahrenen Operateurs mit Gebietsbezeichnung gewährleistet sein muß. Der in der Chirurgie beschäftigte Assistenzarzt ist entsprechend seiner wachsenden Erfahrungen und Kenntnisse zu Operationen einzuteilen. Nach der anfänglichen Operationsassistenz soll er im folgenden langsam und schrittweise die operativen Tätigkeiten unter Aufsicht eines jederzeit interventionsbereiten und erfahrenen Facharztes erlernen und übernehmen. Nach bisheriger Interpretation der "Facharztqualität" war dieser auch bei einem Einsatz eines Weiterbildungsassistenten ohne Facharztanerkennung gewährleistet, wenn sich der leitende Arzt vergewissert hat, daß der Weiterbildungsassistent für die selbständige Durchführung der Operation persönlich und fachlich geeignet ist und allen für diesen Eingriff erforderlichen Leistungsstandards genügt.

Nach jüngster Rechtsprechung ist für die Feststellung einer ausreichenden Übung und Erfahrung zur selbständigen und unbeaufsichtigten Operation ein strengerer Maßstab anzulegen. So hat der BGH in einem viel diskutierten Urteil vom 10.03.1992[97] festgestellt, daß die Fähigkeit eines Arztes, selbständig Operationen durchführen zu können, erst dann gegeben ist, wenn er die Facharztanerkennung erlangt hat[98]. Operiert ein "Nichtfacharzt", so muß, nach dieser BGH-Entscheidung, ein erfahrener Arzt mit Gebietsbezeichnung assistieren[99]. Diese, im Vergleich zur bisherigen Rechtsprechung über den Einsatz von Ärzten zur Weiterbildung

---

[93] Vgl. zu den anschließenden Ausführungen *Abbildung 4*.
[94] BGH NJW 1980, S. 1901; BGH NJW 1984, S. 1400; BGH NJW 1988, S. 2298; BGH NJW 1990, S. 759.
[95] BGH VersR 1988, S. 1270.
[96] BGH VersR 1979, S. 844; BGH VersR 1980, S. 768; BGH NJW 1984, S. 1400; BGH NJW 1984, S. 1403.
[97] BGH NJW 1992, S. 1560.
[98] Zu Inhalt, ausführlicher Diskussion und Problematik dieser BGH-Entscheidung siehe: *Weißauer, Opderbecke MedR 1993 S. 2 ff., S. 447 ff., Debong B. ArztR 1993 S. 141 ff., Jansen C. Arzt Kr.Haus 1993 S. 173 ff., S. 418 ff.*
[99] Zu den betrieblichen, personellen und wirtschaftlichen Auswirkungen ihrer Realisierbarkeit und den Konsequenzen für andere Bereiche siehe *Weißauer, Opderbecke MedR 1993 S. 2 ff., S. 447 ff.*

im operativen Bereich verschärften Anforderungen, wurden in späteren Urteilen des OLG Düsseldorf und OLG Oldenburg wieder etwas relativiert[100]. Demnach kann der Facharztstandard bei Routineeingriffen auch von erfahrenen Ärzten, die eine entsprechende Gebietsbezeichnung noch nicht haben, gewährleistet sein, sofern diese für diesen Eingriff über ausreichend praktische Erfahrung und die erforderliche Qualifikation verfügen.
In einem nachfolgenden Urteil des BGH zum Facharztstandard in der Anästhesie[101] schränkt das Gericht sein Postulat der Facharztqualifikation für den Bereich der Anästhesie ein. Eine unmittelbare Aufsicht eines Facharztes für Anästhesie für einen Arzt in Weiterbildung ist demnach unter bestimmten Voraussetzungen nicht jederzeit erforderlich[102]. Trotz der Unterscheidung von Chirurgie und Anästhesie, die der BGH aus verschiedenen Gründen[103] getroffen hat, ist eine strengere Interpretation des bisherigen Maßstabs der Facharztqualität offensichtlich. Offen ist zudem die Frage, inwieweit man die Kriterien des BGH für die Facharztqualität und die Kriterien der Differenzierung zwischen Facharztstandard in Chirurgie und Anästhesie auf andere operative oder interventionelle Fachbereiche (Augenheilkunde, Gynäkologie, Innere Medizin etc.) übertragen kann.
Welche Konsequenzen die Rechtsprechung für die Organisation des ärztlichen Dienstes angesichts des hohen Anteils von "Nichtfachärzten" haben wird, läßt sich derzeit nicht genau absehen. Nach *Opderbecke* und *Weissauer* kann dieser Auffassung des BGH vom Facharztstandard nur entsprochen werden, wenn die Zahl von Fachärzten in den Kliniken wesentlich erhöht wird[104].
Von den steigenden Anforderungen der Rechtsprechung an die Qualifikation des Arztes wird auch die Einsatzmöglichkeit des Arztes im Praktikum beeinflußt. Die Tätigkeit als AiP schließt sich unmittelbar an das Ende des Medizinstudiums an. In dieser 18-monatigen Ausbildungszeit soll der Arzt im Praktikum unter Aufsicht eines approbierten Arztes ärztliche Tätigkeiten ausüben und allgemeine ärztliche Erfahrungen sammeln *(Laufs A. 1992, Genzel H. 1992a in Laufs, Uhlenbruck 1992, ders. 1992b)*. Je weiter der AiP fachlich fortgeschritten ist, desto mehr kann ihm übertragen werden (entsprechend den Grundzügen der Anfängeroperation siehe oben). Nach Beendigung der Ausbildungszeit soll der AiP in der Lage sein, den ärztlichen Beruf eigenverantwortlich und selbständig auszuüben. Dann erhält der Arzt im Praktikum statt der Erlaubnis zur vorübergehenden Ausübung des ärztlichen Berufes nach § 10 Abs. 4 BÄO die Vollapprobation. Während der AiP-Phase bleibt der ausbildende Arzt, im Krankenhaus der leitende Arzt, dafür verantwortlich, daß der AiP nur solche Aufgaben übertragen erhält, denen er sich gewachsen zeigt *(Laufs A. 1994b)*. Art und Umfang der Delegation

---

[100] OLG Düsseldorf Urteil vom 07.10.1993 und OLG Oldenburg Urteil vom 08.06.1993, *siehe Jansen C. 1994a, ders. 1994b.*
[101] BGH Urteil vom 15.06.1993, *Jansen C. 1993d.*
[102] Zu den einzelnen Gründen siehe *Weißauer, Opderbecke 1993a, 1993b, Jansen C. 1993c und 1993d, Jansen C. 1994a und 1994b.*
[103] Zur ausführlichen Diskussion und kritischen Wertung verschiedener Gründe *Weißauer, Opderbecke 1993a, ders. 1993b.*
[104] Ausführlich siehe *Opderbecke, Weißauer MedR 1993 S. 2 ff., S. 447 ff.*

von Aufgaben an den teilapprobierten Arzt im Praktikum und Intensität von Aufsicht und Kontrolle durch den ausbildenden Arzt hängen von den konkreten Erfordernissen und Verhältnissen in den verschiedenen medizinischen Disziplinen ab[105]. Die Frage, ob ein AiP nach entsprechender Einarbeitungszeit auch im Bereitschaftsdienst, Rufbereitschaft und Nachtdienst eingesetzt werden kann, wird von rechtlicher Seite bei entsprechender Organisation des ärztlichen Dienstes bejaht *(Baur U. 1989, Rieger H.-J. 1988, Laufs 1992b in Laufs, Uhlenbruck 1992 § 7 Rd. 23 ff.)*[106]. In der Praxis wird der AiP vor dem Hintergrund der zunehmenden Umwandlung von Assistenzarztstellen in AiP-Stellen[107] und unter Berufung auf die offiziellen Stellungnahmen im Bereitschaftsdienst eingesetzt als sei er ein regelrechter Assistenzarzt *(Ratzel R. 1994)*.

Vor dem Hintergrund des Facharztstandards rund um die Uhr und der sich verschärfenden Rechtsprechung gewinnt die Bedeutung des Organisationsverschuldens bei Einsatz eines Arztes im Praktikum neues Gewicht. Nach Rechtsprechung darf durch den Einsatz eines Arztes im Praktikum dem Patienten kein Sicherheitsrisiko erwachsen.

Speziell für den selbständigen Einsatz eines AiP im Bereitschaftsdienst bzw. Nachtdienst im Kreißsaal wird dies zunehmend bejaht. Da die Geburtshilfe unter Umständen sehr rasch auch Notfallcharakter annehmen kann und die Verständigung eines erfahrenen Facharztes wertvolle Zeit beanspruchen kann, verbietet sich nach Ansicht einiger Autoren der Einsatz eines AiP im Kreißsaal *(Dorigo et al. 1991)*. Auch Versicherungsgesellschaften überlegen, ob der Einsatz eines Arztes im Praktikum als Bereitschaftsdienst habender Arzt im Kreißsaal die Frage des Organisationsverschuldens aufwirft *(Ratzel R. 1994)*. Der Einsatz eines AiP muß folglich für bestimmte Bereiche und Tätigkeiten neu geprüft werden. In Bereichen, in denen der AiP gehäuft mit Notfällen konfrontiert werden kann, muß eine Organisation sowohl aus haftungsrechtlichen als auch aus Gründen der Patientensicherheit die rasche Verfügbarkeit eines erfahrenen Arztes garantieren.

Besondere Aspekte der vertikalen Arbeitsteilung im Krankenhaus ergeben sich in der Zusammenarbeit von Arzt und Pflege[108]. Die fachliche Dienstaufsicht über das Pflegepersonal hat die Pflegedienstleitung. Für ein schuldhaftes Fehlverhalten des Pflegepersonals kann die Pflegedienstleitung im Falle eines Organisationsverschuldens haftbar gemacht werden[109].

Für Schäden aus dem Bereich der Behandlungspflege ist der Arzt haftbar, wenn der Fehler und der dadurch verursachte Schaden gleichzeitig auf der Unterlassung spezieller ärztlicher Weisungen beruht, die im Einzelfall hätten erteilt werden müssen[110]. Sollten sich Mängel in der Grundpflege zu Mängeln in der Behandlungspflege ausweiten, kann der leitende Arzt auch

---

[105] Nicht vertretbar ist der Einsatz eines Arztes im Praktikum im Notarztwagen, auch wenn er den erforderlichen Fachkundenachweis "Rettungsdienst" erworben hat *(Rieger 1993, Laufs A. 1994)*. Auch ein alleiniger Einsatz auf einer Intensivstation ist nicht vertretbar *(Opderbecke, Weißauer MedR 1989 S. 306 ff.)*.
[106] Einschränkend *Opderbecke,. Weißauer MedR 1989 S. 306.*
[107] Vorwiegend aus Kostengründen: *Kendell K. 1993 S. 203, Ratzel R. 1994 S. 54 f.*
[108] Siehe ausführlich Punkt A 2.4. S. 122.
[109] OLG Düsseldorf Urteil vom 05.02.1987, *Giesen D. 1990.*
[110] BGH NJW 1984, S. 1400; BGH NJW 1986, S. 2365; BGH NJW 1988, S. 762; BGH NJW 1994, S. 1594.

für Fehler in der Grundpflege haftbar gemacht werden[111]. Erforderliche Maßnahmen zur Grundpflege (z. B. die Dekubitusprophylaxe) sind im Falle erkennbarer Mängel vom Arzt durch Anweisungen an das Pflegepersonal und durch ärztliche Überwachung ihrer Ausführung sicherzustellen[112].
Auch die Leistungserbringung durch medizinisches, medizinisch-technisches Assistenz- und Hilfspersonal obliegt grundsätzlich der Überwachung des ärztlichen Dienstes. Im Vordergrund stehen dabei Fragen der fachlichen Kompetenz und insbesondere der Delegationsfähigkeit von Aufgaben *(Laufs A. 1992b in Laufs, Uhlenbruck 1992 § 101 Rd. 11 ff., Debong et al. 1991, Ratzel R. 1994, Giesen D. 1990 S. 87 ff.)*. Die Anforderungen an Leitung und Überwachung des nachgeordneten nicht ärztlichen Personals sind hoch *(Giesen D. 1990 S. 83 f.)*[113].

Ein spezielles Verhältnis besteht in der Zusammenarbeit von Arzt und Hebamme. Die Hebamme als eigenverantwortlicher und selbständiger Beruf in der Heilkunde kann weder den im allgemeinen weisungsunterworfenen nicht ärztlichen Pflegeberufen zugeordnet werden, noch kann sie einen dem Arzte ebenbürtigen Status erhalten[114]. Vielmehr muß nach den verschiedenen Tätigkeitsabschnitten unterschieden werden. Zweckmäßigerweise werden in einer Dienstordnung die einzelnen Zuständigkeiten festgelegt, welche Tätigkeiten die Hebamme selbständig ausführen kann und welche der ärztlichen Anordnung bedürfen *(Näheres siehe Ratzel R. 1990 S. 121 ff., Ratzel R. 1994)*.

3.4 Die horizontale Organisationsverantwortung

Das Problem der Aufteilung des Behandlungsablaufs durch Arbeitsteilung als Folge des medizinischen Fortschritts stellt sich nicht nur in vertikaler Ebene, also bei dem Einsatz des nachgeordneten ärztlichen Dienstes und nicht ärztlichen Personals, sondern auch in horizontaler Ebene.
Von einer horizontalen Arbeitsteilung spricht man dort, wo sich die Beteiligten in einem Verhältnis von Gleichordnung und Weisungsfreiheit gegenüberstehen. Im Gegensatz hierzu die vertikale Arbeitsteilung, die durch fachliche Über- und Unterordnung gekennzeichnet ist *(Laufs A. 1992b in Laufs, Uhlenbruck 1992 § 101 RdNr. 3)*.
Dabei stellt sich die Frage der Organisationshaftung nicht nur im Rahmen der Aufteilung in mehrere Leistungsbereiche, sondern auch bei der Koordination dieser Leistungsbereiche, um eine den jeweiligen medizinischen Erfordernissen und den Sicherheitsbedürfnissen des Patienten entsprechende Versorgung zu gewährleisten.

---

[111] BGH Urteil vom 18.03.1986 in: ArztR 1987, S. 98; BGH Urteil vom 02.06.1987 in: ArztR 1988, S. 121.
[112] BGH NJW 1986, S. 2365.
[113] Celle VersR 1977, S. 258; VersR 1985, S. 994.
[114] Nach dem Hebammengesetz ist die Hebamme verpflichtet, zu dem Geburtsvorgang einen Arzt hinzuzuziehen.

Im Krankenhausbereich ist die Frage der Aufteilung des Prozesses der Patientenbehandlung weitgehend durch die Gliederung der medizinischen Versorgung in Gebiete bzw. Fachgebiete und deren Teilgebiete vorgegeben. Regelmäßig orientieren sich die Krankenhausträger bei der Errichtung selbständiger Fachabteilungen innerhalb des Krankenhauses an dieser fachlichen Aufteilung.

Allerdings können sich zwischen diesen Fachgebieten gewisse Überschneidungen dadurch ergeben, daß nach der Weiterbildungsordnung mehrere Gebiete für ein und denselben Leistungsbereich zuständig sein können und eine Aufgabenabgrenzung durch die Weiterbildungsordnung nicht in ausreichendem Maße vorgenommen wurde. In diesem Falle hat der Krankenhausträger dafür Sorge zu tragen, daß eine Abgrenzung der Zuständigkeit und Verantwortungsbereiche zwischen den einzelnen Abteilungen in Absprache mit den leitenden Ärzten getroffen wird.

Hierfür werden in der Regel die Vereinbarungen zwischen den fachspezifischen Berufsverbänden bzw. wissenschaftlichen Fachgesellschaften herangezogen. So gibt es beispielsweise Vereinbarungen zwischen Chirurgie und Anästhesie, die die Versorgung der operativen Intensivpatienten betreffen, ebenso zwischen Innerer Medizin und Anästhesie, die Empfehlungen zur Leitung einer konservativen Intensivstation geben. Neben diesen Rahmenvereinbarungen der einzelnen Fachverbände kann es in bestimmten Bereichen jedoch zwischen den Berufsgruppen zu unklarer oder fehlender Abgrenzung von Aufgaben und Kompetenzen kommen. Ein beispielhafter Fall in der Vergangenheit waren Unstimmigkeiten im Zusammenwirken von Anästhesist und Chirurg. Bereits bestehende und juristisch bewährte Abkommen wurden durch nähere Abkommen und Leitsätze der beiden Berufsverbände für ihre Zusammenarbeit in der prä-, intra- und postoperativen Phase ergänzt und erweitert[115]. Das Thema der Arbeitsteilung zwischen Anästhesisten und Operateur befaßte auch den BGH in mehreren Urteilen [116].

Im Zuge der fortschreitenden Spezialisierung ergeben sich zunehmend auch in der Geburtshilfe, den Bereichen Gynäkologie, Neonatologie und Anästhesie Abgrenzungsprobleme und Koordinationsschwierigkeiten. Hier entwickeln sich aufgrund interdisziplinärer Absprachen und Rechtsprechung[117] Richtlinien und Leitsätze für sich ergänzende Zuständigkeits- und Kompetenzbereiche[118]. Der wichtigste und bedeutungsvollste Grundsatz im Zusammenwirken verschiedener ärztlicher Professionen ist der Vertrauensgrundsatz[119] *(Laufs A. 1992b in Laufs, Uhlenbruck 1992 § 101 RdNr. 4, Steffen E. 1995b S. 105 ff.).* Danach darf sich jeder der bei der Behandlung eines Patienten kooperierenden Ärzte darauf verlassen, daß sein "Gegenüber"

---

[115] Siehe *MedR 1983, 21 f., Anästhesiologie und Intensivmedizin 1989 S. 308.*
[116] BGH NJW 1984, S. 1400, S. 1403; BGH MedR 1990, S. 33; BGH NJW 1991, S. 1539; BGH MedR 1991, S. 198; BGH NJW 1987, S. 2293.
[117] BGH NJW 1992, S. 2962; OLG Hamm MedR 1992, S. 340; BGH MedR 1993, S. 67.
[118] Interdisziplinäre Absprachen, z. B. zwischen Anästhesist und Gynäkologe, veröffentlicht in: *Frauenarzt 1992 S. 25.*
[119] BGH NJW 1980, S. 649 f.

die Aufgaben in seinem Bereich mit der gebotenen Sorgfalt erfüllt, jedenfalls solange keine offensichtlichen Qualifikationsmängel oder Fehlleistungen erkennbar werden[120]. So kann beispielsweise ein Anästhesist auf die sachkundige Prüfung von Röntgenbildern durch einen Radiologen vertrauen, eine Überprüfungspflicht trifft ihn insoweit nicht[121]. Ebenso kann sich ein Radiologe grundsätzlich darauf verlassen, daß der überweisende Neurologe die medizinische Indikation zu einer Angiographie der Gehirngefäße, den allgemeinen ärztlichen Sorgfaltspflichten entsprechend, geprüft und bejaht hat[122]. Trotz des weitreichenden Vertrauensgrundsatzes darf sich der Arzt nicht auf sein Fachgebiet allein konzentrieren. Jeder beteiligte Arzt hat den Gefahren der horizontalen Arbeitsteilung und Spezialisierung entgegenzuwirken *(Steffen E. 1990 S. 71, Laufs A. 1992b in Laufs, Uhlenbruck 1992 § 101 RdNr. 9).*

Einem begrenzten Kenntnisstand des vor ihm behandelnden Arztes, bestimmten Präferenzen der beteiligten Spezialisten und einer eventuell fehlenden Übersicht über das Gesamtgeschehen hat der Arzt Rechnung zu tragen *(Steffen E. 1995b S. 105 ff.).*

Gerade die zunehmende Spezialisierung und Aufgliederung des Behandlungsablaufs in einzelne Schritte erhöhen die Gefahr mangelhafter Koordination, unzureichender Kommunikation und unklarer Kompetenzabgrenzung und damit die Gefahr der Entstehung von Haftungslücken im Falle fehlerhafter Patientenbehandlung. Aufgrund derartiger Versäumnisse im Organisations- und Koordinationsbereich haften die beteiligten Fächer gesamtschuldnerisch, wenn sie sich nicht von der sie treffenden Verschuldensvermutung entlasten können[123] *(Steffen E. 1990 S. 72, Giesen D. 1990 S. 73).*

3.5 Konsequenzen für Krankenhausträger und leitende Ärzte

Zusammenfassend kann festgehalten werden, daß die Anforderungen, die die Rechtsprechung an die Organisationsstrukturen im Krankenhaus und an die ärztliche Sorgfaltspflichten stellen, hoch sind. Wiederholt hat der BGH betont, daß gerade Mängel im Organisations-, Kommunikations- und Koordinationsbereich und deshalb Schäden für den Patienten, prinzipiell vermeidbar sind. Vor diesem Hintergrund ist die Tendenz der Rechtsprechung, dem Patienten Beweiserleichterungen zuzugestehen, die bis zur Beweislastumkehr führen können (d. h. Träger, leitender Arzt müssen beweisen, daß sie ihrer Sorgfaltspflicht auf das genaueste entsprochen haben), zu sehen. Für Fehler des nachgeordneten ärztlichen teilweise auch nicht ärztlichen Dienstes haftet der letztverantwortliche Arzt aus dem Recht der unerlaubten Handlung nach §§ 823 ff. BGB mit Exkulpationsmöglichkeit nach § 831 BGB, wenn er seinen Sorgfaltspflichten nachgekommen ist. Kann sich der leitende Arzt von den Haftungsansprüchen

---

[120] OLG Stuttgart VersR 1991, S. 1060; OLG Düsseldorf VersR 1991, S. 1412; OLG Köln VersR 1991, S. 695; BGH NJW 1991, S. 1539.
[121] OLG Hamm VersR 1983, S. 884.
[122] OLG Düsseldorf NJW 1984, S. 2636.
[123] BGH NJW 1984, S. 1403.

des Patienten (Schadensersatz § 823 BGB, Schmerzensgeld § 847 BGB und Konsekutivschäden) entlasten, haftet nach herrschender Rechtsauffassung der Träger für ihn als Organ nach §§ 30, 31 und ggf. 89 BGB.

Verschiedene Autoren haben angesichts der strengen Maßstäbe, die die Rechtsprechung heute an die Sorgfaltspflichten bei der medizinischen Versorgung der Patienten anlegt, Kritik[124] geübt und vor negativen Auswirkungen einer überzogenen Rechtsprechung gewarnt *(Ulsenheimer K. 1991)*. Die heute gestellten rechtlichen Anforderungen gelten für leitende Ärzte und Krankenhausträger dennoch unverändert. Eine gute Qualifikation des ärztlichen Dienstes, die Koordination der einzelnen Abläufe und eine möglichst lückenlose Kommunikation zwischen Ärzten, Pflegenden und medizinischem Hilfspersonal sowie eine klare und eindeutige Abgrenzung der Zuständigkeiten und Kompetenzen sind heute zum Schutze des Patienten und aus haftungsrechtlichen Gründen unerläßlich.

Steigende Ansprüche an die Qualifikation des ärztlichen Dienstes stellt die jüngste Rechtsprechung zur Facharztqualität. Eine bestmögliche Aus-, Fort- und Weiterbildung des ärztlichen Mitarbeiters, eine entsprechende Dienstplangestaltung und die Wahrnehmung seiner Kontroll- und Aufsichtspflichten haben für den leitenden Arzt aus haftungsrechtlichen Gründen große Bedeutung.

Vor dem Hintergrund der derzeitigen Entwicklungstendenzen in Medizin und Recht werden heute große Ansprüche an das ärztliche Können und an die Qualifikation und Kompetenz des leitenden Arztes in Organisations- und Rechtsfragen gestellt. In gleichem Maße müssen die Trägerorgane rechtlich kompetent und sensibel für Organisations- und Koordinationsprobleme im Krankenhaus sein. Eine enge, vertrauensvolle und konstruktive Zusammenarbeit von Träger, Krankenhausleitung und leitenden Ärzten unter dem Primat von Kompetenz, hoher Qualifikation und der Dominanz für die Patientenversorgung relevanter Sachfragen ist aus rechtlicher Sicht unabdingbar.

---

[124] Siehe *Ulsenheimer K. 1992* in *Laufs, Uhlenbruck 1992* § *112 RdNr. 1 ff. S. 682 f.* Vgl. *Laufs A. 1992b* in *Laufs, Uhlenbruck 1992* § *107 RdNr. 6 ff. S. 667. Laufs* kritisiert eine überstrenge Einstandspflicht des Arztes in Folge "überspannter Beweisregeln" die zu einer defensiven Medizin führen.
Vgl. auch *Ulsenheimer K. 1991*: "Aus der verrechtlichten droht eine defensive Medizin zu werden, die aus Scheu vor der Klage zu viel untersucht oder zu wenig an Eingriffen wagt." *(zitiert aus: Ulsenheimer K. 1991, "Defensives Denken in der Medizin", in: Chirurg BDC, 30. Jg. (1991), S. 221).*

4 Die "Qualitätssicherung" der medizinischen Leistungen

Die Thematik der "Qualitätssicherung ärztlicher Leistungen" gewinnt in einem zunehmend größer werdenden Maße an Einfluß[125] und Bedeutung für die leitenden Ärzte und auch die jeweiligen Krankenhausträger. Noch vor etwa zwei Jahrzehnten[126] wurden traditionelle ärztliche Maßnahmen der Prüfung und Kontrolle des eigenen Handelns, wie die abteilungsinterne Weiter- und Fortbildung, Indikations- und Fallbesprechungen oder die Visiten von Ober- und Chefarzt meist als eine Art von ärztlicher "Selbstkontrolle" betrachtet und weniger unter dem Aspekt der "Qualitätssicherung" im heutigen Sinne.

Erst seit Mitte der siebziger Jahre wird Qualitätssicherung als methodisch fundierte Evaluation von Krankenhausleistungen gefordert *(Beske et al. 1993)*. Die Impulse gingen von vorausschauenden Ärzten aus *(Müller-Osten W. 1977, Schega W. 1977)*.

In den folgenden Jahren entwickelte sich die "Qualitätssicherung im Krankenhaus" zu einem nun wichtigen und bedeutenden gesundheitspolitischen Thema[127]. Damit einhergehend vollzog sich auch ein Wandel im Verständnis und der Zielsetzung von qualitätssichernden Maßnahmen.

Als Folge gesellschaftlicher Veränderungen in den letzten Jahrzehnten befassen sich derzeit in Deutschland neben der Ärzteschaft[128] auch Patientenverbände[129], die Verbände der Kranken- und Ersatzkassen, die verschiedenen Krankenhausgesellschaften, Vertreter aller politischer Parteien sowie der Gesetzgeber und nicht zuletzt die Medien[130] mit der "Qualitätssicherung" in der Medizin und im Krankenhaus.

Die "Qualitätssicherung im Krankenhaus" hat heute nicht mehr allein eine medizinisch-ärztliche, sondern auch zunehmend eine gesellschaftspolitische, finanziell-ökonomische und rechtliche Bedeutung. Viele Impulse zu diesem Thema gehen heute nicht mehr allein von der Medizin selbst aus. Durch den zunehmenden Einfluß von außen aber verliert die traditionelle "Selbstprüfung" der Ärzte im Vergleich zu den nun zunehmend eingeführten "Kontrollmaßnahmen" an Gewicht *(Eigler F.W. 1995)*.

---

[125] "Wenn man die Diskussion über Qualitätssicherung der letzten Jahre verfolgt, drängt sich das Gefühl auf, als habe es in deutschen Krankenhäusern bis vor wenigen Jahren überhaupt keine Qualitätssicherungsmaßnahmen gegeben." zitiert aus: *H.Hoffmann: "Krankenkassen und Krankenhäuser im Zeichen des Wettbewerbs - Chance und Herausforderung -" in: Arzt und Krankenhaus 69. Jg. (1996), Heft 2, S. 35.*

[126] Etwa Mitte der siebziger Jahre begannen in Deutschland, ausgehend von der chirurgischen Fachgesellschaft und des Berufsverbandes, die Durchführung erster externer Qualitätssicherungsprogramme *(Schega W., 1977 S. 9, Müller-Osten W. 1977).*

[127] Die "Qualitätssicherung" hat aber heute nicht nur in Deutschland, sondern auch in anderen Ländern eine herausragende Bedeutung erlangt. So sprach *Relman* bereits vor einigen Jahren in den USA in diesem Zusammenhang von der dritten Revolution in der medizinischen Versorgung *(Relman A.S. 1988).*

[128] Der 96. Deutsche Ärztetag 1993 in Dresden stand ganz unter dem Zeichen der Qualitätssicherung der ärztlichen Berufsausübung *(Prößdorf K. 1993b, Clade H. 1993 S. B-1972 ff.).*

[129] *Birkner B. 1993.*

[130] Die Zeitschrift "Focus" veröffentlichte 1994 den "Krankenhausreport", eine vergleichende "Studie" von Deutschlands "Top-Kliniken" als: "Ein Leitfaden für die Wahl der richtigen Klinik" zitiert aus: *Focus Nr. 38 vom 19.09.1994 S. 166.*

Unter anderem gibt es daher innerhalb der Ärzteschaft zu dem vielschichtigen Thema "Qualitätssicherung" unterschiedliche Meinungen. Neben einer Zahl von neuen Qualitätssicherungsprojekten und weiterführenden Impulsen von seiten der Ärzte gibt es auch nach Berichten verschiedener Autoren oftmals Vorbehalte und Skepsis bei Ärzten gegenüber den derzeitigen "Qualitätssicherungsmaßnahmen" *(Arnold M. 1992, Eichhorn S. 1992, ders. 1993b, Tsekos et al. 1993, Selbmann H.-K. 1994, Schaefer O.-P., Herholz H. 1996).*
Die Verantwortung für die "Qualitätssicherung" im Krankenhaus liegt aber nicht allein bei den für den medizinischen Bereich verantwortlichen leitenden Ärzten, sondern auch bei den jeweiligen Krankenhausträgern. Denn der einzelne Träger hat im Zuge seiner Letztverantwortung für sein Krankenhaus auch die Verantwortung für eine bedarfsgerechte Versorgung der Patienten mit den medizinisch zweckmäßigen und ausreichenden Leistungen, folglich der "medizinischen Qualität", inne *(Eichhorn S. 1992, Weissauer W. 1994).*
Im folgenden werden Bedeutung und Konsequenzen der "Qualitätssicherung" medizinischer Leistungen für Krankenhausträger und leitende Ärzte skizziert.

4.1 Ansätze zur Definition von "Qualität" in der Medizin

Bei der Diskussion der Thematik "Qualitätssicherung" ist es zunächst notwendig zu erörtern, was unter den Begriffen der "Qualität" und "Qualitätssicherung" in der Medizin verstanden werden soll. Eine exakte und umfassende Definition von "Qualität" bereits im allgemeinen zu finden ist jedoch schwierig *(Erkert T. 1991 S. 5 ff., Kaltenbach T. 1993 S. 59 ff.).*
In der Brockhaus-Enzyklopädie[131] wird Qualität allgemein als Gesamtheit der charakteristischen Eigenschaften (einer Person oder Sache) oder mit den Begriffen "Beschaffenheit " und "Güte" definiert. In der Wirtschaft[132] versteht man unter "Qualität" die Beschaffenheit einer Dienstleistung nach ihren Unterscheidungsmerkmalen gegenüber anderen Dienstleistungen, nach ihren Vorzügen oder Mängeln.
Der Begriff "Qualität" wird zum einen auf meßbare, stofflich-technische Eigenschaften angewendet (objektive Qualität), zum anderen bringt er die Abstufung des Eigenwertes gleichartig für die Befriedigung bestimmter Bedürfnisse zum Ausdruck (subjektive Qualität) *(Deneke J.F.V. 1984 S. 15 ff.).* Entsprechend der Definition der *Deutschen Gesellschaft für Qualität e.V.*[133] ist "Qualität" die Gesamtheit von Eigenschaften und Merkmalen eines Produktes oder einer Tätigkeit, die sich auf deren Eignung zur Erfüllung gegebener Erfordernisse beziehen".

---

[131] 18. Auflage, Band 19, 1992, S. 662 f.
[132] Eine von Marketinggesichtspunkten geprägte Definition von Dienstleistungsqualität geben *Meffert, Bruhn:* "Dienstleistungsqualität ist die Fähigkeit eines Anbieters, die Beschaffenheit einer primär intangiblen und der Kundenbeteiligung bedürfenden Leistung aufgrund von Kundenerwartungen auf einem bestimmten Anfangsniveau zu erstellen." *(zitiert aus: Meffert, Bruhn (1997) "Dienstleistungsmarketing" S. 201).*
[133] Deutsche Gesellschaft für Qualität e.V., 1993, "Begriffe zum Qualitätsmanagement", Berlin.

Das *Deutsche Institut für Normierung e.V. (DIN)* hat in der DIN 55350[134]folgende Definition zugrundegelegt: "Qualität ist die Beschaffenheit einer Einheit bezüglich ihrer Eignung, festgelegte oder vorausgesetzte Erfordernisse zu erfüllen." "Qualität" ist also nichts Absolutes, sondern bezieht sich auf bestehende Forderungen. Zudem läßt sich "Qualität" entsprechend der genannten Definitionen nicht durch eine einzige meßbare Größe bestimmen.

Ärztliches Handeln, als besondere Form einer "Dienstleistung", zeichnet sich jedoch gerade durch eine Vielzahl von Eigenschaften und Besonderheiten aus, die oftmals nicht exakt zu definieren und voneinander zu trennen sind *(Eichhorn S. 1987 S. 35).* Neben der Komplexität und "Individualität" der jeweiligen Patienten und der ärztlichen Leistungen beeinflussen zudem Elemente der subjektiven Qualität die "Qualität" der medizinischen Maßnahmen im Krankenhaus in hohem Maße[135].

Bei einer Definition von "Qualität" medizinisch-ärztlicher Leistungen müßte man jedoch einerseits die unterschiedlichen Präferenzen der einzelnen Patienten, andererseits aber auch die zahlreichen verschiedenen Dimensionen der ärztlichen Leistungen und Tätigkeit in einem berücksichtigen können. Da dies bisher noch nicht gelungen ist, fehlt eine allgemein anerkannte und eindeutige Definition des Begriffs "Qualität" in der Medizin *(Hinderer und Zuck 1986, Sachverständigenrat 1989 S. 38 RdNr. 29, Erkert T. 1991 S. 55, Sitzmann H. 1992, Dölle W. 1993, Kaltenbach T. 1993 S. 59, Fack-Asmuth W.G. 1995, Ohmann C. 1995, Gutzwiller F. 1996).*

Wegen einer fehlenden umfassenden Definitionsmöglichkeit der "Qualität in der Medizin" wurden einzelne Aspekte der "Qualität" als Betrachtungsgrundlage gewählt, um dieses Problem in einzelnen Bereichen lösen zu können. Denn nur wenn wenigstens Teilbereiche einer "Qualität" beschrieben werden können, können diese auch bestimmt bzw. gemessen werden (siehe Punkt B 4.3.1).

Aus diesen in Abschnitt 4.3.1 genannten mehrdimensionalen Ansätzen, die für eine Bestimmung von "Qualität" in der Medizin herangezogen werden können, wird aber auch deutlich, daß je nach Standpunkt unterschiedliche Ziele mit der "Qualitätssicherung" verfolgt werden können. So hat "Qualität in der Medizin" neben einer **fachmedizinischen** auch eine **humane und ökonomische Dimension.**

Dieser Mehrdimensionalität entsprechend wird heute die "Qualität medizinischer Leistungen" nach der jeweiligen Interessenslage verschieden definiert und demzufolge werden mit "Qualitätssicherung" unterschiedliche Ziele verfolgt[136] *(Sachverständigenrat 1989 S. 37 RdNr. 23, Eichhorn S. 1992, Selbmann H.-K. 1995a, Gutzwiller F. 1996).*

---

[134] Teil 11 S. 3, Nr. 5, Mai 1987.

[135] Genannt sei hier beispielsweise das völlig unterschiedliche Krankheitsempfinden der Menschen. Die Entscheidung, wann der einzelne einen Arzt aufsucht und wann nicht, hängt von seinem höchst unterschiedlichen und subjektiven Krankheitsempfinden ab.

[136] Diese Beobachtung wird nicht nur in Deutschland, sondern auch in anderen Ländern wie den USA *(Donabedian A. 1988)* oder Großbritannien gemacht.

Für die Ärzteschaft gilt die "Selbstkontrolle" als immanenter Bestandteil ärztlichen Handelns[137]. Für die Patienten geht es um Adäquanz, Relevanz und Sicherheit des Behandlungs- und Pflegeprozesses *(Eichhorn S. 1992, Gutzwiller F. 1996)*. Durch den gesellschaftlichen Wandel wächst allgemein der Wunsch nach mehr Aufklärung, Information und Transparenz komplexer Strukturen *(Birkner B. 1993)*. Die Finanzierungsträger sind daran interessiert, daß die Krankheiten ihrer Mitglieder entsprechend dem Erkenntnisstand der modernen Medizin zeitgerecht erkannt, geheilt, gebessert oder gelindert werden. Gleichzeitig sollen diese Leistungen auf das notwendige Maß beschränkt und möglichst kostengünstig erbracht werden *(Sitzmann H. 1992, Eichhorn S. 1992)*. Für den Staat geht es schließlich darum, eine bedarfs- und zeitgerechte flächendeckende Versorgung der Bevölkerung zu sozial verträglichen Sätzen[138] gewährleisten zu können *(Eichhorn S. 1992)*.

Die unterschiedlichen Ansichten der genannten Beteiligten werden auch bei der Frage, auf welche Art und Weise die "Qualität medizinischer Leistungen "gesichert" werden soll, d.h. bei der Definition des Begriffs "Qualitätssicherung", deutlich. Bei der konkreten Umsetzung der entsprechenden Maßnahmen gibt es oftmals verschiedene Ansätze, genannt sei hier nur die Frage der Freiwilligkeit der Teilnahme oder die Anonymität der Ergebnisse der "Qualitätssicherung". Oftmals wird unter dem Begriff der "Qualitätssicherung" tatsächlich eine Kontrolle der erbrachten Qualität verstanden *(Selbmann H.-K. 1990, Sitzmann H. 1992)*. Von seiten der Kostenträger wird im Zusammenhang mit "Qualitätssicherung" von Kontrolle und/oder Vergleich gesprochen *(Sitzmann H. 1992, Oldiges J.F. 1995a, Werner B. 1995)*. Aber auch der Gesetzgeber spricht im § 137 SGB V von "vergleichender Prüfung der Krankenhäuser", also einer Qualitätskontrolle *(Selbmann H.-K. 1995b)*. Das Nähere wird bei der Bestimmung der "Qualität" in Abschnitt 4.3.2 erläutert.

4.2 Gründe für Maßnahmen zur Qualitätssicherung

Ärzte, Kliniken und ihre Träger sind gesetzlich zur Qualitätssicherung verpflichtet[139]. Daneben gibt es aber eine Reihe von Gründen, weshalb diese von sich aus an der Einführung qualitätssichernder Maßnahmen interessiert sein müssen. Die "Qualitätssicherung", als "Selbstkontrolle" medizinischer Leistungen, seit jeher immanenter Bestandteil ärztlichen Handelns,

---

[137] siehe Punkt B 4.2.4.
[138] Nach § 70 SGB V Abs. 1 haben sowohl die Krankenkassen als auch die Leistungserbringer eine "[...] bedarfsgerechte und gleichmäßige, dem allgemein anerkannten Stand der medizinischen Erkenntnisse entsprechende Versorgung der Versicherten zu gewährleisten. Die Versorgung der Versicherten muß ausreichend und zweckmäßig sein, darf das Maß des Notwendigen nicht überschreiten und muß wirtschaftlich erbracht werden." Nach § 1 KHG ist der Zweck dieses Gesetzes "die wirtschaftliche Sicherung der Krankenhäuser, um eine bedarfsgerechte Versorgung der Bevölkerung mit leistungsfähigen, eigenverantwortlich wirtschaftenden Krankenhäusern zu gewährleisten und zu sozial tragbaren Pflegesätzen beizutragen".
[139] Die Krankenhäuser sind nach § 137 und § 112 SGB V aufgrund kollektivvertraglicher Regelungen zur Durchführung qualitätssichernder Maßnahmen verpflichtet, siehe B 4.2.2.

unterliegt nämlich zunehmend größer werdendem "außerärztlichem" Einfluß. Die Ursachen hierfür und die Ziele, die damit verfolgt werden, nun im einzelnen.

4.2.1 Die Folgen des Marktversagens[140] im Gesundheitswesen

In einem freien Wirtschaftssystem stehen die einzelnen Marktelemente Angebot, Nachfrage, Preis und Qualität eines Produkts oder einer Dienstleistung in einem sich selbst regulierenden engen Zusammenhang. "Eine im Vergleich bessere Qualität" kann sich bei etwa gleichbleibender Angebotsmenge in einem höheren Preis und/oder in einer höheren Nachfrage äußern. "Schlechtere Qualität" löst eine sinkende Nachfrage und somit auch ein sinkendes Preisniveau aus.

Demgegenüber fehlt im deutschen Krankenhauswesen jedoch der unmittelbare Zusammenhang von Angebot, Leistungsveranlassung, Leistungsverbrauch (Nachfrage) und Leistungsfinanzierung (Preis) *(Eichhorn S. 1992)*. Hinzu kommt, daß die auf der Angebotsseite stehenden Krankenhäuser nicht privat-erwerbswirtschaftlich, sondern bedarfswirtschaftlich-gemeinnützig ausgerichtet sind *(Eichhorn S. 1992)*. Auch die "Qualität medizinischer Leistungen" ist nicht für alle "Marktteilnehmer" gleichmäßig transparent. Der Patient kann in der Regel die Qualität medizinischer Leistungen nicht beurteilen *(Arnold M. 1992)*. Ein steuernder Einfluß des Wechselspiels von Nachfrage, Angebot, Preis und Qualität fehlt somit bisher weitgehend im Krankenhausbereich. Die Steuerungswirkungen des Marktes sollten folglich im Krankenhauswesen sowohl durch entsprechende Vorkehrungen zur Sicherung von Leistungsfähigkeit und Qualität als auch zur Sicherung der Wirtschaftlichkeit sozusagen substituiert werden. Da weder Patient[141] noch ein "Markt" mit regulierender Wirkung einen ständigen Druck im Sinne einer Verbesserung der medizinischen Versorgungsqualität ausüben können, soll dieses Ziel durch die Qualitätssicherungsmaßnahmen angestrebt werden.

4.2.2 Die Fixierung und Konkretisierung der Qualitätssicherung durch Gesetze und die Folgen des Gesundheitsstrukturgesetzes von 1993

Zu den entscheidenden Gründen für die zunehmende Bedeutung der "Qualitätssicherung im Krankenhaus" zählt die schrittweise gesetzliche Konkretisierung dieser Aufgabe.

---

[140] Siehe Punkt A 5 und C 4.1.1.
[141] Der Patient hat im deutschen Krankenhauswesen nur in einem äußerst begrenzten Maße steuernden Einfluß auf die Versorgungsqualität einer Klinik. Ein möglicher Rückgang der Belegung einer Klinik hat in einem bedarfswirtschaftlich strukturierten Krankenhauswesen kaum oder keine Auswirkungen für eine Änderung der "Versorgungsqualität" dieser Abteilung. Zudem kann der Patient in der Regel nur beurteilen, wie er sich versorgt gefühlt hat, die "Qualität medizinischer Leistungen" wird er aber als medizinischer Laie nicht beurteilen können.

Erstmals wurde mit dem am 01.01.1989 in Kraft getretenen Gesundheitsreformgesetz die "Qualitätssicherung der stationären Versorgung" in § 137 SGB V verpflichtend eingeführt. Nach § 137 Satz 1 SGB V sind "[...] Krankenhäuser [...] verpflichtet, sich an Maßnahmen zur Qualitätssicherung zu beteiligen. Die Maßnahmen sind auf die Qualität der Behandlung, der Versorgungsabläufe und der Behandlungsergebnisse zu erstrecken. Sie sind so zu gestalten, daß vergleichende Prüfungen ermöglicht werden". Das Nähere soll in den Verträgen nach den § 112, 115a und 115b SGB V geregelt werden, d.h. in Richtlinien, die zwischen den Landesverbänden der Krankenkassen, Verbänden der Ersatzkassen, Landeskrankenhausgesellschaften, Vereinigungen der Krankenhausträger und der kassenärztlichen Vereinigung geschlossen werden sollen. Auf Bundesebene sollen die Spitzenverbände gemeinsam Rahmenempfehlungen zum Inhalt dieser Verträge geben (§ 112 Abs. 5, § 115 Abs. 5 SGB V).

Bisher gibt es lediglich zum ambulanten Operieren und den neu eingeführten Entgeltformen konkret formulierte und verbindliche Verträge *(Fack-Asmuth W.G. 1995)*.

Im Zuge des am 01.07.1997 in Kraft getretenen 2. GKV-NOG wurde der Gestaltungsspielraum für die ärztliche Selbstverwaltung bei Qualitätssicherungsmaßnahmen im Krankenhausbereich erweitert *(Genzel H. 1997)*. Um eine bessere Koordinierung mit dem ärztlichen Berufsrecht herbeizuführen, werden nunmehr die Kompetenzen zwischen der Bundesärztekammer und den übrigen Beteiligten bei Qualitätssicherungsmaßnahmen im Krankenhaus eindeutig geklärt (§ 137a SGB V). Die bereits seit 1993 existierende Arbeitsgemeinschaft zur Förderung der Qualitätssicherung in der Medizin wird nunmehr auf eine eindeutige Rechtsgrundlage gestellt (§ 137b SGB V). Die Qualitätssicherung in der Medizin soll damit auf Bundesebene vorangebracht, der Bedarf an Qualitätssicherungsmaßnahmen festgestellt, Hilfestellung bei der Entwicklung von Qualitätssicherungsprogrammen gegeben und die eingeführten Qualitätssicherungsmaßnahmen auf ihre Wirksamkeit hin ständig überprüft werden *(Genzel H. 1997)*.

Neben diesen gesetzgeberischen Maßnahmen hat die Qualitätssicherung im Krankenhaus durch die Auswirkungen des GSG 1993, insbesondere durch das neu eingeführte Entgeltsystem eine deutlich größere Bedeutung erhalten. Denn das geschaffene "preisähnliche Entgeltsystem" in Verbindung mit dem gestiegenen betrieblichen Verlustrisiko birgt die Gefahr einer Unterversorgung des einzelnen Patienten oder anders ausgedrückt, die Gefahr eines "Qualtiätsverlustes" der medizinischen Versorgung in sich. Aus Kostengründen könnte den Patienten eine ausreichende und notwendige Diagnostik und Therapie nicht mehr zukommen, vor allem dann, wenn die Erlöse aus der Fallpauschale oder dem Sonderentgelt geringer als die tatsächlich anfallenden Kosten des Krankenhauses sein sollten. Desweiteren besteht durch die neuen Entgelte die Gefahr der Ausweitung der Indikationsstellung, sofern eine Klinik mit den Fallpauschalen und /oder Sonderentgelten Gewinne machen kann *(Sachverständigenrat 1989 S. 114, RdNr. 330, Kersting, Eichhorn 1994, Bauer H. 1995a, Eigler F.W. 1995, Fack-Asmuth W.G. 1995, Riegel, Scheinert 1995, Selbmann H.-K. 1995b)*. Gleiches gilt für die Durchführung des ambulanten Operierens.

Die Einführung des neuen Entgeltsystems zwingt daher zum Ausbau qualitätssichernder Maßnahmen. Andernfalls bestünde die Gefahr des Absinkens des Leistungs- und Versorgungsniveaus, bzw. die Gefahr einer nicht gerechtfertigten Leistungsausweitung.
Eine zusätzliche Folge des GSG 1993 ist, daß die Leistungserbringer im Gesundheitswesen in einer Art Konkurrenzsituation stehen. Innerhalb dieses "Wettbewerbsystems" fehlt aber bisher weitgehend die Möglichkeit einer Rückkopplung oder eines Wechselspiels von Qualität und Preis bzw. von Qualität und Wettbewerbsvorteilen/-nachteilen.

Voraussetzung hierfür wäre, daß man die "Qualität" der von allen Krankenhäusern, niedergelassenen Ärzten und anderen an der Versorgung der Patienten Beteiligten erbrachten Leistungen bestimmt und daß sie jeder "Marktteilnehmer", wie Patient, Kostenträger, niedergelassener Arzt, kennt. Ohne Kenntnis der Qualität der Leistung ist ein "marktkonformes" Verhalten nicht möglich, d.h., der Anbieter beispielsweise einer "qualitativ schlechten Leistung" hätte weder einen wettbewerbsmäßigen (Rückgang der Nachfrage) noch einen finanziellen Nachteil (Preisrückgang). Der gewünschte Steuerungseffekt wäre dann nicht gegeben.

Will man also mehr Transparenz, Steuerung über Marktelemente und Wettbewerb im Krankenhauswesen, müßte die erbrachte Qualität erfaßt werden können und ersichtlich sein. Dementsprechend ist es Ziel der Krankenkassen, die von den jeweiligen Krankenhäusern erbrachte Qualität für jedermann ersichtlich darzustellen (Transparenz), beispielsweise durch Veröffentlichung der gewonnenen "Qualitätsdaten" *(Gerdelmann W. 1992, Oldiges J.F. 1995b)* oder in Form geprüfter Qualitätsstandards, Zertifikaten[142] oder "Gütesiegeln"[143] *(Gerdelmann W. 1992, Ahrens H.J. 1995, Clade H. 1995, Oldiges J.F. 1995a, ders. 1995b, Riegel, Scheinert 1995).*

In einer "Konkurrenzsituation" könnte ein solches "Gütesiegel" eine große Bedeutung für das Marketing[144], die Wettbewerbsposition *(Riegel, Scheinert 1995, Hoffmann H. 1996)* und letztlich für das wirtschaftliche Wohlergehen des gesamten Krankenhausbetriebs haben *(Hüllemann, Künzel 1995).*

Ferner ist festzuhalten, daß die Kostenträger den Zusammenhang von "Qualität" und Vergütung zunehmend betonen *(Fiedler und Straub 1994, Riegel, Scheinert 1995, Werner B. 1995).* Sogar an finanzielle Anreize als weiteren Wettbewerbsvorteil für ein Krankenhaus mit nachgewiesener Qualität wird gedacht *(Gerdelmann W. 1992, Beske et al. 1993 S. 10, Riegel, Scheinert 1995).* Andererseits könnte eine "qualitativ schlechtere Leistung" zu Mindererlösen bei den Pflegesätzen führen *(Eichhorn S. 1991b, Jacobs W. 1996).* Nach dem Willen der Kassen sollten nur Leistungen, deren Qualität und Wirksamkeit dem allgemein anerkannten Stand

---

[142] Die Spitzenverbände der GKV und der DKG implementierten ein Zertifizierungsverfahren an dem nur Kliniken das "Zertifikat A" erhalten können, die sich an den externen Qualitätssicherungsverfahren beteiligt haben *(Fack-Asmuth W.G. 1995).*
[143] siehe auch die Berichte der AOK Hessen "Krankenhäuser im Wettbewerb" in: *DOK (1995)*, S. 237 und des AOK-Bundesverbandes "Qualitätssicherung im Krankenhaus" in: *DOK (1995)*, S. 321.
[144] In den USA hat dieser Aspekt bereits eine große Bedeutung ,siehe *Nelson C.W. und Goldstein A.S. 1989: Health care quality: The new marketing challenge in: Health Care Manage.Rev., 1989, 14 (2), S. 87-95.*

der medizinischen Erkenntnis entsprechen, vergütet werden[145] *(Werner B. 1995).* Verschiedentlich wird auch über Sanktionen gegen Kliniken und Krankenhausärzte nachgedacht, deren Vergleichsergebnisse permanent Defizite aufweisen und die sich dennoch weigern, Maßnahmen zur Verbesserung der Qualität durchzuführen[146] *(Hoffmann H. 1991c, Weissauer W. 1994).*

Für das einzelne Krankenhaus ergeben sich aus dieser Entwicklung völlig neue Perspektiven. Setzt sich der durch das GSG 1993 ausgelöste Trend zu mehr Wettbewerb fort und sollte es zu einer allgemeinen "Zertifizierung"[147] der Qualität der von den Kliniken erbrachten Leistungen kommen, hätte dies für das einzelne Krankenhaus eine große wirtschaftliche Bedeutung. Die ausgewiesene "Qualität" eines Krankenhauses ist sicherlich ein wichtiger "Wettbewerbsvorteil", der sich durchaus in einer höheren Belegungsrate und/oder in einer steigenden Patientenzahl äußern könnte. Nach *Hüllemann und Künzel* kann ein Gütesiegel[148] im Sinne eines Krankenhausmarketing hervorragend eingesetzt und Krankenhausmarketing zur "Überlebenstechnik" werden *(Hüllemann, Künzel 1995).* Auf die möglichen negativen Auswirkungen solcher Zertifikate und Gütesiegel wird an dieser Stelle nicht näher eingegangen[149].

Als Folge des GSG haben die Kassen, wie in Kapitel A ausgeführt, in verstärktem Umfang Einfluß auf die Krankenhausplanung und Gestaltung erlangt. Vor diesem Hintergrund könnte es zukünftig von Bedeutung sein, daß die Qualitätsforderung der Krankenkassen auch ein Mittel zur Klärung der Frage wird, in welchem Umfange und wo die einzelnen Leistungserbringer in qualitativer Hinsicht gute Leistungen erbringen und wo nicht. Als Konsequenz könnte der Standpunkt der Kassen, daß zu viele Fachabteilungen vorgehalten werden und nicht in jedem Krankenhaus operiert werden muß *(Sitzmann H. 1992),* verstärkt in die Tat umgesetzt werden[150]. *Hoffmann* berichtet von einem ersten Fall aus dem Ruhrgebiet, wo die Kassen einem Krankenhaus Kosten aus Magenoperationen zukünftig mit dem Argument, daß "höhere Stückzahlen" auch eine höhere Qualität garantieren, nicht mehr erstatten wollen *(Hoffmann H. 1996).*

Eine normative Verpflichtung zur Durchführung von Qualitätssicherungsmaßnahmen ergibt sich auch aus der internationalen Normenreihe DIN ISO 9000 ff., die zur Qualitätssicherung in der Industrie aber auch für Dienstleistungsunternehmen als branchenübergreifende Normen

---

[145] Als gesetzliche Grundlage dient der § 2 Abs. 1 Satz 3 SGB V.
[146] Rechtsgrundlage für Sanktionen ist § 113 SGB V. Eine Sanktion für mangelnde Qualität nach § 137, § 113 SGB V ist z.B. ein niedrigerer Pflegesatz.
[147] Die erste Klinik in Deutschland, die nach der ISO-Norm 9001 ein Zertifikat erhielt war das Wiesbadener St.Josephs-Hospital. Siehe: *Ärzte-Zeitung, Nr. 14 v. 25.01.1996 Seite 7: W. van den Bergh "Klinik erhält Zertifikat für Qualitätsmanagement".*
[148] *Hüllemann und Künzel* beziehen sich auf das Gütesiegel "Health Promoting Hospital", das von der WHO anerkannt und mitgefördert wird.
[149] In einer gemeinsamen Presseerklärung der DKG, Krankenkassen und der Bundesärztekammer wurde darauf hingewiesen, daß ein Zertifikat nach der ISO-Norm keine Beurteilung der medizinischen und pflegerischen Qualität zulasse. Es bestätige nur, daß die organisatorischen und technischen Verfahrensabläufe lückenlos dokumentiert würden. Ärzte und Patienten könnten zu einer falschen Annahme über die "Qualität" des Krankenhauses verleitet werden *(veröffentlicht in: DOK, Heft 4 v. 15. Februar 1996, S. 120).*
[150] Als Konsequenz kann der Versorgungsauftrag des Krankenhauses nach § 110 SGB V gekündigt werden.

für Qualitätsmanagementsysteme primär abstrakt abgefaßt wurden. Die für die Krankenhäuser laut Anhang A anwendbare DIN ISO 9004 Teil 2 "Leitfaden für Dienstleistungsbetriebe" beschreibt die Grundelemente von Qualitätssicherungsmaßnahmen, die zukünftig in der Krankenhauspraxis umgesetzt werden sollen *(Pinter et al. 1995)*. Eine Übertragung der für das Krankenhaus relevanten DIN ISO 9004 Teil 2 in die "Sprache" des Krankenhauses wurde von der "Arbeitsgemeinschaft Qualität im Gesundheitswesen" durchgeführt und veröffentlicht[151] *(Pinter et al. 1995)*. Im Haftungsfalle könnte vom Stand des Qualitätswesens entsprechend der DIN ISO 9004 Teil 2 ausgegangen werden.

Auf weitere gesetzliche Maßnahmen zur Qualitätssicherung, wie etwa die zur Führung einer Gebietsarztbezeichnung vorgeschriebenen Prüfung und den Nachweis der erforderlichen Zahl an selbständig durchgeführten Untersuchungen und ggf. Operationen, sowie die verschiedenen für ein Krankenhaus verbindlichen Verordnungen (Röntgen-Verordnung, etc.) soll hier nicht näher eingegangen werden. Großen Einfluß auf die "Qualität" der medizinischen Versorgung haben auch die von der Rechtsprechung im Sinne von Richterrecht geforderten Sorgfaltsmaßstäbe und der sogenannte Facharztstandard (Kapitel B 3).

4.2.3 Qualitätssicherung und Wirtschaftlichkeit

Eine weitere herausragende Bedeutung gewinnt das Thema "Qualitätssicherung" durch die Kostenentwicklung im Gesundheitswesen.

Zu den Zielen die mit der Qualitätssicherung in verstärktem Maße verfolgt werden sollen, gehört neben der Sicherung einer medizinisch hochwertigen Leistung auch die Sicherung der "Wirtschaftlichkeit" der Leistung *(Bowen O.R. 1987, Sachverständigenrat 1989 S. 39 RdNr. 32 ff., ders. 1994 S. 34 RdNr. 41 ff. 1, Osterwald G. 1991, Eichhorn S. 1992, Gerdelmann W. 1992, Sitzmann H. 1992, , Pinter et al. 1993, Werner B. 1995)*.

Wie in Deutschland, so erhofft man sich auch in anderen Ländern durch "Qualitätssicherung", eine effektivere und effizientere Verwendung der knapper werdenden Ressourcen erreichen zu können *(Bowen O. R. 1987, Brook et al. 1990, Brook R. H. 1992)*.

Nach Ansicht der Kostenträger ist Qualitätssicherung daher nicht nur ein wichtiges Mittel zu mehr Wirtschaftlichkeit, sondern zugleich auch ein Instrument zur Steigerung der medizinischen Effektivität *(Gerdelmann W. 1992, Sitzmann H. 1992, Oldiges J.F. 1996, Sing R. 1996)*.

Aus diesem Grund muß die "Qualitätssicherung" der erbrachten Leistungen nach Ansicht der Finanzierungsträger einen größeren Stellenwert erlangen *(Oldiges F.J. 1995a)*.

---

[151] Nach *Pinter et al.* war die Übertragung dieser Norm schwierig, jedoch möglich. Andere Autoren sehen eine Übertragbarkeit der DIN ISO 9004 auf die Belange des Krankenhauses deutlich skeptischer *(Riegel, Scheinert 1995)*.

Diese Ansicht könnte durch einige in den anglo-amerikanischen Ländern durchgeführte Studien *(u.a. Chassin et al. 1987, Merrick et al. 1986, Greenspan et al. 1988, Winslow C. M. 1988, Royal College of Radiologists Working Party 1991)*, wonach 15% - 20% der diagnostischen und therapeutischen Maßnahmen retrospektiv betrachtet "nicht indiziert" [152] waren, gestützt werden. Eine vergleichbare Studie mit ähnlichem Ergebnis wurde in Deutschland in der invasiven Kardiologie durchgeführt *(Kadel et al. 1996)*. Ohne Berücksichtigung des Einzelfalls wurde eine Rate "nicht angemessener" Indikationen von 22,4 % und "unsicherer" Indikationen in 15,5 % der Fälle gefunden *(Kadel et al. 1996)*.

Es ist in Anbetracht dieser sicherlich noch näher zu erörternden Ergebnisse[153] verständlich, daß bei der zunehmenden Kostenproblematik im Gesundheits- und Krankenhauswesen die Frage gestellt wird, ob die aufgewandten Mittel auch "angemessen" eingesetzt werden.

Die Erwartung möglicherweise kostensenkender Effekte "qualitätssichernder Maßnahmen" entspricht auch der Zielsetzung des Gesetzgebers, wonach grundsätzlich die Rationalisierung im Gesundheitssystem vor die Rationierung medizinischer Leistungen gestellt werden soll *(Seehofer H. 1993, Henke K.-D. 1994)*.

Neben den volkswirtschaftlichen Aspekten gewinnt die Qualitätssicherung der medizinischen Leistung im Sinne eines Kostenmanagements, vergleichbar mit der Entwicklung in der Industrie und der Wirtschaft, auch zunehmend im Krankenhaus eine betriebswirtschaftliche Bedeutung. Von Qualitätssicherungsmaßnahmen im Sinne von "Qualitätsmanagement" verspricht man sich auch nennenswerte Kosteneinsparungen innerhalb des Krankenhausbetriebs *(Kaltenbach T. 1993, S. 98 ff. und S. 279 f., v. Eiff, W. 1994, Kempski et al. 1994)*. "Qualitätssicherung" könnte folglich für die Kliniken gerade unter dem bestehenden Kostendruck interessant werden, sollten sich dadurch tatsächlich Kosteneinsparungen verwirklichen lassen.

4.2.4 Qualitätssicherung als originäre ärztliche Aufgabe

Die Berufsauffassung der Ärzte, wiedergegeben im Hippokratischen Eid, sieht den in seinen Entscheidungen freien und unabhängigen Arzt vor, der letztlich nur seinem Gewissen verpflichtet ist. Aus der Freiheit seines Berufes erwächst dem Arzt[154] daher sowohl eine große Verantwortung zu ständiger Selbstkontrolle und Selbstkritik als auch zu ständiger Fort- und Weiterbildung, wie dies auch in der Bundesordnung für Ärzte (BOÄ) festgelegt ist (siehe

---

[152] In den genannten Studien wurde die "Angemessenheit" von Coronarangiographien *(Chassin et al. 1987)*, von Bypassoperationen *(Winslow et al. 1988)*, Carotidendarteriektomie *(Merrick et al. 1986)*, Herzschrittmacherimplantation *(Greenspan et al. 1988)* und Röntgenuntersuchungen retrospektiv geprüft. Die "Angemessenheit" wurde anhand von zahlreichen vorgegebenen in Frage kommenden Indikationen ermittelt. Eine Einzelfall Überprüfung fand somit nicht statt. Eine kritische Erörterung solcher Studien über die "gerechtfertigte Indikation" in: *Phelps C.E. 1993; Kadel et al. 1996, Sharpe, Faden 1996.* Siehe auch Punkt C 4.

[153] Die tatsächlichen Raten der "Unangemessenheit" einer Indikation dürften jedoch kleiner sein. Ausführliche Diskussion in: *Cotton P. 1993, Phelps C.E. 1993; Kadel et al. 1996.*

[154] Gesagtes gilt auch für andere freie Berufe wie Juristen oder Journalisten *(Langenbucher W.R. 1984 und Schreiber H.-L. 1984)*.

Punkt B 1.1). Aus der großen Verantwortung den Menschen gegenüber und der Freiheit seines Berufes folgt aber auch die Pflicht für jeden Arzt, sich und sein Tun jeweils kritisch zu betrachten, so wie es zum Beispiel das ärztliche Prinzip des "nil nocere" oder des "salus aegroti suprema lex" von jedem Arzt erfordert.

So gesehen gehört die kritische Selbstkontrolle, oder anders ausgedrückt, die "Qualitätssicherung" der eigenen Leistung zu den grundlegenden und vom eigenen Selbstverständnis herrührenden Aufgaben eines jeden Arztes *(Müller-Osten W. 1977, Schega W. 1977, Baur Felsenstein 1994, Hecker W.Ch. 1996)*. "Qualitätssicherungsmaßnahmen können die ärztliche Verantwortung nicht ersetzen, aber die ärztliche Verantwortung zwingt uns zur Qualitätssicherung" *(zitiert aus: Hecker W.Ch., "Standards in der operativen Medizin, ihre Notwendigkeit und Problematik" in: ChirurgBDC, 35. Jg. (1996), Nr. 3, Seite 66)*.

Die traditionellen qualitätssichernden Maßnahmen, wie die Visiten, Assistenzen, Indikations- und Pathologiekonferenzen, die Arbeit der Hygiene- und Arzneimittelkommissionen, die abteilungsinternen Weiter-, Fortbildungen und Referate, das Einholen einer konsiliarischen Zweitmeinung etc., belegen dies *(Selbmann H.-K. 1995a)*. Auch Studien[155] können als eine Maßnahme der "Qualitätssicherung" angesehen werden.

Allerdings macht das Bemühen des Arztes, die Patienten "bestmöglich" zu versorgen und seine selbstkritische Haltung die Evaluierung der "Qualität" des eigenen Handelns nicht überflüssig[156]. Belegt wird dies durch die Ergebnisse einiger Studien, wonach es selbst nach Berücksichtigung der wichtigsten Einflußfaktoren, teilweise deutliche Unterschiede in Komplikationsraten und Längzeitergebnissen behandelnder Chirurgen in verschiedenen Kliniken gibt *(Hermanek jr. et al. 1994, Riedl et al. 1995)* ("Prognosefaktor Chirurg" *(Hermanek jr. et al. 1994 S. 296))*. Innerhalb einer Klinik konnten dagegen bei standardisierten Operationsmethoden keine signifikanten Unterschiede in den Behandlungsergebnissen festgestellt werden *(Schwenk et al. 1995)*.

4.2.5 "Qualitätssicherung" und Patient

Die "Qualitätssicherung" medizinischer Leistungen im Krankenhaus soll der Adäquanz, Relevanz und Sicherheit dienen und liegt daher im besonderen Interesse der Patienten *(Eichhorn S. 1992, Gutzwiller F. 1996)*. Für den Patienten ist die "Qualität" der medizinischen und ärztlichen Leistung natürlicherweise von größter Wichtigkeit.

Allerdings ist es für den Patienten kaum möglich, die "objektive Qualität" der ärztlichen Leistungen anhand einfacher Parameter näher beurteilen zu können. Denn worin die "objektive

---

[155] Beispielhaft genannt seien hier die Ergebnisse der Studiengruppe "Kolorektales Karzinom" z.B.: *Riedl et al., "Postoperative Komplikationen und Letalität in der chirurgischen Therapie des Coloncarzinoms" in: Chirurg 66. Jg. (1995), S. 597-606.*

[156] Qualitätsmängel entstünden, so der Sachverständigenrat, sehr oft aus mangelndem Wissen über die Qualität der eigenen Leistungen *(Sachverständigenrat 1989)*.

Qualität" des ärztlichen Handelns besteht, ist nicht nur für den Patienten, sondern auch für außenstehende Fachkundige oftmals schwierig zu beurteilen *(Arnold M. 1992)*.
Angesichts des gesellschaftlichen Trends zu mehr Selbstbestimmung und des sehr hohen Sicherheits- und Informationsbedürfnisses der Patienten (siehe Kapitel B 2.1 und 2.2) wird die Forderung nach mehr "Transparenz" der medizinischen Leistungen deutlich *(Eigler F.W. 1995)*.
Hinzu kommt auch die beobachtete zunehmd skeptische und kritische Haltung des mündigen Patienten und ein sich generell in der Gesellschaft verstärkendes "Qualitätsbewußtsein" *(Anschütz F. 1990, Kassirer J.P. 1994)*. Wie in Abschnitt 2 bereits erwähnt wurde, sind auch in der Medizin die Ansprüche an die "Qualität" medizinischer Leistungen in den vergangenen Jahren aufgrund verschiedener Ursachen gestiegen *(Birkner B. 1993, Eigler F.W. 1995)*.
Diese Entwicklung spiegelt sich auch in der Berichterstattung der Medien wider[157]. Das Nachrichten Magazin "Focus" beispielsweise veröffentlichte 1994 in einer fünfteiligen Serie einen "Krankenhausreport"[158]. In diesem Bericht wurde die "Qualität" von 200 Kliniken in Deutschland "verglichen" und die Ergebnisse in "Hitlisten" festgehalten. Nach Aussage der Autoren initiierten sie diese Untersuchung, weil es für den Patienten nahezu unmöglich ist, etwas über die "Qualität" der von den Ärzten und Kliniken erbrachten Leistungen zu erfahren[159]. Ziel qualitätssichernder Maßnahmen müßte es also aus Sicht des Patienten sein, ihm gegenüber einen Nachweis einer "qualitativ guten" medizinischen Versorgung ("Transparenz") erbringen zu können. Auch die bereits in 4.2.2 dargestellte Bedeutung der "Qualitätssicherung" als "Marketinginstrument" wird durch diese Entwicklung nochmals betont.

Vor dem Hintergrund der steigenden Arzthaftungsprozesse und Schiedsstellenentscheidungen, dem wachsenden Selbstbestimmungsrecht des Patienten und dem steigenden Bedürfnis nach Sicherheit und Transparenz, gewinnt die Qualitätssicherung für das Krankenhaus aber auch aus rechtlicher Sicht weiter an Bedeutung *(Eigler F.W 1995, Mills, v. Bolschwing 1995, Ulsenheimer K. 1995)*. Ziel der qualitätssichernden Maßnahmen ist es dabei, vor dem Hintergrund des zunehmenden Kostendrucks, etwaige haftungsrelevante Behandlungsfehler und -schäden zu vermeiden *(Kravitz et al. 1991, Mills, v. Bolschwing 1995, Ulsenheimer K. 1995)*.

---

[157] Über die "Qualität" der medizinischen Leistungen wurden in der Presse zahlreiche Artikel veröffentlicht, u.a. auch: *De Ridder u. Dissmann, "Denn sie wissen nicht was sie tun" in: SZ v. 20/21.04.1991, Nr. 92, Feuilleton-Beilage, Seite 1; Koch K.,"Wann ist ein Arzt gut?" in: SZ v. 11.01.1996, Nr. 8, Seite 49.*

[158] Der Artikel beginnt mit folgenden Sätzen: "Patienten haben es geahnt, Ärzte schon immer gewußt: Die Wahl der falschen Klinik kann einen Kranken mehrere Jahre seines Lebens kosten. Einen Beweis dafür lieferte nun die deutsche Darmkrebsstudie, die kürzlich auf einem Onkologenkongreß in Heidelberg veröffentlicht wurde. Risikofaktor Krankenhaus: [...] Die Stärken und Schwächen der [...] Kliniken sind streng geheim. Wie sollen, angesichts solcher Verhältnisse, [...] die Patienten eine gute Klinik finden?" zitiert aus: *Focus, Der Krankenhausreport, Heft 38, Seite 167, 1994.*

[159] Gleiche Aussage in: FAZ v. 17.08.1994 "Wie aber findet der Patient jene Kliniken, die den Richtlinien und Regeln der Chirurgie folgen? Diese Frage blieb [...] ohne Antwort, denn die Studie wahrt streng die Anonymität. Anders [...] wäre so etwas gar nicht zu machen."

4.2.6 Tendenzen in der Medizin

Auch die Entwicklungen und neuen Möglichkeiten des medizinischen Fortschritts mit den neu aufgeworfenen ethischen Fragestellungen in einigen medizinischen Teilgebieten, wie der Transplantationsmedizin, Gentechnik, Reproduktionsmedizin etc., erfordern zunehmend eine kritische Selbstbetrachtung und interdisziplinäre Zusammenarbeit, wie dies heute in den Ethikkommissionen an größeren Kliniken geschieht.

Eine weitere Herausforderung entsteht durch die zunehmende Komplexität der technischen Entwicklungen in der Medizin und der Tendenz zur weiteren Spezialisierung und Arbeitsteilung innerhalb der ärztlichen Arbeitsbereiche und Fachabteilungen. Die Technisierung in der Medizin hat das Potential der diagnostischen und therapeutischen Möglichkeiten deutlich vergrößert. Durch die zunehmende Komplexität der Versorgung der Patienten wächst jedoch die Gefahr der Fehler an der Schnittstelle Mensch-Maschine. Eine "Qualitätssicherung" der eingesetzten Technik und des Kenntnisstands des Bedienungspersonals wird dadurch notwendig.

Eine weiterführende Spezialisierung der medizinischen Fachgebiete und der ärztlichen Tätigkeiten hat neben den zahlreichen positiven auch einige negative Auswirkungen auf die Qualität der ärztlichen Versorgung *(Pfleiderer T. 1994)*. So steigt beispielsweise bei zunehmender Zahl der an einer Behandlung beteiligten Spezialisten die Fehlerhäufigkeit *(Pfleiderer T. 1994)*. Wird der Patient folglich von einigen stark spezialisierten Gebietsärzten innerhalb eines Behandlungszeitraumes versorgt, ohne daß ein behandlungsführender Arzt die einzelnen Befunde am Patienten zu einem Gesamtbild zusammenfügt, so besteht die Gefahr von nichterkannten Widersprüchen und Fehlern im Behandlungs- und Therapieplan *(Pfleiderer T. 1994)*.

Die genannten Punkte, die in den letzten Jahren die "Qualitätssicherung" in Deutschland in den Vordergrund gerückt haben, machen zugleich nochmals die Vielschichtigkeit der Ziele deutlich, die mit diesen Maßnahmen erreicht werden sollen.

Gerade durch die aufkommende Hoffnung mit verschiedenen Methoden der "Qualitätssicherung", wie Standards oder Leitlinien (siehe unten) zu nennenswerten Kostensenkungen im Gesundheitswesen zu gelangen *(Oldiges J.F. 1995a)*, den durch das bestehende feste Budget hervorgerufenen Sparzwang verbunden mit der Gefahr der Verschlechterung der medizinischen Versorgung, erhöht sich der Druck entsprechende Regelungen und Maßnahmen einzuführen erheblich *(Selbmann H.-K. 1995a, Hoffmann H. 1996)*.

Im Zuge dieser Entwicklung sind aber nicht nur die verantwortlichen Vertreter der Krankenkassenverbände, der Selbstverwaltung und der einzelnen Fachverbände gefordert. Betroffen sind vor allem die Krankenhausträger und -führungsorgane und die leitenden Ärzte als Verantwortliche für die medizinischen Belange *(Eichhorn S. 1992, Riegel, Scheinert 1995)*.

Ärzte in leitender Position stehen nun vor der Aufgabe, ein bekanntes und für sie seit langem bestehendes Thema, entsprechend den kommenden Anforderungen mit veränderten und neuen Aufgaben versehen, neu zu gestalten und in der Krankenhauspraxis umzusetzen.

Für diese neue Aufgabe hat sich in letzter Zeit der Begriff des "Qualitätsmanagements" entwickelt *(Birkner B. 1993, Kaltenbach T. 1993, Selbmann H.-K. 1994, 1995a, 1995b, Trill R. 1996)*. Qualitätsmanagement bezeichnet einen Führungsprozeß, der die gezielte Planung, Steuerung und Kontrolle aller Qualitätsaspekte und -dimensionen des betrieblichen Geschehens umfaßt *(Meffert, Bruhn 1997 S. 199)*.
Anhand dieser Definition werden nun die Möglichkeiten und Probleme bei der Bestimmung der medizinischen Qualität ärztlicher Leistungen im Krankenhaus aufgezeigt.

4.3 Zur Bestimmung der medizinischen Qualität

Die Grundlage für ein Qualitätsmanagement im Krankenhaus ist, entsprechend der oben genannten Definition, die Darstellung der einzelnen Anforderungen an eine medizinische Dienstleistungsqualität und die Meßbarkeit einzelner Qualitätsaspekte.

4.3.1 Die Meßbarkeit von "Qualität" in der Medizin

Die Problematik der Begriffsdefinition spiegelt sich in dem Problem der Meßbarkeit wider *(Erkert T. 1991 S. 7, Kaltenbach T. 1993 S. 77 f.)*. Die Tatsache der Multidimensionalität der medizinischen Leistungen stellt auch bei der "Qualitätsmessung" eine erhebliche Schwierigkeit dar *(Ohmann C. 1995)*. Wegen einer fehlenden umfassenden Definitionsmöglichkeit und damit auch Bestimmbarkeit der "Qualität in der Medizin" haben einige Autoren daher einzelne Aspekte einer "Qualität" als Betrachtungsgrundlage gewählt, um dieses Problem in einzelnen Bereichen lösen zu können. Denn nur wenn wenigstens Teilbereiche einer "Qualität" beschrieben werden können, können diese auch bestimmt bzw. gemessen werden.
Ein zur Beschreibung der "Qualität im Krankenhaus" mittlerweile weit verbreiteter Ansatz ist die auf *Donabedian* zurückgehende Unterscheidung der drei Qualitätskriterien "Struktur, Prozeß und Ergebnis" *(Donabedian A. 1966 S. 167)*. Ziel *Donabedians* war es nicht eine Definition von "Qualität", als vielmehr einen Weg zur Qualitätsmessung zu geben *(Donabedian A. 1982 S. 70)*. Die drei im Zusammenhang stehenden Elemente sind im einzelnen:

1. **Strukturqualität**: als der Input von Ressourcen, d.h. in dem vorgehaltenen Bestand an verschieden qualifiziertem Personal, Summe der räumlichen und apparativen-technischen Rahmenbedingungen, organisatorischen und finanziellen Bedingungen.
2. **Prozeßqualität**: d.h. einer Untersuchung von Betriebsabläufen, wie der diagnostischen und technischen Versorgung oder des indikationsgerechten Einsatzes der vorhandenen strukturellen Gegebenheiten.

3. **Ergebnisqualität:** (oder Outcome, Output), d.h. der Erfolg im Sinne von Vorbeugen, Heilen und Lindern von Krankheiten oder Leistung von Geburtshilfe.
(Donabedian A. 1966 S. 166 ff., ebenso: Hinderer u. Zuck 1986 S. 61, Sachverständigenrat 1989 S. 38 RdNr. 29, Selbmann H.-K. 1990, Erkert T. 1991 S. 7 ff., Hoffmann H. 1991c S. 261 f., Beske et al. 1993 S. 11, Kaltenbach T. 1993 S. 83 ff.).

Von *Donabedian* stammt eine weitere Klassifikation einer "medizinischen Qualität". Diese betrachtet eine Gesundheitsleistung unter drei Gesichtspunkten. Beurteilt werden neben "technischen Aspekten", die "interpersonellen Gesichtspunkte" sowie die öffentlichen Einrichtungen oder Rahmenbedingungen der Gesundheitsversorgung *(Donabedian A. 1980).*

Maxwell wiederum nennt sechs verschiedene Dimensionen zur Beurteilung einer medizinischen Qualität:

1. Effektivität (**"effectiveness"**): Spiegelt den Grad der Zielerreichung (bezogen auf das gewünschte Ergebnis) einer medizinischen Maßnahme wider.
2. Effizienz (**"efficiency"**): Beurteilt die "beste Ausnützung" einer Situation, indem man unter gegebenen Umständen und Mitteln den höchsten Ertrag oder mit dem geringsten Mitteleinsatz einen gegebenen Ertrag erhält.
3. Relevanz (**"appropriateness"**): Fragt, angesichts der knappen Ressourcen, ob die Erbringung einer Leistung "angemessen" ist.
4. Annehmbarkeit (**"acceptability"**): Eine medizinische Leistung benötigt für eine "gute Qualität" die Akzeptanz des einzelnen Patienten (Information und Aufklärung, Beteiligung bei Entscheidungsprozessen), muß aber auch im gesellschaftlichen und sozialen Kontext akzeptiert werden.
5. Zugänglichkeit (**"access"**): Untersucht, ob jeder, der eine bestimmte Leistung benötigt hat, auch erhalten konnte.
6. Gleichbehandlung (**"equity"**): Gibt es Unterschiede oder eine einseitige Abweichung (Bevorzugung) von Patienten?

(Maxwell R. 1984).

Nach Gutzwiller ist der wertende Begriff "Qualität medizinischer Leistungen" abhängig von den Zielen, auf die medizinische Handlungen gerichtet sind *(Gutzwiller F. 1996).* Die "Qualität medizinischer Leistungen" kann demnach bestimmt werden durch:

1. **Relevanz:** dem allgemein anerkannten Stand der Medizin entsprechend:
   zeitgerecht, notwendig
2. **Adäquanz:** psychosozial: interpersonal befriedigend
   ökonomisch: mit den gegebenen Mitteln den größtmöglichen Nutzen
3. **Sicherheit:** Behandlungs- und Pflegeprozesse minimalisieren das Risiko für den Patienten
4. **Gleichheit:** Chancengleichheit (Prävention, Diagnostik, Therapie)

(Gutzwiller F. 1996).

Trotz dieser teilweise vielschichtigen Ansätze bleiben dennoch viele Elemente der "medizinischen Qualität" bestehen, die nur schwer zu bestimmen sind. Dies zeigt sich beispielsweise bei dem Problem, das Arzt-Patienten-Verhältnis oder die sogenannte "therapeutische Erfahrung" zu beurteilen *(Tröhler U. 1991)*, ferner bei der Messung der "Lebensqualität"[160] eines Patienten. Eine Reihe von Autoren haben die grundsätzlichen Probleme erörtert und die Grenzen des Indikators "medizinische Qualität" aufgezeigt *(Raspe H. 1990, Vaitl D. 1990, Kemmler G. 1991, Slevin M.L. 1992, Dölle W. 1993, Eypasch et al. 1993, Gill, Feinstein 1994, Küchler T. 1994).*

4.3.2 Durchführung und Methoden der "Qualitätssicherung"

Nach dem anerkannten Ansatz von *Selbmann* sollten Qualitätssicherungsmaßnahmen bzw. ein Qualitätssicherungsprogramm im allgemeinen fünf Schritte durchlaufen:
1. Erkennen von Problemen in der ärztlichen Versorgung und Setzen von Prioritäten
2. operationale Definition der Qualität und ihrer Güte in dem ausgewählten Problembereich und damit indirekt Festlegung der Ziele des Qualitätssicherungsprogramms
3. detaillierte pro- und retrospektive Beobachtung des Problembereichs im ärztlichen Alltag, sofern dies nicht bereits im Rahmen der Problemerkennung geschehen ist,
4. Analyse der Beobachtungen und Erarbeitung von Lösungsvorschlägen und
5. Umsetzung der Empfehlungen in die tägliche Praxis, Messung der Effektivität und Entscheidung über das weitere Vorgehen

(zitiert aus: Selbmann H.-K. 1984 S. 11)

Besonderes Gewicht legen verschiedene Autoren auf den letzten Schritt der Re-Evaluation *(Selbmann H.-K. 1984 S. 11, ders. 1995a, Gerdelmann W. 1992, Epstein A. 1995)*. Denn nur eine Meßmethode, die nachgewiesenermaßen effektiv und effizient arbeitet, sollte angesichts des personellen und finanziellen Aufwands beibehalten werden *(Selbmann H.-K. 1995b)*.
Diese "Qualitätssicherung der Qualitätssicherung" gehört daher zu den wichtigen Grundelementen, die bei der Bestimmung der "Qualität" beachtet werden müssen *(Selbmann H.-K. 1984 S. 11, Kersting, Eichhorn S. 1994).*

---

[160] Es können zwar einzelne klar umrissene Teilaspekte der Lebensqualität definiert und bestimmt werden, wie die Häufigkeit von Erbrechen während einer Chemotherapie, jedoch nie die Lebensqualität eines einzelnen Individuums als solches. So bestehen eine Reihe ungelöster Probleme auf seiten des Patienten (individuelle Definition von Lebensqualität, Bewußtmachung der eigenen Lebensqualität etc.) auf seiten des Arztes und Wissenschaftlers (wie eigene begrenzte Lebenserfahrung, der Arzt als Gesunder gegenüber einem möglicherweise unheilbar Erkrankten etc.) sowie Probleme des Dialogs zwischen beiden (wie die Grenzen der Erfaßbarkeit der Lebensqualität mittels Fragebogen) *(Raspe H. 1990 S. 1 ff., Vaitl D. 1990 S. 215 ff., Kemmler G. 1991 S. 190 ff., Slevin M.L. 1992 S. 466 ff., Dölle W. 1993 S. 2 ff., Gill und Feinstein 1994 S. 619 ff., Küchler T. 1994 S. 171 ff.).*

Als die entscheidende Anforderung, die generell ein Qualitätssicherungsprogramm erfüllen muß, gehört aber nach überwiegender Meinung die Wahrung des Prinzips der Vertraulichkeit *(Schega W. 1984, Hoffmann H. 1991c, Osterwald G. 1991, Gerdelmann W. 1992, Eigler F.W. 1995, Moss, Garside 1995, Hecker W.Ch. 1996)*. Dies kommt vor allem in der oftmals gestellten Forderung nach der Anonymität[161] der Teilnehmenden und deren Ergebnissen *(Schega W. 1984 S. 92, Hoffmann H. 1991c, Osterwald G. 1991, Hempel K. 1993, Hermanek jr. et al. 1994, Baur-Felsenstein M. 1995, Hecker W.Ch. 1996)* zum Ausdruck. Nach herrschender Meinung kann nur durch das Prinzip der Vertraulichkeit die "Ehrlichkeit der Offenbarung" *(Hoffmann H. 1991c, Hecker W.Ch. 1996)* und damit die Gewinnung echter und unverfälschter Daten als Grundvoraussetzung für eine sinnvolle Qualitätsbestimmung und -beurteilung erreicht werden. Die Freiwilligkeit der Teilnahme *(Schega W. 1979, Eichhorn S. 1985, Gerdelmann W. 1992)* war ebenfalls ein wichtiges Prinzip, wurde jedoch durch das GRG 1989 eingeschränkt und modifiziert[162]. An dieser Stelle sei auch auf die Bedeutung der oftmals genannten wichtigen Merkmale guten ärztlichen Handelns, wie Verantwortlichkeit, ehrliche und selbstkritische Haltung und den Mut zur Offenheit hingewiesen *(Müller-Osten W. 1977, Schega W. 1977, Carstensen G. 1989, Berwick D.M. 1991, Hempel K. 1993, Hecker W.Ch. 1996)*.

4.3.2.1 Die externe und interne Qualitätssicherung

Bei der Durchführung qualitätssichernder Maßnahmen gibt es grundsätzlich zwei verschiedene Ansichts- und Vorgehensweisen, die sogenannte "externe" und "interne" "Qualitätssicherung".

Unter "externer Qualitätssicherung" versteht man alle qualitätssichernden Maßnahmen, die aus Sicht des Krankenhauses von nicht der Klinik angehörenden Personen oder Einrichtungen durchgeführt werden *(Selbmann H.-K. 1995a)*. Hierfür ist eine "externe" Institution notwendig, die zentral alle Daten der beteiligten Kliniken sammelt, auswertet und die entsprechend aufbereiteten Vergleichsparameter an die einzelnen Häuser zurückmeldet *(Eichhorn S. 1992, Selbmann H.-K. 1994)*. Als Voraussetzung und Kriterium für ein externes Qualitätssicherungsprogramm gilt das Vorhandensein eines in sich schlüssigen Gesamtkonzeptes, der notwendigen Organisations- und Infrastrukturen sowohl außerhalb als auch innerhalb der Klinik sowie das Vorhandensein geeigneter "Qualitätsindikatoren" *(Selbmann H.-K. 1995a)*.

---

[161] Freiwillige Teilnahme, eine weitgehende Anonymisierung der Teilnehmer und die absolut vertrauliche Behandlung ihrer Erhebungsdaten, die ja helfen sollen, eigene Schwachstellen aufzudecken, sind hierbei eine "conditio sine qua non." *zitiert aus: Schega W. 1984, S. 92.*

[162] Nach § 137 SGB V sind alle Krankenhäuser verpflichtet, an qualitätssichernden Maßnahmen teilzunehmen. Allerdings wurde diese Verpflichtung nicht näher definiert, so daß ein Krankenhaus zu einer konkreten Maßnahme nach § 137 SGB V nur verpflichtet ist, wenn durch kollektivvertragliche Regelungen nach § 112 SGB V solche vereinbart sind.

Ziel der externen Qualitätssicherung ist es, wie in § 137 SGB V gesetzlich vorgesehen, vergleichende Prüfungen zwischen den Kliniken durchführen zu können. Diese Möglichkeit der "vergleichenden Prüfung" einzelner Krankenhäuser ist gerade für die Krankenkassen im Zuge der oben aufgezeigten Entwicklung im Gesundheitswesen interessant geworden *(Oldiges J.F. 1995a)*. Die von den Kostenträgern geforderten Prüf- und Testverfahren *(Sitzmann H. 1992, Oldiges J.F. 1995a)* entsprechen jedoch mehr einer "Qualitätskontrolle" durch Dritte als einer "Qualitätssicherung" im eigentlichen Sinne.

Demgegenüber wird bei der "internen Qualitätssicherung" ein Vergleich der Leistungen der eigenen Klinik mit denen der Vergangenheit oder anderen existierenden Leitlinien bzw. entsprechend wertbaren Informationen vorgenommen *(Werner B. 1995)*.

Auch hierfür sind geeignete organisatorische Strukturen und entsprechendes Personal innerhalb des Krankenhauses notwendig. Allerdings fehlt bei der "internen Qualitätssicherung" eine von außen kommende oder kontrollierende Institution.

Kann eine Klinik lediglich für sich selbst interne qualitätssichernde Maßnahmen durchführen, so ist bei Einführung eines externen Qualitätssicherungsprogramms unmittelbar auch die Einführung entsprechender interner qualitätssichernder Maßnahmen erforderlich. Denn nur wenn die jeweilige Klinik, die von einer autorisierten Institution vermittelten Informationen analysiert und die entsprechenden Ergebnisse und Maßnahmen intern umsetzt, kann die externe Qualitätssicherung erfolgreich sein *(Baur-Felsenstein M. 1994, Selbmann H.-K. 1995a)*.

4.3.2.2 Indikatoren und Werkzeuge der Qualitätssicherung

Für die Bestimmung und Messung der "medizinischen Qualität" werden jedoch bei beiden Verfahren geeignete "Indikatoren" benötigt. Hierfür gibt es, entsprechend den zahlreichen Dimensionen einer "medizinischen Qualität", auch eine Fülle von "Indikatoren".

Zu den gängigen und seit langem angewandten "Qualitätsindikatoren", die jedoch lediglich die "medizinische Qualität" erfassen, gehören, neben zahlreichen anderen, etwa die Letalität, die Überlebensrate und -zeit, die Komplikationsrate, etwa von operativen Eingriffen, die Häufigkeit thromboembolischer Ereignisse, die Rezidivrate nach Operationen bösartiger Geschwülste oder zunehmend die sog. Lebensqualität.

Analog zur "medizinischen Qualität" wird versucht auch die "Strukturqualität" einer Klinik anhand von Indikatoren wie "Anzahl des vorgehaltenen ärztlichen und pflegerischen Personals", "Anteil der Fachärzte am ärztlichen Personal", "Anzahl und Güte der vorhandenen Geräte" zu charakterisieren. Auf "Standards", "Richt- und Leitlinien", "second opinion" und "Patientenzufriedenheit" wird nun näher eingegangen.

4.3.2.2.1 Standards, Richtlinien, Leitlinien, Empfehlungen

Gerade aber von der Anwendung sogenannter Standards, Leitlinien, Richtlinien und Empfehlungen als "Indikatoren" und "Werkzeuge" der Qualitätssicherung erhofft man sich heute sowohl eine "medizinische Qualitätssicherung" als auch eine "Verbesserung" der "ökonomischen Qualität", d.h. durch ihre Einführung auch Kostensenkungen im Gesundheitswesen *(Welch et al. 1994, Hartel F.W. 1995, Grimshaw et al. 1995, Oldiges J.F. 1995a, Wawersik J. 1995, Hecker W. Ch. 1996, Selbmann H.-K. 1996)*. Die breite Anwendung solcher Verfahren wird daher vermehrt gefordert *(Oldiges J.F. 1995a)*. Die Erwartungen, die heute allgemein an diese "Handlungsanweisungen" als "Werkzeuge" der Qualitätssicherung geknüpft werden, sind hoch *(Selbmann H.-K. 1996)*.

Ziel der sogenannten Standards, Leitlinien, Richtlinien oder Empfehlungen soll es sein, den anerkannten aktuellen Stand der gesicherten medizinischen Kenntnis darzustellen und so einer Sicherung und Verbesserung der medizinischen Versorgung zu dienen *(Selbmann H.-K. 1984 S. 161)*.

Mehrere Umstände legen die Einführung von Standards, Richt- und Leitlinien über Methoden und Verfahrensweisen in der Medizin nahe. So ist der Wissenszuwachs in der Medizin mittlerweile so groß geworden, daß ein einzelner sein Fachgebiet in der Regel nicht mehr überblicken kann und es ihm unmöglich geworden ist, die Vielfalt der angebotenen Informationen annähernd aufzunehmen *(Buchborn E. 1993, Wawersik J. 1995)*. Hinzu kommt, daß die Therapie vieler Krankheiten einem raschen Wandel unterworfen ist *(Wolf, Weihrauch 1996)*. Eine entsprechende adäquate Umsetzung neuer und gesicherter medizinischer Erkenntnisse in den Praxisalltag kann daher gefährdet sein *(Koch K. 1996)*.

Aus medizinischer Sicht können allerdings die Grenzen zwischen den "Handlungsanweisungen", die jeder Arzt aus den entsprechenden Therapielehrbüchern[163] kennt, und den Anweisungen explicit formulierter Leitlinien unscharf sein *(Kassirer J.P. 1993)*.

Generell erhofft man sich durch eine ausformulierte "Handlungsanweisung" eine vermeintliche Beliebigkeit in der medizinischen Versorgung vermeiden zu können *(Selbmann H.-K. 1996)*. Für Dritte, wie etwa den Patienten oder die Krankenkassen, könnten solche Leitlinien die jeweilige medizinische Leistung transparenter machen *(Selbmann H.-K. 1995b)*. Den Kostenträgern könnte durch solche Richtlinien die Kalkulation der neuen Entgeltformen und auch die Überprüfung einer Unter- oder Überversorgung[164] erleichtert werden *(Selbmann H.-K. 1995b)*.

---

[163] So schreiben die Herausgeber des Buches "Internistische Therapie 96/97" in ihrem Vorwort zur elften Auflage: "Die "Internistische Therapie" kann wie andere Standardwerke dazu beitragen, die Bemühungen von Fachgesellschaften darin zu unterstützen, eine Standardisierung der Therapie mit dem Ziel einer generellen Qualitätsverbesserung zu erreichen." *(zitiert aus: Wolf, Weihrauch 1996 S. 1)*.

[164] Ein Trend, der sich in Großbritannien und Neuseeland abzeichnet, ist, daß Leitlinien auch zur Rationierung eingesetzt werden können. Sie geben Hinweise über Ausmaß und Umfang der Behandlung bei bestimmten Indikationen *(Ham Ch. 1995)*.

Aus rechtlicher Sicht können Richtlinien, Standards oder Empfehlungen als ein objektiver Maßstab für Gerichtsverfahren verwendet werden. Beurteilt werden kann dabei, neben einer nach den "Regeln ärztlicher Kunst" durchgeführten Maßnahme auch, ob bei der Betreuung eines Patienten der erforderliche Sorgfaltsmaßstab eingehalten wurde *(Prien Th. 1995, Wawersik J. 1995).*

Letztlich erhofft sich in den USA das Krankenhausmanagement zunehmend Kostensenkungen im medizinischen Bereich durch diese "guidelines" oder "practice profiles" *(Grimshaw, Russell 1993, Montague J. 1994).* Derartige Ansätze gibt es in Deutschland bisher noch nicht.

Wie bei dem Thema der "Qualitätssicherung", so gibt es auch bei dem Verständnis von Standards, Richt- und Leitlinien unterschiedliche Ansichten. Viele Autoren verwenden die Begriffe Standard, Richtlinie oder Leitlinie synonym *(Selbmann H.-K. 1984 S. 161, Buchborn E. 1993, Scheibe O. 1995, Oldiges J.F. 1995a, Wawersik J. 1995, Hecker W.Ch. 1996).* In ihrem Verständnis umfaßt ein Standard das in einem breiten Konsens entstandene "Übliche" und "Bewährte" und ist ein Richtmaß der durchschnittlichen Beschaffenheit guter ärztlicher Übung. Er soll den sichersten und richtigen Weg weisen *(Carstensen G. 1989, Weissauer W. 1994).* Auch in der Rechtsprechung versteht man unter einem "Standard" nicht immer die Beschreibung eines exakt gleich zu fordernden Leistungsgeschehens[165].

1. Standards: Nach der Definition der Brockhaus Enzyklopädie ist ein Standard eine Norm oder ein Richtmaß. Entsprechend in der Medizin angewandt bedeutet dies, daß man sich während des Leistungsprozesses auch zu einhundert Prozent daran zu halten hätte und daß das Ergebnis ebenfalls zu einhundert Prozent daran gemessen werden müßte *(Selbmann H.-K. 1996).* Das Problem einer solchen engen Definition ist, daß ein jedes, auch natürliches Abweichen von diesem Standard als Verstoß gegen die Norm gesehen und somit erklärungsbedürftig wird. Um Mißverständnisse zu vermeiden, sollte man nach Empfehlung einiger Autoren, wie in den USA generell lieber den Begriff der Leit- oder Richtlinie verwenden *(Scheibe O. 1995, Schuster H.-P. 1995, Wawersik J. 1995, Selbmann H.-K. 1996).*

2. Richtlinien, Leitlinien und Empfehlungen:
Auch diese genannten Begriffe werden oft synonym verwendet. Nach den Richtlinien (z.B. Schwangerenüberwachung) *muß* man sich richten, von den Leitlinien *sollte* man sich leiten lassen, Empfehlungen *kann* man befolgen *(Selbmann H.-K. 1996).*

Medizinische Richtlinien, Leitlinien oder Empfehlungen werden auf dem Boden gesicherter ärztlicher Erfahrung als Lehrmeinung durch Consensus von den Ärztekammern, den jeweiligen Berufsverbänden, den jeweiligen ärztlichen und wissenschaftlichen Fachverbänden und vor allem durch dafür einberufene Expertengremien, den Konsensuskonferenzen ausgegeben

---

[165] So kann der zu fordernde medizinische Standard aus juristischer Sicht bei Krankenhäusern unterschiedlicher Versorgungsstufen mit entsprechend unterschiedlichen personellen und sachlichen Möglichkeiten verschieden sein *(BGH VersR. 1988, S. 181, Jansen C. 1992, Ulsenheimer K. 1992).*

(Birkner B. 1993, Buchborn E. 1993, Wawersik J. 1995). Allerdings sollte eine Konsensuskonferenz bestimmten Anforderungen genügen, um verläßliche und allgemein gültige Richtlinien aufstellen zu können. Selbmann hat hierfür die wichtigsten Kriterien genannt *(Selbmann H.-K. 1992 und ders.1996)*

4.3.2.2.2 Second opinion

Ein weiteres Werkzeug der Qualitätssicherung soll das Einholen der sogenannten "second opinion" werden. In den zweiseitigen Verträgen nach § 112 SGB V ist auch zu regeln, "in welchen Fällen Zweitmeinungen vor erheblichen chirurgischen Eingriffen einzuholen sind". Wie das weitere Vorgehen sein wird, wer und wann eine Zweitmeinung einholen kann oder muß, ist bisher nicht festgelegt worden. Auch das Ziel, das mit der Einführung der "second opinion" erreicht werden soll, ist bisher nicht genannt *(Hempel, Siewert 1996)*. Nach *Hempel* und *Siewert* dürfte der Schutz des Patienten vor Fehlentscheidungen im Vordergrund gestanden haben. Allerdings könnten auch die "second opinion"-Programme der USA das Vorbild des Gesetzgebers gewesen sein. Dort soll eine externe Zweitmeinung die Indikation zur Operation überprüfen, um unnötige Behandlungen und damit Kosten[166] zu vermeiden *(Mc Carthy et al. 1984 S. 177 ff., Hempel, Siewert 1996)*. Auch in Deutschland könnte die "second opinion" zur Indikationssteuerung benützt werden, gerade weil durch die Möglichkeiten der Telekommunikation Befunde aber auch der Patient via Bildschirm einem Zweitgutachter vorgestellt werden können *(Hempel, Siewert 1996)*.

4.3.2.2.3 Die Bestimmung der "Angemessenheit" der Indikation

Wie die "second opinion", so wird die Prüfung der "Angemessenheit" einer Indikation in den USA bereits seit einigen Jahren im Rahmen verschiedener Erhebungen untersucht *(u.a. Merrick et al. 1986, Chassin et al. 1987, Greenspan et al. 1988, Winslow C.M. 1988).*
In Deutschland gibt es derzeit kaum vergleichbare Studien *(De Ridder, Dissmann 1991)*. Lediglich *Kadel et al.* befaßten sich im Rahmen einer Studie mit der "Angemessenheit" der Indikation von Koronarangiographien nach in den USA entwickelten Kriterien *(Kadel et al. 1996).* Da aber gerade die Indikation für eine diagnostische und therapeutische Maßnahme zu Leistungen und damit auch Kosten führt, hat sie unter dem Aspekt der Kostensenkung, der der Qualitätssicherung auch zugeschrieben wird, eine große Bedeutung. Zukünftig könnte daher die Überprüfung der Indikation im Rahmen solcher Studien über die "Angemessenheit" auch in Deutschland Einzug in die Qualitätssicherung finden.

---

[166] Das Problem der ungerechtfertigten Leistungsausweitung bei einem fallbezogenen Entgeltsystem, wie den "diagnosis related groups" in den USA oder den Fallpauschalen in Deutschland, wurde bereits erwähnt.

Über die Möglichkeit der Messung der "ökonomischen Qualität" im Sinne von "Effektivität" und "Effizienz" im Krankenhaus wird in Kapitel C näher berichtet.

4.3.2.2.4 Patientenzufriedenheit

Ein weiterer Indikator der "Qualität" ist die für das einzelne Krankenhaus zunehmend wichtige "Patientenzufriedenheit" *(Fitzpatrick R. 1991, Smith et al. 1995)*. Wie oben bereits angesprochen wurde, gewinnen die Wünsche, Bedürfnisse und Erfahrungen der Patienten, verschiedentlich als "Kunden" gesehen, an Bedeutung. Im Sinne der "Kundenorientierung" und des "Qualitätsmanagements" werden meist am Ende des stationären Aufenthalts des Patienten dessen Eindrücke und Meinungen erfragt, um so etwas über mögliche Mängel oder Schwachstellen in der Versorgung und im organisatorischen Ablauf zu erfahren *(Fitzpatrick R. 1991)*. Bei gezielter Fragestellung können Erfahrungen des Patienten auch zu Verbesserungen der medizinischen Qualität führen *(Tsekos et al. 1993, Fitzpatrick R. 1995, Smith et al. 1995)*.

4.3.2.2.5 "Evidence based medicine"

Eine noch junge qualitätssichernde Methode in der Medizin ist die v.a. in den angloamerikanischen Ländern bekannte sog. "evidence based medicine" *(Grimes D.A. 1995, MacPherson D.W. 1995, Sackett et al. 1996, Berger et al. 1997)*.
"Evidence based medicine" versucht die ärztlichen Entscheidungen auf die "beste" Grundlage zu stellen um so die Qualität der ärztlichen Versorgung angesichts des raschen medizinischen Fortschritts und der Informationsflut[167] zu sichern und zu erhöhen sowie das gesicherte und "beste" Wissen der modernen Medizin schnellst möglich in den klinischen Alltag umsetzen zu können *(Grimes D.A. 1995, MacPherson D.W. 1995, Sackett et al. 1996, Berger et al. 1997)*.
Die Anwendung der "evidence based medicine" im ärztlichen Entscheidungsprozeß beeinhaltet zum einen die Einbeziehung des **klinischen Sachverstands**[168] des Arztes und zum anderen die Umsetzung der **gesicherten Erkenntnisse** der **klinischen Forschung** und der **gesicherten Studienergebnisse** *(Sackett et al. 1996, Berger et al. 1997)*.
Zu diesem Zwecke werden die Ergebnisse der klinisch bedeutsamen Forschung auf ihre Aussagefähigkeit und die tatsächlich begründeten und bewiesenen Fakten hin überprüft[169].

---

[167] Derzeit gibt es, einschließlich der angrenzenden Fachgebiete, weltweit etwa 20.000 medizinische Fachzeitschriften *(Grimes D.A. 1995)*. Ein Arzt müßte heute das ganze Jahr über täglich 19 Artikel lesen, um alle veröffentlichten Studienergebnisse aus seinem Fachgebiet zu kennen *(Sackett et al. 1996)*.

[168] Unter klinischem Sachverstand versteht man den Leistungsstand und die klinische Urteilsfähigkeit die der einzelne Arzt durch seine klinische Erfahrung erwirbt *(Sackett et al. 1996)*.

[169] Die Vertreter der "evidence based medicine" kritisieren beispielsweise, daß vom Beweis des Nutzens der thrombolytischen Substanzen 13 Jahre vergangen sind, bis sie tatsächlich in der Praxis etabliert waren *(Grimes D.A. 1995)*. Auf der anderen Seite wurde über die letzten 25 Jahre hinweg die intravenöse Lidocain-Gabe

Diese Evaluation des medizinischen Wissens umfaßt die patientenbezogene und klinisch bedeutsame Grundlagenforschung, die Sensitivität und Spezifität verschiedener Testverfahren, die klinischen Untersuchungsverfahren, die Bedeutung prognostischer Werte und vor allem die Effektivität und Sicherheit therapeutischer, rehabilitativer und präventiver Behandlungsschemata *(Sackett et al. 1996)*. Durch die "evidence based medicine" und der damit verbundenen auf den jeweiligen Patienten und dessen individuellen Präferenzen hin abgestimmten Literaturrecherche sowie der anschließenden kritischen Analyse der Studienergebnisse, soll der Arzt über die Behandlung dieses Patienten Aussagen erhalten, die tatsächlich fundiert und nachweislich richtig sind. Auf diesem Wege soll der einzelne Patient die bestmögliche medizinische Behandlung erhalten können.

Folge[170] der "evidence based medicine" ist, daß die in der Medizin praktizierten Verfahren laufend auf ihren Nutzen und ihre Sinnhaftigkeit hin überprüft werden, nicht bewiesene und nutzlose Verfahren aufzeigt, und neue, nachweislich bessere Maßnahmen und Methoden rascher eingeführt werden *(Grimes D.A. 1995, MacPherson D.W. 1995, Sackett et al. 1996)*.

Voraussetzung für die praktische Umsetzung dieser qualitätssichernden Methode ist, daß die Ärzte die klinischen Studien "verstehen" und ihre Ergebnisse richtig interpretieren können, daß auf den einzelnen Stationen und in den Praxen eine Zugriffsmöglichkeit auf verschiedene medizinische Datenbanken besteht und daß es zu den zahlreichen medizinischen Fragestellungen tatsächlich sicheres Wissen gibt.

Bisher kann, aufgrund fehlender längerfristiger Erfahrungen im Umgang mit der "evidence based medicine", noch keine abschließende Beurteilung über ihre Anwendbarkeit und ihren Nutzen gegeben werden.

4.4 Derzeitiger Stand der Qualitätssicherung in Deutschland

Seit Beginn der externen Qualitätssicherung im Krankenhaus in den siebziger Jahren[171] wurden zahlreiche Projekte initiiert und durchgeführt. Einige davon werden mittlerweile routinemäßig flächendeckend durchgeführt, so die bundesweite Qualitätssicherung in der Perinatologie/Neonatologie oder landesweit in der Chirurgie *(Beske et al. 1993)*. In der Herzchirurgie wurde nun die erste bundesweite Qualitätssicherungsmaßnahme nach § 137 SGB V umgesetzt *(Jaster, Schäfer 1994)*.

---

zur Prophylaxe des Kammerflimmerns propagiert, obwohl es an dem Beweis eines Nutzens hinsichtlich der Sterblichkeitsrate in den kontrollierten Studien gefehlt hat *(Grimes D.A. 1995)*.

[170] "Evidence based medicine" hat daneben noch weitere Auswirkungen, etwa auf die universitäre Ausbildung der jungen Mediziner *(Grimes D.A. 1995)* oder auf die Art des ärztlichen Entscheidungsfindungsprozesses, da nach Ansicht der führenden "evidence based medicine" Forscher nicht mehr entsprechend den Anweisungen eines autoritären Arztes, sondern vielmehr nach einer "bewiesenen Aussage" entschieden werden soll *(Grimes D.A. 1995, MacPherson D.W. 1995, Sackett et al. 1996)*.

[171] Münchner Perinatalstudie von 1975-1977 *(Beske F. 1989)*, Pilotstudien in der Chirurgie 1977 und 1979 *(Schega W. 1979)*.

Weitere externe Qualitätssicherungsmaßnahmen gibt es überwiegend in den operativen Fächern (Chirurgie, Unfallchirurgie, Herzchirurgie, Gefäßchirurgie, Neurochirurgie, operative Gynäkologie), aber auch in der Inneren Medizin, Anästhesie und vor allem in der Radiologie und Labormedizin, aufgrund der dort erreichbaren relativ hohen Standardisierbarkeit der eingesetzten Medizintechnik. Bei diesen externen Qualitätssicherungsmaßnahmen werden die sog. "Tracermethode" und die "Totalmethode" angewandt.

Bei der "Tracermethode" werden die Daten zu bestimmten Diagnosen, derzeit sind dies häufige und in nahezu allen Krankenhäusern durchgeführte operative Eingriffe[172], dokumentiert und anonymisiert an die Projektgeschäftsstellen der Ärztekammern weitergeleitet *(Bauer H. 1995b)*. Ebenso wird mit den Daten verfahren, die bei der "Totalmethode" gewonnen werden. Hierbei kommen jedoch die relevanten Daten **aller** Behandlungsfälle[173] zur Auswertung *(Selbmann H.-K. 1995b)*.

Über die einzelnen Projekte gibt die Übersicht von *Beske, Eversmann und Niemann* von 1993 und des *Bundesministeriums für Gesundheit* von 1994 weitere Auskunft.

Eine vergleichbare Übersicht der derzeit angewandten internen Qualitätssicherungsmaßnahmen liegt in einer systematischen Form nicht vor. Nach *Selbmann* sind die internen, zumeist die traditionell von den Ärzten durchgeführten Maßnahmen wenig transparent und aufsehenerregend *(Selbmann H.-K. 1995a)*.

Aufgrund der langen Praxis haben Verfahren, wie das Einholen einer Zweitmeinung bei Visiten, die Ober- und Chefarztvisite, Indikations- und Pathologiekonferenzen, Obduktionen, die Arbeit von Arzneimittel- und Hygienekommissionen, hausinterne Leitlinien oder Abteilungskonferenzen und einzelne Fallbesprechungen im Krankenhaus, eine große Bedeutung *(Osterwald G. 1991, Baur-Felsenstein M. 1994, Riegel, Scheinert 1995, Selbmann H.-K. 1995a)*.

Zu den bekanntesten internen Qualitätssicherungsprogrammen in Deutschland gehört das Münchner Modell "Vertrauen durch Qualität". Dieses "interne" Projekt, das an allen städtischen Krankenhäusern in München durchgeführt wird, wurde zur Umsetzung der gesetzlichen Vorgabe des § 137 SGB V initiiert *(Seyfarth-Metzger, Hanel 1995)*.

Trotz der genannten Bemühungen um Implementierung und Durchführung qualitätssichernder Maßnahmen sind viele der angestrebten Ziele noch nicht erreicht worden. Eine breite und flächendeckende Qualitätssicherung in Deutschland gibt es nicht *(Prößdorf K. 1993, Kersting, Eichhorn S. 1994, Bauer H. 1995b)*. Viele Qualitätssicherungmaßnahmen sind oftmals auf regelhaft ablaufende und möglichst leicht meßbare Prozesse beschränkt, etwa auf operative, interventionelle Eingriffe, die Geburtshilfe oder Medizintechnik.

Das Ziel, ein selbstverständliches "Qualitätsdenken", im Sinne einer "Qualitätsphilosophie", mit den "Qualitätssicherungsprogrammen" bei den Leistungserbringern im Krankenhaus mit breiter Wirkung hervorzurufen, ist bisher nicht erreicht worden *(Prößdorf K. 1993, Riegel,*

---

[172] Beispielhaft seien hierfür die Tracerdiagnosen der Chirurgie, wie die Cholelithiasis/Cholecystitis, die Leistenhernie, Schenkelhalsfraktur oder Appendicitis, genannt *(Bauer H. 1995b)*.

[173] In der Herzchirurgie sind dies derzeit maximal 205 Items, die aus einem prä-, intra- und postoperativen Datensatz gewonnen werden *(Jaster, Schäfer 1994)*.

Scheinert 1995, Selbmann H.-K. 1995a, Jacobs W. 1996). Möglicherweise steht dies damit in Zusammenhang, daß Zweifel und Angst vor Kontrolle, Prüfung und Sanktionen bestehen *(Arnold M. 1992, Eichhorn S. 1992, Selbmann H.-K. 1995a, Jacobs W. 1996).* Anfängliche Skepsis und Zurückhaltung wurde auch bei der Durchführung interner qualitätssichernder Maßnahmen festgestellt *(Tsekos et al. 1993, Seyfarth-Metzger, Hanel 1995)* konnten aber im Verlaufe der jeweiligen Projekte durch Vertrauensbildung Zug um Zug verringert werden.

4.5 Probleme und Grenzen der Qualitätssicherung

Im folgenden nun sollen die Probleme und Grenzen qualitätssichernder Maßnahmen im Krankenhaus dargestellt werden. Auch die Gründe der zögerlichen Entwicklung der Qualitätssicherung und der teilweise beschriebenen Vorbehalte bei den Leistungserbringern werden dabei angesprochen. Auf die Erfahrungen, die in den USA im Umgang mit qualitätssichernden Maßnahmen gemacht wurden, wird, soweit eine Vergleichbarkeit oder Parallelität zum deutschen Vorgehen besteht, näher eingegangen werden.

4.5.1 Generelle Probleme und Grenzen der "Qualitätssicherung"

Ein grundsätzliches Problem für die "Qualitätssicherung" in der Medizin besteht in der Tatsache, daß nur das in sinnvoller Weise bestimmt werden kann, was definierbar und meßbar ist. Dies setzt eine gewisse Standardisierbarkeit und Uniformität von Patientenmerkmalen, bestimmter Prozesse und Ergebnisse voraus[174]. Dies ist aber aufgrund der Natur des zu Messenden in der Medizin, eben des Menschen mit seinem ihm eigenen Soma, seiner Psyche und seinen eigenen sozialen Umständen, regelhaft nicht gegeben *(Arnold M. 1992, Dölle W. 1993, Tannenbaum S.J. 1993, Eigler F.W. 1995, Hartel W. 1995, Ohmann C. 1995, Hecker W. Ch. 1996, Logan, Scott 1996).*

Auch das Ergebnis, der sog. Outcome einer Behandlung kann bei gleicher Struktur- und Prozeßqualität wegen der Individualität und Komplexität einer medizinischen Leistung bei Patienten mit gleicher Diagnose sehr unterschiedlich sein *(Berwick D.M. 1991, Arnold M. 1992, Kassirer J.P. 1994, Ohmann C. 1995).* Dies erklärt die Schwierigkeit, einen Therapieerfolg vorherzusehen *(Logan, Scott 1996)* und teilweise auch die Unterschiede der Ergebnisse verschiedener Operateure bei dem gleichen "standardisierten" operativen Vorgehen *(Schwenk et al. 1995).*

---

[174] In der Güterproduktion gibt es praktisch ausnahmslose Gültigkeit der einer Produktion zugrunde liegenden Voraussetzungen. Daraus folgt die Möglichkeit der Standardisierbarkeit aller Abläufe, es gibt eine klare Zielvorstellung vom Endprodukt, Normabweichungen können gemessen werden *(Arnold M. 1992).*

Auch die Tatsache, daß es heute, wie noch vor etwa zwanzig Jahren, trotz immer besserer Möglichkeiten moderner diagnostischer Verfahren[175], unverändert ca. 10 % Fehldiagnosen mit klinischer Relevanz gibt, zeigt, in welcher Dimension es in der Medizin "Ungenauigkeiten" und "Unsicherheit" gibt *(Gross, Fischer 1980, Kirch W. 1992 S. 7 ff., Schafii, Kirch 1993, Roessink et al. 1994, Logan, Scott 1996)*. Die Individualität jedes Patienten und die der Medizin innewohnende Unsicherheit setzt einer Standardisierung in der Medizin somit Grenzen.

Dieser Sachverhalt könnte auch die Beobachtung erklären, daß qualitätssichernde Projekte überwiegend dort durchgeführt werden, wo man leichter "Vergleichbares" findet, wie bei den operativen Fächern, bei Prozessen die in einer vergleichbaren Art und Weise häufig auftreten, wie bei der Geburt oder einer Narkose, und in den von Medizintechnik dominierten Bereichen der Radiologie und Labormedizin. Entsprechend bemerkt auch *Selbmann*, daß bei der Auswahl der Tracerdiagnosen oder der Fachgebiete eher die Machbarkeit und Häufigkeit als die Problemträchtigkeit und der aus der Qualitätsprüfung resultierende Nutzen für die Patienten ausschlaggebend war *(Selbmann H.-K. 1995a)*. Breitangelegte externe Qualitätssicherungsprogramme etwa in der Onkologie[176] *(Koch K. 1996, Illiger H.J. 1996)* oder der Psychiatrie/Psychosomatik sind bisher nicht durchgeführt worden.

Eine Grenze findet die "Qualitätssicherung" folglich auch dort, wo bestimmte Prozesse und damit auch bestimmte Ergebnisse kaum oder nicht meßbar sind. Dies ist etwa bei dem Problem der Bestimmung der "Humanitas", bei der Messung der "Lebensqualität" eines individuellen Patienten, aber auch bei der Frage der "Angemessenheit" einer Indikation zu sehen.

Die Schwierigkeit, bestimmte qualitätsbestimmende Faktoren messen zu können, gilt aber gerade für die Faktoren, die von seiten zahlreicher Autoren als wesentlich und maßgeblich für die Qualität ärztlicher Leistungen[177] im Krankenhaus angesehen werden *(Müller-Osten W.*

---

[175] In einer Studie, die die Fehldiagnosen an der Medizinischen Universitätsklinik Kiel innerhalb von drei Jahrzehnten untersuchte, konnte festgestellt werden, daß die Rate der Fehldiagnosen unverändert bei ca. 10 % lag. Auch die Einführung neuer bildgebender Verfahren und anderer moderner diagnostischer Verfahren konnte diese Rate nicht verbessern. Zugleich wurde festgestellt, daß Fehldiagnosen heute aufgrund von Fehlinterpretationen, falsch positiver Befunde und Überbewertung der Aussagekraft der diagnostischen Verfahren in einem bestimmten Prozentsatz gestellt werden *(Schafii, Kirch 1993)*.

[176] Ein Grund hierfür ist sicherlich, daß gerade in der Onkologie individuelle Bedürfnisse und die individuelle Situation des einzelnen Patienten eine große Rolle bei der Behandlung spielen können. "Wer will es beispielsweise einem Patienten mit einem nicht-kleinzelligen Bronchialkarzinom am Lebensabend verdenken, daß er lieber auf eine risikoreiche Operation verzichtet und sich statt dessen für eine rein palliative Strahlentherapie entscheidet, die zwar eine geringere Langzeitüberlebenschance, aber bessere Lebensqualität in den ein bis zwei Jahren in Aussicht stellt, auch wenn dies dem Qualitätsstandard des Krankenhauses widerspricht und dessen Statistik schlechter aussehen läßt?" *(zitiert aus: Illiger H.J. 1996, "Probleme der Qualitätssicherung - eine kritische Analyse am Beispiel der Onkologie", in: Internist, 37. Jg. (1996), S. M 211)*.

[177] *Isselbacher et al.* nennen verschiedene Aspekte, die einen guten Arzt ausmachen. Neben seiner "Humanitas" ist dies der geschickte Umgang mit den Produkten der medizinischen Wissenschaft. "Doch Geschick in der ausgeklügeltsten Anwendung der Labortechnik oder der Gebrauch der neuesten therapeutischen Modalität allein macht noch keinen guten Arzt. Die Fähigkeit, aus einer Vielzahl von widersprüchlichen körperlichen Krankheitszeichen und der zahlenübersätten Computerlisten mit Labordaten diejenigen Einzelheiten auszuwählen, die von entscheidender Bedeutung sind, in einem schwierigen Fall zu wissen, ob "Behandlung" angezeigt ist oder "Im Auge behalten", zu bestimmen, wann ein klinischer Anhaltspunkt gewichtig genug ist, ihn weiter zu verfolgen, oder wann er als Irrweg abzutun ist, bei jedem Patienten einzuschätzen, ob eine beabsichtigte Behandlung mit einem größeren Risiko verbunden ist, als die Krankheit, alles dies gehört zu den Entscheidungen, die der in der medizinischen Praxis erfahrene Kliniker jeden Tag viele Male treffen muß.

1977, Schega W. 1977, Osterwald G. 1991, Arnold M. 1992, Sitzmann H. 1992, Dölle W. 1993, Goodwin J. 1995, Hartel W. 1995). Dies gilt etwa für die Frage, welchen Einfluß die Qualität des Verhältnisses von Arzt und Patient und auch des jeweiligen Chefarztes mit seinen medizinischen Fähigkeiten, seiner Führungsstärke oder seiner Vorbildfunktion für andere Mitarbeiter auf die Qualität der medizinischen Versorgung hat.

Auch die Probleme im organisatorischen Bereich und in der internen Ablaufstruktur der einzelnen Klinik werden durch die externen Maßnahmen nicht erreicht. Oftmals haben aber gerade diese organisatorischen Strukturen in Notfallsituationen eine große Bedeutung *(Roemer, Heger-Römermann 1993, Schuster H.-P. 1994).* Die Erfahrung aus dem Münchner Projekt "Vertrauen durch Qualität" zeigt, daß eine große Zahl der "Qualitätsprobleme" im organisatorischen Bereich liegen *(Seyfarth-Metzger, Hanel 1995).*

In Anbetracht der genannten Probleme in der Qualitätsbestimmung und der derzeit realisierten Projekte scheint es, als sei es das **große Problem der Qualitätssicherung, daß das Bestimmbare in der Medizin unwesentlich, das Wesentliche aber nicht bestimmbar ist** *(Mc Manus I.C. 1995).*

4.5.2 Probleme und Grenzen der Meßwerkzeuge

4.5.2.1 Standards, Richt-, Leitlinien und Empfehlungen

Die dargestellten Werkzeuge der Qualitätssicherung beinhalten die Gefahr einer Einschränkung der ärztlichen Therapiefreiheit und des ärztlichen Ermessens durch Richt-, Leitlinien oder entsprechende Standards *(Arnold M. 1992, Buchborn E. 1993, Kassirer J.P. 1994)* die zu einer schematisierenden Vereinheitlichung und Verarmung der Medizin führen könnte *(Arnold M. 1992, Kassirer J.P. 1993).* Diese Befürchtungen dürften sicherlich dann berechtigt sein, wenn es mehrere praktisch gleichwertige Behandlungsoptionen gibt oder wenn es ein gesichertes Wissen, eine Art "lex artis", über das beste Vorgehen nicht gibt. In einigen Bereichen aber kennt man den dem jeweiligen Kenntnisstand der Medizin entsprechend bewährtesten Weg. Genannt wurde bereits die Chirurgie des Colon- oder Magenkarzinoms, wo es zweifelsfrei sicheres Wissen über die wichtigsten Kriterien für das jeweilige operative Vorgehen gibt *(Hermanek et al. 1994).*

Allgemein ist aber zu bedenken, daß bei kritiklosem und starrem Umgang mit einer Leitlinie eine am individuellen Patienten ausgerichtete medizinische Versorgung beeinträchtigt wird

---

Diese Kombination von medizinischem Wissen, Intuition und Urteilsvermögen ist die *Kunst der Medizin.* Sie ist ebenso notwendig für die medizinische Praxis wie eine verläßliche medizinische Grundlage." *(zitiert aus: Isselbacher et al. 1994 S. 1, in der deutschen Übersetzung von Schmailzl K.J.G.)*

(Bowen O.R. 1987, Selbmann H.-K. 1996). Eine **Leitlinie**[178] sollte aber eben nicht zur Einschränkung der individuellen Entscheidungsfreiheit führen.
Bei allzu starrem Festhalten an einem Standard oder einer Leitlinie könnte auch der medizinische Fortschritt beeinträchtigt werden *(Arnold M. 1992, Kassirer J.P. 1993, Selbmann H.-K. 1996)*. Daher müssen die Richt- und Leitlinien, die zunächst den Stand des medizinischen Wissens und der Erfahrung festschreiben, regelmäßig auf ihre aktuelle Gültigkeit hin überprüft und gegebenenfalls durch Konsensuskonferenzen und anderen Gremien fortgeschrieben werden *(Wawersik J. 1995, Selbmann H.-K. 1996)*.
Bedenken gegen die Anwendung von Standards, Richt- und Leitlinien ergeben sich aus der weiteren Verrechtlichung der Medizin *(Buchborn E. 1993)* und der Erzeugung einer verstärkten Anspruchshaltung bei den Patienten, die auf Erfüllung aller in einer Leitlinie genannten Untersuchungen bestehen könnten *(Grimshaw et al. 1995)*.
Daneben sind Standards, Richt- und Leitlinien als Meßwerkzeuge zur Beurteilung der medizinischen Qualität nur sehr eingeschränkt verwendbar, da die Compliance der Patienten, deren Wunsch behandelt zu werden oder deren "sozioökonomischer" Status in diesen Meßwerkzeugen nicht berücksichtigt werden *(Kassirer J.P. 1994)*.

4.5.2.2 Tracerdiagnosen

Eine bereits erwähnte Gefahr der sogenannten Tracerdiagnosen, als Qualitätsindikatoren in der externen Qualitätssicherung, ist, daß sie die Aufmerksamkeit allein auf diese bestimmten häufigen Diagnosen beschränken *(Hempel K. 1993, Epstein A. 1995, Ohmann C. 1995, Riegel, Scheinert 1995)*. Die "Gesamtqualität" und die möglicherweise tatsächlich relevanten Qualitätselemente werden dabei verfahrensbedingt außer Acht gelassen *(Eichhorn S. 1992, Epstein A. 1995)*. So wird einem Krankenhaus, das sich in seinen Bemühungen um Qualitätssicherung auf die wenigen Tracerdiagnosen konzentriert hat und dabei "gut" abschneidet eine gute Qualität attestiert. Aufgrund der vermeintlich "guten Qualität" aber unterbleiben möglicherweise Anstrengungen, in anderen Bereichen bestehende Qualitätsmängel zu erkennen und zu beseitigen *(Epstein A. 1995)*. Die Zertifizierung oder Vergabe eines "Gütesiegels" eines solchen, auf einen kleinen Teilbereich beschränkten Qualitätsnachweises würde überdies den Patienten und Ärzten ein verzerrtes Bild von der wahren Gesamtsituation geben. Von einer solchen Zertifizierung abgeleitete Vergünstigungen wären nicht nur ungerechtfertigt sondern könnten überdies fehlsteuernd wirken.

---

[178] Siehe Punkt B 4.3.2.2.1.

4.5.2.3 Einzelindikatoren am Beispiel der Letalitätsrate

Probleme und Fehleinschätzungen können sich aber auch aus der Ermittlung "roher", das heißt, nicht entsprechend randomisierter und kontrollierter Daten, ergeben. So kann ein globaler Vergleich der "Letaliätsraten" zwischen einzelnen Leistungerbringern relativ einfach durchgeführt werden. Ohne Berücksichtigung anderer Einflußfaktoren aber kann ein solches Vorgehen zu erheblichen Fehleinschätzungen führen *(Kassirer J.P. 1994, Ohmann C. 1995, Rockall et al. 1995, Iezzoni et al. 1996).* Ein beobachteter vermeintlicher Unterschied in der Letalitätsrate einer bestimmten Erkrankung oder Operation zwischen Kliniken und/oder Operateuren kann beispielsweise ebenso aufgrund des Zufalls, unterschiedlicher Behandlungsmethoden, der Stichprobenvariabilität oder auf prognostischen Faktoren beruhen (unterschiedliche Schwere/Stadium der Erkrankung, Elektiv- oder Notfalloperation, unterschiedliches Alter der Patienten etc.) *(Dubois et al. 1987, Hartz et al. 1989, Kassirer J.P. 1994, Epstein A. 1995, Ohmann C. 1995, Rockall et al. 1995, Wu A.W. 1995).* Erschwerend kommt hinzu, daß eine Berücksichtigung der Einflußfaktoren auf die Letalitätsrate äußerst schwierig ist *(Dubois et al. 1987, Epstein A. 1995).* Ein weiteres Problem ist außerdem, daß tödliche Komplikationen bei Operationen in der Regel sehr selten auftreten und folglich die Anzahl dieser Ereignisse für einen validen Vergleich zu gering sein kann *(Weissauer W. 1994, Wu A.W. 1995).*

Ein "Qualitätsvergleich" von Krankenhäusern aufgrund der ermittelten Letalitätsrate ohne Berücksichtigung wichtiger Determinanten ist äußerst problematisch und erscheint nicht sinnvoll *(Hertz et al. 1989, Localio et al. 1994, Mc Kee, Hunter 1995, Rockall et al. 1995, Wu A.W. 1995, Iezzoni et al. 1996).*

Gesagtes gilt auch für internistische Erkrankungen, wie die Letalitätsrate von Pneumonien oder von Herzinfarkten und auch für andere nicht aufbereitete Indikatoren, wie einer Wundinfektionsrate, thromboembolische Komplikationen usw. Solche "Qualitätsindikatoren" haben allenfalls eine Art von Signalfunktion, die auf potentielle Schwachstellen hinweisen könnten *(Selbmann H.-K. 1991, Eichhorn S. 1992, Eigler F.W. 1995).*

4.5.2.4 Patientenzufriedenheit als Indikator der "Qualität"

Ein Problem, das bei der Ermittlung der Patientenzufriedenheit als Qualitätsindikator genannt wird, ist die Befürchtung, daß die Ergebnisse solcher Befragungen durch von der Krankheit des Patienten ausgelöste momentane Gefühle und Gedanken beeinflußt werden dürften *(Fitzpatrick R. 1991).* Auch die Dankbarkeit des hilfebedürftigen Patienten kann auf die Fragen über seine "Zufriedenheit" Einfluß haben. Dementsprechend ist auch das größte Problem solcher Befragungen, gerade wenn sie relativ unspezifische Fragestellungen beinhalten, ihre mangelhafte Variabilität *(Fitzpatrick R. 1991).* Typischerweise geben die Patienten in einem hohen Prozentsatz (80% - 90%) positive Antworten auf die meisten Fragen *(Fitzpatrick R. 1991)*. Auf die "medizinische Qualität" werden solche Patientenbefragungen nur in wenigen Fällen und bei exakt formulierten Fragestellungen *(Tsekos et al. 1993)* positiven Einfluß nehmen können, da der Patient als in der Regel medizinischer Laie nicht über die fachgerechte Behandlung urteilen kann *(Fitzpatrick R. 1991, Arnold M. 1992)*.

4.5.2.5 Das Problem der Ermittlung der "angemessenen Indikation"

Ein zentrales Problem der "Qualitätssicherung" sowohl aus medizinischer als auch wirtschaftlicher Sicht, ist die Beurteilung der "Angemessenheit" einer Indikation *(Bauer H. 1995b, Eigler F.W. 1995, Hempel,Siewert 1996)*. Erst die gestellte Indikation zur Behandlung führt zu Leistungen und damit zu Kosten. Nach Aussage verschiedener Autoren lassen sich die gesetzten Einsparungen wohl nicht durch Kostenkontrolle, sondern letztlich nur über eine Reduktion der Leistungen an sich erreichen *(Fries et al. 1993, Hempel, Siewert 1996)*.
Zur Bestimmung der "Angemessenheit " der Indikation im Rahmen der "Qualitätssicherung" gibt es derzeit in Deutschland aber keine nennenswerten Verfahren oder Methoden[179].
Die Schwierigkeit der Beurteilung der "Angemessenheit" einer Indikation liegt darin, daß es zwar in der Medizin oftmals gesichertes Wissen über das bei einer bestimmten Diagnose "übliche" diagnostische und/oder therapeutische Vorgehen gibt, aber die Indikation hierfür immer eine Einzelfallentscheidung und von den individuellen Gegebenheiten des jeweiligen Patienten abhängig sein muß *(Berwick D.M. 1991, Cotton P. 1993, Phelps C.E. 1993, Kadel et al. 1996)*. Zusätzlich erschwerend ist, daß Krankheiten in der Regel in einem unterschiedlich starken Schweregrad vorliegen und damit bei gleicher Diagnose eine Behandlung indiziert, aber auch nicht indiziert sein kann. Die Gegebenheit einer Indikation kann dadurch von seiten des Arztes durch unterschiedliche subjektive Einschätzung der Situation und auch durch unterschiedliche eigene Erfahrungen und Ansichten beeinflußt werden *(Asch, Christakis 1996)*.
Auch methodische Probleme und die Schwierigkeiten bei der Auswahl der jeweiligen Kriterien, die bei den durchgeführten Angemessenheitsstudien angewandt werden, ließen eine exaktere Analyse der Ergebnisse nicht zu *(Kadel et al. 1996)*. Weitergehende Erfahrungen mit der Anwendung der "second opinion" zur Überprüfung der Indikation gibt es in Deutschland bisher noch nicht. Die Ursachen dürften die bestehende Unklarheit über das weitere Vorgehen, wer, wann und wo die Indikation mit seiner Zweitmeinung bestätigen muß oder kann und die rechtlich anerkannte Methodenfreiheit sein *(Hempel, Siewert 1996)*.
Auf weitere Schwierigkeiten weisen die Erfahrungen aus den USA mit ihrem Vorgehen beim Einholen einer Zweitmeinung in solchen Fällen hin, bei denen der Patient zusätzlich eine

---

[179] Der medizinische Dienst der Krankenkassen hat die Möglichkeit, im Rahmen der Krankenhausbegehung die Indikation des stationären Aufenthalts zu prüfen *(Werner B. 1995)*. Bei den Fallpauschalen erhobene Daten sollen Rückschlüsse auf die Richtigkeit der Indikation zulassen können. Die Zweitmeinung wurde bisher in Deutschland nicht breitenwirksam zur Kostenkontrolle eingesetzt *(Hempel, Siewert 1996)*.

Drittmeinung einholen konnte. Eine Untersuchung zu diesem Problem fand heraus, daß bei 70 % der Fälle, in denen die Zweitmeinung von der Erstmeinung abwich, die Zweitmeinung durch die Drittmeinung erneut korrigiert wurde *(Hempel, Siewert 1996)*.

4.5.3 Probleme und Grenzen der "externen Qualitätssicherung"

Viele der bereits genannten Schwierigkeiten, die im Zusammenhang mit der Durchführung qualitätssichernder Maßnahmen auftreten können, wie die Grenzen der Vereinheitlichung und Meßbarkeit in der Medizin oder die Schwierigkeiten bei Anwendung der verschiedenen Werkzeuge und Indikatoren, verschärfen sich gerade bei der "externen Qualitätssicherung".
So wirft die Gesamtbeurteilung der Qualität und der Vergleich verschiedener Kliniken dann erhebliche Probleme auf, wenn mehrere Qualitätskriterien parallel zu betrachten sind *(Ohmann C. 1995)*. Es stellt sich beispielsweise die Frage, ob ein Krankenhaus mit einer Letaliät von 1 %, einer Rezidivquote von 5 % und einer Morbidität von 20 % besser oder schlechter ist als ein Krankenhaus mit einer Letaliät von 0.5 %, einer Rezidivquote von 10 % und einer Morbidität von 30 % *(Ohmann C. 1995)*.
Als größtes Problem steht der Realisierung der externen Qualitätssicherung die Erfordernis entgegen, daß zum Gelingen der extern initiierten Projekte die Kliniken und ihre Ärzte den Sinn und Zweck dieser Bemühungen verstanden und verinnerlicht haben müßten, um in aufrichtiger Weise daran mitzuwirken, d.h., daß es bereits zu Beginn der qualitätssichernden Maßnahmen eine Art "Qualitätsbewußtsein" geben müßte *(Eichhorn S. 1992)*.
Demgegenüber aber berichten einige Autoren über mangelnde Akzeptanz einer "Qualitätsphilosophie" oder eines "Qualitätsgedankens" bei den Leistungserbringern *(Prößdorf K. 1993, Riegel, Scheinert 1995, Selbmann H.-K. 1995a, Jacobs W. 1996)*. Von Skepsis und Zweifeln gegenüber verschiedenen Qualitätssicherungsmaßnahmen bei den Leistungserbringern war bereits die Rede. Daher soll auf diese, gerade der "externen Qualitätssicherung" innewohnende Gefahr der Entwicklung von sogenannten Umgehungsstrategien näher eingegangen werden und verschiedene wesentliche Kritikpunkte an der derzeitigen Entwicklung erörtert werden.

4.5.3.1 Daten und Dokumentation

Die "Qualität" der Daten und Dokumentation, die von den Ärzten erstellt und weitergeleitet werden müssen, ist maßgeblich für die "Qualität" der Ergebnisse des einzelnen Qualitätssicherungsprojektes *(Eichhorn S. 1992)*. Bei einer "Schönung"der Daten oder einer Ausgrenzung von schlechten Fällen von vorneherein ist jedes gewonnene Ergebnis nutzlos. Das genaue und lückenlose Ausfüllen des Datenbogens ist eine unbedingte Voraussetzung[180]. Ein weiteres Problem des externen Qualitätsvergleiches liegt in der unterschiedlichen Zusammensetzung des Krankengutes in verschiedenen Kliniken *(Rowan et al. 1993)*. Die Vergleichbarkeit der gewonnenen Daten ist jedoch Voraussetzung, da viele Qualitätskriterien signifikant von Art und Schwere der Erkrankung abhängen *(Ohmann C. 1995)*. Aufgrund regionaler Unterschiede, nicht vergleichbarer Patientenkollektive, zu geringer Fallzahlen etc., könnten folglich aus den jeweiligen Ergebnissen falsche Rückschlüsse auf die "Qualität" medizinischer Leistungen gezogen werden. Oftmals werden auch diese Daten erst mit einer erheblichen Zeitverzögerung von bis zu eineinhalb Jahren an die Kliniken zurückgeschickt *(Eichhorn S. 1992, Hempel K. 1993)*. Das Interesse an einer lückenlosen Dokumentation, an einer Umsetzung von Erkenntnissen aus diesen "alten" Daten und ihre praktische Relevanz ist daher oftmals gering *(Eichhorn S. 1992)*. Ein zusätzliches Problem besteht in der fehlenden Spezifität für die Probleme des einzelnen Krankenhauses. Spezielle Fragestellungen des Arztes können durch die standardisierte Auswertung der externen Bögen nicht beantwortet werden.

4.5.3.2 Hoher Aufwand bei schwierigem Effektivitätsnachweis externer Qualitätssicherung

Die Durchführung externer Qualitätssicherungsprogramme ist in der Regel mit einem erheblichen personellen Aufwand und nicht unerheblichen Kosten verbunden *(Eichhorn S. 1992, Kersting, Eichhorn 1994, Thomson R. 1994)*. Im Gegensatz zur internen Qualitätssicherung benötigt die externe Qualitätssicherung bei allen Projekten eine externe Zentrale, eine sog. Projektgeschäftsstelle mit entsprechendem Verwaltungsapparat. Die zur externen Qualitätssicherung benötigten Daten lassen sich nicht aus der üblicherweise angefertigten medizinischen Basisdokumentation ableiten und führen daher zu Doppelarbeit *(Eichhorn S. 1992)*. Nach *Selbmann* bringt die für die neuen Entgeltformen notwendige Dokumentation zur Qualitätssicherung "die chirurgischen Arbeitsstätten an den Rand des sinnvoll Machbaren" *(zitiert aus: Selbmann H.-K. 1995b, S. 650)*.

Aber auch der Effektivitätsnachweis im Sinne von Validität, Sensitivität, Reagibilität und der Kosten-Nutzen Relation externer qualitätssichernder Maßnahmen ist oftmals nur schwer zu erbringen *(Eichhorn S. 1992, Kaltenbach T. 1993, Thomson R. 1994, Baur-Felsenstein M. 1995, Ohmann C. 1995)*. So bleibt die Frage, ob die in den Perinatalstudien nachgewiesene Verringerung der Letalitätsrate der letzten zwei Jahrzehnte auf einen Effekt dieser Qualitätssicherungsstudien oder aber auf neue medizinische Erkenntnisse sowie diagnostische und therapeutische Möglichkeiten zurückzuführen ist.

---

[180] Bei dem angewandten Selbstaufschreibeverfahren besteht die Gefahr "schlechte Fälle" nicht in die Statistik mit aufzunehmen. Möglicherweise war ein derartiges Vorgehen Ursache einer auch den beteiligten Herzchirurgen nicht glaubhaft geringen Rate an Infektionen bei Mitralklappenersatz *(Riegel, Scheinert 1995)*.

4.5.3.3 Skepsis/Ängste der Leistungserbringer aufgrund des potentiellen Kontroll- und Prüfcharakters externer Qualitätssicherung

Zu den größten Problemen, die mit der "externen Qualitätssicherung" verbunden sind, gehört ihr potentiell prüfender, kontrollierender[181] und möglicherweise sanktionierender Charakter. Die gewonnenen Daten sind zwar einerseits notwendig für eine "Standortbestimmung" der einzelnen Klinik und einer Sicherung und Verbesserung der Qualität, andererseits ermöglichen sie aber auch einen Vergleich und eine Beurteilung, was Angst und Schutzreaktionen auslösen und ein Dazulernen bzw. Verbessern behindern kann *(Berwick D.M. 1989, ders. 1991)*. Zahlreiche Autoren haben die Gefahr, durch Kontroll- und externe Prüfmaßnahmen Ängste vor negativen Konsequenzen und Sanktionen bei Ärzten und Kliniken hervorzurufen, beschrieben *(Berwick D.M. 1989, ders. 1991, Selbmann H.-K. 1991, ders. 1994, ders. 1995a, ders. 1995b, Eichhorn S. 1992, Tsekos et al. 1993, Thomson R. 1994, Baur-Felsenstein M. 1994, ders. 1995, Weissauer W. 1994, Seyfarth-Metzger, Hanel 1995, Wu A.W. 1995)*.
Die Folge einer solchen Entwicklung wäre, daß die Leistungserbringer verschiedenste "Umgehungsstrategien" entwickeln dürften und die beabsichtigte Qualitätsverbesserung nicht erreicht wird *(Sachverständigenrat 1989 S. 38 RdNr. 31, Berwick D.M. 1989, ders. 1991, Eichhorn S. 1992, Birkner B. 1993, Baur-Felsenstein M. 1994, Thomson R. 1994)*.
Diese Überlegung wird durch die Erfahrungen in den USA mit den verschiedenen externen Prüfverfahren und der Veröffentlichung der Daten und Namen der jeweiligen Kliniken und Ärzte bestätigt[182] *(Berwick D.M. 1989)*. Gerade die Veröffentlichung von verschiedenen Daten der Kliniken hat in den USA großes Interesse bei den Medien entfacht. Die Krankenhäuser antworteten gleichfalls umfangreich mit unterschiedlichen, die Statistiken und die Daten in Frage stellenden oder mit den festgestellten Unterschied erklärenden Argumenten, um sich zu verteidigen *(Berwick D.M. 1989, Thomson R. 1994)*. In der heftig geführten Diskussion über Meßmethoden und Qualität der Daten wurde der Aspekt der Qualitätssicherung dabei zunehmend vernachlässigt *(Thomson R. 1994)*. Statt erhöhter Transparenz und Information der Patienten wurden gegenteilige Effekte erreicht. Und schließlich wurde durch die Einführung umfangreicher Qualitätskontrollen und weitreichender Vorschriften die Eigeninitiative der Leistungserbringer unterdrückt *(Berwick D.M. 1989, Selbmann H.-K. 1995b)*.
Angesichts der Entwicklung der Qualitätssicherung in Deutschland in den letzten Jahren und der Berichte verschiedener Autoren gibt es Anhaltspunkte, daß die von einigen Ärzten geäusserten Zweifel und Ängste nicht unbegründet sein könnten. Genannt sei an dieser Stelle die Befürchtung, daß trotz Anonymität " von dritten Stellen aus höchst sensiblen, regional aggregierten Daten über das medizinische Leistungsgeschehen voreilig falsche Schlüsse über die

---

[181] Die Vereinbarung zur Qualitätssicherung bei Fallpauschalen sieht explizit auch die stichprobenartige Begehung eines Krankenhauses und Prüfung der Vollständigkeit der Dokumentation einzelner Fälle vor, also eine "Qualitätskontrolle" *(Fack-Asmuth W.G. 1995, Riegel, Scheinert 1995, Werner B. 1995)*.

[182] Positive Aspekte wurden in einer Arbeit über das externe Programm in der Herzchirurgie in New York mit Veröffentlichung der Daten herausgestellt *(Chassin et al. 1996)*.

Versorgungsqualität des einzelnen Krankenhauses und der einzelnen Fachabteilung gezogen werden" *(zitiert aus: Eichhorn S. Qualitätssicherung in der Medizin- aus der Sicht des Krankenhausträgers, in: Chirurg BDC, 31. Jg. (1992), S. 160) (Baur-Felsenstein M. 1995)*, ferner daß die Statistiken angesichts des geplanten Bettenabbaus als Planungsinstrument mißbraucht werden könnten *(Baur-Felsenstein M. 1995)*.

Ferner haben die genannten erforderlichen Voraussetzungen zur Durchführung externer qualitätssichernder Maßnahmen wie Vertrauen, Anonymität und Freiwilligkeit in den letzten Jahren in Deutschland teilweise an Bedeutung verloren. Die Freiwilligkeit der Teilnahme, noch bei Einführung der ersten externen Projekte gefordert *(Schega W. 1977)*, gilt heute nicht mehr *(Baur-Felsenstein M. 1995)*. Die Anonymität der Ergebnisse und der teilnehmenden Kliniken und Ärzte ist zwar heute gewahrt, erste Stimmen einer breiten Veröffentlichung der Zahlen werden aber auch in Deutschland laut *(Gerdelmann W. 1992, Oldiges J.F. 1995b)*.

In anderen Ländern, vor allem in den USA *(Berwick D.M. 1989, Epstein A. 1995, Wu A.W. 1995)*, aber auch in Großbritannien *(Copeland et al. 1995, Mc Kee, Hunter 1995)* und der Schweiz *(Rouvinez el al. 1994)* werden bereits Daten mit Nennung der verschiedenen Kliniken veröffentlicht.

Aufgrund der oben aufgezeigten Schwierigkeiten, aussagekräftige und valide Qualitätssicherungsprogramme mit entsprechenden "Meßwerkzeugen" durchzuführen, sehen sich die Ärzte in ihren Befürchtungen bestätigt. Die Angst vor Veröffentlichung relativ leicht zu bestimmender aber nicht randomisierter und damit irreführender Daten zur "Qualität" einer Klinik ist angesichts der Erfahrungen aus den USA verständlich.

Hinzu kommt das unterschiedliche Verständnis von "Qualitätssicherung" und ihrer Zielsetzung bei Leistungserbringern und Kassen, die gerade den extern prüfenden Charakter betonen *(Gerdelmann W. 1992, Sitzmann H. 1992, Oldiges J.F. 1995a, Riegel, Scheinert 1995)*.

Nach *Selbmann* geht die Tendenz qualitätssichernder Maßnahmen in Deutschland heute eindeutig in Richtung Qualitätskontrolle *(Selbmann H.-K. 1994, ders. 1995a, ders. 1995b)*.

4.6 Konsequenzen für Krankenhausträger und leitende Ärzte

Aus den genannten Problemen, die vor allem mit der externen Qualitätssicherung verbunden sind, und der gegenwärtigen Entwicklung im Krankenhauswesen lassen sich einige Punkte für die Umsetzung qualitätssichernder Maßnahmen im Krankenhaus ableiten.

4.6.1 Qualitätssicherung als primär krankenhaus-interne Aufgabe

Aufgrund der begrenzten Meßbarkeit in der Medizin, den damit verbundenen Grenzen der Meßmethoden und der Werkzeuge und der derzeitig offenbar bestehenden Tendenz in ver-

stärktem Maße externe Kontroll- und Prüfmaßnahmen einzuführen, dürfte die externe Qualitätssicherung, wie die letzten Ausführungen und Erfahrungen in den USA gezeigt haben, wohl nicht in erhofftem Ausmaße zu einer Sicherung und Verbesserung der medizinischen und ökonomischen Qualität der von den Krankenhäusern erbrachten Leistungen führen.
Wegen der mit externen Kontrollmaßnahmen verbundenen und oben aufgezeigten Gefahren, sollte sich die externe Prüfung auf eine Art "Kontrolle durch Selbstkontrolle" *(Schega W. 1984)* und auf die Prüfung der "Qualität" der personellen, sachlichen und organisatorischen Ressourcen der Kliniken beschränken *(Eichhorn S. 1992)*. Diese Maßnahmen sollten durch Regionalisierung der anonymisierten Datenbasis und gegebenenfalls durch externe Beratung seitens der medizinischen Fachgesellschaften unterstützt werden *(Eichhorn S. 1992)*.

Qualitätssicherung ist folglich eine primär krankenhausinterne Aufgabe und liegt im Verantwortungsbereich von Krankenhausträger und leitenden Ärzten. Auch von seiten der Kostenträger müßte die breite Einführung interner statt externer qualitätssichernder Maßnahmen bevorzugt angestrebt werden. Die Krankenkassen könnten dann beispielsweise nicht mehr fragen, wie gut die Klinik bei den einzelnen Statistiken liegt, sondern was sie für qualitätssichernde Maßnahmen geleistet hat und ob sie gute Qualität leisten kann *(Thomson R. 1994, Selbmann H.-K. 1995a)*. Interne Qualitätssicherungsmaßnahmen sind jedoch bisher nicht in einer systematischen und nach außen hin transparenten Art und Weise geplant und mit einem entsprechenden Gesamtkonzept durchgeführt worden. Zukünftig müßten also die leitenden Ärzte und die Krankenhausträger verstärkt an diese Aufgabe herantreten und an einer Umsetzung arbeiten. Aus den oben aufgezeigten komplexen Problemen, die bei der Bestimmung von Qualität und Durchführung qualitätssichernder Maßnahmen auftreten können, wird aber auch ersichtlich, daß auf seiten aller an der Qualitätssicherung in der Medizin Beteiligten große Sachkompetenz und Sensibilität notwendig ist.

4.6.2 Überwindung der zurückhaltenden Einstellung gegenüber der "Qualitätssicherung"

Die bestehenden Zweifel und Ängste bei Ärzten gegenüber den externen Maßnahmen, die einschlägigen Gründe und ihre möglichen Negativeffekte bei Durchführung von Qualitätskontrollen wurden genannt. Als weitere Ursache fehlender Akzeptanz qualitätssichernder Maßnahmen kommt bei einigen Ärzten fehlende Einsicht in die Notwendigkeit qualitätssichernder Maßnahmen in Frage *(Eichhorn S. 1992)*. Ärzte können der Meinung sein, sowieso das Beste für ihre Patienten zu tun *(Eichhorn S. 1992)* und zusätzliche Anstrengungen für überflüssig halten.
Die Folge solcher Fehleinschätzung der heute die "Qualitätssicherung" bestimmenden Beweggründe und Ziele, kann eine Verstärkung der von außen auferlegten Prüfmaßnahmen sein. Es

stellt sich die Frage, ob nicht auch das zögerliche Verhalten der meisten Leistungserbringer den in einigen Ländern zu beobachtenden Trend zu mehr Kontrollmaßnahmen ausgelöst hat. Bereits Ende der siebziger Jahre gab es Stimmen vorausschauender Ärzte, die ihren Berufsstand aufgefordert haben, in Sachen "Qualitätssicherung" etwas zu tun, bevor ihnen von anderen gezeigt wird, wie es getan werden muß *(Schega W. 1977, Komaroff A.L. 1978).* Diese Aussage gilt nach den Erfahrungen der letzten Jahre heute umso mehr.

4.6.3 Konsequenzen für die Zielsetzung und Zielerreichung im Krankenhaus

Als ein Teilaspekt der medizinischen Qualität hat die "Patientenorientierung" im Krankenhaus zukünftig eine große Bedeutung und ist eines der wichtigsten Ziele des Leistungs- und Behandlungsprozesses. In einem patientenorientierten Krankenhaus hat der Wunsch des Patienten nach einem durch Information gefestigten Vertrauen in eine Ärzteschaft, die in strenger Selbstkontrolle ihm eine optimale Medizin bietet, oberste Priorität *(Schega W. 1977).*

Für die Klinikträger und die Ärzte bedeutet dies, vor allem angesichts der oben aufgezeigten Vorteile der internen Qualitätssicherungsmaßnahmen und der fehlenden Meßbarkeit der für den Patienten elementaren Qualitätsaspekte, daß sie ein Bewußtsein für die Notwendigkeit qualitätssichernder Maßnahmen bei allen Leistungserbringern schaffen müssen. Geschehen kann dies durch Aufklärung, Überzeugungsarbeit, Zielsetzung, durch ein in sich schlüssiges Konzept und, das haben die Erfahrungen einiger interner Qualitätssicherungsprojekte *(Tsekos et al. 1993, Seyfarth-Metzger, Hanel 1995)* gezeigt, durch vertrauensbildende Maßnahmen bei der Durchführung interner Vorhaben, die zudem den Ärzten und Schwestern den täglichen Umgang mit dem "Qualitätsgedanken" nahe bringen können.

Das Ziel der Qualitätssicherung, die "Versorgungsqualität" zu verbessern, wird nur gelingen können, wenn die Leistungserbringer dieses Ziel auch erreichen **wollen**. Qualitätssicherung kann nicht von oben verordnet werden, sie muß sich aus dem Bewußtsein der Verantwortung des Einzelnen für die von ihm erbrachte Leistung entwickeln *(Hecker W. Ch. 1996).*

Aus diesem Grunde hat gerade die Motivation und die Qualität des Personals im Krankenhaus eine herausragende Bedeutung. Verhaltensweisen von Mitarbeitern im Krankenhaus lassen sich weder durch Gesetze noch durch Dienstanweisungen vorschreiben. Die Umsetzung einer "Patientenorientierung" und eines "Qualitätsbewußtseins" im Krankenhaus erfordert daher eine Personalführung im Sinne einer "Mitarbeiterorientierung" oder des sog. "human resource management".

Daneben hat die Qualität der medizinischen Leistungen, wie bereits erwähnt, auch aus wirtschaftlicher Sicht für das Krankenhaus herausragende Bedeutung. Die Umsetzung einer "Qualitätsphilosophie" im Sinne eines Qualitätsmanagements wird zur wirtschaftlichen Sicherung des Krankenhauses in einer Wettbewerbssituation zukünftig eine der wichtigsten Führungsaufgaben sein müssen.

Die Einführung interner Qualitätssicherungsmaßnahmen dürfte für die Ärzte und Kliniken Vorteile im Wettbewerb und bei den Verhandlungen über die Vergütung mit den Kostenträgern haben. Die weiteren Vorteile, die "Qualitätssicherung" betreibende Kliniken haben könnten, wurden in Punkt 4.2.2 bereits genannt.

4.6.4 Welchen Ansatz zur Neugestaltung der Qualitätssicherung im Krankenhaus gibt es?

Die Kliniken und ihre leitenden Ärzte stehen also heute in der Pflicht, Qualitätssicherung in einer nach außen hin sichtbaren Weise zu betreiben.

Die traditionellen qualitätssichernden Maßnahmen als wesentliche Bestandteile der internen Qualitätssicherung bedürfen sicherlich einer Aufwertung und einer bewußt systematischen und strukturierten Durchführung und Darstellung (auch nach außen). Die Aus- und kontinuierliche Fortbildung der Ärzte hat dabei eine besondere Bedeutung.

Das Problem der Multidimensionalität einer "Qualität" im Krankenhaus aber bleibt. Auch die interne Qualitätssicherung, so wie sie heute praktiziert wird, umfaßt nur einen begrenzten Teil der Leistungen eines Krankenhauses.

Ein weiteres bisher nicht erfaßtes Problem ist, daß an der Versorgung der Patienten nicht nur Ärzte und Pflegekräfte, sondern auch zahlreiche andere Personen direkt oder indirekt beteiligt sind. Diese müßten bei einer am Patienten orientierten Versorgung ebenfalls von der Bedeutung und Aufgabe qualitätssichernder Maßnahmen überzeugt und letztlich in die Durchführung dieser Maßnahmen eingebunden werden.

Hinzu tritt die Forderung, daß Qualitätssicherung selbst keine unverhältnismäßigen Kosten verursachen sollte, sondern vielmehr zu einer Steigerung der Effizienz im Krankenhaus führen sollte.

Ein Lösungsweg könnte eine aus der Industrie stammende Philosophie, Strategie und Managementidee sein, die als "Verbesserungsmanagement", "kontinuierliches umfassendes Verbesserungsmanagement" bzw. "total quality management" oder "continuous improvement management" bezeichnet wird. Diese, in Japan unter den Begriff "KAIZEN" bekannte Strategie, wird als Grundlage des wirtschaftlichen Erfolges japanischer Unternehmen angesehen *(Imai M. 1993 S. 24)*. In der Industrie konnten mit dieser "kontinuierlichen Verbesserungsphilosophie" erstaunliche Erfolge erzielt werden *(Imai M. 1993, S. 115 ff.)*. Ob dieser Ansatz auch im Krankenhaus mit Erfolg eingeführt werden und als ein Modell der Qualitätssicherung der Zukunft dienen kann wird in Punkt D 4.1 dargelegt.

C Der leitende Arzt im Krankenhausbetrieb

Im folgenden Kapitel werden die **betrieblichen** sowie **ökonomischen** Herausforderungen und Aufgaben, die sich für den leitenden Krankenhausarzt aus dem GSG 1993 und den weiteren Reformgesetzen ergeben, erörtert. Die neuen Herausforderungen wirken sich daneben gleichermaßen auch auf die Leitungsorgane des Krankenhauses und somit auf die Position des leitenden Arztes in der Betriebsleitung aus.

Die Anforderungen der neuen Rahmenbedingungen an die Kompetenz der Führungsorgane und an die Führungsstrukturen der Krankenhäuser sind erheblich größer, umfassender und komplexer geworden[1].

Daneben gewinnt die Frage der "Wirtschaftlichkeit" des Krankenhauses und damit auch die "Wirtschaftlichkeit" der ärztlichen Leistungen und des ärztlichen Handelns eine zunehmend größere Bedeutung. Die gesellschaftliche und volkswirtschaftliche Verantwortung aller Ärzte, die an der medizinischen Versorgung der Menschen teilnehmen, ist in der, von zunehmender Verknappung der finanziellen Ressourcen geprägten Zeit, größer denn je.

Angesichts des wachsenden Rationalisierungsdrucks in den Kliniken steht der leitende Arzt vor der Herausforderung, die medizinischen Leistungen zukünftig "wirtschaftlicher" erbringen zu müssen.

Als Folge der neuen Herausforderungen wird der Arzt nach Ansicht verschiedener Autoren[2] zukünftig statt der Rolle des "Nur-Mediziners" die eines "Medizin-Managers" *(Hoffmann H. 1994a, Knorr K.E. 1994, Regler K. 1994b)* oder eines "Abteilungsmanagers" *(Bourmer H.R. 1993)* innehaben müssen. Diese Autoren glauben, daß der leitende Arzt zukünftig in verstärktem Maße auch betriebswirtschaftliche Aufgaben und Verantwortung im "Wirtschaftsbetrieb" Krankenhaus übernehmen muß. Aus dem geforderten Fortschritt im "unternehmerischen Handeln und Denken" entwickelt sich die Forderung nach einem Wandel des Krankenhauses hin zu einem "Unternehmen" *(Jäger A. 1990)*.

Demgegenüber aber fühlen sich die leitenden Klinikärzte heute in erster Linie für die Patienten und ihre bestmögliche Versorgung verantwortlich *(Bauer H. 1995a)* und stehen der Ökonomisierung des Krankenhauses oftmals skeptisch gegenüber.

"Aus der Wirtschaft und Industrie auf das Krankenhaus übertragene Begriffe und Handlungsweisen, die den Patienten in den einzelnen Krankenhausbereichen zum "Kunden" in "Profit-Centers" werden lassen, lösen eine aus seinem ärztlichen Verständnis heraus getragene primäre Abwehrhaltung aus." *(zitiert aus: Bauer H. 1995a, "Die Umsetzung der neuen Bundespflegesatzverordnung - eine Herausforderung an den leitenden Krankenhauschirurgen" in: Chirurg BDC, 34 Jg. (1995), S. 107).*

---

[1] Siehe Punkt A 3.2, A 4.
[2] In einer Studie von *Braun* konnte festgestellt werden, daß sich seit dem GSG 1993 das Anforderungsprofil für Chefärzte in Stellenanzeigen eindeutig zu dem eines "Medizin-Managers" hin verschoben hat *(Braun, Egner 1996).*

Bei der nun folgenden Erörterung des Themenkreises Arzt-Krankenhausbetrieb, wird zunächst in Punkt C1 der Frage nachgegangen, welche betriebswirtschaftlichen Aufgaben als Folge der neuen Ordnungspolitik zukünftig auch in den Kompetenz- und Verantwortungsbereich der leitenden Ärzte fallen werden.

In Punkt C 2 wird untersucht, ob die Führungs- und Leitungsstrukturen des Krankenhauses und des ärztlichen Dienstes den gewachsenen Anforderungen gerecht werden.

Etwaige Schwachstellen in der Leitungsorganisation und der Führungsstruktur der Krankenhäuser, wie sie in der Regel bei Nonprofit-Organisationen gefunden werden können, werden anschließend dargestellt.

In Punkt C 3 wird der Stellenwert und der Einfluß der leitenden Ärzte im "Wirtschaftsbetrieb" Krankenhaus erörtert werden. Dabei wird dargestellt, in welchem Umfange der leitende Arzt heute im Krankenhausbetrieb für die Kosten medizinischer Leistungen verantwortlich ist.

Dies ist für die Diskussion der Frage bedeutsam, ob und wenn ja, in wieweit die leitenden Ärzte in die ökonomische Verantwortung des Krankenhauses eingebunden werden sollen.

Zum Abschluß dieses Kapitels wird in Punkt C4 vor dem Hintergrund des zunehmenden Rationalisierungsdrucks und der Sparbemühungen im Krankenhaus untersucht, was "Wirtschaftlichkeit" im Krankenhaus bedeutet und wie die "Wirtschaftlichkeit" der ärztlichen Leistungen beurteilt werden kann.

Ziel dieser Ausführungen ist es, festzustellen, ob man und wenn ja, wie man durch ärztliche Leistungen verursachte "Unwirtschaftlichkeiten" bestimmen und somit zur Beseitigung beitragen kann.

1 Die Auswirkungen des Gesundheitsstrukturgesetzes auf den ärztlichen Dienst im Krankenhaus

Das Gesundheitsstrukturgesetz und die sich anschließende Krankenhausgesetzgebung hat erhebliche und tiefgreifende Veränderungen für den Krankenhausbetrieb mit sich gebracht. Wie bereits erwähnt, befindet sich das Krankenhauswesen in zunehmendem Maße in einer wettbewerbsähnlichen Situation mit anderen Leistungserbringern im stationären und ambulanten Bereich. Das betriebliche und finanzielle Risiko des einzelnen Krankenhauses ist durch den Wegfall des "Bestandschutzes" und der neuen Finanzierungsformen erheblich gewachsen. Die Geldknappheit stellt wirtschaftliche Belange im Krankenhaus in einem weitaus größeren Maße in den Vordergrund der ärztlichen Arbeit, als dies bisher der Fall war.

Dieser durch das GSG ausgelöste Veränderungsprozeß innerhalb des Krankenhauses berührt die tägliche Arbeit und die betriebliche Verantwortung des leitenden Arztes in bisher nicht gekannter Weise. Im folgenden werden die für den leitenden Arzt wichtigsten Auswirkungen des leistungsorientierten Entgeltsystems, der Budgetierung, der neuen Versorgungsformen und des zunehmenden Wettbewerbs dargestellt.

1.1 Die verstärkte Einbeziehung des leitenden Arztes in die Wirtschaftsführung des Krankenhauses

Der leitende Arzt einer Abteilung war vor der Reform und Neugestaltung der Krankenhausfinanzierung mit dem *GSG 1993* und der *BPflV 1995* nur in einem geringen Ausmaß an der Wirtschaftsführung des Krankenhauses beteiligt.

Erst seit der Einführung des prospektiven Budgets, d.h. eines im voraus zu kalkulierenden Budgets mit dem *KHG 1985*[3] und der *BPflV 1985*, wurde die Einbeziehung des leitenden Arztes in die Planung des zukünftigen Budgets erforderlich. Die Frage nach der Verantwortung des leitenden Arztes für die Einhaltung des Abteilungsbudgets wurde bejaht *(Siegmund-Schultze G. 1993, Junghanns K. 1993, Hoffmann H. 1993b)*. Abgeleitet wurde diese Budgetverantwortung des leitenden Arztes aus dem in den meisten Chefarztverträgen festgehaltenen "Wirtschaftlichkeitsgebot"[4] *(Siegmund-Schultze G. 1993)*. Die Voraussetzung für die Übernahme dieser Verantwortung war jedoch, daß der leitende Arzt tatsächlich bei der Planung und Aufstellung des Budgets beteiligt war *(Hoffmann H. 1993b)*. In der Praxis war jedoch oftmals der leitende Arzt kaum in die Wirtschaftsführung des Krankenhauses mit einbezogen worden *(Eichhorn S. 1991, ders. 1993c S. 62)*. Diese Situation wird sich als Folge des GSG nun grundlegend ändern müssen.

---

[3] § 17 Abs. 1 Satz 1 KHG 1985.
[4] "Der Arzt ist zu zweckmäßiger, wirtschaftlicher und sparsamer Behandlung im Rahmen des ärztlich Notwendigen und der Aufgabenstellung des Krankenhauses und der Abteilung verpflichtet." § 5 des Musterdienstvertrages für Chefärzte der DKG (5. Aufl. 1995).

1.1.1 Auswirkungen des Entgeltsystems und der Budgetierung

Die Umsetzung des neuen Finanzierungsrechts im Krankenhaus bindet den Arzt über das ihm abgeforderte medizinische Leistungsspektrum in einer bisher nicht gekannten Art und Weise in die ökonomische Verantwortung und die Wirtschaftsführung des Krankenhauses mit ein.
Der Umgang mit den im Rahmen der Gesundheitsstrukturreform mit der BPflV 1995 eingeführten und seit dem 01.01.1996 in den Kliniken uneingeschränkt und vorrangig anzuwendenden leistungsbezogenen Entgelten und der Budgetierung erfordert ärztlichen Sachverstand und ärztlichen Rat, will das Krankenhaus nicht finanzielle Einbußen und Wettbewerbsnachteile hinnehmen. Anhand einiger tabellarischer Darstellungen werden nun die sich aus dem leistungsbezogenen Entgeltsystem und der Budgetierung ergebenden neuen Aufgaben und Verantwortungsbereiche des leitenden Arztes sowie einige Punkte, die eine Einbeziehung des leitenden Arztes in die Wirtschaftsführung erfordern, dargestellt.
Die seit dem 01.01.1996 vorrangig anzuwendenden leistungsbezogenen Entgelte erfordern zunächst eine Definition und Auswahl der in einer Abteilung anfallenden Fallpauschalen und Sonderentgelte. Die Verwaltung des Krankenhauses benötigt von den Ärzten Informationen darüber, welche operativen Leistungskomplexe (Sonderentgelte) bzw. welche Behandlungsfälle (Fallpauschalen) in das jeweilige Abteilungsspektrum fallen und wie sie strukturiert sind *(siehe Tabelle 4)*.

Tabelle 4: Einführung der neuen Entgeltformen - zu klärende Fragen

- Sind die bisher bei vorauszusetzender exakter Erfassung ICD- und OP-Statisitk (DKG-MT) verknüpfbar? Welche Erhebungsgrundlagen stehen sonst zur Verfügung (OP-Buch, Material- Implantatelisten, Krankenakten etc.?)
- Wie ist die Patientenstruktur bei welchen Fallpauschalen? Aufnahmeart (elektiv/akut), aufnehmende Abteilung, Alter der Patienten und Begleiterkrankungen, diagnostischer und therapeutischer Aufwand, Ausreißer bzgl. Verweildauer, Entlassungsart (Verlegung)
- Welche Verweildauerverkürzung ist bei welchen Fallpauschalen umsetzbar?
- Wie ist die Verweildauer bei Patienten mit Sonderentgelten?
- Wie viele Kombinationseingriffe Fallpauschale/Sonderentgelt sind angefallen?
- In welchem Umfang und in welchen Bereichen sind substitutiv prä- und poststationäre Behandlung, ambulante Operationen oder teil- und kurzstationäre Behandlung umsetzbar?

Quelle: Bauer H. 1995a

Anschließend muß die Menge der zukünftig zu erbringenden Fallpauschalen und Sonderentgelte, aber auch der Leistungen aus der prä- und poststationären Behandlung und des ambulanten Operierens von den verantwortlichen Ärzten geschätzt werden. Dabei müssen bei der Angabe dieser Zahlen, die die Grundlage für die Budgetkalkulation des kommenden Abrechnungszeitraums bilden, prospektiv möglichst viele Einflußfaktoren einkalkuliert werden. Auch diese Beurteilung kann, wie aus *Tabelle 5* ersichtlich wird, nur von einem fachkundigen Arzt durchgeführt werden.

Tabelle 5: Aspekte einer Fallzahlkalkulation

- Auswirkungen des medizinischen Fortschritts, einer veränderten Technik, neuer alternativer Behandlungsmöglichkeiten (z.B. laparoskopisches Operieren, ambulantes Operieren)
- Abschätzung einer sich abzeichnenden Konkurrenzsituation in der Umgebung des Krankenhauses
- Entwicklung der Altersstruktur des Krankengutes
- Abschätzung des Patientenverhaltens
- Einschätzung der OP-Kapazitäten
- Einschätzung der Kapazitäten der Intensivstation
- mögliche Inanspruchnahme anderer Untersuchungs- und Behandlungsbereiche
- Einschätzung der qualitativen und quantitativen Personalbesetzung im ärztlichen und pflegerischen Bereich
- Beziehung zu Kollegen innerhalb und außerhalb der Klinik

Quelle: Eigene Darstellung in Anlehnung an die Ausführungen von Bauer H. 1995a

Auch der richtige Umgang mit den Fallpauschalen und Sonderentgelten im Krankenhaus setzt sowohl ärztliche Sachkenntnis als auch die genaue Kenntnis der komplizierten Abrechnungsmodalitäten auf seiten der Krankenhausverwaltung voraus, will die einzelne Klinik die im neuen Entgeltsystem enthaltenen finanziellen Steuerungsmöglichkeiten zu ihren Gunsten nutzen *(Bauer H. 1995a, Ernst, Ernst 1996)*. Hierzu gehören Fragen, die die richtige Eingruppierung der Patienten in den Fallpauschalen- und Sonderentgeltbereich betreffen, ebenso wie Fragen über den richtigen Umgang mit der Regelung der Grenzverweildauer, über die Kombinationsmöglichkeiten einzelner Entgelte, die zusätzliche Sonderentgeltberechnung, den Umgang mit den verschiedenen Ausgleichsregelungen etc. Wie aus der Arbeit von *Ernst und Ernst* deutlich wird, verlangt die aus ökonomischer Sicht optimale Ausnutzung der dem Finanzierungsrecht innewohnenden finanziellen Anreize eine enge Zusammenarbeit und Kommunikation zwischen medizinischer und kaufmännischer Seite *(Ernst, Ernst 1996)*.

In der Phase einer festen Budgetierung (1996) sind jedoch die dem neuen Finanzierungsrecht innewohnenden Steuerungsmöglichkeiten nicht wirksam *(Ernst, Ernst 1996)*. Die neuen Entgeltformen waren lediglich Abrechnungsabschläge auf ein festes Gesamtbudget.

Neben den Fallpauschalen und Sonderentgelten sind die Ärzte vor allem bei der Ermittlung und Umsetzung der internen Budgetierung mit in den Entscheidungs- und Ausführungsprozeß einzubinden. Angesichts der festen externen Budgetierung, die in einer modifizierten Form auch in Zukunft nach dem 2. GKV-NOG weiterbestehen wird, ist es für die Betriebsleitung, die leitenden Ärzte und letztlich auch für alle Mitarbeiter von großer Bedeutung, daß das Krankenhausbudget nicht überschritten wird. Andernfalls könnten Defizite anfallen, die nicht mehr ausgeglichen werden und sogar das Weiterbestehen der Klinik gefährden könnten.

Daraus folgt, daß die aus dem Krankenhausbudget abgeleiteten internen Abteilungsbudgets nicht überschritten werden sollten. Die Einhaltung eines internen Budgets setzt aber die Einbindung der leitenden Ärzte in die Planung, Kontrolle und Steuerung der Abteilungsbudgets voraus. Der leitende Abteilungsarzt kann nur für ein Abteilungsbudget die Verantwortung übernehmen, wenn er bei dessen Aufstellung und der hierfür notwendigen Leistungs- und Kostenplanung maßgeblich beteiligt war *(Hoffmann H. 1993b)*.

Eine Übersicht über die besondere Kosten- und Leistungsverantwortung, die bei der Umsetzung des neuen Finanzierungsrechts in den Aufgaben- und Kompetenzbereich der leitenden Ärzte fällt, geben die *Tabellen Nr. 6 und 7*.

Tabelle 6: Besondere Leistungs- und Kostenverantwortung (zur Ermittlung der Berechnungsgrundlagen der Pflegesätze)

I. Mengenentwicklung der Leistungsbereiche (Voll-, teil-, vor- und nachstationär, ambulantes Operieren)
   1. Abstimmung eines realistischen prospektiven Mengengerüstes für
      - Fallpauschalen → Zahl der Patienten,
      - Sonderentgelte → Zahl der entsprechenden Leistungskomplexe
      - Abteilungspflegesatz → Zahl der Patienten und Berechnungstage für Haupt-/ Belegabteilungen und die einzelnen Leistungseinheiten
      - Basispflegesatz → Zahl der Berechnungstage
      - Erlöse vor- und nachstationäre Behandlung und ambulantes Operieren
          → Zahl der Patienten für die einzelnen Leistungen, Zahl der Leistungen
   2. Steuerung der planerisch vorgegebenen Mengen in den einzelnen Leistungsbereichen
   3. Ergebniskontrolle der Mengenvorgaben mit der Konsequenz der befristeten / unbefristeten Ausgleiche
      - Fallpauschalen/Sonderentgelt Erlösabzug (§ 12 Abs. 2)
      - Fallpauschalen/Sonderentgelt Erlösausgleich (§ 11 Abs. 8)
      - Fallpauschalen/Budgetpatient modifizierter Budgetausgleich (§ 12 Abs. 4, 5)
      - Vor- und nachstationärer Erlösabzug (§ 7 Abs. 2 Nr. 1)

II. Statistische Daten
      im Rahmen des LKA
         - abteilungsbezogene Diagnosestatistik (§ 17 Abs. 4 Nr. 1)
         - abteilungsbezogene Operationsstatistik (§ 17 Abs. 4 Nr. 2)
      im Rahmen der gesetzlichen Datenübermittlung an die Krankenkassen
         - nach § 301 Abs. 1 bis 2 SGB V

Quelle: Genzel H. 1995a (Stand 01.01.1997)

Aus der Verantwortung des leitenden Arztes für die dargestellten ökonomischen Aufgaben im Krankenhaus leitet sich auch die Verantwortung für den entsprechenden Umgang mit den Risiken und für die Nutzung der Chancen der neuen Entgelte ab.

Tabelle 7:	Besondere Leistungs- und Kostenverantwortung (bei Aufnahme und Durchführung des Behandlungsprozesses)

I. Hinsichtlich einzelner Entgelte
Zuordnung der Fallpauschalen zu einem bestimmten Behandlungsfall (Hauptdiagnose nach § 14 Abs. 4)
Zuordnung der Sonderentgelte zu entsprechenden Leistungskomplexen (§ 14 Abs. 3 Satz 2)
Verlegung und Behandlungsabbruch eines Patienten (§ 14 Abs. 5)
Voraussetzungen der Zulässigkeit zusätzlicher Entgelte bei Fallpauschalen
Einhaltung der Basis- und Grenzverweildauer bei Fallpauschalen
Budgetverantwortung hinsichtlich Gesamtbudget, Abteilungspflegesatz

II. Hinsichtlich betrieblicher Leistungserbringung
Mitverantwortung für interne Leistungs- und Kostenbudgets best. medizinischer Leistungseinheiten
organisatorische Mitverantwortung für einzelne betriebliche Abläufe des med. Leistungsgeschehens
Qualitätssicherung im Rahmen externer oder interner Qualitätssicherungsmaßnahmen

Quelle: Genzel H. 1995a (Stand 01.01.1997)

Die besonderen Risiken und Chancen des Entgeltsystems für das Krankenhaus, aber auch für den Patienten und eine bedarfsgerechte Versorgung zeigen die *Tabellen Nr. 8 und 9.*

Tabelle 8: Besondere Risiken der neuen Entgelte

für das Krankenhaus	für den Patienten	für eine bedarfsgerechte Versorgung
I. Fallpauschalen und Sonderentgelte		
1. Mengenrisiko (Zahl der Leistungen)	-------	1. Leistungskonzentration und Spezialisierung zu Lasten flächendeckender Versorgung
2. Qualitätsrisiko (Schwere und Kostenaufwand der Fälle)	Leistungsausgrenzung aus wirtschaftlichen Gründen bei kostenaufwendigen, schlechten Risiken	2. Vergrößerung der Bürokratisierung zu Lasten der medizinischen Versorgung
3. Kalkulationsrisiko (Preis- und Leistungskalkulation)	-------	3. Verstärkter Druck auf Bettenabbau bevor andere Versorgungsformen (sozial ambulant u. stationär) zur Verfügung stehen.
4. Innovationsrisiko (Kostenrelevanz neuer Diagnose- und Behandlungsmethoden)	unangemessene Leistungsbegrenzung, Qualitätsverlust, vorzeitige Entlassung aufgrund des ökonomischen Drucks	

Fortsetzung Tabelle 8:

II. Budget (Abteilungs- u. Basispflegesätze)		
1. Verstärkte *Bürokratisierung* durch Ausbau des Rechnungswesens 2. *Kongruenzrisiko* (Deckung von Erlösen aus Abteilungspflegesatz und Ansätzen der internen Budgetierung kaum erreichbar) 3. *Fixkostenrisiko* (Leistungssteigerungen führen nur zu Gewinn, wenn Fixkostendeckung gehalten werden kann) 4. *Organisationsrisiko* (Ausgleich für Personal- Geräteausfallzeiten, Operationskapazitäten) 5. *Kostenrisiko* beim Basispflegesatz (landeseinheitlich kalkulierte Hotelleistung § 13 Abs. 3 Satz 2, § 16 Abs. 3)	Leistungseinschränkung durch wirtschaftlichen Druck	Der erhöhte Verwaltungsaufwand, bedingt durch das Abrechnungssystem mit 30 Abrechnungsmöglichkeiten, führt zur Vergrößerung der Verwaltungs-quote zu Lasten der medizinisch-pflegerischen Versorgung

Quelle: Genzel H. 1995a (Stand 01.01.1997)

Tabelle 9: Chancen der neuen Entgelte

für das Krankenhaus	für den Patienten	für eine bedarfsgerechte Versorgung
1. Größere Kosten- und Leistungstransparenz fördert wirtschaftlichere Betriebsstrukturen 2. Abteilungspflegesätze fördern abteilungsbezogenes Denken und Verantwortung 3. Leistungssteigerungen ohne Veränderungen der Fixkosten bringen zusätzliche Erlöse 4. Verweildauerreduzierung führt zu Kosteneinsparungen 5. Beschränkter Erlösabzug bei FP und SE sowie bei der vor- und nachstationären Behandlung führt zu Mehreinnahmen des KH 6. Höhere Wahlleistungserlöse aufgrund des in aller Regel reduzierten Kostenabzugs bei der Komfortunterbringung	Größere Rationalität sichert die adäquate Behandlung auf Dauer, Beitragsstabilität kommt auch dem einzelnen Versicherten zugute	Versorgungs- und Preisstabilität im allgemeinen öffentlichen Interesse

Quelle: Genzel H. 1995a (Stand 01.01.1997)

Eine große Bedeutung bei der Umsetzung der neuen Entgelte im Krankenhaus hat die Dokumentation und die Qualität der Informationen, die als Grundlagen für die Leistungserfassung, die Kosten- und Leistungsrechnung, die Leistungsabrechnung, die Kalkulation von Fallpauschalen und Sonderentgelten und für das Controlling dienen *(Herrler M. 1995)*. "Die verantwortliche Einbindung der leitenden Krankenhausärzte in die Informationsbeschaffung, die Informationsauswertung und die betriebswirtschaftliche Steuerung ist in Zukunft eine wesentliche Voraussetzung für die Effektivität und Effizienz des gesamten Leistungsgeschehens in einer Klinik." *(zitiert aus: Genzel H. 1996, "Die Aufwertung der Stellung des Chefarztes durch die neuen Entgeltformen der Bundespflegesatzverordnung 1995" in: ArztR. 1996, Heft 2 S. 42)*.

Demgegenüber ist es Aufgabe der Klinikverwaltung, das Krankenhauscontrolling zu einem betriebswirtschaftlichen Steuerungs- und Koordinationsinstrument auf- und auszubauen, das den leitenden Ärzten die entsprechenden Informationen für Planung, Koordination und Kontrolle geben kann. An dieser Stelle sei angemerkt, daß die Effektivität und der tatsächliche Nutzen bisheriger Controllingsysteme im Krankenhaus in Frage gestellt wird. *Eichhorn* hat die Schwachstellen und damit eingeschränkte Aussagekraft des Krankenhauscontrolling in seiner heutigen Form dargelegt *(Eichhorn S. 1996)*. Eine Verbesserung und eine Neuausrichtung des Controllinginstrumentariums im Krankenhaus, das ja die Grundlage für die ärztlichen Entscheidungen bildet, erscheint heute vordringlich *(Eichhorn S. 1996, Herbold et al. 1996)*.

Wenn bei der Umsetzung des neuen Pflegesatzrechts eine Klinik die mit dem Finanzierungssystem verbundenen Möglichkeiten der Erlösmaximierung nützen will, dann muß der leitende Arzt bei der Fallzahldefinition, Fallzahlkalkulation, der Mengenentwicklung, beim Umgang mit den leistungsbezogenen Entgelten und letztlich bei der strategischen Ausrichtung des Leistungsspektrums des Krankenhauses unmittelbar einbezogen werden *(Bauer H. 1995a, Genzel H. 1995a, Genzel H. 1996)*.

Daneben zwingen die neuen Vergütungsformen alle diejenigen, die im Krankenhaus für die Betriebsabläufe die Verantwortung tragen, zur verstärkten Suche nach wirksamen Möglichkeiten der Verbesserung der Wirtschaftlichkeit und Leistungsfähigkeit, d.h. der Effizienz und Effektivität der Leistungen und der Betriebsabläufe *(Genzel H. 1995a)*.

Durch das neue Entgeltsystem und die Abhängigkeit der Behandlungskosten von der Verweildauer, ist die Rationalisierung der Behandlungsprozesse und Betriebsabläufe im Bereich der Fallpauschalen eine wichtige Aufgabe im Krankenhaus geworden.

Als Folge des heute gültigen Finanzierungsrechts wird der leitende Arzt aber nicht nur in die Wirtschaftsführung des Krankenhauses verstärkt mit eingebunden, auch seine Stellung innerhalb der Klinik wird durch die neuen Entgeltformen der Bundespflegesatzverordnung 1995 aufgewertet *(Genzel H. 1996, Junghanns K. 1996)*.

1.1.2 Auswirkungen der vor-, nach- und teilstationären Behandlung und des ambulanten Operierens

Die Zulassung des ambulanten Operierens, der vor- und nachstationären Behandlung sowie teilstationärer Behandlungsformen[5] im Krankenhaus[6] hat in der Regel tiefergehende Einschnitte in die Ablauforganisation und die Organisationsstruktur der Kliniken zur Folge und definiert letztlich den Standort des Krankenhauses im Versorgungssystem neu. Die Entscheidung über die Einführung teilstationärer Behandlungsformen und des ambulanten Operierens liegt daher beim Krankenhausträger.

Mit diesen für das Krankenhaus neuen Versorgungsmöglichkeiten sollte die seit Jahrzehnten bestehende und als kritische Schwachstelle im deutschen Gesundheitssystem angesehene strikte Trennung des ambulanten und stationären Versorgungsbereichs überwunden werden *(Eichhorn S. 1995 S. 35 f.)*. Zugleich soll durch die Förderung der ambulanten und teilstationären Versorgungsformen im Krankenhaus erreicht werden, daß der Anteil der vollstationären Leistungen und letztlich damit auch die Zahl der Betten im stationären Bereich abgebaut werden kann *(Eichhorn S. 1995 S. 36)*.

Nach § 39 Abs. 1 Satz 2 SGB V haben dementsprechend die ambulanten und teilstationären Versorgungsformen Vorrang vor den vollstationären Versorgungsformen. Ob ein Patient vollstationär oder auch nur teilstationär bzw. ambulant behandelt werden kann entscheidet allein der aufnehmende Krankenhausarzt. Dieser legt also bereits bei Aufnahme des Patienten die weitere Behandlungsform fest, eine unter finanziellen Gesichtspunkten wichtige Vorentscheidung. An dieser Stelle wird der erste ökonomische Verantwortungsbereich des Arztes bei der Umsetzung der neuen Versorgungsformen deutlich. Anhand der Darstellung strategischer Entscheidungen, die bei der Einführung des ambulanten Operierens und der teilstationären Versorgungsformen getroffen werden müssen, wird die Notwendigkeit einer engen Zusammenarbeit und Einbindung der leitenden Ärzte in den Entscheidungsprozeß und in die Wirtschaftsführung des Krankenhauses deutlich.

Zu den wichtigsten strategischen Entscheidungen, die im Zusammenhang mit der Einführung des ambulanten Operierens und der nicht vollstationären Versorgungsformen erörtert und getroffen werden müssen, gehört zunächst die Quantifizierung des Substitutionspotentials für das ambulante Operieren, also die Frage, was und welcher Teil des in Frage kommenden operativen Leistungsspektrums ambulant erbracht werden kann und welche Fachgebiete in welchem Umfang für die vor- und nachstationäre Behandlung in Frage kommen.

Schwieriger ist die Regelung der innerbetrieblichen Ablauforganisation. Im Gegensatz zu einer vollstationären Behandlung kann der Patient nicht "in ein Bett gelegt" werden, um von dort im Verlauf des Tages zu den notwendigen diagnostischen und therapeutischen Maßnah-

---

[5] Teilstationäre Behandlungsformen sind Tag- und Nachtkliniken. Bei einer Tagklinik kommt der Patient morgens in die Klinik und verläßt sie abends wieder, um am nächsten Morgen wieder zu kommen usw. Bei einer Nachtklinik ist der Patient dementsprechend nachts in der Klinik und tagsüber nicht.

[6] Siehe Punkt A 3.2.

men abgerufen zu werden. Der Organisationsablauf einer ambulanten Operation und einer vor- und nachstationären Behandlung muß phasenweise straff organisiert und zeitlich möglichst exakt terminiert werden, da der Patient nicht mehrfach für eine notwendige Diagnostik einbestellt werden kann und nur kurze Zeit für den operativen Eingriff im Krankenhaus verweilt *(Eichhorn S. 1995 S. 42)*.

Von besonderer Bedeutung ist auch das Vorgehen bei der Indikationsstellung und der Aufklärung des Patienten. Zur Indikationsstellung gehört hier, weit mehr als im vollstationären Bereich, nicht nur die Prüfung der "medizinischen Indikation", sondern auch eine Prüfung, ob der Patient die Voraussetzungen für eine ambulante Operation erfüllt, also Fragen der Compliance des Patienten oder seines Umfelds und seiner häuslichen Versorgungssituation.

Diese Besonderheiten stellen an die Ablauforganisation einer ambulanten Operation besondere Anforderungen.

Die dritte Entscheidung die bei der Einführung der neuen Versorgungsformen getroffen werden muß, ist die Art und Weise, wie diese nicht vollstationär erbrachten Leistungskomplexe räumlich und organisatorisch im Krankenhaus integriert werden sollen. Dabei stellt sich die Frage, welche Organisationsform für das ambulante Operieren gewählt werden soll, etwa die Einbindung in den stationären Bereich oder das Errichten eines eigenständigen, interdisziplinären Tagesklinik ähnlichen ambulanten Operationszentrums auf dem Klinikgelände *(Eichhorn S. 1995 S. 43)*.

Gleiches gilt auch für die vor- und nachstationäre Behandlung, die zentral, etwa in eigenen Stationen oder Abteilungen, oder dezentral integriert, auf den allgemeinen Stationen erbracht werden kann.

Ein weiterer und bei der Einführung der neuen Versorgungsformen entscheidender Punkt ist die Frage nach der Kosten- und Erlössituation. Die strategische Entscheidung, ob und in welchem Umfang ambulante Operationen und vor- und nachstationäre Behandlung in der jeweiligen Klinik durchgeführt werden sollen, hängt auch von der Kosten- und Erlössituation ab.

Nach den bisher gemachten Erfahrungen mit dem ambulanten Operieren im Krankenhaus muß festgehalten werden, daß nur wenige Kliniken in größerem Umfange diese neuen Versorgungsmöglichkeiten ausüben *(Werding G. 1996)*. Der wichtigste Grund scheint darin zu liegen, daß die im Rahmen der dreiseitigen Verträge vereinbarten und für alle Leistungserbringer einheitlichen Vergütungen, für die große Mehrheit der Kliniken nicht kostendeckend sind *(Werding G. 1996)*. Daraus ergibt sich im Krankenhaus die Suche nach Wegen, die Kosten für diese Operationen ohne Qualitätsverlust zu senken. Zur Lösung dieses Problems kann letztlich nur der sachkundige Arzt beitragen.

Grundsätzlich stellt sich auch die Frage, ob das Krankenhaus auf die Durchführung ambulanter Operationen ganz verzichten kann bzw. im Hinblick auf die Nachrangigkeit vollstationärer Behandlung (§ 39 Abs. 1 Satz 2 SGB V) verzichten darf.

Angesichts des steigenden Wettbewerbs dürfte die Klinik, die auf die Möglichkeit des ambulanten Operierens verzichtet, über einen längeren Zeitraum hin betrachtet, strategische Nachteile haben. Nach *Eichhorn* hat das ambulante Operieren sogar existentielle Konsequenzen für jedes einzelne Krankenhaus mit operativen Kapazitäten *(Eichhorn S. 1995 S. 44)*. Durch die neuen Versorgungsmöglichkeiten und der durch die neuen Entgelte ausgelösten Tendenz zur kürzeren Verweildauer ist davon auszugehen, daß die einzelnen Krankenhäuser, je nach Art und Zahl der bisher operierten Patienten, einen mehr oder weniger großen Anteil an bisher stationär versorgten Patienten verlieren werden. Diese "verlorenen Patienten" kann das Krankenhaus zurückgewinnen, wenn es die Möglichkeit hat, diese statt stationär nun ambulant behandeln zu können (Substitution von stationär durch ambulant). Andernfalls dürfte das Krankenhaus diese Patienten an benachbarte Krankenhäuser oder Vertragsärzte verlieren, die ambulante Operationen anbieten. In diesem Fall verliert diese Klinik daneben auch die Möglichkeit, durch das ambulante Operieren generell Patienten an das Krankenhaus zu binden und damit auch für den vollstationären Bereich positive Auswirkungen erzielen zu können *(Eichhorn S. 1995 S. 43)*.

Bei der Erörterung dieser Frage muß auch bedacht werden, daß das Krankenhaus gegenüber einem ambulant operierenden Vertragsarzt auch Wettbewerbsvorteile besitzt. Zu denken ist hier etwa an das Auftreten einer größeren Komplikation während oder nach dem operativen Eingriff und die weitaus größeren Möglichkeiten eines Krankenhauses, einen solchen Fall entsprechend versorgen zu können (Reduzierung des Behandlungsrisikos).

Auch die vor- und nachstationäre Behandlungsmöglichkeiten bieten dem Krankenhaus in einer Wettbewerbssituation einige Vorteile, da eine Klinik viel eher als ein Vertragsarzt alle notwendigen und sinnvollen diagnostischen und therapeutischen Maßnahmen aufgrund ihrer apparativen Ausstattung innerhalb kurzer Zeit zusammenhängend durchführen kann *(Kersting T. 1995 S. 46 ff.)*.

Tabelle Nr. 10 zeigt eine Übersicht über die wichtigsten strategischen Entscheidungen, die bei der Umsetzung der neuen Versorgungsformen letztlich nur mit ärztlicher Sachkompetenz und unter Einbindung des leitenden Arztes getroffen werden können. Nur wenn der Arzt in den Entscheidungsfindungsprozeß eingebunden war, kann er bei der Einführung dieser nicht vollstationären Versorgungsformen und, wie bereits erwähnt, auch bei der Umsetzung der neuen Entgeltformen und der Budgetierung die daraus folgende medizinische und betriebliche Verantwortung tragen.

Neben der sich aus dem neuen Finanzierungsrecht und den neuen Versorgungsformen ergebenden notwendigen Einbeziehung des leitenden Arztes in die Wirtschaftsführung des Krankenhauses kann auch die zukünftig notwendige Verbesserung und Neuausrichtung der innerklinischen Ablauforganisation letztlich nur mit der Einbeziehung der Kompetenz des leitenden Arztes geplant, durchgeführt und auf ihre Effektivität und Effizienz hin überprüft werden. Gleiches gilt für die Erschließung von Rationalisierungspotentialen innerhalb einer Abteilung.

Damit erweitert sich der Aufgaben- und Verantwortungsbereich des leitenden Arztes, der sich bisher in der Regel auf die Versorgung der Patienten und die Umsetzung des medizinischen Fortschritts im Krankenhaus beschränkt hatte[7], in erheblichem Umfange.

Tabelle 10: Strategische Entscheidungen bei der Umsetzung der neuen Versorgungsformen

- Auswahl der in Frage kommenden Fachgebiete
- Ermittlung und Abschätzung des Substitutionspotentials für ambulante Operationen und vor- und nachstationäre Behandlung
- Entscheidung über Organisationsstruktur, zentrale oder dezentrale Leistungserbringung, organisatorische Integration
- Entscheidung über Änderungen in der innerbetrieblichen Ablauforganisation
- Eventuelle bauliche und räumliche Umgestaltung
- Analyse der Kosten- und Erlössituation
- Entscheidung über Marketingstrategie

Quelle: eigene Darstellung in Anlehnung an die Ausführungen von Eichhorn S. 1995 S. 35 ff., Kersting T. 1995 S. 46 ff.

1.2 Marketing als Aufgabe des leitenden Arztes

Bedingt durch die neuen Rahmenbedingungen der Reformgesetze, wird das Marketing im Krankenhaus zunehmend bedeutsamer *(Riegl G.F. 1993, ders. 1994, Braun, Schmutte 1995, Braun et al. 1996).*

Das Krankenhaus steht heute als Folge des neuen Entgeltsystems und der neuen teilstationären Versorgungsformen zukünftig in einer Art Wettbewerbssituation mit anderen Krankenhäusern und niedergelassenen Ärzten[8]. Durch die neue Ordnungspolitik ist das Krankenhaus aber nicht nur einem unmittelbaren Wettbewerb mit anderen Leistungserbringern ausgesetzt, es werden sich auch, wie vom Gesetzgeber gewünscht und beabsichtigt, die Verweildauer und die Bettenauslastung einer Klinik verringern. Dies zeigen die Erfahrungen, die im Rahmen von Pilotprojekten gemacht wurden *(Bauer H. 1995a)*. Geht aber die Auslastung einer Abteilung deutlich zurück, werden die Kostenträger einen Bettenabbau fordern[9]. Da derzeit die Krankenhausplanung weitgehend an das belegte Bett gekoppelt ist, zieht der Bettenabbau auch eine Verringerung der Fördermittel des Staates (Pauschalförderung) und einen Stellenabbau im

---

[7] Siehe Punkt A 1.1.
[8] Siehe Punkt A 4.3.
[9] Durch § 17a KHG aufgrund des PflegeVG und des Beitr.Entl.G. 1996 gefordert.

Krankenhaus nach sich. Dadurch steigt die Gefahr der Defizite oder sogar der Schließung von Abteilungen und Kliniken zusätzlich.

Um einer solchen Entwicklung entgegen wirken zu können, müssen die Abteilungsärzte nicht nur, wie in Punkt C 1.1 gezeigt wurde, in die Wirtschaftsführung des Krankenhauses mit einbezogen werden, auch das Marketing im Krankenhaus erhält einen neuen Stellenwert.

Das Ziel der Krankenhausleitung muß es sein, abhängig von der Belegungsrate und der Budgethöhe, die Fallzahlen zu steigern *(Bauer H. 1995a)*. Dies läßt sich jedoch nicht direkt und kurzfristig erreichen *(Bauer H. 1995a)*. Eine solche Zielsetzung setzt eine Marketingstrategie voraus. Nach *Hüllemann* und *Künzel* ist das Marketing als Fundament im Verdrängungswettbewerb überlebensnotwendig *(Hüllemann, Künzel 1995)*.

Daraus ergibt sich die Frage, inwieweit das Marketing in den Verantwortungsbereich der leitenden Ärzte fällt, ferner ob das Marketing nicht allein von der Krankenhausverwaltung übernommen werden könnte *(Riegl G.F. 1993)* z.B. wie bei Unternehmen in der Erwerbswirtschaft durch eine eigene Marketingabteilung.

Nach der heutigen **Definition** ist **Marketing** nicht allein ein auf den Absatz von Produkten oder Dienstleistungen oder auf "Werbung" beschränkter Ansatz, sondern eine "Bedarfs- und Zielgruppenorientierung", bzw. eine auf Kundenorientierung im weitesten Sinne[10] ausgerichtete Unternehmensführung[11] *(Braun, Schmutte 1995, Bruhn, Meffert 1997)*. Die wichtigsten "Kunden" des Krankenhauses sind, wie in B 2.2 dargelegt wurde, die Patienten, aber auch die niedergelassenen und einweisenden Ärzte. Kundenstatus können auch andere Krankenhäuser und Vertragsärzte[12] haben, die mit der jeweiligen Klinik zusammenarbeiten.

Aus Sicht des Marketing ist im Krankenhaus auch die Zielgrupppe "Öffentlichkeit" von Bedeutung, da eine Nonprofit-Organisation in der Regel stärker als erwerbswirtschaftliche Unternehmen im Mittelpunkt des öffentlichen Interesses steht[13].

Die Benennung der bedeutsamsten "Kunden" des Krankenhauses zeigt schon, daß die wichtigsten Zielgruppen der Kliniken in den Geltungs- und Kompetenzbereich des leitenden Arztes fallen. Anhand der in Punkt B 2.2 dargestellten "Patientenorientierung" bzw. der "Patientennähe" wird deutlich, daß der ärztliche Dienst bei der Umsetzung dieser Grundhaltung eine herausragende Bedeutung hat. Auch wenn der Arzt die "Patientennähe" nur aus medizinisch-humanitären Gründen anstreben und umsetzen mag, so erfüllt er aus Sicht des Marketing damit doch zugleich auch eines der wichtigsten betrieblichen Ziele des Krankenhauses.

---

[10] "Internes Marketing ist die systematische Optimierung unternehmensinterner Prozesse mit Instrumenten des Marketing- und des Personalmanagements, um durch eine konsequente Kunden- und Mitarbeiterorientierung das Marketing als interne Denkhaltung durchzusetzen, damit die marktgerichteten Unternehmensziele effizienter erreicht werden." *(zitiert aus: Meffert, Bruhn 1997, Dienstleistungsmarketing, S. 444).*

[11] Siehe auch Punkt *A 5.3.6.3* und *B 2.2.1.1.*

[12] Der niedergelassene Arzt oder ein benachbartes Krankenhaus kann als Folge der heutigen Rahmenbedingungen gegebenenfalls sowohl ein Konkurrent als auch ein Kunde einer Klinik sein.

[13] Siehe Punkt A 5.3.6.3

Auch die neben der "Patientennähe" bedeutsamen Parameter, die im Wettbewerb und Marketing im Krankenhaus von Bedeutung sind, zeigen, wie eng die leitenden Ärzte mit dem Marketing im Krankenhaus verbunden sind. Zu nennen ist hier etwa die große Bedeutung der "Qualität" der medizinischen Leistungen für das Marketing *(Braun, Schmutte 1995, Schmidt-Rettig B. 1996)* oder der "Ruf"[14] der Klinik oder einer Abteilung.
Diese für das Marketing entscheidenden Punkte gehören zu den elementaren Aufgaben des leitenden Arztes. Seine eigentliche Aufgabe, die Patientenbehandlung und die damit einhergehenden Aufgaben aber kann der leitende Arzt nicht delegieren.
Gleiches gilt auch für den kollegialen Kontakt zu den niedergelassenen Ärzten, die die Patienten in das Krankenhaus einweisen. Wie Umfragen unter niedergelassenen Ärzten zeigen, sind die für die Einweisungsentscheidung des niedergelassenen Arztes wichtigsten Merkmale einer Klinik die Kooperation von Krankenhaus und Vertragsarzt, die OP-Methoden und das ärztliche Personal *(Braun, Schmutte 1995) (siehe Abbildung 11)*.

Abbildung 11:

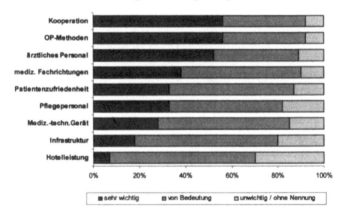

Quelle: Braun, Schmutte 1995

---

[14] In einer in den USA durchgeführten Studie wurde untersucht, welche Faktoren das Image oder den Ruf eines Krankenhauses begründen. Es zeigte sich, daß das Verhalten des Personals, die Qualität der ärztlichen Leistungen und die sich hieraus abgeleitete Zufriedenheit des Patienten maßgeblich den Ruf einer Klinik ausgemacht haben *(Ben-Sira Z. 1983)*. Auch in dieser Studie wurde die herausragende Bedeutung des Kontakts zu den Ärzten deutlich *(Ben-Sira Z. 1983)* (siehe B 2.3.1). Interessant ist dieses Ergebnis insofern, als der Ruf einer Klinik oder Abteilung oftmals mit dem jeweiligen leitenden Arzt in Verbindung gebracht wird. Faßt man diese beiden Aussagen zusammen, so könnte man daraus ableiten, daß es einen Zusammenhang zwischen dem Verhalten des medizinischen Personals und dem leitenden Arzt geben könnte. In diesem Falle wären das Führungsverhalten oder die Führungsqualitäten des leitenden Arztes für den Ruf der Klinik maßgeblich.

Dies sind Punkte, bei denen vor allem der ärztliche Dienst und letztlich der leitende Arzt im Vordergrund stehen. Auch die Ausgestaltung des kollegialen Kontakts zu den niedergelassenen Ärzten liegt im Geltungsbereich des leitenden Arztes. Der Kunde "einweisender Arzt" hat für das Krankenhaus aus wirtschaftlicher Sicht eine große Bedeutung, da es ohne Unterstützung der niedergelassenen Ärzte nur sehr begrenzt erfolgreich sein kann und zudem der niedergelassene Arzt als Meinungsbildner in Erscheinung tritt *(Braun et al. 1996)*. Gegen die niedergelassenen Ärzte ist das zukunftssichere Krankenhaus nicht denkbar *(Riegl G.F. 1994)*.

Das Marketing im Krankenhaus fällt daher in den unmittelbaren Kompetenzbereich des leitenden Arztes. Das Marketing als betriebliche Grundhaltung setzt jedoch unabdingbar auch die Einbindung von Verwaltung und Pflegedienst voraus.

1.3 Personalführung und Motivation als Führungsaufgabe des leitenden Arztes

"Im Krankenhaus steht der Mensch im Mittelpunkt." Diese Aussage wird zukünftig nicht nur auf den Patienten, sondern auch auf die Menschen, die im Krankenhaus arbeiten zutreffen müssen. Neben der "Kundenorientierung" ist auch die "Mitarbeiterorientierung" eine der wichtigsten Führungsaufgaben in einem modernen Krankenhaus *(Schmidt-Rettig B. 1996 S. 19 ff., Eichhorn S. 1996b S. 105 ff.)* (siehe auch Punkt B 4.6.3).

Auch der leitende Arzt bleibt von dieser Aufgabe und Herausforderung nicht unberührt, da er in dem Betrieb "Krankenhaus" eine Führungsposition innehat. Mit seiner Rolle als leitender Arzt ist natürlich auch die Führung seiner Mitarbeiter untrennbar verbunden.

Warum aber die Motivation der Mitarbeiter und die Art der Personalführung im Krankenhaus so wichtig geworden ist, wird bei Analyse der Ursachen des sich wandelnden Umfeldes und der neuen Rahmenbedingungen des Krankenhauses ersichtlich.

Wesentlich beigetragen zu der heute großen Bedeutung der Mitarbeiterführung im Krankenhaus hat der Wandel der Wertvorstellungen der Menschen. Entsprechend der dargestellten[15] und heute dominierenden Wertvorstellungen hat die Beachtung des einzelnen mit seinen Bedürfnissen und Wünschen (etwa die Selbstverwirklichung, das "Sich-einbringen-können" am Arbeitsplatz) Vorrang. Eine starre Hierarchie und ein entsprechender autoritärer Führungsstil[16] haben heute bei der überwiegenden Zahl der Mitarbeiter eine erhebliche demotivierende Wirkung. Daneben haben aber v.a. die Folgen der neuen Ordnungspolitik und die Umsetzung der wichtigsten Aufgaben, Themen und Betriebsziele im Krankenhauswesen, nämlich die "Rationalisierung", die "Qualität der medizinischen Leistungen" und die "Patientenorientierung" einer Klinik weitreichende Auswirkungen und Konsequenzen für die Personalführung im Krankenhaus.

---

[15] Siehe Punkt B 2.1.2.1.
[16] Zum Ausdruck kommt ein derartiger Führungsstil etwa bei einer Führung der Mitarbeiter durch Anweisungen von oben, der Entscheidungsbildung ohne Einbeziehung der Betroffenen etc.

Die Umsetzung der drei zentralen Aufgaben und Ziele eines Krankenhauses erfordern auf seiten der Krankenhausführungskräfte einen hohen Grad an Mitarbeiterorientierung, Motivation und Kompetenz in Fragen der Personalführung, da sich Verhaltensweisen von Mitarbeitern weder durch Gesetze noch durch Dienstanweisungen erzwingen lassen.

Bei der Erörterung des Themas "Qualität" im Krankenhaus wurde die große Bedeutung der Qualität und der Motivation des medizinischen Personals deutlich. Die aus Sicht des Patienten wichtigsten Aspekte der "Qualität" im Krankenhaus sind an sich nicht meßbar oder überprüfbar, da sie die Interaktion zwischen Mitarbeiter und Patienten betreffen. Anhand der Ausführungen über die "Patientenorientierung" und "Patientennähe", als Teilaspekten der medizinischen Qualität, wurde dieser Sachverhalt deutlich. Aber auch für die Umsetzung einer weiterreichenden "Qualitätsphilosophie" und der Sicherung der medizinisch-fachlichen Behandlungsqualität ist die Motivation des Personals, das vom Sinn und dem Ziel der Qualitätssicherung überzeugt sein muß, unabdingbare Voraussetzung.

Neben den Betriebszielen **"Qualität"** und **"Patientennähe"** kann aber auch die dritte wichtige Aufgabe des Krankenhauses und seiner Abteilungen, nämlich die **Erschließung von Rationalisierungspotentialen und die Steigerung der innerbetrieblichen Effizienz und Effektivität, nur durch das Personal** und das **Verhalten** bzw. **Handeln der Mitarbeiter** im Krankenhaus **erreicht werden.**

Die Bedeutung der Personalführung wird durch die besonderen Merkmale des Krankenhauses gesteigert. Zu nennen sind hier die große Komplexität und geringe Standardisierbarkeit der klinischen Abläufe, die hohe Personalintensität in den Kliniken, die erforderlichen besonderen Kenntnisse und Fähigkeiten der Mitarbeiter sowie die herausragende Stellung der zwischenmenschlichen Begegnungen[17] und der "Humanität" im Krankenhaus.

Auch die in Kapitel B aufgezeigten Folgen des Wertewandels, des medizinischen Fortschritts und der damit verbundenen Gefahren erfordern eine problemorientierte und zielgerichtete Führung des Krankenhauspersonals.

Nur wenn die Mitarbeiter einer Klinik von der Notwendigkeit dieser Ziele überzeugt sind und diese tatsächlich erreichen wollen, kann eine Klinik effiziente, leistungsgerechte und patientenorientierte Leistungen erbringen, und eine den heutigen Erfordernissen entsprechende medizinische Versorgung der Bevölkerung sichern.

---

[17] Siehe *Tabelle 3*.

2 Defizite in den Leitungs- und Führungsstrukturen im Krankenhaus

In den vorangegangenen Punkten der Kapitel A, B und C wurden die an die leitenden Ärzte und Krankenhäuser gestellten neuen und gewachsenen Herausforderungen und Aufgaben, die sich aus der ökonomischen Entwicklung, der veränderten Ordnungspolitik, dem gesellschaftlichen Wandel und Wertewandel und dem medizinischen und medizinisch-technischen Fortschritt ergeben, aufgezeigt und erörtert. Im folgenden wird der Problembereich der Organisation, der Leitungsstrukturen und der Wahrnehmung von Führungsaufgaben bei den Krankenhäusern als typischen Nonprofit-Betrieben dargestellt[18]. In den Ausführungen wird untersucht, in wieweit die heute vorherrschende Führungsorganisation der Krankenhäuser dem Aufgabenwandel der neuen Ordnungspolitik entsprechen kann, oder ob sie die bei anderen Nonprofit-Organisationen häufig festgestellten Schwachstellen aufweist.

2.1 Schwachstellen im Bereich Krankenhausträger - Krankenhausleitung

Eine Vielzahl von Nonprofit-Betrieben zeichnet sich durch "typische" Schwachstellen in der Organisation der Führungsstruktur aus. In Punkt A 5 wurden kurz die wesentlichen Punkte genannt. Diese betrafen die sog. Leitungsebene, die Verteilung der Kompetenzen zwischen der Leitungs- und Realisationsebene sowie die Schwachstellen in der Realisationsebene an sich. In Anlehnung an diese Darstellung wird zunächst nach den typischen Schwachstellen im Bereich des Krankenhausträgers (Leitungsebene) und der Beziehung zwischen Krankenhausträger und -leitung (Leitungebene - Realisationsebene) gefragt.

2.1.1 "Bürokratische" Organisationsform mit der Dominanz des "Verwaltens" statt des "Managements" und Fragen der Kompetenzverteilung zwischen Krankenhausträger und -leitung

Aufgrund des Sozialstaatsprinzips und der damit verbundenen öffentlichen Daseinsfürsorge[19] sowie der Fürsorgebereitschaft der Wohlfahrtsverbände war die Krankenhaustätigkeit seit

---

[18] Einige der bei Nonprofit-Betrieben auftretenden Problembereiche wurden bereits in den vorangegangenen Abschnitten auf ihre Gültigkeit für das Krankenhauswesen hin untersucht.
Dabei konnte gezeigt werden, daß der eine Nonprofit-Organisation kennzeichnende Problembereich "Beziehung zu den Klienten" auch im Krankenhaus in Bezug auf das Verhältnis von Patient und Krankenhaus sowie Patient - Arzt wiedergefunden werden kann.
Kurz angedeutet wurde in Punkt C 1.1 auch die Problematik der derzeitig im Krankenhaus angewandten Controllinginstrumente, die das Problem der häufig fehlenden Voraussetzungen für ein unternehmungsähnliches Rechnungswesen in den Nonprofit-Betrieben widerspiegelt.

[19] Siehe Punkt A 3.1. Als Ausdruck der Trägerpluralität halten neben den öffentlichen auch freigemeinnützige und private Träger Krankenanstalten vor.

jeher in die hoheitliche Verwaltung der Kommunen und der Verbände der Wohlfahrtspflege eingegliedert.

Aus der Integration des Krankenhauses in die Verwaltung des Trägers ergeben sich zwei wesentliche Schwachpunkte in der Führungsorganisation des Krankenhauses, zum einen die mit der **Rechtsform des Regiebetriebes** verbundenen engen Entscheidungs- und Handlungsspielräume der Krankenhausleitung, zum anderen die **bürokratische Organisationsform** des Krankenhauses. Beide Punkte werden nachfolgend dargestellt.

Die geschichtlich bedingte Einbindung der Krankenhausbetriebe in den Verwaltungsapparat und die bürokratische Organisationsform des Trägers[20] hatte zur Folge, daß eine Klinik in der Regel wie eine unselbständige Dienststelle und wie ein Regiebetrieb geführt wurde.

Ein Wesenselement eines Regiebetriebes ist seine weitgehende Integration in die öffentliche Verwaltung. Damit sind Regiebetriebe nicht rechtsfähige und unselbständige Einrichtungen der jeweiligen Körperschaft (Kommunalverwaltung), Anstalten oder Stiftungen öffentlichen Rechts *(Naegler H. 1992 S. 12 f., Genzel H. 1993)*.

Als Folge dieser Rechtsform und Organisationsstruktur dominiert innerhalb der Krankenhäuser das Verwalten, die bürokratische Organisationsform und die damit verbundene Rigidität in den Strukturen und den Abläufen.

Zudem sind bei Kliniken, die als Regiebetriebe geführt werden, die Handlungs- und Entscheidungsspielräume der Krankenhausleitung erheblich eingeschränkt. Im allgemeinen hat der Träger zu viele Kompetenzen, die Krankenhausleitung demgegenüber zu wenig Kompetenzen und Verantwortung *(Eichhorn S. 1990 S. 11 ff., 1991a, ders. 1993c, Hoffmann H. 1991a, Westphal E. 1991, Sachverständigenrat 1992 S. 93 RdNr. 283 f.)*. Als Folge hiervon ergibt sich eine erhebliche Zeitverzögerung zwischen dem Erkennen und Lösen von Aufgaben und Problemen, wie sie bei einem sich ändernden Umfeld entstehen. Die notwendigen strategischen und operativen Führungsentscheidungen[21] werden daher wenn überhaupt weder zeit- noch sachgerecht getroffen *(Eichhorn S. 1990 S. 11 ff., 1991a, ders. 1993c, Naegler H. 1992 S. 213 ff.)*. Auch die Umsetzung der Entscheidungen ist vielfach defizitär und so letztlich auch die Effizienz und Effektivität der Entscheidungen sowie die Umsetzung der Zielvorstellungen *(Naegler H. 1992 S. 213 ff.)*.

---

[20] Die nachfolgenden Ausführungen über die bürokratische Organisationsform haben sowohl für öffentliche, als auch freigemeinnützige und eingeschränkt auch für private Träger Gültigkeit. Freigemeinnützige Träger z.B. kirchliche Träger haben wie öffentliche Träger ihre Kliniken ebenfalls in ihre Verwaltungseinrichtungen z.B. die Kirchenverwaltung integriert. Privat geführte Krankenhäuser sind aufgrund ihrer privatrechtlichen Rechtsform nicht in ihrer Handlungs- und Entscheidungsfreiheit eingeschränkt, als Professionalbetriebe (siehe Punkt C 2.2.2) aber weisen auch sie Tendenzen zur Bürokratie auf *(Mintzberg H. 1979)*.

[21] Als Folge seiner Integration und der Organisationsstruktur eines Regiebetriebes ist das Krankenhaus in vielfältiger Form mit der Kommune verflochten. Personalwirtschaft wird vom Personalamt durchgeführt, Bauunterhaltung, Bauinvestitionen vom Bauamt, die Pflege der Gartenanlagen vom Gartenamt, das Beschaffungswesen von der Finanzbehörde usw. Anhand der Einstellung eines Krankenhausmitarbeiters hat *Naegler* die langen und komplizierten Entscheidungswege und die vielen beteiligten Instanzen dargestellt *(Näheres siehe: Naegler H. 1993 S. 38 ff.)*.

Obwohl sich im Laufe der vergangenen Jahrzehnte sowohl im Bereich der gesamten Krankenhauswirtschaft und seiner Ordnungspolitik als auch in der Gesellschaft und der Medizin tiefgreifende Veränderungen vollzogen haben (Wertewandel, medizinischer und medizinischtechnischer Fortschritt), werden Krankenhäuser vielfach als Teil der gemeindlichen Verwaltung angesehen *(Eichhorn S. 1990 S. 11 f., ders. 1991, ders. 1993c S. 17, Sachs I. 1994 S. 65 ff., Westphal E. 1991, Sachverständigenrat 1992 S. 93 Nr. 283 ff.)* und entsprechend wie Regiebetriebe[22] geführt *(Eichhorn S. 1990 S. 11 ff., ders. 1991, ders. 1993c S. 17, Hoffmann H. 1991a, Westphal E. 1991, Sachverständigenrat 1992 S. 93 Nr. 283 ff., Sachs I. 1994 S. 65 ff., Jacobs W. 1996).*

Bereits vor zwei Jahrzehnten gab es die ersten Veröffentlichungen, die angesichts der sich wandelnden Herausforderungen und Aufgaben einer Krankenhausführung die Mängel dieser Rechtsform und Organisationsstruktur für die Führung des Krankenhauses erwähnt haben *(Adam D. 1972, Eichhorn S. 1974b S. 40 f., Siegrist J. 1978).*

Nach der heute herrschenden Meinung muß dieser Schwachpunkt in der Leitungsebene der Krankenhäuser behoben werden, d.h., die Krankenhäuser müssen organisatorisch, rechtlich und wirtschaftlich verselbständigt und die Rechtsform des Regiebetriebes für das Krankenhaus aufgegeben werden *(Eichhorn S. 1991, ders. 1993c S. 9 ff., Westphal E. 1991, Sachverständigenrat 1992 S. 93 Nr. 283 ff., Adam et al. 1993, Gitter W. 1993, Reck H.-J. 1993, Schwarz R. 1993, Eichhorn, Schmidt-Rettig 1995a).* Nur auf diese Weise hat das Krankenhaus die notwendigen Entscheidungs- und Handlungsspielräume[23], die es zur adäquaten Erfüllung seiner Aufgaben in einem sich ständig wandelnden und komplexer werdenden Umfeld benötigt *(Eichhorn S. 1990 S. 11 ff. , ders. 1991a, ders. 1993c S. 12 f., Westphal E. 1991, Sachverständigenrat 1992 S. 93 Nr. 283 ff., Adam et al. 1993, Jeschke, Gliemann 1993, Schwarz R. 1993).* Entsprechend dieser Erkenntnis und den weitreichenden Veränderungen und Herausforderungen der neuen Ordnungspolitik wurden seit 1993 in Bayern[24] viele Kliniken in die

---

[22] Die Argumente, die gegen eine Verselbständigung der Krankenhäuser angeführt werden, nennen eine mögliche Gefährdung des öffentlichen Versorgungsauftrags, die Gefährdung der Durchsetzung gesundheitspolitischer Zielvorstellungen, den Verlust der Einflußmöglichkeit des Trägers und eine zunehmende Auflösung des kommunalen Einheitshaushalts *(Sachs I. 1994 S. 66 f.).* Angemerkt sei, daß verschiedene Autoren gezeigt haben, daß, gleich in welcher Rechtsform ein Krankenhaus geführt wird, weder der Versorgungsauftrag noch die Einflußmöglichkeit des Trägers gefährdet ist *(Genzel H. 1993).* Und da die Krankenhäuser besonderen Finanzierungsbedingungen unterliegen, sind sie gemäß der bestehenden Regelungen ohnehin finanzwirtschaftlich unabhängig und aus dem Haushalt des Trägers ausgegliedert *(Genzel H. 1993, Sachs I. 1994 S. 73 und 97 ff.).*

[23] Nach einer Studie und wissenschaftlichen Analyse der gegebenen Handlungsspielräume des Krankenhausmanagements hat die Krankenhausführung in der Regel zu wenig Handlungsspielräume. Nach Aussage der Autorin ist das Führen der Krankenhäuser in einer privaten Rechtsform jedoch keine Garantie dafür, daß die Krankenhausleitung tatsächlich umfassendere Aufgaben und Kompetenzen erhält *(Sachs I. 1994 S. 273).* Die gleiche Aussage trifft der *Sachverständigenrat für die Konzertierte Aktion im Gesundheitswesen* in seinem *Jahresgutachten von 1992 Seite 94 Nr. 287 f.* und *Westphal E. 1992.*

[24] Ermöglicht wurde die Umwandlung von Regiebetrieben in Eigenbetriebe oder eine GmbH erst durch eine Reform der Gemeindeordnung 1992. Eine derartige Reform wurde seit langem gefordert, siehe *Genzel H. 1985 "Zur Betriebsform im modernen kommunalen Krankenhaus", Bay.Verw.Bl. 1985 S. 609 ff.*

Rechtsform des Eigenbetriebes[25] umgewandelt[26]. Allerdings ist die Rechtsform des Krankenhauses nur eine Voraussetzung und keine Garantie für die Verlagerung von Kompetenzen und Verantwortung hin zu der Krankenhausleitung.

Als zweite Folge der Integration des Krankenhauses in einen öffentlichen und hoheitlichen Verwaltungsapparat ist heute die bürokratische Organisationsform und das sog. "Verwaltungsdenken und -handeln" in den Kliniken dominierend *(Eichhorn S. 1990 S. 11 ff., ders. 1991, ders. 1993c S. 9 ff., Hoffmann H. 1991a, Westphal E. 1991, Grossmann, Heller 1992, Sachverständigenrat 1992 S. 93 Nr. 283 ff., Jeschke, Gliemann 1993).*

Die in den letzten Jahren erfolgte Umwandlung der Rechtsform vieler Krankenhäuser von einem Regie- zu einem Eigenbetrieb hat zwar die Entscheidungs- und Handlungsspielräume vieler Krankenhäuser erweitert und verbessert, aber nicht den zweiten wesentlichen Schwachpunkt der Integration des Krankenhauses in die Verwaltung der Kommune oder eines Wohlfahrtsverbandes beseitigen können, nämlich das Vorherrschen des Verwaltungshandelns und -denkens bzw. das Vorherrschen der Merkmale der bürokratischen Organisationsform anstatt der Dominanz der "Führung" bzw. des "Managements" im Krankenhaus *(Eichhorn S. 1990 S. 11 ff., ders. 1991, ders. 1993c S. 9 ff., Westphal E. 1991, Grossmann, Heller 1992, Sachverständigenrat 1992 S. 93 Nr. 283 ff., Mohn R. 1993a).*

Anhand der Darstellung der Merkmale und der Voraussetzungen, die für eine bürokratische Organisationsform und für das Verwaltungshandeln gegeben sein müssen, werden nun die Mängel und Nachteile des heute vorherrschenden Verwaltungsdenkens und -handelns bzw. der bürokratischen Organisationsform für die Ablauforganisation und das Handeln im Krankenhaus aufgezeigt.

Bei dieser Darstellung muß zunächst erwähnt werden, daß die Bürokratie aus wissenschaftlicher Sicht primär nur eine bestimmte Organisationsmethode und -form ist, auch wenn mit dem Begriff "Bürokratie" oftmals negative Assoziationen verbunden sind *(Bosetzky H. 1980 S. 386).*

Unter einer bürokratischen Organisationsform versteht man eine spezifisch zweckrationale Form der Organisierung menschlicher Arbeit und der Beherrschung von Menschen, die nach Ansicht *Max Webers*[27] universell auf alle Großorganisationen angewandt werden kann *(Bosetzky H. 1980 S. 386).*

---

[25] Unter einem Eigenbetrieb versteht man eine Einrichtung des öffentlichen Rechts, die zwar nicht rechtsfähig, aber organisatorisch und wirtschaftlich selbständig ist *(Genzel H. 1993).*

[26] Seit der Freigabe der Rechtsformen für Krankenhäuser in Bayern durch das am 01.09.1992 in Kraft getretene Gesetz zur Änderung kommunalrechtlicher Vorschriften ist in Bayern bei etwa 40 % der kommunalen Krankenhäuser die Entscheidung für eine neue Rechtsform, d.h Eigenbetrieb, Einrichtung des öffentlichen Rechts oder GmbH, gefallen *(Bayerisches Staatsministerium für Arbeit und Sozialordnung, Familie und Gesundheit 1996).*

[27] Ausgangspunkt fast aller Arbeiten zu diesem Thema ist *Max Webers* Idealtypus der Bürokratie *(Weber M.: Wirtschaft und Gesellschaft 1976).*

Tabelle 11 zeigt einige Merkmale die die bürokratische Organisationsform bestimmen und die so oder in ähnlicher Art und Weise in der Führung und der Ablauforganisation der Krankenhäuser ihren Ausdruck finden.

Tabelle 11: Einige Merkmale der bürokratischen Organisationsform

1. *Das Prinzip der Hierarchie*: genau fixierte Amts- und Autoritätshierarchie, setzt eine Ordnung von Kontroll- und Aufsichtsbehörden mit unveränderbarer Kompetenz- und Arbeitsverteilung fest

2. *Ein System abstrakter Regelungen:* als Grundlage verwaltungstechnischer Entscheidungen dient eine Regel- und Normengebundenheit des Handelns und Verhaltens und eine Entscheidungsfindung im Geist der formalen Unpersönlichkeit (sine ira et studio)

3. *Das Prinzip der Aktenmäßigkeit:* eine besondere Betonung der schriftlichen Kommunikation und schriftlichen Fixierung aller Vorgänge

4. *Die rationale Disziplin:* die Verinnerlichung des Prinzips, alle empfangenen Weisungen ohne Rücksicht auf die eigene Einstellung bedingungslos auszuführen

---

Quelle: eigene Darstellung in Anlehnung an: Handwörterbuch der Organisation, 2. Auflage, hrsg. v. Grochla E., 1980, S. 387 ff., Weber M., 1976, S. 122 ff.

Daß die bürokratische Organisationsform und das Verwaltungsdenken und -handeln nicht nur zur Führung des Krankenhauses, sondern auch zur Lösung neuer Probleme, die sich aus einem sich rasch ändernden Umfeld ergeben, heute nicht mehr geeignet ist, wird bei der Darstellung der Voraussetzungen für die Zweckmäßigkeit der bürokratischen Organisationsform aus *Tabelle 12* ersichtlich.

Tabelle 12: Die Voraussetzungen für die bürokratische Organisationsform

1. *Hohes Routinisierungspotential:* planbare, kontinuierlich anfallende und unproblematische Informationen, Tätigkeiten und Aufgaben

2. *Geschlossenheit des Systems:* ein hoher Bedarf an "lokaler", d.h. auf die eigene Organisation bezogener Orientierung und an Dienstwissen bei der Aufgabenbewältigung

3. Ein *niedriges Problemlösungspotential* und starkes Bedürfnis nach sozio-emotionaler Sicherheit bei den Mitarbeitern

4. Eine *starke Fügsamkeit der Mitarbeiter* gegenüber einer institutionellen Autorität, dem System der Regeln und Vorschriften und den Sanktionen der Hierarchie

5. Eine *gleichbleibend homogene und stabile Umwelt*

Quelle: eigene Darstellung in Anlehnung an: Handwörterbuch der Organisation, 2. Auflage, hrsg. v. Grochla E., 1980, S. 389, Weber M. 1976, S. 551 ff.

Vergleicht man die dargestellten Merkmale und Voraussetzungen mit den in den vorangegangenen Punkten erörterten heutigen Erfordernissen und Notwendigkeiten bei der Umsetzung der modernen Krankenhausmedizin, der Patientenorientierung, der Personalführung und Motivation und der Qualitätssicherung, werden die Nachteile[28] und Mängel der bürokratischen Organisationsform für die stationäre Krankenversorgung deutlich.

Die moderne Krankenhausmedizin zeichnet sich durch eine außerordentlich hohe Komplexität des Leistungsgeschehens, durch eine weitreichende Arbeitsteilung und Spezialisierung, durch eine große Irregularität der Abläufe (zahlreiche Notfallsituationen etc.) und damit geringe Standardisierbarkeit in der Ablauforganisation aus. Dies erfordert rasches Handeln und schnelles Reagieren auf jede einzelne und neue Situation. Gleichermaßen erfordert sowohl die Ablauforganisation und Arbeitsteilung als auch die Patientenorientierung und die Individualität eines jeden Patienten kurze, einfache Kommunikationswege und ein großes Maß an Flexibilität. Herausragende Bedeutung für die Qualität und die Effizienz der medizinischen Leistungen und für die Patientenorientierung im Krankenhaus hat daneben die Motivation und Personalführung. Diese Aufgaben aber sind mit Weisungen und Dienstanordnungen nicht lösbar. Ein weiteres Problem stellt das "Prinzip der Hierarchie und Disziplin" angesichts des weitreichenden Wertewandels in der Gesellschaft und beim Krankenhauspersonal dar. Führung durch eine fixierte Autoritäts- und Amtshierarchie und Disziplin wird den Erfordernissen einer modernen Personalführung nicht mehr gerecht[29].

Da die weitüberwiegende Mehrzahl der Krankenhäuser von dieser bürokratischen Organisationsform und dem Verwaltungsdenken und -handeln bestimmt wird, erscheint für die Zukunft die Neuausrichtung der Kliniken eine Notwendigkeit, ohne die die Krankenhäuser ihre Aufgaben nicht bewältigen können.

2.1.2 Schwachstellen im Bereich der Trägerorgane

Aus der Integration des Krankenhauses in die Verwaltung der Kommune oder eines Wohlfahrtsverbandes ergeben sich weitere Problembereiche, die auf verschiedene Schwachstellen innerhalb der Trägerorgane der Krankenhäuser zurückzuführen sind.

---

[28] Unabhängig von den Nachteilen der bürokratischen Organisationsform für das moderne Krankenhauswesen wurden schon früh, bereits von Max Weber selbst, regelmäßig bestehende und verschiedene dysfunktionale Wirkungen bürokratischer Organisationen beschrieben (eine Literaturübersicht gibt *Kieser A. 1993 S. 61 f.*). Zu den wichtigsten gehören die ausgeprägte **Starrheit** der Bürokratien, das **Setzen eigener Ziele**, die den Zielen der Organisation zuwiderlaufen und zu einem Mittel des Selbstzwecks werden können, das bei sich verändernden Rahmenbedingungen zu beobachtende **Auftreten von Machtkämpfen**, die eine problemadäquate Anpassung der Regeln der Bürokratie an die geänderten Umweltanforderungen erschweren oder verhindern, eine **Schwerfälligkeit und Langsamkeit** durch Aktenmäßigkeit, eine Tendenz zur **Stellenvermehrung**, eine Tendenz zum **Übermaß an Vorschriften** sowie **Konflikte zwischen Spezialisten und Bürokraten** *(Kieser A. 1993 S. 61 f.)*.

[29] Siehe Punkt B 2.1.2.1 und C 1.3.

Diese Schwachstellen innerhalb des Krankenhausträgers spiegeln die in Punkt A5 dargestellten Schwachstellen in den Leitungs- und Führungsstrukturen der meisten Nonprofit-Betriebe wider. Im einzelnen waren dies bei den Nonprofit-Organisationen, die in der Regel sehr breite Führungsebene, das Auseinanderfallen der Entscheidungs- und Verantwortungskompetenzen, die Einflußnahme besonderer politischer Interessen und die Schwierigkeiten, die mit der ehren- bzw. nebenamtlichen Tätigkeit der Mitglieder der obersten Leitungsebene und/oder ihrer politischen Berufung verbunden sein können.

Dementsprechend kann auch bei Krankenhäusern eine sehr breite oberste Leitungsebene gefunden werden. In der Regel umfaßt diese den Krankenhausausschuß, den Bürgermeister oder Stadt- bzw. Landrat und den Krankenhausdezernenten. Der Krankenhausausschuß seinerseits setzt sich in der Regel aus den einzelnen Vertretern der politischen Parteien zusammen. Die Größe dieses Ausschusses ist variabel und wird durch die Mehrheitsverhältnisse im Gemeinderat bestimmt. Damit orientiert sich die Größe des Ausschusses weniger an der Arbeitsfähigkeit für einen bestimmten Zweck als an den Mehrheiten im Rat *(Wixforth G. 1993)*.

Auch wenn die Mitglieder des Trägers oftmals gut ausgebildete Vertreter verschiedener kommunaler Bereiche sind, ist eine spezifische Qualifikation in Fragen des Krankenhauswesens für die Tätigkeit in einem Trägerorgan nicht erforderlich *(Mohn R. 1990, Eichhorn S. 1993c S. 58 f.)*. Bei Krankenhäusern der Wohlfahrtsverbände wird die Ehrenamtlichkeit der Tätigkeit in den Trägerorganen betont *(v. Cossel A. 1993)*.

Die Entscheidungs- und Kontrollrechte des Krankenhausträgers sind nicht klar definiert und abgegrenzt *(Westphal E. 1991)*. Die personellen Kompetenzen und Verantwortlichkeiten sind unscharf. Kontrollmaßnahmen werden betont, aber nicht im Sinne einer Erfolgskontrolle, sondern im Sinne einer Formal- oder Wohlverhaltenskontrolle *(Westphal E. 1991)*.

Als Folge dieser strukturellen Schwachpunkte haben die Mitglieder der Trägerorgane oftmals für die eigentliche Aufgabe, nämlich die Führung eines Krankenhauses, nicht die erforderliche Sachkenntnis und Qualifikation *(Mohn R. 1990 S. 32 f., Eichhorn S. 1991, ders. 1993c S. 59 f., Westphal E. 1991, Jeschke, Gliemann 1993)*.

Die Mängel in der Sachkompetenz und Qualifikation[30] der Mitglieder der Trägerorgane sind eng mit dem Modus der Berufung und Besetzung dieser Ausschüsse verbunden.

"Politische Parteien oder konfessionelle Gruppen delegieren ihre Mitglieder entsprechend eines im vorhinein verabredeten Personalschlüssels in die Gremien, um ihre Interessen gewahrt zu sehen. In den seltensten Fällen werden jedoch bei der Auswahl der Delegierten Kriterien berücksichtigt, die auf Erfahrung und Management eines Krankenhauses abstellen." *(zitiert aus: Mohn R. 1990 S. 32)*. Die bestehenden Mängel in der Sachkompetenz und Qualifikation der Trägerorgane werden noch durch die Art der Beschlußfassung verschärft. Die in den Krankenhausträgerorganen anstehenden Grundsatzfragen werden oftmals nicht unter

---

[30] Nach *Mohn* fehlt den Personen in den Verwaltungsräten häufig nicht nur der medizinische Sachverstand, sondern, was nach Ansicht dieses Autors weitaus schlimmer sei, auch das Know-how der Führungstechnik *(Mohn R. 1990 S. 33)*.

sachlichen, sondern unter politischen Gesichtspunkten oder auch als Folge mitunter zufällig zustande gekommener Mehrheitsverhältnisse entschieden *(Eichhorn S. 1991, ders. 1993c, Westphal E. 1991).* Als weitere Folge dieser fehlenden Kompetenz werden wesentliche Führungsaufgaben vernachlässigt *(Eichhorn S. 1991, ders. 1993c S. 21 u. 52 ff., Mohn R. 1993a).* Daher gibt es gerade bei öffentlichen, aber auch freigemeinnützigen Kliniken oftmals keine Zielvorgaben oder Äußerungen über die trägerspezifischen Wertvorstellungen[31] *(Eichhorn S. 1991, ders. 1993c S. 15, Gross, Heller 1992, Jeschke, Gliemann 1993, Mohn R. 1993a).* Diffuse Leitbilder begünstigen leistungsindifferentes Versorgungsdenken *(Westphal E. 1991).* Die Beschlußfassung der Ausschüsse ist aber oftmals nicht nur nicht sachgerecht, sondern auch erheblich zeitverzögert. Dies ergibt sich aus den langen Entscheidungswegen, den notwendigen zahlreichen Konsultationen und Mitberatungen in heterogen zusammengesetzten Gremien mit eingeschränkter Führungskompetenz *(Westphal E. 1991).* Die dann gefaßten Beschlüsse sind oftmals instabil, da die Zuständigkeiten aufgeteilt und verstreut sind, es zahlreiche Ausweichmöglichkeiten innerhalb der Verwaltung, der Ausschüsse und der Mitglieder des Kommunalparlaments gibt *(Westphal E. 1991).* Alle maßgeblichen Entscheidungen sind von Ausschüssen oder Gremien getroffen worden, die selbst nicht sanktionsfähig sind *(Westphal E. 1991).* Bei tiefgreifenden (sogar fahrlässigen) Fehlentscheidungen oder Fehleinschätzungen dieser Ausschüsse gibt es keine eindeutig personellen Verantwortlichkeiten *(Westphal E. 1991).* Auf der anderen Seite aber beeinflussen die Trägerorgane zu viele innerbetriebliche, den täglichen Arbeitsablauf betreffende Entscheidungen des Krankenhausbetriebs *(Eichhorn S. 1991, ders. 1993c S. 21).* Auch hier wird wiederum das Problem der Kompetenzabgrenzung zwischen Krankenhausträger und -leitung deutlich.

2.2 Schwachpunkte innerhalb der Krankenhausstruktur und Mängel bei der Wahrnehmung von Führungsaufgaben

2.2.1 Probleme der bereichsbezogenen und berufsständischen Organisationsstruktur

Die heute vorherrschende bereichsbezogene und berufsständische Organisationsstruktur der Krankenhäuser weist, angesichts der notwendigen Bewältigung der zukünftigen Herausforderungen und Aufgaben, Mängel und Schwachstellen[32] auf.

---

[31] Dieser Schwachpunkt gewinnt durch die gerade bei Nonprofit-Betrieben herausragende Bedeutung der Betriebskultur bzw. der Wert- und Zielvorstellungen (siehe Punkt A 5.3.6.1) zusätzliches Gewicht.

[32] Die Vorteile dieser vertikalen Organisationsstruktur sind eine größere bereichsbezogene Flexibilität *(Eichhorn S. 1991, ders. 1993c S. 61, Schmidt-Rettig B. 1993)* und leicht durchzuführende Kontrollen *(Hoffmann H. 1991a).*

Entsprechend der heute in den Krankenhäusern vorzufindenden berufsständischen Organisationsstruktur besteht die Krankenhausleitung in der Regel aus dem **ärztlichen Direktor**, der **leitenden Pflegekraft** und dem **Verwaltungsleiter**[33]. Mit dieser Gliederung des Krankenhausdirektoriums wollte man[34] die drei Säulen des Krankenhauses, den pflegerischen Dienst, den ärztlichen Dienst und den Verwaltungsdienst, gleichberechtigt in einem Organ, zusammenfassen *(Hoffmann H. 1991a)*. Dieses Leitungsorgan sollte in allen Fragen der laufenden Betriebsführung selbständig, gleichberechtigt und gemeinsam verantwortlich leiten und entscheiden können *(Hoffmann H. 1991a, ders. 1991d)*.

In der Praxis jedoch konnte dieses Ziel nach der überwiegenden Meinung der Fachautoren nicht erreicht werden *(Jäger P. 1987, Rippel W. H. 1988, Hoffmann H. 1991a*[35]*, Sachverständigenrat für die Konzertierte Aktion im Gesundheitswesen 1992 S. 93 f. RdNr. 284 f., Eichhorn S. 1991a, ders. 1993c S. 61 ff., Naegler H. 1992 S. 25, Ehrhardt, Röhrßen 1993, Nierhoff G. 1993, Sachweh D. 1993, Schmidt-Rettig B. 1993 S. 69 ff., Unkel B. 1993, Wuttke R. 1993)*.

Die Ursachen hierfür sind eng mit der berufsständischen und bereichsbezogenen Organisationsstruktur des Krankenhauses verbunden.

Aufgrund des Aufgabengebietes des **Verwaltungsleiters**, nämlich der Leitung des Wirtschafts- und Versorgungsbereichs, hat er die notwendigen Informationen, die ökonomische Kernkompetenz und die Verantwortung für die Wirtschaftsführung des Krankenhauses inne. Dagegen haben bisher die leitende Krankenpflegekraft und der ärztliche Direktor in Fragen der Wirtschaftsführung der Kliniken allenfalls eine untergeordnete Stellung[36] *(Hoffmann H. 1991a, Eichhorn S. 1991a, ders. 1993c S. 61 ff., Sachweh D. 1993, Schmidt-Rettig B. 1993, Unkel B. 1993)*. Die sich hieraus ergebende starke Position des Verwaltungsleiters innerhalb des Dreierdirektoriums wird durch seine nähere Beziehung[37] zum Krankenhausträger, seiner aus der Wirtschaftsführungskompetenz resultierenden Verantwortung für die Budgeterstellung und Verfügungsgewalt über die Fördermittel sowie durch seine Einbindung in die Pflegesatzverhandlungen zusätzlich betont *(Sachweh D. 1993, Unkel B. 1993)*.

---

[33] Einige Landeskrankenhausgesetze (z.B. Baden-Württemberg, Hessen, Nordrhein-Westfalen, Saarland) schreiben die Gliederung der Krankenhausleitung in drei Säulen, nämlich eine Leitung der Verwaltung, Leitung des Pflegedienstes und einen leitenden Arzt, vor.

[34] Empfehlung der DKG und Arbeitsgemeinschaft Deutsches Krankenhaus "Moderne Betriebsführung im Krankenhaus" zum 5. Deutschen Krankenhaustag 1969 *(Hoffmann H. 1991)*.

[35] *Hoffmann* befürwortet zwar das "Dreier-Direktorium" und würde auch bei einer "Krankenhaus-GmbH" dementsprechend drei Geschäftsführer für den Pflege-, Medizin- und Wirtschaftsbereich einsetzen *(Hoffmann H. 1991a)*, nennt andererseits aber auch große Mängel und Schwachstellen bei dieser Führungsorganisation des Krankenhauses, etwa die Ausgrenzung des Pflege- und Medizinbereichs bei der Aufstellung des Budgets, das Streben einzelner Direktoriumsmitglieder nach beherrschenden Schlüsselpositionen oder das Problem der Informationsasymmetrie *(Hoffmann H. 1991a S. 764 f. und 771)*.

[36] Bereits 1949 berichtete *Schindler* von der Dominanz der Verwaltung und des Trägers in den Fragen der Wirtschaftsführung. "Heute spielt der Krankenhausarzt in der ganzen Krankenhausleitungs- und Wirtschaftsfrage nur mehr eine Nebenrolle, wenn überhaupt eine Rolle." *(zitiert aus: Schindler C. 1949 S. 1)*.

[37] An den regelmäßigen Sitzungen des Krankenhausträgers nimmt in der Regel nur der Verwaltungsleiter teil *(Sachweh D. 1993)*. Zudem gehen die für die Betriebsführung wichtigen Außenkontakte über die Verwaltung *(Unkel B. 1993)*.

Allerdings bleibt die Tätigkeit des Verwaltungsleiters oftmals auf das Verwalten beschränkt, da er heute noch vielfach von den Vorgaben des Krankenhausträgers[38] abhängig ist *(Unkel B. 1993)*. Durch die **Betonung der Verwaltungstätigkeit** in den Trägerorganen und der Krankenhausleitung wird das **Führungsverhalten vieler Verwaltungsleiter** zudem von den **Werten und Maßstäben des bürokratischen Handelns bestimmt**[39] und weniger von den Maßstäben moderner Personal- und Betriebsführung *(Mohn R. 1993a, ders. 1993b, Schmidt-Rettig B. 1993)*.

In den Aufgabenbereich der **Pflegedienstleitung** fällt die Führung sowie die Administration und Organisation des Pflegedienstes *(Hoffmann H. 1991d)*. Dabei gibt es eine gewisse Nähe und verschiedene Berührungspunkte mit der Tätigkeit der Krankenhausverwaltung, etwa in Fragen der Personalverwaltung (Einstellung von Krankenschwestern und -pflegern, Aushilfen etc.) *(Unkel B. 1993)*. Dies mag ein Grund für die Betonung der administrativen Aufgaben innerhalb der Pflegedienstleitung sein.

Demgegenüber werden heute oftmals wesentliche Fragen der Personalführung von der Pflegedienstleitung vernachläßigt *(Betz G. 1990, Eichhorn S. 1993a, Neander et al. 1993, Düwel M. 1994)*. So zählen heute Mängel und Versäumnisse[40] im Pflegemanagement offensichtlich zu den entscheidenden Gründen für die kritische Lage in der Krankenpflege *(Betz G. 1990, Eichhorn S. 1993a, Neander et al. 1993, Düwel M. 1994)*. Auch innerhalb des Krankenhaus-Direktoriums wird das Handeln der leitenden Pflegekraft zumeist von organisatorischen, verwaltungsadaptierten und berufspolitischen Aspekten dominiert *(Unkel B. 1993)*. Die Position der leitenden Pflegekraft wird durch die für die Wahrnehmung von Führungsaufgaben unbefriedigende Ausbildung zusätzlich geschwächt *(Eichhorn S. 1993a, ders. 1993c S. 62, Schmidt-Rettig B. 1993, Unkel B. 1993)*.

Der **ärztliche Direktor**, dem neben seinen Aufgaben als Chefarzt, bestimmte, das gesamte Krankenhaus betreffende Aufgaben übertragen[41] worden sind, ist als Mitglied der kollegialen Krankenhausleitung in einem bestimmten Maße für den ärztlichen Bereich des Krankenhauses verantwortlich und vertritt die medizinischen Belange innerhalb der Krankenhausleitung *(Hoffmann H. 1991a, Debong B. 1993)*.

---

[38] Zum Problem der Kompetenzabgrenzung zwischen Träger und Krankenhausleitung siehe Punkt C 2.1.

[39] Siehe *Tabellen 11* und *12*.

[40] In der Krankenhauspraxis reduziert sich offenbar das Personalmanagement im Pflegedienst überwiegend, wenn nicht ausschließlich, auf die Ermittlung des quantitativen Personalbedarfs unter der Vernachlässigung der Qualifikation *(Eichhorn S. 1993a)*. So wurden Planstellen examinierter Schwestern soweit es möglich war mit Aushilfskräften, Schwesternschülerinnen etc. besetzt, ohne die Bedingung, die das Personal zur Abwanderung bewogen hatte, zu ändern *(Eichhorn S. 1993a, Düwel M. 1994)*.
Diese mehr instrumentelle als personelle Auffassung von Mitarbeitern im Pflegedienst drückt sich weiterhin in einem häufig autoritären Führungsstil, der fehlenden Mitsprachemöglichkeit bei Entscheidungen, der fehlenden Anerkennung von Leistung und Leistungsbereitschaft und der fehlenden Entwicklungs- und Entfaltungsmöglichkeiten für neue eigene Ideen und Vorschläge aus *(Eichhorn S. 1993a)*. Demotivation, Frustration und Resignation sind letztlich die Folge.

[41] Im Einzelfall wird der Krankenhausträger in einer Dienstordnung oder in einer vertraglichen Vereinbarung mit dem betreffenden leitenden Abteilungsarzt seine Befugnisse als ärztlicher Direktor festlegen.

Tabelle 13 zeigt den Aufgabenbereich, der mit der Position des ärztlichen Direktors heute üblicherweise verbunden ist.

Tabelle 13: Aufgaben des ärztlichen Direktors

1. Die Sicherstellung der ärztlichen Versorgung der Patienten
2. Die Sicherstellung der Zusammenarbeit des ärztlichen Dienstes und der Fachabteilungen
3. Die Koordination der ärztlichen und medizinischen Dienste sowie Ausübung der ärztlichen Fachaufsicht über den ärztlichen, pflegerischen, medizinisch-technischen Dienst und den medizinischen Versorgungsdienst
4. Die Sicherstellung des ärztlichen Aufnahmedienstes
5. Die Sicherstellung der ärztlichen Aufzeichnung und Dokumentation
6. Die Sicherstellung der Krankenhaushygiene und der kontinuierlichen Qualitätskontrollen der Krankenhausleistungen
7. Die Überwachung der Durchführung gesundheitsbehördlicher Anordnungen
8. Die Sicherstellung der gesundheitlichen Überwachung der Beschäftigten im Krankenhaus
9. Die Sicherstellung der Zusammenarbeit mit einweisenden Ärzten und anderen Einrichtungen des Gesundheits- und Sozialwesens

---

Quelle: eigene Darstellung, in Anlehnung an die Ausführungen von Hoffmann H. 1991a, ders. 1991d, Debong B. 1993

Damit hat der ärztliche Direktor in der Regel die Aufgaben eines medizinischen Koordinators innerhalb des Krankenhauses *(Hoffmann H. 1991a, Debong B. 1993)*, eines sachverständigen Ansprechpartners und Beraters des Krankenhausträgers in abteilungsübergreifenden medizinischen Fragen sowie die Rolle des obersten ärztlichen Schlichters des Krankenhauses *(Debong B. 1993)*.

Auch die Position des ärztlichen Direktors ist mit einigen Problemen und offenen Fragen verbunden. Als ein kritischer Punkt wird das Problem des Aufgabenvolumens eines ärztlichen Direktors genannt *(Debong B. 1993, Sachweh D. 1993, Schmidt-Rettig B. 1993, Unkel B. 1993, Nierhoff G. 1996)*. So wird ein Chefarzt, der seine Aufgabe als Abteilungsleiter zu erfüllen hat, in der Regel keine Zeit mehr haben, um dem Direktorium qualifiziert zur Verfügung stehen zu können *(Debong B. 1993, Sachweh D. 1993, Schmidt-Rettig B. 1993, Unkel B. 1993, Nierhoff G. 1996)*. Durch die Wahl zum "ehrenamtlichen" ärztlichen Direktor muß der Chefarzt daher oftmals eine unbefriedigende Entscheidung zwischen der Qualität der medizinischen Versorgung[42] und seiner Kompetenz in der Krankenhausleitung treffen *(Debong B. 1993, Sachweh D. 1993, Unkel B. 1993)*. Dieses Problem wird sich angesichts der steigenden

---

[42] Die Qualität, Leistungsfähigkeit und Fortentwicklung einer medizinischen Abteilung ist maßgeblich vom Leiter geprägt *(Unkel B. 1993, Sachweh D. 1993)*.

Anforderungen, die mit der Bewältigung der neuen Aufgaben und der Führung einer medizinischen Abteilung als auch eines Krankenhauses in einem sich wandelnden Umfeld verbunden sind, nochmals erheblich verschärfen.

Aus der zeitgleichen Tätigkeit als ärztlicher Direktor in der Krankenhausleitung und der des leitenden Abteilungsarztes können zudem Interessenskonflikte für den betreffenden leitenden Arzt entstehen. Diese betreffen nicht nur seine eigene Arbeit[43], sondern auch das Verhältnis zu seinen Chefarztkollegen. Im Konfliktfall steht der ärztliche Direktor zwischen seiner Position als zeitlich befristeter Vertreter des Krankenhauses und seiner Stellung als Chefarztkollege *(Debong B. 1993, Sachweh D. 1993, Unkel B. 1993)*. Ein weiteres Problem ist die unzureichende Vorbereitung und das Fehlen der entsprechenden Kenntnisse zur Führung eines Krankenhauses *(Eichhorn S. 1991a, ders. 1993c S. 62, Debong B. 1993, Sachweh D. 1993, Schmidt-Rettig B. 1993, Unkel B. 1993)*. Weder in der Aus- noch Weiterbildung hat der leitende Arzt Fachwissen zur Führung eines Krankenhauses erworben.

Die zeitliche Befristung der Tätigkeit eines leitenden Arztes in der Krankenhausbetriebsleitung läßt dieses Problem bei einem Stellenwechsel jeweils neu entstehen.

Als Folge dieser Schwachpunkte ist das Krankenhausdirektorium in der Praxis oftmals kein Kollegialorgan, das unter einer gemeinsamen Zielsetzung zusammenarbeitet, sondern ein Gremium von "Divisionalisten" *(Eichhorn S. 1991a, ders. 1993c S. 61 f., Grossmann R. 1993, Schmidt-Rettig B. 1993 S. 69 ff., Unkel B. 1993)*. Jedes Mitglied hat eigene Ziele und ist primär darauf bedacht, die Abläufe im eigenen Bereich zu optimieren *(Eichhorn S. 1991a, ders. 1993c S. 61 ff., Hoffmann H. 1991a, Schmidt-Rettig 1993)*. Jeder der drei Berufszweige im Direktorium hat seine eigene "Kultur", vertritt primär seine Interessen oder die seiner Berufsgruppe und nicht vorrangig die des Krankenhauses *(Eichhorn S. 1991a, ders. 1993c S. 61 ff., Hoffmann H. 1991a, Grossmann R. 1993, Schmidt-Rettig B. 1993)*. Vielfach wird das Dreiergremium als Folge des personellen und/oder institutionellen Ungleichgewichts direktorial geleitet, entweder von der jeweils stärksten Persönlichkeit (etwa dem ärztlichen Direktor) oder dem für die Finanzen zuständigen Verwaltungsleiter *(Eichhorn S. 1991a, Hoffmann H. 1991a)*.

Als Folge der von den jeweiligen bereichsbezogenen Interessen geleiteten Entscheidungen, der unzureichenden Ausbildung und Sachkompetenz der Direktoriumsmitglieder *(Eichhorn S. 1991a, ders. 1993c S. 62, Schmidt-Rettig B. 1993, Unkel B. 1993)* und der generellen Dominanz des Verwaltens werden die wesentlichen Führungsaufgaben im Krankenhaus vernachlässigt und die notwendigen Entscheidungen nicht im erforderlichen Umfange von den Sachzwängen und Gegebenheiten bestimmt. Wichtige Managementfunktionen und -aufgaben werden uneinheitlich ausgeführt oder, wie das Personalmanagement, gänzlich vernachlässigt. Aufgrund der unterschiedlichen und teilweise divergierenden Zielsetzungen der einzelnen

---

[43] Durch die mit dem Liquidationsrecht verbundenen Verdienstmöglichkeiten des leitenden Abteilungsarztes entsteht ein zusätzliches Spannungsfeld zwischen der Tätigkeit als leitender Abteilungsarzt und der des "unentgeltlichen", "ehrenamtlichen" ärztlichen Direktors.

Direktoriumsmitglieder und der Dominanz des Verwaltungsleiters bzw. der fehlenden Einbindung des ärztlichen und pflegerischen Dienstes, in Fragen der Wirtschaftsführung, Budgetplanung, -aufstellung und -kontrolle, wird die ökonomische Zielsetzung des Krankenhauses von seiten des ärztlichen und pflegerischen Dienstes vielfach nicht anerkannt und beachtet *(Eichhorn S. 1991a, ders. 1993c S. 61 f., Schmidt-Rettig B. 1993, Unkel B. 1993).*

Wie die Struktur der Krankenhausleitung weist auch die Aufbauorganisation der Kliniken eine Dreiteilung auf, die in sich streng hierarchisch gegliedert ist *(Sachverständigenrat für die Konzertierte Aktion im Gesundheitswesen 1992, Eichhorn S. 1991a, ders. 1993c S. 61 ff., Grossmann R. 1993, Schmidt-Rettig B. 1993).*

Die Krankenhäuser haben dadurch einen starren Aufbau ihrer Organisationsstruktur und intern eine Dreiteilung, ohne daß daran eine entsprechende Finanzverantwortung gekoppelt wäre *(Sachverständigenrat für die Konzertierte Aktion im Gesundheitswesen 1992 S. 93 f. RdNr. 284 f., Eichhorn S. 1991a, ders. 1993c S. 61 ff., Schmidt-Rettig B. 1993).*

Die dreigeteilte Aufbauorganisation findet ihren Niederschlag im Betriebsablauf. Die Krankenhausverwaltung geschieht weitgehend losgelöst vom Leistungsgeschehen am Patienten. Zwischen der Mittelbeschaffung durch Verwaltung und der Mittelverwendung im medizinischen Bereich gibt es keine direkte Verbindung. Das Leistungsgeschehen selbst erfolgt durch ärztlichen und pflegerischen Dienst. Dadurch kennen zum einen die Leistungsveranlassenden nicht die Kosten der jeweiligen Leistungen, zum anderen kennt die Verwaltung, die für Kostendeckung zuständig ist, nicht das Leistungsgeschehen *(Sachverständigenrat für die Konzertierte Aktion im Gesundheitswesen 1992 S. 93 f. RdNr. 284 f.).*

Auch die Zusammenarbeit der beiden an der Patientenversorgung unmittelbar beteiligten Berufsgruppen und "Säulen" des Krankenhauses, Medizin und Pflege, ist oftmals konfliktträchtig[44]. Die fachliche Abgrenzung von Medizin und Pflege beruht unter anderem auf der unterschiedlichen professionellen Tradition und Kultur von Ärzten und Pflegekräften *(Grossmann R. 1993).*

Aus dieser "Dreiteilung" des Krankenhauses und des Leistungsgeschehens resultiert eine unzureichende Koordination der einzelnen Bereiche, der Ablauforganisation im Krankenhaus und eine nicht primär an den Erfordernissen des Patienten orientierte Leistungserstellung. Aus dieser dreispurigen Erbringung des Leistungsprozesses innerhalb der Klinik resultiert die sog. "Versäulung" des Krankenhauses *(Eichhorn S. 1991a, ders. 1993c S. 61 ff., Grossmann R. 1993, Schmidt-Rettig B. 1993).* Dadurch haben die einzelnen Bereiche wenig Kenntnisse über die Tätigkeit der anderen und auch für deren Schwierigkeiten oftmals wenig Verständnis.

Somit hat die bereichsbezogene Leitungsorganisation, angesichts der zukünftigen Aufgaben und Herausforderungen, "Qualitätsmanagement", "Effizienz- und Effektivitätssteigerung" und

---

[44] "Wie unterschiedlich der Stellenwert beider Bereiche eingeschätzt wird, kann daran abgelesen werden, daß die Tätigkeit als Krankenhausarzt mit zu den begehrtesten beruflichen Ausbildungen gehört, während der Pflegebereich an Personalmangel leidet" *(zitiert aus: Sachverständigenrat für die Konzertierte Aktion im Gesundheitswesen 1992 S. 94 RdNr. 285).* Siehe B 2.4.

"Patientenorientierung", die allesamt maßgeblich von der Art und Weise der Organisation und der Struktur der **Ablaufprozesse** im Krankenhaus bestimmt werden, erhebliche Schwächen. Diese Probleme aggravieren durch die bereits dargestellten Mängel in der Kompetenz und Ausbildung der Führungspersonen des Krankenhausdirektoriums. Dies mag auch ein Grund dafür sein, daß die Träger bisher wenig Verantwortung auf das Krankenhaus übertragen haben bzw. nunmehr erst beginnen, die Kompetenzen zu den Krankenhäusern hin zu verlagern.

Andererseits erhöht auch die bei Pflegekräften und Medizinern anzutreffende Tendenz, das Beste für die Patienten tun zu wollen, die Mängel in der Organisation der Leitungsstrukturen. Durch diese Haltung bedingt werden im Bereich von Diagnostik, Therapie und Pflege oftmals Maximierungstendenzen verfolgt, ohne die dabei entstehenden Kosten hinreichend zu berücksichtigen oder die aus dem Krankenhausbudget abgeleiteten finanziellen Begrenzungen anzuerkennen *(Eichhorn S. 1991a, ders. 1993c S. 61 ff., Schmidt-Rettig B. 1993).*

2.2.2 Die Autonomie und der "Professional-Status" des ärztlichen Dienstes

Ein weiterer Faktor, der die Schwachstellen und die Tendenz der Spartenbildung in der Leitungs- und Organisationsstruktur der Kliniken verschärft, ist die autonome Stellung des ärztlichen Dienstes innerhalb des Krankenhausbetriebes. Diese besondere Position des ärztlichen Standes leitet sich zum einen aus dem ärztlichen Berufsrecht ab, das die **Unabhängigkeit des Arztes in Diagnostik und Therapie**[45] vorsieht *(Eichhorn S. 1991a, ders. 1993c S. 61 ff., Schmidt-Rettig B. 1993).* Verstärkt wird die unabhängige Stellung des ärztlichen Dienstes zum anderen durch den besonderen Status des Arztes innerhalb der Krankenhausorganisation als **"professional"** bzw. durch dessen **"Expertenautorität"** *(Freidson E. 1975, Fogel D.S. 1989, Longo D.R. 1994).*

Den "Professional-Status" bzw. eine "Expertenstellung" innerhalb einer Organisation hat eine Berufsgruppe[46], die über eine besondere Ausbildung, besonderes Wissen, Können und über besondere Fähigkeiten verfügt und zudem aus Sicht des Betriebes eine besondere Position einnimmt *(Freidson E. 1975, Fogel D.S. 1989, Longo D.R. 1994).*

Im Krankenhaus ist der Arztberuf derjenige, der sich durch seine besonders qualifizierte und anspruchsvolle Ausbildung[47] hervorhebt. In der sich anschließenden Weiterbildung erwirbt der Arzt zu seinem hohen Fachwissen spezielle und spezifische Kenntnisse und Fertigkeiten[48].

---

[45] Zur Berufsfreiheit und Weisungsungebundenheit des Arztes siehe Punkt B 1.
[46] Sog. Expertenbetriebe, also von Professionals dominierte Betriebe, finden sich in verschiedensten Branchen, etwa in der Baubranche die großen Architektur- oder Statikerbüros, im Bankenbereich die Investmentbanken, Software-Unternehmen in der Computerbranche oder auch die in der Beraterbranche tätigen Unternehmen.
[47] Im medizinischen Bereich ist der Arzt in der Regel der einzige mit einem Hochschulstudium. Auch im administrativen Bereich des Krankenhauses gibt es heute außerhalb der Führungsebene noch wenige Mitarbeiter mit einem Hochschulstudium.
[48] Selbst nach der mehrjährigen Weiterbildung zum Facharzt kann der Krankenhausarzt noch weitere Teilgebietsbezeichnungen anstreben, z.B. Arzt für Gefäßchirurgie, Unfallchirurgie, Abdominalchirurgie etc.

Die Fähigkeiten und das Handeln des Arztes sind dabei für das Wohl und Wehe des Krankenhauses von zentraler Bedeutung *(Fogel D.S. 1989, Longo D.R. 1994)*. Gefestigt wird die herausragende Position des ärztlichen Berufsstandes im Krankenhaus gegenüber den anderen Berufsgruppen[49] dadurch, daß alle von anderen Berufen vollzogenen und auf den Dienst am Patienten bezogenen Tätigkeiten in medizinischer Hinsicht der Weisung des Arztes unterworfen sind. Die leitenden Ärzte tragen die juristische Letztverantwortung für die Patientenversorgung, was die dominierende und unabhängige Position der leitenden Ärzte untermauert.

Die autonome Stellung des ärztlichen Berufsstandes in der Organisationsstruktur des Krankenhauses wird daneben durch die außerordentliche Komplexität ärztlichen Handelns verstärkt. Medizin erfordert, statt festgelegter Routineverfahren eine komplexe Urteilsfindung, statt Vorsicht die Übernahme von Risiken *(Freidson E. 1975)*. Dadurch, daß nur derjenige Vorgesetzte anordnen oder kontrollieren kann, der selbst ein "Professional" und damit sachkundiger Arzt ist, ist eine Regulierung nur in sehr lockerer Weise möglich.

Ein weiterer Punkt, der die unabhängige Position vor allem des leitenden Arztes bekräftigt, ist dessen Möglichkeit, durch das Recht zur Privatliquidation, neben seinem Einkommen aus seiner Tätigkeit für den Krankenhausbetrieb, zusätzlich nennenswerte Einkünfte erzielen zu können *(Fogel D.S. 1989, Longo D.R. 1994)*.

Mit der ärztlichen Autonomie und der ärztlichen "Expertenautorität" ist nun aber das Gefühl verbunden, unbeeinflußt von dritter Seite, eigene Entscheidungen treffen zu können *(Longo D.R. 1994)*. Die Unabhängigkeit in der Berufsausübung ist eines der wichtigsten Merkmale des "Professional" und Arztes und damit für diesen von größter Bedeutung *(Longo D.R. 1994, Nathanson P. 1994)*. Dadurch fühlen sich die Ärzte in der Regel mehr ihrem Stand verbunden als der Organisation des Krankenhauses. Die Autorität des "Professional" steht über der Autorität der Verwaltung *(Fogel D.S. 1989)*.

Weit verbreitet ist zudem die Auffassung, daß die Krankenhausorganisation die notwendigen Rahmenbedingungen schaffen soll, um den heutigen Anforderungen entsprechend, ärztlich arbeiten zu können. Das "Sich-Befassen" mit diesen Rahmenbedingungen wird als eine Zusatzarbeit zur eigentlichen professionellen Arbeit angesehen *(Grossmann R. 1993)*.

Hier gibt sich die allen Expertenbetrieben[50] gemeinsame deutliche Reserve gegenüber Leitungs- und Organisationsfragen zu erkennen *(Grossmann R. 1993)*. Bei Ärzten tritt oftmals die Investition in Leitungsarbeit und Fragen der Kompetenz in Sachen Führung hinter dem maßgeblichen Erfolgskriterium für die berufliche Entwicklung, nämlich der fachlich wissenschaftlichen Weiterbildung zurück *(Grossmann R. 1993)*.

---

[49] Von anderen im Krankenhaus tätigen Berufsgruppen, die auch die Kriterien eines "Experten" oder "Professionals" erfüllen können, etwa der Gruppe der Pflegekräfte *(Freidson E. 1975, Grossmann R. 1993)*, hebt sich der ärztliche Dienst durch die oben genannten Punkte (vor allem durch seine umfassende Weisungsbefugnis) entscheidend ab *(Freidson E. 1975)*.

[50] Expertenbetriebe, wie Schulen oder Universitäten, zeichnen sich zudem durch ein tendenziell niedrigeres Niveau von Professionalisierung der Leitungsebene aus *(Grossmann R. 1993)*.

Daneben kann bei den Professionals ein sehr personenbezogenes und charismatisches Verständnis von Leitung und Organisationsentwicklung beobachtet werden. Führungskompetenz und Anerkennung als Führungspersönlichkeit wird in erster Linie mit herausragenden individuellen Eigenschaften und Fachkompetenz von Personen in Verbindung gebracht. Die Wahrnehmung wichtiger Funktionen für eine professionelle Gestaltung von Arbeitsbeziehungen und Strukturen ist dabei von geringerer Bedeutung *(Grossmann R. 1993)*.

Die Probleme, die sich aus der ärztlichen Autonomie für die Betriebsführung der Krankenhäuser ergeben können, werden vor allem bei der Frage deutlich, wie die häufig bestehenden "Maximierungstendenzen" in der Medizin mit dem wirtschaftlichen Betriebsziel des Krankenhauses (Kostendeckung) in Einklang gebracht werden können. In der Praxis hat es sich nämlich gezeigt, daß die leitenden Ärzte oftmals ihre klinische Autonomie auch auf Organisationsfragen und das Finanzgebahren ausdehnen *(Eichhorn S. 1991a, ders. 1993c S. 61 ff., Schmidt-Rettig B. 1993)*. In Verbindung mit den unterschiedlichen Zielsetzungen von leitenden Ärzten und Krankenhausverwaltung und den fehlenden direkten Eingriffs- und Steuerungsmöglichkeiten der kaufmännischen Seite ist diese Frage bei weitgehend festen Krankenhausbudgets ein bedeutsames Problem[51] *(Eichhorn S. 1991a, ders. 1993c S. 61 ff., Schmidt-Rettig B. 1993)*.

Neben den offenen Fragen der Wirtschaftsführung kann auch die Umsetzung der zukünftigen Aufgaben, "Qualität", Effizienzsteigerung", "Patientenorientierung", "Marketing" oder das Einführen und das Erfüllen von Zielen durch die unabhängige Stellung des ärztlichen Dienstes, schwierig sein, da jeder dieser Punkte die Position des leitenden Arztes, der im wesentlichen die Kompetenz für die Beurteilung und das Handeln in eben diesen Fragen hat, berührt *(Fogel D.S. 1989, Nathanson P. 1994)*.

Ein besonderes Problem bei "Expertenbetrieben" und bei bürokratischen Organisationsformen ist der oftmals konfliktreiche Umgang zwischen Professionals und Mitgliedern der "Bürokratie" *(Kieser A. 1993 S. 62)*. Eine Ursache mag darin liegen, daß sich die Professionals weniger stark an die festen bürokratischen Regeln[52] gebunden fühlen *(Kieser A. 1993 S. 62)*.

Auf der anderen Seite trennt sie auch ihre unterschiedliche "Kultur", ihre unterschiedlichen Betrachtungsweisen und die Asymmetrie der Informationen. Durch die Unabhängigkeit der Professionals können zudem innerhalb der Betriebsorganisation leicht Konflikte ausgelöst werden. Die Lösung solcher Konflikte aber wird gerade durch die bestehende Organisationsstruktur (Divisionalisten, Autonomie der Professionals) erschwert *(Merry M.D. 1994)*.

---

[51] Dem ärztlichen Direktor gelingt es dabei in der Regel nicht die leitenden Ärzte in die Gesamtorganisation und den Finanzrahmen des Krankenhauses zu integrieren *(Eichhorn S. 1991, ders. 1993c S. 62, Schmidt-Rettig B. 1993)*.

[52] Der Einsatz der bürokratischen Regeln "erzeugt deshalb Konflikte, die letztlich weniger den Sachfragen als der Verteidigung von Machtpositionen dienen. So findet man bisweilen an den merkwürdigsten Stellen einen Aufwand an Scharfsinn, Argumenten und Begründungen, der vom Problem her kaum verständlich ist, sondern als Auswurf eines langen Stellungskrieges entstand" *(zitiert aus: Kieser A. 1993 "Organisationstheorien" S. 62)*.

Eine weitere Folge der ärztlichen Autonomie und ihres Professional-Status ist es, daß Ärzte sich nicht so leicht als "Teammitglieder" sehen und verstehen können. Ärzte sind es gewohnt, persönlich die volle Verantwortung sowohl für ihr Handeln und Tun als auch für ihre Patienten zu übernehmen. Sie tun sich schwer, Verantwortung zu delegieren *(Rosenfield R.H. 1994)*. Die bürokratische Organisationsform und der bürokratische Führungsstil ist u.a. aus diesem Grund bei den "Expertenbetrieben" vorherrschend *(Freidson E. 1975)*.

Tabelle 14 zeigt im Überblick die Merkmale und Besonderheiten des Professional-Status, der nicht nur den ärztlichen Berufsstand, sondern auch den der Architekten, Statiker, Juristen oder Investmentbanker kennzeichnet.

Tabelle 14: Merkmale und Besonderheiten von Berufsgruppen mit Professional-Status

1. *Hochspezifische Ausbildung, Fertigkeiten, Fähigkeiten und Kenntnisse*, dadurch:
2. *Fehlende Möglichkeit der Beurteilung und Kontrolle* qualitativer Aspekte der Arbeit eines Professionals durch andere nicht dieser Disziplin angehörende Berufsgruppen, u.U. sogar berufsrechtlich festgehaltene Unabhängigkeit des Berufsstandes (z.B. Arzt, Jurist)
3. *Zentrale Bedeutung der Tätigkeit des Professionals* für das Wohl des Unternehmens, des Betriebes
4. Oftmals *gespanntes Verhältnis* zwischen Professionals und Non-Professionals
5. Probleme bei der *Führung von Professionals*, *(siehe Tabelle 26)*
6. Die *Strukturiertheit und Ähnlichkeit der Aufgaben* der Professionals ist *gering*
7. Tendenz zur *Bewahrung des status quo*, geringe Tendenz zu Innovation und Veränderung
8. wichtigstes *Koordinationsmerkmal* ist die *Standardisierung der Fähigkeiten, Qualifikation*
9. *Kommunikation* vorwiegend *mündlich, direkt und ungebunden an Instanzenweg*

Quelle: eigene Darstellung in Anlehnung an die Ausführungen bei Mintzberg H. 1979, Lorsch, Mathias 1987, McCall M.W. 1988, Fogel D.S. 1989, Nathanson P. 1994

2.2.3 Führung und Motivation im Krankenhaus ("human resource management")

In dem nun folgenden Abschnitt wird der Frage nachgegangen, inwieweit heute der herausragenden Bedeutung der Personalführung und Mitarbeitermotivation (dem "human resource management") im Krankenhaus entsprochen wird. Die Ausführungen konzentrieren sich dabei auf den für die Patientenversorgung und den Krankenhausbetrieb zentralen Berufsstand, den ärztlichen Dienst.

Die Umsetzung der wichtigsten zukünftigen Aufgaben des Krankenhauses, "Qualitätsmanagement", "fortlaufende Effizienzsteigerung", "Patientenorientierung", "Marketing", "Personalführung" oder auch die Schaffung einer "Krankenhauskultur", setzt die Bereitschaft und Motivation aller Führungskräfte, Mitarbeiter und in großem Maße des ärztlichen Dienstes und der leitenden Ärzte im Krankenhaus voraus *(Jeschke H.A. 1990, Küster J. 1990, Westphal E. 1990, Eichhorn, Schmidt-Rettig 1995b S. 7f., S. 279 ff.)*.

Analysiert man hingegen die Literatur über die Situation der Mitarbeiterführung in der Krankenhauspraxis, dann zeigt sich, daß die Klinikleitung heute noch zu viele negative und sekundäre Motivationen erzeugt, daß sie oft weder leistungsorientiert ist, noch direkte Erfolgserlebnisse aus der Arbeit selbst zuläßt, daß primär Sicherheits- und Statusmotive angesprochen werden, während die Selbstentfaltungsbestrebungen der Mitarbeiter nur unzureichend gefördert werden *(Betz G. 1990, Eichhorn S. 1990a, ders. 1990b, ders. 1993a, Jeschke H.A. 1990, Küster J. 1990, Mohn R. 1990, ders. 1993a, ders. 1993b, Schmitt R. 1990, Westphal E. 1990, Hinkel, Schmitt 1993, Neander et al. 1993, Düwel M. 1994, Emminger C. 1995, Stern K. 1996, Trill R. 1996 S. 204 f.).*

Durch falsches Führungsverhalten resultiert oftmals eine negative Motivationskonstellation, die einen erheblichen Teil des Leistungs- und Zufriedenheitspotentials unausgeschöpft läßt. Die Mängel der Motivation der Krankenhausmitarbeiter wird dabei oftmals den vielfach bestehenden autokratischen Führungsformen zugeschrieben *(Eichhorn S. 1990b, ders. 1993a).*

Auch die dem Vergütungssystem des öffentlichen Sektors, dem Bundesangestelltentarif (BAT), potentiell innewohnenden negativen Anreize und Anreizstrukturen seien an dieser Stelle erwähnt *(Klinkenberg U. 1996, Trill R. 1996 S. 204 f.).*

Vor der Erörterung der genaueren Schwachstellen in der Mitarbeiterführung und -motivation bzw. vor der Analyse potentieller Anreizsysteme muß zunächst geklärt werden, was die Mitarbeiter und vor allem den ärztlichen Dienst im Krankenhaus motiviert[53] bzw. welche Dinge eine demotivierende Wirkung entfalten können[54].

Anhand des sog. **Zweifaktorenmodells von *Herzberg*, *Mausner* und *Snyderman*[55]** *(siehe Tabelle 15)* werden daher nachfolgend die verschiedenen Parameter dieses Modells der heute bestehenden Situation des ärztlichen Dienstes im Krankenhaus gegenüber gestellt.

---

[53] Die Erforschung der Frage, was den Menschen und Mitarbeiter motiviert, ist Aufgabe und Zielsetzung der Organisations- und vor allem der Motivationspsychologie. "Die Organisationspsychologie stellt heute eine eigene, außerordentlich umfangreiche Theorienlandschaft dar. Der Versuch, auch nur ihre wichtigsten Ansätze zu Hauptaussagen zusammenzufassen, würde ein eigenes Buch erfordern." *(zitiert aus: Kieser A. 1993, Organisationstheorien, S. 95).*

[54] Dieser Punkt ist auch für eine spätere Einführung und Umsetzung bestimmter Motivations- und Anreizstrukturen bedeutsam, um zum einen die begrenzten finanziellen und personellen Mittel des Krankenhauses möglichst effektiv einsetzen zu können, und zum anderen um möglicherweise fehlsteuernde und unerwartet demotivierende Effekte zu verhindern.

[55] Das bekannte Motivationsmodell von *Maslow* teilt die Bedürfnisse des Menschen in fünf hierarchisch aufgebaute Motivgruppen ein (1. Grundbedürfnisse, wie Nahrung und Wärme, 2. Sicherheitsbedürfnisse, 3. die Bedürfnisse nach Kontakt und Zuwendung, 4. Bedürfnisse nach Anerkennung und Selbstachtung, 5. Bedürfnisse nach Selbstverwirklichung). Empirische Untersuchungen konnten jedoch die aus der Theorie *Maslows* abgeleiteten Thesen kaum stützen *(v. Rosenstiel et al. 1995 S. 217 ff.).* Da es im Krankenhausbetrieb heute zudem nicht so sehr von vorrangiger Bedeutung ist, Konzepte zur Aktivierung und Befriedigung der physiologischen und der Sicherheitsbedürfnisse, als vielmehr Konzepte zur Aktivierung der höherrangigen Bedürfnisse der Mitarbeiter zu entwickeln, wird an dieser Stelle statt des Modells von *Maslow* (oder des darauf aufbauenden Modells *Alderfers*), das Motivationsmodell von *Herzberg*, *Mausner* und *Snyderman* herangezogen (für eine eingehende Diskussion dieses Modells siehe *v. Rosenstiel et al. 1995 S. 220 f., S. 250 f.).*

Tabelle 15: Kernaussagen der Zweifaktorentheorie von *Herzberg, Mausner & Snyderman*

Anreizgruppen	Beispiele
"Hygienefaktoren"(hygienes or maintenance factors) (Mangel führt zu Arbeitsunzufriedenheit, Sättigung aber nicht zu Motivation)	▪Arbeitszeit, Arbeitsbedingungen und Arbeitsplatzsicherheit ▪Gehalt und Sozialleistungen ▪Status ▪Betriebsklima und interpersonelle Kontakte zu den Mitarbeitern und Vorgesetzten ▪Führungsstil des Vorgesetzten ▪Unternehmenspolitik und Verwaltung
"Motivatoren"(motivators) (Bewirken Arbeitszufriedenheit, Motivation)	▪Leistung und Leistungserfolg ▪Anerkennung der Leistung ▪Arbeitsinhalte ▪Übernahme von Verantwortung ▪Entwicklungschancen und "geistiges Wachstum" ▪Beförderung und Aufstiegsperspektiven

Quelle: eigene Darstellung in Anlehnung an Herzberg et al. 1959 S. 59 ff., Baron R.A. 1986 S. 152, v. Rosenstiel et al. 1995 S. 220 f. und. 250 f., Klinkenberg U. 1996

Zu den wichtigsten Ergebnissen der empirischen Untersuchungen *Herzbergs, Mausners* und *Snydermans* zählt die Erkenntnis, daß für die Beseitigung expliziter Unzufriedenheit andere Maßnahmen ergriffen werden müssen als zum Aufbau einer bewußten Zufriedenheit *(Baron R.A. 1986 S. 152 ff., v. Rosenstiel et al. 1995 S. 250 f., Klinkenberg U. 1996)*. Die Beseitigung von Arbeitsunzufriedenheit durch sog. **"Hygienefaktoren"**[56] führt entweder nur sehr kurzfristig oder überhaupt nicht zu Arbeitszufriedenheit[57] *(Baron R.A. 1986 S. 152 ff., v. Rosenstiel et al. 1995 S. 250 f., Klinkenberg U. 1996)*. Obwohl die "Hygienefaktoren" nicht zu einer Steigerung der Arbeitszufriedenheit führen, kann auf der anderen Seite jedoch ihr Fehlen mitunter eine erhebliche Arbeitsunzufriedenheit auslösen *(Baron R.A. 1986 S. 152 ff., v. Rosenstiel et al. 1995 S. 250 f., Klinkenberg U. 1996)*. Tatsächlich motivierend hingegen wirken andere Faktoren, die sog. **"Motivatoren"**[58]. Die Elemente, die unmittelbar mit der Tätigkeit verbunden sind, haben dabei eine große Bedeutung *(Baron R.A. 1986 S. 152 ff., v. Rosenstiel et al. 1995 S. 251, Klinkenberg U. 1996)*. Anhand von Studien und verschiedenen Veröffentlichungen werden nun die einzelnen Faktoren des Modells von *Herzberg* auf die heute bestehende Situation und Lage des ärztlichen Dienstes in den Kliniken übertragen und die sich daraus ergebenden Aussagen kurz erläutert.

---

[56] Siehe *Tabelle 15*.
[57] Etwa wenn die Verbesserung der Hygienefaktoren bereits zu einer Selbstverständlichkeit geworden ist. So dürften die jährlichen Lohnerhöhungen keine motivationale Wirkungen im Sinne einer Steigerung der Arbeitsleistung mehr haben *(Klinkenberg U. 1996)*.
[58] Siehe *Tabelle 15*.

"Hygienefaktoren":

Arbeitsbedingungen, Arbeitszeit und Arbeitsplatzsicherheit der Krankenhausärzte:
Mit diesen Themen haben sich verschiedene größere Studien[59] befaßt *(Pröll, Streich 1984, Herschbach P. 1991, Stern K. 1996)*. Es konnte festgestellt werden, daß die **Arbeitsbedingungen** maßgeblich durch die an die Ärzte gestellten psychomentalen Anforderungen gekennzeichnet sind *(Pröll, Streich 1984 S. 213)*. Diese Anforderungen werden durch bestimmte Belastungsfaktoren charakterisiert. In der Studie von *Pröll* und *Streich* gaben 80,8 % der Krankenhausärzte an, in hohem oder sehr hohem Maße durch den erheblichen Zeitdruck und Streß belastet zu sein, 79,1 % nannten die hohen Konzentrationsanforderungen über lange Zeiträume, 75,5 % den häufigen und schnellen Entscheidungszwang, 54,9 % den unregelmäßigen Arbeitsanfall und 53,7 % den ständigen Umgang mit schwerkranken und sterbenden Menschen[60] als die die Arbeitsbedingungen maßgeblich belastenden Faktoren *(Pröll, Streich 1984 S. 214)*. Diese Punkte werden in gleicher Weise auch von Autoren anderer Studien als die die ärztlichen Arbeitsbedingungen kennzeichnenden Faktoren genannt *(Herschbach P. 1991 S. 57 ff., Stengel M. 1991, Stern K. 1996 55 ff.)*. In den Studien von *Stern* und *Stengel* wird noch ein weiterer entscheidender Stressor, nämlich Belastungen durch einen "zu hohen Verwaltungsaufwand", genannt[61] *(Stengel M. 1991, Stern K. 1996 S. 56)*.

Die lange **Arbeitszeit** gehört offenbar seit jeher zu den Berufsmerkmalen der Ärzte. Obwohl sich die wöchentliche tarifliche Arbeitszeit in Deutschland in den vergangenen Jahrzehnten deutlich reduziert hat (von 51 Wochenstunden im Jahre 1958 auf zuletzt 38,5 Stunden) *(DKG 1996 S. 49)*, liegt die in den verschiedenen Studien ermittelte durchschnittliche Arbeitszeit der Krankenhausärzte weiterhin bei ca. 50-60 Stunden pro Woche[62] *(Pröll, Streich 1984 S 204, Skarabis et al. 1993, Stern K. 1996 S. 63)*. Mehr als 75 % der Krankenhausärzte leisten regelmäßig (48 %) oder häufig (30,6 %) Überstunden *(Pröll, Streich 1984 S. 204 ff.)*. Je nach An-

---

[59] Siehe z.B. *Pröll* und *Streich (1984) "Arbeitszeit und Arbeitsbedingungen im Krankenhaus"*. In dieser Arbeit kamen 3770 Fragebögen von Krankenhausärzten in die Auswertung, bei *Stern K. (1996) "Ende eines Traumberufs? - Lebensqualität und Belastungen bei Ärztinnen und Ärzten"* waren es 1704. Beide Studien waren in ihrem soziodemographischen Profil repräsentativ und zeigten, trotz der großen zeitlichen Differenz, weitgehend übereinstimmende Ergebnisse. Siehe auch *Herschbach P. (1991), "Psychische Belastung von Ärzten und Krankenpflegekräften"* Weinheim, VCH Verlag, 1991. In dieser Studie wurden 891 Fragebögen von Ärzten und Pflegekräften ausgewertet. An einer Fragebogenaktion der Berliner Ärztekammer aus dem Jahre 1993 beteiligten sich 2707 Krankenhausärzte *(Skarabis et al. 1993)*. "Zur Situation von Krankenhausärzten im Spannungsfeld zwischen Arbeit und Freizeit" wurden 103 Ärzte von *Stengel M. (1991)* befragt.
Eine Umfrage zur Umsetzung des Arbeitszeitgesetzes in Münchner Krankenhäusern hat der Ärztliche Kreis- und Bezirksverband München im Oktober 1996 durchgeführt. Von den insgesamt 4048 nachgeordneten Ärzten haben sich dabei 1667 beteiligt *(Ärztlicher Kreis- und Bezirksverband München 1996)*.

[60] Die Ausprägung der Belastungen war innerhalb der einzelnen Bereiche (Onkologie, OP, Intensivstation etc.) etwas unterschiedlich gewichtet, ohne daß dies Einfluß auf die Reihenfolge der einzelnen Faktoren genommen hätte.

[61] Gleiche Aussage bei *Schmitt R. 1991*

[62] In der Studie von *Stengel M. (1991)* konnten bei Ärzten in Universitätskliniken die längsten Arbeitszeiten gefunden werden, die durchschnittliche tägliche Arbeitszeit betrug dort 12 Stunden, im Monat wurden durchschnittlich 70 Überstunden erbracht (in der Chirurgie waren es 110 Überstunden/Monat, in der Inneren Medizin 70).

zahl von Bereitschaftsdiensten[63] und Rufbereitschaften kann sich sowohl die wöchentliche Anwesenheitsdauer als auch das effektive Arbeitsvolumen nochmals deutlich erhöhen. Daneben scheinen viele Ärzte Schwierigkeiten mit der Anerkennung geleisteter Überstunden zu haben. So ist zu erklären, daß in verschiedenen Studien[64] übereinstimmend etwa die Hälfte der befragten Krankenhausärzte angab, keinerlei Ausgleich für die geleistete Mehrarbeit zu erhalten *(Pröll, Streich 1984 S. 204 ff., Skarabis et al. 1993)*. In der Umfrage des Ärztlichen Kreis- und Bezirksverbandes München gaben zudem 92 % der Befragten an, daß es für den ärztlichen Dienst keinerlei Zeiterfassungsinstrumente, wie für andere nichtärztliche Mitarbeiter üblich, gibt[65] *(Ärztlicher Kreis- und Bezirksverband München 1996)*. Hinzu kommt, daß die Bestimmungen des seit dem 01.01.1996 gültigen Arbeitszeitgesetzes (ArbZG) bisher keinerlei Auswirkungen auf den ärztlichen Dienst gezeigt haben[66]. Auch hier werden und/oder können die tariflichen bzw. gesetzlichen Vorgaben nicht eingehalten werden. Die **Sicherheit der Arbeitsplätze** der Krankenhausärzte dürfte sich nicht wesentlich von der anderer Mitarbeiter unterscheiden. Allerdings erhalten heute die Ärzte im Krankenhaus meist nur noch befristete Arbeitsverträge, so z.B. für die Dauer der Weiterbildung zum Facharzt *(Emminger C. 1995, Schriefers K.H. 1995, Stern K. 1996 S. 93 ff.)*. Angesichts der in Folge des GSG stark eingeschränkten Niederlassungsmöglichkeiten, des "Ärztestaus" in den Kliniken, der Sparmaßnahmen der Kliniken und der zunehmenden Arbeitslosigkeit und damit Stellenkonkurrenz unter den Ärzten gewinnt der Arbeitsplatz eines Arztes im Krankenhaus sowohl für einen sich in der Weiterbildung befindlichen Arzt als auch für einen Arzt mit Facharztanerkennung zunehmend an Wert. Gerade bei Krankenhausärzten mit kurzfristigen Arbeitsverträgen müssen die Arbeitsplätze vor dem Hintergrund des steigenden Sparzwangs tendenziell als weniger sicher angesehen werden.

---

[63] In den Bereitschaftsdiensten die nach den Vergütungsstufen C und D honoriert werden übertrifft die effektive Arbeitszeit oftmals die tarifliche Obergrenze. In der Stufe D gilt dies für zwei Drittel der betroffenen Ärzte. Ein wesentliches Charakteristikum dieser Dienste, überwiegend aus Nichtarbeitszeit zu bestehen, ist somit außer Kraft gesetzt *(Pröll, Streich 1984 S. 211)*.

[64] Vergleichbare Aussagen trafen zwei Hochschullehrer *(Scriba P.C. 1995, Lob G.C. 1996)*.
Auch der 99. Deutsche Ärztetag stellt fest, daß die Überstunden im ärztlichen Dienst in weit überwiegendem Maß unentgeltlich und ohne Freizeitausgleich erbracht werden *(vgl. Dokumentation des 99. Deutschen Ärztetages, veröffentlicht in: Dtsch. Ärzte Bl., 93. Jg. (1996), Heft 25, S. C-1200)*.

[65] Der 99. Deutsche Ärztetag kritisiert, daß eine Dokumentation der Überstunden im ärztlichen Dienst fehlt *(vgl. Dokumentation des 99.Deutschen Ärztetages, veröffentlicht in: Dtsch. Ärzte Bl., 93. Jg. (1996), Heft 25, S. C-1200)*.

[66] Das Arbeitszeitgesetz gibt bestimmte Regelungen für die Ruhezeiten und eine maximale tägliche Arbeitszeit von 8 Stunden vor. Bisher hatte das Gesetz kaum Auswirkungen auf den ärztlichen Dienst *(Ärztlicher Kreis- und Bezirksverband München 1996)*. Fast 90 % der in dieser Umfrage beteiligten Krankenhausärzte gaben an, daß in einer Klinik keine neuen Arztstellen geschaffen worden seien, etwa zwei Drittel können bereits während des regulären Dienstes die Ruhepausenregelungen nicht einhalten, 44 % gaben an nach einem Nachtdienst der Stufe C oder D entgegen den gesetzlichen Bestimmungen weiterzuarbeiten. Etwa zwei Drittel der befragten Ärzte würde eine Umsetzung des Arbeitszeitgesetzes, auch wenn dies mit finanziellen Einbußen verbunden wäre, befürworten *(Ärztlicher Kreis- und Bezirksverband München 1996)*.

Gehalt, Sozialleistungen und Status: Sowohl das Gehalt, bezogen auf die tarifliche Arbeitszeit, die Sozialleistungen des Krankenhausarztes[67] als auch sein Status[68] in der Bevölkerung und bei den übrigen Krankenhausmitarbeitern bieten keine Ansatzpunkte für eine weitergehende kritische Analyse und Diskussion.

Betriebsklima, interpersonelle Kontakte und Führungsstil der Vorgesetzten: Zu den Punkten Betriebsklima, interpersonelle Kontakte und Führungsstil der Vorgesetzten gibt es im Krankenhausbereich nur allgemeine Aussagen, die sich zudem mit dem ärztlichen Dienst im speziellen nicht näher befaßt haben. Inwieweit die oftmals beschriebenen Reibungspunkte zwischen den einzelnen Berufsgruppen[69] im Krankenhaus negative Folgen auf das Betriebsklima und die interpersonellen Kontakte haben, wie zu vermuten ist, kann aufgrund fehlender Untersuchungen nicht beantwortet werden. Daneben berichten jedoch zahlreiche Autoren[70] übereinstimmend von einem verbreitet vorzufindenden autoritären/autokratischen Führungsstil[71] und einem generell mangelhaften und inadäquaten Führungsverhalten und -stil des Krankenhausträgers und der leitenden Krankenhausmitarbeiter *(Betz G. 1990, Eichhorn S. 1990a, ders. 1990b, ders. 1993a, Jeschke H.A. 1990, Küster J. 1990, Mohn R. 1990, ders. 1993a, ders. 1993b, Schmitt R. 1990, Westphal E. 1990, Hinkel, Schmitt 1993, Neander et al. 1993, Düwel M. 1994, Emminger C. 1995, Stern K. 1996 S. 60 und S. 94 ff., Trill K. 1996 S. 204 f.).* Möglicherweise ist der vorherrschende autoritäre Führungsstil im Krankenhaus auch eine der entscheidenden Ursachen für die oftmals an der "Hierarchie" und den hierarchischen Strukturen im Krankenhaus ansetzende Kritik[72]. So wird bereits von Seiten der Ärzteschaft

---

[67] Anzumerken sei an dieser Stelle lediglich die Position des Mediziners im Praktischen Jahr und des Arztes im Praktikum. Vor Erhalt der Teilapprobation mit dem dritten Staatsexamen arbeitet der junge Mediziner ein Jahr unentgeltlich im Krankenhaus. Als Arzt im Praktikum erhält er anschließend bei einer dem Assistenzarzt vergleichbaren Tätigkeit und Verantwortung *(Stern K. 1996, S. 63 ff.)* lediglich ein Drittel des Assistenzarztgehaltes.

[68] *Toellner* weist in diesem Zusammenhang auf ein interessantes Phänomen hin: einerseits genießt der Arztberuf seit jeher das höchste Ansehen innerhalb der Bevölkerung, andererseits ziehen sich teilweise heftige Kritik, Angriffe und Vorwürfe gegen Ärzte und Medizin seit jeher durch die zweitausend Jahre alte europäische Medizingeschichte *(Toellner R. 1988).*

[69] Zu nennen sind hier vor allem verschiedene Reibungspunkte zwischen leitenden Ärzten und Krankenhausverwaltung (siehe Punkt C 2.2.2) sowie Spannungen zwischen Ärzten und Pflegekräften (siehe Punkt B 2.4).

[70] Nach den Studienergebnissen *Sterns* wird die Arbeits- und Organisationskultur des Krankenhauses maßgeblich von den Werten "Disziplin und Unterordnung" bestimmt. Demgegenüber standen die Grundsätze "Teamgeist und Teamwork" bei der Krankenhausarbeit an letzter Stelle *(Stern K. 1996 S. 60).* Auch dieses Umfrageergebnis dürfte einen Hinweis auf die Dominanz des autoritären Führungsstils im Krankenhaus geben.

[71] Der Führungsstil in bürokratischen Organisationsformen und Expertenbetrieben, wie z.B. Krankenhäusern, ist in der Regel mehr autoritär und patriarchalisch als kooperativ und delegativ *(Freidson E. 1975, Rosenfield R.H. 1994).*

[72] Zu Beginn der siebziger Jahre wurden die "Hierarchie", die entsprechend hierarchischen Strukturen im Krankenhaus und das sog. "Chefarztprinzip" von seiten des Marburger Bundes beklagt *(vgl. das sog. Saarbrücker Papier von 1971, "Marburger Bund -der Arzt", 1971, S. 460).* Auch die "Deutschen Ärztetage" von 1972, 1974 *(Baur U. 1978)* und erneut der "Deutsche Ärztetag" von 1994 haben die Einführung der sog. "Teamarzt-" oder des "Fachgruppenarztmodells" gefordert *(vgl. Schriefers K.H. 1996).*
Kritisiert wird an den hierarchischen Strukturen, daß das notwendige kollegiale Zusammenwirken der Ärzte durch die autoritären Strukturen ausgeschlossen sei, daß die Möglichkeit zu einem von Bevormundung freien Gedanken- und Meinungsaustausch nicht gegeben sei oder daß selbständig denkende Menschen in dem hierarchischen Klima resignieren würden *(Vilmar C. 1974 77. Dtsch. Ärztetag, Vilmar C. in der "Welt" vom 18.01.1996).*

gefragt, ob das Hierarchieverständnis des ärztlichen Dienstes zeitgemäß sei *(Schönemann J. 1993)*.

Unternehmenspolitik und Verwaltung: Auch die Art und Weise, wie der ärztliche Dienst durch die Krankenhausverwaltung und den Träger unterstützt und geführt werden muß kritisch beurteilt werden. In der Studie von *Stern* gaben mehr als 90 % der Krankenhausärzte an, "wenig" (17 %) oder "sehr wenig"[73] (75 %) Unterstützung von seiten der Krankenhausleitung zu erfahren *(Stern K. 1996 S. 58)*. Dies deckt sich mit vergleichbaren Aussagen anderer Autoren, die von einer weitgehend fehlenden Unterstützung des ärztlichen Dienstes bei der Führung und dem "Management" einer Abteilung und bei der Bewältigung anderer wichtiger Themen und Probleme, wie der "Qualitätssicherung", der Organisation der ärztlichen Weiterbildung oder der Schulung und Vorbereitung eines leitenden Arztes für seine Führungsaufgaben, durch den Krankenhausträger[74] berichten *(Emminger C. 1995, Schriefers K.H. 1995)*. Weitere Faktoren, die von den Ärzten als Maßnahmen der Krankenhausverwaltung verstanden werden können und zudem demotivierende Auswirkungen haben können, sind die zunehmenden Verwaltungsaufgaben und -arbeiten für den ärztlichen Dienst und die zunehmende Einschränkung der ärztlichen Autonomie von seiten der Verwaltung (Kontrollbürokratie).

Zusammenfassende Bewertung der "Hygienefaktoren":
Einige der "Hygienefaktoren" (Status, Gehalt, Sozialleistungen, eingeschränkt wohl auch das Betriebsklima und die interpersonellen Kontakte) sind als neutral bzw. befriedigend zu werten, d.h. es besteht an diesen Faktoren kein wesentlicher "Mangel", der zu einer Arbeitsunzufriedenheit führen würde. Alle übrigen "Hygienefaktoren" hingegen weisen für den ärztlichen Dienst teilweise deutliche "Mängel" auf, auch wenn man berücksichtigen muß, daß die die Arbeitsbedingungen der Ärzte kennzeichnenden Punkte, wie die hohen Konzentrationsanforderungen, der starke Verantwortungsdruck und physische oder psychische Belastungen, als dem Arztberuf innewohnend anzusehen sind. Das Ausmaß und die Bewältigung dieser Belastungsfaktoren jedoch wird maßgeblich durch die jeweiligen Rahmenbedingungen und das Umfeld beeinflußt und bestimmt. Vor diesem Hintergrund ist es daher bemerkenswert, wenn selbst einige Dinge, die für die Mitarbeiter von "Verwaltungsbetrieben" üblicherweise eine Selbstverständlichkeit darstellen, wie die genaue Einhaltung und Dokumentation der Arbeitszeiten, der Ausgleich von geleisteten Überstunden oder die Umsetzung gesetzlicher Vorgaben (ArbZG) auch heute für die weit überwiegende Mehrheit der Krankenhausärzte keine Gültig-

---

Bei der näheren Betrachtung dieser Argumente wird jedoch deutlich, daß nicht die "Hierarchie", als ein für komplexe Systeme unverzichtbares universelles Ordnungsmuster *(Krüger W. 1994 S. 62)*, sondern eigentlich die Umsetzung der Entscheidungsprozesse durch einen autoritären Führungsstil, kritisiert wird.

[73] Die Beurteilungsskala bei dieser Frage reichte von "sehr viel" (0 %), "viel"(2 %), mittelmäßig (6 %), "wenig" (17 %) bis zu "sehr wenig" (75 %).

[74] "Von Politikern und Krankenhausträgern wurden wir (Anmerkung: Krankenhausärzte) nur selten zur Kenntnis genommen. Fragen der Supervision und Anleitung jüngerer Kollegen sind neben "eigenen" Probleme, die wir ohne Unterstützung von außen zu lösen haben [...]" *(zitiert aus: Emminger C. 1995 S. M101)*.
"Der Krankenhausträger nimmt in vielen Fällen von seiner Eigenschaft als Weiterbildungsstätte nur insofern Notiz, als er von der arbeitsrechtlichen Möglichkeit der Begrenzung von Arbeitsverträgen unter Koppelung an die Weiterbildungszeit Gebrauch macht." *(zitiert aus: Schriefers K.H. 1995 S. 23)*.

keit besitzen. Angesichts der aufgezeigten Mängel und Versäumnisse müßte heute, entsprechend den Aussagen des Motivationsmodells *Herzbergs*, bei vielen Krankenhausärzten Arbeitsunzufriedenheit mit den entsprechend negativen Auswirkungen auf die Motivation und Arbeitsleistung exisitieren. Die Gefahr einer dauerhaften Arbeitsunzufriedenheit liegt vor allem in der sogenannten "inneren Kündigung"[75] der Krankenhausärzte, die die notwendig gewordene Weiterentwicklung des Krankenhauses und die Einbeziehung und Mitwirkung des ärztlichen Dienstes erheblich erschwert, wenn nicht sogar unmöglich macht.

Die "Motivatoren":
Eine systematische und bewußte Anwendung der "Motivatoren" des oben aufgezeigten Modells *Herzbergs* oder auch anderer vergleichbarer Motivationsanreize ist bisher im Krankenhaus noch weitgehend ohne Bedeutung. Stattdessen herrscht in der Regel das bereits angesprochene "Verwaltungsdenken und -handeln" sowie das Fehlen eines adäquaten Führungsverhaltens vor *(Betz G. 1990, Eichhorn S. 1990a, ders. 1990b, ders. 1993a, Jeschke H.A. 1990, Küster J. 1990, Mohn R. 1990, ders. 1993a, ders. 1993b, Schmitt R. 1990, Westphal E. 1990, Hinkel, Schmitt 1993, Neander et al. 1993, Düwel M. 1994, Emminger C. 1995, Stern K. 1996, Trill R. 1996 S. 204 f.).*

Leistung, Leistungserfolg, Anerkennung der Leistung: Die institutionalisierte Bewertung einer Leistung, eines Leistungserfolges und die entsprechende Anerkennung einer Leistung ist, nach den bisherigen Ausführungen, derzeit die Ausnahme. An wenigen Kliniken gibt es zwar Anreizsysteme für den leitenden Arzt, die jedoch fast ausschließlich an den Erfolg der "Kostendeckung" seiner Abteilung gekoppelt sind. Als "Anerkennung" für das Erreichen des

---

[75] Die Innere Kündigung ist ein schon seit langem bekanntes, jedoch bisher meist verborgen gebliebenes Phänomen, das nun zunehmend in Theorie und Praxis erforscht wird *(Hilb M. 1992)*. Unter "Innerer Kündigung" oder "Innerer Emigration" wird der bewußte oder unbewußte Verzicht auf Engagement am Arbeitsplatz von seiten der Mitarbeiter verstanden ("Dienst nach Vorschrift") *(Hilb M. 1992)*. Sie kann als ein "lautloser Protest" von Menschen verstanden werden, die einen Konflikt weder offen austragen, noch die äußere Kündigung einreichen wollen. Konflikte, die zur Inneren Emigration führen können, entstehen dann, wenn Engagement, kritische Verbesserungsvorschläge und andere über die Routineaufgaben hinausgehende, jedoch innerhalb des jeweiligen Kompetenzbereichs liegende Tätigkeiten keine oder negative Konsequenzen nach sich ziehen. Eine im Verlaufe solcher demotivierender Konfliktsituationen aufkommende Verweigerungshaltung gegenüber Arbeitsaktivitäten, die über Minimalanforderungen hinausgehen, kann dabei als ein Versuch verstanden werden, die frustrierende Arbeitssituation im Sinne der eigenen Bedürfnisse zu redefinieren und sich gegen die andauernde Frustration und umgebenden negativen Zustände zu "immunisieren". Folge ist, daß sich die Betroffenen von der Arbeitssituation, dem Vorgesetzten und dem Unternehmen distanzieren und versuchen, ihr Arbeitsverhalten bei fortdauernder Unzufriedenheit durch Verminderung der Beitragsbereitschaft ausgleichend anzupassen, bis ein aus ihrer Sicht "gerechter psychologischer" Vertrag erreicht wird *(Hilb M. 1992)*. Als die wichtigsten Ursachen der Inneren Kündigung gelten die aufgrund des Wertewandels gestiegene Anspruchshaltung der Menschen *(Hilb M. 1992)*, die sich in den Tätigkeitsprofilen vieler Arbeitsplätze nur mit Unterstützung eines professionellen Minimalpersonalmanagements verwirklichen lässt, die "klassischen" Führungsfehler (schlechtes Informationsverhalten, einsame Entscheidungen, fehlende Mitwirkungsmöglichkeiten, mangelnde Gesprächs- und Diskussionsbereitschaft, unzureichende Delegation von Kompetenzen, Kommunikationsfehler) *(Volk H. 1992)*, das Fehlen einer Unternehmenskultur und Vision *(Hilb M. 1992)* und vor allem eine starre und bürokratische Organisationsstruktur *(Hablützel P. 1992, Hilb M. 1992)*.

ökonomischen Ziels erhält der leitende Arzt einen "Bonus"[76] ("Bonus-System"), etwa in Form einer Tantieme[77].

Übernahme von Verantwortung, Arbeitsinhalte: Ärzte haben naturgemäß eine große Verantwortung zu tragen. Der Arztberuf als solcher gilt zudem als ein Berufsstand, der im Vergleich zu anderen, u.a. aufgrund des Arbeitsinhaltes, die höchste Zufriedenheit verspricht[78] *(Herschbach P. 1991 S. 63).* Die Motivation durch Delegation von Verantwortung und Gestaltungsmöglichkeiten von Träger- und Krankenhausleitungsebene auf den leitenden und die nachrangigen Krankenhausärzte hingegen hat bis heute keine nennenswerte Bedeutung[79]. Im Gegenteil, bedingt durch die Sparzwänge des Krankenhauses, besteht heute sogar eine Tendenz[80], den leitenden Krankenhausärzten zunehmend Autonomie und Unabhängigkeit zu beschneiden, wodurch letztlich den leitenden Ärzten Verantwortung und Gestaltungsfreiräume entzogen werden.

Entwicklungschancen, Aufstieg, Zukunftsperspektiven für Ärzte: Waren die Entwicklungschancen und Zukunftsperspektiven der Ärzte bis vor etwa 15 Jahren noch als gut bis sehr gut einzustufen, so hat sich dies heute grundlegend geändert. Aufgrund der beschränkten Zahl an Vertragsarztsitzen im ambulanten Bereich gibt es kaum mehr Niederlassungsmöglichkeiten für Krankenhausärzte. Als Folge dieser Entwicklung werden in den Krankenhäusern kaum mehr Stellen für junge Ärzte frei. Ältere Ärzte und Fachärzte bleiben an den Kliniken, ohne nennenswerte Möglichkeit, eine leitende Position als Ober- oder später als Chefarzt zu erhalten *(Emminger C. 1995, Schriefers K.H. 1996).* Auch Ärzte, die eine Weiterbildung anstreben, haben heute große Schwierigkeiten, sowohl eine Weiterbildungsstelle zu bekommen, als auch die sich verschärfenden Kriterien und Anforderungen für eine Facharztanerkennung zu erfüllen *(Emminger C. 1995, Schriefers K.H. 1996).*
Die Krankenhäuser haben bisher in keinerweise auf die Auswirkungen dieser Entwicklung reagiert. Eine systematischer Ansatz zur Fort- und Weiterbildung der jungen Ärzte fehlt in der Regel *(Schriefers K.H. 1996).*

---

[76] Daneben gibt es auch das sog. "Bonus-Malus" System. Hier drohen dem budgetverantwortlichen Arzt im Falle des Nichterreichens des gesetzten Zieles Kürzungen seiner Bezüge *(Wuttke R.B. 1985).* Bei diesem Anreizsystem kann von einer positiven Motivation des Arztes nicht mehr gesprochen werden.

[77] Siehe Punkt D 3.2.1.3.

[78] Diese Aussagen wurden jedoch bei niedergelassenen Ärzten gewonnen. Für den stationären Bereich gibt es vergleichbare Analysen bisher nicht *(Herschbach P. 1991 S. 63).*

[79] Auch dem aufkommenden Bestreben, den leitenden Ärzten zunehmend die Budgetverantwortung zu übertragen steht oftmals nicht die damit notwendigerweise verbundene Delegation von Einfluß und Gestaltungsmöglichkeit gegenüber. Dadurch aber wird letztlich nur eine Verpflichtung delegiert, die kein Motivator im Sinne des Modells *Herzbergs* ist.

[80] Auch bei der Führung von sog. "Expertenbetrieben" durch "Nicht-Experten" kann festgestellt werden, daß die unabhängige Stellung der Professionals durch die fachfremde Leitung zunehmend beschnitten wird und den Experten verstärkt bürokratische Anweisungen auferlegt werden *(Lorsch, Mathias 1987).*

3 Bedeutung der leitenden Ärzte im "Wirtschaftsbetrieb" Krankenhaus aus ökonomischer Sicht

Die Position des Arztes innerhalb der Leitungsstrukturen des Krankenhauses und die tägliche Arbeit des leitenden Arztes werden in zunehmendem Maße von Fragen der "Wirtschaftlichkeit" des medizinischen Leistungsprozesses berührt. Verschiedene andere betriebliche Aufgaben fallen in den Kompetenzbereich des leitenden Arztes, gezeigt wurde dies anhand des "Marketing" oder der "Kundenorientierung" bzw. der "Patientenorientierung". Naheliegend ist es also auch, die gesamtbetriebliche Effizienz, Effektivität oder die Wirtschaftlichkeit des Krankenhauses maßgeblich innerhalb des Kompetenz- und Einflußbereiches des leitenden Arztes zu sehen. In welchem Maße der ärztliche Dienst und die leitenden Ärzte den medizinischen Leistungsprozeß bestimmen und welche Kostenblöcke sie tatsächlich steuernd beeinflussen könnten, soll anhand ihres Stellenwertes und Einflusses im Klinikbetrieb dargestellt werden.

3.1 Der Arzt als Inhaber des "Kerngeschäfts"

Der auch unter ökonomischen Gesichtspunkten hohe Stellenwert des Arztes im Krankenhaus wird bei der Betrachtung der primären Aufgabe und Zielsetzung der Kliniken ersichtlich. Innerhalb des Krankenhauses hat der ärztliche Dienst die Kernkompetenz für den medizinischen Leistungsprozeß (Diagnostik und Therapie) und damit gewissermaßen das "Kerngeschäft" dieses besonderen Dienstleistungsbetriebes inne.

Anhand einer modellhaften Betrachtung des medizinischen Leistungsprozesses für stationäre Patienten wird der Einfluß der ärztlichen Entscheidungen auf wichtige betriebliche Steuerungsgrößen offensichtlich. Der medizinische Leistungsprozeß im Krankenhaus ist eine spezifische Dienstleistung[81] *(Eichhorn S. 1974 S. 15 ff.)*. Dienstleistungen werden im allgemeinen trotz verschiedentlich diskutierter "Dienstleistungsbesonderheiten" letztlich wie alle Wirtschaftsgüter durch Einsatz ("Input") und Kombination von Produktionsfaktoren produziert *(Corsten H. 1985 S. 394 ff., ders. 1988 S. 88 f., Maleri R. 1991 S. 209 f.)*.

Im Falle der medizinischen Dienstleistungen der Krankenhäuser sind demnach auch die bei jedem Industriebetrieb notwendigen Produktionsfaktoren "menschliche Arbeitsleistung"[82], "Betriebsmittel"[83] und "Werkstoffe"[84] zur Leistungserstellung notwendig ("Sekundär-

---

[81] Die Tätigkeit des Arztes als eine Dienstleistung am lebenden Objekt ohne Einsatz materieller Trägermedien und ohne Lösung der Subjekt-Objektbeziehung ist nach dem Systematisierungsansatz von *Corsten* die "reinste" Form einer Dienstleistung überhaupt *(Corsten H. 1988 S. 36)*.
[82] Arbeitsleistungen der Ärzte, des Pflegedienstes, des medizinisch-technischen Personals, der Verwaltungsangestellten etc.
[83] Betriebsmittel sind materielle Güter, die für die Erzeugung von Produkten/Dienstleistungen notwendig sind., wie das Krankenhausgelände und -gebäude, OP-Räume, medizinisch-technische Geräte, Maschinen, Betten, Instrumente und Werkzeuge etc.

Input")[85]. Der Patient ist in den Produktionsprozeß der medizinischen Dienstleistung nicht nur als Abnehmer (Kunde), sondern vor allem auch als "externer Produktionsfaktor" *(Corsten H. 1988 S. 92)* oder als "Humanfaktor" *(Eichhorn S. 1974 S. 15)* mit einbezogen.

Im Transformationsprozeß (medizinischer Leistungsprozeß) entstehen durch den kombinierten Einsatz der Produktionsfaktoren (materielle und immaterielle Güter) die medizinischen Leistungen (immaterielle Güter) des Dienstleistungsbetriebes "Krankenhaus".

Als "Output" des "Produktionsprozesses" können die immateriellen Güter "Gesundheit" ("Primär-Output") bzw. die medizinischen Dienstleistungen ("Sekundär-Output") angesehen werden. Das "Ergebnis"[86] des Leistungsprozesses ist wiederum der Patient in einem bestimmten Gesundheitszustand, der sich nicht geändert, verbessert (Heilung, Schmerzfreiheit etc.), aber auch verschlechtert haben kann (Progredienz der Krankheit, fehlendes therapeutisches Ansprechen, Komplikationen, Nebenwirkungen der Therapie, Tod). *Abbildung 12* stellt den beschriebenen Sachverhalt graphisch dar. Anhand dieser modellhaften Betrachtung des Leistungsprozesses im Krankenhaus werden die von den Ärzten bestimmbaren und wichtigsten Steuerungsgrößen dieses Produktionsprozesses ersichtlich. So ist es allein der Krankenhausarzt, der über das Vorliegen der Krankenhausbehandlungsbedürftigkeit und damit über die stationäre[87] Aufnahme des Patienten entscheidet (§ 39 Abs. 1 Satz 2 SGB V). Erst wenn der Krankenhausarzt die stationäre Behandlung für notwendig erachtet, beginnt der unten dargestellte medizinische Leistungsprozeß. Nach der Aufnahme des Patienten muß, soweit noch nicht geschehen, der Arzt eine exakte Diagnose bzw. die für die Behandlung führende Diagnose stellen. Die jeweils erforderlichen therapeutischen Maßnahmen schließen sich in der Regel der Diagnosestellung an. Hierfür wählt der behandelnde Arzt in Abhängigkeit von der jeweiligen Art und Schwere der Erkrankung des Patienten die erforderliche Diagnostik und Therapie und legt damit die Art und den notwendigen Umfang der einzusetzenden Arbeitsleistung, Betriebsmittel und Werkstoffe weitgehend fest.

---

84 Werkstoffe sind in der Industriebetriebslehre Roh- Hilfs- und Betriebsstoffe *(Heinen E. 1985 S. 366)*, die zu Bestandteilen des Endproduktes werden (enge Fassung) und auch Stoffe, die in das Produkt mit eingehen, ohne zu einem maßgeblichen Teil desselben zu werden (weite Fassung).
Die Bedeutung und die Definition des Faktors "Werkstoff" im Produktionsfaktorensystem der Dienstleistungsunternehmen wird kontrovers diskutiert *(Corsten H. 1988 S. 91)*. Als Ausdruck einer sehr breiten Definition dieses Begriffs, zählen verschiedene Autoren zu den Werkstoffen auch immaterielle Güter (Informationen) oder generell auch Faktoren mit werkstoffähnlichem Charakter *(Corsten H. 1988 S. 91, Maleri R. 1991 S. 210)*. Im medizinischen Leistungsprozeß fallen hierunter u.a. die medizinischen Verbrauchsgüter, Medikamente, Hilfsstoffe oder aber auch der Patient.
Corsten unterscheidet aufgrund der schwierigen Definition des Werkstoffbegriffes in seiner produktionswirtschaftlich orientierten Systematisierung der Dienstleistungen lediglich die Produktionsfaktoren "menschliche Arbeitsleistungen" und generell "stoffliche und unstoffliche Betriebsmittel" *(Corsten H. 1988 S. 34 ff.)*.
85 Primärer Mitteleinsatz ("Primär-Input") sind in diesem Zusammenhang die vielen Einzelleistungen im Bereich von Diagnostik, Therapie, Pflege und Hotelleistungen.
86 Das "Ergebnis" hat hinsichtlich der "Qualität" und des "Erfolges" Leistungsprozesses für sich genommen keinerlei Aussagekraft.
87 Die Kompetenz des Krankenhauses ist vom verantwortlichen Krankenhausarzt wahrzunehmen. Er hat zu entscheiden, ob der jeweilige Patient ambulant, vorstationär, teilstationär oder vollstationär behandelt werden muß (§ 39 Abs. 1 Satz 1 und 2 SGB V).

Abbildung 12: Input-Output-Modell des medizinischen Leistungsprozesses im Krankenhaus

Input ⇨	⇨ medizinischer Leistungsprozeß ⇨	⇨ Output
▪ menschl. **Arbeitsleistung** ▪ **Betriebsmittel** (med.-technische Geräte, OP-Räume, Betten, Instrumente etc.) ▪ **Werkstoffe** (medizinische Verbrauchsgüter, Medikamente, Hilfsstoffe etc.) ▪ **Patienten** mit körperlichen und/oder seelischen Störungen	↓ 1. **Aufnahme** der Patienten ↓ 2. **Diagnostik** ↓ 3. **Therapie** und therapieunterstützende Maßnahmen ↓ 4. **Entlassung** der Patienten ↓	▪ **Outcome** bzw. das Behandlungsergebnis (Patient in einem bestimmten "Gesundheitszustand": abhängig von den jeweiligen Indikatoren oder allgemein z.B. "geheilt", "gebessert", "unverändert", "verschlechtert", "gestorben")

Quelle: eigene Darstellung in Anlehnung an die Ausführungen von: Heinen E. 1985 "Industriebetriebslehre" 8. Auflage S. 365 ff., Maleri R. 1991 "Grundlagen der Dienstleistungsproduktion" 2. Auflage S. 210, Corsten H. 1985 "Die Produktion von Dienstleistungen" S. 394 ff.

Weitere betriebliche Steuerungsgrößen, die in der Regel maßgeblich der behandelnde und der letztverantwortliche Arzt bestimmen können, sind die Belegungsrate, die Dauer des Leistungsprozesses (Verweildauer), die Effizienz und Effektivität des Mitteleinsatzes, die Qualität des Leistungsprozesses und letztlich auch das Leistungsangebot. *Tabelle 16* zeigt im Überblick wichtige Steuerungsgrößen für den medizinischen Leistungsprozeß, die von den behandelnden und leitenden Ärzten beeinflußt und bestimmt werden können.

Damit bestimmt der leitende Arzt nicht nur den medizinischen Leistungsprozeß maßgeblich, sondern hat auch auf den "ökonomischen Erfolg" des Krankenhauses großen Einfluß.

Aufgrund dieser umfassenden wirtschaftlichen Steuerungs- und Einflußmöglichkeiten des ärztlichen Dienstes könnte man nun eine entsprechende Kosten- und Wirtschaftlichkeitsverantwortung des leitenden Arztes vermuten.

Dabei muß jedoch beachtet werden, daß die Krankenhausärzte zwar großen Einfluß auf die Steuerungsgrößen nehmen können, diese aber nicht von anderen Einflußfaktoren unberührt bleiben.

Tabelle 16:	Die von behandelnden und leitenden Ärzten bestimmbaren Steuerungsgrößen im Leistungsprozeß des Krankenhauses in abnehmender Reihenfolge
1.	Entscheidung über Krankenhausbehandlungsbedürftigkeit und stationäre Aufnahme
2.	Festlegung von Art und Umfang der einzusetzenden Betriebsmittel für Diagnose / Therapie
3.	Festlegung von Art und Umfang der einzusetzenden Werkstoffe für Diagnose / Therapie
4.	Festlegung von Art und Umfang der menschlichen Arbeitsleistung für Diagnose / Therapie
5.	"Qualität" von Diagnostik und Therapie
6.	Dauer des Leistungsprozesses (Verweildauer)
7.	Belegungsrate
8.	Effizienz und Effektivität des Leistungsprozesses
9.	"Marketing", da der Patient als "Object" des Leistungsprozesses zugleich "Kunde" ist und der Kontakt zu den einweisenden Ärzten in aller Regel über die Krankenhausärzte erfolgt → "Ruf der Klinik"
10.	Leistungsangebot innerhalb des Versorgungsauftrags
11.	Arbeitsbedingungen und Arbeitsleistung

Quelle: eigene Darstellung

3.2 Der Umfang des ökonomischen Einflusses des leitenden Arztes

Um die tatsächliche Kostenverantwortlichkeit der Ärzte und leitenden Krankenhausärzte darlegen zu können, werden nun die Kostenstruktur der Krankenhäuser und die Möglichkeiten der Ärzte, auf die im medizinischen Leistungsprozeß entstehenden Kosten steuernd einwirken zu können, dargestellt. Vorab muß dabei festgehalten werden, daß das Krankenhaus neben den medizinischen Leistungen auch Dienstleistungen eines Hotelbetriebes und weitere spezifische Zusatzleistungen (z.B. Seelsorge) erbringt. Damit wird ein Teil des Budgets nicht vom medizinischen Leistungsprozeß an sich beeinflußt. Man schätzt dennoch, daß ca. 80 % des Krankenhausbudgets direkt oder indirekt vom medizinischen Leistungsprozeß beeinflußt werden *(Goes, Zhan 1995)*.

Bei Betrachtung der Gesamtkosten der Krankenhäuser wird ersichtlich, daß 1994 mehr als zwei Drittel der Kosten für den Personalbereich und etwa ein Drittel für Sachkosten aufgewendet wurden *(Deutsche Krankenhausgesellschaft 1996 S. 37 f.)*. Innerhalb der Personalkosten entfielen 37 % auf den Pflegedienst, 20,7 % auf den ärztlichen Dienst, 20,6 % auf den medizinisch-technischen und Funktionsdienst sowie 21,7 % der Personalkosten auf den Wirtschafts-, Versorgungs-, und Verwaltungsbereich sowie auf sonstige Dienste *(siehe Abbildung 13)*.

Abbildung 13: Sach- und Personalkosten im Krankenhaus 1994

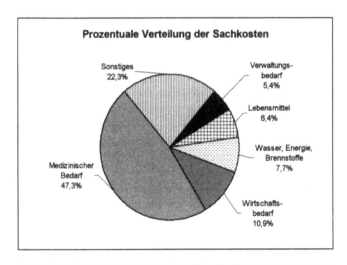

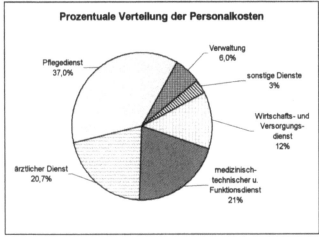

Quelle: Deutsche Krankenhausgesellschaft 1996 S. 37 f.

Der Personalbedarf an Ärzten im Krankenhaus wird in der Regel nach bestimmten Anhaltszahlen ermittelt und dementsprechend in den Pflegesatzverhandlungen auf das Budget umgelegt. Für den Pflegebereich galt eigens eine Pflegepersonalverordnung[88], die das Verfahren der

---

[88] Die Pflegepersonalregelung wurde mit dem 2. GKV-NOG aufgehoben.

Bedarfsbestimmung und damit die Anzahl der Pflegestellen gesetzlich vorgab. Damit gibt es im Personalkostenbereich der Krankenhäuser jedoch keinerlei Möglichkeiten für die leitenden Ärzte steuernd Einfluß zu nehmen. Die weitgehend nicht beeinflußbaren Personalkosten werden auch als Fixkosten bezeichnet. Innerhalb des Sachkostenanteils entfällt knapp die Hälfte der Kosten auf den medizinischen Bedarf, die übrigen Kosten auf den Wirtschafts- , Wasser-, Energie-, Lebensmittel-, und Verwaltungsbedarf sowie auf sonstige Kosten *(siehe Abbildung 13)*. Damit ist auch innerhalb des Sachkostenanteils letztlich weniger als die Hälfte der entstandenen Kosten potentiell im Verantwortungs- und Einflußbereich des leitenden Arztes, bezogen auf die Gesamtkosten wären dies max. ca. 16 %. Aber selbst bei diesem Kostenanteil, auf den der leitende Arzt während des Leistungsprozesses steuernd einwirken könnte, müssen noch einige Punkte berücksichtigt werden. So bestimmt zwar der Arzt maßgeblich die Art und den Umfang der durchzuführenden Diagnostik und Therapie. Dabei ist er jedoch an die jeweilige medizinische Indikation für die entsprechende diagnostische und therapeutische Maßnahme gebunden. Eine tatsächlich indizierte diagnostische und therapeutische Maßnahme kann der leitende Arzt einem Patienten aus medizinisch-ethischen und auch rechtlichen Gründen nicht vorenthalten[89]. Die hierbei entstehenden Kosten kann der Arzt letztlich nicht in größerem Maße beeinflussen und müssen folglich als mit dem medizinischen Leistungsprozeß notwendigerweise gegeben angesehen werden. Aus dieser Überlegung heraus folgt, daß sich der Kostenanteil, den der Arzt tatsächlich unmittelbar beeinflussen und steuern kann, nochmals deutlich geringer als die oben genannten 16 % sein dürfte. Neben den genannten Punkten hat der leitende Arzt auch auf weitere Faktoren, die die Kosten und Kostenstruktur des Krankenhauses entscheidend beeinflussen können, letztlich wenig oder sogar keinerlei Einfluß. Zu diesen Parametern zählen das gesamte Beschaffungswesen, die Investition, Investitionsplanung[90] und Finanzierung im Krankenhaus, die betriebliche Technik[91], die sach- und zeitgerechten Führungsentscheidungen der Krankenhausleitung und des Trägers oder auch die Art und Weise der innerbetrieblichen Ablauforganisation oder die allgemeine Personalführung.

Es kann daher festgehalten werden, daß der Arzt und leitende Krankenhausarzt nicht in dem zunächst erwarteten Umfang einen steuernden Einfluß auf die Kosten des Leistungsprozesses nehmen können. Aufgrund fehlender exakter Analysen sind genauere Aussagen über die Steuerungsmöglichkeiten des medizinischen Kostenbereichs im Krankenhaus allerdings nicht möglich. Aufgrund der finanziellen Größenordnungen, die der kaufmännische Bereich im Krankenhaus über Finanzierung, Beschaffung, Investitionen etc. bewegt, kann jedoch davon ausgegangen werden, daß die Krankenhausverwaltung und Klinikleitung einen deutlich größeren Einfluß auf die Kostenstruktur des Krankenhauses haben als der gesamte ärztliche Dienst.

---

[89] Das medizinisch Notwendige: SGB V § 2 Abs. 1 Satz 1 und 3, § 27 Abs. 1 Nr. 5, § 28, § 39 Abs. 1, § 70 Abs. 1 Satz 2 und durch BPflV § 2 Abs. 1 und 2.
[90] Dies gilt auch für die Investitionsplanung bei der Anschaffung medizinischer Geräte, bei der oftmals die Ärzte nicht mit eingebunden werden.
[91] Durch 15 % aller Investitionen im Krankenhausbereich werden 80 % der folgenden Kosten festgelegt *(Sachverständigenrat 1996)*.

4 Die Wirtschaftlichkeit ärztlicher Leistungen im Krankenhaus

Fragen der "Wirtschaftlichkeit" und "Kosten" eines Krankenhauses sowie der Leistungen, besonders aber des medizinischen Leistungsprozesses und des ärztlichen Handelns sind für das einzelne Krankenhaus zunehmend von herausragender Bedeutung *(Jacobs W. 1996, Sing R. 1996)*. Begründet ist dies durch den steigenden Rationalisierungs- und Kostendruck, ausgelöst durch die leistungsorientierten Entgelte, die auch künftig nur beschränkt flexiblen Gesamtbudgets, sowie die verstärkten Bemühungen der Kostenträger, das Wirtschaftlichkeitsgebot[92] zu überwachen und zu kontrollieren *(Jacobs W. 1996, Sing R. 1996)*. Die "Wirtschaftlichkeit" des medizinischen Leistungsprozesses und der ärztlichen Leistungen ist auch für die Versichertengemeinschaft und die Gesamtwirtschaft bedeutsam. Aufgrund der begrenzten finanziellen Ressourcen sind die Gesundheitsleistungen knappe Güter und somit notwendigerweise Gegenstand des Wirtschaftens[93]. Die für Gesundheitsleistungen eingesetzen Mittel müssen also "wirtschaftlich" verwendet werden um eine Fehlallokation dieses zunehmend knapper werdenden Gutes vermeiden zu können.

Diese Forderung gilt heute umso mehr, da vor dem Hintergrund der Milliardendefizite der GKV auch in Deutschland, wie zuvor schon in anderen Staaten[94], immer öfter die Rationierung[95] von Gesundheitsleistungen in die Diskussion gerät *(Krämer W. 1996, Mielck, John 1996)*.

Die Frage ist, was unter einer "wirtschaftlich" erbrachten Gesundheitsleistung zu verstehen ist, welche Parameter es geben könnte, die "Wirtschaftlichkeit" medizinischer und ärztlicher Leistungen zu bestimmen, um so gegebenenfalls Einflußfaktoren und damit Ansatzpunkte zur Steigerung der "Wirtschaftlichkeit" ärztlicher Entscheidungen im Krankenhaus aufzeigen zu können.

---

[92] Siehe § 12 SGB V und § 1 Abs. 1, § 17 Abs. 1 Satz 3 KHG, § 3 Abs. 1 BPflV.
[93] Siehe Punkt A 5.1.
[94] Etwa den USA, Canada oder Großbritannien *(Fuchs V. 1984, Strauss et al. 1986, Reagan M.D. 1988, Callahan D. 1990, Levinsky N.-G. 1990, Relman A.S. 1990, O'Malley N.C. 1991, Jecker, Schneiderman 1992, Singer, Lowy 1992, Ham C. 1995, Smith R. 1995)*.
[95] Bisher gibt es noch kein einheitliches Verständnis oder eine einheitliche Definition des Begriffs "Rationierung" von Gesundheitsleistungen *(Mielck, John 1996)*. Es gibt Autoren, die unter Rationierung bereits eine rationale und faire Allokation von knappen Ressourcen verstehen, andere ziehen eine engere und problemorientierte Definition vor und betonen, daß man unter "Rationierung" erst den Ausschluß bestimmter Patientengruppen von einer sinnvollen medizinischen Versorgung verstehen sollte *(Fuchs V. 1984, Strauss et al. 1986, Reagan M.D. 1988, Callahan D. 1990, Levinsky N.-G. 1990, Relman A.S. 1990, O'Malley N.C. 1991, Jecker, Schneiderman 1992, Singer, Lowy 1992, Ham C. 1995, Smith R. 1995, Mielck, John 1996)*.
Nach Ansicht von *Mielck* und *John* bedeutet "Rationierung", daß bestimmte medizinisch sinnvolle und verfügbare Versorgungsangebote aus Kostengründen aus dem Leistungskatalog der GKV gestrichen werden und/oder bestimmte Patientengruppen von einer bestimmten medizinisch notwendigen und sinnvollen Versorgung ausgeschlossen werden *(Mielck, John 1996)*.

4.1 Definition der Begriffe "Wirtschaftlichkeit", "Effizienz", "Effektivität", "Produktivität" und "Leistungsfähigkeit"

Die genannten Begriffe "Effizienz", "Effektivität", "Produktivität" und "Wirtschaftlichkeit" sind spezielle Ausdrucksformen des sogenannten Rationalprinzips. Das Rationalprinzip geht von dem Umstand aus, daß die Bedürfnisse des Menschen in der Regel als unbegrenzt angenommen werden müssen, die Knappheit von Gütern, Geld und anderen Mitteln daher letztlich unvermeidlich ist *(Meyer, Wohlmannstetter 1985)*. Entsprechend der Aussage des Rationalprinzips ist es somit vernünftig (rational):
- ein gesetztes Ziel mit minimalem Mitteleinsatz zu erreichen (Minimumprinzip) oder
- mit gegebenen Mitteln ein maximales Ergebnis zu erreichen (Maximumprinzip) oder
- das Verhältnis zwischen Ergebnis und eingesetzten Mitteln bestmöglich zu gestalten.

Das Rationalprinzip ist allgemeingültig und nicht auf den Wirtschaftsbereich beschränkt[96] *(Meyer, Wohlmannstetter 1985)*.

Das mit wirtschaftlichen Inhalten versehene Rationalprinzip wird als "ökonomisches Prinzip" oder "Wirtschaftlichkeitsprinzip" bezeichnet. **"Wirtschaftlichkeit"** bedeutet demnach das Bestreben jeder Wirtschaftseinheit (z.B. eines Betriebes), die vorhandenen Mittel rationell einzusetzen, d.h. mit dem geringstmöglichen Aufwand einen bestimmten Ertrag zu erzielen (Minimum- oder Sparprinzip) **oder** mit verfügbaren Mitteln einen höchstmöglichen Ertrag zu erwirtschaften (Maximumprinzip).

Die Wirtschaftlichkeit eines Krankenhauses richtet sich also zum einen nach dem Grad der Zielerreichung, oder anders ausgedrückt, nach der **Effektivität** der Krankenhausleistungen[97]. Eine bestimmte Maßnahme ist dann effektiv, wenn sie geeignet ist, ein vorgegebenes und gewünschtes Ziel zu erreichen. Von daher gesehen entspricht der Begriff der "Effektivität" dem im SGB V, im Krankenhausfinanzierungsrecht und im Pflegesatzrecht verwendeten Begriff der **"Leistungsfähigkeit"** *(Eichhorn S. 1987 S. 27)*.

Zum anderen drückt sich die Wirtschaftlichkeit eines Krankenhauses in der Angemessenheit von Art und Umfang der im Bereich von Diagnostik, Therapie, Pflege und Hotelversorgung erbrachten Einzelleistungen im Hinblick auf das Behandlungsergebnis aus (**Effizienz**[98] oder Leistungsadäquanz des Behandlungsprozesses) *(Eichhorn S. 1987 S. 29)*.

---

[96] Eine Variante des Rationalprinzips findet sich beispielsweise im Wirkungsgrad von Maschinen wieder, der als das Verhältnis von abgegebener nutzbarer Energie zu aufgenommener Energie ein wesentliches Kriterium für die Beurteilung der Präferenz einzusetzender Maschinen darstellt.

[97] Der Grad der Zielerreichung entspricht dem Begriff der **Effektivität** und ist eine Variante des ökonomischen Prinzips *(Grüske, Recktenwald 1995 S. 136)*.
Die Forderung nach der Wirtschaftlichkeit eines Krankenhauses bedeutet also, daß nicht nur die Krankenhausleistungen effektiv sein sollen, sondern auch das Krankenhauswesen als solches "effektiv", d.h. bedarfsorientiert sein sollte.

[98] **Effizienz** bedeutet die beste Ausnützung einer Situation, indem man unter gegebenen Umständen und Mitteln den höchsten Ertrag erzielt oder mit dem geringsten Mitteleinsatz einen gegebenen Ertrag erhält *(zitiert aus: Grüske, Recktenwald 1995, Wörterbuch der Wirtschaft, S. 137 ff.)*. "Wirtschaftlichkeit" und "Effizienz" werden heute, wie aus dieser Definition hervorgeht, weitgehend synonym gebraucht.

Da das Krankenhaus im Hinblick auf weder vorhersehbare noch disponierbare Inanspruchnahmen stets leistungsbereit sein muß, findet die Krankenhausleistungsfähigkeit zum dritten ihren Ausdruck in dem zum Zwecke der Leistungserstellung vorgehaltenen sachlichen und personellen Ressourcen (Leistungsbereitschaft der Ressourcen, Vorhaltefunktion des Krankenhauses) *(Eichhorn S. 1987 S. 29)*.

Der Gesetzgeber hat bei der Formulierung des "Wirtschaftlichkeitsgebotes" keine näheren Definitionen der von ihm verwendeten Begriffe "Wirtschaftlichkeit" und "Leistungsfähigkeit" gegeben. Er gibt lediglich an, daß die Leistungen das Maß des Notwendigen nicht überschreiten sowie "ausreichend" und "zweckmäßig" sein sollen[99].

Eichhorn interpretiert das gesetzlich festgelegte Wirtschaftlichkeitsgebot dahingehend, daß eine vorgegebene und der jeweiligen medizinischen Zielsetzung entsprechende Leistung mit dem geringst möglichen Mitteleinsatz erreicht werden muß[100] (Minimumprinzip) *(Eichhorn S. 1987 S. 25)*.

Darstellen läßt sich die "Wirtschaftlichkeit" einer Leistung durch das Verhältnis von Ertrag und Aufwand[101] oder durch das Verhältnis von Leistung und Kosten im Vergleich zu einer vergleichbaren Leistung *(Wöhe G. 1993 S. 48)*.

Diese ökonomisch bzw. monetär geprägte Definition des Rationalprinzips macht jedoch deutlich, daß bezogen auf den medizinischen bzw. den ärztlich-pflegerischen Leistungsprozeß nur eingeschränkt von "Wirtschaftlichkeit" gesprochen werden kann, da eine hierfür erforderliche mengen- oder geldmäßige Erfassung des Ertrages des medizinischen Leistungsprozesses eigentlich nicht möglich ist[102] *(Meyer, Wohlmannstetter 1985)*.

Zwar könnte der Sekundär-Output, also etwa die Menge der Gesundheitsleistungen bestimmt werden, für die Erfassung des Primär-Outputs jedoch wäre eine Bewertung des Gesundheitszustandes eines Patienten notwendig, die zudem eine Vergleichbarkeit mit anderen Krankheiten und auch Vergleichbarkeit mit dem jeweiligen Gesundheitszustand anderer Patienten erlauben müßte[103].

---

[99] Siehe § 1 Abs. 1; § 17 Abs. 1 Satz 3 KHG, § 12, § 70 SGB V.

[100] Im Gegensatz hierzu stand das in den sechziger und Anfang der siebziger Jahre gültige und weitgehend dem Maximumprinzip entsprechende "Gebot der Optimierung" ("bestmögliche Versorgung") (siehe Punkt A 3.3.2).
Durch die gültige und wohl auch zukünftig bestehende Budgetierung und die dadurch vorgegebene begrenzte Menge an finanziellen Mitteln dürfte heute bei den einzelnen Entscheidungen der Leistungserbringer in der Praxis überwiegend das Maximumprinzip zum Tragen kommen. Szucs sieht die Aufgabe und Zielsetzung der medizinischen Ökonomie darin, mit den bestehenden begrenzten Ressourcen das maximale Ergebnis erreichen zu können *(Szucs T.D. 1996)*.

[101] Die wertmäßige Wirtschaftlichkeit = Istkosten / Sollkosten oder in Geld bewerteter Ertrag / in Geld bewerteter Aufwand. Die technische Wirtschaftlichkeit = mengenmäßiger Ertrag / mengenmäßiger Aufwand (= **Produktivität**) *(Wöhe G. 1993 S. 48 f.)*.

[102] Ähnliche, aus der rein monetären Betrachtungsweise des "Wirtschaftlichkeitsbegriffs" entstehende Probleme treten auch bei dessen Anwendung in erwerbswirtschaftlichen Unternehmen auf, etwa bei der Frage nach der Wirtschaftlichkeit eines betrieblichen Kommunikationssystems oder bestimmter betrieblicher Umweltschutzmaßnahmen.

[103] Ein Indikator, der diese Bedingungen erfüllen würde, wäre die Recheneinheit "Geld". Allerdings findet dieser Parameter bei Anwendung auf Gesundheitsleistungen seine Grenzen, da eine in Geld ausgedrückte Bewertung eines bestimmten Gesundheitszustandes (oder des Lebens als solches) zu problematischen Ergebnissen führt.

4.2 Probleme der Meßbarkeit von "Effizienz" und "Effektivität" medizinischer Leistungen

Obwohl das Rationalprinzip auch in der Medizin und dem Krankenhauswesen angewandt werden kann und seine grundlegenden Zusammenhänge relativ einfach erscheinen mögen, ist die Anwendung des Effizienz- und Effektivitätsbegriffs und der sich daraus ergebenden Beziehungen in der betrieblichen Praxis mit erheblichen Schwierigkeiten verbunden.

Zu den Problemen, die bei der Bestimmung von Effizienz und Effektivität im Krankenhaus auftreten können, gehört die Tatsache, daß es eine "Effizienz"/"Effektivität" als solche nicht gibt. Eine Leistung kann hinsichtlich ihrer Effizienz/Effektivität nur im Vergleich mit der einer anderen beurteilt werden. Voraussetzung für eine Vergleichbarkeit ist jedoch, daß beide Leistungen das gleiche Ziel verfolgt haben bzw. zu einem vergleichbaren Ergebnis gekommen sind.

Übertragen auf einen medizinischen Leistungsprozeß und das ärztliche Handeln bedeutet dies aber, daß man für eine Beurteilung der Effizienz/Effektivität einer bestimmten Maßnahme entweder das angestrebte Ziel oder das jeweilige Ergebnis (Outcome) genau definieren oder kennen müßte. Dies würde bedeuten, daß man den Gesundheitszustand unterschiedlichster Patienten mit unterschiedlichsten Diagnosen vergleichbar machen müßte. Dieses Ziel ist bisher jedoch für medizinische Leistungen (Diagnostik/Therapie/Pflege) nicht in ausreichendem Maße erreicht worden[104].

Wirtschaftliches Handeln setzt zudem für die Erreichung einer bestimmten Zielvorgabe eine Wahlmöglichkeit zwischen mehreren geeigneten Handlungsalternativen voraus, unter denen die jeweils günstigste ausgewählt werden kann. Dies wiederum erfordert eine vollständige Kenntnis über die Kosten der einzelnen Handlungsalternativen. Gerade hier aber bestehen etwa bezüglich der Kenntnis von Effizienz-/Effektivität medizinischer Abläufe im Krankenhaus und von medizinischen Behandlungsprozessen bei Diagnostik und Therapie noch große Informationsdefizite[105].

Des weiteren muß die Wirkung eines bestimmten Mitteleinsatzes und ein weitgehend fehlerfreies Bewerten des Ergebnisses nach einem bestimmten "Wertesystem" möglich sein *(Siebig J. 1980 S. 14)*. Dies wiederum erfordert eine Bewertung des Ergebnisses und der Leistungen des medizinischen Behandlungsprozesses und damit letztlich eine Beurteilung der "Qualität" der erbrachten Leistungen. Die zahlreichen Probleme und Hindernisse die bei einer Beurtei-

---

Anhand eines einfachen Beispiels wird dies deutlich. Wirtschaftliches Handeln bedeutet das **Wählen** der "effizienteren" Alternative. Bei der Bewertung einer Screeninguntersuchung auf Zervix-Karzinome mittels Papanicolaou-Abstrichen stellt sich nun die Frage, ob es sinnvoll ist, hierfür 315 $ pro Jahr auszugeben, um dadurch voraussichtlich 67 Lebenstage retten zu können, oder ob es nicht wirtschaftlicher wäre nur 95 $ pro Jahr aufzuwenden, dafür aber nur 61 Lebenstage gewinnen zu können *(Doubilet et al. 1986)*.

[104] Näheres siehe in Punkt C 4.3.1.

[105] Diese Informationsdefizite durch eine Erforschung des sozioökonomischen Nutzens von therapeutischen, diagnostischen und präventiven Maßnahmen zu vermindern ist Aufgabe der "Medizinischen Ökonomie", einer jungen Disziplin innerhalb der Medizin *(Szucs T.D. 1996)*.

lung der medizinischen "Qualität" auftreten können wurden bereits in Punkt B 4 näher erläutert. Auch die tatsächliche Effektivität eines Krankenhauses und des medizinischen Handelns in Diagnostik und Therapie ist letztlich nur eingeschränkt bestimmbar. Dies hängt zum einen mit dem für bedarfswirtschaftliche bzw. Nonprofit-Betriebe charakteristischen Fehlen einer präzisen Zielbestimmung[106], die für ein wirtschaftliches Handeln Voraussetzung ist, zusammen.

Ein anderer Grund für die erheblichen Schwierigkeiten der Bestimmung der Effektivität und Effizienz ärztlicher Leistungen ist die Unsicherheit mit der das ärztliche Handeln und die ärztlichen Entscheidungen generell verbunden sind. So gelingt es heute, trotz des Einsatzes moderner diagnostischer Maßnahmen, nicht, die Rate an Fehldiagnosen mit klinischer Relevanz von etwa 10 % zu senken. Auch die Möglichkeit, valide Prognosen über den Krankheitsverlauf bei bestimmten Patienten zu stellen, ist aufgrund der sich laufend verbessernden therapeutischen Möglichkeiten zunehmend schwieriger geworden. Die der Medizin innewohnende Unsicherheit schränkt somit eine "Zieldefinition" als Voraussetzung für die Beurteilung einer Effektivität einer bestimmten diagnostischen oder auch therapeutischen Maßnahmen, deutlich ein[107].

"Wirtschaftlichkeit" kann auch nicht von vorne herein mit Sparsamkeit oder niedrigen Kosten gleichgesetzt werden. "Wirtschaftlichkeit" stellt ein **Verhältnis** zwischen Ertrag und Aufwand dar, ohne daß dabei eine Aussage zur Qualität des Ertrages gemacht wird. So kann eine Leistung A mit einem qualitativ hochwertigen Ergebnis deutlich höhere Kosten verursachen als eine Leistung B und dennoch bei der Betrachtung des Verhältnisses von Ergebnis und eingesetzten Mitteln wirtschaftlicher bzw. effizienter/effektiver sein als Leistung B.

Gleiches gilt auch für die Kosten bzw. Ertragssituation[108] (Gewinn- oder Verlustsituation) und der "Wirtschaftlichkeit" von Krankenhäusern. Ein Krankenhaus, das ein höheres Budget (aufgrund der höheren Kosten) als eine andere Klinik hat, muß deswegen nicht unwirtschaftlicher sein. Entsprechendes gilt auch für ein Krankenhaus, das Verluste ausweist, aber dennoch effizienter arbeiten kann als eine Klinik die Gewinne schreibt[109] *(Meyer, Wohlmannstetter 1985, Eichhorn S. 1987 S. 26).*

---

[106] Aufgrund der großen Schwierigkeiten, die Nachfrage nach stationären Leistungen wirklichkeitsnah ermitteln zu können, ist die Krankenhausbedarfsplanung der öffentlichen Hand nicht nachfrage-, sondern angebotsorientiert. Die Nachfrage- und damit Zielorientierung ist aber eine der wichtigsten Voraussetzungen für ein effektives und "wirtschaftliches" Krankenhauswesen.

[107] Dies trifft gerade bei der Beurteilung der Effektivität von Maßnahmen, die bei todkranken Patienten erbracht werden müssen, zu. In den USA durchgeführte Studien ergaben, daß etwa 40 % der Kosten, die für einen Patienten in dessen Leben aufgewendet werden, auf die letzten Lebensmonate vor dem Tod entfallen *(McCall N., Lubitz, Riley 1993).* Die daraufhin durchgeführten Studien untersuchten das Kostensenkungspotential bei dieser Patientengruppe, erbrachten jedoch nicht die erwarteten Ergebnisse. Es zeigte sich, daß die Unvorhersehbarkeit des Todeszeitpunktes ein wesentlicher Punkt dafür war, daß trotz verschiedener Ansätze keine großen Kosteneinsparungen erzielt werden konnten *(Emanuel, Emanuel 1994).*

[108] Das Verhältnis von Reingewinn zu eingesetztem Kapital wird als **Rentabilität** bezeichnet *(Wöhe G. 1993 S. 48 f.).*

[109] Daraus resultiert auch, daß die Höhe der Pflegesätze als Abschlag auf ein Budget kein Kriterium für die Wirtschaftlichkeit sein kann.

4.3 Methoden zur Bestimmung der "ökonomischen Qualität" medizinisch-ärztlicher Leistungen

Entsprechend den zahlreichen Schwierigkeiten, die bei dem Versuch einer Messung der Effizienz und Effektivität medizinischer Leistungen oder eines Krankenhauses auftreten, erweisen sich auch die heute zur Bestimmung der "Wirtschaftlichkeit" verwendeten Methoden als nur eingeschränkt brauchbar *(Breyer F. 1986, Ulrich W. 1990)*. Die Verfügbarkeit praktikabler Parameter aber ist sowohl für das Krankenhausmanagement als auch den leitenden Abteilungsarzt wünschenswert, da mit ihnen leichter Anhaltspunkte bei der Suche nach effizienteren und effektiveren Versorgungs- oder Behandlungsalternativen gefunden werden können (= wirtschaften). Bei der anschließenden Darstellung verschiedener Ansätze und Indikatoren wird unterschieden zwischen solchen, die auf die Wirtschaftlichkeit der Leistungserbringung abzielen (Wirtschaftlichkeit des Krankenhausbetriebes, der Ablauforganisation etc.) und solchen, die eine Bestimmung der "Wirtschaftlichkeit" medizinischer Leistungen (Diagnose/Therapie) an sich zum Ziel haben.

4.3.1 Herkömmliche Indikatoren zur Bestimmung der "Wirtschaftlichkeit" eines Krankenhauses bzw. medizinischer Leistungen

In der Praxis der Krankenhausbetriebsführung wird die Wirtschaftlichkeit und Leistungsfähigkeit eines Krankenhauses anhand einiger Kennzahlen bestimmt *(Sachs I. 1994 S. 258)*.
Diese Kennzahlen werden dabei mit den verschiedenen Organisationsmerkmalen der entsprechenden Krankenhäuser ins Verhältnis gesetzt (Betriebsvergleich).
Nicht nur der einzelne Klinikträger oder die jeweilige Klinikleitung nutzen diese Kennzahlen als ein Beurteilungskriterium für die Wirtschaftlichkeit ihres Krankenhauses, sondern auch die Krankenkassen und Krankenhausgesellschaften im Rahmen von regionalen und bundesweiten Betriebsvergleichen *(Sachs I. 1994 S. 258 f.)*.
Nach Ansicht zahlreicher Autoren weist jedoch das in der Praxis verwendete Instrumentarium der Wirtschaftlichkeitsprüfung erhebliche Mängel auf *(Siebig J. 1980 S. 246 ff., Breyer F. 1986, Ulrich W. 1990, Sachs I. 1994 S. 259)*. Als wichtigster Kritikpunkt wird angeführt, daß die statische Erfassung der Ausstattung, Leistungen und Kosten von Krankenhäusern mittels herkömmlicher betrieblicher Kennzahlen häufig keine schlüssige Beurteilung der Wirksamkeit und Wirtschaftlichkeit des Leistungsgeschehens erlaubt *(Siebig J. 1980 S. 246 ff., Breyer W. 1986, Ulrich W. 1990, Sachs I. 1994 S. 259)*. Dafür verantwortlich ist zum einen das Fehlen aussagekräftiger Kennzahlen[110] *(Siebig J. 1980 S. 249, Breyer W. 1986, Ulrich W. 1990)*.

---

[110] Die verantwortlichen Organe in den Krankenhäusern leiden zwar an einer Datenflut, gleichzeitig jedoch an einem Mangel gesicherter Informationen. Die herkömmlichen Kennzahlen können nicht als Führungsgrößen für das Krankenhausmanagement verwendet werden *(Ulrich W. 1990)*.

Die Höhe der Pflegesätze oder die Höhe der Fallkosten ist kein Gradmesser der "Wirtschaftlichkeit", da sie, wie empirisch belegt wurde, in erster Linie das Leistungsspektrum[111] des Krankenhauses widerspiegeln *(Siebig J. 1980 S. 249)*.

Tabelle 17: Zur Beurteilung der Wirtschaftlichkeit und Leistungsfähigkeit eines Krankenhauses verwendete Kennzahlen und Organisationsmerkmale

Kennzahlen	Organisationsmerkmale
die Anzahl der Planbetten - die Anzahl der durchschnittlich aufgestellten Betten - die Fallzahl - die Anzahl der Berechnungstage - die Anzahl der Pflegetage - der Nutzungsgrad - die Verweildauer - die Anzahl der Vollkräfte - die Personalkosten, gegliedert nach Kostenarten - die Sachkosten, gegliedert nach Kostenarten	- Anzahl und Art der Fachabteilungen - Krankenhausart (Akutkrankenhaus, Fachkrankenhaus, Belegkrankenhaus) - Versorgungsstufe des Krankenhauses - Krankenhausträger (öffentlich, freigemeinnützig, privat)

Quelle: eigene Darstellung in Anlehnung an die Ausführungen von Siebig J. 1980 S. 179 ff., Wachtel H.-W. 1984 S. 226 ff., Breyer F. 1986, Eichhorn S. 1987 S. 60 ff., Ulrich W. 1990, Sachs I. 1994 S. 258, Jacob K.H. 1989 S. 201 ff.

Auch die als "Wirtschaftlichkeitsparameter" des medizinischen Leistungsprozesses verstandenen Prozeßvariablen "Verweildauer" und "Belegungsquote" sollten wegen ihres endogenen Charakters nicht weiter berücksichtigt werden *(Breyer F. 1986)*.

Ein anderer wesentlicher Schwachpunkt der herkömmlichen Kennzahlen besteht darin, daß sie sich weitgehend auf Inputgrößen beziehen und die Outputseite der Krankenhausaktivitäten nicht wiedergeben. Damit fehlt jedoch ein Maß für die "Produktionsleistung" und damit auch für die "Produktivität" und "Effizienz" der Krankenhäuser *(Ulrich W. 1990)*.

Ferner ist der Hinweis auf die Tatsache wesentlich, daß die für Wirtschaftlichkeitsbeurteilungen erforderlichen Vergleiche der Krankenhäuser kaum möglich sind, da die Kennzahlen in keiner Weise die Zusammensetzung des Patientengutes (sog. Case-Mix) berücksichtigen[112]. Gerade aber der "Case-Mix" der einzelnen Krankenhäuser war in verschiedenen Krankenhaus-

---

[111] Relativ hohe Pflegesätze und Fallkosten deuten auf ein breitgestreutes Leistungsspektrum hin *(Siebig J. 1980 S. 249)*.

[112] Es ist deshalb auch nicht gelungen, das nach § 39 Abs. 3 SGB V zu erstellende Verzeichnis vergleichbarer stationärer Leistungen und Entgelte zu realisieren. In gleicher Weise sind Bedenken anzumelden, ob der für 1998 nach § 5 BPflV vorgesehene Krankenhausvergleich zum Tragen kommen kann.

Kostenstudien für die Kostendifferenzen zwischen den jeweiligen Krankenhäusern von herausragender Bedeutung[113] *(Breyer F. 1986)*.

In weitergehenden Ansätzen[114] wird nunmehr versucht, durch eine Einbeziehung der Outputseite, des "Case-Mix" und tatsächlich vergleichbarer, standardisierter Kennzahlen die kritischen Probleme bei der Beurteilung der Wirtschaftlichkeit und Wirksamkeit der Krankenhausversorgung zu entschärfen *(Ulrich W. 1990)*. Die dabei auftretenden Schwierigkeiten ergeben sich aus dem, zur Realisierung eines umfassenden Kennzahlensystems erforderlichen, großen Aufwand[115] und dem langfristigen Lernprozeß im Umgang mit einem System standardisierter Versorgungsindikatoren *(Ulrich W. 1990)*.

4.3.2 Anwendung und Umsetzung der Methoden und Erkenntnisse der "medizinischen Ökonomie" (clinical economics)

Die "medizinische Ökonomie" ist eine aus der Medizin kommende Fachdisziplin, deren Aufgabe die Untersuchung des Ressourceneinsatzes und seiner Allokation in der klinischen, praktischen Medizin sowie die Erforschung des sozioökonomischen Nutzens von therapeutischen, diagnostischen und präventiven Maßnahmen ist *(Jönsson B. 1996, Szucs T.D. 1996)*.

Ziel ist nicht primär eine bloße Kostenreduktion, sondern vielmehr eine sich fortlaufend verbessernde Effizienz und Effektivität des Ressourceneinsatzes zu erreichen. Nur auf diesem Wege wird künftig bei unverändertem finanziellen Mittelaufwand eine Weiterentwicklung der Medizin und der Qualität der medizinischen Versorgung erreicht werden können *(Jönsson B. 1996)*.

Zur Bestimmung der "Wirtschaftlichkeit" medizinischer Verfahren können verschiedene Methoden von "Wirtschaftlichkeitsanalysen" (economic analysis), die klinische Entscheidungsmethodik (decision analysis), die Effektivitätsforschung (outcomes research) sowie die sog. "evidence-based medicine" herangezogen werden[116] *(Pauker, Kassirer 1987, Eisenberg J.M. 1989, AuBuchon J.P. 1996, Birkmeyer, Birkmeyer 1996, Epstein, Sherwood 1996, Jönsson B. 1996, Porzsolt F. 1996, Sacket et al. 1996, Szucs T.D. 1996)*.

---

[113] *Breyer* gibt einen Überblick über 35 verschiedene Krankenhaus-Kostenstudien (nur zwei davon wurden in Deutschland erstellt) *(Breyer F. 1986)*. Als übereinstimmendes Ergebnis der Studien wurde die herausragende Bedeutung der Fallzusammensetzung für die Erklärung der Kostenunterschiede von Krankenhäusern genannt. Daneben wurden noch andere Variablen zur Erklärung von Kostenunterschieden herangezogen, bedeutsam vor allem war die Ausbildungsfunktion und -aufgabe eines Krankenhauses sowie die Trägerschaft der Klinik *(Breyer F. 1986)*.

[114] Vgl. auch die Methode der "data envelopment analysis", die in den USA zunehmend auf Krankenhäuser Anwendung findet *(Burgess, Wilson 1996)*.

[115] Auch Breyer gibt an, daß sich zur Durchführung einer Krankenhaus-Kostenstudie und für eine Beurteilung der Wirtschaftlichkeit einer Krankenhausversorgung beträchtliche qualitative und quantitative Anforderungen an das hierfür notwendige Datenmaterial gestellt werden müssen *(Breyer F. 1986)*.

[116] Die genannten Verfahren werden bisher weitgehend nur in den angloamerikanischen Ländern angewandt. Aus diesem Grunde gibt es im deutschsprachigen Raum kaum Literatur über diese Thematik *(Porzsolt F. 1996, Szucs T.D. 1996)*.

Die Ergebnisse der klinisch-ökonomischen Forschung bieten eine Grundlage für die Entwicklung von Therapierichtlinien und Konsensusempfehlungen. In der klinischen Praxis können neben diesen Richtlinien auch bestimmte Methoden der medizinischen Ökonomie angewendet werden *(Szucs T.D. 1996)*.

4.3.2.1 "Wirtschaftlichkeitsanalysen" (economic analysis)

Für die Untersuchung der "Wirtschaftlichkeit" medizinischer Therapien kommen in der Regel vier verschiedene Verfahren zur Anwendung *(Eisenberg J.M. 1989, Epstein, Sherwood 1996, Jönsson B. 1996, Szucs T.D. 1996)*.

4.3.2.1.1 Kosten-Nutzen-Analyse (cost-benefit analysis)

Bei diesem Ansatz werden zur Beurteilung der "Wirtschaftlichkeit" Kosten und klinische Ergebnisse in monetären Einheiten ausgedrückt *(Eisenberg J.M. 1989, Epstein, Sherwood 1996, Jönsson B. 1996, Szucs T.D. 1996)*. Der Nachteil der Kosten-Nutzen-Analyse ist, daß eine monetäre Bewertung des klinischen Ergebnisses erfolgen muß. Dieses jedoch kann in der Regel nicht strikt ökonomisch und monetär gemessen werden (z.B. der monetäre Wert des menschlichen Lebens). Daneben besteht zudem die Gefahr, daß viele Konsequenzen, die nicht monetär bewertet werden können, von vorne herein von einer Analyse ausgeschlossen werden und so falsche Aussagen und Entscheidungen getroffen werden können.

4.3.2.1.2 Kosten-Effektivitäts-Analyse (cost-effectiveness analysis)

Bei dieser sozioökonomischen Untersuchung werden die Kosten in monetären, die Ergebnisse in nicht monetären Einheiten ausgedrückt *(Eisenberg J.M. 1989, Epstein, Sherwood 1996, Jönsson B. 1996, Szucs T.D. 1996)*. Kosten-Effektivitätsstudien können nur dann angewendet werden, wenn unterschiedliche Alternativen mit dem gleichen eindimensionalen Outcome verglichen werden *(Jönsson B. 1996)*. Der Nachteil dieser Untersuchung ist jedoch gerade, daß nur Alternativen mit identischen klinischen Endpunkten miteinander verglichen werden können, diese Endpunkte in Wirklichkeit aber oft sehr unterschiedlich sind[117].

---

[117] Die Ergebnisse in den Kosten-Effektivitätsstudien werden z.B. mit den nichtmonetären Einheiten "Anzahl geretteter Menschenleben", "gerettete Lebensjahre", "erfolgreich behandelte Krankheitsfälle" etc. ausgedrückt *(Jönsson B. 1996, Szucs T.D. 1996)*. Allerdings sagt das Maß der "geretteten Lebensjahre" nichts über die Qualität dieser Jahre aus.

4.3.2.1.3 Kosten-Nutzwertanalyse (cost-utility analysis)

Die Kosten-Nutzwertanalyse (auch Kosten-Wirksamkeitsanalyse) ist eine Weiterentwicklung der Nutzwertanalyse. Die **Nutzwertanalyse** ist eine Entscheidungstechnik, durch die aus möglichen Handlungsalternativen die subjektiv beste Alternative des Entscheidungsträgers bestimmt werden soll. Hierbei wird der Nutzen nicht in Geldeinheiten erfaßt, sondern in Nutzwerten. Der Nutzwert ist eine dimensionslose Zahl, die aus den subjektiven Zielvorstellungen und Zielprioritäten des Entscheidungsträgers hergeleitet oder aus bestimmten Meßverfahren[118] gewonnen wird. Die Nutzwertanalyse erlaubt damit die Berücksichtigung auch solcher Bewertungskriterien, die nicht in Geldgrößen ausgedrückt werden können, und sie ermöglicht die Bewertung hinsichtlich einer Vielzahl von Zielen (multidimensionales Zielsystem).

Die **Kosten-Nutzwert-Analyse** vereinigt Elemente der Nutzwertanalyse mit denen der Kosten-Nutzen-Analyse. Bei diesem Verfahren der Evaluierung alternativer Entscheidungen werden die Kosten monetär, die Konsequenzen jedoch als Nutzen in Nutzwerten ausgedrückt. Anhand der Nutzwerte kann nun die Anzahl der Jahre in einem bestimmten Gesundheitszustand mit einer Anzahl Jahre in einem anderen Gesundheitszustand verglichen werden. Die Ergebnisse werden als qualitätsadjustierte Lebensjahre (quality adjusted life years, QUALY) ausgedrückt *(Jönsson B. 1996)* und ermöglichen die Beurteilung unterschiedlicher klinischer Endpunkte sowie deren monetäre Bewertung *(Szucs T.D. 1996)*.

Nachteil der Kosten-Nutzwert-Analyse ist, daß es nur für wenige Indikationen und klinische Zustände validierte Nutzwerte gibt und diese daher aufwendigerweise erhoben werden müssen. Problematisch ist zudem, daß es bisher noch keinen Konsens über das beste Verfahren der Ermittlung von Nutzwerten gibt und bisherige Methoden diskrepante Ergebnisse gebracht haben *(Szucs T.D. 1996)*. Dadurch hat die Nutzwertanalyse bisweilen noch einen subjektiven Charakter. Ein Nachteil der Nutzwert-Analyse ist auch die unrealistische Annahme, daß zwischen den verschiedenen der Bewertung zugrunde gelegten Zielkriterien keine Nutzenabhängigkeiten bestehen.

4.3.2.1.4 Kostenminimierungsanalyse (cost-minimization analysis)

Eine Kostenminimierungsanalyse untersucht verschiedene Alternativen mit identischer Effektivität bzw. Wirksamkeit anhand der Nettokosten, um die kostengünstigste Alternative zu ermitteln *(Eisenberg J.M. 1989, Epstein, Sherwood 1996, Jönsson B. 1996, Szucs T.D. 1996)*. Diese Methode ist jedoch ebenso wie die Kosten-Effektivitäts-Analyse nur anwendbar, wenn

---

[118] Zu den wichtigsten Meßverfahren gehören die aus der Spieltheorie abgeleiteten "rating scales" und das Verfahren der Standardlotterie sowie mehrere validierte Bewertungsskalen, etwa die Rosser-Skala *(Szucs T.D. 1996)*.

der Outcome zweier verschiedener Alternativen nicht differiert. Die Kostenminimierungsanalyse wird meist bei der pharmako-ökonomischen Evaluation im stationären Sektor angewandt *(Szucs T.D. 1996).*

4.3.2.2 Klinische Entscheidungsmethodik und -analyse (decision analysis)

Die klinische Entscheidungsanalyse ist eine weitere Methode, deren Anwendung bei ärztlichen Entscheidungsprozessen zu einem rationelleren Ressourceneinsatz führen kann[119] *(Birkmeyer, Birkmeyer 1996).* Ansatzpunkt der klinischen Entscheidungsanalyse ist der ärztliche Entscheidungsprozeß bei Fragestellungen hinsichtlich des diagnostischen und therapeutischen Vorgehens bei einem bestimmten Patienten oder auch bei verschiedenen Erkrankungen *(Pauker, Kassirer 1987, AuBuchon J.P. 1996).*

Die "ökonomische Qualität" dieses Entscheidungsprozesses wird zum einen durch das Maß der "Treffsicherheit" (Effektivität) der durch ärztliche Entscheidungen veranlaßten diagnostischen und therapeutischen Verfahren und zum anderen durch den Umfang der hierfür benötigten Ressourcen (Effizienz) beeinflußt. Viele der Entscheidungen, die Ärzte zu treffen haben, beinhalten jedoch ein bestimmtes Maß an Unsicherheit und Ungenauigkeit und können daher nicht mit absoluter Sicherheit getroffen werden *(Pauker, Kassirer 1987).* Dies gilt besonders für Entscheidungen, die schwierige, komplexe klinische Fragestellungen und vor allem die klinische Diagnosestellung [120] betreffen.

Der Arzt ist daher letztlich gezwungen, anhand der **Wahrscheinlichkeit** einer Diagnose, das weitere diagnostische oder therapeutische Vorgehen und die hierfür erforderlichen Maßnahmen zu bestimmen. Die klinische Entscheidungsanalyse stellt nun ein Verfahren dar, das dem Arzt bei der Beurteilung klinischer Fragestellungen als Hilfestellung dienen und auch den effizientesten und effektivsten Weg zu einem bestimmten Ziel aufzeigen kann *(Pauker, Kassirer 1987, AuBuchon J.P. 1996, Szucs T.D. 1996).* Der Arzt kann dabei anhand der Ermittlung dreier Arten von Wahrscheinlichkeiten einer Diagnose[121] und einer anschließenden mathematischen Ermittlung ihres Zusammenhangs (Bayes-Theorem) relativ leicht klinische Situationen aufzeigen, bei welchen gewisse Untersuchungsverfahren keinen wesentlichen Nutzen bringen und unnötige Kosten verursachen können *(Szucs T.D. 1996).*

Eine weitere Methode der Entscheidungsanalyse stellt die Anwendung des sog. klinischen Entscheidungsbaumes dar. Der Entscheidungsbaum ist oftmals eine graphische Darstellung

---

[119] Vor dem Hintergrund des zunehmenden Kostenproblems und der zunehmenden Bedeutung der Qualitätssicherung ist dieses Verfahren v.a. in den angloamerikanischen Ländern bekannt und wird dort zunehmend im klinischen Alltag eingesetzt *(Birkmeyer, Birkmeyer 1996).*

[120] Ersichtlich an dem Problem der relativ hohen Rate an Fehldiagnosen.

[121] 1. Die Wahrscheinlichkeit einer Diagnose, bevor ein diagnostischer Befund oder Testergebnis vorliegt (A-priori-Wahrscheinlichkeit), 2. die Wahrscheinlichkeit, daß ein bestimmter Befund in jedem diagnostischen Fall beobachtet wird (bedingte Wahrscheinlichkeit), 3. die Wahrscheinlichkeit einer Diagnose nach Vorliegen eines Befundes oder Testergebnisses (posteriore Wahrscheinlichkeit) *(Szucs T.D. 1996).*

der verschiedenen Möglichkeiten, die für ein bestimmtes diagnostisches und therapeutisches Vorgehen bestehen, und beinhaltet drei wesentliche Elemente *(AuBuchon J.P. 1996, Szucs T.D. 1996).* Dies sind zum einen die Knoten (Entscheidungsknoten, Wahrscheinlichkeitsknoten), zum zweiten die zugehörigen Äste und zum dritten die Wahrscheinlichkeit[122] für das Eintreten in einen dieser Äste am Wahrscheinlichkeitsknoten. Der relative Wert eines Astes wird beschrieben durch eine Zahl, einen Nutzwert oder einen monetären Betrag. Durch die Multiplikation der Wahrscheinlichkeiten mit den relativen Werten an den einzelnen Ästen läßt sich nun ermitteln, welcher Pfad den höchsten bzw. den niedrigsten kumulierten Wert erhält. Werden sämtliche Äste des Entscheidungsbaumes durchgerechnet, kann daraus mit Hilfe eines Computers auf einfachem Weg die optimale Strategie abgeleitet werden *(AuBuchon J.P. 1996, Szucs T.D. 1996).*

Die Schwachstellen der Entscheidungsmethodik liegen in der Schwierigkeit der Ermittlung der einzelnen Wahrscheinlichkeiten, in der Berechnung der verschiedenen Erwartungswerte und der Interpretation des Ergebnisses (Erwartungswertes).

Das Problem der aufwendigen Rechenoperationen kann bei Einsatz von Computern als weitgehend gelöst betrachtet werden *(Pauker, Kassirer 1987).* Problematischer ist jedoch die starke Abhängigkeit des Rechenvorgangs von den jeweiligen Eingabevariablen, die ihrerseits mit einem bestimmten Maß an Unsicherheit behaftet sind. Daher ist ein mehrfaches Durchrechnen mit verschiedenen Parametern (Sensitivitätsanalyse) notwendig *(AuBuchon J.P. 1996, Szucs T.D. 1996).*

4.3.2.3 "Evidence-based medicine"

Eine weitere Möglichkeit zur Bestimmung der "Wirtschaftlichkeit" medizinischer Verfahren könnte in der Anwendung der Methoden der "evidence-based medicine"[123] bestehen.

"Evidence-based medicine", verstanden als kontinuierliche Evaluation medizinischen Wissens, ist zwar nicht primär ein Ansatz, der auf eine Beurteilung der "Wirtschaftlichkeit" ärztlicher Leistungen gerichtet ist. Geht man aber von der Annahme aus, daß "evidence-based medicine" wenig nutzenbringende aber etablierte Verfahren und Methoden in der Medizin aufzeigen sowie besser nutzenbringende und auch rationellere Maßnahmen rascher einführen kann, dann müßte man annehmen können, daß die für medizinische Leistungen eingesetzten Ressourcen rationeller verwendet werden könnten. Ob jedoch eine "bessere medizinische Qualität", im Sinne einer erhöhten Effektivität und Effizienz, zugleich auch eine "bessere ökonomische Qualität" bedeutet, müßte erst in entsprechenden Studien überprüft werden.

---

[122] Hierfür können Erfahrungswerte aus der Praxis oder der Literatur verwendet werden *(AuBuchon J.P. 1996).*
[123] siehe Punkt B 4.3.2.2.5.

4.3.2.4 Ergebnisforschung (outcomes research)

Die Ergebnisforschung sucht nach Wegen, das Ergebnis des medizinischen Leistungsprozesses (outcome) beurteilen und messen zu können *(Epstein, Sherwood 1996)*. Innerhalb der verschiedenen Methoden, die zur Bestimmung der Wirtschaftlichkeit herangezogen werden können, hat die Ergebnisforschung eine zentrale Stellung *(Epstein, Sherwood 1996)*, da ohne die Berücksichtigung des "Ergebnisses" eines Leistungsprozesses eine Beurteilung der Effizienz/Effektivität medizinischer Leistungen nicht möglich ist.

Zielsetzung der Ergebnisforschung ist es, Antworten auf die Fragen nach dem vom Patienten wahrgenommenen Nutzen, nach dem optimalen Einsatz der Ressourcen und nach den am besten wirkenden Behandlungsalternativen zu finden, um so eine Verbesserung der Effektivität und Zweckmäßigkeit medizinischer Leistungen erhalten zu können *(Relman A.S. 1988, Epstein A.M. 1990, Epstein, Sherwood 1996, Szucs T.D. 1996)*. "Outcomes research" unterscheidet dabei zwischen der Wirksamkeit einer Maßnahme und ihrem Nutzen *(Porzsolt F. 1996, Szucs T.D. 1996)*. Die Wirksamkeit einer therapeutischen Maßnahme kann sich beispielsweise durch die Größenreduktion eines Tumors während einer Chemotherapie, der Normalisierung erhöhter laborchemischer Parameter etc. zeigen. Der Nutzen wird durch andere Dimensionen, etwa die Verlängerung des Lebens oder die Verbesserung der Lebensqualität nachgewiesen *(Porzsolt F. 1996)*. Der Nutzen einer medizinischen Maßnahme wäre also fraglich, wenn durch sie weder eine Verlängerung des Lebens noch eine Verbesserung der Lebensqualität erreicht würde. Durch die Erkenntnisse der "outcomes research" könnten nun unter den wirksamen Maßnahmen diejenigen herausgefunden werden, die zugleich einen Nutzen oder einen im Verhältnis gesehen, höheren Nutzen haben. Die Ergebnisforschung kann daneben auch Gemeinsamkeiten mit Kosten-Effektivitätsstudien oder Kostenminimierungsstudien haben, sollte die Überprüfung der Effektivität des Ressourceneinsatzes Ziel des Forschungsansatzes sein. Hier spiegelt sich die zentrale Bedeutung des "outcome research" für alle Methoden, die sich mit der Messung des Behandlungsergebnisses befassen, wider. Zu den entscheidenden Problemen der Ergebnisforschung zählen die Schwierigkeiten der Messung und Bestimmung der medizinischen Qualität[124] und das häufige Fehlen der zur Beurteilung des "Ergebnisses" notwendigen Daten, da oftmals lediglich die Wirksamkeit bestimmter Maßnahmen geprüft wurde, dadurch jedoch nicht gleichzeitig Aussagen über den Nutzen abgeleitet werden können *(Porzsolt F. 1996, Szucs T.D. 1996)*.

4.3.3 Leitlinien, Richtlinien, medizinische Standards und "practice profiling" (policy analysis)

Leitlinien, Richtlinien (practice profiles, guidelines) und medizinische Standards können als eine Art von "Handlungsanweisung" oder "Behandlungsschema" verstanden werden, die dem

---

[124] Siehe B 4.3, B 4.5.

Arzt als Richtschnur für eine dem aktuellen medizinischen Stand entsprechende, medizinisch aber auch ökonomisch "optimale" Versorgung dienen sollen[125]. Mit der Anwendung solcher Leitlinien ist die Vorstellung verbunden, durch Vorgabe von Behandlungspfaden eine gewisse "Willkür" in Diagnostik und Therapie zu vermeiden, auf diesem Wege einen Maßstab für eine rationelle Behandlung vorgeben zu können und dadurch auch eine Senkung der Gesundheitskosten erreichen zu können *(Grimshaw, Russell 1993, Kassirer J.P. 1994, Montague J. 1994)*. Das sog. "practice profiling" ist dabei eine Methode der Kostenkontrolle und -begrenzung. Durch eine Analyse der "Behandlungsmuster" verschiedener Ärzte und Krankenhäuser und eines dadurch möglichen Datenvergleichs sollen Unterschiede in der Behandlungsart der jeweiligen Leistungserbringer aufgezeigt werden *(Kassirer J.P. 1994, Welch et al. 1994)*.

"Physician profiling" kann dabei nicht nur für einen regionalen oder überregionalen Vergleich verwendet werden[126]*(Welch et al. 1994)*, sondern auch zu einem Vergleich der Ärzte innerhalb eines Krankenhauses *(Montague J. 1994)*.

Allerdings stellt die Methode des "practice profiling" einen Ansatz dar, der viele Probleme, die bei der Messung medizinischer Leistungen entstehen, widerspiegeln und so Daten liefern kann, die die Realität nicht wiedergeben bzw. zu falschen Schlußfolgerungen verleiten können[127] *(Kassirer J.P. 1994)*.

Leitlinien, die primär der ökonomischen Evaluation medizinischer Leistungen dienen sollen, können aus der "evidence-based medicine"-Forschung, der "outcomes research", der "medizinischen Ökonomie", aus den Ergebnissen der "Wirtschaftlichkeitsanalysen" oder auch aus internen Kostensenkungsprogrammen entstehen. Verschiedene Studien haben sich mit der Frage befaßt, ob durch die Anwendung von Leitlinien tatsächlich Kosten gesenkt werden können *(Grimshaw et al. 1995)*. Von insgesamt 8 Studien, die sich zwischen 1976 und 1994 mit kostensenkenden Effekten von Leitlinien befaßt haben, zeigten 6 Studien signifikante Verbesserungen (Erfolg[128] größer als 20 %) *(Grimshaw et al. 1995)*. In zwei Fällen, in denen eine signifikante Verbesserung gesehen werden konnte, war dies jedoch nicht allein auf die Leitlinien, sondern wohl vor allem auf die begleitenden Maßnahmen (Diskussionen, feed-back Meldungen etc.) zurückzuführen *(Grimshaw et al. 1995)*.

4.3.4 Bestimmung der "Angemessenheit" einer Indikation (appropriateness research)

Für die Beurteilung der "Wirtschaftlichkeit" medizinischer Leistungen, aber auch als Mittel zur Begrenzung der Gesundheitskosten wird in den USA seit einigen Jahren die Indikation einer Maßnahme auf ihre "Angemessenheit" v.a. anhand der Kriterien der RAND Corporation

---

[125] Siehe Punkt B.4.3.2.2.1.
[126] Siehe Punkt 4.3.4.
[127] Ausführlich in: *Kassirer J.P., "The use and abuse of practice profiles", in: N.Engl.J.Med., Vol. 330 (1994), S. 634-636.*
[128] Der Erfolg einer Maßnahme zeigte sich in den Studien in einem Rückgang der Zahl an radiologischen und laborchemischen Untersuchungen zwischen ca. 20 % und 40 % *(Grimshaw et al. 1995)*.

hin überprüft[129] *(Merrick et al. 1986, Chassin et al. 1987, Greenspan et al. 1988, Winslow C.M. 1988, Gray et al. 1990, Bernstein et al. 1993a, ders. 1993b, Hilborne et al. 1993, Leape et al. 1993, Welch et al. 1994).* Ausgangspunkt für die "appropriateness research" war die Suche nach der Ursache für festgestellte starke regionale Schwankungen in der Häufigkeit durchgeführter Maßnahmen in den USA[130], etwa bei der Appendektomie (zwischen 10 und 32 bezogen auf 10.000 Einwohner), der Tonsillektomie (zwischen 13 und 151) oder der abrasio (zwischen 30 und 141) *(Sharpe, Faden 1996).* Tabelle 18 zeigt die Ergebnisse einiger anhand der RAND Kriterien durchgeführten "Angemessenheitsstudien".

Tabelle 18:
RAND Appropriateness Studies

Jahr	Maßnahme	Fallzahl	angemessen/ unangemessen (%)	Autoren
1987	Koronarangiographie	1677	74/14	Chassin et al. 1987
1988	Aortokoronarer Bypass	386	56/14	Winslow et al. 1988
1990	Koronarangiographie	320	49/21	Gray et al. 1990
1990	Aortokoronarer Bypass	319	55/16	Gray et al. 1990
1993	Aortokoronarer Bypass	1388	91/2	Leape et al. 1993
1993	PTCA	1306	58/4	Hilborne et al. 1993
1993	Koronarangiographie	1355	76/4	Bernstein et al. 1993a
1993	Hysterektomie	642	59/16	Bernstein et al. 1993b

Quelle: eigene Darstellung in Anlehnung an Sharpe, Faden 1996

In diesen Studien konnte eine unterschiedlich hohe Rate von Maßnahmen gefunden werden, die retrospektiv als "nicht indiziert durchgeführt" gewertet wurden[131] *(Tabelle 18).*
Die verwendeten Kriterien und die Ergebnisse dieser Studien wurden allerdings aufgrund einiger methodischer Probleme und Schwachpunkte von verschiedenen Autoren kritisch beurteilt *(Cotton P. 1993, Phelps C.E. 1993, Kadel et al. 1996, Sharpe, Faden 1996).* Nach Ansicht der Autoren ist die Rate der "ohne angemessene Indikation" durchgeführten Maßnahmen zu hoch angesetzt *(Phelps C.E. 1993, Kadel et al. 1996).* Diese Studien zeigten außerdem, daß

---

[129] In Deutschland befaßten sich bisher kaum Autoren mit der Angemessenheit von medizinischen Maßnahmen *(De Ridder, Dissmann 1991),* lediglich *Kadel et al.* evaluierten die Indikation zur Koronarangiographie nach in den USA entwickelten Kriterien *(Kadel et al. 1996).*

[130] Auch *Welch et al.* fanden teilweise große regionale Unterschiede in der Krankenhauseinweisungshäufigkeit, dem Ressourcenverbrauch und bei den Behandlungsmustern *(Welch et al. 1994).* Nach *Lu-Yao et al.* gibt es auch bei der Häufigkeit der durchgeführten radikalen Prostatektomie in den USA regional große Unterschiede, so wird diese Operation in New England und den MID-Atlantic Staaten nur halb so oft durchgeführt (bei knapp 60 von 100.000 Einwohnern) wie in den Pacific-Staaten und den angrenzenden Bergregionen (bei ca. 130 von 100.000 Einwohnern) *(Lu-Yao et al. 1993).*

[131] Bezugspunkt war der Stand des medizinischen Wissens zum Zeitpunkt der jeweiligen Maßnahme.

teilweise große regionale Unterschiede in der Behandlungshäufigkeit und im Ressourcenverbrauch durch Meinungsverschiedenheiten unter Ärzten bezüglich dessen, was bei dem jeweiligen Krankheitszustand eines Patienten erforderlich ("angemessen") und indiziert sei, hervorgerufen werden[132] *(Einstadter et al. 1993, Welch et al. 1996, Wennberg et al. 1996).* 1996.) Es sei aber darauf hingewiesen, daß es eine Reihe von regional unterschiedlich häufig durchgeführten Behandlungsmaßnahmen gibt, die nicht durch eine unterschiedliche Indikationsstellung, sondern durch andere Umstände (Bevölkerungsstruktur, sozialer Status, Lebensgewohnheiten, Rasse, Geschlecht etc.) erklärt werden konnten *(Morris, Munasinghe 1994)*. Zudem dürfen bei einer solchen Betrachtung die möglicherweise bestehenden mikro- und makroökonomischen Anreize und Anreizstrukturen nicht außer acht gelassen werden, die großen Einfluß auf das Verhalten der Ärzte nehmen können[133].

Trotz der Vielzahl neuer Erkenntnisse, die aus der Erforschung der "Angemessenheit" einer Indikation sowie der regionalen Unterschiede in der Indikationsstellung gewonnen wurden, kann noch nicht beurteilt werden, ob durch diese Verfahren die "Wirtschaftlichkeit" medizinischer Maßnahmen bestimmt oder "verbessert" werden kann.

4.3.4.1 Ermittlung einer "second opinion"

Zur Überprüfung einer Indikation können auch "second opinion"-Programme zur Anwendung kommen. Das Einholen einer Zweitmeinung im Rahmen von externen "second opinion"-Programmen wurde in den USA vornehmlich mit dem Ziel der Kostenkontrolle eingeführt. Unnötige Behandlungen und damit Kosten[134] sollten erkannt und verhindert werden können *(Mc Carthy et al. 1984 S. 177 ff., Hempel, Siewert 1996)*.
In verschiedenen Untersuchungen reichte der Anteil der abweichenden Meinungen in den USA von 5,8 % bei Leistenbruchoperationen und 8,1 % bei Cholezystektomien bis zu 32,7 % bei Halluxoperationen *(Hempel, Siewert 1996)*. Insgesamt lag der Anteil der Patienten, die aufgrund einer abweichenden externen Zweitmeinung nicht operiert wurden und bei denen auch keine weiteren Maßnahmen erforderlich waren, bei etwa 7 % *(Hempel, Siewert 1996)*.

---

[132] Ersichtlich ist dies besonders bei Krankheitsbildern, bei denen die Indikation für eine medizinische Maßnahme aufgrund verschiedener Ansichten unterschiedlich ausgelegt werden kann, wie z.B. bei Lumboischialgien und der Frage nach der Indikation für einen operativen Eingriff oder der Notwendigkeit für eine Hospitalisierung *(Einstadter et al. 1993, Volinn et al. 1994)*.
Ungeklärt ist bisher, ob die unterschiedlichen Ansichten, wann eine medizinische Maßnahme indiziert ist und wann nicht, auch für die im internationalen Vergleich erheblichen Unterschiede in der Häufigkeit der Anwendung bestimmter Maßnahmen ursächlich sind *(Cherkin et al. 1994)*. In den USA werden z.B., bezogen auf die Einwohnerzahl, etwa fünf mal mehr Rückenoperationen durchgeführt als in Großbritannien *(Cherkin et al. 1994)*. In Deutschland erhalten pro Jahr etwa 1000 Patienten einen implantierbaren Defibrillator (Kosten pro Gerät ca. 40.000-45.000 DM), in den übrigen Ländern Europas zusammen sind es nur 1.500 Patienten *(Brettel, Schmitt 1996)*.

[133] Siehe Punkt C 4.4.

[134] Hintergrund war das Problem der ungerechtfertigten Leistungsausweitung bei dem fallbezogenen Entgeltsystem, den "diagnosis related groups" in den USA.

Ob allerdings die Programme bei einem solchen Ergebnis einen Kosteneinsparungseffekt erzielen oder ob sie nicht sogar per Saldo zusätzliche Kosten verursachen, ist fraglich und nur schwer abschätzbar *(Hempel, Siewert 1996)*. Verschiedene Anhaltspunkte weisen jedoch darauf hin, daß der Kosteneinsparungseffekt der "second opinion"-Programme in den USA nicht oder nicht in dem erhofften Maße eingetreten ist *(Hempel, Siewert 1996)*. Auf weitere Probleme bei der Anwendung der "second opinion" weisen Erfahrungen hin, die mit Programmen gemacht wurden, bei denen zusätzlich eine Drittmeinung hinzugezogen wurde. Es zeigte sich, daß in 70 % der Fälle, in denen die Zweitmeinung von der Erstmeinung abwich, die Zweitmeinung von der Drittmeinung erneut korrigiert wurde *(Hempel, Siewert 1996)*.

4.4 Verschiedene Einflußfaktoren auf die "Effizienz" und "Effektivität" eines Krankenhauses und einer ärztlichen Leistung

Bei der vorangegangenen Darstellung verschiedener Methoden der Bestimmung der "Wirtschaftlichkeit" medizinischer Maßnahmen fanden sich bereits einige Hinweise darauf, daß der Arzt auf die Effizienz und Effektivität der ärztlichen Behandlung der Patienten entscheidenden Einfluß nehmen kann. Die Schwierigkeiten, die sich bei der Bestimmung der Wirtschaftlichkeit einer ärztlichen Behandlung ergeben, liegen vor allem darin, daß das diagnostische und therapeutische Vorgehen der Ärzte, auch bei gut abgrenzbaren Krankheitsbildern, sehr unterschiedlich sein kann. Die Indikation für eine Maßnahme ist in der Regel kein Fixum, sondern von vielen Faktoren, die im jeweiligen Einzelfall berücksichtigt werden müssen, abhängig.

Daraus folgt aber auch, daß die zur Behandlung der Patienten aufgewandten Mittel von den verschiedenen Ärzten unterschiedlich stark beansprucht werden. Das Phänomen der teilweise großen regionalen und internationalen Unterschiede in der Anwendung bestimmter Testverfahren oder der Durchführung operativer Maßnahmen mag dies belegen. Der Arzt hat somit aus ökonomischer Sicht für die Verwendung der Ressourcen im Gesundheitswesen gegenüber der Gesellschaft eine große Verantwortung. Trotz dieser ökonomischen Verantwortung kann der **einzelne** Arzt auf die Kosten und Kostenstruktur eines einzelnen Krankenhauses keinen größeren Einfluß nehmen[135].

Die Frage ist nun angesichts der zukünftig notwendigen Steigerung der Effizienz in einer Klinik, ob der Arzt neben der "Wirtschaftlichkeit" der medizinischen Behandlung auch maßgeblichen Einfluß auf die Wirtschaftlichkeit eines Krankenhauses hat. Eine solche Vermutung wäre naheliegend, da der Arzt innerhalb des Krankenhauses wichtige ökonomische Steuerungsgrößen bewegen kann[136]. Daneben ist bedeutsam, ob sich Rationalisierungspotentiale innerhalb des Kompetenzbereichs des leitenden Arztes finden lassen, die dieser gegebenen-

---

[135] Siehe Punkt C 3.2.
[136] Siehe *Tabelle 16*.

falls erschließen könnte. Bei Beantwortung dieser Fragen müssen zahlreiche innere und äußere Faktoren, die die Wirtschaftlichkeit eines Krankenhauses und einer ärztlichen Versorgung bestimmen können, berücksichtigt werden.

4.4.1 Einflußnahme der Rahmenbedingungen auf die Wirtschaftlichkeit des Krankenhauswesens und des ärztlichen Handelns

Die Wirtschaftlichkeit eines Krankenhauswesens wird maßgeblich vom ordnungspolitischen Rahmen, der Stellung des Krankenhauses im gegliederten Versorgungssystem und durch die Auswirkungen der demographischen Entwicklung beeinflußt.

4.4.1.1 Ordnungspolitische Rahmenbedingungen

Die Ordnungspolitik ist für den Betrieb "Krankenhaus" und die Wirtschaftlichkeit der Kliniken innerhalb des Gesundheitswesens aufgrund der damit gegebenen Möglichkeiten staatlicher Einflußnahme von wesentlicher Bedeutung. Der große Einfluß des Staates auf das Gesundheits- und Krankenhauswesen leitet sich aus der Besonderheit des Gutes "Gesundheitsleistung" ab.

Das Gut "Gesundheitsleistung" ist prinzipiell ein Gut, für das es einen von den Wünschen der privaten Konsumenten gelenkten freien Markt geben kann. Die Auswirkungen und Ergebnisse[137] dieses Marktes sind jedoch für die sozialstaatliche Gesellschaft nicht zufriedenstellend[138]. Durch politischen Entscheid (Sozialstaatsprinzip) soll die Verfügbarkeit der "Gesundheitsleistungen" von der öffentlichen Hand sichergestellt[139] werden, sie werden zu "öffentlichen Gütern"[140].

Die bestmögliche Allokation öffentlicher Güter kann jedoch nicht durch einen freien Markt erreicht werden. Der Marktmechanismus, der bei privaten Gütern die optimale allokative Lösung herbeiführen kann, versagt, da die den freien Markt steuernden Kräfte bei öffentlichen

---

[137] Ein solches Ergebnis wäre z.B., daß die Inanspruchnahme von Gesundheitsleistungen verschiedenen Menschen, abhängig von ihren Vermögensverhältnissen, der Art und Schwere der Erkrankung und den Kosten einer Behandlung, verschlossen wäre.

[138] Gesundheitsleistungen sind meritorische Güter, d.h. Güter, die zwar prinzipiell der freie Markt bereitstellen kann, die es jedoch aus übergeordneten Gründen verdienen, in einem größeren Umfange angeboten zu werden, als dies der Markt tun würde. Sie werden daher vom Staat erbracht *(Blankart C.B. 1994 S. 66)*.

[139] Sozialstaatlicher Sicherstellungsauftrag

[140] Öffentliche Güter sind Güter, die gleichzeitig unentgeltlich von vielen genutzt werden können und von deren Nutzung niemand ausgeschlossen werden kann (z.B. innere Sicherheit), es herrscht sog. Nicht-Rivalität im Konsum *(Brümmerhoff 1996 S. 47)*.
Durch die heute bestehende Ordnungspolitik (siehe Punkt A 3) ist eine Gesundheits- und Krankenhausleistung ein öffentliches Gut, die sozialversicherten Patienten müssen einen stationären Aufenthalt nicht selbst bezahlen, und jedes Krankenhaus ist bei Vorliegen der Krankenhausbehandlungsbedürftigkeit zur Aufnahme des Patienten verpflichtet.

Gütern außer Kraft gesetzt sind (**Theorie des Marktversagens**) *(Blankart C.B. 1994 S. 53 ff., Brümmerhoff D. 1996 S. 203).* Aus dem "Marktversagen" wird unter der Vorstellung eines rationalen staatlichen Handelns die Notwendigkeit eines Eingreifens des Staates[141] abgeleitet[142] *(Blankart C.B. 1994 S. 53 ff., Brümmerhoff D. 1996 S. 203 f.).*
Allerdings hat es sich gezeigt, daß die Probleme, die den Markt ineffizient werden lassen und Argumente für Nicht-Marktlösungen darstellen, auch Probleme sind, die bei Nicht-Marktlösungen bewältigt werden müssen *(Brümmerhoff D. 1996 S. 93 ff.).* Daher kann der Staat bei der Allokation öffentlicher Güter aus ähnlichen Gründen versagen wie ein freier Markt (**Theorie des Staatsversagens**[143]) *(Brümmerhoff D. 1996 S. 93 ff.).* Die Wahrscheinlichkeit des Staatsversagens bei öffentlichen Gütern ist dabei nicht geringer als die Wahrscheinlichkeit des Marktversagens *(Brümmerhoff D. 1996 S. 204).*
Weder ein freier Markt noch das Eingreifen des Staates können somit Ineffizienzen im Gesundheits- und Krankenhauswesen verhindern, beide Möglichkeiten sind unvollkommen und erlauben keine optimale allokative Lösung.

4.4.1.2 Staatliches Finanzierungs- und Planungssystem

Die Probleme der Nicht-Marktlösung im deutschen Gesundheitswesen zeigen sich im einzelnen in der Ausgestaltung des staatlichen Finanzierungs- und Planungssystems.
Die staatliche **Krankenhausbedarfsplanung** ist eine Angebotsplanung. Dies bedeutet, daß von staatlicher Seite der zukünftige Bedarf ermittelt und ein dementsprechendes Angebot als Planungsziel festgelegt wird *(Schicker H. 1992 S. 67 f.).*

---

[141] Sozialstaatlicher Sicherstellungsauftrag (Art. 20 Abs. 1, Art. 28 GG).

[142] Aus ökonomischer Sicht stellt jedoch die Abweichung einer realen Situation von der einer Modell-Markt-Situation nicht ein a priori-Argument für Nicht-Marktlösungen dar *(Blankart C.B. 1994 S. 64 ff., Brümmerhoff D. 1996 S. 203 ff.).*

[143] Siehe auch die "Theorie der öffentlichen Verschwendung" *(Grüske, Recktenwald 1995 S. 453 ff.).* Die Ursachen für das Staatsversagen und die Ineffizienz im öffentlichen Sektor liegen demnach:
1. in der Natur des Menschen (wie er ist und handelt, und nicht wie er sein sollte) und
2. in der politischen und bürokratischen Organisation des Angebots, der Verwaltung und der Finanzierung öffentlicher Güter *(Grüske, Recktenwald 1995 S. 453 ff.).*
Zu 1.: Verschiedene Grunderfahrungen des Menschen bilden die erste Gruppe von Ursachen, (a) das Eigeninteresse ist der entscheidende Antrieb des Menschen (Existenzsicherung, Erhöhung seiner Wohlfahrt und Anerkennung in der Gesellschaft), (b) Bedürfnisse kann nur ein einzelner Mensch verspüren, kollektiv sind daher nicht die Bedürfnisse, sondern das erforderlichen Mittel, (c) der Mensch setzt sich mehr für sich selbst als für andere ein, (d) soweit der Mensch Güter, die ihn wirklich oder vermeintlich nichts kosten, tatsächlich nutzt, verbraucht oder gebraucht sie übermäßig *(Grüske, Recktenwald 1995 S. 453 ff.).*
Zu 2.: Zu den systembedingten Ursachen für Unwirtschaftlichkeiten im öffentlichen Sektor gehören: (a) als zentrale Ursache des Staatsversagens, das Auseinanderfallen der Verantwortlichkeiten von Nutzer, Zahler, Entscheidungsträger und Anbieter *(Grüske, Recktenwald 1995 S. 454, Brümmerhoff D. 1996 S. 205),* (b) das "Versagen" des kollektiven Wahlmechanismus *(Blankart C.B. 1994 S. 71 f., Brümmerhoff D. 1996 S. 204 f.),* (c) schlechte Definier- und Quantifizierbarkeit öffentlicher Güter, (d) fehlender Sanktionsmechanismus für (selbst eklatante) öffentliche Mißwirtschaft *(Grüske, Recktenwald 1995 S. 454 ff., Brümmerhoff D. 1996 S. 206 ff),* (e) der Staat als monopolistischer Anbieter mit bürokratischem Apparat, der fehlende Wettbewerb kann in der Regel durch andere Mechanismen (Wähler, Verbände, Medien, Rechnungshöfe) nicht ausgeglichen werden *(Grüske, Recktenwald 1995 S. 455, Brümmerhoff D. 1996 S. 206).*

Die Schwierigkeiten liegen aber nun in der Feststellung des Bedarfs, dieser kann sowohl unter dem Gesichtspunkt der Kostendämpfung als auch expansiv gesehen werden. Die zur Feststellung des Bettenbedarfs verwendete analytische Bettenbedarfsberechnung ist unzureichend[144], da sie kein realitätsnahes Bild von der tatsächlich vorhandenen Nachfrage nach stationären Leistungen geben kann *(Schicker H. 1992 S. 31)*. Die Richtigkeit des ermittelten Bedarfs der bereitgestellten Versorgungseinrichtungen gilt dann als bestätigt, wenn eine ausreichende Auslastung und Inanspruchnahme verzeichnet werden kann *(Schicker H. 1992 S. 68)*.

Aufgrund der ökonomischen Anreize, ein vorhandenes Bett auch zu belegen, und der (auch erforderlichen) regionalpolitischen Einflußnahme besteht die Gefahr der Überversorgung mit stationären Versorgungseinrichtungen. Dies wiederum erhöht den Aufwand für die medizinische Versorgung der Bevölkerung unnötigerweise[145] ("Fehlbelegung").

Auch das System der **Krankenhausfinanzierung** weist Schwachstellen auf. Mit dem GSG 1993 wurde bereits der sog. Selbstkostendeckungsgrundsatz aufgehoben. Dieser galt als wichtige Ursache für eine unwirtschaftliche Mittelverwendung im Krankenhausbereich[146].

Im Mittelpunkt weitergehender Reformüberlegungen steht heute das duale Finanzierungsprinzip *(Sachverständigenrat 1989 S. 115 RdNr. 334, Kopetsch T. 1996, Rath, Heuser 1996, v. Stackelberg J.-M. 1996)*. Zum einen verhindert die Finanzierung der Krankenhäuser aus zwei verschiedenen Quellen[147] eine kostenminimale Leistungserstellung. Die Bundesländer berücksichtigen in ihrer Kalkulation die Folgekosten der Investitionsentscheidungen zu wenig[148], die Krankenkassen bei ihren Verhandlungen nicht die Investitionskosten *(Sachverständigenrat 1989 S. 115 RdNr. 334, Rath, Heuser 1996)*. Zum anderen verhindert das duale Finanzierungssystem eine größere innerbetriebliche Flexibilität in der Verwendung der Finanzmittel, das Ausnutzen von Anpassungsspielräumen und damit auch die Erschließung von Rationalisierungspotentialen im Finanzierungsbereich des Krankenhauses *(Buchholz W. 1983)*.

Aus diesen Gründen ist die Einführung eines monistischen Finanzierungssystems mittel- bis längerfristig geplant *(Rath, Heuser 1996)*. Allerdings gibt es gegen dieses Finanzierungsprinzip auch Widerstände und Bedenken: Zum einen würde die Ausgabenseite der Krankenkas-

---

[144] Es kommen vier Determinanten zur Bedarfsberechnung zur Anwendung. Dies sind die Einwohnerzahl, die Krankenhaushäufigkeit, die Verweildauer und die Bettennutzung. Nach einer kritischen Analyse dieser Faktoren kommt *Schicker* zu dem Ergebnis, daß das gegenwärtige System der Krankenhausbedarfsplanung nicht das geeignete Instrument ist, um auf die zu erwartenden Versorgungsanforderungen, wie den medizinischen Kenntniszuwachs, den technischen Fortschritt und die Überalterung der Bevölkerung, angemessen reagieren zu können *(Schicker H. 1992 S. 246)*.

[145] Dies ist allerdings nur eine Ursache für Fehlbelegung im stationären Bereich, siehe C 4.4.1.3. Dem Problem der "Fehlbelegung" und Überversorgung steht auf der anderen Seite die gleichfalls aus der Krankenhausplanung resultierende punktuelle Unterversorgung gegenüber. Sowohl Über- als auch die punktuelle Unterversorgung sind Ausdruck der unzureichenden Nachfrageorientierung der staatlichen Krankenhausbedarfsplanung *(Schicker H. 1992)*. Der Gesetzgeber geht selbst von Fehlbelegung aus (vgl. § 17a KHG).

[146] Siehe Punkt A 4.

[147] Siehe Punkt A 3.2.2.

[148] Vgl. § 6 Abs. 1 KHG. Der *Sachverständigenrat* stellt in seinem Sondergutachten von 1996 fest, daß auf den Bereich der Investitionen im Krankenhaus nur etwa 10 % - 15 % der Gesamtausgaben entfallen, diese aber maßgeblich über den wirtschaftlichen Einsatz der übrigen 85 % - 90 % der Mittel entscheiden *(Sachverständigenrat 1996 S. 35 RdNr. 42)*.

sen, die dann die Finanzierung der Krankenhäuser alleine tragen müßten, zusätzlich in erheblichem Umfange belastet[149] werden *(Sing R. 1996)*, auf der anderen Seite würde den Ländern, mit der an die Investitionsfinanzierung geknüpften Krankenhausbedarfsplanung, ein wesentliches Steuerungsinstrument und damit regionalpolitischer Handlungsspielraum entzogen werden *(Sachverständigenrat 1989 S. 115 RdNr. 334, Rath, Heuser 1996).*

Die Ausgestaltung des leistungsbezogenen Entgeltsystems im Krankenhauswesen kann ebenfalls zu unerwünschten Fehlallokationen führen, denn Fallpauschalen und Sonderentgelte können als administrative Preise nicht das Verhältnis von Angebot und Nachfrage oder die tatsächliche Kostensituation eines Leistungserbringers widerspiegeln. Die steuernden Wirkungen dieser administrativen Preise hängen also entscheidend von staatlichen Vorgaben ab. Können die Erlöse aus diesen "Preisen" die entstandenen Kosten einer Behandlung nicht decken, wie beispielsweise beim Ambulanten Operieren im Krankenhaus *(Werding G. 1996)*, fehlt der Anreiz, diese ambulant zu erbringen. Aus diesem Grund werden Eingriffe, die auch ambulant durchgeführt werden könnten, eher stationär und damit vermutlich auch kostenintensiver erbracht.

4.4.1.3 Die Verzahnung des Krankenhauses mit vor- und nachstationären Versorgungseinrichtungen

Ein weiterer Faktor, der Art und Volumen stationärer Leistungen beeinflußt, ist das Ausmaß der Verzahnung des Krankenhauswesens mit verschiedenen vor- und nachstationären Versorgungseinrichtungen.
Die **strikte Trennung stationärer** und **ambulanter Versorgungseinrichtungen** in Deutschland wird seit vielen Jahren als eine der Ursachen von Unwirtschaftlichkeiten im Gesundheitssystem angesehen *(Sachverständigenrat 1989 S. 113 RdNr. 326 ff., ders. 1992 S. 96 RdNr. 299, ders. 1996 S. 35 RdNr. 41).*
Als Folge der mangelnden Verzahnung kommt es zu Doppeluntersuchungen, zu Mängeln in der Kommunikation und Koordination zwischen den Leistungserbringern und zu zusätzlichem Mehraufwand, der durch eine bessere Integration der Behandlungsabläufe vermieden werden könnte. Bestehende Kapazitäten im stationären und ambulanten Bereich (Großgeräte, OP-Räume, etc.) werden daher oftmals nicht optimal genutzt *(Sachverständigenrat 1992 S. 96 RdNr. 299 ff.* Durch das Fehlen entsprechender teilstationärer Einrichtungen (z.B. Tag-, Nachtklinik) müssen Patienten, die nicht zwingend einer dauernden ärztlichen und pflegerischen Überwachung bedürften, im Krankenhaus versorgt werden. Krankenhausaufenthalte pflegebedürftiger Patienten können durch das Fehlen entsprechender nachstationärer Pflegeeinrichtungen unnötig verlängert werden ("Fehlbelegung"). In Akutkrankenhäusern verringert

---

[149] Die Krankenkassen gehen davon aus, daß im Falle der Einführung einer monistischen Krankenhausfinanzierung die Beitragssätze zur GKV um ca. 1 Prozentpunkt steigen müßten *(Sing R. 1996).*

die Fehlbelegung die Effizienz der stationären Versorgung, da Personalausstattung, Infrastrukturen und Gerätekapazitäten auf die Behandlung von Akutpatienten ausgerichtet sind *(Sachverständigenrat 1992 S. 96 RdNr. 299 ff.).*
Das GRG und dann das GSG 1993 erschlossen den Krankenhäusern zwar erstmals in größerem Umfange ambulante und teilstationäre Versorgungsmöglichkeiten. Bisher wurde jedoch der Verzahnungsgedanke aufgrund institutioneller und finanzieller Gegebenheiten nicht in ausreichendem Maße umgesetzt *(Rath, Heuser 1996).* Der Sachverständigenrat hält auch nach dem GSG 1993 eine bessere Kooperation zwischen stationärem und ambulantem Sektor für unverzichtbar *(Sachverständigenrat 1996 S. 35 RdNr. 41).*
Nicht zuletzt kann auch der Versorgungsbereich der niedergelassenen Ärzte die "Wirtschaftlichkeit" des Krankenhauswesens beeinflussen. Eine hoch qualifizierte ambulante ärztliche Versorgung in einer Region kann dazu führen, daß im örtlichen Krankenhaus ein selektioniertes und besonders komplikationsträchtiges Krankengut versorgt werden muß. Dadurch erhöht sich auch der personelle und finanzielle Aufwand für diese Patienten, wobei jedoch der Ertrag dieser Klinik aus den landesweit einheitlichen Entgelten, Fallpauschalen und Sonderentgelten unverändert bleibt.

4.4.1.4 Die demographische Struktur

Die Zusammensetzung des Krankengutes (**Patientenmix**) zweier Krankenhäuser kann aufgrund regionaler Unterschiede in der demographischen Struktur der Bevölkerung differieren. Durch die Zunahme des Anteils der Betagten[150] und der chronisch Kranken erhöht sich zugleich auch die Nachfrage nach stationären Leistungen für personal-, pflege- und zeitintensiv zu versorgende Patienten. Krankenhäuser in einer Region mit hohem Anteil an Betagten unterscheiden sich von vorne herein in ihrem Patientenmix, der seinerseits für das Verständnis der Unterschiede in der Kosten- und Ressourcenverwendung zwischen den Krankenhäusern von entscheidender Bedeutung ist *(Breyer F. 1986).*

4.4.2 Einflußfaktoren auf der Ebene Krankenhaus-Arzt-Patient

4.4.2.1 Leitungsstruktur der Krankenhäuser

Die Effizienz des betrieblichen Geschehens im Krankenhaus wird, wie auch bei einem erwerbswirtschaftlichen Unternehmen, stark von der **Betriebsleitung**, der **Führungsorganisation** und den **Handlungsspielräumen des Managements** beeinflußt. Im Vergleich mit einem gewinnorientierten Unternehmen der Privatwirtschaft ist jedoch das Krankenhaus, als ein pri-

---

[150] Siehe Punkt A 2.2.1.

mär bedarfswirtschaftlich ausgerichteter, öffentlicher Nonprofit-Betrieb, in seiner Handlungs- und Entscheidungsfreiheit erheblich stärker eingeschränkt *(Eichhorn S. 1991a, Sachs I. 1994 S. 273 ff.).* Die Ursache der relativen "Unselbständigkeit" der Krankenhausleitung liegt darin, daß auch heute noch vielfach Einfluß und Macht vor allem beim Krankenhausträger und nicht bei der Klinikleitung angesiedelt sind[151]. In der Ausgestaltung der Rechtsform der Krankenhäuser sowie der Einbindung der Kliniken in den Verwaltungsapparat der öffentlichen Hand kommt dies zum Ausdruck. Die Handlungsspielräume des Krankenhausmanagements werden daneben auch durch gesetzliche Vorgaben, die in die Organisations- und Personalentscheidungsbefugnisse[152] des Krankenhauses eingreifen können, begrenzt. Als Folge der eingeschränkten Entscheidungs- und Handlungsbefugnisse der Krankenhausleitung können die notwendigen Führungsentscheidungen nicht zeitgerecht und situativ adäquat getroffen werden. Die Prozesse der Entscheidungsfindung und der Umsetzung der Führungsentscheidungen können dadurch ineffizient und ineffektiv werden. Verstärkt werden die Ineffizienzen in der Leitungsorganisation des Krankenhauses durch weitere Schwachstellen in der Führungsorganisation der Krankenhäuser, wie etwa der Dominanz des Verwaltungshandelns, der Schwachstellen im Bereich der Trägerorgane oder der Krankenhausleitung[153].

4.4.2.2 Ablauforganisation

Neben der Aufbauorganisation weist auch die Ablauforganisation innerhalb des Krankenhauses Schwachstellen auf[154], die zu Ineffizienzen im Behandlungsablauf führen können.
Zu den wichtigsten, die **Ablaufprozesse bestimmenden Einflußfaktoren** gehören der hohe Grad der Spezialisierung der interdisziplinären Zusammenarbeit und der Arbeitsteilung sowie die große Irregularität und Variabilität der Arbeitsabläufe im Krankenhaus[155].
Diese Faktoren bringen einen großen Koordinations- und Kommunikationsbedarf mit sich.
Die daher zwingend notwendige enge Koordination und interdisziplinäre Kommunikation wird jedoch ihrerseits durch die divisionale Organisationsstruktur, den "Professional-Status" von Ärzten und Krankenschwestern sowie durch den "Pflegenotstand" und die relativ große Personalfluktuation im Krankenhaus erschwert.
Aufgrund dieser Besonderheiten innerhalb der Ablauforganisation eines Krankenhauses können sich daher zahlreiche Fehlerquellen und Störungsmöglichkeiten einstellen, welche die Effizienz und Effektivität der Arbeitsabläufe erheblich beeinträchtigen können.

---

[151] Siehe Punkt C 2.
[152] Solche gesetzlichen und rechtlichen Vorgaben sind beispielsweise die Einflußmöglichkeiten der Krankenkassen auf die Ausgestaltung des Versorgungsauftrages eines Krankenhauses (siehe Punkt A 3.2.1), die Regelungen der Pflegepersonalverordnung oder des BAT.
[153] Siehe C 2.1 und 2.2.
[154] Siehe Punkt B 2.3.2 und C 2.2.1.
[155] Siehe Punkt B 2.3.2 und C 2.2.1.

Daneben haben auch verschiedene räumliche Aspekte der Ablauforganisation Einfluß auf ihre Wirtschaftlichkeit. Bei Krankenhäusern beispielsweise, die in der sog. Pavillionbauweise[156] errichtet wurden, erhöhen sich durch die weiten Wege zwischen den einzelnen Leistungseinheiten (z.B. Station, Labor, Röntgen, OP) die Transaktionskosten, d.h. die Kosten der Information und Kommunikation.

4.4.2.3 Patient (und Gesellschaft)

Ein weiterer Einflußfaktor auf die Effizienz einer stationären ärztlichen Versorgung ist der Patient, sein Umfeld, aber auch bestimmte wenig veränderbare Vorstellungen innerhalb der Gesellschaft.

Großen Einfluß auf die Effizienz und Kosten einer ärztlichen Behandlung hat die sog. **Compliance** des Patienten *(Urquhart J. 1996)*. Unter Compliance versteht man die Bereitschaft eines Patienten zur Mitarbeit bei diagnostischen oder therapeutischen Maßnahmen, z.B. die Zuverlässigkeit, mit der therapeutische Anweisungen befolgt werden[157].

Eine schlechte Compliance äußert sich beispielsweise in einem inadäquaten Gesundheitsverhalten, z.B. im fortgesetzten Nikotinabusus bei einer koronaren Herzerkrankung, in einer ungenügenden Diät bei Diabetes mellitus Typ II b oder Hypercholesterinämie oder aber in einer gewissen Nichtbefolgungsrate ärztlicher Anweisungen bei medikamentösen Therapien *(Rösler et al. 1996 S. 287 ff.)*.

Im ambulanten Bereich zeigen durchschnittlich etwa 30 % der Patienten eine sog. Non-Compliance gegenüber medikamentösen Verordnungen des Arztes *(Urquhart J. 1996)*. Eine schlechte Compliance der Patienten gilt als eine der wichtigsten Ursachen für Abstoßungsreaktionen nach Organtransplantationen *(Didlake et al. 1988, Rovelli et al. 1989)*. Aber auch bei Patienten mit AIDS oder Patientinnen, die wegen einer Brustkrebserkrankung in ärztlicher Behandlung sind, kann die Compliance gegenüber therapeutischen Maßnahmen unterschiedlich stark ausgeprägt sein *(Urquhart J. 1996)*.

Die Compliance ist abhängig von der Krankheit und Persönlichkeit[158] des Patienten, seines Alters[159], Krankheitsverständnisses und Leidensdruckes[160], der Anzahl[161] und Schwierigkeit

---

[156] Bei dieser Bauweise sind die jeweiligen Abteilungen in einzelnen auseinanderliegenden Gebäuden untergebracht. Die Pavillionbauweise war zu Beginn des 20. Jahrhunderts aus hygienischen Gründen (Ansteckungs- und Seuchengefahr) verbreitet *(Murken A.H. 1988)*.

[157] *Pschyrembel Klinisches Wörterbuch, 257. Auflage, de Gruyter Verlag, 1994, S. 277 f.*

[158] Wesentliche Einflußfaktoren sind Motivation zur Tabletteneinnahme (fehlt etwa bei Wunsch nach besonderer Zuwendung, einem Rentenbegehren, verlängerter Krankschreibung), sehr hoher oder sehr niedriger Grad an Ängstlichkeit, Pessimismus, Uneinsichtigkeit, Sorglosigkeit etc. *(Rösler et al. 1996 S. 292)*.

[159] Die Compliance der Patienten ist ein wichtiger Faktor in der Pharmakotherapie des alten Menschen *(Fretwell 1994)*. In einigen Studien konnte nachgewiesen werden, daß die Nichtbefolgungsrate bei ambulant behandelten Patienten bei ca. 50-75% lag, Einnahmefehler bei über 60-jährigen in ca. 59 % der Fälle *(Isselbacher et al. 1994)*.

der Anweisungen, der Art der Therapie, von erforderlichen Verhaltensänderungen[162], aber auch vom Arzt-Patienten-Verhältnis *(Rösler et al. 1996 S. 289 ff.)*.
Das Verhältnis von Arzt und Patient und die Patientenzufriedenheit[163] hat große Bedeutung für die Compliance des Patienten *(Rösler et al. 1996 S. 291 f.)*. Wichtig sind die Fähigkeiten des Arztes, auf den Patienten eingehen, mit ihm kommunizieren und ihm die entsprechenden Informationen geben zu können sowie die Vorstellungen des Patienten mit in die Behandlung einzubeziehen ("Patientenorientierung") *(Rösler et al. 1996 S. 291)*.
Weitere wichtige Einflußfaktoren auf die Compliance eines Patienten sind in der Gesellschaft bestehende und feste Vorstellungen und Ängste, z.B. (unbegründete) Ängste vor einer schädlichen Quecksilberbelastung durch Amalgam oder Ängste durch Blutkonserven AIDS zu bekommen. Auch der nicht nur positive, bewußt oder unbewußt meinungsbildende Einfluß der Massenmedien sei hier erwähnt *(Rösler et al. 1996 S. 293)*.
Zu einem Problem für die Compliance können die festen Vorstellungen nicht nur in der täglichen Praxis[164] werden, sondern auch wenn beispielsweise Ergebnisse von Kosten-Effektivitätsstudien umgesetzt werden sollen. So ergab eine große Studie, daß die Durchführung einer präoperativen Eigenblutspende aufgrund des ungünstigen Verhältnisses von Kosten und "Nutzen" unter bestimmten Umständen nicht gerechtfertigt ist[165] *(Etchason et al. 1995)*. Angesichts der bestehenden Ängste vor einer HIV-Infektion erscheint es fraglich, ob eine solche Erkenntnis in Deutschland überhaupt vermittelbar wäre.

4.4.2.4 Der ärztliche Entscheidungsprozeß

Der ärztliche Entscheidungsprozeß, der großen Einfluß auf die Kosten, aber auch auf die Effizienz und Effektivität der medizinischen Leistungen im Gesundheitswesen haben kann, wird ebenfalls von verschiedenen Einflußfaktoren bestimmt.

---

[160] Die chronisch Erkrankten sind von der Non-Compliance stärker betroffen, vor allem dann, wenn der Patient nur geringen Leidensdruck verspürt. So soll beispielsweise die Nichtbefolgungsrate einer antihypertensiven Therapie zwischen 25 und 60 % liegen *(Anschütz F. 1987)*.

[161] Ebenso nimmt die Nichtbefolgung bei größer werdender Zahl an Einnahmeverordnungen pro Tag und der größeren Anzahl an Medikamenten stark zu *(Anschütz F. 1987)*.

[162] Etwa das Einhalten einer Diät bei Diabetes mellitus, Hypercholesterinämie oder der Nikotinverzicht bei Gefäßleiden wie einer KHK oder pAVK.

[163] In einer Studie wurde festgestellt, daß 53 % der zufriedenen Patienten eine sehr gute Mitarbeit zeigten, dagegen nur 17 % der Unzufriedenen *(Rösler et al. 1996 S. 291)*.

[164] In einer Umfrage des Allensbach-Institutes über besonders gesundheitsschädigende Substanzen nannten 76 % der Befragten "starke Medikamente". An erster und zweiter Stelle lag "Giftmüll" und "Asbest" mit 81 %, die Gesundheitsschädigung durch "starke Medikamente" lag mit 76 % Zustimmung aber noch vor "Verunreinigung des Trinkwassers" und "Autoabgase" mit 74 %, "selber Zigaretten rauchen" mit 62 %, "Fische aus stark verschmutzten Gewässern" mit 59 % oder "Benzindämpfe beim Tanken" mit 49 % *(Noelle-Neumann, Köcher 1993 S. 223)*.

[165] Die Kosten-Effektivitätswerte für eine präoperative Eigenblutspende lagen, in Abhängigkeit von der Art der Operation und dem Alter des Patienten, z.T. bei 23 Mio. US $, die für die Rettung eines "qualitätsbezogenen Lebensjahres (QUALY)" aufgewendet werden müßten *(Etchason et al. 1995)*. Dieser Wert erscheint den Autoren der Studie als zu hoch.

Zu den entscheidenden Faktoren zählen die **rechtlichen** und **ärztlich-ethischen Anforderungen**[166], die an das ärztliche Handeln gestellt werden müssen. Unabhängig von der Kostensituation und der Wirtschaftlichkeit einer medizinischen Maßnahme darf der Arzt aus rechtlichen und ethischen Gründen einem Patienten eine medizinisch notwendige und ausreichende Versorgung nicht vorenthalten *(Steffen E. 1995a)*.

Maßgeblich beeinflußt wird das ärztliche Handeln ferner auch von den **Erkenntnissen des medizinischen Fortschritts**. Neue Therapieformen und Weiterentwicklungen der Medizintechnik haben aber nicht nur Einfluß auf die Qualität der medizinischen Versorgung, sondern auch auf ihre Kosten und "Wirtschaftlichkeit". Auch neue, aufwendige Verfahren des wissenschaftlichen und medizinisch-technischen Fortschritts muß der Arzt, unabhängig von den Kosten oder der Wirtschaftlichkeit dieser Verfahren, aus den genannten rechtlichen und ethischen Gründen in seine tägliche Arbeit mit einbeziehen *(Steffen E. 1995a)*.

Einer der wichtigsten Einflußfaktoren auf den ärztlichen Entscheidungsprozeß steht jedoch in engem Zusammenhang mit der schwierigen Stellung des **Arztes im Spannungsfeld von individueller und gesellschaftlicher Verantwortlichkeit**. Die individuelle Verantwortlichkeit des Arztes besteht gegenüber dem einzelnen sich ihm anvertrauenden Patienten. Der Mensch begibt sich im Falle seiner Erkrankung in die Obhut des sachverständigen Arztes. Als Patient muß er darauf vertrauen können, daß der Arzt in seinem Interesse und nach bestem Wissen und Gewissen handelt. Der Arzt ist damit gegenüber dem schutzbedürftigen und hilfesuchenden Patienten moralisch verpflichtet.

Auf der anderen Seite trägt der Arzt gegenüber der Gesellschaft eine große ökonomische Verantwortung. Angesichts der zunehmenden Knappheit der finanziellen Ressourcen und den aufdrängenden Fragen nach Rationierung medizinischer Leistungen wird dies besonders deutlich.

In diesem Spannungsverhältnis muß der Arzt nun seine Entscheidungen treffen und entsprechend seiner ärztlich-ethischen Einstellung handeln.

Allerdings sind die innerhalb dieses Spannungsverhältnisses auf den ärztlichen Entscheidungsprozeß einwirkenden "Kräfte"[167] nicht auf beiden Seiten gleich gewichtet. Die den ärztlichen Entscheidungsprozeß bestimmenden Faktoren sind auf der Seite des Patienten gewichtiger als die auf Seiten der Gesellschaft. Dies hat verschiedene Gründe. Zu nennen ist die Tatsache, daß Bedürfnisse nicht ein Kollektiv, sondern nur ein einzelner Mensch, hier der Patient, verspüren kann *(Grüske, Recktenwald 1995 S. 453 ff.)*. Der Arzt wird sich folglich in einer den einzelnen Patienten betreffenden Entscheidungssituation immer mehr seinem sich ihm anvertrauenden Patienten mit seinen konkreten Bedürfnissen verpflichtet fühlen als den Erwartungen der anonymen und nicht faßbaren Allgemeinheit. Als weiterer Punkt für das Ungleichgewicht innerhalb des Spannungsverhältnisses tritt das Auseinanderfallen der jeweiligen

---

[166] Siehe Punkt B 1.
[167] Zum einen die Interessen des Patienten und zum anderen die der Gesellschaft.

Verantwortlichkeiten von Patient, Arzt und Allgemeinheit[168] hinzu. Dadurch fehlt der Angebot und Nachfrage ins Gleichgewicht bringende und einen freien Markt üblicherweise regulierende Rückkopplungsmechanismus[169]. Als Folge dieses Ungleichgewichtes innerhalb des Spannungsverhältnisses der ärztlichen Verantwortung zwischen Patient und Gesellschaft richten sich die Entscheidungen des Arztes primär nach den Interessen der Patienten. Damit ist jedoch die Gefahr einer tendenziellen Leistungsausweitung sowie einer ineffizienten und ineffektiven Verwendung der knappen Ressourcen verbunden.

Ein weiterer Punkt, der die "Wirtschaftlichkeit" des ärztlichen Entscheidungsprozesses stark beeinflußt, ist das **Problem der häufig fehlenden Erkenntnisse** und **Daten über die ökonomischen Folgen** und **Ergebnisse alternativer ärztlicher Entscheidungen** [170].

Maßgebliche Ursache sind die spezifischen Probleme der Messung und Bestimmung von Qualität, Effizienz, Effektivität und Ergebnis (outcome) ärztlich-medizinischer Leistungen. Fehlen Maßstäbe, Daten oder Erkenntnisse darüber, was wirtschaftlich oder ökonomisch sinnvoll und vertretbar ist, kann der Arzt dementsprechend auch nicht ökonomisch rationale Gesichtspunkte mit in seinen Entscheidungsprozeß einbeziehen.

Diese Unsicherheiten in der Medizin, das wenige fundierte Wissen über die ökonomischen Auswirkungen alternativer ärztlicher Entscheidungen und der "Professionalstatus" der Ärzte können verschiedene **überkommene Vorstellungen** begünstigen. Dies kann zur Weiterverwendung eigentlich "überholter" medizinischer Verfahren führen aber auch eine bestimmte Denkweise fördern, die *Hardison* als *"to be complete"*[171] bezeichnet hat.

---

[168] Der Patient ist Auslöser der Nachfrage und Nutzer, aber nicht Entscheidungsträger und unmittelbarer Zahler der Gesundheitsleistungen. Der Arzt ist primärer Entscheidungsträger in diagnostischen und therapeutischen Prozeß und Anbieter der Leistungen, aber nicht Nutzer und Zahler. Die Allgemeinheit ist weder primärer Nachfrager, noch Entscheidungsträger oder Anbieter, dafür aber Zahler.

[169] Man könnte vermuten, daß der Patient zwar nicht primärer Zahler, aber doch über die Versicherungsbeiträge sekundärer Zahler der medizinischen Leistungen ist. Dadurch könnte der Patient mit seinem Interesse an niedrigen Beiträgen einen entsprechenden "bremsenden" Einfluß auf die Kosten der Behandlung nehmen.
Das Versicherungswesen kennt jedoch das Problem des sog. "moral hazard". Dieser Begriff beschreibt den Sachverhalt, daß das Bestehen einer Versicherung allgemein einen Anreiz zu unvorsichtigerem oder nachlässigem Handeln darstellt und der Versicherer aus Gründen mangelnder Information die Schadensursache (schicksalhaftes Risiko oder "provoziertes" Risiko) nicht feststellen kann. Dadurch entsteht dem Versicherer ein zusätzliches "moralisches" Wagnis, was sich in entsprechend höheren Prämien niederschlägt. Verstärkt treten "moral hazard"-Phänomene bei Zwangsversicherungen (z.B. Krankenversicherung) und der damit verbundenen Mentalität des "Wiederhereinholens" auf (*Dichtl, Issing 1994 S. 1494*). Das Zahlen von Versicherungsbeiträgen ist somit kein wirksamer Rückkopplungsmechanismus.

[170] Diese Wissensdefizite zu beseitigen ist Ziel und Aufgabe der "medizinischen Ökonomie" (siehe Punkt C 4.3.2). Erste Ergebnisse über einen Kostenvergleich alternativer medizinischer Verfahren, z.B. Behandlung der angina pectoris stehen bereits zur Verfügung, (*Cleland J.G.F. 1996*).

[171] Siehe *Hardison J.E. 1979, "To be complete", N.Engl.J.Med. Vol. 300 (1979), S. 193-194*. Der Autor führt verschiedene Aussagen an, die als Rechtfertigung für eigentlich unnötigerweise angeforderte oder durchgeführte Tests oder Maßnahmen dienen können: 1."Um alles vollständig zu haben", 2."Mir wurde es so gesagt", 3."Wir werden in Schwierigkeiten kommen, wenn wir es nicht tun", 4."Wenn man nicht alles gleich anfordert, wird es nicht durchgeführt werden", 5."Wenn der Patient schon mal da ist, können wir es gleich machen", 6."Aus wissenschaftlichen Gründen", 7."Um nicht angeklagt zu werden", 8."Der Patient könnte in ein Studienprotokoll aufgenommen werden", 9."Wenn es mein Vater oder meine Mutter wäre, würde ich es auch tun", 10."Um es ausschließen zu können".

Darüber hinaus müssen **Interessen des Krankenhauses** (z.B. Auslastung der Klinik, "rentable" Behandlungsfälle, Renommée der Klinik etc.) und **des Arztes selbst** (medizinisches Renommée, wissenschaftliches und finanzielles Interesse, Sicherheitsdenken etc.) als Einflußfaktoren auf die Wirtschaftlichkeit eines Krankenhauses und des ärztlichen Entscheidungsprozesses mitberücksichtigt werden. Auch die Verfügbarkeit und Anwendbarkeit bestimmter Verfahren kann zu einer häufigeren Durchführung bestimmter Maßnahmen verführen[172].

Ein weiterer Einflußfaktor auf die "Wirtschaftlichkeit" des ärztlichen Entscheidungsprozesses ist die **Rechtsprechung** bzw. das Problem der sog. **Defensivmedizin**.

Durch den zunehmenden Einfluß des Rechts bezieht der Arzt in seinen Entscheidungsprozeß zunehmend auch Überlegungen hinsichtlich seiner eigenen forensischen Risiken und Gefährdung mit ein *(Ulsenheimer K. 1991)*. Aus der verrechtlichten droht dann aber eine defensive Medizin zu werden, wenn der Arzt aus Scheu vor einer Klage zu wenig an Eingriffen wagt oder zuviel untersucht *(Ulsenheimer K. 1991)*.

Aber auch die Rechtsprechung selbst kann Einfluß auf die "Wirtschaftlichkeit" und Kosten des Gesundheitswesens nehmen. Denn eine Unterbewertung des "Wirtschaftlichkeitsaspekts" im Haftungsrecht führt zu überzogener Haftung, welche die Patienten mit zu hohen Versicherungsprämien und defensiver Medizin bezahlen[173] *(Fuchs C. 1993, Steffen E. 1993, Wysocki S. 1993)*.

4.4.3 Bewertung der Einflußfaktoren

Bei der nun folgenden abschließenden Bewertung der einzelnen Punkte muß die Bedeutung jedes einzelnen Faktors für die "Wirtschaftlichkeit" eines Krankenhauses und einer ärztlichen Leistung erwähnt werden.

Nach verschiedenen empirischen Untersuchungen können Kostenunterschiede zwischen einzelnen Krankenhäusern zum weit überwiegenden Teil durch die Variablen "Betriebsgrößen", "Patientenstruktur", "Fallzahl pro Bett" und "Qualitätsunterschiede im Leistungsprogramm" erklärt werden *(Siebig J. 1980 S. 248 f., Breyer F. 1986)*.

Entscheidend für die Wirtschaftlichkeit eines Krankenhauses bzw. Effizienz und Effektivität des Mitteleinsatzes im Krankenhauswesen ist daher vor allem der Modus der Krankenhausplanung und -finanzierung *(Siebig J. 1980 S. 248 f.)*.

---

[172] In einer Studie aus den USA wurde z.B. festgestellt, daß Patienten, die wegen eines akuten Herzinfarktes primär in Kliniken mit einem Herzkathetermeßplatz aufgenommen wurden, im Verlaufe ihres Aufenthaltes dreimal häufiger koronarangiographiert wurden als die Infarkt-Patienten, die zu dieser Untersuchung erst in ein anderes Krankenhaus verlegt werden mußten *(Every et al. 1993)*. Eine signifikante Auswirkung auf die Krankenhausletalität der beiden Patientengruppen konnte nicht festgestellt werden *(Every et al. 1993)*. Diese Erfahrung unterstreicht die große Bedeutung der staatlichen Angebotsplanung für die Kosten und Effizienz des Krankenhauswesens.

[173] *Wysocki* führt dieses Problem anhand eines Urteils des *BGH (BGH MedR 1992, 159)* aus und stellt die Verhältnismäßigkeit der ökonomischen Auswirkungen und die Sinnhaftigkeit der rechtlichen Anforderungen in Frage *(Wysocki S. 1993)*.

Die Bemühungen von staatlicher Seite, Kosteneinsparungen im Krankenhausbereich zu erreichen, müssen folglich primär auf die Steuerung des Leistungsangebots und der Einkommen der Krankenhäuser abzielen *(Siebig J. 1980 S. 248)*. Unterstützt wird diese These durch den Sachverhalt, daß sich die Leistungserbringer (Krankenhaus, Arzt) entsprechend der vorgegebenen Strukturen und den damit verbundenen Anreizen verhalten, d.h., daß z.b. ein bestehendes Angebot auch ausgelastet wird, "unrentable" Leistungen nicht erbracht werden, auch wenn sie gesamtwirtschaftlich erwünscht sind, "rentable" Leistungen erbracht werden, auch wenn sie gesamtwirtschaftlich unerwünscht sind oder erwünschte Innovationen und neue Strukturen ohne entsprechende Anreize nicht entstehen können.

Daneben dürften die Ursachen des Markt- und Staatsversagens eine dominierende Bedeutung für Ineffizienzen im Krankenhausbereich haben, führend das Auseinanderfallen der Verantwortlichkeiten von Nutzer, Entscheidungsträger, Zahler und Anbieter sowohl auf der Makroebene (Staat, Kassen, Krankenhausträger), als auch auf der Mikroebene (Patient, Krankenhausarzt). Dezidierte Aussagen lassen sich jedoch aufgrund fehlender exakter Analysen zu dem Problem der Gewichtung der einzelnen Einflußfaktoren auf die Effizienz und Effektivität des Krankenhauswesens nicht treffen. Die ökonomische Verantwortung des leitenden Arztes für "Wirtschaftlichkeit" im Krankenhaus kann abschließend folgendermaßen ausgedrückt werden:

- Der leitende Arzt hat **entscheidenden Einfluß** auf die **"Wirtschaftlichkeit" der medizinischen Behandlung** im allgemeinen.
- Der leitende Arzt hat jedoch **nur eingeschränkten Einfluß** auf die **Wirtschaftlichkeit des medizinischen Leistungsprozesses** im Krankenhaus (interdisziplinäre Ablauforganisation).
- Der leitende Arzt hat aufgrund der Dominanz außermedizinischer Faktoren nur **geringen Einfluß** auf die **Wirtschaftlichkeit des Krankenhauses**.

D Leitgedanken für ärztliche Leitungsstrukturen und Führungsaufgaben im modernen Krankenhaus

In den vorangegangenen Abschnitten wurde deutlich, daß durch die neue Ordnungspolitik und veränderte Rahmenbedingungen sowohl Krankenhäuser als auch leitende Ärzte verstärkt mit neuen Herausforderungen und Aufgaben konfrontiert werden. Als Folge der neuen Ordnungspolitik **muß der leitende Arzt** zukünftig in deutlich größerem Umfange **in die Wirtschaftsführung des Krankenhauses mit einbezogen werden.**

Das neue Finanzierungsrecht und die leistungsbezogenen Entgelte erfordern die Mitarbeit und das Engagement der leitenden Ärzte mit ihrem medizinischen Sachverstand[1]. Dies dürfte zukünftig angesichts der gestiegenen wirtschaftlichen Risiken (Verlust-, "Konkursrisiko" im Zuge des Bettenabbaus) eine Voraussetzung für das weitere wirtschaftliche Bestehen eines Krankenhauses oder einer Abteilung sein. Diese Herausforderung wird durch die wirtschaftliche Bedeutung und den entscheidenden Einfluß des leitenden Arztes auf wichtige Steuerungsgrößen des medizinischen Leistungsprozesses verstärkt[2]. Vor allem gilt dies für die zukünftig bedeutsamen Gebiete **"Patientenorientierung"**[3], **"Qualitätssicherung"**[4], **"Personalführung"**[5], **"Marketing"**[6], **"Steigerung der Effizienz und Effektivität"**[7], und der **"Förderung einer Betriebskultur"**[8]. Das für die Krankenhäuser **notwendige Herangehen an diese Aufgaben ist ohne die Mitarbeit der leitenden Ärzte nicht realisierbar.**

Als Folge der neuen Rahmenbedingungen hat sich also die wirtschaftliche und betriebliche Bedeutung des leitenden Arztes erheblich vergrößert. Die enge Zusammenarbeit mit dem leitenden Arzt als dem Inhaber der "Kernkompetenzen" kann somit für den Medizinbetrieb Krankenhaus von existentieller Bedeutung werden.

Darüber hinaus hat der **leitende Arzt** aber auch bei der zukünftig notwendigen **Erschließung von Rationalisierungspotentialen im medizinischen Bereich** des Krankenhauses bedeutende Funktionen zu erfüllen. Denn die in Punkt C 4.4 vermuteten Wirtschaftlichkeitspotentiale im Bereich der medizinischen Leistungserstellung können nur in enger Zusammenarbeit mit dem leitenden Arzt erschlossen werden. Demnach hat das Krankenhausmanagement der Zukunft dafür Sorge zu tragen, daß die leitenden Ärzte in die Gesamtorganisation und das Zielsystem des Krankenhauses eingebunden werden.

Im Hinblick auf diese Zukunftsperspektive erweist sich die derzeit bestehende **unzureichende Integration der leitenden Ärzte** in die **Führungsstruktur und Gesamtverantwortung des Krankenhauses** aber als ein **wesentlicher Schwachpunkt in der Organisationsstruktur**

---

[1] Siehe Punkt C 1.
[2] Siehe Punkt C 3.
[3] Siehe Punkt A 5.3.4, B 2.
[4] Siehe Punkt B 4.
[5] Siehe Punkt A 5.3.6.2, C 1.3.
[6] Siehe Punkt A 5.3.6.3, C 1.2.
[7] Siehe Punkt A 2.3, A 4.1, A 5.3.3, C 1.1.1.
[8] Siehe Punkt A 5.3.6.1.

der Kliniken[9]. Die mit der unzureichenden Integration des Arztes verbundenen Probleme werden durch weitere Schwachstellen in der Leitungs- und Führungsstruktur der Krankenhäuser verstärkt[10].

Die Frage ist nun, wie die leitenden Ärzte in die Leitungsstrukturen, das Zielsystem und die betriebliche Gesamtverantwortung eingebunden werden können. Ferner wie die aufgezeigten Schwachstellen und Problembereiche in den heutigen Organisationsstrukturen der Krankenhäuser[11] ausgeräumt werden können. Auf der Basis der zentralen Führungsaufgaben, die sich heute den Krankenhäusern stellen, werden Lösungsvorschläge zu diesen Fragen im folgenden Kapitel erörtert werden.

In *Tabelle 19* werden die Führungsaufgaben eines modernen Krankenhauses abschließend zusammengefaßt[12] und damit nochmals die erheblich gestiegene Bedeutung der leitenden Ärzte herausgestellt.

Bei Betrachtung der aufgeführten Punkte wird offensichtlich, daß bei der Umsetzung dieser Führungsaufgaben zukünftig verstärkt **interdisziplinär**[13] ("**Teamlösungen**") und in **Prozessen**[14] gedacht und gehandelt werden muß (**Prozeßorientierung**).

Interdisziplinäre Zusammenarbeit und sich an Ablaufprozessen orientierende Lösungen stellen aber für die Krankenhäuser mit ihren starren primär berufsständisch gegliederten Organisationsstrukturen und den damit verbundenen speziellen Schwachstellen[15] eine große Herausforderung dar.

---

[9] Siehe Punkt C 2.
[10] Siehe Punkt C 2.
[11] Siehe Punkt C 2.
[12] Die einzelnen Aufgaben und Bereiche überschneiden sich teilweise natürlich, so kann z.B. die Patientenorientierung Ausdruck einer Betriebskultur, eines Qualitätsmanagements oder einer Marketingphilosophie sein. Unter Qualitätsmanagement wiederum kann auch eine Steigerung der Effizienz oder Effektivität verstanden werden, oder die Umsetzung einer Betriebskultur, eines Personalmanagements, einer Patientenorientierung und einer Marketingstrategie.
[13] Die Ursachen sind die Patientenorientierung, die Wirtschaftsführung des Krankenhauses und einer Abteilung, die erforderliche Effizienzsteigerung in den Ablaufprozessen, die Schaffung einer Betriebskultur, das Qualitätsmanagement, das Marketing oder das Personalmanagement.
[14] Die Ursachen sind die Patientenorientierung, die Effizienzsteigerung in den Ablaufprozessen, das Qualitätsmanagement (Schnittstellenproblematik) oder das Marketing.
[15] Siehe Punkt C 2.

Tabelle 19: Die zentralen Führungsaufgaben und Ziele im modernen Krankenhaus, die in den Kompetenzbereich der leitenden Ärzte fallen und ihn maßgeblich bestimmen werden

Führungsaufgaben im modernen Krankenhaus	Begründung und Hintergrund
⇨ **Patientenorientierung** *(patient-focused)* • Arzt-Patienten-Verhältnis • Diagnostik und Therapie • Ablauforganisation • Grundeinstellung des Personals	• entspricht der (ärztlich-)ethischen Primäraufgabe des Krankenhauses • Wertewandel, ethische Probleme des medizinischen Fortschritts • Wettbewerb mit anderen Anbietern, beginnender Wandel von einem Verkäufer- zu einem Käufermarkt • Problem der unzureichenden Klientenorientierung bei NPO-Betrieben • risk management (Haftungsrisiko)
⇨**Qualitätsmanagement** *(quality management)* • Qualitätssicherung der ärztlichen Arbeit • Qualitätsbewußtsein	• Unabhängigkeit des Arztes (orig. ärztl. Aufgabe) • Patient (Wertewandel, eth. Probl. d. med. Fortschr.) • fehlendes Marktregulativ, Problem d. Beurteilbarkeit durch Dritte • Entgeltsystem, Wettbewerb, Kostendruck • Kosteneinsparung
⇨**Mitarbeit der Ärzte bei der Wirtschaftsführung**	• Voraussetzung für die Einhaltung des Gebotes der wirtschaftlichen Betriebsführung (§ 3 Abs.1 BPflV) • Kalkulation der leistungsbezogenen Entgelte (Fallpauschalen und Sonderentgelte) • Umsetzung der vor- und nachstationären Behandlung und teilstationärer Versorgungsformen • Festlegung des Leistungsspektrums • ständig steigender Kostendruck im Krankenhaus

⇨ **Steigerung der Effizienz und Effektivität** ("wirtschaftliche Betriebsführung") ⇨ **Kosteneinsparung** *(cost containment)* ▪ med. Behandlung (Mitteleinsatz) ▪ med. Behandlungsprozeß (Ablauforganisation)	▪ zunehmende Knappheit der finanziellen Ressourcen ▪ unverändert steigende Nachfrage (Demographie) ▪ leistungsorientiertes Entgeltsystem ▪ ständig steigender Kostendruck im Krankenhaus bei weitgehend fehlendem Eigenkapital und eingeschränkten Finanzierungsmöglichkeiten
⇨ **medizinisches Marketing** *(marketing)* ▪ internes Marketing (Patient, Mitarbeiter, Abteilungen) ▪ externes Marketing (ambulanter und stationärer Bereich)	▪ Wettbewerb, beginnender Wandel vom Verkäufer- zum Käufermarkt ▪ Arzt hat Kernkompetenz inne (durch enge Beziehung zu den wichtigsten Klienten des Krankenhauses, Patient und niedergelassener Arzt) ▪ Krankenhaus als NPO in großem Maße von Dritten (Kassen, Öffentlichkeit, öffentliche Hand) abhängig
⇨ **Personalführung** *(personnel management)* ▪ Planung (Zieldefinition, Mitteleinsatz) ▪ Realisierung (Aus-, Weiter-, Fortbildung, Motivation, Information, Koordination) ▪ Kontrolle (Überprüfung der Ziele, Leistungen und Verhalten der Mitarbeiter etc.)	▪ große Personalintensität der Dienstleistung (NPO) ▪ große Komplexität, geringe Standardisierbarkeit der Abläufe ▪ herausragende Bedeutung für "Qualität", Effizienz, Patientenorientierung, Betriebskultur, Marketing ▪ Wertewandel, Grundlage der Arbeitsmotivation ▪ das Krankenhaus als dauerhafter Arbeitsplatz für zunehmend höherqualifizierte Ärzte, Fachärzte ("Ärztestau" in den Kliniken) ▪ Zusammenhang mit der Arbeitsleistung des Personals (Kosten, Wirtschaftlichkeitsfaktor)
⇨ **Förderung einer Betriebskultur** *(corporate identity)* ▪ ärztlich-ethische Ziel- und Wertvorstellungen	▪ exakte Regelungen aufgrund der großen Komplexität, geringen Standardisierbarkeit der Abläufe nicht möglich, "Kultur" dient als Leitfaden für Konfliktlösungen (Fragen bzgl. Ethik, Patient, Ökonomie) ▪ Wertewandel, Ersatz für religiöse Handlungsmotive

Quelle: eigene Darstellung

1 Neustrukturierung der obersten Führungsebene des Krankenhauses

Die Ausführungen über zukünftige ärztliche Leitungsstrukturen und Möglichkeiten für eine Umsetzung der anstehenden Führungsaufgaben beginnen mit der Frage nach der zukünftigen Strukturierung der obersten Führungsebene der Krankenhäuser. Vorrangiges **Ziel** einer Neustrukturierung der obersten Führungsebene des Krankenhauses ist es, zeitlich und situativ angemessen auf die sich ändernden Rahmenbedingungen und Aufgaben reagieren zu können (**Flexibilität**) und eine **möglichst wirtschaftliche Betriebsführung** erreichen zu können. Die besonderen Interessen des Trägers müssen dabei beachtet werden. In *Tabelle 20* werden kritische Schwachstellen und Problembereiche[16] in der obersten Führungsorganisation des heutigen Krankenhauses zusammenfassend dargestellt.

Tabelle 20: Schwachstellen und Problembereiche in der Leitungsorganisation des Krankenhauses (Träger ⇔ Klinikleitung) und ihre Auswirkungen

Schwachstellen und Problembereiche (Träger ⇔ Klinikleitung)	Auswirkungen
▪ starke hierarchische Strukturierung der oberen Leitungsebene ▪ zahlreiche Zuständigkeits- und Entscheidungsebenen über der Krankenhausbetriebsleitung (hohe Leitungstiefe) ▪ hohe Arbeitsteilung, Integration durch Hierarchie	⇨ langsamer und umständlicher Entscheidungsprozeß, Probleme und Aufgaben werden weder zeit- noch sachgemäß entschieden und bearbeitet (Problem der geringen Flexibilität des Betriebes bei Wandel des Umfeldes) ⇨ Gefahr ineffizienter, ineffektiver Entscheidungen, mangelnde Problemlösung ⇨ Problem der Motivation der Krankenhausleitung
▪ starrer, langsam ablaufender Entscheidungsprozeß im Bereich zwischen Träger und Krankenhausleitung ("Verwaltungshandeln")	⇨ langsamer und umständlicher Entscheidungsprozeß, Probleme und Aufgaben werden weder zeit- noch sachgemäß entschieden und bearbeitet (Problem der geringen Flexibilität des Betriebes bei Wandel des Umfeldes) ⇨ Gefahr ineffizienter, ineffektiver Entscheidungen, mangelnde Problemlösung ⇨ wesentl. Führungsaufgaben werden vernachlässigt ⇨ Problem der Motivation der Krankenhausleitung

---

[16] Siehe Punkt A 5.3.1, C 2.

▪ zu viele Kompetenzen bei der oberen Leitungsebene (Krankenhausträger) ▪ enge Handlungs- und Entscheidungsspielräume der Krankenhausleitung ▪ Rechtsform des Regiebetriebes	⇨ Gefahr der unzureichenden sachlichen und zeitlichen Adäquanz der Entscheidungen ⇨ Gefahr ineffizienter, ineffektiver Entscheidungen, mangelnde Problemlösung ⇨ Gefahr der Beeinflussung des operativen Geschäfts ⇨ hoher Abstimmungsbedarf zwischen Trägerorganen und der Krankenhausleitung. Dadurch werden die Mängel des Entscheidungsprozesses verschärft
▪ unzureichend spezifische Qualifikation der Trägerorgane ▪ politische Art der Beschlußfassung auf Trägerebene	⇨ Gefahr der unzureichenden sachlichen und zeitlichen Adäquanz der Entscheidungen ⇨ Gefahr ineffizienter, ineffektiver Entscheidungen, mangelnde Problemlösung ⇨ Gefahr fehlender Zielvorgaben für das Krankenhaus

Quelle: eigene Darstellung

Zur Lösung der aufgeführten Probleme in der Führungsorganisation des Krankenhauses können folgende Wege aufgezeigt werden.

1.1 Verringerung der Gliederungsbreite und -tiefe in der obersten Führungsebene des Krankenhauses (Konzept der "Lean-Organization")

Der Organisationsaufbau jedes Betriebes ist durch Dimensionen der Gliederungsbreite und Gliederungstiefe gekennzeichnet *(Heinen E. 1985 S. 104 f.)*. Die Gliederungsbreite einer Organisation gibt den Umfang der Arbeitsteilung auf gleichgeordneten Stufen in einem Betrieb an. Die Organisations- oder Leitungstiefe entspricht der Zahl an über- und untergeordneten (hierarchischen) Leitungsebenen in einem Unternehmen *(Schulte-Zurhausen 1995 S. 206)*.

Die Zusammenstellung der schwerwiegendsten Schwachstellen und Problembereiche in der obersten Führungsebene des Krankenhauses macht deutlich, daß sich die Leitungsstruktur der Kliniken durch eine große Leitungstiefe (Hierarchie) und große Gliederungsbreite, mit den damit verbundenen Nachteilen, auszeichnet *(Tabelle 20)*.

Das Ziel einer Neuorganisation der obersten Führungsebene des Krankenhauses muß es also sein, die Wege zwischen den Entscheidungsebenen und -stellen zu verkürzen um damit die Problemlösung und Entscheidungsfindung zu beschleunigen.

Ein allgemeines Konzept zur Umstrukturierung von Unternehmen mit dem Ziel der Verkürzung von Entscheidungswegen, besserer Wettbewerbsfähigkeit und niedrigerer Kosten ist das sog. **Lean-Management**[17].
Bei einer engeren Betrachtungsweise von Lean-Management hat dementsprechend die Umstrukturierung einer Organisation -**Lean Organization**- eine Organisation mit geringeren Kosten und einer höheren Dynamik zum Ziel *(Weidner, Freitag 1996 S. 121)*. Erreicht wird dieses Ziel durch einen **Abbau von Hierarchieebenen** und damit Schaffung flacherer Organisationspyramiden, durch weniger und nach Möglichkeit ebenfalls **schmaleren Instanzen** und durch **kleinere, flexiblere Stäbe** bzw. Kollegien *(Weidner, Freitag 1996 S. 121)*. Eine schlankere Unternehmenshierarchie, d.h. geringere Gliederungstiefe und -breite, mit den entsprechenden Vorteilen einer höheren Effizienz/Effektivität und geringeren Kosten, kann jedoch nicht nur bei erwerbswirtschaftlichen, sondern auch bei bedarfswirtschaftlichen und öffentlichen Betrieben erreicht werden *(Bösenberg, Hauser 1994, Weidner, Freitag 1996 S. 117)*.

Umgesetzt auf die **Führungsstruktur des Krankenhauses** bedeutet Lean-Organization eine möglichst **weitreichende Verlagerung von Kompetenzen** und Verantwortlichkeiten auf die Ebene der Problemerkennung und Problemlösung bzw. Aufgabenrealisation, d.h. auf die Ebene der **Krankenhausleitung**. Damit ist ein Abbau von Hierarchiestufen und Entscheidungsstellen in der obersten Leitungsebene und eine Konzentrierung der Aufgaben auf möglichst wenige Stellen verbunden.

Ein solcher Umstrukturierungsprozeß führt somit direkt zu einer Stärkung der Verantwortung und Erweiterung der Kompetenzen und der Autonomie der Krankenhausleitung. Durch die größeren Handlungsspielräume und die Möglichkeit rasch und situativ angemessen reagieren zu können, ist eine deutlich wirtschaftlichere Betriebsführung möglich. Die Erfahrungen, die bereits mit einer weitgehenden "Verselbständigung" der Betriebsleitung öffentlicher Krankenhäuser gemacht wurden belegen dies [18]. Als weitere Folge der schlanken Organisationsstruktur werden die Aufgaben des Krankenhauses und der Mitglieder der Krankenhausleitung ver-

---

[17] Die Gewinnung einer schlanken Unternehmenshierarchie ist nur ein Teil des Lean-Managements. Vom Inhalt her handelt es sich um ein komplexes zur Steigerung der Produktivität und Senkung der Kosten ausgelegtes Management- und Organisationssystem, das das ganze Unternehmen umfaßt und in diesem Zusammenhang den Menschen in den Mittelpunkt des unternehmerischen Geschehens stellt *(Weidner, Freitag 1996 S. 118 f.)*.

[18] In Bayern haben sich seit der Freigabe der Rechtsformen für Krankenhäuser durch das am 01.09.1992 in Kraft getretene Gesetz zur Änderung kommunalrechtlicher Vorschriften rund 40 % der kommunalen Krankenhäuser für die Rechtsform eines Eigenbetriebes oder einer GmbH entschieden. Im Zuge dieser Umwandlung konnte ein deutlicher Rückgang der von den bayerischen Kommunen und Gemeinden erbrachten Zuschüsse an die Krankenhäuser von 365,9 Mio DM im Jahre 1991 auf 296,1 Mio DM im Jahre 1993 beobachtet werden, eine Tendenz, die auch für das Jahr 1994 angenommen wird *(Bayerisches Staatsministerium für Arbeit und Sozialordnung, Familie, Frauen und Gesundheit 1996)*. Auch die drei Krankenhäuser des Landkreises Rottal-Inn belasteten jahrzehntelang den Haushalt des Landkreises mit Millionendefiziten, zuletzt in Höhe von 5,8 Mio DM 1993. Durch eine Ausgliederung und "Verselbständigung" der Krankenhäuser konnte ohne Klinikschließungen, ohne Personalabbau und ohne Qualitätseinbußen im darauffolgenden Jahr erstmals ein Überschuß von 2,5 Mio DM erzielt werden *(Staedele K. 1995)*. Vergleichbare Erfahrungen konnten auch durch eine Verselbständigung des städtischen Krankenhauses in Hildesheim *(Westphal E. 1991)* oder in Sylt *(Helmig, Westphal 1993)* gemacht werden. Die Höhe der Zuschüsse der Stadt München im Zuge der Umwandlung der Krankenhäuser in Eigenbetriebe sind stark gesunken.

größert ("**job enlargement**") und erweitert ("**job enrichment**"). Die Führungsprozesse können aber dadurch nicht mehr durch Weisungen des Trägers koordiniert und überwacht werden, sondern müssen durch Koordinationsformen, die von der Eigeninitiative und der Selbstbestimmung der Mitglieder der Krankenhausleitung ausgehen, ersetzt werden.

Eine schlankere Organisationsstruktur erfordert somit einerseits eine besonders qualifizierte Krankenhausleitung, deren Mitglieder flexibel, rasch und eigenständig Entscheidungen treffen können[19], zum anderen aber auch besonders qualifizierte Trägerorgane[20].

1.2 Abgrenzung der Managementkompetenzen und -aufgaben zwischen Krankenhausträger und -leitung

Mit der Umsetzung einer Lean-Organization in der obersten Führungsstruktur des Krankenhauses ist die Frage verbunden, welche Aufgaben innerhalb der schlanken Organisationsform von der Krankenhausleitung, und welche von dem Klinikträger wahrgenommen werden sollten.

Nach *Gutenberg* besteht der Aufgabenbereich der obersten Leitungsebene vor allem im Treffen von **Grundsatzentscheidungen**. Die Entscheidungen der obersten Leitungsebene weisen dabei folgende Merkmale auf *(Schulte-Zurhausen M. 1995 S. 207 f.)*:

- sie haben eine hohe Bedeutung für den Bestand und die Zukunft des Unternehmens;
- sie betreffen das Unternehmen als Ganzes und können nur aus der Kenntnis des Gesamtzusammenhangs getroffen werden;
- sie haben nicht-delegierbaren Charakter.

Werden diese Grundsätze auf die Organisationsstruktur der obersten Führungsebene des Krankenhauses übertragen, dann sollte sich der Krankenhausträger gleichermaßen auf das Fällen der wichtigen Grundsatzentscheidungen beschränken. Im Konkreten müßte der Krankenhausträger zur Erreichung erhöhter Wirtschaftlichkeit und Flexibilität im Krankenhausbetrieb die in Tabelle 21 genannten Funktionen ausüben. Alle anderen Aufgabengebiete sollten von den entsprechenden Trägerorganen, bei öffentlichen Trägern von Behörden und Ämtern, auf das Krankenhaus übergehen, also beispielsweise die Wirtschaftsführung mit der Kosten- und Leistungsrechnung, die Personalwirtschaft, das Beschaffungswesen, die Bauunterhaltung und Durchführung kleinerer Bauvorhaben etc.

---

[19] Siehe Punkt D 2.
[20] Siehe D 1.3.

Tabelle 21: Empfehlungen zu den zukünftigen Aufgabenschwerpunkten der Krankenhausträgerorgane

- Abstimmung grundlegender planerischer und förderrechtlicher Maßnahmen mit staatlichen Planungsbehörden und Krankenkassen
- Entscheidungen über Maßnahmen von existentieller oder außergewöhnlicher Bedeutung
- Überwachung der Geschäftsführung der Krankenhausleitung
- Verdeutlichung der trägerspezifischen Wert- und Zielvorstellungen
- Definition des Versorgungsauftrages und des Leistungsspektrums
- Grundsatzentscheidungen im Bereich der Betriebsorganisation (z.B. Organisationsstruktur)
- Grundsatzentscheidungen im Bereich der Personalwirtschaft (Bestellung der Mitglieder der Krankenhausleitung, Einstellung der leitenden Abteilungsärzte, der Pflegedienstleitung und des Verwaltungsleiters)
- Festlegung zustimmungsbedürftiger Entscheidungen der Krankenhausleitung

Quelle: eigene Darstellung in Anlehnung an Eichhorn S. 1993c S. 18f.

1.3 Auswirkungen der Lean-Organization auf die Trägerorgane und die Einflußmöglichkeiten der Trägerorgane

Im Zuge der Neustrukturierung der obersten Führungsorganisation des Krankenhauses gibt der Krankenhausträger Einfluß und Kompetenzen ab. Gleichzeitig verschiebt sich auch die Gewichtung innerhalb des vom Träger wahrzunehmenden Aufgabenbereichs.

Die Neustrukturierung der Führungsorganisation und die damit verbundene größere Autonomie der Krankenhausleitung könnte also neben den Chancen einer deutlich wirtschaftlicheren Betriebsführung auch die Gefahr in sich bergen, daß sich das Krankenhaus völlig verselbständigt und damit der gesundheitspolitische Einfluß (Sicherstellungsauftrag, kommunales Selbstverwaltungsrecht) des Trägers weitgehend verloren geht. Bei der Ausgestaltung der obersten Führungsorganisation muß also ein Weg gefunden werden, der dem Krankenhaus die größtmögliche Handlungsfreiheit sicherstellt, gleichzeitig aber dem Krankenhausträger ausreichende Einfluß- und Kontrollmöglichkeiten gewährleistet.

Mit der bisher im Krankenhauswesen dominierenden Rechtsform des Regiebetriebes und der damit verbundenen Eingliederung der Kliniken in die Verwaltung der Träger war der Einfluß des Trägers "gesichert". Allerdings sind, wie erwähnt wurde, mit der Rechtsform des Regiebetriebes, bezogen auf die gesetzten Ziele "Flexibilität" und "wirtschaftliche Betriebsführung", erhebliche Nachteile verbunden[21].

---

[21] Durch die Begrenzung der Handlungsspielräume des Krankenhausmanagements können weder Ziele des Krankenhauses noch die der verschiedenen Interessensgruppen erreicht werden *(Sachs I. 1994 S. 273)*. Nähe-

In der **Rechtsform des Eigenbetriebes oder selbständigen Kommunalunternehmens**, mehr noch aber in der **Rechtsform einer GmbH**, hingegen kann dem Krankenhaus die für eine wirtschaftliche Betriebsführung notwendige Flexibilität und Autonomie eingeräumt werden[22] und damit das **Konzept der Lean-Organization am besten verwirklicht werden**.
Die Frage ist, ob die Trägerorgane auch bei diesen Rechtsformen Einfluß auf die Kliniken nehmen können, ein Punkt, der verschiedentlich angezweifelt wurde *(Sachs I. 1994 S. 70 f.)*.
Für diese Zweifel lassen sich jedoch keine fundierten Gründe finden[23]. Aus juristischer Sicht können durch eine eindeutige gesellschaftsrechtliche Verpflichtung die Ziele und Vorstellungen des Trägers vorgegeben werden und über Einflußnahmen auf die Organe der GmbH (Gesellschafterversammlung, Aufsichtsrat) auch durchgesetzt werden *(Genzel H. 1993)*.

Auch in der Rechtsform einer GmbH oder eines Eigenbetriebes kann der Träger die in *Tabelle 21* aufgeführten Funktionen und Aufgaben wahrnehmen und damit wirksam Einfluß nehmen und Kontrollrechte ausüben.

Allerdings stellen sich die Kontroll-, Aufsichts- und Koordinationsaufgaben des Trägers in einer Krankenhaus-GmbH und einer Lean-Organization gänzlich anders dar. Die erforderlichen Veränderungen betreffen vor allem den **Führungsstil** des Trägers. Nicht mehr "Wohlverhaltenskontrolle" und Verwaltungshandeln mit den auf dem Dienstweg schriftlich erteilten exakten Vorgaben, sondern Kontrolle durch vertrauensvolle Zusammenarbeit und Führung durch Kooperation und Beratung bilden die Basis für die Zusammenarbeit von Klinikträger und Krankenhausleitung. Die oberste Führungsorganisation des Krankenhauses entspricht dann **nicht mehr einer Kontroll-, sondern einer "Vertrauensorganisation"**.

Diese neue Auffassung von den Trägeraufgaben hat aber nicht nur auf den Führungsstil, sondern auch auf die Struktur der Trägerorgane Einfluß. Auch bei der Gestaltung der Trägerorgane gilt die Forderung nach einem möglichst kleinen und schmalen Gremium.

Verwirklicht werden könnte diese Zielsetzung beispielsweise durch ein Gremium, das sich an die Funktion und die Aufgaben des **Aufsichtsrates** einer Aktiengesellschaft anlehnen könnte. Nach Ansicht und Erfahrung der Unternehmensberatung *McKinsey* hat sich bei deutschen Aktiengesellschaften die Trennung von Exekutive (Geschäftsführung) und Kontrolle (Kapitalgeber, "Eigentümer") bewährt *(Henzler H. 1996)*.

---

res siehe C 2.2.1. Angemerkt sei, daß ein Krankenhaus auch in der Rechtsform des Regiebetriebes in einem gewissen Maße Handlungsfreiheiten besitzen kann. Im Idealzustand kann ein Krankenhaus dann auch relativ autonom geführt werden. Die Nachteile sind aber, daß dieser Idealzustand stark von den handelnden Personen und Gremien abhängig ist, und daß die Handlungsfreiheit "nicht einklagbar" und durchsetzbar ist, wodurch der Krankenhausleitung in Konfliktsituationen die Entscheidungssicherheit fehlt *(Eichhorn S. 1993c S. 55)*.

[22] Diese Rechtsformen sind eine Voraussetzung aber keine Garantie dafür, daß die Krankenhausleitung tatsächlich größeren Handlungsspielraum erhält *(Sachverständigenrat 1992 S. 94 Rdnr. 287 f., Westphal E. 1992, Sachs I. 1994 S. 269)*. Näheres siehe Punkt C 2.2.1.

[23] Eine Krankenhaus-GmbH bleibt weiterhin in das öffentliche Planungs-, Finanzierungs- und Vertragssystem des KHG und SGB V eingebunden, und damit die bedarfswirtschaftliche Ausrichtung der stationären Versorgung erhalten. Als Zweckbetrieb im Sinne des § 67 AO ist die Krankenhaus-GmbH auch weiterhin zur Gemeinwirtschaftlichkeit verpflichtet (§ 5 Abs. 2 Nr. 2 KHG) *(Genzel H. 1993)*.

Würde dieser Ansatz auf die Führungsstruktur des Krankenhauses übertragen, bestünde die Ebene der obersten Führungsorganisation des Krankenhauses aus der Exekutive (geschäftsführende Krankenhausleitung), und der "Kontroll- und Aufsichtsinstanz"[24] (Krankenhausträger), einem dem Prinzip des Aufsichtsrates vergleichbaren Gremium. Die Klinikleitung ist dann das Beschlußgremium, das die Gesamtverantwortung für das "Unternehmen Krankenhaus" trägt, der Krankenhausträger das beratende Aufsichts- und Kontrollgremium. Die Größe des Aufsichtsrates sollte begrenzt werden, um eine möglichst effiziente Arbeit zu ermöglichen, eine Forderung, die auch bei Aktiengesellschaften erhoben wird *(Henzler H. 1996)*. Durch spezifische Kontroll- und Exekutivausschüsse könnte der Aufsichtsrat jedoch in seiner Arbeit unterstützt und so zu einem leistungsfähigen Beratungsgremium ausgebaut werden.

In der Rechtsform einer GmbH könnte diese Aufsichts- und Beratungsfunktion auch von der Gesellschafterversammlung ausgeübt werden. Sie ist letztlich das beschließende und "führende" Organ.

Die "Aufsichtsräte" hätten die in *Tabelle 21* aufgezeigten Funktionen inne und könnten daneben die Führungskräfte des Krankenhauses in wichtigen Fragen beraten, um bereits im Vorfeld wichtiger Entscheidungen auf Denkfehler oder Informationsdefizite hinweisen zu können. Anzustreben wäre ein ständiger Dialog der Aufsichtsräte mit der Krankenhausleitung und eine umfassende Informationspflicht der Krankenhausleitung. Dies würde gewährleisten, daß sich die Mitglieder des Aufsichtsrates ein Bild von der tatsächlichen Lage des Krankenhauses machen können. Die Beratungsfunktion des Aufsichtsrates eines Krankenhauses muß einen weitaus größeren Stellenwert haben als die Kontrollfunktion.

Um die Beratungsfunktion auch sachgerecht ausüben zu können benötigen die Aufsichtsräte eine den spezifischen Belangen des Krankenhauses entsprechende Qualifikation.

Es muß also bei der Bestellung der Mitglieder dieses Aufsichtsrates darauf geachtet werden, daß sie, neben ihrer Ausbildung, auch die für die Führung eines Krankenhauses notwendigen spezifischen Kenntnisse besitzen oder erlangen können *(Mohn R. 1990)*.

Nur mit einem qualifizierten Aufsichtsrat und der Einbeziehung seiner Erkenntnisse in die praktische Arbeit der Krankenhausführung sind die Voraussetzungen für ein gutes und kontinuierliches Krankenhausmanagement gegeben[25].

---

[24] Es sei hier nochmals darauf hingewiesen, daß diese "Aufsichtsräte" nicht allein ein Kontrollorgan, sondern gleichermaßen ein beratendes Gremium bilden, das für das Krankenhaus einen wertvollen führungstechnischen Beitrag gibt.

[25] Dies gilt selbstverständlich auch für das Beschlußgremium, die Krankenhausleitung.

2 Der leitende Arzt in der Krankenhausbetriebsleitung

Als Folge der neuen Ordnungspolitik und der geänderten Rahmenbedingungen haben sich die Anforderungen an die Leistungsfähigkeit und Kompetenz der Krankenhausbetriebsleitung kontinuierlich erhöht. Eine moderne Klinik kann heute nicht mehr nur "verwaltet" werden, sondern bedarf einer zielorientierten, sach- und fachkompetenten Führung.
Mit der Umsetzung der Lean-Organization im Krankenhaus steigen die Anforderungen an die Kompetenz der Direktoriumsmitglieder und an die Leistungsfähigkeit der Führungsstruktur der Klinikleitung zusätzlich. Die mit der schlanken Organisationsstruktur verbundenen größeren Handlungsspielräume für die Krankenhausleitung erlauben zwar eine besser zielorientierte und wirtschaftlichere Betriebsführung, erfordern jedoch auch ein entsprechend qualifiziertes und entscheidungsfähiges Führungsgremium. Im Gegensatz zu dieser Entwicklung weist die Struktur des bisherigen Krankenhausdirektoriums regelhaft Schwachstellen auf, die der erforderlichen Nutzung der Handlungsspielräume und der notwendigen Bewältigung der neuen Herausforderungen und Aufgaben entgegenstehen *(Tabelle 22)*.

Tabelle 22: Schwachstellen und Problembereiche in der Leitungsorganisation des Krankenhausdirektoriums und ihre Auswirkungen

Schwachstellen und Problembereiche (Klinikleitung)	Auswirkungen
• berufsständische Gliederung des Krankenhausdirektoriums • autonome Stellung des ärztlichen (und pflegerischen) Dienstes (Professionalstatus)	⇨ Der Gliederungsstruktur entsprechend drei verschiedene Zielvorstellungen ⇨ Vernachlässigung einer "ganzheitlichen" und "einheitlichen" Krankenhausführung und damit entscheidender Führungsaufgaben (Zieldefinition, Wirtschaftsführung, Personalführung etc.) ⇨ Gefahr der vorrangigen Interessensvertretung des jeweiligen Berufsstandes ("Sprecherfunktion") ⇨ Probleme in der strategischen und operativen Unternehmensführung (z.B. Erreichen der Betriebsziele) und Gefahr von ineffizienten und ineffektiven Entscheidungen und Handlungen ⇨ Problem der "fehlenden" spezifischen Qualifikation der Professionals für Führungsaufgaben

• Dominanz des "Verwaltungshandelns" als Folge der bürokratischen Organisationsstruktur und Betriebsführung	⇨ starre, unflexible Entscheidungsprozesse ⇨ langsamer Entscheidungsprozeß ⇨ inadäquates Führungsverhalten ⇨ Vernachlässigung zentraler Führungsaufgaben (Zieldefinition, Wirtschaftsführung, Personalmanagement etc.)
• Problem der Qualifikation der Mitglieder der Krankenhausleitung	⇨ Gefahr unzureichender Wirtschaftsführung, mangelhafter Wahrnehmung von Führungsaufgaben und unzureichender strategischer Betriebsführung

Quelle: eigene Darstellung

Das Ziel der Neugestaltung der Leitungsstruktur eines Krankenhauses muß es sein, die **Betriebsleitung** zu einem **entscheidungsfähigen, kompetenten Führungsgremium** weiter zu entwickeln. Dieses Leitungsgremium muß eine **zielgerichtete, sachgerechte** und **flexible Führung des Krankenhauses** ermöglichen. Von großer Bedeutung ist unter den heutigen Rahmenbedingungen, daß die Entscheidungen im Sinne des Gesamtunternehmens Krankenhaus und seiner Zielsetzung[26] getroffen werden können.

Voraussetzung für die Umsetzung dieser Forderung ist, daß das **Krankenhausdirektorium**, im Sinne einer geschäftsführenden Unternehmensleitung, die **entscheidende Führungsinstanz** ist und primär die **Verantwortung für die Bewältigung der Herausforderungen** und der **Umsetzung der Führungsaufgaben** trägt. Die in jedem Betrieb notwendigen Management- und Führungsfunktionen[27] müssen von der Krankenhausleitung entsprechend wahrgenommen werden können. Nur so können die anstehenden Herausforderungen und Aufgaben[28] angegangen und gelöst werden.

Im folgenden wird die Frage erörtert, wie die genannten Schwachstellen und Problembereiche in der Organisationsstruktur der Krankenhausbetriebsleitung unter Einbeziehung des ärztlichen Dienstes überwunden werden können.

---

[26] Die Zielsetzung des Krankenhauses richtet sich nach den vom Träger vorgegebenen Ziel- und Wertvorstellungen und dem jeweiligen Versorgungsauftrag.

[27] 1. Planung als Festlegung der Ziele betrieblichen Handelns (Primärfunktion),
2. Organisation als ein Handlungsgefüge (Stellen, Abteilungen), das die Realisierung der Pläne ermöglichen soll,
3. Personaleinsatz zur Besetzung der Stellen mit Personal (Personalführung und -entwicklung),
4. Führung als permanente, konkrete Veranlassung der Arbeitsausführung und zieladäquate Feinsteuerung (Motivation, Führungsstil, Kommunikation),
5. Kontrolle als Soll/Ist-Vergleich und Ausgangspunkt für ggf. notwendige Änderung der Planung und damit neu beginnender Managementprozeß *(Steinmann, Schreyögg 1993 S. 8 ff.).*

[28] Siehe *Tabelle 19.*

2.1 Neuausrichtung der Krankenhausbetriebsleitung

Die Überlegungen zu einer Neuausrichtung der Krankenhausbetriebsleitung werden zunächst von der spezifischen Zielsetzung und der Aufgabenstellung des Krankenhauses geleitet. Dieser Ansatz ergibt sich aus der Besonderheit des Krankenhauses, das als ein "bedarfswirtschaftlicher Expertenbetrieb" angesehen werden kann. Expertenbetriebe zeichnen sich dadurch aus, daß ihr Kerngeschäft von einer Berufsgruppe ausgeübt wird, die über eine besondere und spezifische Ausbildung, über ein besonderes Wissen und besondere Fähigkeiten verfügt und dadurch das Wohl und Wehe dieses Betriebes entscheidend beeinflussen kann[29]. Die Führung eines solchen Betriebes erfordert in der Regel die Einbeziehung dieses spezifischen Sachverstandes.

2.1.1 Der kaufmännische und medizinische Direktor als Mitglieder der Krankenhausbetriebsleitung

Für die Führung des Expertenbetriebes Krankenhaus bedeutet dies, daß der Sachverstand eines "medizinischen Experten" in die Krankenhausbetriebsleitung mit einbezogen werden muß. Daneben erfordern auch die im Krankenhaus besonders bedeutsamen humanen Bedürfnisse der Patienten die Einbindung des medizinischen Sachverstandes in die Klinikleitung. Grund hierfür ist, daß es primäre Aufgabe der Führungsinstanz Krankenhausleitung ist, die Ziele des Betriebes vorzugeben und zu verdeutlichen. Dies ist in der Praxis aber ohne die spezifischen Kenntnisse über die Besonderheiten dieser Dienstleistung nur schwer möglich[30]. Daneben besteht angesichts des großen wirtschaftlichen Drucks in den Kliniken auch die Gefahr, daß bei einer einseitig ökonomischen Sichtweise die primäre Zielsetzung und die Qualität der Patientenversorgung gefährdet wird.

Neben dem Fachbereich der Medizin muß aber auch unabdingbar der Fachbereich der Ökonomie in dem Leitungsgremium des Krankenhauses vertreten sein. Krankenhäuser, die heute Umsätze von mehreren hundert Millionen Mark pro Jahr[31] erzielen können, erfordern eine fachkompetente und an wirtschaftlichen Grundsätzen orientierte Führung[32]. Dies gilt vor al-

---

[29] Siehe Punkt C 2.2.2.
[30] Beispielhaft sei hier das Ziel der "Kundenorientierung" genannt.
[31] Siehe Punkt A 2.3.
[32] Beispiele von erwerbswirtschaftlich geführten Krankenhäusern zeigen, daß bereits bei der Bereitstellung der für den Bau einer Klinik notwendigen Investitionsbeträge erhebliche Einsparungen möglich sind. So baut die Rhönklinikum AG ein Klinikum für 357.000 DM pro Bett, während ein öffentlicher Träger für ein in Bau und Ausstattung vergleichbares Krankenhaus etwa 800.000 DM aufwenden muß. Die Ursache der Kostendifferenz liegt in der Art der Planung und Durchführung des Bauvorhabens *(Münch E. 1993)*. Daneben beschäftigt das Rhönklinikum, als börsennotiertes Unternehmen, bis zu 50 % weniger Personal in der Verwaltung und im technischen Dienst als vergleichbare Krankenhäuser *(Bosch et al. 1996)*.
Auch Erfahrungen aus verschiedenen Sanierungsfällen stark defizitärer Krankenhäuser (z.B. Nordseeklinik Sylt, heute Teil der Asklepios-Gruppe oder Städtisches Krankenhaus Hildesheim) zeigen, daß ohne qualitati-

lem für den, im Vergleich zur medizinischen Seite, relativ leicht nach wirtschaftlichen Grundsätzen führbaren Hotelbereich, das Beschaffungs- und Materialwesen, für den Finanzierungs- und Investitionsbereich im Krankenhaus, sowie für das Personalwesen.
Das Krankenhausdirektorium sollte also auf jeden Fall mindestens zwei Personen, jeweils ein Mitglied des Fachbereichs Medizin und eines des Fachbereichs Ökonomie, umfassen. Eine derartig aufgebaute Krankenhausbetriebsleitung bestünde dann aus **einem medizinischen und einem kaufmännischen Direktor**.
Grundvoraussetzung für die Tätigkeit als medizinischer bzw. kaufmännischer Direktor in einem modernen Krankenhaus wäre eine der Verantwortung und der Leitungsposition entsprechend **hohe fachliche Qualifikation** und **Führungserfahrung, bzw. -kompetenz** beider Mitglieder. Angesichts der Aufgabenfülle, der Verantwortung und der Komplexität der Führungsaufgaben in einem modernen Krankenhaus erfordern beide Ämter eine **professionelle** und **hauptamtliche Führungskraft**.
Entsprechend hoch qualifiziertes und motiviertes Führungspersonal wird jedoch heute nur dann für die Tätigkeit im Krankenhaus gewonnen werden können, wenn diese Führungsaufgabe dem Umfang der Verantwortung und der Stellung entsprechend vergütet[33] werden kann. Die Vorteile eines solchen hauptamtlichen und entsprechend hoch qualifizierten Zweier-Gremiums liegen neben der damit geschaffenen Voraussetzung, das Krankenhaus nach modernen Führungsgrundsätzen führen zu können, vor allem darin, daß die Nachteile der berufsständischen Versäulung der Krankenhausleitung deutlich gemindert werden. Dieser Effekt kann noch erhöht werden, etwa durch ein Anreizsystem[34], das den kaufmännischen und medizinischen Direktor stärker an den Grad der Zielerreichung des Gesamtkrankenhauses binden kann. Die Forderung nach einer Betriebsleitung, die vorrangig nach den Interessen des Gesamtkrankenhauses entscheidet, wäre durch eine solche Struktur und ein derartiges, an die Mitglieder des Leitungsgremiums gestelltes Anforderungsprofil weitgehend erfüllt.
Ein weiterer Vorteil eines solchen Zweier-Gremiums läge darin, daß es dem Konzept der Lean-Organization mit seinen Vorteilen besser entsprechen würde. Entscheidungen und Problemlösungen könnten zwischen zwei Parteien leichter getroffen werden, als zwischen dreien. Zudem ist die Kommunikation, Koordination und "Teambildung" zwischen zwei Parteien, die direkt aufeinander angewiesen sind, einfacher und rascher möglich.
Wird ein Krankenhaus in der Rechtsform einer GmbH betrieben und den beiden Direktoren von seiten des Trägers der Geschäftsführer-Status zuerkannt, könnten beide Ämter zudem auf

---

ve Einbußen und Entlassungen im medizinischen und patientennahen Bereich Einsparungen in Millionenhöhe erzielt werden können *(Westphal E. 1992, Helmig, Westphal 1993)*.

[33] Hier wird das Problem der Vergütungen nach dem BAT-System angesprochen. Zum einen spiegelt die Eingruppierung eines Verwaltungsleiters innerhalb des BAT nicht dessen Verantwortung für einen Wirtschaftsbetrieb mit einem Umsatz im zwei- bis dreistelligen Millionenbereich wider, zum anderen sind die Möglichkeiten einer leistungsgerechten Bezahlung im BAT nicht vorhanden *(Mohn R. 1990)*.

[34] Neben oder auch statt eines Anreizsystems kann in einer Satzung eine Einheitlichkeit in der Entscheidungsfindung der Doppelspitze festgelegt werden, so daß die Gefahr einer Entscheidung zugunsten einer Berufsgruppe weiter vermindert wird.

einfache Weise mit weitreichenden Kompetenzen ausgestattet werden. Dadurch wäre die zur Führung eines modernen Krankenhauses notwendige Entscheidungsfähigkeit und Flexibilität in einem solchen Zweier-Gremium deutlich höher als in einem Mehr-Personen Gremium. Verwirklicht wurde das Modell eines solchen Zweier-Gremiums bereits in verschiedenen privaten und freigemeinnützigen Kliniken in Deutschland *(Münch E. 1990, Ehrhardt, Röhrßen 1993)*, aber auch in der Schweiz[35] *(Rohr H.P. 1990)*, den USA *(Hunter, Gerew 1990)* und, in modifizierter Form, in Schweden *(Axelsson R. 1990)* und den Niederlanden *(Derckx J.J.G. 1990)*. Die oben vermuteten Vorteile dieser Organisationsstruktur, Abbau der starren berufsständischen Versäulung innerhalb des Leitungsgremiums, besser zielorientierte Führung, effizienterer Entscheidungsprozeß, werden durch die praktischen Erfahrungen bestätigt *(Münch E. 1990, Rohr H.P. 1990, Ehrhardt, Röhrßen 1993)*.

Die praktische Umsetzung einer solchen Führungsspitze in Deutschland ist allerdings nicht in jedem Bundesland möglich. Verschiedene Länder haben in ihren Landeskrankenhausgesetzen exakte Regelungen und Vorschriften, in welcher Führungsstruktur ein Krankenhaus geleitet werden muß[36]. Abweichende Organisationsformen sind daher in diesen Bundesländern nicht möglich. In der wissenschaftlichen Literatur werden solche gesetzliche und rechtliche Vorgaben abgelehnt. Begründet wird dies mit der Auffassung, daß die Entscheidungen über die Ausgestaltung der inneren Organisationsstrukturen der Kliniken ausschließlich in der Kompetenz der Trägerorgane liegen sollten *(Eichhorn S. 1993c S. 124)*.

2.1.2 Der medizinische Direktor in einer modernen Krankenhausbetriebsleitung

Für das Amt des Medizinischen Direktors kommen letztlich nur Personen in Betracht, die Träger der medizinischen Kernkompetenzen sind, also dem Patienten und dem medizinischen Leistungsprozeß am nächsten stehen. Im Krankenhaus sind dies Personen, die dem Berufsstand der Ärzte oder dem Berufsstand der Pflegekräfte angehören.

Für beide Berufsgruppen lassen sich positive Argumente für die Bestellung zum hauptamtlichen medizinischen Direktor finden. So haben beide bei der Behandlung und Versorgung der Patienten im Krankenhaus eine entscheidende Bedeutung: Beide stehen dem Patienten im Krankenhaus am nächsten, beide haben wichtige Kompetenzen im medizinischen Leistungsprozeß und beide haben bei der Umsetzung der wichtigen Herausforderungen "Patientenorientierung", "Qualität", "Kostenersparnis, Effizienz, Effektivität" eine zentrale Position inne. Allerdings können gleichfalls für beide Berufsgruppen entsprechend negative Aspekte für eine Tätigkeit in der Betriebsleitung aufgezeigt werden[37]. So sind etwa beide von ihrer Aus-

---

[35] Die traditionelle Dreiteilung des Krankenhausdirektoriums ist jedoch weiterhin auch in der Schweiz dominierend *(Rohr H.P. 1990)*.

[36] Vgl. bspw. § 33 Abs. 1 KrG Nordrhein-Westfalen, § 13 Abs. 3 Hessisches KrG, § 32 Abs. 1 Saarländisches KrG. In Bayern sind im Bay KrG die inneren Strukturen dagegen nicht gesetzlich geregelt.

[37] Siehe Punkt C 2.2.1.

bildung her in keiner Weise auf die Führung eines Krankenhauses vorbereitet und hierfür entsprechend qualifiziert, und weder Pflegekräfte noch Ärzte streben von ihrer beruflichen Intention her die Betriebsführung eines Krankenhauses an.

Es gibt trotz der zahlreichen gemeinsamen Punkte jedoch eine Reihe von Argumenten, die für die Besetzung der Position des medizinischen Direktors mit einem Arzt sprechen.

Zu den wichtigsten Argumenten zählt, daß sich die hervorgehobene Stellung des ärztlichen Dienstes in den Abteilungen des Krankenhauses und seiner, sowohl aus juristischer als auch wirtschaftlicher Sicht, herausragenden Bedeutung für den Krankenhausbetrieb in gleichem Maße auch in der Krankenhausbetriebsleitung widerspiegeln sollte *(Münch E. 1990)*. Es ist der **Arzt**, der im Gegensatz zur Pflegekraft die **juristische Letztverantwortung** für die Behandlung und auch für die Behandlungspflege[38] der Patienten zu tragen hat. Und es ist auch der Arzt, der im Zuge der neuen Rahmenbedingungen und der BPflV 1995 die aus wirtschaftlicher Sicht entscheidenden ökonomischen Steuerungsgrößen des medizinischen Leistungsprozesses[39] bestimmen und beeinflussen kann[40].

Dies führt zu der Frage, in wieweit die Bildung eines solchen Zweier-Gremiums, bestehend aus einem Kaufmann und einem Arzt, in der Praxis durchsetzbar wäre.

Geht man von der heute vorherrschenden Gliederung der Krankenhausleitung aus, dann wäre bei der Umsetzung einer solchen aus organisatorischer und betriebswirtschaftlicher Sicht "idealen" Lösung[41] die Berufsgruppe der Pflegekräfte nicht mehr in der Betriebsleitung des Krankenhauses vertreten. Eine solche Neuorganisation der Krankenhausleitung könnte von den Pflegekräften als eine Herabsetzung und Ausgrenzung des Pflegedienstes empfunden werden *(Frauenknecht X. 1996)* und ernste Schwierigkeiten[42] bei der Führung eines Krankenhauses und der Umsetzung struktureller Veränderungen sowie der neuen Ziele und Aufgaben mit sich bringen. Vor dem Hintergrund des Pflegenotstandes[43] und der starken Bemühungen der Pflegenden, eine eigenständige berufliche Identifikation und gleichberechtigte Anerken-

---

[38] Siehe Punkt B 2.4.4, B 3.3. In wieweit und ob Krankenschwester oder Krankenpfleger auch im Bereich der sogenannten Grundpflege an die Weisungen des Arztes gebunden sind ist aufgrund der schwierigen Abgrenzungsproblematik zwischen medizinischer Behandlungspflege und reiner Grundpflege strittig. Nach Auffassung *Ulsenheimers* und *Opderbeckes* umfaßt aus juristischer Sicht die Verantwortung des Arztes und leitenden Arztes auch in einem bestimmten Umfange die Grundpflege *(BGH NJW 1988 762, Opderbecke H.W. 1996, Ulsenheimer K. 1997)*. Siehe auch Punkt B 2.4.

[39] Siehe Punkt C 3.1.

[40] Diese Überlegungen werden möglicherweise durch die ersten Erfahrungen, die in Deutschland mit der Umwandlung der Krankenhäuser in die Rechtsform einer GmbH gemacht wurden, bestätigt. Danach werden die ersten Betriebsleitungen gebildet, die nur mehr einen ärztlich-medizinischen und kaufmännischen Direktor vorsehen *(Ehrhardt, Röhrßen 1993)*.

[41] D.h. ausgehend von einer Lösung, die sich primär an Effizienz- und Effektivitätskriterien zur Wirtschafts- und Betriebsführung des Krankenhauses lehnt.

[42] Bereits die heftige Auseinandersetzung zwischen Ärzten, Pflegedienst, der Landeshauptstadt München und der Bayerischen Landesärztekammer über die neue Dienstordnung für die Krankenhäuser der Stadt München, die u.a. die Kompetenzabgrenzung zwischen Ärzten und Pflegekräften regeln sollte, gibt Hinweise auf die möglichen Spannungen, die bei einer Neuorganisation der Betriebsleitungen entstehen könnten.

[43] Pflegenotstand bezieht sich nicht nur auf die fehlende oder rückläufige Zahl an Pflegekräften, sondern vor allem auf die heutigen Probleme der modernen Krankenpflege ("Krise" der Krankenpflege). Siehe ausführlich Punkt B 2.4.

nung zu finden[44], könnte eine derartige Neuorganisation zudem der Zielsetzung eines modernen Krankenhauses widersprechen, die Stellung der Pflege in der Organisationsstruktur aufzuwerten und die Pflegedienstleitung in ihrer Führungsarbeit zu stärken.
Es erscheint daher fraglich, ob eine derartige primär an betriebswirtschaftlichen Gesichtspunkten orientierte Neuorganisation des bestehenden Krankenhausdirektoriums auch in der Praxis umsetzbar wäre. Sinnvoll aber ist die Implementierung einer professionellen Zweierspitze als Klinikleitung vorrangig bei einer Errichtung oder grundlegenden Neugestaltung einer Klinik, bei grundlegenden Veränderungen der Eigentumsverhältnisse oder, mit Einschränkungen, bei Änderung der Rechtsform[45] eines Krankenhauses.

2.1.2.1 Organisatorische Integration der Pflegedienstleitung in einem modernen Krankenhaus

Offen bleibt jedoch die Frage, wo und wie die Pflegedienstleitung in einer modernen Klinik mit einer professionellen Doppelspitze angesiedelt werden sollte. Angesichts der bestehenden und zukünftigen Herausforderungen und Aufgaben[46] ist es erforderlich, die **Bedeutung des Pflegedienstes** im Krankenhaus **zu stärken** und die Führungsfunktionen des Pflegedienstes[47] sach- und personenbezogen bestmöglich umzusetzen. Die größere Gewichtung und stärkere Stellung des Pflegedienstes in einem modernen Krankenhaus ist daneben auch für die Bewältigung der kritischen Lage der Krankenpflege erforderlich.

Wie verschiedene Studien gezeigt haben, können die mit dem Pflegenotstand einhergehenden Probleme[48] nur durch eine Verbesserung und Aufwertung der Situation der Pflegekräfte im Krankenhaus gelöst werden[49] *(Kramer, Schmalenberg 1989, Braithwaite J. 1993).*

Das Ziel den Pflegedienst im Krankenhaus aufzuwerten und attraktiver zu machen kann nach den Erkenntnissen der wissenschaftlichen Studien, der Umfrageergebnisse unter den Pflegekräften[50] und den in der Praxis gemachten Erfahrungen letztlich nur durch zwei sich ergänzende Ansätze erreicht werden.

Als erste Voraussetzung ist die Verbesserung und **Weiterentwicklung des Personalmanagements**, der **Personalführung** und des **Führungsstils** der Pflegedienstleitung notwendig[51] *(Helmer, McKnight 1989).* Wie wichtig dieser Punkt ist wird bei der Tatsache deutlich, daß

---

[44] Eine Tendenz die nicht nur in Deutschland, sondern auch in anderen Ländern, wie den USA *(Helmer, McKnight 1989)*, Schweden *(Svensson R. 1996)* oder Großbritannien *(Nolan M. 1995, Short J. 1995)*, besteht.
[45] Überlegungen, wo und wie die Pflegedienstleitung in Zukunft anzusiedeln sei, werden nach *Frauenknecht* gerade bei Änderungen der Rechtsform einer Klinik angestellt *(Frauenknecht X. 1996).*
[46] Siehe Punkt D1.
[47] Zu den wichtigsten Aufgaben der Pflegedienstleitung zählen das Management der pflegerischen Qualität und Leistungen sowie das Personalmanagement *(Frauenknecht X. 1996).*
[48] Z.B. die hohe und damit teure Personalfluktuation, die Demotivation und Frustration der Pflegenden mit dem damit verbundenen mangelnden Engagement, oder ihr frühes Ausscheiden aus dem Beruf.
[49] Siehe Punkt B 2.4.
[50] Siehe Punkt B 2.4.
[51] Siehe Punkt B 2.4.

Kliniken in den USA aber auch in Deutschland, die sich durch ein modernes und innovatives Personalmanagement auszeichnen[52], die mit dem Pflegenotstand verbundenen Probleme nicht kennen *(Kramer, Schmalenberg 1989, Bosch et al. 1996).* Angesichts der bestehenden Defizite in der Führungsarbeit im Krankenhaus[53] und der großen Bedeutung des Pflegepersonals kommt der Art und Weise der Auswahl aber auch der Fortbildung der Pflegekräfte in Führungsfragen somit zukünftig eine herausragende Bedeutung zu[54].

Daneben ist andererseits eine Leitungsstruktur im Pflegedienst erforderlich, die die Handlungs- und Entscheidungsfreiräume der Pflegenden erweitern kann und größere Entwicklungs- und Entfaltungsmöglichkeiten für eigene Ideen und neue Vorschläge erlaubt[55] *(Helmer, McKnight 1989).*

Mit dem Konzept der Lean-Organization wurde oben bereits eine Organisationsstruktur vorgestellt, die durch die weitgehende Verlagerung von Kompetenzen und Verantwortung auf die Realisationsebene Entscheidungs- und Handlungsfreiheiten schaffen kann. Diese größeren Freiräume und Entwicklungsmöglichkeiten für das Personal können ihrerseits zu einer deutlich höheren Mitarbeitermotivation und -zufriedenheit führen.

Überträgt man diesen Ansatz auf das Pflegemanagement im Krankenhaus, würde dies eine weitgehende **Dezentralisierung von Verantwortung und Kompetenzen** von der Pflegedienstleitung hin zu den einzelnen Abteilungen bedeuten[56]. Durch das Ziel, den Pflegekräften in den einzelnen Abteilungen soviel Gestaltungs- und Handlungsfreiräume wie möglich zu geben, müßten viele der von den Pflegekräften geäußerten Mängel im Pflegemanagement beseitigt werden können.

An der *Johns Hopkins University* in Baltimore (USA) wurde das Konzept der Lean-Organization bereits in den achtziger Jahren in die Praxis umgesetzt *(Heyssel et al. 1984).* Im Pflegedienst wurden dabei annähernd alle Führungskompetenzen (Budgetverantwortung, gesamtes

---

[52] In den USA werden diese Kliniken als "Magnet-Hospitals" bezeichnet *(Kramer, Schmalenberg 1989).*
[53] Siehe Punkt B 2.4, C 2.2.1.
[54] Das bedeutet eine Abkehr vom Verwaltungshandeln und -denken, die Umstellung von einem autoritären zu einem partizipativen Führungsstil, aber auch eine Hinwendung zu einer von Wirtschaftlichkeits- und nicht primär von Kostenaspekten dominierten Denkweise. So verursacht zwar die gezielte Schulung des Personals in Führungsfragen Kosten. Die mittelfristig erzielbaren Einsparungen und Vorteile solcher Schulungsprogramme (geringere Personalfluktuation, deutlich höher motiviertes und engagiertes Personal, geringere Fehlzeiten etc.) können die entstandenen Kosten ausgleichen und, wie die Studienergebnisse in den USA gezeigt haben, sogar erheblich übertreffen *(Kramer, Schmalenberg 1989).*
[55] Das Fehlen der genannten Punkte gilt als einer der wesentlichen Mängel im Pflegemanagement, siehe Punkt B 2.4.
[56] Die Dezentralisierung von Verantwortung und Kompetenzen in der Organisationsstruktur eines Krankenhauses, mit dem Ziel einer Stärkung der Krankenpflege hätte aber auch auf die Zusammenarbeit mit dem Verwaltungs- und v.a. Wirtschaftsdienst Auswirkungen. Soll das Konzept der Lean-Organisation Erfolg haben, dann müßten auch zahlreiche **Leistungen des Wirtschaftsdienstes**, etwa die Stationsreinigung, der Hol- und Bringedienst etc., **dezentralisiert** werden. Nur auf diesem Wege hat die examinierte Pflegekraft tatsächlich die Möglichkeiten, die Abläufe auf einer Station in der Pflege und im pflegenahen Bereich zu steuern. Bisher ist es in der Regel so, daß examinierte Krankenschwestern zu viele unqualifizierte Hilfsdienste ausführen müssen (siehe Punkt B 2.4), etwa Reinigungsarbeiten auf der Station, da eine Reinigungskraft nicht in der erforderlichen Zeit auf eine Station kommen kann *(Isenhardt I. 1994).* Die Dezentralisierung in der Pflege muß daher mit einer Dezentralisierung im Verwaltungs- und Wirtschaftsdienst einhergehen.

Personalmanagement, Qualitätssicherung in der Pflege etc.) auf die Abteilungsebene verlagert. Als Ergebnis dieser Neustrukturierung konnte festgestellt werden, daß sich die Position des Pflegedienstes in der Klinik deutlich gefestigt und sich die Motivation der Pflegekräfte erheblich gesteigert hatte *(Heyssel et al. 1984)*. Jede Abteilung hat nunmehr eine kompetente und qualifiziert geschulte leitende Pflegekraft, ähnlich der Position eines Chefarztes im ärztlichen Dienst, die für die Führung des Pflegedienstes direkt "vor Ort" zuständig ist *(Heyssel et al. 1984)*.

Durch diese Maßnahme konnte nicht nur die Position des Pflegedienstes in der Klinik gestärkt, sondern auch auf die Bedürfnisse der einzelnen Stationen, Pflegekräfte und auch der Patienten erheblich besser eingegangen werden[57] *(Heyssel et al. 1984)*. Daneben wurde die wirtschaftliche Betriebsführung der Abteilungen und der Klinik deutlich verbessert *(Heyssel et al. 1984)*. Vergleichbare Ergebnisse konnten auch in anderen Kliniken[58], die ein weitgehend dezentralisiertes Pflegemanagement aufwiesen, gefunden werden *(Helmer, McKnight 1989, Hoffart et al. 1995)*. Die mit der Dezentralisierung und der höheren Motivation einhergehende geringere Fluktuationsrate der Pflegekräfte führt daneben zu einer zusätzlichen Reduktion des Personalaufwands und der Kosten für den Pflegedienst *(Helmer, McKnight 1989)*. Auch bei den sog. Magnet-Hospitals[59] in den USA konnte durchgehend eine dezentrale Führungsorganisation des Pflegedienstes[60] gefunden werden *(Kramer, Schmalenberg 1989)*.

Die weitgehende Dezentralisation von Kompetenzen und Verantwortung im Pflegedienst bedeutet aber nicht, daß auf eine übergeordnete Pflegedienstleitung gänzlich verzichtet werden kann. Auch im *Johns Hopkins Hospital* gibt es eine, wenn auch "schlanke" Pflegedirektion, die vor allem an der Erstellung von Pflegestandards, der generellen Überprüfung der fachlichen Leistungen der Pflegekräfte, der Erstellung der allgemeinen Richtlinien in der Personalführung und -rekrutierung und, zusammen mit der kaufmännischen und ärztlichen Seite, an der Aufteilung des Globalbudgets auf die einzelnen Abteilungen beteiligt ist *(Heyssel et al. 1984)*.

---

[57] Erwähnt sei jedoch, daß die Dezentralisation des Pflegedienst in der *Johns Hopkins University* nach Aussagen der Autoren äußerst schwierig gewesen ist. Von Seiten der Pflegedienstleitung und verschiedenen Pflegeverbänden wurde gegen diese Maßnahme stark interveniert *(Heyssel et al. 1984)*. Die gleichen Erfahrungen machten auch Unternehmensberater in den USA, die in verschiedenen Kliniken eine Reorganisation des Pflegedienstes durchgeführt haben *(Porter-O'Grady T. 1994)*.

[58] In einem wissenschaftlichen Projekt wurden mit der Verlagerung von Kompetenzen auf die Stationsebene positive Erfahrungen in der Motivation des Pflegedienstes gemacht *(Isenhardt I. 1994)*.

[59] In Deutschland zeichnet sich vor allem die Rhön-Klinikum AG durch ein herausragendes Personalmanagement im Pflegedienst aus und übt daher auf die Berufsgruppe der Pflegekräfte eine hohe Anziehungskraft aus. *(Bosch et al. 1996)*. Neben flexiblen Dienstzeitenregelungen, einer leistungsorientierten Bezahlung, finanziellen Förderung von Fortbildungsmaßnahmen etc. *(Bosch et al. 1996)* zeichnet sich das Klinikum v. a. durch eine dezentrale Organisationsstruktur im Pflegedienst aus *(Münch E. 1990)*.

[60] In Deutschland wurde im *LBK Hamburg* ein Modellversuch gestartet, der ebenfalls die Dezentralisation des Pflegemanagements und eine Delegation von Kompetenzen auf die Abteilungsebene zum Ziel hat *(Dahlgaard, van den Bussche 1995)*. Obwohl bereits erste positive Erfahrungen gemacht wurden, können die Ergebnisse dieses Modellprojekts noch nicht abschließend bewertet werden *(Dahlgaard, van den Bussche 1995)*.

Ob diese Pflegedirektion in die Krankenhausbetriebsleitung direkt eingebunden werden, oder lediglich eine "Beratungsfunktion" inne haben könnte, sollte im konkreten Einzelfall unter Abwägung der jeweiligen örtlichen Gegebenheiten sowie der damit verbundenen Vor- und Nachteile erörtert und entschieden werden.
Bei einer Klinik mit einer Doppelspitze wäre es auch denkbar, der Pflegedienstleitung ein Auskunfts- und Informationsrecht gegenüber dem Zweier-Gremium und dem Aufsichtsrat als Trägerorgan einzuräumen, um so eine bessere Einbindung des Pflegedienstes zu erreichen. Auf diese Weise wäre die Pflegedirektion im Konfliktfalle in bestimmten, das Gesamtkrankenhaus betreffenden Fragen nicht gänzlich ausgegrenzt.
Die **Einbindung des Pflegedienstes** in strategische und das gesamte Krankenhaus betreffende Entscheidungen sollte aber **vorrangig durch einen** entsprechend **kooperativen** und **integrativen Führungsstil** auf der Basis eines gemeinsamen Ziel- und Wertesystems erfolgen. Eine solche Lösung wird den rechtlichen[61], wirtschaftlichen[62] und medizinisch-humanitären[63] Besonderheiten einer modernen Klinik am besten gerecht.

2.1.3 Alternative Organisationsstrukturen der Krankenhausbetriebsleitung

Soll jedoch die in Deutschland vorherrschende Dreiteilung der Krankenhausbetriebsleitung beibehalten werden, muß danach gefragt werden, auf welche Art und Weise eine Organisationsstruktur die eingangs aufgezeigten Schwachstellen beseitigen oder mindern kann.
Ein möglicher Ansatzpunkt wäre, aufbauend auf einer dezentralisierten Organisationsstruktur, eine **Weiterentwicklung** des vorherrschenden **Dreierdirektoriums**.
Im Vordergrund eines solchen Ansatzes müßte vor allem eine **spezifischere Qualifizierung** und eine **Professionalisierung** des Krankenhausmanagements stehen *(Hoefflinger Taft, Pelikan 1990, Mohn R. 1990, Eichhorn, Schmidt-Rettig 1995a S. 369 ff.)*. Dies gilt vor allem für die Vertreter des medizinischen Bereichs, die auf die spezifischen Aufgaben der Kranken-

---

[61] Siehe hierzu die rechtlichen Schwierigkeiten bei der Abgrenzung von Kompetenzen und Verantwortung zwischen ärztlichem und pflegerischem Bereich. Der Vorsitzende Richter des BGH a.D. *Steffen* zeigte den wohl einzigen Lösungsweg für den Umgang mit dieser Problematik auf, wenn er sagt, daß in Fragen der Abgrenzung von Kompetenzen und Zuständigkeiten zwischen Arzt und Pflegekraft die **Kooperation** gefordert sei, "für die jedes Rang- und Konkurrenzdenken unangebracht ist" *(zitiert aus: Steffen E. 1996, "Arzt und Krankenpflege: Konfliktfelder und Kompetenzen", in: MedR 1996 S. 265)*.

[62] Die Führung einer modernen Klinik erfordert eine rasche Entscheidungsfindung bei den operativen und den routinemäßig zu treffenden Entscheidungen. Ein durch Satzungen oder Dienstordnungen festgelegtes Mitbestimmungs- oder Anhörungsrecht der Krankenpflege kann den Entscheidungsprozeß in diesen Fragen unnötigerweise verlängern. In einem kooperativen Umfeld wird jedoch die Pflegedienstleitung, wenn es erforderlich ist oder von ihr gewünscht wird, in den Entscheidungsprozeß miteinbezogen, auch wenn sie hierfür kein "verbrieftes Recht" hätte.

[63] Das Handeln nach gemeinsamen humanitären Werten und einer Betriebskultur spiegelt die in einem Krankenhaus für eine an den individuellen Bedürfnissen der Patienten orientierte medizinische Versorgung notwendige Flexibilität und Entscheidungsfreiheit, am besten wider. "Humanität" im Krankenhaus kann nicht mit einer Dienstordnung oder Satzung erreicht werden.

hausführung und des **Personalmanagements** im modernen Krankenhaus vorbereitet und geschult werden müssen *(Hoefflinger Taft, Pelikan 1990, Mohn R. 1990)*.
Ein weiterer wichtiger Punkt für eine effizientere Organisationsstruktur und moderne Krankenhausführung muß eine **gemeinsame Zielvereinbarung** und ein dementsprechend **einheitliches und zielkongruentes Handeln** aller Direktoriumsmitglieder sein. Nach dem Ergebnis einer kanadischen Studie ist die von allen Mitgliedern der Krankenhausleitung gemeinsam getragene und kooperative Zieldefinition und Kommunikation für die notwendige Integration des ärztlichen und pflegerischen Bereichs in die Krankenhausführung von entscheidender Bedeutung für ein erfolgreiches Krankenhausmanagement *(Tjosvold, MacPherson 1996)*.
Dieser Effekt könnte durch ein entsprechend ausgestaltetes Anreizsystem, das die gesamte Krankenhausleitung in das Zielsystem einbindet[64], zusätzlich verstärkt werden. Auch eine gemeinsame Werte- und Betriebskultur kann als Grundlage für eine gemeinsame Zieldefinition dienen und den hohen Kommunikations- und Koordinationsbedarf innerhalb des Direktoriums verringern. Inwieweit ein derartig ausgestaltetes Krankenhausdirektorium den tatsächlichen Zielvorgaben entsprechen kann, müßte von einem kompetenten "Aufsichtsrat" (Klinikträger) laufend beobachtet und ggf. näher überprüft werden. Nur so kann eine Fehlentwicklung innerhalb der Betriebsleitung rechtzeitig erkannt und verhindert werden.
In Dänemark[65] konnte in drei verschiedenen Kliniken, in denen eine dezentralisierte Organisationsstruktur eingeführt wurde, und das "Management Team", bestehend aus einer Pflegedirektorin, einem Arzt und einem Mitglied der Administration, spezifisch ausgebildet und geschult wurde, das Ziel der Budgeteinhaltung, im Gegensatz zu anderen Krankenhäusern, erreicht werden *(Pallesen, Pedersen 1993)*. Ob dieser Effekt vorrangig auf die dezentrale Organisationsstruktur oder aber auch auf die Führungsarbeit des professionellen Management Teams zurückzuführen war, gaben die Autoren nicht an *(Pallesen, Pedersen 1993)*.
Ob ein qualifizierteres Dreier-Direktorium die Nachteile dieser Gliederungsstruktur auch auf Dauer mindern kann bleibt offen, da die mit der Dreiteilung der Krankenhausleitung verbundenen Probleme weiterhin latent bleiben.
Eine weitere Möglichkeit die Schwachstellen der konventionellen Krankenhausbetriebsleitung zu lösen besteht in der Implementation einer **Geschäftsleitung, die dem Direktorium übergeordnet ist**. Dadurch wird die eigentliche Führung, insbesondere die Wirtschaftsführung des Krankenhauses, nicht mehr primär von dem Dreier-Direktorium, sondern von einer Geschäftsleitung ausgeübt. Dieser Weg wurde in der Praxis im Zuge der Umwandlung der Rechtsform der Krankenhäuser oftmals eingeschlagen *(Jäger P. 1987, Rippel W.H. 1988, Westphal E. 1991, Nierhoff G. 1993, Wuttke R. 1993)*. Bei Kliniken, die nunmehr in der Rechtsform einer

---

[64] Neben einem Anreizsystem kommt auch eine satzungsmäßige Verpflichtung des Dreierdirektoriums Entscheidungen einstimmig treffen zu müssen in Frage. Damit wäre zwar generell ein einheitliches und zielgerichtetes Handeln möglich. Allerdings besteht in einem Dreierdirektorium in einem solchen Fall die große Gefahr, daß bei fehlender Kompromißbereitschaft eines Mitglieds, die Krankenhausführung weitgehend handlungsunfähig wird.
[65] Die Leitungs- und Organisationsstrukturen in den dänischen Krankenhäusern sind mit dem in Deutschland vorherrschenden System nahezu identisch *(vgl. Pallesen, Pedersen 1993)*.

GmbH betrieben werden, wird die Führung des Krankenhauses (Geschäftsleitung) oftmals von einem einzelnen Geschäftsführer ausgeübt, einer sog. singulären Führungsspitze *(Jäger P. 1987, Rippel W. H. 1988, Nierhoff G. 1993, Wuttke R. 1993)*.
Dieser Geschäftsführer ist für das Geschäftsgebahren der GmbH allein verantwortlich *(Rippel H.W. 1988)*. Obwohl es durchaus möglich wäre, die Organisationsstruktur des Dreier-Direktoriums auch in der Geschäftsleitung einer GmbH mit den entsprechenden drei Geschäftsführern beizubehalten, hat sich in der Praxis fast ausschließlich die singuläre Führungsspitze durchgesetzt. Die Gründe hierfür liegen in der Tatsache begründet, daß durch eine singuläre Führungsspitze die Geschäftsführung des Krankenhauses deutlich wirtschaftlicher, flexibler, unbürokratischer sowie der Entscheidungsprozeß erheblich problemorientierter und schneller gestaltet werden kann *(Jäger P. 1987, Nierhoff G. 1993, Wuttke R. 1993)*.
Neben den Vorteilen dieser Organisationsstruktur bestehen allerdings auch eine Reihe von Gefahren bei der Führung eines Krankenhauses durch einen einzelnen Geschäftsführer, der bei Kliniken, die in der Rechtsform einer GmbH geführt werden, meist ein Ökonom ist *(Jäger P. 1987, Rippel W.H. 1988, Westphal E. 1991, Nierhoff G. 1993, Wuttke R. 1993)*.
Eine der entscheidenden Voraussetzungen für die Praktikabilität und den Erfolg dieses Führungsmodells ist die Einbindung des medizinischen und vor allem ärztlichen Bereichs in den Entscheidungs- und Führungsprozeß sowie eine enge und vertrauensvolle Zusammenarbeit zwischen Geschäftsführer und ärztlichem Dienst *(Wuttke R. 1993)*. Angesichts der autonomen Stellung des Arztes im Krankenhaus sind die Schwierigkeiten den ärztlichen Dienst in die Gesamtorganisation einzubinden damit erheblich größer als in der Leitungsstruktur einer Doppelspitze. Die bisher schon vorhandenen Probleme der organisatorischen Integration der leitenden Ärzte könnten damit, ohne zusätzliche Gegenmaßnahmen, sogar verschärft werden.
Daneben besteht in einem Krankenhaus mit einer ökonomisch geprägten singulären Führungsspitze tendenziell auch die Gefahr, daß die primär medizinisch-humanitäre Zielsetzung des Krankenhauses, gerade bei einem kontinuierlich steigenden Kostendruck, den wirtschaftlichen Belangen der Betriebsführung untergeordnet werden könnte.

2.2 Der ärztliche Direktor im modernen Krankenhaus

Im vorangegangenen Abschnitt wurde deutlich, daß die besondere medizinisch-humanitäre Zielsetzung einer Klinik, die zunehmend größeren medizinisch-ethischen Herausforderungen der modernen Medizin und die Wirtschaftsführung des Krankenhauses die Einbindung des leitenden Arztes in die Krankenhausbetriebsleitung erfordern.
Bekräftigt wird diese Einschätzung durch die Erfahrung amerikanischer Krankenhausberater. Danach kann eine Klinik auf längere Sicht nicht ohne die Einbindung ärztlichen Sachverstandes in die Führungsentscheidungen wirtschaftlich erfolgreich geleitet werden *(Hunter, Gerew 1990)*. Diese Erkenntnis wird von einer in den USA durchgeführten Studie bestätigt. Danach

schnitten Kliniken, die einen Arzt in die Betriebsleitung integriert hatten in Bezug auf die wirtschaftliche Betriebsführung[66] und die "Qualität" der Krankenversorgung signifikant besser ab *(Molinari et al. 1995)*. Angesichts der mit der Position des ärztlichen Direktors verbundenen Schwachstellen erscheint es allerdings fraglich, ob die mit der Einbeziehung des leitenden Arztes verbundenen Vorteile und positiven Effekte bei der Krankenhausführung tatsächlich erzielt werden können *(siehe Tabelle 23)*.

Tabelle 23: Mit der Position des ärztlichen Direktors verbundene Schwachpunkte[67]

- **Enormes Aufgabenvolumen und großes Zeitproblem**, da der ärztliche Direktor zugleich auch leitender Abteilungsarzt ist
- **Kompetenzproblem**, da der ärztliche Direktor in der Regel auf die Tätigkeit in der Krankenhausleitung nicht vorbereitet ist und keinerlei spezifische Ausbildung hierfür hat, zudem tritt durch die zeitliche Befristung des Amtes das Kompetenzproblem bei jedem Stellenwechsel neu auf
- **"Ehrenamtliche Tätigkeit"**, weitgehend unentgeltlich, in der Regel zeitlich befristet, "machtloses Amt", zudem Problem des Engagements, da der leitende Arzt während seiner nebenamtlichen Tätigkeit als ärztlicher Direktor nicht den Stand der modernen medizinischen Erkenntnisse in seinem Fachgebiet verlieren darf
- **Gefahr des Interessenskonflikts**, da der ärztliche Direktor zugleich leitender Abteilungsarzt ist und durch die anderen leitenden Abteilungsärzte gewählt wird

Quelle: eigene Darstellung

2.2.1 Die Position des ärztlichen Direktors im modernen Krankenhaus

Zu den wichtigsten Ursachen für die heute inadäquate Stellung des ärztlichen Direktors innerhalb der Betriebsleitung einer Klinik zählen maßgeblich die neuen Herausforderungen und Aufgaben, die durch die neue Ordnungspolitik an die Führung eines Krankenhauses gestellt werden. Als Folge dieser Entwicklung haben sich die Anforderungen an die Kompetenz, Qualifikation und den Stellenwert des medizinischen Direktors innerhalb der Klinikleitung erheblich vergrößert.

Die Frage ist daher, wie die Position des ärztlichen Direktors in einer modernen Klinik ausgestaltet und besetzt sein sollte, um der gestiegenen Bedeutung und Verantwortung der leitenden Ärzte für den Krankenhausbetrieb entsprechend gerecht werden und die ärztliche Organisationsfunktion besser in den Krankenhausbetrieb integrieren zu können.

---

[66] In einer früheren Studie konnte dieser Effekt nicht sicher nachgewiesen werden *(Alexander, Morrisey 1988)*.
[67] Näheres siehe Punkt C 2.

Tabelle 24 zeigt in einer Übersicht die Aufgaben, die auf die Stelle eines hauptamtlichen ärztlichen Direktors in einer modernen Klinik entfallen würden.

Tabelle 24: Aufgaben eines hauptamtlichen ärztlichen Direktors in einer modernen Klinik

- In Zusammenarbeit mit dem kaufmännischen Direktor, den Chefärzten, der Pflegedienstleitung und unter Berücksichtigung der Ziel- und Wertevorstellungen des Klinikträgers das Erarbeiten einer **Zieldefinition** und einer Grundlage für eine gemeinsame **Betriebskultur (corporate identity)**
- **Anleitung und informelle Überprüfung** des zielgerichteten Handelns des medizinischen Personals
- **Personalführung und -entwicklung**, Mitarbeit bei der Personalauswahl und -einstellung, Strategien zur Motivation des medizinischen Fachpersonals, Gestaltung der Arbeitsbedingungen etc.
- **Wirtschaftliche Betriebsführung**, Mitarbeit bei der Erstellung, Umsetzung und Einhaltung der Abteilungsbudgets, Steigerung der innerbetrieblichen Effizienz, Organisationsentwicklung mit dem Ziel der Verbesserung der Arbeitsabläufe, Arbeitsbedingungen, Motivation und Personalführung, Wirtschaftlichkeitsanalysen, beratende Unterstützung der medizinischen Abteilungen, Schulung und Fortbildung des medizinischen Personals in Fragen der Personalführung, Krankenhausbetriebswirtschaftslehre, Organisationsentwicklung etc.
- **Medizinisches Beschaffungswesen**, verantwortlich für den Einkauf von Medikamenten, Geräten, medizinischem Bedarf, in enger Zusammenarbeit mit den medizinischen Abteilungen
- Entwicklung und Umsetzung von **Marketingstrategien**, Darstellung der Klinik nach außen und gegenüber staatlichen Behörden, Krankenkassen etc. (externen Kunden)
- Entwicklung **langfristiger Strategien** in Zusammenarbeit mit den Fachabteilungen, dem kaufmännischen Direktor und dem Träger, z.B. teilstationäre, ambulante Versorgungsformen, Kooperation etc.
- Gesamter Bereich der **Patientenversorgung**, d.h. Mitarbeit und beratende Unterstützung der Abteilungen bei der medizinischen Qualitätssicherung, der Umsetzung der Patientenorientierung etc.
- **Vermittlerfunktion** zwischen den Abteilungen, zwischen Arzt und Pflegekraft im Rahmen eines zielorientierten Führungskonzepts im Personalmanagement

Quelle: eigene Darstellung in Anlehnung an Hunter, Gerew 1990, Kok W.G.C. 1990

Angesichts der großen und zukünftig weiter anwachsenden Aufgabenfülle eines ärztlichen Direktors und der mit der Funktion als Klinikleiter und Leiter eines medizinischen Fachbereichs verbundenen, ständig größer werdenden Doppelbelastung eines leitenden Arztes, können die in der Position des ärztlichen Direktors liegenden Schwachstellen letztlich nur durch eine Trennung dieser beiden Aufgabenbereiche gelöst werden *(Hunter, Gerew 1990, Sachweh D. 1993, Unkel B. 1993, Wuttke R. 1993, Tecklenburg A. 1995, Nierhoff G. 1996).*
Sowohl der erforderliche zeitliche Aufwand, als auch die großen fach- und sachspezifischen Anforderungen an die Tätigkeit eines medizinischen Direktors können heute in einer modernen Klinik nicht mehr in einer nur auf wenige Stunden pro Woche beschränkten Nebentätig-

keit bewältigt werden *(Hunter, Gerew 1990, Lippert P. 1993, Sachweh D. 1993, Unkel B. 1993, Wuttke R. 1993, Tecklenburg A. 1995, Nierhoff G. 1996).*
Für die Position des leitenden Arztes in der Krankenhausbetriebsleitung bedeutet das, daß sie zukünftig mit einem **hauptamtlich** tätigen ärztlichen Direktor besetzt werden sollte *(Hunter, Gerew 1990, Lippert P. 1993, Sachweh D. 1993, Unkel B. 1993, Wuttke R. 1993, Tecklenburg A. 1995, Nierhoff G. 1996).* Nur auf diese Weise können auch die anderen Problemfelder, die mit der Position des ärztlichen Direktors herkömmlicher Prägung verbunden sind, wie etwa die Gefahr einer Interessenkollision in diesem Amt oder das Problem der erforderlichen spezifischen Qualifikation, gelöst werden.

Die Forderung nach der Einführung eines hauptamtlichen ärztlichen Direktors wird durch die Erfahrung verschiedener Unternehmensberater in den USA bekräftigt. Danach ist die *hauptamtliche* Tätigkeit eines Arztes in der Führungsspitze einer Klinik eine der entscheidenen Voraussetzungen für das Fortbestehen und den wirtschaftlichen Erfolg eines Krankenhauses *(Hunter, Gerew 1990).* Die Stelle eines hauptamtlichen ärztlichen Direktors innerhalb der Betriebsleitung verspricht damit eine wirtschaftlichere Betriebsführung des Krankenhauses zu ermöglichen[68].

Ein weiterer Vorteil eines professionellen und hauptamtlichen ärztlichen Direktors ist, daß er in einer Klinik, die in der Rechtsform einer GmbH geführt wird, neben dem kaufmännischen Direktor als einer der beiden Geschäftsführer für das Geschäftsgebaren des Krankenhauses direkt verantwortlich ist. Dadurch wird die Tätigkeit des medizinischen Direktors noch stärker auf die Belange und Zielsetzung des Gesamtkrankenhauses ausgerichtet, als dies bereits mit der Trennung der beiden Kompetenzbereiche, Abteilungs- und Krankenhausleitung, der Fall ist. Daneben kann der hauptamtliche ärztliche Direktor auch die Kommunikation und Koordination zwischen der medizinischen und der kaufmännischen Seite verbessern und dadurch bei der Überwindung der starren Versäulung dieser Bereiche einen wichtigen Beitrag leisten.

Neben den zahlreichen positiven Aspekten eines hauptamtlich tätigen ärztlichen Direktors gibt es aber auch einige Nachteile, Probleme und offene Fragen. Zu nennen wäre zum Beispiel, daß der vom Träger eingesetzte hauptamtliche Direktor nicht den Vertrauensvorschuß eines von den Chefärzten gewählten ärztlichen Direktors genießen kann, insbesondere dann, wenn der hauptamtliche ärztliche Direktor zuvor nicht Chefarztkollege innerhalb desselben Krankenhauses war *(Lippert P. 1993, Tecklenburg A. 1995).* Durch eine vertrauensvolle und enge kollegiale Zusammenarbeit und die zu erwartenden positiven Effekte aus der Tätigkeit des medizinischen Direktors dürfte sich allerdings dieser Nachteil, der u.U. die Einführung

---

[68] Nach den Ergebnissen verschiedener amerikanischer Studien schnitten Kliniken, die einen hauptamtlichen Arzt in die Betriebsleitung integriert hatten in Bezug auf die wirtschaftliche Betriebsführung *(Goes, Zhan 1995, Molinari et al. 1995)* und die "Qualität" der Krankenversorgung signifikant besser ab *(Molinari et al. 1995).* In einer früheren Studie konnte der Effekt der besseren Wirtschaftsführung nicht sicher nachgewiesen werden *(Alexander, Morrisey 1988).* Allerdings fanden sich gleichfalls Hinweise für eine bessere Versorgungsqualität und höhere Personalmotivation *(Alexander, Morrisey 1988).*

eines professionellen medizinischen Direktors erheblich erschweren kann *(Lippert P. 1993)*, im weiteren Verlaufe beseitigen lassen.
Eine größere Herausforderung stellt jedoch die Besetzung der Position eines hauptamtlichen ärztlichen Direktors mit einer hierfür geeigneten Persönlichkeit dar. Schließlich bedeutet die hauptamtliche Tätigkeit in der Krankenhausleitung, daß der in Frage kommende Arzt seinen bisherigen Berufsweg, der durch hohes fachliches Engagement, hohe Qualifikation, sowie durch eine kontinuierliche Fort-, Weiterbildung und Spezialisierung gekennzeichnet war, aufgibt und in einem gänzlich neuen Berufsfeld mit anderen Aufgaben und neuen Anforderungen tätig wird. Die Position des medizinischen Direktors in der Führungsspitze einer modernen Klinik **erfordert** außerdem **einen Arzt mit Krankenhauserfahrung** und **einer fundierten klinischen Ausbildung**. Nur wenn diese Voraussetzungen erfüllt sind, kann der hauptamtliche ärztliche Direktor die medizinische Kernkompetenz des Krankenhausbetriebes qualifiziert beurteilen und vertreten, ein kompetenter und vertrauenswürdiger Gesprächspartner für die leitenden Abteilungsärzte sein und dadurch die durch den Professionalstatus des Arztes bedingten Barrieren und Führungsprobleme im Krankenhaus mindern und überwinden. Eine Facharztanerkennung oder eine langjährige breite klinische Erfahrung in verschiedenen Fachbereichen erscheint daher als Voraussetzung für die Tätigkeit als hauptamtlicher ärztlicher Direktor unabdingbar.

Neben der fachlichen medizinischen Qualifikation ist die **Führungserfahrung und Führungskompetenz** des ärztlichen Direktors eine unverzichtbare Notwendigkeit, da die zentralen Aufgaben des ärztlichen Direktors in der Wahrnehmung der verschiedenen Führungsfunktionen liegen. Im Vordergrund der Tätigkeit eines hauptamtlichen ärztlichen Direktors stehen zukünftig nicht mehr medizinische Problemstellungen, sondern die betrieblichen Führungsaufgaben einer modernen Klinik. Als dritte Voraussetzung benötigt ein medizinischer Direktor **spezifische Fachkenntnisse über das Krankenhauswesen**, d.h. Fachwissen über die rechtlichen Rahmenbedingungen, über das System der Krankenhausfinanzierung und -planung und über betriebswirtschaftliche Fragestellungen. Erfahrene Ärzte, die den eben genannten Anforderungen entsprechen, sowie zudem bereit sind "ihren Kittel auf Dauer auszuziehen", dürften derzeit jedoch nur schwer zu finden sein.

Dennoch hat sich bei den wenigen Kliniken, die bereits einen hauptamtlichen ärztlichen Direktor kennen, gezeigt, daß sich für derartige Aufgaben bereits heute qualifizierte Bewerber[69] finden lassen *(Nierhoff G. 1996)*. Angesichts der schwierigeren Niederlassungs- aber auch Entwicklungsmöglichkeiten für eine wachsende Anzahl an Fachärzten in den Krankenhäusern, könnte die Tätigkeit in der Klinikleitung einen neuen Karriereweg für diese hochqualifizierte Berufsgruppe eröffnen. Daher ist es durchaus vorstellbar, daß die Zahl der Ärzte, die an einer solchen professionellen Tätigkeit in einer Klinikleitung interessiert wären, in Zukunft

---

[69] In den USA gibt es immer mehr Ärzte, die hauptamtlich und professionell in einer Klinikleitung oder an der Spitze einer HMO tätig werden *(Hunter, Gerew 1990, Weber D.O. 1995)*. Auch dies weist darauf hin, daß es eine Anzahl erfahrener Ärzte gibt, die den Weg in das "Management" einer Klinik oder einer anderen Institution im Gesundheitswesen suchen *(Weber D.O. 1995)*.

steigen könnte. Vorstellbar wäre auch, daß ein erfahrener Oberarzt oder ein in der Industrie, z.B. Pharmaindustrie, tätiger Facharzt als ärztlicher Direktor wieder in den Klinikbereich wechselt. Ein hauptamtlicher ärztlicher Direktor mit entsprechender Führungserfahrung und -kompetenz muß daher nicht mehr notwendigerweise leitender Abteilungsarzt bzw. Chefarzt gewesen sein. Die Vermittlung der für diese Tätigkeit erforderlichen fachspezifischen Kenntnisse könnte durch externe Berater und Trainer, aber auch durch den Klinikträger oder das Krankenhausmanagement selbst erfolgen.

Offen ist jedoch die Frage der Bezahlung und des Verdienstes eines hauptamtlichen medizinischen Direktors. Die Höhe der Vergütung, abhängig von den jeweiligen individuellen Fähigkeiten und der Qualifikation des Arztes, müßte dabei etwa der Position eines Geschäftsführers eines vergleichbaren mittelständischen Unternehmens entsprechen. Gleiches gilt auch für die Vergütung eines kaufmännischen Direktors. Da der BAT grundsätzlich für Chefärzte nicht unmittelbar gilt können in den Arbeitsverträgen entsprechend individuelle Vereinbarungen über die Höhe der Vergütung getroffen werden. Neben der Vergütung sollte auch die weitere Ausgestaltung des Arbeitsvertrages leistungsbezogen sein, d.h. z.B. bezüglich der Laufzeit des Arbeitsvertrages eines hauptamtlichen ärztlichen Direktors eine bei Führungskräften in Mittelstandsbetrieben übliche zeitliche Befristung. Als Beurteilungskriterium für eine spätere Fortsetzung des Arbeitsverhältnisses sollten meßbare Ergebnisse und betriebliche Erfolge der Tätigkeit des ärztlichen Direktors dienen. Angesichts der mit der Einführung der professionellen Doppelspitze verbundenen hohen finanziellen Aufwendungen kann sich nun aber gerade für Kliniken mit geringerer Bettenzahl die Frage stellen, ob sich die Investition für zwei hochqualifizierte und fachkompetente Führungskräfte bzw. für einen hauptamtlichen ärztlichen Direktor in einer professionellen Doppelspitze lohnt. Bei Krankenhäusern mit einer geringeren Bettenzahl kann aufgrund des niedrigeren Umsatzes die Gefahr bestehen, daß die finanziellen Aufwendungen, die für einen hauptamtlichen ärztlichen Direktor im Gegensatz zu einem nebenamtlich tätigen Direktor getätigt werden müssen, sich nicht bezahlt machen werden. Ohne eine eingehende Prüfung der Erträge, der finanziellen Vorteile und Chancen, die das Engagement eines hauptamtlichen ärztlichen Direktors mit sich bringen dürften, sollte sich jedoch keine Klinik von vorne herein von den damit verbundenen Aufwendungen zurückschrecken lassen. Letztlich werden die Erfahrungen zeigen, ob sich der Einsatz eines hauptamtlichen ärztlichen Direktors unter finanziellen Aspekten auch bei kleineren Krankenhäusern lohnt, oder ob eine derartige professionelle Doppelspitze nur für größere Kliniken mit mehr als vier- oder fünfhundert Betten, lohnenswert ist.

2.2.2 Alternative Gestaltungsmöglichkeiten für die Position des ärztlichen Direktors

Ist die Position eines hauptamtlichen ärztlichen Direktors, idealerweise in einem Zweier-Gremium oder möglicherweise auch in einem Dreier-Gremium, in der Praxis nicht umsetzbar oder praktikabel stellt sich die Frage, in wieweit die herkömmliche Position des nebenamtlichen medizinischen Direktors weiterentwickelt werden könnte.

Als eine mögliche Alternative wäre zunächst denkbar, daß der leitende Arzt während der Tätigkeit als ärztlicher Direktor zur Entlastung seine Aufgaben als Leiter einer medizinischen Abteilung an den leitenden Oberarzt delegiert, und diese nach dem Ende seiner Amtszeit wieder übernimmt.

Eine solcher Ansatz ist allerdings aus rechtlicher Sicht nicht unbedenklich, da der leitende Abteilungsarzt seine juristische Letztverantwortung im Einzelfall nicht delegieren kann[70]. Damit haftet der leitende Arzt für die Geschehnisse auf seiner Station weiterhin, obwohl er dort nicht mehr tätig ist und damit seine Überwachungspflichten nicht wahrnehmen kann. Daneben besteht bei einem solchen Lösungsweg die Gefahr, daß der leitende Arzt in seiner Zeit als ärztlicher Direktor an medizinischer Kompetenz und auch den Anschluß an die sich weiterentwickelnde Medizin verliert, ein Problem, das besonders bei Vertretern operativ und anderer invasiv tätiger Fächer auftreten kann. Ein weiterer Nachteil dieser Lösung wäre zudem, daß das Problem des laufenden Wechsels in diesem Amt weiterhin bestehen bliebe. Der Versuch diesen Nachteil durch eine deutliche Verlängerung der Amtszeit des, von seiner Tätigkeit als Chefarzt vorübergehend befreiten, ärztlichen Direktors[71] zu beseitigen, würde im Endeffekt der Einführung eines hauptamtlichen ärztlichen Direktors entsprechen.

Angesichts der weiter steigenden Herausforderungen im Krankenhausumfeld und der Notwendigkeit einer Professionalisierung und Straffung der Krankenhausbetriebsleitung erscheint eine sach- und fachgerechte **Weiterentwicklung des nebenamtlichen ärztlichen Direktors in sinnvollerweise auf Dauer nicht machbar.**

Bei Kliniken mit einer geringen Bettenzahl und einem, rein unter finanziellen Aspekten, noch nicht erwiesenen Nutzen eines hauptamtlich tätigen ärztlichen Direktors, stellt sich nun aber die Frage nach der idealen Führungsspitze.

Gerade diese Kliniken sind jedoch aufgrund ihrer überschaubaren Größe für die flexible und entscheidungsfähige singuläre Führungsspitze sehr gut geeignet *(Jäger P. 1987, Rippel W.H. 1988, Nierhoff G. 1993, Wuttke R. 1993)*. Die in der Praxis zu beobachtende Tendenz, die Probleme der herkömmlichen Krankenhausleitung durch eine übergeordnete Instanz zu überwinden, könnte ein Beleg hierfür sein[72].

Um die mit der singulären Führungsspitze potentiell verbundenen Risiken[73] jedoch so gering wie möglich halten zu können bedarf es einer engen und vertrauensvollen Zusammenarbeit

---

[70] Siehe Punkt B 3.
[71] Nach *Hoffmann* sollte die Amtszeit eines nebenamtlichen ärztlichen Direktors mindestens fünf Jahre betragen, sowie eine Wiederberufung möglich sein, damit sich die notwendigerweise lange Einarbeitungsphase auszahlen kann *(Hoffmann H. 1991a)*.
[72] Siehe Punkt D 2.1.3
[73] Verdrängung der primär an humanitären Gesichtspunkten ausgerichteten Zielsetzung des Krankenhauses durch die Belange der Wirtschaftsführung bei einer einseitigen Kostenorientierung. Eine professionelle Führungsspitze weiß um den unmittelbaren Zusammenhang zwischen Patientenorientierung, Humanität, medizinischer Qualität und dem wirtschaftlichen Erfolg einer Klinik (Belegung, Auslastung, Zufriedenheit der Patienten, "Ruf der Klinik" etc.).

zwischen dem Geschäftsführer und dem ärztlichen Dienst sowie der Möglichkeit einer Einflußnahme des ärztlichen Dienstes auf die Entscheidungen der Führungsspitze. Zunächst wäre ein Zweiergremium vorstellbar, daß aus einem professionellen Kaufmann und einem nebenamtlichen ärztlichen Direktor bestehen könnte.

Das große Problem einer solchen Lösung liegt aber vor allem darin, daß innerhalb der Betriebsleitung ein erhebliches Kompetenzgefälle in Bezug auf die Wirtschafts- und Betriebsführung eines Krankenhauses entstehen und das Ziel klarer Entscheidungsstrukturen innerhalb der Klinikleitung verwässert werden würde. Zudem sollte der leitende Arzt für die Wirtschaftsführung des Krankenhauses mitverantwortlich gemacht werden können: Ein Punkt, den ein lediglich nebenamtlich tätiger ärztlicher Direktor aufgrund seiner Informations- und Wissensdefizite eigentlich ablehnen müßte. Daneben würden weiterhin alle oben genannten Malaisen des nebenamtlichen ärztlichen Direktors[74] mit den damit verbundenen Problemen in der Klinikleitung weiterbestehen.

Sinnvoller erscheint daher ein Lösungsweg, der die singuläre Geschäftsführung mit einem professionellen Kaufmann vorsieht und die Mitsprache und Einbeziehung des ärztlichen Dienstes im Rahmen einer Ärztekonferenz sichert. Diesem Gremium sollten alle leitenden Ärzte der Klinik angehören, um so den medizinischen Sachverstand aller Abteilungen in den Entscheidungsprozeß mit einbeziehen und die Entscheidungen der kaufmännischen Geschäftsleitung auf eine breitere Basis stellen zu können. Da die Ärztekonferenz primär eine beratende Funktion inne haben sollte, sind die Anforderungen an den Führungsstil und die Kommunikations- und Führungseigenschaften des Geschäftsführers allerdings hoch.

Abschließend sei noch auf eine andere mögliche Organisationsform der Klinikleitung, die vorrangig in japanischen Krankenhäusern anzutreffen ist, hingewiesen, die **alleinige Leitung des Krankenhauses durch den Arzt.** Die Besetzung einer singulären Führungsspitze eines Krankenhauses mit einem Arzt ist zwar prinzipiell möglich, erfordert aber einen Arzt mit einer zusätzlichen betriebswirtschaftlichen Ausbildung und Erfahrung, da der Schwerpunkt der Aufgaben der Krankenhausleitung auf dem Gebiet der Wirtschaftsführung liegt *(Wuttke R. 1993).* In der Praxis wird aber ein erfahrener und fachkompetenter Arzt der zugleich über eine fundierte betriebswirtschaftliche Ausbildung und Führungserfahrung verfügt nicht oft zu finden sein.

Die besondere Stellung des Arztes und die besondere Leitungsorganisation in japanischen Krankenhäusern hingegen ist nicht etwa Ausdruck der berühmten und in den erfolgreichen japanischen Industriebetrieben vorherrschenden Managementphilosophie[75], sondern vielmehr eng mit den traditionellen Eigenheiten des japanischen Gesundheitswesens verknüpft.

Das japanische Krankenhauswesen zeichnet sich durch eine Vielzahl kleiner Kliniken und einem fließenden Übergang von ambulanten und stationären Versorgungsmöglichkeiten aus.

---

[74] Siehe Punkt C 2.2.2 und Tabelle 23.
[75] Lean-Management und KAIZEN, das außerhalb Japans unter dem Namen "Total Quality Management" bekannt geworden ist.

Mitte der achtziger Jahre gab es in Japan 9.400 "Krankenhäuser"[76] und zusätzlich 27.000 "Kliniken" mit weniger als 19 (!) Betten *(Levin et al. 1987)*. Eine Vielzahl der kleinen "Krankenhäuser" und alle "Kliniken" sind eine Art von Arztpraxis mit einer kleinen Zahl an Betten. Diese "Praxisklinik"[77] gehört dem behandelnden Arzt ("Incho")[78] und wird auch von diesem ohne weitere spezifische Vorkenntnisse geführt[79] *(Levin et al. 1987)*. Selbst größere Krankenhäuser werden oftmals allein von einem Arzt geführt, allerdings mit einem ökonomisch ausgebildeten Assistenten ("Jimucho")[80] an seiner Seite. Großkliniken, wie etwa die Universitätskliniken, haben verschiedenartige Leitungsstrukturen, wobei auch hier der leitende Arzt regelmäßig eine dominante Stellung inne hat. Innerhalb der verschieden ausgeprägten Leitungsorgane dieser Großkliniken ist der "Incho" die wichtigste Führungsperson und oftmals eine Art "chief executive officer" (CEO), etwa dem Vorstandsvorsitzenden deutscher Aktiengesellschaften vergleichbar *(Levin et al. 1987)*.

Anzumerken ist aber, daß die wirtschaftliche Betriebsführung in japanischen Krankenhäusern zum Zeitpunkt der genannten Studie keine Bedeutung hatte, und daß nach Aussage der Autoren das "Management" japanischer Kliniken in keinerweise mit dem Management japanischer Industriebetriebe verglichen werden kann *(Levin et al. 1987)*.

Als Ergebnis der zitierten Studie stellten die Autoren fest, daß die Leitungsorganisation in japanischen Krankenhäusern angesichts des steigenden Kostendrucks einem starken Reformdruck ausgesetzt sein wird, und daß die Position des "Managers" in japanischen Kliniken eine bedeutend größere Gewichtung erhalten muß und erhalten wird *(Levin et al. 1987)*.

---

[76] In Japan werden Einrichtungen mit mehr als 20 Betten als "Krankenhaus" bezeichnet *(Levin et al. 1987)*.
[77] In Deutschland versteht man unter einer Praxisklinik eine modifizierte Belegklinik § 115 Abs. 2 Nr. 1 SGB V.
[78] Das Krankenhauswesen in Japan weist also eine sehr starke Dezentralisierung und einen fließenden Übergang zum ambulanten Sektor auf.
[79] Diese kleinen Krankenhäuser können zwar aufgrund rechtlicher oder auch kultureller Gründe ein unterschiedlich aufgebautes Leitungsorgan besitzen. Da der Arzt aber meistens herausragenden Stellung auch der Eigentümer dieser Einrichtung ist, hat dieses Organ, in dem oftmals auch Familienmitglieder sitzen, in der Praxis keinen größeren Einfluß *(Levin et al. 1987)*.
[80] Diese Assistenten setzen sich in der Regel aus ehemaligen und sich im Ruhestand befindlichen Bank-Managern zusammen *(Levin et al. 1987)*.

3 Der leitende Abteilungsarzt (Chefarzt) in einer modernen Klinik

Die Gliederungsstruktur einer bettenführenden medizinischen Abteilung und eines Krankenhauses ist typischerweise durch eine an den einzelnen Berufsständen orientierte Aufbauorganisation gekennzeichnet. Diese in jeder Klinik anzutreffende Organisationsstruktur hat jedoch im Hinblick auf das Erreichen der Zielsetzung des Gesamtkrankenhauses Schwachstellen[81]. Zu den wichtigsten gehören vor allem die unzureichende Integration des ärztlichen Dienstes in das Zielsystem einer Klinik[82] aber auch die mit der berufsständischen Gliederung verbundene Dreiteilung des Leistungsgeschehens im Krankenhaus.

Tabelle 25: Schwachstellen und Problembereiche in der Leitungsorganisation und Führung einer medizinischen Abteilung und ihre Auswirkungen

Schwachstellen und Problembereiche in der Leitungsorganisation und Führung einer medizinischen Abteilung	Auswirkungen
• berufsständische, starre Gliederung der Organisationsstruktur	⇨ Gefahr für die wirtschaftliche Betriebsführung, die Leistungsveranlassenden kennen die Kosten nicht, die Verwaltungsseite kennt das Leistungsgeschehen nicht (Verletzung des Kongruenzprinzips) ⇨ Probleme bei d. Umsetzung interdisziplinärer Aufgaben wie "Qualitätsmanagement", "Patientenorientierung", Schaffung einer "Betriebskultur", "medizinisches Marketing" und "Kosteneinsparung" aufgrund d. Aufteilung von Kompetenz u. Verantwortung ⇨ Probleme in der Koordination und Kommunikation zwischen den einzelnen Berufsgruppen

---

[81] Siehe Punkt C 2.
[82] Siehe Punkt C 2.2.

• Professionalstatus der Ärzte (und Pflegekräfte) und Autonomie der leitenden Ärzte	⇨ Problem der "Kontrolle" des Professionals (Ausnahme: Pflegekraft)⇨ Problem der "Teamarbeit" oder Zusammenarbeit der Professionals (Koordination, Kommunikation) ⇨ Problem der unzureichenden Eingliederung der Professionals und der einzelnen medizinischen Abteilungen in die Gesamtorganisation einer Klinik (Budget, Kostenentwicklung, neue Herausforderungen durch Umfeld) *siehe auch Tabelle 26*
• Problem der Meßbarkeit und Beurteilbarkeit von Qualität und "Wirtschaftlichkeit" ärztlicher Leistungen	⇨ Unzureichend valide Kontrollmöglichkeiten der Qualität, Wirtschaftlichkeit und Leistungsfähigkeit einer medizinischen Abteilung, und damit auch das ⇨ Problem der fehlenden Kennzahlen zur Führung und Beurteilung einer Abteilung durch Dritte

Quelle: eigene Darstellung

Die in *Tabelle 25* dargestellten negativen Auswirkungen der Schwachstellen innerhalb der Organisationsstruktur eines Krankenhauses werden zukünftig durch die Herausforderungen der neuen Ordnungspolitik zusätzlich verschärft werden. Dies gilt beispielsweise für die mit der berufsständischen Gliederungsstruktur und unabhängigen Stellung des ärztlichen Dienstes verbundenen Probleme und Gefahrenmomente für eine effiziente Mittelverwendung im Krankenhaus. Sowohl durch die kontinuierlich zunehmende Bedeutung der Effizienz und Effektivität als auch durch den im Zuge des GSG erheblich gestiegenen Stellenwert[83] des ärztlichen Dienstes für die Wirtschaftsführung des Krankenhauses werden diese Gefahrenmomente zukünftig weiter vergrößert. Daneben erschweren und gefährden die in *Tabelle 25* genannten Problembereiche aber auch die Bewältigung der anderen für das Krankenhaus zukünftig so wichtigen Aufgabenfelder wie z.B. Qualitätssicherung, Patientenorientierung, Personalmanagement und Marketing. Von besonderer Bedeutung erweist sich bei der Bewältigung dieser Herausforderungen das Problem der unzureichenden Integration des ärztlichen Dienstes in die Organisation des Gesamtkrankenhauses, da all die genannten Aufgaben im Kompetenzbereich des unabhängigen und weisungsfreien leitenden Arztes liegen.

Die Frage ist nun, wie die Nachteile der berufsständischen Organisationsstruktur des Krankenhauses überwunden, die Ärzte effektiv in das Zielsystem des Gesamtkrankenhauses eingebunden werden können und damit auch die Umsetzung der in *Tabelle 19* dargestellten Führungsaufgaben im Krankenhaus gelingen könnte.

---

[83] Siehe Punkt C 1.

3.1 Ansätze zur Bewältigung der aufbauorganisatorischen Schwachstellen in einem Krankenhaus und einer medizinischen Abteilung

3.1.1 Entscheidungszentralisation als Integrations- und Koordinationsinstrument im Krankenhaus?

Ein klassisches Instrument zur Führung, Integration und Koordinantion von Entscheidungs- und Handlungsprozessen in Unternehmen ist die **Hierarchie**. Durch die Hierarchie kann in einem System abgestufter Zuständigkeiten eine institutionelle Vorsorge zur Sicherstellung der Integration von Abteilungen oder Mitarbeitern getroffen werden *(Schreyögg G. 1996)*. Es besteht ein fest geordnetes System von Über- und Unterordnung, das für Abstimmungsfragen, die während des Leistungsgeschehens auftreten, einen formalen Lösungsweg vorsieht[84].

Durch Führung, Koordination und Problemlösung über diesen Instanzenweg werden Planungs- und Handlungsentscheidungen in stark hierarchisch aufgebauten Betrieben oftmals in einem hohen Maße zentral getroffen[85]. Zu den Vorteilen einer weitgehenden **Zentralisierung**[86] von Entscheidungskompetenzen auf die oberste hierarchische Instanz innerhalb einer Unternehmung gehört, daß die einzelnen Bereiche des Unternehmens besser miteinander koordiniert, die einzelnen Entscheidungen und Abteilungen besser an das Zielsystem des Gesamtbetriebes angepaßt werden können *(Staehle W.H. 1994 S. 668 ff.)*.

Wenn es daher im Krankenhaus möglich sein sollte, innerhalb der Aufbauorganisation eine weitgehend zentralisierte Organisationsstruktur und zentralisierte Entscheidungskompetenzen umzusetzen, dann müßte es der Betriebsleitung als autorisierter und oberster Instanz gelingen können, die in *Tabelle 25* genannten Schwachstellen der berufsständischen Gliederungsstruktur und die unzureichende Integration des ärztlichen Dienstes in die Gesamtorganisation einer Klinik durch zentralisierte Koordination und Führung zu überwinden. Entsprechend ihrer Organisationsform als bürokratische Professionalbetriebe *(Mintzberg H. 1979 S. 348 ff.)* weisen hingegen die meisten Krankenhäuser regelhaft eine Organisationsstruktur auf, in der wichtige Entscheidungskompetenzen sowohl zentral[87] bei der Krankenhausbetriebsleitung als auch dezentral[88] bei den unabhängigen leitenden Abteilungsärzten liegen. Durch das Auseinanderfallen von Aufgaben / Kompetenz und Verantwortung aber wird ein wichtiges klassi-

---

[84] Abstimmungsprobleme werden an eine übergeordnete Instanz weitergeleitet bis ein Vorgesetzter gefunden ist, der die zu koordinierenden Mitarbeiter oder Bereiche gemeinsam umspannt und der die Kompetenz hat, die aufgetretenen Fragen durch Anweisung zu lösen *(Schreyögg G. 1996)*.

[85] Siehe Punkt C 2.1.1.

[86] Zentralisierung bzw. Dezentralisierung ist ein graduelles Konzept *(Kieser A. 1984)*.

[87] So liegen zahlreiche wichtige Führungs- und Entscheidungskompetenzen, etwa das Aufstellen und die Kontrolle der internen Budgets, meist in den Händen der Klinikleitung *(Eichhorn S. 1991, ders. 1993c S. 62)*. Die einzelnen Abteilungen und die leitenden Abteilungsärzte werden an der Planung und Aufstellung der Abteilungsbudgets, aber auch an anderen wichtigen Führungsentscheidungen meist nicht beteiligt *(Eichhorn S. 1991, ders. 1993c S. 62)*.

[88] Auf der anderen Seite liegen wesentliche Entscheidungskompetenzen, Steuerung des Leistungsprozesses und Leistungsgeschehens bei den Ärzten bzw. leitenden Abteilungsärzten.

sches Management-Prinzip, das sog. Kongruenzprinzip verletzt[89] *(Staehle W.H. 1994 S. 671)*. Als Folge der Inkongruenz von Kompetenz und Verantwortung ist die Aufgabenerfüllung und Zielerreichung der Organisation gefährdet[90]. Dieses mit der berufsständischen Organisationsstruktur des Krankenhauses verbundene Problem[91] kann nun aber **nicht durch** eine weitgehende **Zentralisierung von Entscheidungskompetenzen behoben** werden, da ein solches Vorgehen auch eine Zentralisierung von Kompetenzen erfordern würde, die allein bei den unabhängigen leitenden Ärzten liegen. Bei Entscheidungen, die den medizinischen Leistungsprozeß in Diagnostik und Therapie betreffen, haben die entsprechenden Entscheidungskompetenzen ausschließlich die in medizinischen Fragen juristisch letztverantwortlichen und von Weisungen Dritter unabhängigen leitenden Ärzte[92] inne.

Ein weiterer Punkt, der unabänderlich gegen eine Entscheidungszentralisierung im Krankenhaus steht, ist die Tatsache, daß der medizinische Leistungsprozeß nur von den jeweiligen in medizinischen Fragen fachkundigen Ärzten nicht aber von Mitarbeitern ohne fundierte medizinische Kenntnisse beurteilt, kontrolliert und damit auch gesteuert werden kann. Die Möglichkeit einen ärztlichen Mitarbeiter durch Anweisung und Kontrolle einer übergeordneten Instanz zu führen und dadurch dessen Tätigkeit an das Zielsystem des Betriebes anzubinden, ist aufgrund des Professional-Status und der von Weisungen Dritter unabhängigen Stellung des Arztes im Krankenhaus also nicht gegeben. Hinzu kommt die außerordentlich große Komplexität des Leistungsgeschehens im Krankenhaus und die bedingt durch die Spezialisierung große Diversifikation des Leistungsangebotes, die eine zentrale Entscheidungsfindung und Steuerung unmöglich machen würden. Im Gegenteil, sowohl die hohe Komplexität als auch die große Spezialisierung des Leistungsgeschehens im Krankenhaus zwingen unter betriebswirtschaftlichen Gesichtspunkten zur Dezentralisierung *(Kieser A. 1984)*.

3.1.2 Umsetzung des Lean-Organization-Konzepts innerhalb der Organisationsstruktur eines Krankenhauses

Die **Zusammenführung von Aufgabe / Kompetenz und Verantwortung** im Krankenhaus kann also nicht über eine Zentralisierung, sondern **nur durch weitgehende Dezentralisierung** von Entscheidungskompetenzen erreicht werden. Dies gilt dementsprechend auch für Ansätze zur Verbesserung der Koordination und Kommunikation innerhalb einer medizinischen Abteilung.

---

[89] Das Kongruenzprinzip besagt, daß sich Kompetenz mit Aufgabe(n) und Verantwortung decken müsse und umgekehrt *(Staehle H.W. 1994 S. 671)*. Siehe auch Punkt C 1, C 2, *Tabelle 25*
[90] Im Falle des Krankenhauses bedeutet dies, daß beispielsweise das Ziel der Budgeteinhaltung durch das Auseinanderfallen der Verantwortung (Klinikleitung) und Kompetenz (leitender Abteilungsarzt) gefährdet ist.
[91] Siehe *Tabelle 25*.
[92] Siehe Punkt B 1. Die juristische Letztverantwortung des leitenden Arztes ist damit zugleich ein Grund für die dezentrale Organisationsstruktur eines Krankenhauses.

3.1.2.1 Dezentralisierung von Aufgaben, Kompetenz und Verantwortung auf die Abteilungsebene als Merkmal einer Lean-Organization

Für eine weitreichende Dezentralisierung von Verantwortung und Kompetenzen im Krankenhaus gibt es jedoch eine Reihe weiterer Argumente.

Aus ärztlicher Sicht erfordert die zunehmende Ressourcenknappheit im Krankenhaus die Dezentralisierung der Budgetverantwortung, da nur der Arzt den erforderlichen Sachverstand besitzt, die für die medizinische Behandlung der Patienten erforderlichen Entscheidungen über die Verwendung der knappen Mittel effizient und effektiv zu treffen. Ärztliche Entscheidungen über den für die Versorgung der Patienten notwendigen Mitteleinsatz dürfen aus medizinisch-ethischer Sicht nicht durch Entscheidungen der Verwaltungsseite ersetzt werden. Angesichts der zunehmenden, das Vertrauensverhältnis zwischen Arzt und Patient belastenden, Faktoren und Gefahrenmomente[93] muß zudem auch die Unabhängigkeit des Arztes bewahrt und gestärkt werden. Nur wenn der Arzt in seiner Entscheidungsfreiheit nicht eingeschränkt ist, kann der Patient darauf vertrauen, daß der behandelnde Arzt im Sinne dieses erkrankten Menschen das Beste tut. Ein weiterer Grund für Dezentralisation im Krankenhaus ist die Umsetzung der komplexen Aufgaben "Qualitätssicherung" und "Patientennähe". Ohne das spezifische medizinische Fachwissen und die Kenntnisse der Probleme vor Ort werden diese Herausforderungen nicht lösbar sein.

Aus wirtschaftlicher Sicht gibt es außer dem genannten Kongruenzprinzip, das die Einheit von Aufgabe / Kompetenz und Verantwortung fordert, weitere Gründe für die Dezentralisierung im Krankenhaus. Nach betriebswirtschaftlicher Lehrmeinung sollte heute die Entscheidungskompetenz und Ergebnisverantwortung in einem Betrieb so nah wie möglich am Wertschöpfungs- bzw. Leistungsprozeß liegen *(Picot et al. 1996 S. 201 ff.).* Auf diesem Wege könnte eine höhere Prozeßeffizienz, eine bessere Kundenorientierung, eine deutlich größere Flexibilität und eine höhere Motivation der Mitarbeiter erreicht werden *(Picot et al. 1996 S. 201 ff.).* Vergleichbar positive Erfahrungen mit der Dezentralisation von Handlungs- und Entscheidungskompetenzen im Krankenhausbereich wurden bereits in Kliniken in Dänemark *(Pallesen, Pedersen 1993)* und den USA *(Heyssel et al. 1984)* gemacht.

Die einzelnen Abteilungen, insbesondere **die leitenden Abteilungsärzte als Inhaber der Kernkompetenzen müssen folglich zur Überwindung der organisatorischen Schwachstelle "berufsständische Gliederungsstruktur"[94] zukünftig mehr Entscheidungsverantwortung und -kompetenzen übertragen bekommen, als bisher.**

Nun stellt sich die Frage, in welchem Umfange welche Art von Handlungs- und Entscheidungsverantwortung und -kompetenz auf die medizinischen Abteilungen und die leitenden Ärzte dezentralisiert werden sollte.

---

[93] Siehe Punkt B 2.1.
[94] Siehe *Tabelle 25.*

Bei Beantwortung dieser Frage muß zunächst der **Führungsgrundsatz** beachtet werden, daß **Entscheidungen über die Dezentralisierung** von Verantwortung und Kompetenzen generell **nur im Anschluß an umfassende Situations- und Einzelanalysen** und **unter Berücksichtigung der jeweiligen Führungsrichtlinien** getroffen werden sollten[95] *(Staehle W.H. 1994 S. 670)*. Die Entscheidung über den sinnvollen Dezentralisierungsgrad innerhalb einer Klinikorganisation erfordert daher prinzipiell eine krankenhausindividuelle Vorgehensweise.

Desweiteren muß berücksichtigt werden, daß Dezentralisation oder Zentralisation kein absolutes sondern ein graduelles Konzept ist *(Kieser A. 1984)*.

Auf der Basis allgemeiner betriebswirtschaftlicher Führungsgrundsätze und empirischer Erfahrungen im Krankenhausbereich können unter Berücksichtigung dieser Einschränkungen dennoch einige allgemeine Aussagen über das erforderliche Maß an Dezentralisierung getroffen werden.

Auf die Notwendigkeit der weitgehenden Dezentralisierung der **Budgetverantwortung** wurde bereits hingewiesen. Aus wirtschaftlicher Sicht ist eine dezentrale Entscheidungs- und Verantwortungsstruktur notwendig, da nur auf diesem Wege die zur Einhaltung des Budgets notwendige Rückkopplung von Handlungskompetenz und -verantwortung erreicht werden kann. Aus ärztlicher Sicht ist die Verlagerung der Budgetverantwortung auf die einzelnen Abteilungen notwendig, da nur auf diesem Wege die unabdingbar notwendige Unabhängigkeit und Entscheidungsfreiheit des Arztes auf Dauer gesichert werden kann.

Neben der Verantwortung für das jeweilige Abteilungsbudget kann und sollte nach Prüfung des Einzelfalles aber noch eine Reihe weiterer Entscheidungs- und Handlungskompetenzen verstärkt dezentralisiert werden, so z.B. die eng mit der Budgetverantwortung verbundene **Leistungs-, Kosten-, und Erlösverantwortung**. Gemäß dem Kongruenzprinzip, das die Einheit von Verantwortung und Kompetenz fordert, muß mit der Verantwortung für das Budget auch die Möglichkeit der Budgetsteuerung und -gestaltung verbunden sein.

An verschiedenen dänischen Kliniken sowie der Johns Hopkins University in Baltimore wurden dementsprechend neben der Budgetverantwortung auch Entscheidungskompetenzen für die Steuerung des medizinischen Leistungsangebots und -spektrums auf die Ebene der medizinischen Abteilungen delegiert *(Heyssel et al. 1984, Pallesen, Pedersen 1993)*. In den genannten Fällen konnte das Ziel der Budgeteinhaltung bei unverändertem bzw. sogar verbessertem Leistungsangebot und einer höheren Versorgungsqualität erreicht werden *(Heyssel et al. 1984, Pallesen, Pedersen 1993)*. Daneben aber wurde an der **Johns Hopkins University auch das Personalmanagement, die Qualitätssicherung, die Leitung der Pflegedienste und das Beschaffungswesen dezentralisiert**. Dabei muß allerdings jede Abteilung innerhalb

---

[95] Zur Durchführung dieser Analysen und Umsetzung der daraus gewonnenen Ergebnisse stehen die Methoden der traditionellen Organisationsentwicklung oder des "Process Reengeneering" zur Verfügung (siehe Punkt D4).

allgemeiner für das Gesamtklinikum geltender Führungsgrundsätze[96] seine Zielsetzung und Aufgaben erfüllen *(Heyssel et al. 1984).*

Als allgemeine Grundregel zur Frage nach Art und Umfang der Dezentralisierung von Kompetenz und Verantwortung kann festgehalten werden, daß in erster Linie solche Entscheidungen delegiert und dezentralisiert werden sollten, bei denen durch andere organisatorische Veränderungen keine Kongruenz von Handlungskompetenz und -verantwortung oder von Verantwortung und Entscheidungs- bzw. Handlungsmöglichkeiten hergestellt werden kann *(Staehle W.H. 1994 S. 668 ff.).* Das heißt, daß bei der Analyse der innerhalb der Organisationsstruktur eines Krankenhauses bestehenden Verteilung von Kompetenz-, Handlungs- und Entscheidungsrechten darauf zu achten ist, daß klassische Managementgrundsätze erfüllt werden, wie z.B. das Prinzip der Einheit von Handlungskompetenz und -verantwortung, oder das Prinzip der Einheit von Verantwortung und Entscheidungs- und Handlungsmöglichkeiten *(Staehle W.H. 1994 S. 668 ff.).*

3.1.2.2 Prozeßorientierte stellenbezogene Aufgabenkonzentration als Merkmal einer Lean Organization

Neben der mit der Dezentralisierung von Entscheidungsprozessen verbundenen Verringerung der hierarchischen Gliederungstiefe ist die stellenbezogene Konzentration von Entscheidungsrechten und die daraus folgende Verringerung der Gliederungsbreite der Organisationsstruktur das zweite Wesensmerkmal einer Lean-Organization *(Pfeiffer, Weiß 1994 S. 58 ff.).*
Entsprechend der heutigen betriebswirtschaftlichen Lehrmeinung sollte die auf bestimmte Stellen konzentrierte Entscheidungskompetenz und Ergebnisverantwortung so nah wie möglich am Wertschöpfungs- bzw. Leistungsprozeß liegen (Prinzip der Prozeßorientierung) *(Pfeiffer, Weiß 1994 S. 58 ff., Picot et al. 1996 S. 201 ff.).* Dies bedeutet, daß diejenigen **Organisationsmitglieder Träger** der auf ihre Stelle konzentrierten und erweiterten **Entscheidungsrechte** sein sollten, **die dem medizinischen Leistungsprozeß im Krankenhaus am nächsten stehen.** Dies sind in einer medizinischen Abteilung regelhaft die **Ärzte und Pflegekräfte.** Nun stellt sich erneut die Frage, welche sich aus dem medizinischen Ablaufprozeß ergebenden Aufgabengebiete auf diese beiden Berufsgruppen konzentriert werden sollten und wie die Stellenbeschreibung eines leitenden Abteilungsarztes bzw. einer leitenden Stations- oder Abteilungsschwester aussehen könnte. Mehr noch als bei der Aufbauorganisation aber gilt bei der Verteilung von Verantwortung, Aufgaben und Kompetenz, die die Organisation der Ablaufprozesse betrifft oder berührt, der Grundsatz, daß die entsprechenden Entscheidungen nur unter Berücksichtigung der Führungsrichtlinien und im Anschluß an umfassende Si-

---

[96] Diese Grundsätze betreffen die Art und Weise der Personalführung, die allgemeinen Zielvorstellungen des Gesamtklinikums oder den Ressourcenverbrauch *(Heyssel et al. 1984).*

tuations- und Einzelfallanalysen getroffen werden sollten[97]. Unter Berücksichtigung dieser Sachlage wird in Punkt D 4 auf der Grundlage moderner Methoden der Organisationsentwicklung auf die Neugestaltung ablauforganisatorischer Prozesse im Krankenhaus eingegangen werden[98].

3.1.2.3 Modularisierung des Krankenhauses

Aus der **aufbauorganisatorischen Verschlankung und der Dezentralisierung von Aufgaben, Verantwortung und Kompetenz** auf die Ebene der medizinischen Abteilungen eines Krankenhauses **bilden sich im Krankenhaus weitgehend sich selbst steuernde Organisationseinheiten ("Module")**[99] und **näher am Patienten und medizinischen Leistungsprozeß ausgerichtete Entscheidungsstrukturen**. Dadurch kann zum einen die mit der berufsständischen Gliederungsstruktur des Krankenhauses verbundene **Schwachstelle der Inkongruenz von Verantwortung und Kompetenz weitgehend beseitigt werden**. Zum anderen erlaubt diese Organisationsstruktur eine **effizientere Mittelverwendung, patientennahe Problemlösung** und **Steigerung der medizinischen und wirtschaftlichen Versorgungsqualität**.

Als "Module" zeichnen sich die weitgehend unabhängigen und sich selbst steuernden medizinischen Abteilungen im modernen Krankenhaus durch dezentrale Entscheidungs- und Ergebnisverantwortung und durch nicht hierarchische Koordinationsformen untereinander aus.

3.1.3 Auswirkungen des Lean-Managements und der Modularisierung auf eine Klinik und medizinische Abteilung

3.1.3.1 Einsatz von neuen Informations- und Kommunikationstechniken und "Empowerment" als Folge modularisierter Abteilungen im Krankenhaus

Die ganzheitliche Integration von Aufgaben entlang des medizinischen Leistungsprozesses modularisierter Kliniken erfordert **krankenhausweit koordinierte Informations- und Kommunikationssysteme**. In erster Linie gilt es dabei, die dezentralen Abteilungen mit bedarfs-, zeit- und qualitätsgerechten Informationen zu versorgen.

---

[97] Gerade bei externen Eingriffen in die Ablauforganisation ist in Betrieben und Unternehmen mit erheblichen Widerständen von Seiten der Betroffenen zu rechnen *(Picot A. 1993 S. 164 ff.)*. Vor dem Hintergrund der traditionell berufsständischen und starren Organisationsstruktur dürfte diese Erkenntnis daher im Krankenhauswesen eine umso größere Bedeutung haben.

[98] Siehe auch Punkt D 3.1.3.2.

[99] Module werden auch als "Segmente" oder "Fraktale" bezeichnet *(Picot et al. 1996 S. 201)*. Der gemeinsame Grundgedanke der Modularisierungskonzepte kann in verschiedenen Betriebsebenen zur Anwendung kommen, wobei das Spektrum von der Modularisierung auf Ebene der Arbeitsorganisation durch Bildung autonomer Gruppen bis zur Aufgliederung des Gesamtunternehmens in weitgehend unabhängige Profit-Center reicht *(Picot et al. 1996 S. 199 ff.)*.

Die Dezentralisierung von Aufgaben, Verantwortung und Kompetenz setzt daher zum einen ein Informationsmanagement und Krankenhauscontrolling[100] voraus, das betriebliche Struktur-, Prozeß- und Ergebnisdaten nicht mehr monopolisiert, sondern innerhalb der Klinik für jede Abteilung zugänglich machen kann *(Seelos H.-J. 1993)*. Zum anderen wird die Bereitstellung von "Navigationssystemen" notwendig, um die Umsetzung der globalen Unternehmensziele auf die Abteilungsebene unterstützen zu können *(Seelos H.-J. 1993)*.

Erforderlich ist also ein systemorientiertes Controlling mit besonderen Eigenschaften wie **"Ganzheitlichkeit"**, d.h. Controllingkonzeption des Totalkostenansatzes, **"Prozeßorientierung"**, **"Kosten-, Leistungs- und Qualitätsfokussierung"**, d.h. mehrdimensionales Controlling von Wert-, Mengen-, Zeit-, Qualität- und Nutzengrößen und **"Methodenorientierung"**, d.h. Akzeptanz und Beherrschbarkeit bei Anwendung durch die Mitarbeiter *(Seelos H.-J. 1993, Chandra et al. 1995, Haudenschild, Fischer 1995, Eichhorn S. 1996a)*.

Modernes Controlling setzt eine **"Mitarbeiterorientierung"** voraus, d.h umfassende Information der Mitarbeiter, gerade der leitenden Abteilungsärzte und des ärztlichen Dienstes, und ermöglicht dadurch ein **"Selbstcontrolling"**, d.h. eine Selbststeuerung der einzelnen Abteilungen *(Eichhorn S. 1996a)*.

Bisher jedoch gibt es in den Kliniken kaum Controlling-Instrumente und EDV-Lösungen, die den genannten Anforderungen in ausreichendem Maße entsprechen könnten *(Seelos H.-J. 1993, Chandra et al. 1995, Haudenschild, Fischer 1995, Eichhorn S. 1996a)*.

Lean-Management im Krankenhaus erfordert daneben ein **neues Verständnis von der Rolle der Mitarbeiter**. Durch die Übertragung von Handlungsautonomie und Entscheidungsbefugnissen erhalten die Mitarbeiter mehr Gestaltungsfreiräume, haben erweiterte Einflußmöglichkeiten auf ihre Arbeit und tragen eine größere Verantwortung für die Arbeitsergebnisse. Insgesamt führen diese Prozesse zum sog. **"Empowerment" der Mitarbeiter** *(Picot et al. 1996 S. 505)*. Wissenschaftliche und empirische Erkenntnisse haben belegt, daß derartige Maßnahmen die Selbstentfaltung der Mitarbeiter unterstützen und zu einer erhöhten Leistungsmotivation beitragen *(Picot et al. 1996 S. 506)*.

Allerdings entstehen durch das "Empowerment" auch **neue Anforderungen** an die Mitarbeiter, die vor allem die Bereiche **fachliche Kompetenz, Kommunikationskompetenz, Fähigkeit zum Selbstmanagement und soziale Kompetenz** betreffen *(Picot et al. 1996 S. 506)*. Die neuen Anforderungen gehen damit weit über traditionelle Qualifikationsmuster im Krankenhaus hinaus und weisen auf die Notwendigkeit einer Höherqualifikation der Mitarbeiter hin. Dies gilt insbesondere für die vom Empowerment stärker betroffenen Mitarbeiter des medizinischen Bereichs und für die Mitarbeiter, die Führungsfunktionen im Krankenhaus und den Abteilungen inne haben. Die Anforderungen, die sich aus derartigen neuen Organisationsformen an die leitenden Ärzte stellen, erstrecken sich im wesentlichen auf die Bereiche sozialer

---

[100] Controlling wird als Inbegriff von auf Informationen des Rechnungswesens aufbauenden Steuerungsentscheidungen verstanden *(Dellmann K. 1993 S. 319)*.

Fähigkeiten, kommunikativer Fähigkeiten, Integrationsfähigkeit, Verhandlungsgeschick und Fähigkeiten zur Vertrauensbildung[101].

In Anbetracht der in den Krankenhäusern im allgemeinen bei allen Berufsgruppen unzureichend ausgebildeten Kompetenz im Personalmanagement stellt auch diese Auswirkung des Lean-Managements eine große zu bewältigende Herausforderung bei der Umsetzung modularer Organisationskonzepte in den Kliniken dar.

3.1.3.2 Negative Auswirkungen der Modularisierung eines Krankenhauses

Neben den genannten neuen Herausforderungen in den Bereichen Informations-, Kommunikationstechniken und Personalführung entstehen durch die Modularisierung des Krankenhauses allerdings auch Einflüsse, die eine an den Zielen des Gesamtkrankenhauses orientierte Betriebsführung und Umsetzung der neuen Führungsaufgaben erschweren können.

So **verringert** die mit der Modularisierung verbundene weitgehende **Dezentralisierung** von Aufgaben, Verantwortung und Kompetenz die **Kontrollmöglichkeiten** und birgt das **Risiko** in sich, daß die **dezentral gefällten Entscheidungen der Zielsetzung, den Strategien und der Politik der Unternehmensleitung widersprechen** *(Kieser A. 1984, Staehle W.H. 1994 S. 669, Picot et al. 1996 S. 258 f.).* Es kann die Gefahr entstehen, daß das Krankenhaus organisatorisch gesehen auseinanderfällt und für die Gesamtheit der Abteilungen wichtige Vorhaben hinsichtlich der Entwicklung gemeinsamer Strategien, Führungs- und Controllinginstrumente, einer einheitlichen DV-Infrastruktur oder hinsichtlich der Ausübung eines zur Betriebskultur des Gesamtkrankenhauses passenden Personalmanagements nicht abteilungsübergreifend angegangen werden. Eine weitere Folge der Modularisierung des Krankenhauses ist, daß die unabhängige und weisungsfreie Stellung der leitenden Ärzte ausgebaut und verstärkt wird. Dadurch werden jedoch die **bestehenden Schwierigkeiten in der Führung und Integration des ärztlichen Dienstes in die Gesamtverantwortung und -organisation** des Krankenhauses **weiter verschärft**. Die erforderliche verstärkte Einbindung der leitenden Ärzte in das Zielsystem und die Gesamtorganisation des Krankenhauses wird zusätzlich erschwert[102].

Daneben besteht bei modularisierten Kliniken auch die Gefahr, daß sich die Verantwortlichen Mitglieder der Krankenhausleitung zu stark auf modul- bzw. abteilungsbezogene operationale Zielsetzungen konzentrieren und dadurch evtl. die Interessen des Gesamtkrankenhauses vernachlässigen. Nicht nur die verstärkte Entscheidungsfreiheit der medizinischen Abteilungen, sondern auch das damit verbundene **Empowerment** der Mitarbeiter und insbesondere **der**

---

[101] Analog zu den Anforderungen, die die Modularisierung an die Führungskräfte in erwerbswirtschaftlichen Unternehmen stellt *(Picot et al. 1996 S. 505 ff.).*

[102] Allerdings kann eine Folge der unzureichenden Integration des ärztlichen Dienstes, nämlich die sich daraus ergebenden Probleme bei der Wirtschaftsführung des Krankenhauses, gerade durch die mit der Dezentralisierung wiedergewonnenen Kongruenz von Aufgabe und Verantwortung vermindert oder sogar aufgehoben werden.

leitenden Ärzte kann erhebliche **Probleme bei der Umsetzung** des modularen **Organisationskonzeptes** mit sich bringen. Die praktischen **Grenzen der Modularisierung** ergeben sich zum einen aus den **hohen Qualifikationsanforderungen**, die diese Organisationsform an die Mitarbeiter und vor allem die leitenden Mitarbeiter *(Blickle, Müller 1995, Picot et al. 1996 S. 258 f.)*, also die **leitenden Abteilungsärzte** stellt.

Bei Übertragung neuer und zusätzlicher betrieblicher Führungsaufgaben und -kompetenzen werden die leitenden Ärzte zum einen in einem hohem Maße mit Aufgaben und Problemen konfrontiert, für deren Bewältigung und Lösung sie weder ausgebildet noch geschult wurden. Daneben erfordern modulare Organisationsformen Führungskompetenzen und einen Führungsstil, den die meisten leitenden Ärzte in ihrem beruflichen Lebensweg in den vom bürokratischen Handeln geprägten Krankenhäusern nicht kennengelernt haben. Zudem ist es fraglich, ob nicht die im Zuge des Empowerments neu hinzu gekommenen Aufgabengebiete die leitenden Ärzte zeitlich derart in Anspruch nehmen, daß sie ihrer primären Aufgabe, Leitung einer medizinischen Fachabteilung und Patientenversorgung, kaum noch nachgehen können.

Zum anderen ist die Gefahr groß, daß die leitenden Ärzte durch die Notwendigkeit umfangreicher Qualifizierungsmaßnahmen, durch die mit Umstrukturierungen verbundenen Unsicherheit aber auch durch die erhöhte betriebliche und wirtschaftliche Verantwortung abgeschreckt und demotiviert werden. Diese auch bei erwerbswirtschaftlichen Unternehmen bestehende Gefahr *(Picot et al. 1996 S. 258 f.)* müßte im Krankenhaus als typischem Professionalbetrieb besonders ausgeprägt sein, da sich die Ärzte nicht als "Manager" sehen *(Bauer H. 1995a)* und Forderungen "Managementaufgaben" übernehmen zu müssen zunächst ablehnend[103] gegenüber stehen *(Bauer H. 1995a)*. Die Vorbehalte der Ärzte gegenüber der Ökonomisierung des Krankenhauses und ihrer potentiellen Rolle als zukünftige "Manager" im Krankenhaus *(Bourmer H.R. 1993, Hoffmann H. 1994a, Knorr K.E. 1994, Regler K. 1994b, Bauer H. 1995a)* können daher die Umsetzung modularer Organisationsformen erschweren.

Die Bewältigung dieser Gefahren und Aufgaben stellt eine weitere große Herausforderung für ein modernes Krankenhaus dar[104].

3.1.3.3 Koordination und Kommunikation zwischen Ärzten und Pflegekräften auf Abteilungsebene

Die modulare und schlanke Organisationsform im Krankenhaus wirkt sich auch auf das Verhältnis der Berufsgruppen untereinander aus. Zwischen den einzelnen Stelleninhabern ändern sich **Art und Umfang der erforderlichen Koordination, Kommunikation und Zusammenarbeit**, da sich mit der weitgehenden **Dezentralisation** von Kompetenz, Aufgaben und

---

[103] Siehe auch *Tabelle 26*.
[104] Siehe ausführlich Punkt D 3.2.

Verantwortung **auf Abteilungen**[105], **Pflegekräfte**[106] **und leitende Ärzte**[107] auch das **Stellenprofil der einzelnen Mitarbeiter wandelt.** Besonders bei der Frage nach der Aufgabenabgrenzung zwischen Ärzten und Pflegekräften im "Management" einer Abteilung werden die Auswirkungen der schlanken Organisationsform auf die Leitungsstruktur einer medizinischen Abteilung deutlich.

Mit der Dezentralisierung der Budgetverantwortung und Kompetenz zur Steuerung des Kosten- und Leistungsbudgets könnte beispielsweise[108] mit dem leitenden Abteilungsarzt[109] auch die leitende Abteilungspflegekraft in die Verantwortung für Wirtschaftsführung und Abteilungsbudget eingebunden werden. Dies kann mit der Feststellung begründet werden, daß die Pflegekräfte zum einen den Großteil des medizinischen Personals auf einer Abteilung stellen und zum anderen die Verwendung und den Verbrauch des medizinischen Sachbedarfs spürbar beeinflussen und steuern können *(Frauenknecht X. 1996)*. Hinzu kommt, daß die Pflegekräfte, durch die mit der Verringerung der organisatorischen Gliederungstiefe und -breite verbundenen Übernahme von Handlungs- und Entscheidungskompetenzen, größeren Einfluß auf das Leistungsgeschehen auf den Stationen nehmen können und dementsprechend stärker in abteilungsbezogene Führungsentscheidungen eingebunden werden müssen.

Die Wirtschaftsführung einer medizinischen Abteilung müßte dann sowohl von einem leitenden Abteilungsarzt als auch einer leitenden Abteilungspflegekraft ausgeübt werden[110].

Die Frage aber ist, inwieweit die leitende Abteilungspflegekraft überhaupt Verantwortung für die Wirtschaftsführung einer Abteilung übernehmen kann, da der leitende Arzt aus juristischen Gründen immer der Letztverantwortliche für die medizinische Versorgung und die Steuerung des medizinischen Leistungsprozesses sein muß[111]. Dadurch werden die wesentlichen wirtschaftlichen Steuerungsgrößen des Leistungsgeschehens alleine durch den Arzt bestimmt[112]. Bei einer Einbindung der leitenden Abteilungspflegekraft in die Verantwortung für die Wirtschaftsführung einer medizinischen Abteilung müßte sie folglich Verantwortung tragen, ohne daß sie die entsprechenden Steuerungskompetenzen inne haben könnte.

Die leitende Abteilungspflegekraft kann daher nicht die Kompetenz für die Wirtschaftsführung und Steuerung des medizinischen Leistungsprozesses übernehmen.

Angesichts des Einflusses der Pflegekräfte auf das Abteilungsbudget sollten sie, gemäß dem Kongruenzprinzip, jedoch in die Budgetverantwortung mit einbezogen werden.

---

[105] Siehe Punkt D 3.1.3.1.
[106] Siehe Punkt D 2.1.2.1.
[107] Siehe Punkt D 3.1.3.1.
[108] Auch bei dieser Frage gilt grundsätzlich die Feststellung, daß Entscheidungen über die Verteilung von Aufgaben, Verantwortung und Kompetenz nur im Anschluß an umfassende Situations- und Einzelanalysen und unter Berücksichtigung der jeweiligen Führungsrichtlinien getroffen werden sollten, siehe Punkt D 3.1.2.1.
[109] Der Arzt, als wirtschaftlicher Hauptverantwortlicher für die Steuerung des medizinischen Leistungsprozesses und aus juristischer Sicht Letztverantwortlicher für die Patientenbehandlung, muß die entsprechende Verantwortung, sowie Handlungs- und Entscheidungskompetenz tragen, siehe Punkt D 3.1.2.1.
[110] Ein derartiges Modellprojekt gibt es seit einigen Jahren im LBK Hamburg *(Mellmann H. 1993)*.
[111] Siehe Punkt B 2.4.4.
[112] Siehe Punkt C 3.

Um die Pflegekräfte in die Leistungs- und Kostenverantwortung mit einbinden zu können, könnte man nun versuchen, das Abteilungsbudget zwischen dem Verantwortungsbereich der Ärzte und Pflegekräfte zu trennen. Allerdings hat es sich bereits bei dem Versuch, die medizinischen Verantwortungsbereiche zwischen Ärzten und Pflegekräften zu trennen und genau zu definieren, gezeigt, daß eine scharfe und eindeutige Trennung und Zuordnung von Aufgaben und Kompetenzen zum ärztlichen oder pflegerischen Bereich nicht möglich ist[113]. Die Möglichkeit dem ärztlichen und pflegerischen Bereich Leistungen und jeweils veranlaßte Kosten exakt zuordnen zu können, ist aber eine Grundvoraussetzung für die Trennung der Budgets und damit für die Übernahme der Budgetverantwortung durch die Pflegekräfte[114]. Erweist sich folglich die Trennung des ärztlichen und pflegerischen Budgetbereichs in der Praxis als nicht sinnvollerweise durchführbar, dann müßte letztlich der leitende Abteilungsarzt allein die Budgetverantwortung übernehmen. Dies würde bedeuten, daß der leitende Abteilungsarzt aber auch die zur Steuerung der Budgetgrößen erforderlichen Handlungs- und Entscheidungskompetenzen erhält, die den Kompetenzbereich und die Leistungen der Pflegekräfte betreffen. Angesichts der Zielsetzung eines modernen Krankenhauses, die Stellung der Pflegekräfte aufzuwerten und ihnen mehr Freiräume einzuräumen, besteht bei einer derartigen Lösung jedoch die große Gefahr, daß durch die erweiterten, den Pflegebereich umfassenden Einfluß- und Steuerungsmöglichkeiten des leitenden Arztes ein neues Konfliktfeld zwischen Ärzten und Pflegekräften geschaffen wird[115]. Die Frage bei dieser Problemstellung ist nun, auf welche Art und Weise das Pflegepersonal mit in die Budgetverantwortung eingebunden werden kann, und wie die Gefahr eines durch Kompetenzüberschneidung hervorgerufenen Konfliktes zwischen Ärzten und Pflegekräften vermieden werden könnte.

Unter der Annahme, daß eine dem Verursacherprinzip gerecht werdende Aufteilung der Budgetverantwortung auf den ärztlichen und pflegerischen Bereich in der Praxis nicht praktikabel ist, kann die oben geschilderte Problematik also nicht durch eine scharfe Zuordnung und Trennung der Kompetenzbereiche[116] sondern wohl nur durch eine **enge und vertrauensvolle Kooperation von Ärzten und Pflegekräften innerhalb einer Abteilung gelöst werden**[117].

---

[113] Siehe Punkt B 2.4 und D 2.1.2.

[114] Neben der Problematik der exakten Zuordnung medizinischer Leistungen zu dem jeweilige Verantwortungsbereich stellt sich auch die Frage nach der Praktikabilität und dem Nutzen einer scharfen Trennung der Kostenbereiche. Aufgrund der Vielzahl kleiner Leistungen in einem medizinischen Leistungsprozeß sollte vor dem Versuch der Zuordnung einzelner Kosten geprüft werden, ob der damit verbundene administrative Aufwand in einem sinnvollen Verhältnis zu dem zu erwarteten Nutzen steht.

[115] Dieses Konfliktfeld kann daneben durch eine weitere Folge der Modularisierung verschärft werden. Denn zukünftig müssen die in den dezentralisierten Abteilungen entstehenden Fragen und Konflikte innerhalb des jeweiligen Kompetenzbereichs d.h. innerhalb der medizinischen Abteilung gelöst werden. Das zur Lösung offener Fragen und Probleme bisher übliche Einschalten einer höheren Instanz ist in den Modulen nicht mehr möglich und würde auch dem Dezentralisierungskonzept widersprechen.

[116] Etwa durch eine Dienstordnung.

[117] Dieser aus betriebswirtschaftlichen Überlegungen abgeleitete Lösungsansatz entspricht genau den Ausführungen, die von juristischer Seite zu dem Problem der Zusammenarbeit von Arzt und Pflegekraft gemacht wurden *(Steffen E. 1996)*. Auch der *Vorsitzende Richter des BGH a.D. Steffen* fordert eine kooperative Zusammenarbeit von Arzt und Krankenpflegekraft ohne ein Rang- und Konkurrenzdenken *(Steffen E. 1996)*.

Die Zusammenarbeit von leitendem Abteilungsarzt und leitender Abteilungspflegekraft sollte sich auf der Grundlage einer gemeinsamen Zielsetzung, eines gemeinsamen Wertesystems und einer auf beiden Seiten vorhandenen Kooperations- und Kompromißbereitschaft, durch die Einbeziehung und Teilnahme der leitenden Pflegekraft bei der Budgetaufstellung, -planung und -steuerung auszeichnen. Bei der Vorbereitung von Entscheidungen und sachorientierten Problemlösungen sollte prinzipiell Einigkeit und Konsens zwischen Arzt und Pflegekraft angestrebt werden. Nur durch eine enge Kooperation und Einbeziehung der leitenden Pflegekraft kann der für die Wirtschaftsführung und Budgetverwendung verantwortliche Arzt erreichen, daß das Pflegepersonal gemäß der Zielsetzung der Abteilung bereit ist, für seinen Bereich Budgetverantwortung zu übernehmen.

Angesichts der oftmals zwischen Ärzten und Pflegekräften bestehenden Spannungen und der kritischen Lage im Pflegedienst[118] erfordert eine solche Kooperation, die eine Voraussetzung für eine erfolgreiche Leitung einer medizinischen Abteilung ist, das Herantreten und Ausräumen der zwischen Ärzten und Pflegekräften bestehenden Barrieren und Mißverständnisse. In verschiedenen wissenschaftlichen Publikationen wurden entsprechende Lösungsansätze dargestellt und diskutiert *(Makadon, Gibbons 1985, Hoefflinger Taft, Pelikan 1990, Stein et al. 1990, Horak et al. 1991, Svensson R. 1996).* Demnach kann das **Ziel** einer **dauerhaften, engen** und **vertrauensvollen Kooperation zwischen Ärzten und Krankenpflegekräften** wohl nur **durch offene Kommunikation**[119], einer **aktiven und systematischen Gestaltung** und **Entwicklung des Verhältnisses von Ärzten und Pflegekräften**[120] und **durch eine gemeinsam entwickelte, anerkannte und gelebte Werte- und Betriebskultur** erreicht werden *(Mechanic, Aiken 1982, Makadon, Gibbons 1985, Hoefflinger Taft, Pelikan 1990, Stein et al. 1990, Horak et al. 1991, Nolan M. 1995, Svensson R. 1996).* Hervorgehoben wird dabei die Vorbildfunktion des leitenden Arztes und der leitenden Pflegekraft *(Mechanic, Aiken 1982, Makadon, Gibbons 1985, Stein et al. 1990).* Aufgrund der kritischen Situation der Pflegenden und des teilweise großen Qualifikationsunterschiedes zwischen Ärzten und Pflegekräften erscheint daneben ein systematischer und zielorientierter Einsatz von Motivationsinstrumenten sowie eine kontinuierliche Förderung und qualifizierende Weiterbildung der leitenden Pflegekräfte, etwa durch Studiengänge im Pflegemanagement, erforderlich *(Makadon, Gibbons 1985).* Eine enge Koordination, Kommunikation und "teamartige" Zusammenarbeit zwischen den mit deutlich mehr Kompetenzen und Aufgaben ausgestatteten Pflegekräften[121] und Ärzten[122] wird damit eine wichtige Bedingung für eine erfolgreiche Modularisierung des Krankenhauses werden.

---

[118] Dies bezieht sich nicht nur auf den Mangel an Pflegekräften, sondern auch auf die Demotivation und Frustration, die bei vielen Pflegenden zu beobachten sind. Siehe Punkt B 2.4.
[119] Hierzu gehört das offene Ansprechen und eine, auf Lösung des Konflikts hin orientierte, Diskussion von Reibungspunkten, aber auch die Kenntnis der Hintergründe, der Probleme und Besonderheiten eines jeden Berufsstandes *(Horak et al. 1991).*
[120] Idealerweise unterstützt durch unabhängige externe Personalberater *(Horak et al. 1991).*
[121] Siehe ausführlich Punkt D 2.1.2.1.
[122] Siehe ausführlich Punkt D 3.1.2.1.

3.2 Führung und Integration des klinisch selbständigen leitenden Arztes in die Gesamtorganisation eines Krankenhauses

Durch die modulare Organisationsform, die weitgehende Dezentralisierung und Konzentrierung von Aufgaben, Verantwortung und Kompetenzen auf die Ebene einer medizinischen Abteilung und auf die Stelle eines leitenden Abteilungsarztes, können einerseits die negativen Auswirkungen der berufsständischen Gliederungsstruktur vermindert und andererseits die bei der Wirtschaftsführung eines Krankenhauses entstehenden Probleme der Steuerung und Beurteilbarkeit ärztlicher Leistungen durch Dritte[123] gelöst werden.

Das mit dem Professional-Status verbundene Problem der unzureichenden Integration des ärztlichen Dienstes in die Gesamtorganisation und Zielsetzung eines Krankenhauses hingegen kann durch das vorgestellte Organisationskonzept nur teilweise gelöst werden. Denn durch die Dezentralisation und der damit verbundenen Übernahme der Budgetverantwortung und Steuerungskompetenzen kann der leitende Arzt zwar indirekt in die Verantwortung für das Gesamtbudget und eingeschränkt auch in die Verantwortung für die Wirtschaftsführung des Krankenhauses eingebunden werden. Andererseits jedoch verschärfen die negativen Auswirkungen der Modularisierung und verstärkten Dezentralisierung die organisatorische Schwachstelle "unzureichende Integration und unabhängige Stellung des leitenden Arztes" zusätzlich. Daher stellt sich nun die Frage, wie ein unabhängiger, weitgehend selbständig handelnder und nicht durch Dritte kontrollierbarer leitender Abteilungsarzt in die Zielsetzung, Aufgabenstellung und Organisation eines Gesamtkrankenhauses integriert und dementsprechend geführt und motiviert werden kann. Als Folge der Modularisierung müssen bei Erörterung dieser Frage die mit dem Empowerment des leitenden Arztes verbundenen Probleme besonders berücksichtigt werden. Aufgrund der hohen Qualifikationsanforderungen dieses Organisationskonzeptes besteht die Gefahr, daß der leitende Arzt in einem so hohen Maße mit Führungsaufgaben und organisatorischen Problemen belastet wird, daß seine primär an medizinischen Zielen ausgerichtete Aufgabenstellung durch das Tätigkeitsprofil eines "Krankenhausmanagers" verdrängt wenn nicht ersetzt wird.

3.2.1 Führungs- und Organisationsmethoden in der Krankenhauspraxis

Im folgenden wird untersucht, inwieweit die oben aufgezeigte Fragestellung durch Führungs- und Organisationsmethoden, die im Krankenhausbereich seit langem angewandt oder diskutiert werden, gelöst werden könnte.

---

[123] Eigenverantwortung, Selbststeuerung und -kontrolle statt Fremdkontrolle.

3.2.1.1 Führungsprinzipien bürokratischer Organisationen

Die in den meisten Krankenhäusern heute vorherrschenden Führungsmethoden lehnen sich an die des bürokratischen Organisationsmodells an[124]. Führung erfolgt primär durch (schriftliche) Anweisungen einer höheren Instanz und durch ein Handeln, das sich an einer Vielzahl starrer, unflexibler Regelungen und Richtlinien orientiert *(Picot et al. 1996 S. 209 f.).*
Als Reaktion auf die Modularisierung des Krankenhauses wäre es daher vorstellbar, daß ein Krankenhausträger einen Ansatz wählt, der die Führung und Einbindung des leitenden Arztes in das Gesamtkrankenhaus über dienstvertragliche Regelungen, schriftlich fixierte, verbindliche Stellen- und Aufgabenbeschreibungen und über eine entsprechend ausgestaltete Dienstordnung vorsieht. Dadurch könnten die leitenden Ärzte verpflichtet werden, die neuen und erweiterten Führungsaufgaben wahrzunehmen und die Zielsetzung des Gesamtkrankenhauses einzuhalten.
Wie die Erfahrungen der Praxis jedoch gezeigt haben, ist eine derartige Führungsmethode im Krankenhaus ungeeignet und ineffizient[125] *(Flood, Scott 1987).* Das Problem der fehlenden Beurteilbarkeit und damit Kontrollierbarkeit schließt ein effizientes Führen des leitenden Arztes durch ein bürokratisches Führungsinstrument aus[126].
Ein weiterer entscheidender Nachteil dieses Ansatzes ist, daß die Folgen des Empowerments des leitenden Arztes durch das Verwaltungshandeln nicht angegangen oder gemindert werden. Damit bleibt das Problem des Empowerments und der enormen Aufgabenfülle beim leitenden Arzt und innerhalb der medizinischen Abteilung. Es besteht die Gefahr, daß sich das Aufgabenspektrum des leitenden Abteilungsarztes von dem eines klinisch tätigen Arztes entfernt und sich dem eines "Krankenhausmanagers" annähert. Als typischer Professional aber versteht sich der Arzt nicht als ein "Manager"[127], er will kein "Manager" sein und kann auch nicht wie ein "Manager" geführt werden[128].
Tabelle 26 zeigt in einer Übersicht die wichtigsten Probleme und Fragen, die bei der Führung und Integration eines leitenden Arztes im Krankenhaus auftreten können.

---

[124] Siehe Punkt C 2.1.1.
[125] Siehe Punkt C 2.1.1.
[126] Angemerkt sei, daß die Bürokratie in Punkt C 2.1.1 als eine für das Krankenhaus ungeeignete Organisationsform angesehen wurde.
[127] Diese Ausführungen dürften für einen hauptamtlichen ärztlichen Direktor nicht oder allenfalls stark eingeschränkt gelten, da dieser leitende Arzt "seinen Kittel ausgezogen" hat und sich rein Führungs- und Managementaufgaben zuwendet. Im Gegensatz zum hauptamtlichen ärztlichen Direktor, der für seine Tätigkeit spezifische Sach- und Führungskenntnisse mitbringt, aber sind die Chefärzte weiterhin primär ärztlich tätig.
[128] Vergleichbare Schwierigkeiten mit der Führung hochqualifizierter und von "Laien" nicht kontrollierbarer Berufsgruppen treten auch in anderen Betrieben und Wirtschaftsunternehmen auf, die Professionals beschäftigen. Neben Kliniken sind dies z.B. auch Investmentbanken, Unternehmensberatungen, große Anwaltskanzleien und Architekturbüros.

Tabelle 26: Die mit der Position des Arztes als "Professional" verbundenen Probleme und offenen Fragen in der Führung eines Krankenhauses

1. *Frage der Qualifikation des Professionals für Führungsaufgaben:*
Entscheidend für die tägliche Arbeit, das Ansehen und die Akzeptanz bei den Mitarbeitern und für die Besetzung einer leitenden Position ist die fachliche Kompetenz des Professionals und nicht dessen Führungs- und Managementqualitäten.

2. *Zurückhaltende Einstellung des Professionals gegenüber seinen Managementaufgaben*
Fast alle Professionals holen ihre Identität berufliche Sinngebung und Zufriedenheit aus ihrer spezifischen Arbeit. Sie haben ihren Beruf gewählt, weil sie die spezifische Aufgabe und Herausforderung gereizt hat, und nicht weil sie Manager werden wollten. An vielen Managementaufgaben sind Professionals gar nicht interessiert. Viele Tätigkeiten eines Managers stehen in direktem Gegensatz zu den Dingen, die die Tätigkeit des Professionals für diese so reizvoll gestaltet. Professionals erhalten aus ihrer Tätigkeit in der Regel in kurzer Zeit ein feed back, können daher rasch Erfolge oder Mißerfolge sehen (in der stationären Akutmedizin, kann in der Regel in kurzer Zeit ein Behandlungserfolg gesehen werden z.B. in der Intensivmedizin). Die Erfolge des Managers benötigen überwiegend Monate oder Jahre bis sie deutlich sichtbar werden (wirtschaftlicher Turnaround, Folgen bestimmter Maßnahmen zur Personalentwicklung, strategische Neuausrichtung des Unternehmens etc.).

Ein weiteres Problem ist, wie man Professionals dazu gewinnen kann, die Probleme der Personalführung und des Managements kompetent anzugehen und zu lösen obwohl Professionals nicht primär für das Managen angestellt, trainiert und auch belohnt werden.

3. *Zielkonflikt zwischen Tätigkeit als Professional und Manager:*
Professionals bestimmen maßgeblich die Qualität der Leistungsprozesse, Klientenbetreuung und der Klientenbeziehung. Die mit der Führung, dem Management der Unternehmung oder des Betriebes verbundenen Aufgaben aber entfernen den Professional in größerem Maße von seinen primären und spezifischen Aufgaben, damit auch vom Ursprung seiner Führungsautorität und -autorisation und können die "Qualität" des Kerngeschäfts gefährden.

4. *Problem der Führung der nachgeordneten Professionals:*
Wie kann man eine größere Menge an hochqualifizierten Professionals schulen, weiterbilden und konstruktiv führen ohne daß man eine umfangreiche hierarchische und bürokratische Organisationsstruktur benötigt?

5. *Problem der strategischen Unternehmensführung:*
Wie kann man die Entwicklung von Strategien, Marketingmaßnahmen und Kontrollmechanismen sicherstellen, sowie die Koordination zwischen den Subeinheiten verbessern, wenn dies primär in den Aufgabenbereich der Professionals und der selbständigen Departments fällt?

6. *Die Autonomie des Professionals und Teamarbeit des Managers*:
Professionals sind es seit jeher gewohnt alleine zu arbeiten und alleine die Verantwortung übernehmen zu müssen. Manager hingegen arbeiten in einem Netz von Verpflichtungen und Beziehungen. Probleme und Lösungswege müssen daher in Abstimmung mit anderen erarbeitet werden (Teamarbeit).

> **7. Problem der Zusammenarbeit von "externen" Managern und Professionals:**
> Manager, die nicht dem Berufsstand der Professionals angehören haben einen Mangel an den jeweils notwendigen spezifischen Kenntnissen. Zudem gibt es Probleme im Verstehenkönnen zwischen Professional und hauptamtlichem Manager. Strategische Entscheidungen, Fragen der Personalführung aber auch Fragen, die die Klienten betreffen kann der Manager alleine nicht so treffen, wie es nötig wäre. Bestenfalls erhält man durch diesen Manager Hilfe in administrativen Dingen, schlimmstenfalls wird er völlig ausgegrenzt. Zudem haben die Manager die Neigung, die Autonomie der Professionals zu beschneiden und die bürokratischen Hemmnisse zu verstärken (Kontrolle). Dadurch wird es zunehmend schwieriger auf die Bedürfnisse der Klienten und auf Veränderungen im Umfeld eingehen zu können. Die Professionals werden dadurch zusätzlich in erheblichem Maße demotiviert.

Quelle: eigene Darstellung in Anlehnung an Mintzberg H. 1979, Lorsch, Mathias 1987, McCall M.W. 1989, Fogel D.S. 1989, Kok W.G.C. 1990, Merry M.D. 1993, ders. 1994, Riordan, Simpson 1994, Simpson J. 1994.

Die Einführung einer modularisierten Organisationsform ist folglich mit dem Fortbestehen des Verwaltungshandelns kaum vereinbar.

3.2.1.2 Das Kollegialsystem im Krankenhaus

Im sog. Team-Arzt-Modell, einer erstmals 1971 vorgestellten Entwicklung des *Marburger Bundes*, wird die Leitung einer medizinischen Abteilung nicht von einem, sondern mehreren leitenden Ärzten, sog. Teamärzten, gemeinsam ausgeübt. Nach Ansicht des *Marburger Bundes* soll das Kollegialsystem[129] durch die langfristige Bindung mehrerer Gebietsärzte zu einer höheren Verbundenheit und besseren Identifikation dieser leitenden Ärzte mit den spezifischen Zielen des Krankenhauses führen[130]. Es könnte daher denkbar sein, daß durch das Kollegialsystem die leitenden Abteilungsärzte und einzelnen medizinischen Abteilungen besser in das Gesamtkrankenhaus integriert werden könnten. Möglicherweise wäre die Teamlösung zugleich auch ein Ansatz, das Problem des Empowerments des leitenden Arztes zu lösen, da das erweiterte Aufgabenspektrum und der erweiterte Kompetenz- und Verantwortungsbereich auf mehrere Abteilungsärzte verteilt werden könnte.

Bei näherer Betrachtung der Argumente erscheint es allerdings fraglich, ob die unabhängigen weisungsfreien leitenden Team-Ärzte in einer weitgehend selbständigen medizinischen Abteilung lediglich durch ihre dauerhafte Anstellung in das Zielsystem des Gesamtkrankenhauses

---

[129] Das Kollegialsystem hat sich in den vergangenen Jahrzehnten nicht durchsetzen können. Zehn Jahre nach Entwicklung dieses Modells lag der Anteil der Abteilungen, die von mehreren Ärzten gemeinsam geleitet wurden unter 2 %, siehe *"Kollegialsystem im Krankenhaus" hrsg. v. Marburger Bund, 1981, 40 Seiten.*

[130] Siehe *"Kollegialsystem im Krankenhaus" hrsg. v. Marburger Bund, 1981, 40 Seiten*, vgl. auch das sog. *Saarbrücker Papier von 1971, "Marburger Bund -der Arzt", 1971, S. 460*

integriert und eingebunden werden können. Auch ein einzelner leitender Arzt hat in der Regel eine Lebensstellung und müßte sich daher ebenfalls mit den Zielen des Krankenhauses verbunden fühlen. Dies aber konnte, wie die Praxis in der Vergangenheit gezeigt hat, oftmals nicht erreicht werden[131]. Angesichts der Eigendynamik eines selbständigen Moduls wird ein derartiger Führungsansatz nicht die erforderliche Verbundenheit der leitenden Team-Ärzte schaffen können.

Daneben wird durch die Aufteilung der Führungskompetenz auf mehrere leitende Ärzte ein großes Abgrenzungs- und damit auch Führungsproblem geschaffen, da das Kongruenzprinzip, das die Einheit von Entscheidung und Verantwortung fordert, als wichtiges Managementprinzip, verletzt wird *(Münch E. 1992)*. Die mit dem Empowerment des leitenden Arztes verbundenen Schwierigkeiten können daher auch nicht durch das Kollegialsystem gelöst werden.

Die kollegiale Abteilungsleitung in einer weitgehend dezentralisierten Organisationsform ist aber nicht nur aus betriebswirtschaftlicher, sondern auch aus juristischer Sicht bedenklich, da die bestehende Rechtsordnung von einer personellen Verantwortung ausgeht und eine kollektive Verantwortung nicht kennt[132]. Auch die Rechtslage spricht damit gegen das Team-Modell *(Baur U. 1978)*.

3.2.1.3 Anreizsysteme für leitende Ärzte

Die Integration und zielgerichtete Führung eines leitenden Arztes wird in einigen Kliniken auch über verschiedene Anreizsysteme (Tantiemenmodell, Bonus- Malussystem, Erfolgsbeteiligung) versucht *(Wuttke R.B. 1985, Münch 1990, Fack W.G. 1990, Eichhorn, Schmidt-Rettig 1995b)*. Durch diese "Motivationsinstrumente" soll der leitende Arzt am "Erfolg" und "Mißerfolg" seiner Abteilung oder des Gesamtkrankenhauses beteiligt und damit zu zielgerechtem Verhalten "motiviert" werden *(Wuttke R.B. 1985, Münch, Meder 1989, Fack W.G. 1990, Eichhorn, Schmidt-Rettig 1995b)*.

Grundsätzlich passen derartige Anreizsysteme zu der modularen Organisationsform eines modernen Krankenhauses, da der leitende Abteilungsarzt die zur Steuerung des Abteilungsbudgets, der entsprechenden Leistungen, Leistungsgrößen und Kosten erforderlichen Kompetenzen inne hat. In der Krankenhauspraxis gibt es eine Reihe verschiedener Anreizsysteme, die den leitenden Abteilungsarzt, aber auch andere Führungskräfte und Mitarbeiter, in unterschiedlicher Art und Weise an das Betriebsergebnis binden. Bei dem sog. *Siegburger Modell* werden die Abgaben des Chefarztes, die dieser aus seiner wahlärztlichen Tätigkeit an das Krankenhaus zu entrichten hat, an das Betriebsergebnis des Gesamtkrankenhauses gebunden *(Wuttke R.B. 1985)*. Im Gegensatz zum *Siegburger Modell* ist im sog. *Hildesheimer Modell* die Erfolgsbeteiligung des leitenden Arztes abteilungs- bzw. bereichsbezogen. Neben der di-

---

[131] Siehe Punkt C 2.2.
[132] Ausführliche Erläuterung siehe Punkt B 3.1

rekten finanziellen Beteiligung der Chefärzte am Ergebnis ihres Bereiches wird in Hildesheim auch eine selektive Investitionsmittelzuweisung praktiziert *(Fack W.G. 1990)*. Das Erfolgsbeteiligungsmodell des *Krankenhausverbandes Coburg* beruht auf einem reinen Bonussystem. Auch hier kann die Höhe der Kostenerstattung des leitenden Abteilungsarztes sinken, wenn das Gesamtkrankenhaus nicht einen genau definierten und "bereinigten" Gewinn ausweist *(Fack W.G. 1990)*. Gegenüber den genannten Modellen verfolgt das Beteiligungskonzept der *Rhön-Klinikum AG* das Ziel, alle Mitarbeiter des Krankenhauses am Erfolg des Unternehmens partizipieren zu lassen[133] *(Fack W.G. 1989, Münch, Meder 1989, Münch E. 1990)*. Über die Effektivität derartiger Anreizsysteme im Krankenhaus gibt es keine empirischen Daten *(Eichhorn, Schmidt-Rettig 1995b S. 70 ff.)*. Allerdings wird vermutet, daß bestimmte Anreizmodelle, z.B. das *Siegburger Modell*, dazu beigetragen haben, daß das damit verfolgte Ziel, Verluste des Krankenhauses zu vermeiden, erreicht werden konnte *(Fack W.G. 1990)*.

Die Einführung und Anwendung finanzieller Anreizsysteme, die in einem mehr oder weniger großen Umfange das finanzielle Ergebnis einer Abteilung mit der Höhe des Vorteilsausgleichs des leitenden Abteilungsarztes verbinden, ist allerdings nicht unbedenklich.

Der erwünschte unmittelbare Zusammenhang zwischen der Höhe des Einkommens des leitenden Arztes und dem finanziellen Abteilungsergebnis ist zwar aus Sicht der Klinikverwaltung der wichtigste Vorteil dieses Anreizsystems, da der Budget- und Kostenverantwortliche direkt in das finanzielle Ergebnis seiner Abteilung eingebunden wird. Auf der anderen Seite aber könnte bei einem solchen Anreizsystem aus Sicht der Patienten und der Bevölkerung leicht der Eindruck entstehen, daß die Chefärzte in diesem Krankenhaus zu Lasten der Patienten und der medizinischen Versorgung versuchen, höhere Einkommen zu erzielen[134]. Aus diesem Grunde hat die gewinnorientierte *Rhön-Klinikum AG* den leitenden Abteilungsarzt nicht allein am Gesamtergebnis beteiligt[135] und ihn nicht mit seinem Einkommen in die Budgetverantwortung eingebunden *(Münch E. 1990)*. Aber auch aus ärztlich-ethischer Sicht ist die unmittelbare Verbindung monetärer und nicht-monetärer Ziele in der unmittelbaren Krankenversorgung abzulehnen, da hierdurch bei medizinethischen Problemstellungen in Frage kommende Lösungswege von der jeweiligen Einkommenssituation des leitenden Arztes beeinflußt werden könnten. Zu den Schwachpunkten obiger Anreizsysteme gehört auch, daß sie fast ausschließlich das Ziel der Kostenwirtschaftlichkeit verfolgen *(Eichhorn, Schmidt-Rettig 1995b)* und daß die erforderlichen Voraussetzungen[136] für die Anreizmodelle in der überwiegenden

---

[133] Bei entsprechender Ertragslage kann die Ergebnisbeteiligung deutlich höher als ein 13.Monatsgehalt ausfallen *(Fack W.G. 1990)*.

[134] Eine Aussage, die im Ernstfall aufgrund des Fehlen eindeutiger Qualitätsparameter und -indikatoren von den Betroffenen nur schwer widerlegt werden kann. Angesichts der besonderen Art der von den Kliniken und Ärzten erbrachten Dienstleistungen und der zunehmenden Bedeutung des Wettbewerbs im Gesundheitsbereich können derartige Aussagen oder auch nur Gerüchte einer Klinik oder Abteilung erheblich schaden.

[135] Statt dessen werden in einem differenzierten und das gesamte Krankenhaus umfassenden Konzept alle Mitarbeiter am Betriebsergebnis beteiligt *(Münch E. 1990)*.

[136] Informations- und Kommunikationstechniken, zeitgerecht zur Verfügung stehende Daten, entsprechender Handlungsspielraum und entsprechende Handlungskompetenzen etc.

Mehrzahl der Krankenhäuser noch nicht gegeben sind[137]. Denkbar ist dagegen den leitenden Abteilungsarzt durch eine Reihe nichtmonetärer Anreize[138] an das Zielbündel des Gesamtkrankenhauses anzubinden, zu führen und zu motivieren. Das Problem des Empowerments der leitenden Ärzte wird hingegen durch die verschiedenen Anreizsysteme nicht angegangen geschweige denn gelöst.

3.2.2 Führung und Integration eines medizinischen Moduls und eines leitenden Abteilungsarztes durch ein krankenhausspezifisches Führungskonzept

Im modularen Krankenhaus kann der leitende Arzt mit den bisher in der Praxis etablierten Führungs- und Organisationsmethoden nicht in ausreichendem Maße integriert und geführt werden. Auch das Problem des Empowerments des leitenden Arztes kann nicht angegangen und gelöst werden. Mit den in den Krankenhäusern angewandten Organisations- und Führungsmethoden erscheint daher die modulare Organisationsform nicht in vollem Umfange und in effektiver Art und Weise umsetzbar. Auf der Grundlage betriebswirtschaftlicher, organisationspsychologischer und verhaltenswissenschaftlicher Erkenntnisse aus der Führungs- und Organisationslehre wird nachfolgend ein krankenhausspezifischer Managementansatz entwickelt, durch den nicht nur der leitende Arzt integriert, geführt und motiviert wird sondern auch das Problem des Empowerments gelöst werden kann.

3.2.2.1 Führung und Integration durch Zielorientierung, Vorgabe von Zielen und Information (Management by Objectives)

Ein erster Bestandteil des neuen Führungskonzeptes, das auf die Besonderheiten einer modernen Klinik abgestimmt ist, besteht im sog. Management by Objectives (MbO).
Dieser Führungsansatz setzt sich aus mehreren Elementen zusammen, nämlich der Führung durch Zielorientierung, der Kontrolle der Zielrealisation und der regelmäßigen Zielüberprüfung und Zielanpassung *(Dichtl, Issing 1994 S. 1365 f., Wunderer R. 1997 S. 206 ff.).* Die Zielsetzung muß operational, transparent und vollständig formuliert sein. Eine weitere wichtige Komponente des MbO, die Partizipation der Mitarbeiter an der Zielerarbeitung und Zielentscheidung, ist gerade in einer Klinik zur Führung leitender Ärzte unverzichtbar[139].
Management by Objectives geht von der Erfahrung aus, daß die Kenntnis der Ziele die Identifikation und Motivation der Mitarbeiter fördert, die Beteiligung bei der Zielbestimmung die Akzeptanz erhöht, die Selbstkontrolle über die Zielerreichung die Leistungsbereitschaft stei-

---

[137] Siehe Punkt D 3.1.3.1.
[138] Zu denken ist dabei etwa an das Investitionsmodell aus Hildesheim, *Näheres siehe Fack W.G. 1990.*
[139] Denn nur der leitende Arzt hat den Sachverstand, um die Sinnhaftigkeit und Realisationsmöglichkeit von Zielen beurteilen und einschätzen zu können.

gert und eine objektive Entlohnung die Zufriedenheit der Mitarbeiter fördert *(Wunderer R. 1997 S. 204 ff.).* MbO erfordert, daß der Mitarbeiter die Leistungsbeurteilungskriterien kennt und bei unzureichender Leistung nicht bestraft, sondern gefördert und weitergebildet wird *(Wunderer R. 1997 S. 204 ff.).*

Die Motivation und Integration des leitenden Arztes gelingt aber nicht nur durch die genannten positiven Auswirkungen des zielorientierten Führungsansatzes, sondern auch durch die Tatsache, daß die delegierten Entscheidungen in einer modularisierten Klinik durch die MbO-Konzeption im Hinblick auf ihre Zielerreichung gemessen und damit auf indirektem Wege "kontrolliert" werden können. Im Unterschied zu vorgegebenen Regeln oder Richtlinien[140] wird folglich beim Konzept des MbO das "Wie" freigestellt und nur das "Wohin" festgelegt. Durch die zielorientierte Führung besteht in einer modernen Klinik die Möglichkeit, die leitenden Ärzte, als Entscheidungsträger in den modularen Organisationseinheiten, zu motivieren und stärker an das Zielsystem des Krankenhauses einbinden zu können.

Um das MbO im Krankenhaus effektiv anwenden zu können muß eine entsprechende Handlungsfreiheit und Entscheidungskompetenz der jeweiligen Entscheidungsträger vorausgesetzt werden. Im Gegensatz zu den heute vorherrschenden Organisationsformen in den Krankenhäusern kann das Organisationskonzept der modularen Klinik diese Forderung erfüllen.

Eine weitere wichtige Voraussetzung des MbO ist eine moderne Informations- und Kommunikationstechnologie, welche die zur Steuerung der medizinischen Leistungsprozesse in den Kliniken erforderlichen Daten und Informationen den Entscheidungsträgern in den einzelnen Abteilungen zeit- und kundengerecht[141] zur Verfügung stellen kann. Nur auf diesem Wege kann gewährleistet werden, daß die leitenden Ärzte die Auswirkungen ihrer Führungsentscheidungen selbst erkennen und dementsprechend auch selbst regulierend handeln können. Die moderne Klinikleitung hat als Instanz lediglich Überwachungs-, Informations- und Beratungsfunktionen inne. Da allerdings die Forderung nach einem prozeßorientierten Controllingansatz in den meisten Kliniken bisher noch nicht erfüllt werden kann[142] *(Seelos H.-J. 1993, Chandra et al. 1995, Haudenschild, Fischer 1995, Eichhorn S. 1996a)*, erfordert die Umsetzung der Führungskonzeption des MbO zunächst einen Ausbau der Informationstechnologie.

Als Ziele, die zur Führung medizinischer Abteilungen geeignet sind, kommen eine Reihe operationaler Endpunkte in Frage. Das bekannteste und in seiner Wirkung im Krankenhaus am besten untersuchte Ziel ist die Vorgabe einer bestimmten einzuhaltenden Budgetgröße[143]

---

[140] Siehe Punkt C 3.2.1.1.
[141] Die wichtigsten Kunden und Nutzer eines derartigen Daten- und Informationssystemes sind Ärzte und Mitarbeiter des medizinischen Personals, die über Entscheidungskompetenzen verfügen. Entsprechend den Bedürfnissen dieser Kunden muß ein derartiges System gestaltet und entwickelt werden.
[142] Siehe Punkt 3.1.3.1. Eine weitere wichtige Voraussetzung für das MbO in einem modularen Klinikum ist die zur entsprechenden Steuerung von Entscheidungsprozessen erforderliche Zeitgerechtigkeit der Daten und Informationen, die dieses Informationssystem bereithält.
[143] Das Budget ist ein formalzielorientierter, in wertmäßigen Größen formulierter Plan, der einer Entscheidungseinheit für eine bestimmte Zeitperiode mit einem bestimmten Verbindlichkeitsgrad vorgegeben wird *(Fischer T.M. 1995).*

(Budgetziel). In verschiedenen empirischen Studien in den USA und Dänemark konnte durch diese Zielvorgabe, in Verbindung mit dezentralen und durch zeitgerechte Informations- und Datenübermittlung tatsächlich entscheidungsfähigen Organisationseinheiten, das Teilziel "Einhaltung der Abteilungsbudgets" und auch das Gesamtziel "Einhaltung des Gesamtbudgets" im Krankenhaus erreicht werden *(Heyssel et al. 1984, Pallesen, Pedersen 1993)*.

Ein weiteres Ziel könnte bei For-Profit-Kliniken die Vorgabe einer bestimmten Gewinnhöhe sein. Das Organisationskonzept einer dezentralen sich weitgehend selbst steuernden und gewinnorientierten Organisationseinheit bzw. medizinischen Abteilung entspricht dem in der Betriebswissenschaft bekannten sog. Profit-Center. Innerhalb gewisser Rahmenbedingungen[144] muß die medizinische Abteilung in der Profit-Center-Konzeption in der Wahl der Mittel zur Erreichung ihres Gewinnes weitgehend frei sein.

In einem bedarfswirtschaftlich und nicht primär auf Gewinnerzielung ausgerichteten Krankenhauswesen kann jedoch die Profit-Center Konzeption nicht flächendeckend umgesetzt werden. Ein solches Vorgehen würde schließlich bedeuten, die bei der Führung von Non-Profit-Unternehmen auftretenden Probleme durch die Einführung des Gewinnzieles beseitigen zu wollen. Die meisten Non-Profit-Betriebe sind aber gerade wegen der Dominanz ihrer besonderen Zielsetzung und Aufgabenstellung[145] keine primär gewinnorientierten Betriebe. Die Einführung des Gewinnzieles würde damit bei unveränderten rechtlichen Rahmenbedingungen die Erfüllung der besonderen Aufgabenstellung der Non-Profit-Betriebe "Krankenhäuser" widersprechen und die Erfüllung ihrer Zielsetzung gefährden[146].

Daneben kann die Verwendung des Budgetziels als Führungsinstrument gerade bei Krankenhäusern und Abteilungen, die weiterhin wie bürokratische Organisationen verwaltet werden, Gefahren[147] in sich bergen. Die einseitige Ausrichtung der Führungsentscheidungen an den Zahlen und Daten des Controllingsystems sowie einem starren Festhalten an vorgegebenen Plan- und Zielgrößen beinhaltet die Gefahr, daß qualitative aber auch humanitäre Aspekte in der Krankenversorgung in den Hintergrund gedrängt werden *(Münch E. 1993)*.

Neben den genannten können aber auch andere operationale Parameter für das MbO herangezogen werden. Etwa solche, die die operative Zielsetzung einer Klinik oder Abteilung widerspiegeln z.B. das Erreichen einer bestimmten Fallzahl, Belegungsquote, oder auch von Einzel-

---

[144] Z.B. allgemeine Vorgaben zur Art des Leistungsangebotes (Versorgungsauftrag), zur "Qualität", zur Leistungsmenge oder zum vorhandenen Investitionsvolumen bzw. zu den verfügbaren Ressourcen.

[145] Caritas, Humanitas oder die Deckung eines vorhandenen Bedarfs bei "Marktversagen" z.B. äußere Sicherheit. Siehe Punkt A 5 und C 4.4.1.1.

[146] Zur Diskussion, inwieweit das Profit-Center überhaupt ein Organisationskonzept für das Krankenhaus sein könnte siehe ausführlich: *Conrad H.J. 1994, Wittlin P. 1995, Strehlau-Schwoll H. 1996, Richter H. 1997, Haunerdinger M. 1997*.

[147] An dieser Stelle sei auf die Voraussetzungen des MbO hingewiesen. Nur wenn diese gegeben sind (siehe Punkt D 3.2.2.1) können sachgerechte Führungsentscheidungen getroffen werden. Fehlen die genannten Voraussetzungen besteht die Gefahr fehlsteuernder Entscheidungsprozesse, negative Auswirkungen auf die Patientenversorgung und die Gefahr der Demotivation der leitenden Ärzte, da diese Verantwortung übernehmen ohne entsprechend sach- und zeitgerecht handeln zu können. Gerade die letztgenannte Gefahr der Demotivation der leitenden Ärzte kann durch ein ggf. bestehendes oder neu eingeführtes Anreizsystem zusätzlich verschärft werden.

bzw. Sonderzielen wie das Senken der Infektions- und Komplikationsrate auf einen bestimmten Zielwert. Daneben können auch Parameter, die die strategische Zielsetzung der Klinik meßbar wiedergeben bzw. als Grundlage für ein strategisches Planungssystem dienen können in einem planungsorientierten MbO-Ansatz verwendet werden.

3.2.2.2 Führung und Integration des leitenden Arztes und selbständigen Moduls über eine krankenhausspezifische Betriebs- und Führungskultur

Das Gestalten, Fördern und Pflegen einer spezifischen Betriebs- und Führungskultur ist der zweite Bestandteil eines neuen Führungskonzeptes für eine moderne modulare Klinik.
Unter einer Betriebs- oder Unternehmenskultur versteht man die Gesamtheit der in einem Unternehmen tradierten, wandelbaren, zeitspezifischen, jedoch auch über Symbole und Artefakte erfahrbaren Wertvorstellungen, Denkhaltungen und Normen, die das Denken und das Verhalten von Mitarbeitern aller Stufen sowie das Erscheinungsbild des Unternehmens prägen[148] *(Wunderer R. 1997 S. 115).* Die **Betriebs- und Führungskultur hat für ein modernes Krankenhaus** bei der **Umsetzung zentraler Managementaufgaben,** der **Führung** der **Mitarbeiter**, der **Führung und Integration** der **weitgehend unabhängigen Module** und des **leitenden Arztes** eine **zentrale Bedeutung**[149]. Anhand der Darstellung krankenhausspezifischer Merkmale[150] und der Funktionen der Unternehmenskultur werden die damit verbundenen Vorteile für eine moderne modulare Klinik ersichtlich.

3.2.2.2.1 Funktionen der Unternehmenskultur

Zu den wichtigsten Funktionen der Betriebs- und Führungskultur zählt ihre Wirkung als "unsichtbare Führungskraft" *(Wunderer R. 1997 S. 118 f.).* In dieser Funktion beeinflußt die Betriebs- und Führungskultur das Handeln der Mitarbeiter über gemeinsam geteilte und gelebte Werthaltungen, verbindende Gebräuche, Rituale, Leitbilder, Symbole und Normen auf eine indirekte, ziel- und wertorientierte Weise *(Wunderer R. 1997 S. 118).* Da die **Betriebs- und Führungskultur das zentrale Element der Selbststeuerung eines Unternehmens** *(Wunderer R. 1997 S. 118)* ist, muß sie in einer modernen Klinik mit einer **modularen Aufbauorganisation** ein **grundlegender Bestandteil des neuen Führungskonzeptes** sein. Neben dem MbO kann ein leitender Abteilungsarzt über ein klinikspezifisches Wertesystem und eine Betriebs- und Führungskultur ohne formelle Vorgaben und damit mit den für den Arzt

---

[148] Den Kern der Unternehmenskultur bilden die gemeinsam geteilten und gelebten Werthaltungen einer Organisation *(Wunderer R. 1997 S. 115).* Bewußt oder unbewußt hat damit jede Organisation und jeder Betrieb seine eigene spezifische Führungs- und Wertekultur.
[149] Zur besonderen Bedeutung der Betriebskultur in Non-Profit-Organisationen siehe Punkt A 5.3.6.1.
[150] Punkt D 3.2.2.2.2.

und das ärztliche Handeln erforderlichen Entscheidungs- und Handlungsfreiräumen zielorientiert in das Gesamtkrankenhaus eingebunden werden. Die Überlegenheit dieser Konzeption für die spezifische Situation einer modernen Klinik zeigt sich darin, daß die mit dem Professional-Status der Ärzte verbundenen Managementprobleme und die durch die große Aufgabenkomplexität und geringe Standardisierbarkeit medizinischer Leistungen entstehenden Führungsprobleme gelöst und daneben die leitenden Ärzte in die Organisation des Gesamtkrankenhauses eingebunden werden können.

Ein weiterer Vorteil der Betriebs- und Wertekultur ist, daß die Zielsetzung, die Aufgabe und der Sinn einer Tätigkeit fachübergreifend vermittelt aber auch verstärkt und verändert werden kann *(Wunderer R. 1997 S. 118)*. Auf diesem Wege ermöglicht ein von allen Mitarbeitern getragenes Wertesystem die mit der berufsständischen Organisationsstrukur verbundenen unterschiedlichen Ziel- und Wertvorstellungen in einem Krankenhaus abzubauen und damit die Nachteile der dreigeteilten Aufbauorganisation zu verringern. Dadurch aber kann auch der Kommunikations- und Koordinationsbedarf zwischen den Professionen tendenziell verringert werden.

Daneben ermöglicht die Unternehmenskultur eine indirekte, informelle, weiche und qualitative Steuerung und Führung der Mitarbeiter. Ein derartiges Führungsverhalten entspricht den besonderen Gegebenheiten des Professionalbetriebes "Krankenhaus" und spiegelt die weitgehende Selbständigkeit der einzelnen modularen Abteilungen wider. Auch die notwendige Flexibilität und erforderliche Entscheidungs- und Handlungsfreiheit der Ärzte werden durch die genannten Charakteristika einer Betriebs- und Führungskultur kaum gemindert oder eingegrenzt.

Eine weitere Funktion der Unternehmenskultur ist die Unterstützung der Interpretation, Legitimation und Stabilisierung von Entscheidungen und Verhaltensweisen der Organisationsmitglieder. Gerade im modernen Krankenhaus ist diese Eigenschaft einer Werte- und Klinikkultur von großer Bedeutung. Vor dem Hintergrund der unter ethischen Gesichtspunkten zunehmend schwieriger zu treffenden Entscheidungen in der medizinischen Versorgung[151] der Patienten kann die Betriebskultur als ein ethisches Wertesystem dienen, das die Ärzte und Krankenpflegekräfte in ihrer Entscheidungsfindung unterstützen und als ein Orientierungsinstrument dienen kann.

Über Visionen und Missionen gibt die Betriebskultur weiche oftmals nicht meßbare Ziele vor und übt auf diesem Wege eine starke Steuerungsfunktion aus *(Wunderer R. 1997 S. 118)*.

Kaum oder nur unzureichend meßbare Ziele dominieren in einem Dienstleistungsbetrieb *(Steinle et al. 1996)*, wie einer modernen Klinik[152]. "Humanitas", "Caritas", "Patientennähe", "hohes Qualitätsbewußtsein aller Mitarbeiter" oder "Mitarbeiterorientierung" sind Ziele einer modernen Klinik, die zukünftig von herausragender Bedeutung für das Fortbestehen eines Krankenhauses sein werden, die aber kaum gemessen und quantifiziert werden können. Die

---

[151] Siehe Punkt B 2.1.3.
[152] Siehe ausführlich Punkt B 4.

Umsetzung eines Qualitätsmanagements oder einer Patientenorientierung im Krankenhaus hängt daher, wie in anderen Dienstleistungsunternehmen auch *(Steinle et al. 1996)*, maßgeblich von der "Qualität" der Führungs- und Betriebskultur der jeweiligen Organisation ab. **Damit die Betriebs- und Führungskultur in der genannten Art und Weise zielgerecht wirken kann, muß sie aktiv und bewußt gestaltet, gefördert und vorgelebt werden**[153].
Das einer Betriebs- und Führungskultur zugrunde liegende Wertesystem muß gemeinsam mit den Trägern der medizinischen Kernkompetenz ermittelt und definiert werden. Eine Unternehmens- und Führungskultur muß immer gelebt werden und kann nicht von einer Instanz angeordnet werden. Eine herausragende Bedeutung haben dabei die Führungskräfte, die durch ihre Vorbildfunktion beim Gestalten, Fördern und Pflegen einer Führungs- und Betriebskultur eine Schlüsselfunktion inne haben. Obwohl eine Betriebs- und Führungskultur in Leitbildern, Führungsgrundsätzen und strategischen Programmen explizit ihren Ausdruck finden kann, bleibt ihre praktische Umsetzung eine Aufgabe, die nur durch das entsprechende Verhalten der Führungskräfte und Mitarbeiter gelingen kann *(Wunderer R. 1997 S. 125 ff.)*.

3.2.2.2.2 Spezifische Charakteristika der Betriebs- und Führungskultur in einer modernen modularen Klinik

Damit die Unternehmenskultur ihre Funktion als Integrations- und Führungsinstrument sowie als Fundament bei der Umsetzung der zukünftig in einem modernen Krankenhaus erforderlichen Führungsaufgaben erfüllen kann, muß sie nicht nur bewußt und zielorientiert gestaltet und gefördert werden, sondern sich daneben durch besondere Merkmale und Eigenschaften auszeichnen. Denn die Besonderheiten des Krankenhauses als Professionalbetrieb und Non-Profit-Organisation erfordern es, daß sich die mit der spezifischen Dienstleistung verbundenen Wertvorstellungen in der Betriebskultur einer modernen Klinik widerspiegeln.
Die primäre Zielsetzung und Aufgabenstellung eines Krankenhauses ist die medizinische Behandlung und Versorgung erkrankter Menschen. Humanitäre Werte und karitative Aspekte stehen bei dieser komplexen und durch spezifische Eigenheiten charakterisierten Dienstleistung, die fast ausschließlich von Menschen an Menschen erbracht wird, im Vordergrund[154].
Wichtige Elemente der "Humanitas" sind aus Sicht der Patienten vor allem der Respekt vor

---

[153] In jeder Unternehmung gibt es eine Werte- und Betriebskultur, die die genannten Funktionen (unsichtbare Führungskraft, Vermittlung der Zielsetzung und des Sinns einer Tätigkeit, informelle Steuerung und Führung der Mitarbeiter, Interpretation von Entscheidungen) ausübt. Fehlt eine bewußte Definition, Gestaltung und Pflege des Wertesystems in einer Klinik, besteht die Gefahr von Unstimmigkeiten in der Führungsphilosophie, der zunehmenden Verdrängung der ursprünglichen Ziele und "weichen" Wertvorstellungen (z.B. Humanitas) durch neue "harte" Werte (meßbare monetäre Werte), der Zielkonflikte und daraus folgend der Demotivation und Frustration der Mitarbeiter sowie letztlich der Gefahr, daß die positiven Auswirkungen und Vorteile dieses unsichtbaren Führungsinstrumentes nicht zum Tragen kommen, sondern sogar negative Auswirkungen haben können.
[154] Siehe Punkt B 1 und B 2.

der Würde und Autonomie ihrer Person, das gegenseitige Vertrauen und die eingehende Information und Aufklärung über ihren Zustand und ihre Lage[155].

Die Betriebskultur eines Krankenhauses sollte der spezifischen Aufgabenstellung entsprechend diese Wertinhalte ausstrahlen. Wenn aber die Betriebskultur einer Klinik die genannten Werte beinhaltet, dann muß auch die Führungskultur diese spezifischen Wertvorstellungen umfassen. Eine voneinander abweichende Betriebs- und Führungskultur ist nicht ohne einen Bruch in der Unternehmensphilosophie möglich. Die Konformität und innere Schlüssigkeit der Unternehmenskultur ist eine Voraussetzung für ihre Funktionsfähigkeit. Dies bedeutet, daß auch die Führungskultur von den spezifischen humanitären Wertvorstellungen eines Krankenhauses geprägt sein muß.

Daraus lassen sich nun einige Merkmale der Führungskultur einer modernen Klinik ableiten.

Als ein erstes Merkmal der Führungskultur zeichnet sich eine moderne Klinik durch eine "Vertrauensorganisation" aus. Nicht mehr die Dominanz der Kontrolle durch eine höhere Instanz, sondern die Selbstüberprüfung und -beurteilung stehen nun im Vordergrund.

Die vorgestellte Reorganisation der obersten Leitungsebene einer modernen Klinik entspricht bereits dem Modell der Vertrauensorganisation[156]. Das Ziel der Klinikleitung sollte es daneben auch sein, das Vertrauen zwischen den einzelnen Berufsgruppen in einer Klinik[157], aber auch das Vertrauen zwischen der Klinikleitung und den leitenden Ärzten zu stärken. In einer modularen Klinik, in der durch Denzentralisierung und Konzentrierung von Verantwortung und Kompetenz in eine Hand sich selbst regulierende und überprüfende Abteilungen geschaffen wurden, ist ein Kontrollorgan im herkömmlichen Sinne überflüssig, ja sogar aufgrund der demotivierenden Auswirkungen einer nicht autorisierten Kontrollinstanz schädlich.

Ein weiteres Kennzeichen einer modernen Klinik ist eine offene Informations- und Kommunikationspolitik. Jeder Mitarbeiter sollte die große Bedeutung einer engen Kommunikation und Koordination nicht nur für den medizinischen, sondern auch für den gesamten Leistungsprozeß in einer Klinik kennen. Wichtiger aber noch ist, daß innerhalb der Klinik tatsächlich überwiegend informell und offen kommuniziert wird und die Führungskräfte entsprechend ihrer Vorbildfunktion Schrittmacher dieses Entwicklungsprozesses sind. Wie wichtig daneben eine derartig charakterisierte Betriebskultur für eine moderne Klinik ist, wird deutlich, wenn man bedenkt, daß für die modulare Organisationsform eine offene Kommunikations- und Informationspolitik zur Führung, Koordination und Integration der einzelnen Module nahezu unverzichtbar ist *(Picot et al. 1996 S. 257 f.)*.

Die Betriebs- und Führungskultur einer modernen Klinik ist aber nicht nur durch ihre humanitären und patientenorientierten Wertvorstellungen geprägt, sondern auch, diesen Werten entsprechend, durch ihre Mitarbeiterorientierung. Patientenorientierung und Humanitas im Krankenhaus sind ohne Beachtung, Förderung und Führung der Mitarbeiter nicht ohne einen Bruch

---

[155] Siehe Punkt B 2.3.1.
[156] Näheres siehe Punkt D 1
[157] Insbesondere der Berufsgruppen die eng zusammenarbeiten und dem Patienten nahe stehen wie die Berufsgruppe der Pflegekräfte und der Ärzte. Näheres siehe Punkt B 2.4.

in der Führungsphilosophie möglich. Mitarbeiterorientierung bedeutet aber nicht nur allgemein Personalmanagement, Personalführung und -motivation sondern auch eine besondere Gewichtung auf die Professionen, die dem wichtigsten Kunden, den Patienten, am nächsten stehen, und die für den Leistungsprozeß in einer Klinik von entscheidender Bedeutung bzw. Träger der Kernkompetenz sind. Die besondere Stellung und Bedeutung gerade der leitenden Ärzte in einer modernen Klinik sollte daher im Bewußtsein der Mitarbeiter und v.a. der Klinikleitung und des Trägers verankert sein.

3.2.2.2.3 Führung und Motivation der leitenden Ärzte im modernen modularen Krankenhaus

Die beschriebene Führungsphilosophie findet vor allem in der Art und Weise, wie der leitende Arzt geführt und motiviert wird, ihren Ausdruck. Neben den bereits beschriebenen Möglichkeiten der Integration und Führung eines leitenden Arztes (Modularisierung, MbO, Betriebs- und Führungskultur) wird nun ein Führungsstil dargestellt, der dieses Ziel unterstützen kann. Ausgehend von der zentralen Bedeutung des leitenden Arztes für das Leistungsgeschehen in einer modernen modularen Klinik kann der Arzt entsprechend der oben geschilderten Betriebs- und Führungsphilosophie als der wichtigste Kunde der Administration[158] angesehen werden. Der leitende Arzt ist ein Kunde der Klinikleitung, der nicht nur zeit- und problemgerechte Informationen für seine Führungsentscheidungen benötigt, sondern auch fachgerechte Unterstützung und Beratung in Fragen des Krankenhaus- oder Personalmanagements sucht[159]. **Durch diese Rollen- und Aufgabenverteilung zwischen Modul und Klinikleitung**, können nun die mit dem **Empowerment des leitenden Arztes verbundenen Gefahren minimiert** werden. Der leitende Arzt als Kunde der Administration erhält die Informationen, die er zur Entscheidungsfindung benötigt, und wird bei der *operativen* Entscheidungsvorbereitung nur einbezogen, wenn dies die Sachlage und Aufgabenstellung erfordert. Ziel der Administration muß es sein, den leitenden Arzt so weit wie möglich von Verwaltungsarbeit zu entlasten, seine Kernkompetenz[160] zu stärken und ihn bei der Führung seiner Abteilung beratend zu unterstützen.

Der Führungsstil in einer modernen Klinik ist auf Leitungsebene durch Partizipation und eine prosoziale Beziehungsgestaltung gekennzeichnet (kooperativer Führungsstil[161]).

---

[158] Demzufolge ist es Aufgabe der Klinik- und Wirtschaftsleitung den leitenden Ärzten und selbständigen Modulen, die zur Steuerung der Abteilungen erforderlichen Daten und Informationen zeit- und kundengerecht aufzubereiten und anzubieten.

[159] Die große Bedeutung einer professionellen Klinikleitung aber auch die Notwendigkeit eines hauptamtlichen professionellen medizinischen Direktors innerhalb des Führungsgremiums einer modernen Klinik wird an dieser Stelle klar.

[160] Zu den Kernkompetenzen eines leitenden Arztes in einer modernen modularen Klinik zählt neben den medizinischen Fertigkeiten auch die Kompetenz in Führungsfragen.

[161] Aufgrund der beratenden Tätigkeit des Klinikmanagements wird die Führungsbeziehung zwischen Klinikleitung und leitenden Ärzten auch durch Elemente des consultativen Führungsstils beeinflußt.

Der leitende Arzt als Professional kann nur über diesen Führungsstil geführt, motiviert und damit auch in das Zielsystem des Gesamtkrankenhauses integriert werden *(Mintzberg H. 1979 S. 348 ff., Flood, Scott 1987 S. 354, McCall M.W. 1988, Fogel D.S. 1989, Merry M.D. 1993).* Die Partizipation der leitenden Ärzte an den Führungsentscheidungen ergibt sich in einem modernen Krankenhaus bereits aus der modularen Organisationsform. Die prosoziale Dimension der kooperativen Führung ist durch Kommunikation, Offenheit, Vertrauen, Akzeptanz, Toleranz, zwischenmenschliche Orientierung, helfendes, solidarisches Verhalten, Wechselseitigkeit, konstruktive Konfliktregelung sowie Kompromiß- und Konsensfähigkeit gekennzeichnet *(Wunderer R. 1997 S. 195).*

Tabelle 27 zeigt die Merkmale der kooperativen Führung nach *Wunderer.*

Tabelle 27: Merkmale kooperativer Führung nach *Wunderer*

1. Ziel- und Leistungsorientierung
2. Funktionale Rollendifferenzierung und Sachautorität
3. Multilaterale Informations- und Kommunikationsbeziehungen
4. Gemeinsame Einflußausübung
5. Konfliktregelung durch Aushandeln und Verhandeln
6. Gruppenorientierung; partnerschaftliche Zusammenarbeit
7. Vertrauen als Grundlage der Zusammenarbeit
8. Bedürfnisbefriedigung von Mitarbeitern und Vorgesetzten
9. Organisations- und Personalentwicklung

Quelle: Wunderer R. 1997 S. 194

Die Merkmale des kooperativen Führungsstils fügen sich somit in die Führungskonzeption des Management by Objectives, in die spezifische Unternehmens- und Führungsphilosophie sowie in die Aufgaben- und Zielsetzung einer modernen modularen Klinik ein.

Der kooperative Führungsstil und die oben beschriebene Führungsphilosophie ist aber auch zur Lösung der Vorbehalte der leitenden Ärzte gegenüber dem "Management", sowohl als Institution als auch als Führungsaufgabe, von großer Bedeutung. Nach dem Ergebnis mehrerer wissenschaftlicher Studien beruhen die Vorbehalte und negativen Wertschätzungen amerikanischer Ärzte gegenüber dem "Management" auf fälschlichen bzw. irrtümlichen Annahmen *(Deckard G.J. 1995).* Diese unbegründeten Vorbehalte der Ärzte können jedoch nur durch Aufklärung, Schulung und durch einen engen und vertrauensvollen Dialog zwischen Klinikleitung und leitenden Ärzten überwunden werden *(Deckard G.J. 1995).*

Die Umsetzung der beschriebenen Führungs- und Betriebskultur erfordert jedoch nicht nur entsprechende Führungskompetenzen bei der Klinikleitung, sondern auch bei den leitenden Ärzten, da die kooperative Führung im wesentlichen auf Wechselseitigkeit beruht. Angesichts der Defizite leitender Ärzte in modernen Führungsfragen[162] erscheint es für eine moderne Klinik daher unverzichtbar, daß die leitenden Ärzte in Führungsfragen eine deutlich größere Kompetenz erwerben und erhalten können *(Richardson P. 1989, Tabenkin et al. 1989, Farrell, Robbins 1993, Merry M.D. 1993, Riordan, Simpson 1994, Weber D.O. 1995).* Eine langfristige und kontinuierliche Fortbildung und Schulung leitender Ärzte in Führungsfragen ist für eine moderne Klinik daher unverzichtbar[163] *(Tabenkin et al. 1989, Farrell, Robbins 1993, Merry M.D. 1993, Riordan, Simpson 1994, Deckard G.J. 1995, Weber D.O. 1995).*

Für die Funktionsfähigkeit der Betriebs- und Führungskultur ist es aber auch erforderlich, daß im Falle einer, trotz intensiver Aufklärungs- und Fortbildungsmaßnahmen, wiederholten Verletzung der informellen Regeln entsprechende Sanktionsmaßnahmen wirksam greifen können. Ein die "Spielregeln" der Unternehmenskultur dauerhaft verletzendes Verhalten führt im Laufe der Zeit zu einer Aushöhlung und letztlich zur Zerstörung des Wertesystems. In schweren Fällen sollte daher ein derartiges Verhalten von Mitarbeitern, auch von leitenden Ärzten, weitreichende Konsequenzen bis hin zur Auflösung des Arbeitsverhältnisses zur Folge haben.

3.2.2.3 Spezifisches Anreizsystem

Die zu erwartenden positiven Auswirkungen einer bewußt und aktiv gestalteten Betriebs- und Führungskultur, des MbO und des kooperativen Führungsstils auf die Motivation der leitenden Ärzte können durch ein spezifisches Anreizsystem zusätzlich verstärkt werden. Durch primär nicht monetäre Anreize[164] können die leitenden Ärzte und selbständigen Module daneben effektiv in das Zielsystem des Gesamtkrankenhauses eingebunden werden. Dabei ist zu beachten, daß das Anreizsystem mit der Philosophie der Betriebs- und Führungskultur übereinstimmt und keine inneren Widersprüche hervorgerufen werden. Ein Malussystem ist daher auch aus diesem Grunde abzulehnen[165].

---

[162] Siehe Punkt C 2. Diese Defizite bei Ärzten in modernen Führungsfragen beruhen auf der für Professionals typischen fehlenden Ausbildung und Schulung in derartigen Themen, sowie der fehlenden Erlernbarkeit des modernen Führungsverhaltens in den bisher von der bürokratischen Organisationsform dominierten Krankenhäusern.

[163] Neben ihrer Bedeutung für die Betriebskultur, für die Mitarbeitermotivation und letztlich die gesamte Wirtschafts- und Betriebsführung ist das Führungsverhalten der Ärzte für die zukünftige Umsetzung der Spezialisierung im Krankenhaus von zentraler Bedeutung. Denn die vor dem Hintergrund der Spezialisierung entstehenden Probleme und offenen Fragen nach der Strukturierung und Führungsspitze einer medizinischen Abteilung können nicht über organisatorische Maßnahmen (kollegiale Spitze) sondern letztlich nur über den Führungsstil und das kooperative Führungsverhalten der Abteilungsärzte untereinander gelöst werden.

[164] Siehe Punkt D 3.2.1.3.

[165] Siehe auch Punkt D 3.2.1.3.

3.2.2.4 Gruppenbildung

Die Intensivierung der Kommunikation durch Team- und Gruppenbildung stellt eine weitere Strategie zur Absicherung der Modularisierung und Integration der leitenden Ärzte in die Gesamtorganisation des Krankenhauses dar. Entscheidungsträger, die sich in ihren Entscheidungen koordinieren sollen, werden angehalten, sich als Gruppe abzustimmen. Für einmalige Aufgaben können sog. Projektgruppen oder task forces eingerichtet werden.

Daneben können interdisziplinäre Gruppen auch zur Verringerung der mit dem Empowerment der leitenden Ärzte verbundenen Belastungen dienen.

Als Voraussetzungen für eine effektive Gruppenarbeit gelten, die Verfügbarkeit relevanter Daten und Informationen, entsprechende Regelungskompetenzen bei den einzelnen Gruppenmitgliedern, weitgehend hierarchiefreie Arbeitsweise, d.h. Dominanz von Fachkompetenz und nicht Amtsautorität, Abstimmung mit übergeordneten Entscheidungen und eine bei allen Gruppenmitgliedern vorhandene Bereitschaft zur Konfliktlösung *(Hoefflinger Taft, Pelikan 1990, Dailey et al. 1991, Horak et al. 1991, Kakabadse, Smyllie 1994).*

4 Patientenorientierung, Qualitätssteigerung und Rationalisierung durch Prozeßmanagement im Krankenhaus

Im Zentrum des vorgestellten Modularisierungskonzeptes einer modernen Klinik steht der ganzheitliche am "Markt" orientierte Leistungserstellungsprozeß *(Picot et al. 1996 S. 256).* Aus der aufbauorganisatorischen Verschlankung und der Dezentralisierung von Aufgaben, Verantwortung und Kompetenz auf die Abteilungsebene bilden sich näher am Patienten und dem medizinischen Leistungsprozeß ausgerichtete Organisationseinheiten und Entscheidungsstrukturen[166]. Die vorgestellte modularisierte Aufbauorganisation einer modernen Klinik bildet somit das Gerüst für Prozeßorientierung und Prozeßmanagement im Krankenhaus.

Durch die Fokussierung auf den Prozeßgedanken schafft die modularisierte Aufbauorganisation die Voraussetzungen zur Bewältigung kommender Herausforderungen. Denn die Umsetzung einer Patientenorientierung, eines Qualitätsmanagements oder die Steigerung der innerbetrieblichen Effizienz erfordert eine verstärkte Ausrichtung des betrieblichen Geschehens an Behandlungsprozessen und ablauforganisatorischen Vorgängen innerhalb der Kliniken. Einer Prozeßorientierung aber stehen ablauforganisatorische Schwachstellen im Krankenhaus entgegen *(Tabelle 28).*

Tabelle 28: Schwachstellen und Problembereiche in der Ablauforganisation im Krankenhaus und ihre Auswirkungen

Schwachstellen und Problembereiche in der Ablauforganisation im Krankenhaus	Auswirkungen
• primär an Berufsständen orientierte Organisationsstruktur	⇨ Konflikte für eine an den Bedürfnissen der Patienten ausgerichtete Versorgung ⇨ Probleme für die Qualitätssicherung medizinischer Leistungen (Schnittstellenproblematik) ⇨ Nachteile für die Effizienz und Effektivität des Mitteleinsatzes ⇨ Gefahr der unzureichenden Koordination und Kommunikation zwischen den Berufsständen ⇨ Gefahr der Verlängerung des Leistungsprozesses

---

[166] Siehe Punkt D 3.

• autonome Organisationseinheiten(Station, OP, Röntgen, Labor etc.)	⇨ Problem für eine an den Bedürfnissen des Patienten ausgerichtete Versorgung ⇨ Gefahr für die Qualität des Leistungsprozesses (Schnittstellenproblematik) ⇨ Gefahr der unzureichenden Koordination und Kommunikation zwischen den Abteilungen ⇨ Gefahr der Verlängerung des Leistungsprozesses ⇨ Nachteile für die Effizienz und Effektivität des Mitteleinsatzes (?)
• hohes Maß an Arbeitsteilung • hoher Spezialisierungsgrad	⇨ Problem für eine an den Bedürfnissen der Patienten ausgerichteten Versorgung ⇨ Probleme für die Qualitätssicherung medizinischer Leistungen (Schnittstellenproblematik) ⇨ Nachteile für die Effizienz und Effektivität des Mitteleinsatzes ⇨ Gefahr der unzureichenden Koordination und Kommunikation zwischen den Berufsständen ⇨ Gefahr der Verlängerung des Leistungsprozesses

Quelle: eigene Darstellung

Zur Umsetzung einer verstärkten Prozeßorientierung im Krankenhaus bietet die moderne Betriebswirtschafts- und Managementlehre zwei bereits in der Industrie erfolgreich umgesetzte Führungskonzepte an. Das sog. Total Quality Management und die Organisationsentwicklung konzentrieren sich auf das Management und die Weiterentwicklung von Ablaufprozessen in einer Unternehmung. In der Vergangenheit hat vor allem das sog. Total Quality Management großen Einfluß auf die Gestaltung der industriellen Güterproduktion genommen und erhebliche Verbesserungen in der Qualität der Produkte und der Effizienz der Leistungserbringung zeigen können[167] *(Imai M. 1993)*. Nachfolgend wird erörtert, inwieweit das Total Quality Management und die Organisationsentwicklung mit vergleichbarem Erfolg auf das Krankenhaus übertragen werden können und welche Rolle hierbei die leitenden Ärzte inne haben müssen.

---

[167] Siehe Punkt B 4.6.4.

4.1 Total Quality Management im Krankenhaus

Total Quality Management, im deutschen Sprachraum als umfassendes Qualitätsmanagement bezeichnet[168], ist "eine auf der Mitwirkung aller ihrer Mitglieder beruhende Führungsmethode einer Organisation, die Qualität in den Mittelpunkt stellt und durch die Zufriedenheit der Kunden auf den langfristigen Geschäftserfolg sowie auf den Nutzen für die Mitglieder der Organisation und für die Gesellschaft zielt " *(zitiert aus: Meffert, Bruhn 1997 S. 248).*

Elemente dieser **Qualitätsmanagementphilosophie** in einem Dienstleistungsunternehmen sind[169] *(Meffert, Bruhn 1997 S. 248 f.):*

⇨ Orientierung am Kunden und seinem Urteil, sowohl in Bezug auf externe als auch interne Kunden (Mitarbeiter), Einbeziehung aller an der Dienstleistung beteiligten Mitarbeiter und Kunden (**total**)

⇨ Kontinuierliche und dynamische Qualitätsverbesserung,

⇨ Aufnahme der Qualität als oberstes Unternehmensziel, konsequente Orientierung des Dienstleistungsprozesses an den Qualitätsanforderungen sämtlicher interner und externer Kunden (**quality**)

⇨ Forderung, daß jeder Mitarbeiter des Unternehmens "Qualitätsmanager" ist, Übernahme einer Vorbildfunktion für die Dienstleistungsqualität mit einem partizipativ-kooperativen Führungsstil des Managements (**management**)

Total Quality Management ist gekennzeichnet durch Marktausrichtung, Werte, Visionen, kontinuierliches Verbessern, Beherrschen der Prozeßkette, Flexibilität, Teamarbeit und (mehr als) zufriedene Kunden *(Imai M. 1993, Hildebrand R. 1995).* Unter Marktausrichtung wird eine ausgeprägte **Kundenorientierung** verstanden, d.h. eine Fokussierung auf die Bedürfnisse der Nachfrager (Patienten, Kassen, einweisende Ärzte etc.). Ein weiteres zentrales Element von Total Quality Management ist seine **Wert- und Menschenorientierung** *(McLaughlin, Kaluzny 1990, Dubnicki, Williams 1992, Braun, Lawrence 1993, Hildebrand R. 1995, Steinle et al. 1996).* Im Mittelpunkt von TQM steht der Mensch, von den Führungskräften wird dementsprechend ein positives Menschenbild und ein kooperativer Führungsstil gefordert *(McLaughlin, Kaluzny 1990, Dubnicki, Williams 1992, Hildebrand R. 1995).* Ein weiteres Element von TQM ist die Erkenntnis, daß Qualität das Produkt **visionärer (zielgerichteter) Führung** ist *(McLaughlin, Kaluzny 1990, Dubnicki, Williams 1992, Steinle et al. 1996).* Die Mitarbeiter schaffen Qualität durch intelligentes Bemühen, Wollen und Können. Qualität ist niemals zufälliges Produkt, sondern immer Ergebnis von Menschen, die mit Sorgfalt bestimmte Ziele ansteuern *(McLaughlin, Kaluzny 1990, Dubnicki, Williams 1992, Hildebrand R. 1995).* **Kontinuierliche Verbesserungen** gelingen nur bei außerordentlichem, zielführendem Engagement einer großen Zahl von Mitarbeitern. Vor dem Hintergrund einer motivierenden Vision

---

[168] Siehe Punkt B 4.6.4.

[169] Weitere Merkmale des TQM in der Industrieproduktion sind die just-in-time Fertigung, der sog. Null-Fehler-Ansatz, die umfassende Qualitäts- und Produktivitätskontrolle, die Automatisierung, die Arbeitsdisziplin, die Kleingruppenarbeit und die Kooperation der verschiedenen Managementebenen *(Imai M. 1993 S. 25).*

sind Fertigkeiten zu entwickeln, Anreize zu schaffen, Ressourcen bereitzustellen und fest umrissene Aktionsprogramme einzurichten *(McLaughlin, Kaluzny 1990, Milakovich M.E. 1991, Dubnicki, Williams 1992, Hildebrand R. 1995)*. TQM fordert das Erkennen, Beherrschen und kontinuierliche Verbessern der **wertschöpfenden Prozeßkette**, erfordert Flexibilität, d.h. die Befugnis und Bereitschaft zur Veränderung und nicht zuletzt auch **Teamarbeit** und somit eine berufsgruppen- und abteilungsübergreifende Zusammenarbeit im Krankenhaus *(McLaughlin, Kaluzny 1990, Milakovich M.E. 1991, Hildebrand R. 1995)*.

Beim Total Quality Management wird eine Reihe verschiedener Techniken und Verfahren eingesetzt, die in der Regel den gleichen Ansatz besitzen. Zunächst ist ein zu verbessernder Prozeß zu identifizieren (Problemidentifizierung), dann wird ein Team zur Abklärung der Einzelheiten des Prozesses und zur Identifikation der Ursachen von Prozeßabweichungen gebildet (Datenanalyse), anschließend wird die Form der Prozeßverbesserung ausgewählt (Lösungsplanung) und zuletzt auch umgesetzt (Ergebnisauswertung) *(McLaughlin, Kaluzny 1990, Hildebrand R. 1995)*. In *Tabelle 29* wird eine derartige Vorgehensweise am Beispiel des FOCUS PDCA-Prozesses der Hospital Corporation of America dargestellt *(Hildebrand R. 1995, Sommer, Roche 1995)*.

Tabelle 29:	Der FOCUS PDCA-Prozeß
F	Find a process to improve
O	Organize a team that knows the process
C	Clarify current knowledge of the process
S	Select the process improvement
P	Plan improvement and data analysis
D	Do improvement, data collection and data analysis
C	Check data for process improvement and check lessons learned
A	Act to hold gain and continue improvement

Quelle: eigene Darstellung in Anlehnung an Hildebrand R. 1995, Sommer, Roche 1995.

Um die Führungsmethode des Total Quality Managements schrittweise in die Praxis einzuführen und umzusetzen, wurde ein stufenförmiger Pfad entwickelt. Dieser Umsetzungspfad ist durch vier grundsätzliche Phasen gekennzeichnet *(Malorny C. 1997)*:

In der **Sensibilisierungsphase** wird das Unternehmen auf TQM vorbereitet indem die Voraussetzungen geschaffen, die Inhalte des TQM kommuniziert und Veränderungsprozesse durch einführende Pilotprojekte und Qualifizierungsprozesse in Gang gesetzt werden. In der zweiten Phase, der **Realisierungsphase**, wird TQM unternehmensweit durch ein ganzheitliches mit allen Funktionsbereichen abgestimmtes Vorgehen, vertikal durch alle Ebenen, horizontal durch alle Bereiche, in allen Prozessen und bezogen auf alle Dienstleistungen eingeführt. In der sich anschließenden **Stabilisierungsphase** werden erfolgreiche Ansätze, Strategien und Methoden kommuniziert und standardisiert, die einzelnen Elemente unternehmensspezifisch harmonisiert und punktuelle Einzelmaßnahmen vernetzt. In der vierten und letzten Phase, der **Phase der Exzellenz**, werden die gewonnenen Weiterentwicklungen und Verbesserungen in die tägliche Arbeit organisatorisch integriert, Divergenzen korrigiert und Mitarbeiter und Prozesse auf Ideengewinnung und -umsetzung fokussiert *(Malorny C. 1997)*.

Total Quality Management als Führungsphilosophie ist in deutschen Krankenhäusern bisher kaum bekannt[170]. Dementsprechend gibt es über die Erfahrungen und Ergebnisse des TQM in deutschen Krankenhäusern noch keine weiterführenden Veröffentlichungen.

In amerikanischen Kliniken hingegen hat sich Total Quality Management -erfolgreich eingeführt- als ein mitunter äußerst wirksamer Ansatz erwiesen, nachvollziehbare Qualität zu schaffen und das Preis-Leistungsverhältnis durchgreifend zu verbessern *(McLaughlin, Kaluzny 1990, Sherer J.L. 1994, Seltzer et al. 1994, Bigelow, Arndt 1995, Hildebrand R. 1995, Townes et al. 1995, Carman et al. 1996, Feeney, Zairi 1996)*. Neben Berichten über (große) Erfolge des TQM im Krankenhaus gibt es aber auch eine Reihe von Veröffentlichungen, die große Schwierigkeiten bei der Umsetzung dieser Unternehmensstrategie aufzeigen *(McLaughlin, Kaluzny 1990, Sherer J.L. 1994, Arndt, Bigelow 1995, Gustafson, Hundt 1995, Bigelow, Arndt 1995, Smith S.D. 1995, Carman et al. 1996, v. Eiff W. 1996)*. Diese Probleme bestehen, mehr noch als bei Industrieunternehmen, in der konsequenten Erfüllung der Voraussetzungen des Managementansatzes "Total Quality Management" in der Praxis.

Zu den für die Implementation und den Erfolg des TQM entscheidenden Bedingungen gehört die volle Unterstützung der obersten Führungsebene. Ohne ein außerordentliches Engagement an der Kliniks- und Abteilungsspitze kann TQM nicht realisiert werden *(McLaughlin, Kaluzny 1990, Arndt, Bigelow 1995, Bigelow, Arndt 1995, Gustafson, Hundt 1995, Hildebrand R. 1995, Townes et al. 1995, Carman et al. 1996, v. Eiff W. 1996)*. Ein zweiter entscheidender Faktor ist die Motivation des Personals und das human resource management *(McLaughlin, Kaluzny 1990, Dubnicki, Williams 1992, Arndt, Bigelow 1995, Bigelow, Arndt 1995, Gustafson, Hundt 1995, Townes et al. 1995, Carman et al. 1996, v. Eiff W. 1996)*. Zur erfolgreichen Umsetzung des TQM im Krankenhaus ist nicht nur eine Weiterbildung der Führungskräfte in den Methoden und Techniken des Qualitätsmanagements, sondern in der Regel auch ein stärker partizipativ-kooperativ ausgerichteter Führungsstil erforderlich *(McLaughlin, Kaluzny 1990, Dubnicki, Williams 1992, Arndt, Bigelow 1995, Bigelow, Arndt 1995, Gustafson, Hundt 1995, Townes et al. 1995, Carman et al. 1996, v. Eiff W. 1996)*. Mit diesem Verständniswandel in der Personalführung und der Fokussierung auf alle Qualitätsaspekte der Dienstleistungen einer Klinik verbunden ist als weitere Voraussetzung für TQM im Krankenhaus die be-

---

[170] Bisher gibt es in Deutschland nur wenige Kliniken, die versuchen TQM in die tägliche Praxis einzuführen, etwa der LBK Hamburg *(Mellmann H. 1995)*, das Klinikum Ludwigshafen *(Graf, Barmbold 1995)* oder das Uniklinikum in Heidelberg *(Conrad et al. 1995)*.

wußte Gestaltung der Betriebs- und Führungsphilosophie und das Setzen klarer und transparenter Ziele *(McLaughlin, Kaluzny 1990, Dubnicki, Williams 1992, Arndt, Bigelow 1995, Bigelow, Arndt 1995, Gustafson, Hundt 1995, Townes et al. 1995, Carman et al. 1996, v. Eiff W. 1996).* Eine weitere zentrale und für eine Klinik spezifische Voraussetzung für eine erfolgreiche Umsetzung des TQM ist die Einbindung der leitenden Ärzte in diese Führungsphilosophie *(McLaughlin, Kaluzny 1990, Milakovich M.E. 1991, Kaluzny et al. 1992, Townes, Young 1995, Carman et al. 1996).* TQM im Krankenhaus ist mit einem Paradigmenwechsel verbunden, der v.a. in Fragen der Einbindung der Ärzte in die betrieblichen Führungsstrukturen große Schwierigkeiten aufwirft *(McLaughlin, Kaluzny 1990, Kaluzny et al. 1992, Townes et al. 1995, Carman et al. 1996).* Zu nennen sind hier v.a. die Art und Weise des Umgangs mit der besonderen Stellung der Ärzte, ihrer klinischen Autonomie oder die Art und Weise der Motivation der leitenden Ärzte. Verschiedene Autoren erachten die Einbindung des ärztlichen Dienstes in die Führungsphilosophie des TQM sogar als die zentrale Bedingung, die für eine erfolgreiche Implementierung dieses Managementansatzes erfüllt sein muß *(McLaughlin, Kaluzny 1990, Kaluzny et al. 1992, Townes et al. 1995, Carman et al. 1996).*

Neben der Schwierigkeit, alle oben genannten Voraussetzungen erfüllen zu müssen, wird die Umsetzung des TQM im Krankenhaus aber auch von dem Problem der Meßbarkeit in der Medizin behindert[171] *(Arndt, Bigelow 1995).* TQM setzt, wie in Betrieben der industriellen Güterproduktion in der Regel gut möglich, die Meßbarkeit der zu verbessernden Prozessabläufe voraus *(Imai M. 1993).* TQM im Krankenhaus wird sich daher auf die betrieblichen Leistungsprozesse fokussieren, für die Meßzahlen oder Indikatoren gefunden werden können und für die damit auch der Erfolg von eingeleiteten Verbesserungsmaßnahmen bestimmt werden kann *(Arndt, Bigelow 1995).*

Sind entsprechende Meßzahlen oder Indikatoren vorhanden, kann TQM auch ein neuer Ansatz für die traditionelle ärztliche Qualitätssicherung darstellen *(Berwick D.M. 1989).* TQM unterscheidet sich von der Qualitätssicherung, insbesondere der externen Qualitätssicherung in der Medizin fundamental *(Hildebrand R. 1995).* TQM ist umfassender, macht Qualitäts- und Managementmethoden, Praktiken, Konzepte und Überzeugungen zum Teil der Unternehmenskultur und zwar immer mit dem Ziel kontinuierliche Verbesserungen herbeizuführen. Während die qualitätssichernden Ansätze heute oftmals auf Kontrolle von außen setzen[172], durchdringt TQM die gesamte Klinik oder gesamte medizinische Abteilung als kleinste zusammengehörende organisatorische Einheit im Krankenhaus. Durch die Dominanz des Qualitätsgedankens und das Ziel der Implementation einer Qualitätsphilosophie kann das Total Quality Management wie kein anderer qualitätssichernder Ansatz die spezifischen Bedingungen der modernen Medizin im Krankenhaus[173] erfüllen[174] *(Berwick D.M. 1989).*

---

[171] Siehe Punkte B 4 und C 4.
[172] Siehe Punkt B 4.
[173] Siehe Punkt B 4.
[174] In Zukunft könnte sich die Bedeutung des TQM für die ärztliche Qualitätssicherung deutlich erhöhen, da durch die verstärkte Entwicklung valider Meßinstrumente und Kennzahlen zur Qualitätssicherung zunehmend

4.2 Organisationsentwicklung im Krankenhaus

Wie das Total Quality Management ist die Organisationsentwicklung eine Methode der Organisationsgestaltung und -veränderung in einer Unternehmung. Unter **Organisationsentwicklung im allgemeinen Sinne** versteht man einen längerfristig angelegten, organisationsumfassenden Entwicklungs- und Veränderungsprozeß von Organisationen und den in ihr tätigen Menschen. Ziel ist sowohl die Verbesserung der Leistungsfähigkeit von Organisationen als auch der Arbeitsbedingungen *(Laskewitz, Klingenburg 1997)*.

Die Weiterentwicklung und Änderung der Organisationsstruktur einer Unternehmung kann in unterschiedlicher Art und Weise geschehen. Neben den von der Sozialpsychologie bestimmten Methoden der Organisationsentwicklung im engen Sinne kommen die betriebswirtschaftliche Organisationsplanung und das sog. Business Reengineering zur Weiterentwicklung von Organisationsstrukturen in Betrieben zur Anwendung.

Die **Organisationsentwicklung im engen Sinne** zielt auf die bestmögliche Gestaltung des Veränderungsprozesses durch die Betroffenen selbst mit Unterstützung eines Beraters. **Prozeßorientierung und Hilfe zur Selbsthilfe** sind die **wesentlichen Merkmale** *(Picot A. 1993)*. Der psychologisch bestimmte Ansatz der Organisationsentwicklung geht davon aus, daß es Verkrustungen innerhalb der Unternehmung gibt, die die Problemerkennung und die Durchsetzung von Problemlösungen verhindern, daß Organisationsmitglieder entwicklungsfähig und lernbereit sind, daß Offenheit in der Diskussion von Problemen und Sachverhalten letztlich für alle Organisationsmitglieder vorteilhaft ist und daß Zusammenarbeit dem Wettbewerb innerhalb einer Unternehmung vorgezogen wird *(Picot A. 1993)*. Typisch für die von den Theorien der Sozialpsychologie dominierten Ansätze der Organisationsentwicklung ist die Auffassung, daß eine Veränderung eines sozialen Systems nur durch eine Veränderung des in ihm herrschenden Kräftefeldes möglich ist. Erreicht wird dies zunächst durch die Bewußtmachung des Problems und Anerkennung von Veränderungsbedarf ("Auftauen"), anschließend durch die Entwicklung und Einführung der Neuerung ("Wandel") und schließlich durch die Stabilisierung der Lösung ("Einfrieren") *(Picot A. 1993)*. Hilfestellung leistet dabei meist ein (externer) Berater.

Während die Organisationsentwicklung Veränderungen von Organisationen durch die Betroffenen selbst anstrebt, versucht die **Organisationsplanung** Reorganisationsprobleme mit Hilfe der betriebswirtschaftlichen Entscheidungs- und Planungslogik zu lösen. Organisationsplanung wird typischerweise von internen Spezialisten in Stäben oder von externen Beratern vorbereitet und anschließend von der Unternehmensleitung verabschiedet *(Picot A. 1993)*. Damit hat Organisationsplanung weniger einen partizipativen als vielmehr einen technokratisch-elitären Charakter.

---

besser werdende Meßwerkzeuge zur Verfügung stehen und somit eine bessere Vergleichbarkeit zwischen den Kliniken und Ärzten ermöglicht wird *(Brook et al. 1996)*.

Das **Business Process Reengineering** ist eine aktuelle vorwiegend von Unternehmensberatern betriebene Management- und Organisationsmode[175] *(Gaitanides, Müffelmann 1996, Kieser A. 1996)*. Business Reengineering bedeutet, eine neue Struktur für Unternehmensprozesse zu finden, die den Strukturen vergangener Zeiten wenig oder gar nicht ähnelt. Kerngedanke des Business Reengineering ist die Fokussierung auf die Prozeßorganisation *(Gaitanides, Müffelmann 1996, Kieser A. 1996)*.

Alle genannten **Verfahren zur Weiterentwicklung von Organisationsstrukturen** haben v.a. die **Lösung bestehender innerorganisatorischer Probleme**, die **Bewältigung eines konkreten Veränderungsbedarfs** und das **Prozeßmanagement** zum Ziel.

Während sich die partizipative Organisationsentwicklung besonders zur Selbstentwicklung überschaubarer sozialer Systeme, die Organisationsplanung für die Strukturierung neuer Unternehmensbereiche und zur Durchsetzung einer veränderten Grobstruktur eignet, konzentriert sich das Business Reengineering vor allem auf die grundlegende Neugestaltung der Ablauforganisation in einer Unternehmung.

Über die Auswirkungen der Organisationsentwicklung[176] und des Prozeßmanagements im Krankenhaus liegen Veröffentlichungen aus den USA, aber auch aus Deutschland vor.

Es hat sich gezeigt, daß die von der Sozialpsychologie bestimmten Ansätze der Organisationsentwicklung gut geeignet sein können, im Krankenhaus Probleme offen festzustellen, Lösungen zu entwickeln und Vertrauen zu schaffen *(Novak et al. 1994, Grossmann, Prammer 1995, Harms, Hinz 1996, Laskewitz, Klingenburg 1997)*. Durch die von externen Beratern begleiteten Projekte konnten oftmals Widerstände reduziert, vorgegebene globale Rahmenbedingungen konstruktiv und detailliert ausgefüllt und die teilnehmenden Organisationsmitglieder zur Anpassung an den eingetretenen Wandel motiviert werden *(Novak et al. 1994, Grossmann, Prammer 1995, Harms, Hinz 1996, Laskewitz, Klingenburg 1997)*.

Schwierigkeiten traten bei der Organisationsentwicklung im Krankenhaus durch den großen Zeitbedarf des betont partizipativen Ansatzes und durch die Gefahr der Beibehaltung des status quo als bequemstem Konsens auf *(Novak et al. 1994, Grossmann, Prammer 1995, Harms, Hinz 1996, Laskewitz, Klingenburg 1997)*. Ferner gab es oftmals Schwierigkeiten, in Organisationsentwicklungsprozessen gefundene Lösungen auf längere Sicht stabilisieren und die entwickelten Verhaltensweisen auch auf andere Organisationsbereiche übertragen zu können *(Novak et al. 1994, Grossmann, Prammer 1995, Harms, Hinz 1996, Laskewitz, Klingenburg*

---

[175] In der betriebswirtschaftlichen Literatur wird das Business Reengineering kritisch bewertet und oftmals als eine Modeerscheinung in Management und Organisation mit einer brauchbaren, aber nicht neuen Kernaussage, gesehen *(Gaitanides, Müffelmann 1996, Kieser A. 1996)*.

[176] Erfahrungen mit dem Business Reengineering in deutschen Krankenhäusern liegen nicht vor. Dies mag daran liegen, daß das Business Reengineering die Änderungskapazitäten der Unternehmen überfordert *(Kieser A. 1996)* und ein derartig radikales Veränderungskonzept in konsensorientierten Gesellschaften nach den Erfahrungen der Unternehmensberater von *Roland Berger* nur schwerlich umgesetzt werden kann *(Jaspert, Müffelmann 1996)*. Daneben besteht die große Gefahr bei Reengineering-Projekten, nicht nur Unwirtschaftlichkeiten abzubauen, sondern auch Nutzenpotentiale der Zukunft (v.a. Vertrauen) zu vernichten *(Bleicher K. 1995)*.

1997). Ein sehr großer Leidensdruck bei den Betroffenen ist für die erfolgreiche Umsetzung der erarbeiteten Lösungswege von großer Bedeutung.

Eine besondere Rolle haben die Ärzte bei der Organisationsentwicklung im Professionalbetrieb Krankenhaus. Die leitenden Ärzte haben zum einen bei der Erarbeitung und der Umsetzung von Veränderungen in der Organisationsstruktur als Führungskräfte naturgemäß einen großen Einfluß. Zum anderen erfordert die Organisationsentwicklung in einem Professionalbetrieb im Gegensatz zu anderen Unternehmungen einen Promoter (Professional), der die hierarchische Unterstützung für die vorgesehene Veränderung sicherstellt *(Leitko, Szczerbacki 1987)*. Aufgrund der zentralen Stellung des ärztlichen Dienstes im Krankenhaus kann dieser Professional nur der leitende Arzt sein. Für eine Klinik als Professionalbetrieb ist es bei Organisationsentwicklungsprozessen zudem von entscheidender Bedeutung, diesen Promoter in das Zielsystem des Projektes und der gesamten Klinik einbinden zu können[177] *(Leitko, Szczerbacki 1987)*. Der große Stellenwert der leitenden Ärzte beim Management von Ablaufprozessen wird durch die Ergebnisse verschiedener Organisationsentwicklungsprojekte im Krankenhaus zusätzlich betont.

Kliniken, die sich auf das **Management wertschöpfender Ablaufprozesse** konzentriert haben, konnten eine **deutlich größere Patientenorientierung** *(Hanrahan T.F. 1991, Lathrop J.P. 1991, Weber D.O. 1991, Bernd, Reed 1994, Bergman R. 1994, Weber, Weber 1994,)*, eine **Steigerung der Versorgungsqualität** *(Hanrahan T.F. 1991, Lathrop J.P. 1991, Weber D.O. 1991, Bernd, Reed 1994, Bergman R. 1994, Nelson, Wasson 1994, Böhmert et al. 1996)* bei einem **zugleich deutlich geringeren Ressourceneinsatz** *(Hanrahan T.F. 1991, Lathrop J.P. 1991, Bernd, Reed 1994, v. Kempski et al. 1994, Weber, Weber 1994)* erzielen.

---

[177] Dies unterstreicht die Bedeutung von Führung und Integration des leitenden Arztes in die Organisationsstruktur der Klinik. Siehe Punkt D 3.

Zusammenfassung

Die vorliegende Arbeit befaßt sich mit dem Umbruch, der im deutschen Krankenhauswesen durch den tiefgreifenden Wandel im medizinischen, juristischen und ökonomischen Umfeld entstanden ist. Durch den Kostendruck treten seit längerem bestehende Probleme und Entwicklungstendenzen im Krankenhauswesen verstärkt in den Vordergrund. Diese umfassen Fragen der Leitungsorganisation und der Wirtschaftlichkeit eines Krankenhauses ebenso wie Probleme der patientengerechten medizinischen Versorgung im Krankenhaus, Auswirkungen auf die Stellung der leitenden Ärzte, Mitarbeiterführung und Motivation und nicht zuletzt ethische Konfliktsituationen. Ziel der Arbeit ist es (1.) die zukünftigen ärztlichen Führungsaufgaben zu charakterisieren, (2.) adäquate ärztliche Leitungsstrukturen im Sinne eines modernen Krankenhausmanagements darzustellen. Aufgrund der Komplexität eines Krankenhauses als Organisation und Betrieb und der Besonderheiten der dort erbrachten Leistungen, erfordert die Bearbeitung der Thematik eine interdisziplinäre Betrachtungsweise. Die ärztlichen Leitungsstrukturen und Führungsaufgaben im modernen Krankenhaus werden deshalb in einer Zusammenschau medizinischer, juristischer und ökonomischer Aspekte auf der Grundlage heutiger Erkenntnisse und Gegebenheiten entwickelt und in den Kapiteln A – D dargestellt.

In *Kapitel A* werden zunächst die Rahmenbedingungen für das deutsche Krankenhauswesen, das neue Finanzierungssystem, die Grundzüge der Krankenhausbedarfsplanung, der wesentlichen Aufgaben der Kliniken und das heutige wirtschaftliche Umfeld der Krankenhäuser mit den wichtigsten strukturellen Veränderungen beschrieben.

Anschließend wird der Frage nachgegangen werden, ob Kliniken wie Unternehmen geführt werden können und welche Probleme, bzw. Besonderheiten bei der Führung dieser Betriebe entstehen können.

In *Kapitel B* wird der Themenkreis Arzt-Patient im Krankenhaus erläutert. Anhand der Erörterung des gesellschaftlichen und medizinischen Wandels werden Probleme und Schwachstellen bei der Versorgung der Patienten aufgezeigt. Ferner wird eine Definition von "Kundenorientierung" aus ärztlicher Sicht gegeben. Vor dem Hintergrund der rechtlichen Anforderungen an die ärztlichen Leitungsstrukturen und der zukünftig bedeutenden Thematik der "Qualitätssicherung" medizinischer Leistungen werden weitere Führungsaufgaben des leitenden Krankenhausarztes aufgezeigt.

Das *Kapitel C* widmet sich dem Themenkreis Arzt und Betrieb. Neben der Darstellung der innerbetrieblichen Auswirkungen der neuen Rahmenbedingungen werden die heute in den meisten Kliniken vorherrschenden Schwachstellen in der Führungsstruktur aufgezeigt. Zu dem ökonomischen Stellenwert und den wesentlichen betrieblichen Aufgaben, die in den Kompetenzbereich der leitenden Ärzte fallen wird näher Stellung genommen. Besondere Beachtung wird der Erörterung der "Wirtschaftlichkeit" ärztlicher Leistungen geschenkt.

In *Kapitel D* werden die Voraussetzungen für eine moderne, leistungsfähige und effiziente Krankenhausorganisation und -führung genannt. Die Stellung des leitenden Krankenhausarztes in der Betriebsleitung eines modernen Krankenhauses wird anhand einiger Alternativen erläutert. Danach wird die zukünftige Stellung und Position des leitenden Abteilungsarztes (Chefarztes) anhand des in der Arbeit entwickelten Anforderungsprofils dargestellt.

Thesenartig lassen sich die Kernaussagen der Arbeit folgendermaßen zusammenfassen:

1. Bestimmend für die künftige Krankenhausentwicklung werden drei Megatrends sein:
   (a) Anschwellende Nachfrage nach Gesundheitsleistungen, vor allem induziert durch den rasanten medizinischen und medizinisch-technischen Fortschritt und die demographische Entwicklung,
   (b) zunehmende Finanzmittelverknappung mit tiefgreifenden Auswirkungen auf das (noch machbare) medizinische Leistungsspektrum,
   (c) Verschärfung der wettbewerblich orientierten gesetzgeberischen Rahmenbedingungen mit Wegfall der Bestandsgarantie für Krankenhäuser bis hin zum Wandel des Krankenhausmarktes hin zu einem Käufermarkt mit der Dominanz der Nachfrageseite (Krankenkassen, Patienten).
2. Als Folge dieser Megatrends und des sich verändernden Umfeldes wandelt sich das Aufgabenprofil der Krankenhäuser. Eine intensivierte Patientenorientierung, die Sicherung, Förderung und Darstellung von Qualitätsaspekten der Krankenhausleistungen, aber auch die zentralen Aspekte der Führung eines modernen Nonprofit-Betriebes (Effizienz, Effektivität, Führung und Motivation der Mitarbeiter, Marketing, Förderung der Betriebskultur) sind die wesentlichen Herausforderungen für Klinikleitung, Klinikträger und alle Verantwortlichen in leitender Stellung.
3. Bei der Bewältigung dieser Herausforderungen haben der ärztliche Dienst und die leitenden Ärzte eine zentrale Rolle inne, da diese in ihren Verantwortungsbereich fallen und die Ärzte allein die erforderlichen Fachkenntnisse besitzen. Damit wird die Einbindung der leitenden Ärzte in die Führung der Organisationsstruktur des Krankenhauses zwingend erforderlich werden.
4. Die bisherige Leitungs- und Organisationsstruktur der meisten Krankenhäuser kann den gewandelten Anforderungen der Gegenwart und vor allem der Zukunft nicht genügen. Die Gründe hierfür werden ausführlich dargelegt. Neben historisch und institutionell bedingten Schwachstellen im Bereich der Leitung durch Krankenhausträger und Dreierdirektorium ist vor allem die Korrektur der unzureichenden Einbindung des ärztlichen Dienstes in die Organisation der Kliniken die größte Herausforderung für die Zukunft.
5. Anhand der aus den durchgeführten medizinischen, juristischen und ökonomischen Analysen des Leistungsgeschehens im Krankenhaus gewonnenen Erkenntnisse werden Lösungsvorschläge für die Integration des ärztlichen Dienstes in die Führungsorganisation

einer modernen Klinik erarbeitet. Die im Zuge der zukünftig erforderlichen Professionalisierung der Krankenhausbetriebsleitung vor allem aus medizinischen und betriebswirtschaftlichen Gründen empfohlene Schaffung der Position eines hauptamtlichen ärztlichen Direktors wird eingehend erörtert.

6. Daneben wird die Frage der Führung und Integration des leitenden Abteilungsarztes in das Organisationsgefüge einer nach medizinischen, juristischen und modernen betriebswirtschaftlichen Gesichtspunkten geführten Klinik und medizinischen Abteilung ausführlich diskutiert.

7. Die leitenden Klinikärzte sind einer Entwicklung ausgesetzt, die sie verstärkt in ein Spannungsverhältnis zwischen Medizin, ärztlicher Ethik und Ökonomie führt, die sie dazu zwingt, traditionelle Verhaltensweisen und gewohnte Denkmuster in vielen Bereichen ihrer täglichen Arbeit neu zu überdenken, in Frage zu stellen und auch aufzugeben und die sie zunehmend auch in die Verantwortung für ihre Klinik aber auch für die gesamte Gesellschaft einbinden will. Die leitenden Ärzte werden sich dieser Entwicklung nicht entziehen können. Sie gibt ihnen die Möglichkeit, sich zu ihrem eigenen Vorteil, zum Nutzen ihres Krankenhauses, zum Nutzen eines jeden einzelnen Patienten und letztlich auch der Allgemeinheit aktiv an der zukünftigen Gestaltung des medizinischen Leistungsgeschehens in ihrer Klinik zu beteiligen. Übernehmen die leitenden Ärzte hingegen nicht Verantwortung für Ökonomie und Wirtschaftsführung, wird ihnen von anderen und weniger Sachkompetenten gesagt werden, was sie zu tun haben. In diesem Falle verlieren sie an Einfluß, ein gutes Stück ihrer Unabhängigkeit und Entscheidungsfreiheit und die Patienten an medizinischer und humanitärer Versorgungsqualität.

Literaturverzeichnis

Adam D. (1972), Krankenhausmanagement im Konfliktfeld zwischen medizinischen und wirtschaftlichen Zielen, in: 55. Jahrestagung 1972 der Fachvereinigung der Verwaltungsleiter Deutscher Krankenanstalten E.V. Kulmbach, E.C. Baumann KG Verlag, S. 73-93

Adam D., Schlüchtermann J., Gorschlüter P. (1993), Krankenhausmanagement, in: WISU, 22. Jg. (1993), S. 822-830

Ärztlicher Kreis- und Bezirksverband München (Hrsg.) (1996), Umfrage des Ärztlichen Kreis- und Bezirksverbandes München zur Umsetzung des Arbeitszeitgesetzes in den Münchner Krankenhäusern, in: Münchner Ärztliche Anzeigen, 84. Jg. (1996), Nr. 40, S. 13-14

Ahrens H.J. (1995), Neue Wege stationärer Versorgung, in: Gesellschaftspolitische Kommentare, 36. Jg. (1995), Nr. 4, S. 149-151

Albach H. (1984), Schumpeter auf der Spur, in: WiWo, 38. Jg. (1984), Heft 30, S. 56-58

Alexander J.A., Morrisey M.A. (1988), Hospital-Physician Integration and Hospital Costs, in: Inquiry, Vol. 25 (1988), p. 388-401

Allensbacher Institut für Demoskopie (Hrsg.) (1992), Krankenhaus 1992, in: f&w, 9. Jg. (1992), S. 344-349

Andler W. (1991), Wohin steuert die Krankenpflege, in: ArztKr.Haus, 64. Jg. (1991), S. 106-108

Anliker R. (1990), Zur Berufsidentität der Pflege, in: Pflege, Bd. 3 (1990), Heft 1, S. 31-36

Anschütz F. (1987), Ärztliches Handeln - Grundlagen, Möglichkeiten, Grenzen, Widersprüche -, Darmstadt, Wissenschaftliche Buchgesellschaft, 1987, 283 Seiten

Anschütz F. (1990), Ethische Herausforderungen am Krankenbett - Denkstile und Handlungsbegründungen -, in: Fortschr.Med., 108. Jg. (1990), S. 217-218

AOK-Bundesverband (1996), Reform der stationären Versorgung unumgänglich - Beitragssatzstabilität in der GKV akut gefährdet, in: DOK, 6. Jg. (1996), S. 203-206

Arnold M., Straub C. (1993), Krankenhaus 2000, in: Krank.Hs., 85. Jg. (1993), S. 14-21

Arnold M. (1992), Grundsätzliche Grenzen der Qualitätssicherung der Medizin, in: Chirurg BDC, 31. Jg. (1992), Nr. 8, S. 154-157

Arndt M., Bigelow B. (1995), The implementation of total quality management in hospitals: How good is the fit?, in: Health Care Manage. Rev., Vol. 20 (1995), p. 7-14

Asch D.A., Christakis N.A. (1996), Why do physicians prefer to withdraw some forms of life support over others? Intrinsic attributes of life-sustaining treatments are associated with physicians preferences, in: Med.Care, Vol. 34 (1996), p. 103-111

AuBuchon J.P. (1996), Lessons learned from decision analysis, in: Transfusion, Vol. 36 (1996), p. 755-760

Axelsson R. (1990), Die Entwicklung der Krankenhausorganisation und der Organisation der Gesundheitsversorgung in Schweden, in: Eichhorn S. (1990a), Professionalisierung des

Krankenhausmanagements, - Ein Symposium der Bertelsmann Stiftung zur Führung und Organisation von Krankenhausleitungen am 22. und 23. Juni 1989 in Gütersloh -, Gütersloh, Verlag Bertelsmann Stiftung, 1990, S. 45-53

Badura B., Feuerstein G., Schott T. (1993), System Krankenhaus - Arbeit, Technik und Patientenorientierung -, Gesundheitsforschung, Juventa Verlag, Weinheim, München, 1993

Baier H. (1995), Der Wertewandel im Gesundheitswesen. Vier Thesen mit Voraussetzungen und Folgen für die Arbeits- und Umweltmedizin, in: Vers.Med., 47. Jg. (1995), Heft 3, S. 73-75

Balint J., Shelton W. (1996), Regaining the initiative, Forging a New Model of the patient-physician relationship, in: J.Amer.Med.Ass., Vol. 275 (1996), p. 887-891

Baron R.A. (1986), Behavior in organizations, - Understanding and managing the human side of work -, 2 ed., Boston, London, Sydney, Toronto, Allyn and Bacon Inc., 1986, 514 Seiten

Batz L., Irnich W. (1995), Demographische Aspekte der Schrittmachertherapie, in: Herzschr.Elektrophys., Bd. 6 (1995), Heft 1, S. 4-10

Bauer H. (1995a), Die Umsetzung der neuen Bundespflegesatzverordnung - eine Herausforderung für den leitenden Krankenhauschirurgen-, in: Chirurg BDC, 34. Jg. (1995), Nr. 5, S. 107-112

Bauer H. (1995b), Qualitätssicherung in der Chirurgie, - Neue Aspekte durch die "Vereinbarung über eine Rahmenempfehlung zur Sicherheit der Qualität der Krankenhausleistungen für Fallpauschalen und Sonderentgelte -, in: Chirurg BDC, 34. Jg. (1995), S. 7-9

Baur U. (1978), Chefarzt-System oder Kollegial-System? Eine Antwort aus juristischer Sicht, in: ArztKr.Haus, 51. Jg. (1978), S. 373-380

Baur U. (1989), Die Rechtsstellung des Arztes im Praktikum, in: MedR, 7. Jg. (1989), S. 111-118

Baur U. (1991), Aufklärung und Einwilligung des Patienten, in: ArztKr.Haus, 64. Jg. (1991), S. 222-226

Baur-Felsenstein M. (1994), Qualitätssicherung aus der Sicht der Selbstverwaltung, in: Arzt Kr.Haus, 67. Jg. (1994), S. 24-28

Baur-Felsenstein M. (1995), Externe Qualitätssicherung, in: ArztKr.Haus, 68. Jg. (1995), S. 152-157

Bayer R., Callahan D., Fletcher J., Hodgson T., Jennings B., Monsees D., Sieverts S., Veatch R. (1983), The care of the terminally ill: Morality and economics, in: N.Engl.J.Med., Vol. 309 (1983), p. 1490-1494

Bayerisches Staatsministerium für Arbeit und Sozialordnung, Familie, Frauen und Gesundheit (Hrsg.) (1996), Effizienzsteigerung durch Umwandlung der Krankenhäuser von kommunaler Trägerschaft in "gemeinnützige Krankenhaus-GmbHs" und in "Eigenbetriebe", in: Münchner Ärztliche Anzeigen 4. Mai 1996 S. 18 ff.

Beckman H.B., Markakis K.M., Suchman A.L., Frankel R.M. (1994), The doctor-patient relationship and malpractice. Lessions from plaintiff depositions, in: Arch.Intern.Med., Vol. 154 (1994), p. 1365-1370

Beisecker A.E., Beisecker T.D. (1990), Patient information-seeking behaviors when communicating with doctors, in: Med.Care, Vol. 28 (1990), p. 19-28

Ben-Sira Z. (1983), The structure of a hospital's image, in: Med.Care, Vol. 21 (1983), p. 943-954

Berger R., Borkel W. (1990), Grundwissen Betriebsorganisation - Organisationsentwicklung, Aufbau- und Ablauforganisation, Führungsorganisation, Information und Kommunikation, Zielsetzung, Planung und Kontrolle, Mensch und Organisation -, 2. Auflage, München, Wilhelm Heyne Verlag, 367 Seiten

Berger M, Richter B., Mühlhauser J. (1997), Evidence-based medicine - eine Medizin auf rationaler Grundlage -, in: Internist, 38. Jg. (1997), S. 344-351

Bergman R. (1994), Reengineering health care. A new management tool aims to transform the organizational processes, in: Hosp.Health.Net., Feb. 5, 1994, p. 28-36

Bernd D.L., Reed M.M. (1994), Reengineering women´s services, in: Healthcare Forum Journal, Vol. 37 (1994), Iss. 1, p. 63-67

Bernstein S.J., Hilborne L.H., Leape L.L., Fiske M.E., Park R.E., Kamberg C.J. (1993a), The appropriateness of the use of coronary angiography in New York State, in: J.Amer.Med.Ass., Vol. 269 (1993), p. 766-769

Bernstein S.J., McGlynn E.A., Siu A.L., Roth C.P., Sherwood M.J., Keesey J.W., Kosecoff J., Hicks N.R., Brook R.H. (1993b), The Appropriateness of Hysterektomy. A comparison of care in seven health plans., in: J.Amer.Med.Ass., Vol. 269 (1993), p. 2398-2402

Berwick D.M. (1989), Continuous improvement as an ideal in health care, in: N.Engl.J.Med., Vol. 320 (1989), p. 53-56

Berwick D.M. (1991), The double edge of knowledge, in: J.Amer.Med.Ass., Vol. 266 (1991), p. 841-842

Beske F. (1989), Das Krankenhaus im Jahre 2000, in: Krank.Hs., 81. Jg. (1989), S. 246-254

Beske F., Eversmann B.J., Niemann F.-M. (1993), Qualitätssicherung im Krankenhaus in der Bundesrepublik Deutschland, 2. Auflage, Kiel, Hrsg. Institut für Gesundheitssystemforschung Kiel, 1993

Betz G. (1990), Die Lage im Pflegedienst - Stimmen die Ursachenzuschreibungen?, in: Schwester/Pfleger, 29. Jg. (1990), S. 1072-1075

Bigelow B., Arndt M. (1995), Total quality management: Field of dreams?, in: Health Care Manage.Rev., Vol. 20 (1995), p. 15-25

Birkmeyer J.D., Birkmeyer N.O. (1996), Decision analysis in surgery, in: Surgery, Vol. 120 (1996), p. 7-15

Birkner B. (1993), Qualitätssicherung in der Medizin, in: Phys.Rehab.Kur.Med., 3. Jg. (1993), S. 169-172

Blankart C.B. (1994), Öffentliche Finanzen in der Demokratie - Eine Einführung in die Finanzwissenschaft -, 2. Auflage, München, Verlag Franz Vahlen, 1994, 568 Seiten

Bleicher K. (1995), Vertrauen als kritischer Faktor einer Bewältigung des Wandels, in: zfo, Bd. 64 (1995), S. 390-395

Blickle G., Müller G.F. (1995), Kundenorientierung, schlanke Produktion und flache Hierarchien aus psychologischer Sicht, in: Z. Arbeits- u. Organisationspsychologie, 39. Jg. (1995), S. 133-138

Blümle E.-B. (1994), Nonprofit-Organisationen in Amerika: Forschung, Lehre und Weiterbildung - Versuch einer Bestandsaufnahme, in: ZögU, Band 17 (1994), S. 216-220

Böckle S. (1993), Monetäre Leistungsanreize für Ärzte in kommunalen Krankenhäusern, in: ZögU, Band 16 (1993), S. 96-104

Böhmert F., Dick A., Leitz K., Öney T., Skalicky C., Thielbar C.A., Morra F., Rauch F., Steiner M., Wehrmann H. (1996), OP-Reorganisation, in: f&w, 13. Jg. (1996), S. 114-121

Bölke G. (1978), Lösungsansätze zur Überwindung der Probleme in der Struktur und Organisation der Krankenhausleitung, in: Studienstiftung der Verwaltungsleiter Deutscher Krankenanstalten, Braunlage/Harz, Knoche Verlag, (1978), S. 27-46

Bösenberg D., Hauser R. (1994), Der schlanke Staat: Lean-Management statt Staatsbürokratie, Düsseldorf, ECON-Verlag, 1994, 288 Seiten

Bonvie H. (1993), Rechtliche Risiken des ambulanten Operierens, in: MedR., 11. Jg. (1993), S. 43-50

Bosch R., Hambach H.D., Knoerzer H.R., Kubitzki S.H. (1996), TOP - Arbeitgeber in Deutschland, - Rhönklinikum AG, Bad Neustadt / Saale, Stuttgart, Schäffler Poeschel Verlag, 1996, S. 186-191

Boschke W.L. (1996), Bonner Krankenhauspolitik - aktueller Stand und Perspektiven -, in: f&w, 13. Jg. (1996), S. 198-199

Bosetzky H. (1980), Bürokratie, in: Handwörterbuch der Organisation, Hrsg. v. Grochla E., 2. Auflage, Stuttgart, Poeschel Verlag, 1980, S. 386-392

Boston Consulting Group (Hrsg.) (1993), BCG-Studie: Krankenhaus heute Abschlußbericht, München, 1993, 31 Seiten

Bourmer H.R. (1993), Gesundheitsreform fordert Chefärzte - Vom Halbgott zum Abteilungsmanager?, in: Dtsch.Ärztebl., 90. Jg. (1993), Heft 25/26, S. A1874-A1876

Bowen O.R. (1987), Shattuck Lecture - What is quality care?, in: N.Engl.J.Med., Vol. 316 (1987), p. 1578-1580

Bowers M.R., Swan J.E., Koehler W.F. (1994), What attributes determine quality and satisfaction with health care delivery?, in: Health Care Manage.Rev., Vol. 19 (1994), Iss. 4, p. 49-55

Braithwaite J. (1993), Defining Excellence in Health Service Management: Evidence from an international study, in: Int.J.Health Planning and Management, Vol. 8 (1993), p. 5-23

Braun G.E. (1994), Betriebswirtschaftliche Aspekte eines modernen Krankenhausmanagements, - Zur Novellierung der Bundespflegesatzverordnung-, in: ZögU, Band 17 (1994), Heft 2, S. 141-155

Braun G.E., Schmutte A.M. (1995), Der Stellenwert von Imageanalysen Marketing eines Krankenhaus, in: Internist, 36. Jg. (1995), S. M151-M156

Braun G.E., Egner D. (1996), Mehr Managementkompetenzen gefragt - Stellenanzeigen für Chefärzte -, in: Dtsch.Ärzte Bl., 93. Jg. (1996), S. A2204-A2206

Braun G.E., Spindler K., Strosche H., Schmutte A.M. (1996), Ein Krankenhaus im Spiegelbild der niedergelassenen Ärzte, Imageanalyse Chirurgische Klinik Stuttgart-Feuerbach, in: f&w, 13. Jg. (1996), S. 75-78

Braun K., Lawrence C. (1993), TQM I: Ohne gemeinsame Werte wird es nichts, in: Harvard Business Manager, 15. Jg. (1993), Heft 2, S. 77-85

Breckheimer W. (1994), Eine pädagogisch-sozialwissenschaftliche Analyse. Pflege in Bewegung, in: Pflege, Bd. 7 (1994), Heft 2, S. 87-95

Brettel H.F., Schmitt B. (1996), Zur Begrenzung der Kosten bei implantierbaren Defibrillatoren, in: Vers.Med., 48. Jg. (1996), S. 23-24

Breyer F. (1986), Krankenhaus-Kostenstudien - ein methodischer Überblick -, in: Z.f.B., 56. Jg. (1986), H. 3, S. 260-286

Brook R.H.,Kamberg C.J.,Mayer-Oakes A.,Beers M.H.,Raube K.,Steiner A. (1990), Appropriateness of acute medical care for the elderly: An analysis of the literature, in: Health Policy, Vol. 14 (1990), p. 225-242

Brook R.H. (1992), Improving practice: the clinician's role, in: Br.J.Surg., Vol. 79 (1992), p. 606-607

Brook R.H., McGlynn E.A., Cleary P.D. (1996), Quality of health care. Part 2: Measuring quality of care, in: N.Engl.J.Med., Vol. 335 (1996), p. 966-970

Brudermanns R. (1995), Fühlt sich der Patient im Krankenhaus als Kunde?, in: Kr.Hs.Umsch., 64. Jg. (1995), S. 522-528

Brümmerhoff D. (1996), Finanzwissenschaft, 7. Auflage, München, Wien, Oldenburg Verlag, 1996, 558 Seiten

Buchborn E. (1993), Ärztlicher Standard: Begriff - Entwicklung - Anwendung, in: MedR, 11. Jg. (1993), S. 328-333

Buchholz W. (1983), Wirtschaftlichkeitskontrolle im Krankenhaus, in: ZögU, Bd. 6 (1983), S. 211-227

Bühner R. (1994), Betriebswirtschaftliche Organisationslehre, 7. Auflage, München, Wien, Oldenburg, Oldenburg Verlag, 441 Seiten

Bundesminister für Arbeit und Sozialordnung (1980), Zur Humanität im Krankenhaus - Endbericht -, Forschungsbericht 129, Bonn, 223 Seiten

Bundesminister für Arbeit und Sozialordnung (1988), Umfang von Fehlbelegung in Akutkrankenhäusern Forschungsbericht 164, Bonn, 1988

Bundesminister für Arbeit und Sozialordnung (1989), Erfahrungsbericht über die Auswirkungen der Krankenhaus-Neuordnung 1984, Bonn, 1989, 47 Seiten

Bundesminister für Gesundheit (1993), Daten des Gesundheitswesens - Ausgabe 1993 -, Band 25 der Schriftenreihe des Bundesministeriums für Gesundheit, Bonn, Nomos Verlagsgesellschaft, Baden-Baden, 347 Seiten

Bundesministerium für Gesundheit (1994), Maßnahmen der Medizinischen Qualitätssicherung in der Bundesrepublik Deutschland - Bestandsaufnahme, - Projekt im Auftrag des Bundesministeriums für Gesundheit -Band 38 Schriftenreihe des Bundesministeriums für Gesundheit, Nomos Verlagsgesellschaft, Baden-Baden, 1994

Burgess J.F., Wilson P.W. (1996), Hospital ownership and technical inefficiency, in: Management Science, Vol. 42 (1996), No. 1, p. 110-123

Burla S. (1989), Rationales Management in Nonprofit-Organisationen, Bern, Verlag Paul Haupt, 1989, 187 Seiten

Callahan D. (1990), Rationing medical progress. The way to affordable health care, in: N.Engl.J.Med., Vol. 322 (1990), p. 1810-1813

Carlzon J. (1995), Alles für den Kunden, Wilhelm Heyne Verlag, München, 1995, 157 Seiten

Carman J.M., Shortell S.M., Foster R.W., Hughes E.F., Boerstler H., O´Brien J.L., O´Conner E.J. (1996), Keys for successful implementation of total quality management in hospitals, in: Health Care Manage. Rev., Vol. 21 (1996), p. 48-60

Carstensen G. (1989), Vom Heilversuch zum medizinischen Standard, in: Dtsch.ÄrzteBl., 86. Jg. (1989), Heft 36, S. B1736-B1738

Carstensen G. (1993), Aufklärung des Krebspatienten - wie und wieweit?, in: Akt. Chir., 28. Jg. (1993), S. 35-37

Cassel C.K. (1996), The patient-physician covenant: An affirmation of asklepios, in: Ann.Intern.Med., Vol. 124 (1996), p. 604-606

Chandra R., Knickrehm M., Miller A. (1995), Healthcare`s IT mistake, in: McKinsey Quarterly, Vol. (1995), No. 3, S. 90-100

Chassin M.R., Kosecoff J., Solomon D.H., Brook R.H. (1987), How coronary angiography is used. Clinical determinants of appropriateness, in: J.Amer.Med.Ass.,Vol. 258 (1987), p. 2543-2547

Chassin M.R., Hannan E.L., DeBuono B.A. (1996), Benefits and hazards of reporting medical outcomes publicly, in: N.Engl.J.Med., Vol. 334 (1996), p. 394-398

Cherkin D.C., Deyo R.A., Loeser J.D., Bush T., Waddell G. (1994), An international comparison of back surgery rates, in: Spine, Vol. 19 (1994), p. 1201-1206

Clade, H. (1993), Qualitätssicherung - Originäre ärztliche Gemeinschaftsaufgabe, in: Dtsch.Ärzte Bl., 90. Jg. (1993), Heft 20, S. B1072-1076

Clade H. (1995), Zukunftsmusik: "Gütesiegel" für Kliniken, in: Dtsch.Ärzte Bl., 92. Jg. (1995), Heft 19, S. C877-878

Cleland J.G. (1996), Can improved quality of care reduce the costs of managing angina pectoris?, in: Eur. Heart J., Vol. 17 (Suppl. A.) (1996), p. 29-40

Conrad H.J. (1994), Eigenverantwortlich wirtschaftende Klinikabteilungen und Funktionsbereiche - Möglichkeiten und Grenzen des Profit-Center-Konzepts -, in: Krank.Hs., 86. Jg. (1994), S. 254-257

Conrad H.J., Freyenhagen E., Maisch B., Rothmund M., Schäfer H. (1996), Total Quality Management im Klinikum der Philipps-Universität Marburg, in: Krank.Hs., 88. Jg. (1996), S. 289-298

Copeland G.P., Sagar P., Brennan J., Roberts G., Ward J., Cornford P., Millar A., Harris C. (1995), Risk-adjusted analysis of surgeon performance: a 1-year study, in: Br.J.Surg., Vol. 82 (1995), p. 408-411

Corsten H. (1985), Die Produktion von Dienstleistungen: Grundzüge einer Produktionswirtschaftslehre des tertiären Sektors, Berlin, E. Schmidt Verlag, (Betriebswirtschaftliche Studien: 51), 1985

Corsten H. (1988), Betriebswirtschaftslehre der Dienstleistungsunternehmungen, München, Wien, Oldenburg, Oldenburg Verlag, 1988

v. Cossel A. (1993), Stellungnahme 1 aus Sicht der Praxis, in: Eichhorn S. (1993c), Leitung und Leistung im Krankenhaus - Führungsorganisation aus Sicht des Krankenhausträgers -, Verlag Bertelsmann Stiftung, Gütersloh, 1993, S. 35-37

Cotton P. (1993), Determining more good than harm is not easy, in: J.Amer.Med.Ass., Vol. 270 (1993), p. 156-158

Cyran W. (1992), Vermeidbare Behandlungsfehler des Arztes - Aus der Praxis einer Gutachterstelle -, Stuttgart, Jena, New York, Gustav-Fischer-Verlag, 1992, 327 Seiten

Dahlgaard K., van den Bussche H. (1995), Kollegiale Abteilungsleitung (I), (II), in: KrankHs., 87. Jg. (1995), Heft 1 S. 34-38, Heft 2 S. 89-91

Dailey R., Young F., Barr C. (1991), Empowering middle managers in hospitals with team-based problem solving, in: Health Care Manage.Rev., Vol. 16 (1991), p. 55-63

Deber R.B. (1994a), Physicians in health care management: 7.The patient-physician partnership: changing roles and the desire for information, in: Can.Med.Assoc.J., Vol. 151 (1994), p. 171-176

Debong B., Andreas M., Siegmund-Schultze G. (1991), Die Mitwirkung des Anästhesiepflegepersonals im ärztlichen Aufgabenbereich, in: Schwester/Pfleger, 30. Jg. (1991), S. 174

Debong B. (1991), Chefarztrelevante Probleme der ärztlichen Schweigepflicht, in: ArztR., 26. Jg. (1991), S. 365-371

Debong B. (1993), Die Rechtsstellung des Ärztlichen Direktors heute und in Zukunft, Ärztlicher Direktor oder Sprecher der Chefärzte?, in: ArztR., 28. Jg. (1993), S. 141-145

Debong B. (1997), Kollegialentscheidung und Individualverantwortung, in: ArztR., 32. Jg. (1997), S. 97-100

Deckard G.J. (1995), Physician responses to a managed environment: A perceptual paradox, in: Health Care Manage.Rev., Vol. 20 (1995), p. 40-46

Deckner R. (1992), Grenzen eines preisorientierten Vergütungssytems im Krankenhaus, in: Krank.Hs., 84. Jg. (1992), S. 220-224

Delbanco T.L. (1992), Enriching the doctor - patient relationship by inviting the patient's perspective, in: Ann.Int.Med., Vol. 116 (1992), p. 414-418

Deneke J.F.V. (1984), Definitionen und Thesen zur Bedeutung der Qualitätssicherung für das ärztliche Handeln, in: Selbmann H.-K., Qualitätssicherung ärztlichen Handelns, Beiträge zur Gesundheitsökonomie Band 16, Bleicher Verlag, Gerlingen, 1984, S. 15-22

Deppe H.U., Friedrich H., Müller R. (1989), Das Krankenhaus: Kosten, Technik oder humane Versorgung Frankfurt a.M., New York, Campus Verlag,1989, 223 Seiten

Derckx J.J.G. (1990), Die Krankenhausleitung und Krankenhausbetriebsführung in den Niederlanden in: Eichhorn S. (1990a), Professionalisierung des Krankenhausmanagements, Ein Symposium der Bertelsmann Stiftung zur Führung und Organisation von Krankenhausleitungen am 22. und 23. Juni 1989 in Gütersloh - Gütersloh, Verlag Bertelsmann Stiftung, 1990, S. 67-86

De Ridder M., Dissmann W. (1991), Denn sie wissen nicht, was sie tun, Ärzte sind hilflos, weil sie mit der Informationsflut nicht fertig werden in: SZ, Feuilleton-Beilage der SZ v. 20/21.04.1991, Nr. 92, S. 10

Deutsche Krankenhausgesellschaft (Hrsg.) (1992), Grundsätze für die Organisation der Krankenhausführung in: Krank.Hs., 84. Jg. (1992), S. 238-242

Deutsche Krankenhausgesellschaft (Hrsg.) (1993), Zahlen, Daten, Fakten '93 Düsseldorf, satz und druck gmbh, 87 Seiten

Deutsche Krankenhausgesellschaft (Hrsg.) (1994/95), Zahlen, Daten, Fakten '94/'95 Düsseldorf, satz und druck gmbh, 88 Seiten

Deutsche Krankenhausgesellschaft (Hrsg.) (1996), Zahlen, Daten, Fakten `96 Düsseldorf, satz und druck gmbh, 1996, 96 Seiten

Dichtl E., Issing O. (Hrsg.) (1994), Vahlens Großes Wirtschaftslexikon 2. Auflage, München, Verlag C.H. Beck/dtv, 2467 Seiten

Didlake R.H., Dreyfus K., Kerman R.H., Van Buren C.T., Kahan B.D. (1988), Patient noncompliance: a major cause of late graft failure in cyclosporine-treated renal transplants Transplant. Proc., Vol. 20 (1988), Suppl. 3, p. 63-69

Dölle,W. (1993), Quantität und Qualität in der Medizin in: Internist, 34. Jg. (1993), S. 2-8

Döring J. (1995), Krankenhäuser müssen den Patienten als Kunden entdecken in: Krank.Hs., 88. Jg. (1995), S. 105-106

Donabedian A. (1966), Evaluating the quality of medical care, in: Milbank Mem. Fund Q., Vol. 44 (1966), No. 2, S. 166-206

Donabedian A. (1980), The definition of quality and approaches to its assessment, Ann Arbor, Michigan, Health Administration Press, 1980

Donabedian A. (1982), An Exploration of Structure, Process and Outcome as Approaches to Quality Assessment, in: Selbmann u. Überla (Hrsg.) Quality Assessment of Medical Care, Beiträge zur Gesundheitsökonomie, Band 15, Gerlingen, Bleicher Verlag, 1982, S. 69-92

Donabedian A. (1988), Quality and cost: choices and responsibilities, in: Inquiry, Vol. 25 (1988), p. 90-99

Dorigo O., Schweiberer S., Konecny G., Hepp H., Schüssler B. (1991), Arzt im Praktikum - Rechtliche Grundlagen und Durchführung am Beispiel der Universitätsfrauenklinik Großhadern - in: Frauenarzt, 32. Jg. (1991), S. 1027-1030

Doubilet P., Weinstein M.C., McNeil B.J. (1986), Use and misuse of the term "cost effective" in medicine, in: N.Engl.J.Med., Vol. 314 (1986), p. 253-256

Dubnicki C., Williams J.B. (1992), The people side of TQM, in: Healthcare Forum Journal, Vol. 35 (1992), Iss. 5, p. 55-61

Dubois R.W., Rogers W.H., Moxley J.H.3rd., Draper D., Brook R.H. (1987), Hospital inpatient mortality - Is it a predictor of quality?, in: N.Engl.J.Med., Vol. 317 (1987), p. 1674-1680

Dullinger F. (1996), Krankenhausmanagement im Spannungsfeld zwischen Patientenorientierung und Rationalisierung-, Probleme und Gestaltungsmöglichkeiten des Business Reengineering in der Krankenhaus-Praxis -, Arbeitspapier zur Schriftenreihe SCHWERPUNKT MARKETING Band 66, Verlag der Fördergesellschaft Marketing (FGM) e.V. an der LMU-München, 1996, 71 Seiten

Düwel M. (1994), Mehr Anerkennung für das Pflegepersonal!, in: Schwester/Pfleger, 33. Jg. (1994), S. 833-840

Ehrhardt H., Röhrßen T. (1993), Stellungnahme 4 zu den Problemkreisen "Funktionsorientierte Krankenhausleitung" und "Rechtsform des Krankenhauses", in: Eichhorn S. (1993c), Leitung und Leistung im Krankenhaus - Führungsorganisation aus Sicht des Krankenhausträgers -, Verlag Bertelsmann Stiftung, Gütersloh, 1993, S. 108-117

Eichhorn S. (1974a), Krankenhausbetriebslehre, - Theorie und Praxis des Krankenhausbetriebes -, 2. Auflage, Band 1, Köln, Stuttgart, Berlin, Kohlhammer Verlag, 1974, 438 Seiten

Eichhorn S. (1974b), Krankenhausbetriebslehre, - Theorie und Praxis des Krankenhausbetriebes -, 2. Auflage, Band 2, Köln, Stuttgart, Berlin, Kohlhammer Verlag, 1974, 347 Seiten

Eichhorn S. (1983), Struktur und Organisation der Krankenhausleitung, S. 50-85, in: Müller H.W., Führungsaufgaben im modernen Krankenhaus, 2. Auflage, Stuttgart, Berlin, Köln, Mainz, Kohlhammer Verlag, 1983, 402 Seiten

Eichhorn S. (1985), Programme zur Qualitätssicherung in der Krankenhausmedizin, in: Krank.Hs., 78. Jg. (1985), S. 282-287

Eichhorn S. (1987), Krankenhausbetriebslehre Band 3 - Theorie und Praxis der Krankenhausleistungsrechnung, Köln, Stuttgart, Berlin, Kohlhammer Verlag, 1987, 354 Seiten

Eichhorn S. (1990a), Professionalisierung des Krankenhausmanagements, - Ein Symposium der Bertelsmann Stiftung zur Führung und Organisation von Krankenhausleitungen am 22. und 23. Juni 1989 in Gütersloh - Gütersloh, Verlag Bertelsmann Stiftung, 1990, 174 Seiten

Eichhorn S. (1990b), in: Eichhorn S., Schmidt-Rettig B. (Hrsg.), (1990), Motivation im Krankenhaus, Tagungsbericht des 21. Colloquiums Gesundheitsökonomie am 14. und 15. Juni 1990, Im Auftrag der Robert Bosch Stiftung, Materialien und Berichte 35 Förderungsgebiet Gesundheitspflege, Bleicher Verlag, Gerlingen, 1990, S. 9-12

Eichhorn S. (1991a), Krankenhausmanagement - Führungsaufgaben und Leitungsorganisation -, in: f&w, 8. Jg. (1991), S. 244-250

Eichhorn S. (1991b), Qualitätssicherung aus der Sicht der Wissenschaft, in: ArztKr.Haus, 64. Jg. (1991), S. 364-366

Eichhorn S. (1992), Qualitätssicherung in der Medizin - aus der Sicht des Krankenhausträgers, in: Chirurg BDC, 31 Jg. (1992), Nr. 8, S 158-164

Eichhorn S. (1993a), Diese Zeit braucht mehr Profis - auch im Pflegemanagement, - Sie müssen sich neuen Anforderungen stellen -, in: Kr.Hs.Umsch., 62. Jg. (1993), S. 376-391

Eichhorn S. (1993b), Zur Problematik fallpauschalierter Krankenhausentgelte, in: f&w, 10. Jg. (1993), S. 117-132

Eichhorn S. (1993c), Leitung und Leistung im Krankenhaus, - Führungsorganisation aus Sicht des Krankenhausträgers -, Verlag Bertelsmann Stiftung, Gütersloh, 1993, 222 Seiten

Eichhorn S. (1995), Nicht vollstationäre Versorgungsformen - Auswirkungen auf Finanzierung und Organisation, in: Eichhorn S., Schmidt-Rettig B. (Hrsg.), (1995a), Krankenhausmanagement im Werte- und Strukturwandel, Handlungsempfehlungen für die Praxis, Stuttgart, Berlin, Köln, Kohlhammer Verlag, 1995, S. 35-45

Eichhorn S. (1996a), Erfolgreiches Management braucht ein prozeßorientiertes Controlling, in: Kr.Hs.Umsch., 65. Jg. (1996), S. 174-182

Eichhorn S. (1996b), Krankenhausmanagement im Spannungsfeld zwischen Kundenorientierung und Mitarbeiterorientierung, - Perspektiven für die Krankenhauspraxis -, in: Krankenhausmanagement im Spannungsfeld zwischen Kundenorientierung und Mitarbeiterorientierung, - Führungsaspekte des TQM -, Arbeitsgruppe "Betriebswirtschaft in Einrichtungen des Gesundheitswesens (BIG) (Hrsg.), Osnabrücker Studien Band 15, 1. Auflage, Osnabrück, 1996, S. 103-135

Eichhorn S., Schmidt-Rettig B. (Hrsg.) (1990), Motivation im Krankenhaus, Tagungsbericht des 21. Colloquiums Gesundheitsökonomie am 14. und 15. Juni 1990, Im Auftrag der Robert Bosch Stiftung, Materialien und Berichte 35 Förderungsgebiet Gesundheitspflege, Bleicher Verlag, Gerlingen, 1990

Eichhorn S., Schmidt-Rettig B. (Hrsg.) (1995a), Krankenhausmanagement im Werte- und Strukturwandel, Handlungsempfehlungen für die Praxis, Stuttgart, Berlin, Köln, Kohlhammer Verlag, 1995

Eichhorn S., Schmidt-Rettig B. (Hrsg.) (1995b), Mitarbeitermotivation im Krankenhaus, Beiträge zur Gesundheitsökonomie Band 29, Robert Bosch Stiftung, Gerlingen, Bleicher Verlag, 1995

v. Eiff W. (1994), Benchmarking im Krankenhaus: Qualität steigern und Kosten senken durch Best-Practices-Management, in: Kr.Hs.Umsch., 63. Jg. (1994), S. 859-869

v. Eiff W. (1996), Die TQM-Falle, in: Management & Krankenhaus, Heft 11, 1996, S. 1-8

Eigler F.W. (1995), Qualitätssicherung aus Sicht des Chirurgen, in: Chirurg, 66. Jg. (1995), S. 665-669

Einstadter D., Kent D.L., Fihn S.D., Deyo R.A. (1993), Variation in the rate of cervical spine surgery in Washington State, in: Med.Care, Vol. 31 (1993), p. 711-718

Eisenberg J.M. (1989), Clinical economics, in: J.Amer.Med.Ass., Vol. 262 (1989), p. 2879-2886

Elsbernd A. (1994), Zum Verhältnis von pflegerischem Wissen, pflegerischer Handlungsfreiheit und den Grenzen des Gehorsams der individuellen Pflegeperson, in: Pflege, Bd. 7 (1994), Heft 2, S. 105-116

Emanuel E.J., Emanuel L.L. (1994), The economics of dying - The illusion of cost savings at the end of life , in: N.Engl.J.Med., Vol. 330 (1994), p. 540-544

Emminger C. (1995), Die Zukunft des Arztes im Krankenhaus, in: Internist, 36. Jg. (1995), Heft 5, S. M100-M105

Enquete-Kommission "Strukturreform der gesetzlichen Krankenversicherung" (1990), - Endbericht - Band 1 und 2, Deutscher Bundestag, Bonn, Bd. 1 (596 S.), Bd. 2 (299 S.)

Entman S.S., Glass C.A., Hickson G.B., Githens P.B., Whetten-Goldstein K., Sloan F.A. (1994), The relationship between malpractice claims history and subsequent obstetric care, in: J.Amer.Med.Ass., Vol. 272 (1994), p. 1588-1591

Epstein A.M. (1990), The outcome movement - will it get us where we want to go?, in: N. Engl.J.Med., Vol. 323 (1990), p. 266-270

Epstein A. (1995), Performance reports on quality - prototypes, problems, and prospects, in: N.Engl.J.Med., Vol. 333 (1995), p. 57-61

Epstein R.S., Sherwood L.M. (1996), From outcomes research to disease management: A guide for the perplexed, in: Ann.Intern.Med., Vol. 124 (1996), p. 832-837

Erkert T. (1991), Qualitätssicherung im Krankenhaus, - Übertragbarkeit nordamerikanischer Ansätze auf die Bundesrepublik Deutschland -, Konstanz, 1. Auflage, Hartung-Gorre-Verlag, 1991, 155 Seiten

Ernst C., Ernst G. (1996), Eine ökonomische Wirkungsanalyse der BPflV 1995 und der erwarteten Auswirkungen des "Gesetzes zur Stabilisierung der Krankenhausausgaben 1996", in: Sozialer Fortschritt, 45. Jg. (1996), Heft 7/8, S. 193-201

Erzberger C., Derivaux J.D., Ruhstrat E.-U. (1989), Der zufriedene Patient?, in: Medizin Mensch Gesellschaft, Band 14 (1989), Heft 2, S. 140-145

Etchason J., Petz L., Keeler E., Calhoun L., Kleinman S., Snider C., Fink M., Brook R.H. (1995), The cost-effectiveness of preoperative autologous blood donations, in: N.Engl.J.Med., Vol. 332 (1995), p. 719-724

Every N.E. et al. (1993), The association between on-site cardiac catheterization facilities and the use of coronary angiography after acute myocardial infarction, in: N.Engl.J.Med., Vol. 329 (1993), p: 546-551

Eypasch E., Wood-Dauphinée S., Williams J.I., Ure B., Neugebauer E., Troidl H. (1993), Der Gastrointestinale Lebensqualitätsindex (GLQI), in: Chirurg, 64. Jg. (1993), S 264-274

Fack W.G. (1990), Erfolgsbeteiligung im Krankenhaus - Ansätze, Möglichkeiten und Grenzen, in: Krank.Hs., 82. Jg. (1990), S. 25-28

Fack-Asmuth W.G. (1995), Qualitätssicherung bei Fallpauschalen und Sonderentgelten, in: Krank.Hs., 87. Jg. (1995), S. 470-480

Farrell J.P., Robbins M.M. (1993), Leadership competencies for physician, in: Healthcare Forum Journal, Vol. (1993), Iss. 4, p. 39-42

Feeney A.-M., Zairi M. (1996), TQM in Healthcare, in: J. General Management, Vol. 22 (1996), p. 35-47

Fiedler E., Straub Ch. (1994), Die Rolle der Qualitätssicherung in einer solidarischen Wettbewerbsordnung in: Ersatzkasse, 74. Jg. (1994), S. 425

Fischer T.M. (1995), Budgets als Führungsinstrument, in: Handwörterbuch der Führung, Hrsg. v. Kieser, Reber, Wunderer, 2. Auflage, Enzyklopädie der Betriebswirtschaftslehre Band 10, Stuttgart, Schäffler Poeschel Verlag, S. 155-164

Fitzpatrick R. (1991), Surveys of patient satisfaction: I - Important general considerations, in: Br.Med.J., Vol. 302 (1991), p. 887-889

Fitzpatrick R. (1991), Surveys of patient satisfaction: I - Important general considerations, in: Br.Med.J., Vol. 302 (1991), p. 887-889

Flenker I. (1996), Ohne Rücksicht auf die Versorgungsqualität - Kündigung von Krankenhäusern -, in: Dtsch.ÄrzteBl., 93. Jg. (1996), Heft 15, S. C675-C676

Flood A.B., Scott W.R. (1987), Hospital Structure and Performance, Baltimore, London, The Johns Hopkins University Press, 1987, 355 Seiten

Fogel D.S. (1989), The uniqueness of a professionally dominated organisation, in: Health Care Manage. Rev., Vol. 14 (1989), No. 3, p. 15 -24

Francke R., Hart D. (1987), Ärztliche Verantwortung und Patienteninformation, - Eine Untersuchung zum privaten und öffentlichen Recht der Arzt-Patient-Beziehung, Stuttgart, Ferdinand Enke Verlag, Reihe Medizin in Recht und Ethik, Bd. 16, 1987

Francke R. (1989), Rechtsfragen der Planung, Finanzierung und Organisation von Krankenhäusern, S. 41-63, in: Deppe H.U., Friedrich H., Müller R., Das Krankenhaus: Kosten, Technik oder humane Versorgung, Frankfurt a.M., New York, Campus Verlag, 1989, 223 Seiten

Franzki H. (1988), Der AiP, Arzt oder Azubi?, in: Arzt Kr.Hs., 61. Jg. (1988), S. 82-83

Franzki H. (1990), Arzthaftung in ihrer gesellschaftspolitischen Bedeutung, in: VersMed., 42. Jg. (1990), Heft 1, S. 2-6

Franzki H. (1991), Rechtliche Möglichkeiten zur Durchsetzung der Qualitätssicherung, - Rechtsfolgen bei Qualitätsmängel, in: Arzt Kr.Haus, 64. Jg. (1991), S. 146-150

Frauenknecht X. (1996), Pflegemanagement im Krankenhaus - ein Auslaufmodell?, in: Kr.Hs.Umsch., 65. Jg. (1996), S. 109-111

Freidson E. (1975), Die Stellung der ärztlichen Profession innerhalb der Struktur der medizinischen Versorgung, in: Dominanz der Experten - zur sozialen Struktur medizinischer Versorgung, E. Freidson, herausgegeben und übersetzt von J.J. Rohde, Medizin und Sozialwissenschaften Bd. 3, Urban & Schwarzenberg, München, Berlin, Wien, 1975, S. 57-168

Fries J.F., Koop C.E., Beadle C.E., Cooper P.P., England M.J., Greaves R.F., Sokolov J.J., Wright D. (1993) Reducing health care costs by reducing the need and demand for medical service, in: N.Engl.J.Med., Vol. 329 (1993), p. 321-325

Fritz W. (1990), Marketing - ein Schlüsselfaktor des Unternehmenserfolges? Eine kritische Analyse vor dem Hintergrund der empirischen Erfolgsfaktorenforschung, in: Marketing ZFP, 12. Jg. (1990), Heft 2, S. 91-110

Fuchs Ch. (1993), Kostendämpfung und ärztlicher Standard, - Verantwortlichkeit und Prinzipien der Ressourcenverteilung, in: MedR., 11. Jg. (1993), Heft 9, S. 323-327

Fuchs V.R. (1984), The "rationing" of medical care, in: N.Engl.J.Med., Vol. 311 (1984), p. 1572-1573

Füllbrandt W. (1992), Humanität und Wirtschaftlichkeit dürfen im Krankenhaus keine Gegensätze werden, in: Krank.Hs., 84 Jg. (1992), S. 336-342

Gaitanides M., Müffelmann J. (1996), Die Prozeßorganisation ist der Kerngedanke, in: zfo, Bd. 65 (1996), S. 186-191

Gause A., Preundschuh M., Diehl V. (1992), Allgemeine internistische Onkologie, in: Classen M., Diehl V., Kochsiek K.. Innere Medizin, München, Köln, Würzburg, Urban & Schwarzenberg Verlag, 1992, 1435 Seiten

Genzel H., Hanisch R., Zimmer L. (1990), Krankenhausfinanzierung in Bayern - Kommentar, 2. Auflage, 3. ErgL., Köln, Deutscher Gemeindeverlag, Verlag W. Kohlhammer, 1990

Genzel H., Binsack T. (1995), Die Behandlung Schwerkranker und Sterbender in einer klinischen Hospizeinrichtung, - Medizinische, rechtliche und wirtschaftliche Aspekte -, in: Krank.Hs., 87. Jg. (1995), S. 536-543

Genzel H. (1983), Sozialstaat und Gesundheitsökonomie, - zu den verfassungsrechtlichen und wirtschaftlichen Grundlagen des Gesundheitswesens, insbesondere des Krankenhausbereichs -, München, Sonderdruck der Bayerischen Krankenhausgesellschaft, 1983, 20 Seiten

Genzel H. (1984), Zum stationären Versorgungsauftrag der Kommunen, - Aktuelle Rechtsfragen im Zusammenhang mit der Neuordnung der Krankenhausfinanzierung -, in: Bay.Verw.Bl., Heft 15 (1984), S. 449-453 und Heft 16, S. 487-492

Genzel H. (1992a), in: Laufs A. und Uhlenbruck W. (1992) (Hrsg.), Handbuch des Arztrechts - Zivilrecht, Öffentliches Recht, Kassenarztrecht, Krankenhausrecht, Strafrecht -, München, Verlag C.H. Beck,1992, 1097 Seiten

Genzel H. (1992b), Organisationsverantwortung und Haftung im modernen Krankenhaus, - Rechtsfragen im Zusammenhang mit den Leitungs- und Organisationsstrukturen, in: Thür.Verw.Bl., 1. Jg. (1992), Heft 7, S. 145-154

Genzel H. (1993), In welcher Betriebsform soll ein Krankenhaus am besten betrieben werden?, in: ArztR, 28. Jg. (1993), S. 109-113

Genzel H. (1994a), Die Auswirkungen des Gesundheits-Strukturgesetzes 1993 auf die Krankenhäuser, - Die rechtliche, wirtschaftliche und organisatorische Bedeutung des Zielkonflikts von Leistungsfähigkeit, Humanität und Wirtschaftlichkeit -, in: MedR, 12. Jg. (1994), Heft 3, S. 83-93

Genzel H. (1994b), Die Auswirkungen der neuen BPflV 1995 und die Gewährleistungspflicht der gesetzlichen Krankenversicherung, in: ArztR, 29. Jg. (1994), S. 283-292

Genzel H. (1995a), Die Kompetenz des leitenden Klinikarztes (Chefarztes) bei der Umsetzung der Bundespflegesatzverordnung 1995, in: ArztR, 30. Jg. (1995), S. 205-220

Genzel H. (1995b), Wesentliche Grundzüge der Neuordnung des Pflegesatzrechtes - Chancen und Risiken für die Kliniken (Teil 1) und (Teil 2), in: MedR, 13. Jg. (1995), S. 1-5, u. S. 43-53

Genzel H. (1996), Die Aufwertung der Stellung des Chefarztes durch die neuen Entgeltformen der Bundespflegesatzverordnung 1995 aus juristischer Sicht, in: ArztR, 31. Jg. (1996), S. 39-42

Genzel H. (1997), Die Selbstverwaltungssteuerung im Krankenhaus, in: ArztR., 32. Jg. (1997), S. 121-129

George W. (1989), Sterben im Krankenhaus - Ergebnisse einer Befragung, in: Krank.Hs., 81. Jg. (1989), S. 611

Gerdelmann W. (1992), Qualitätssicherung aus der Sicht der Kostenträger, in: Arzt Kr.Haus, 65. Jg. (1992), S. 52-59

Giersch H. (1997), Das Jahrhundert der Globalisierung, in: FAZ, Nr. 9, 11.01.1997, S. 13

Giesen, D. (1990), Arzthaftungsrecht, - die zivilrechtliche Haftung aus medizinischer Behandlung in der Bundesrepublik Deutschland, in Österreich und der Schweiz -, 1. Auflage, Tübingen, Mohr (JZ-Schriftenreihe: Heft 1), 1990, 293 Seiten

Giesen, D. (1995), Arzthaftungsrecht, - die zivilrechtliche Haftung aus medizinischer Behandlung in der Bundesrepublik Deutschland, in Österreich und der Schweiz -, 4. Auflage, Tübingen, Mohr (JZ-Schriftenreihe: Heft 1), 1995, 467 Seiten

Giesen R. (1997), Aktuelle Probleme des Arzthaftungsrechts, in: MedR., 15. Jg. (1997), S. 17-25

Gill T.M., Feinstein A.R. (1994), A critical appraisal of the quality of quality-of-live measurements, in: J.Amer.Med.Ass., Vol. 272 (1994), p. 619-628

Gitter W. (1993), Rechtsform des Krankenhauses, in: Eichhorn S. (1993c), Leitung und Leistung im Krankenhaus, - Führungsorganisation aus Sicht des Krankenhausträgers -, Verlag Bertelsmann Stiftung, Gütersloh, 1993, S. 80-87

Goes J.B., Zhan C.L. (1995), The Effects of Hospital-Physician Integration Strategies on Hospital Financial Performance, in: HSR, Vol. 30 (1995), p. 507-530

Goodwin J. (1995), The importance of clinical skills, in: Br.Med.J., Vol. 310 (1995), p. 1281-1282,

Graf V., Barmbold J.F. (1995), Total Quality Management am Klinikum Ludwigshafen: Langfristige Organisationsentwicklung eines Großkrankenhauses, in: Management & Krankenhaus, Heft 7 Special, 1995, S. 17

Gray D., Hampton J.R., Bernstein S., Kosecoff J., Brook R.H. (1990), Audit of Coronary Angiography and Bypass Surgery, in: Lancet, Vol. 335 (1990), p. 1317-1320

Greenspan A.M., Kay H.R., Berger B.C., Greenberg R.M., Greenspan A.J., Gaughan M.J., (1988), Incidence of unwarranted implantation of permanent cardiac pacemakers in a large medical population, in: N.Engl.J.Med., Vol. 318 (1988), p. 158-163

Grimes D.A. (1995), Introducing evidence-based medicine into a department of obstetrics and gynecology, in: Obstet.Gynecol., Vol. 86 (1995), p. 451-457

Grimshaw J.M., Russell I.T. (1993), Effect of clinical guidelines on medical practice: a systematic review of rigorous evaluations, in: Lancet, Vol. 342 (1993), p. 1317-1322

Grimshaw J., Freemantle N., Wallace S., Russel I., Hurwitz B., Watt I., Long A., Sheldon T. (1995), Developing and implementing clinical practice guidelines, in: Quality in Health Care, Vol. 4 (1995), p. 55-64

Gross R. (1979), Zur Gewinnung von Erkenntnissen in der Medizin - Erfahrung, Intuition, Modelle, in: Dtsch.ÄrzteBl., 76. Jg. (1979), Heft 40, S. 2571-2578

Gross R., Fischer R. (1980), Fehldiagnosen: Bedeutung - Umfang - Ursachen, in: diagnostik, 13. Jg. (1980), S. 117-121

Grossmann R., Heller A. (1992), Führen im Krankenhaus, in: Kr.Hs.Umsch., 61. Jg. (1992), S. 139-141

Grossmann R. (1993), Leitungsfunktionen und Organisationsentwicklung im Krankenhaus, in: Badura B., Feuerstein G., Schott T. (1993), System Krankenhaus, - Arbeit, Technik und

Patientenorientierung -, Gesundheitsforschung, Juventa Verlag, Weinheim, München, 1993, S. 301-321

Grossmann R., Prammer K. (1995), Die Reorganisation eines "OP-Betriebs", - zur Optimierung zentraler Leistungsprozesse im Krankenhaus -, in: Organisationsentwicklung, 14. Jg. (1995), Heft 3, S. 14-26

Grüske K.-D., Recktenwald H.C. (1995), Wörterbuch der Wirtschaft, 12. Auflage, Stuttgart, Alfred Kröner Verlag, 730 Seiten

Gustafson D.H., Hundt A.S. (1995), Findings of innovation research applied to quality management principles for health care, in: Health Care Manage. Rev., Vol. 20 (1995), p. 16-33

Gutzwiller F. (1996), Wie lassen sich ärztliche Leistungen beurteilen?, - schwierige Definition und unterschiedliche Ziele -, in: NZZ v. 05.02.1996, Nr. 29, S. 27

Hablützel P. (1992), Innere Kündigung aus der Sicht eines Personalverantwortlichen in der öffentlichen Verwaltung, in: Hilb M. (1992), Innere Kündigung - Ursachen und Lösungsansätze -, Zürich, Verlag Industrielle Organisation, 1992, S. 31-36

Ham C. (1995), Health care rationing - the British approach seems likely to be based on guidelines -, in: Br.Med.J., Vol. 310 (1995), p. 1483-1484

Hannan E.L., Kilburn H., Racz M., Shields E., Chassin M.R. (1994), Improving the outcomes of coronary artery bypass surgery in New York State, in: J.Amer.Med.Ass., Vol. 271 (1994), p. 761-766

Hannich H. J., Wendt M., Hartenauer, Lawin P., Kolck Chr. (1983), Die intensivmedizinische Behandlung in der Erinnerung von traumatologischen und postoperativen Intensivpatienten, in: Anästh. Intensivther. Notfallmed., 18. Jg. (1983), S. 135-143

Hanrahan T.F. (1991), New approaches to caregiving, in: Healthcare Forum Journal, Vol. 34 (1991), Iss. 4, p. 33-38

Hardison J.E. (1979), Sounding boards: To be complete, in: N.Engl.J.Med., Vol. 300 (1979), p. 193-194

Harms K., Hinz I, (1996), Erfolgreiche Reorganisation in der Augenklinik - Abläufe kundenorientiert verändert, in: Kr.Hs.Umsch., 65. Jg. (1996), S. 714-717

Hartel W. (1995), Stellungnahme der Deutschen Gesellschaft für Chirurgie zur Qualitätssicherung, in: Chirurg, 66. Jg. (1995), S. 670-671

Hartmann F. (1990), Natur und geistesgeschichtliche Grundlagen der modernen Medizin, Seite 19-40, in: Der Arztberuf im Wandel der Zeit, Hrsg. H. H. Hilger, Stuttgart, New York, Schattauer Verlag, 1990, 178 Seiten

Hartz A.J., Krakauer H., Kuhn E.M., Young M., Jacobsen S.J., Gay G., Muenz L., Katzoff M., Bailey R.C., Rimm A.A. (1989), Hospital characteristics and mortality rates, in: N.Engl.J.Med., Vol. 321 (1989), p. 1720-1725

Haudenschild C., Fischer W. (1995), Grundsätzliche Probleme einer Kostenträgerrechnung im Krankenhaus, in: Schweizer Spital, 58. Jg. (1995), Heft. 9, S. 7-13

Haunerdinger M. (1997), Profit-Center - eigenständig sein im Unternehmen Krankenhaus, in: Kr.Hs.Umsch., 66. Jg. (1997), S. 91-94

Hazzard W. R., Bierman E. L., Blass J. P., Ettinger W. H., Halter J. B (1994), Principles of Geriatric Medicine and Gerontology, 3. Auflage, New York, St. Louis, San Francisco, Mc Graw Hill Inc., 1994

Hecker W.Ch. (1996), Standards in der operativen Medizin, ihre Notwendigkeit und ihre Problematik, in: Chirurg BDC, 35. Jg. (1996), Nr. 3, S. 66-67

Heilmann J. (1990), Der Stand der deliktischen Arzthaftung, in: NJW, 43. Jg. (1990), Heft 24, S. 1513-1520

Heinen E. (1985), Industriebetriebslehre - Entscheidungen im Industriebetrieb -, 8. Auflage, Wiesbaden, Gabler Verlag, 1985, 1092 Seiten

Heinze M. (1994), Das Krankenhaus zwischen Kostendämpfung und Versorgungsauftrag, in: Krank.Hs., 86. Jg. (1994), S. 298-306

Heiss H.W., Illhardt, F.J. (1993), Intensivmedizinische Maßnahmen beim älteren Menschen: Ethische Überlegungen zur Indikationsstellung, in: Intensivmed, 30. Jg. (1993), S. 343-349

Heiss H.W., Illhardt F.J., Dornberg M. (1994), Das ärztliche Wertbild - Unzeitgemäß oder Orientierung für heute?, in: Dtsch. ÄrzteBl., 91. Jg, (1994), Heft 5, S. C194-196

Helmer F.T., McKnight P. (1989), Management strategies to minimize nursing turnover, in: Health Care Manage. Rev., Vol. 14 (1989), S. 73-80

Helmig L., Westphal E. (1993), Wo liegen die Wirtschaftlichkeitsreserven? Krankenhausmanagement in: f&w, 10. Jg. (1993), S. 141-152

Hempel K. (1993), Aufgaben eines zentralen Komplikationsregisters, in: Chirurg BDC, 32. Jg. (1993), S. 40-41

Hempel K., Siewert J.R. (1996), "Second opinion" - Versuch einer Begriffsbestimmung, in: Chirurg, 67. Jg. (1996), S. 293-296

Henke K.-D. (1994), Rationalisierung vor Rationierung, in: f&w, 11. Jg. (1994), S. 178-183

Hennies G. (1993), Welche Mitwirkungsrechte sollen dem Chefarzt bei Personalentscheidungen innerhalb seiner Abteilung zustehen? - aus rechtlicher Sicht unter Berücksichtigung der Haftung und Verantwortung von Chefärzten -, in: ArztR, 28. Jg. (1993), S. 205-209

Henzler H. (1996), Entschiedene Führung und wirksame Kontrolle, in: FAZ, Nr. 292, 14.12.1996, S. 15

Herbold W., Horstmann P., Gemke H., Diek M. (1996), Stabilisierungsgesetz 1996 - Umsetzungshinweise für die Praxis, in: KrankHs., 88. Jg. (1996), S. 217-220

Herrler M. (1995), Praxis der Leistungserfassung und Leistungsdokumentation im Bereich von Diagnostik und Therapie, in: Eichhorn S., Schmidt-Rettig B. (Hrsg.), Krankenhausmanagement im Werte- und Strukturwandel, Handlungsempfehlungen für die Praxis Stuttgart, Berlin, Köln, Kohlhammer Verlag, 1995, S. 218-243

Hermanek jr. P., Wiebelt H., Riedl St., Staimmer D., Hermanek P., Studiengruppe Kolorektales Karzinom (SGKRK), (1994), Langzeitergebnisse der chirurgischen Therapie des Coloncarcinoms, in: Chirurg, 65. Jg. (1994), S. 287-297

Herrschbach P. (1991), Psychische Belastungen von Ärzten und Krankenpflegekräften, Basel, Weinheim, VCH Verlag, 1991, 166 Seiten

Herzberg F., Mausner B., Snyderman B.B. (1959), The Motivation to Work, 2ed., New York, John Wiley & Sons Inc., 1959, 157 Seiten

Heyssel R.M., Gaintner J.R., Kues I.W., Jones A.A., Lipstein S.H. (1984), Decentralized management in a teaching hospital, in: N.Engl.J.Med., Vol. 310 (1984), p. 1477-1480

Hickson G.B., Clayton E.W., Githens P.B., Sloan F.A. (1992), Factors that prompted families to file medical malpractice claims following perinatal injuries, in: J.Amer.Med.Ass., Vol. 267 (1992), p. 1359-1363

Hiersche H.-D. (1986) Das Recht des Menschen auf einen würdigen Tod - Der Arzt im Spannungsfeld zwischen seiner Behandlungspflicht und dem Selbstbestimmungsrecht seines Patienten. Stellungnahme eines Arztes zum Wittig-Urteil des BGH vom 04.07.1984, S. 55-62, in: Ärztliches Handeln - Verrechtlichung eines Berufsstandes - Festschrift für W. Weißauer zum 65. Geburtstag, Hrsg. G. Heberer, H.-W. Opderbecke, W. Spann, Berlin, Heidelberg, New York, Springer Verlag, 1986

Hilb M. (1992) Innere Kündigung - Ursachen und Lösungsansätze -, Zürich, Verlag Industrielle Organisation, (1992), 105 Seiten

Hilborne L.H., Leape L.L., Bernstein S.J., Park R.E., Fiske C.J., Kamberg C.J., Roth C.P., Brook R.H., (1993), The appropriateness of the use of percutaneous transluminal coronary angioplasty in New York State, in: J.Amer.Med.Ass., Vol. 269 (1993), p. 761-765

Hildebrand R. (1994), Der Patient als Kunde, in: Kr.Hs.A., 67. Jg. (1994), S. 190

Hildebrand R. (1995), Total Quality Management, in: f&w, 12. Jg. (1995), S. 31-42

Hinderer E., Zuck R. (1986), Die Qualitätssicherung ärztlicher Leistungen im Krankenhaus, - der baden-württembergische Weg, in: f&w, 3. Jg. (1986), S. 61-63

Hinkel N., Schmitt M.I. (1993), Organisations- und Kulturentwicklung im Krankenhaus, in: Organisationsentwicklung, 12. Jg. (1993), Nr. 1, S. 26-39

Hoefflinger Taft S.H., Pelikan J.A. (1990), Clinic management teams: integrators of professional service and environmental change, in: Health Care Manage.Rev., Vol. 15 (1990), S. 67-79

Hoffart N., Schultz A.W., Ingersoll G.L. (1995), Implementation of a professional practice model for nursing in a rural hospital, in: Health Care Manage.Rev., Vol. 20 (1995), S. 43-54

Hoffmann H. (1983), Der Ärztliche Dienst, S. 102-248, in: Müller H.-W. (Hrsg.), Führungsaufgaben im modernen Krankenhaus, 2. Auflage, Stuttgart, Berlin, Köln, Mainz, Kohlhammer Verlag, 1983, 402 Seiten

Hoffmann H. (1991a), Führungsaufgaben des ärztlichen Direktors, in: Kr.Hs.Umsch., 60. Jg. (1991), S. 764-773

Hoffmann H. (1991b), Problemkreis Patient und Krankenhaus aus der Sicht des Arztes, in: Kr.Hs.Umsch., 60. Jg. (1991), S. 393-400

Hoffmann H. (1991c), Qualitätssicherung im Krankenhaus, in: Arzt Kr.Haus, 64. Jg. (1991), S. 261-265

Hoffmann H. (1991d), Das Krankenhausdirektorium (I), (II), in: Arzt Kr.Haus, 64. Jg. (1991), S. 157-160, S. 187-191

Hoffmann H. (1993a), Internationale vergleichende Analysen von Gesundheitssystemen, in: Arzt Kr.Haus, 66. Jg. S. 227-232, S. 256-262, S. 292-297, S. 325-332, S. 358-362, S. 397-403, S. 422-427

Hoffmann H. (1993b), Die ökonomische Verantwortung des Krankenhausarztes, in: Arzt Kr.Haus, 66. Jg. (1993), S. 20-25 und S. 125-128

Hoffmann H. (1994a), Die neue Rolle des leitenden Krankenhausarztes vom Nur-Mediziner zum Medizin-Manager,- Aus der Sicht des Arztes, in: Arzt Kr.Haus, 67. Jg. (1994), S. 218-223

Hoffmann H. (1995a), Welche Auswirkungen hat das Gesundheitsstrukturgesetz auf die Arbeit des leitenden Krankenhausarztes, aus der Sicht des leitenden Krankenhausarztes, in: ArztKr.Haus, 68. Jg. (1995), S. 230-235

Hoffmann H. (1996), Krankenkassen und Krankenhäuser im Zeichen des Wettbewerbs, - Chance und Herausforderung -, in: Arzt Kr.Haus, 69. Jg. (1996), S. 34-38

Hofmann M., Strunz H. (1991), Probleme des Managements öffentlicher Unternehmen, in: ZögU, Band 14 (1991), S. 42-64

Horak B.J., Guarino J.H., Knight C.C., Kweder S.L. (1991), Building a team on a medical floor, in: Health Care Manage.Rev., Vol. 16 (1991), Iss. 2, p. 65-71

Hüllemann K.-D., Künzel U. (1995), Gütesiegel " Health Promoting Hospital, gesundheitsförderndes Krankenhaus "?, Aufbau eines deutschen Netzes in Zusammenarbeit mit der Weltgesundheitsorganisation, in: Kr.Hs.Umsch. - Special, Beilage zu Heft Nr. 2-3 (1995), S. 18-21

Hundt W. (1984), Humanität im Krankenhaus trotz Kostendämpfung, in: Krank.Hs., 76. Jg. (1984), S. 396-401

Hunter D.P., Gerew M. (1990), Physician relationships in troubled hospitals, in: Healthcare Forum Journal, Vol. (1990), Iss. 5, p. 14-17

Huth K. (1992), Pflegestandpunkte: Zusammenarbeit zwischen Ärzten und Pflegenden aus der Sicht der Ärzte, in: Schwester/Pfleger, 31. Jg. (1992), S. 516-521

Iezzoni L.I., Shwartz M., Ash A.S., Hughes J.S., Daley J., Mackiernan Y.D. (1996), Severity measurement methods and judging hospital death rates for pneumonia, in: Med.Care, Vol. 34 (1996), p. 11-28

Imai M. (1993), KAIZEN - Der Schlüssel zum Erfolg der Japaner im Wettbewerb -, 2. Auflage, Berlin, Frankfurt a.M., Ullstein Verlag, 1993, 311 Seiten

Isenhardt I. (1994), Komplexitätsorientierte Gestaltungsprinzipien für Organisationen - dargestellt an Fallstudien zu Reorganisationsprozessen in einem Großkrankenhaus, 1. Auflage, Aachener Reihe Mensch und Technik, Bd. 9, Verlag der Augustinus Buchhandlung, 1994, 248 Seiten

Isselbacher K.J., Braunwald E., Wilson J.D., Martin J.B., Fauci A.S., Kasper D.L. (1994), Harrison´s Principles of Internal Medicine, 13th ed., New York, St. Louis, San Francisco, 1994, Vol. 1 and Vol. 2

Jacob K.H. (1989), in: Wirtschaftliches Krankenhaus - Beiträge zu Management, Planung, Rechnungswesen, Prüfung -, Hrsg.: WIBERA Wirtschaftsprüfungsgesellschaft, Steuerberatungsgesellschaft, 3. Auflage, WIBERA-Fachschriften, Bd. 9, Suttgart, Berlin, Köln, W. Kohlhammer Verlag, 1980, S. 201-214

Jacobs W. (1996), Gesundheitspolitik im Spannungsfeld von Ökonomie und medizinischem Fortschritt, in: DOK, 6. Jg. (1996), S. 279-284

Jäcker P. (1994), Leistungsbezogene Entgelte der Krankenhausreform - Ein Mehr an Marktwirtschaft?, in: ZögU, Bd. 17, Heft 3 (1994), S. 359-367

Jäger A. (1990), Das Evangelische Krankenhaus als wirtschaftliches Unternehmen, in: ZögU, Bd. 13 (1990), Heft 2, S. 209-219

Jäger P. (1987), Singuläre Führungsspitze oberhalb des Direktoriums als Erfolgsmodell im Großkrankenhaus, in: f&w, 4. Jg. (1987), Heft 2, S. 36-41

Jahn W., Kümper H.J. (1993), Aus der Praxis eines Haftpflichtversicherers: Der Medizinschaden aus rechtlicher und medizinischer Sicht, in: MedR., 11. Jg. (1993), Heft 11, S. 413-417

Jansen C. (1989), Spezielle Haftungsfragen aus dem OP-Alltag, in: Arzt Kr.Haus, 62. Jg. (1989), S. 51-55

Jansen C. (1992), Aufklärungspflicht des Arztes über die Kliniksituation, in: Arzt Kr.Haus, 65. Jg. (1992), S. 20-21

Jansen C. (1993a), Ambulantes Operieren im Krankenhaus, in: MedR, 11. Jg. (1993), Heft 7, S. 252-256

Jansen C. (1993b), Zivilrechtliche Haftung im Krankenhaus, in: Arzt Kr.Haus, 66. Jg. (1993), S. 154-160

Jansen C. (1993c), Fachärztliche Überwachung von Operationen, in: Arzt Kr.Haus, 66. Jg. (1993), S. 173-176

Jansen C. (1993d), Facharztstandard in der Anästhesie, in: Arzt Kr.Haus, 66. Jg. (1993), S. 418-420

Jansen C. (1994a), Facharztstandard bei Operationen, in: Arzt Kr.Haus, 67. Jg. (1994), S. 224-225

Jansen C. (1994b), Facharztstandard bei Routineeingriff, in: Arzt Kr.Haus, 67. Jg. (1994), S. 254-256

Jansen C. (1994c), Rechtzeitige Aufklärung bei ambulanter Operation, in: Arzt Kr.Haus, 67. Jg. (1994), S. 364-367

Jaspers K. (1986), Der Arzt im technischen Zeitalter, München, R. Piper GmbH & Co. KG, 1986, 122 Seiten

Jaspert T., Müffelmann J. (1996), "Das Team muß nun von der Ideenfindung zur Umsetzung schreiten", Eine Zwischenbilanz der praktischen Erfahrungen beim Business Reengineering, in: zfo, Bd. 65 (1996), S. 174-178

Jaster H.-J., Schäfer R.D. (1994), Qualitätssicherung in der Herzchirurgie - Ein bundesweites Projekt für externe Qualitätssicherung -, in: Krank. Hs., 86. Jg. (1994), S. 32-36

Jecker N.S., Schneidermann L.J. (1992), Futility and rationing, in: Am. J. Med., Vol. 92 (1992), p. 189-196

Jeschke H.A. (1990), Motivation von Krankenhausführungskräften, insbesondere von Krankenhausärzten, in: Motivation im Krankenhaus, Hrsg. v. Eichhorn, Schmidt-Rettig (1990), Tagungsbericht des 21. Colloquiums Gesundheitsökonomie am 14. und 15. Juni 1990, Im Auftrag der Robert Bosch Stiftung, Materialien und Berichte 35 Förderungsgebiet Gesundheitspflege, Bleicher Verlag, Gerlingen, 1990, S. 25-37

Jeschke H.A., Gliemann M. (1993), Management statt Verwaltung, - Der Apfel "Unternehmen Krankenhaus" hängt überreif am Baum der Erkenntnis -,in: Kr.Hs.Umsch., 62. Jg. (1993), S. 504-512

Jetter D. (1986), Das europäische Hospital - von der Spätantike bis 1800 -, Köln, Du Mont Verlag, 1986, 255 Seiten

Jönsson B. (1996), Measurement of health outcome and associated costs in cardiovascular disease, in: Eur.Heart J., Vol. 17 (Supplement A) (1996), S. 2-7

Jonas H. (1987), Technik, Medizin und Ethik - Praxis des Prinzips Verantwortung, 1. Auflage, Frankfurt a.M., Suhrkamp Taschenbuch Verlag, 1987, 321 Seiten

Junghanns K. (1993), Soll der Chefarzt die Budgetverantwortung übernehmen? aus ärztlicher Sicht, in: ArztR., 28. Jg. (1993), S. 271-272

Junghanns K. (1996), Die Aufwertung der Stellung des Chefarztes durch die neuen Entgeltformen der Bundespflegesatzverordnung 1995 aus ärztlicher Sicht, in: ArztR, 31. Jg. (1996), S. 42-43

Kadel C., Burger W., Klepzig H. (1996), Qualitätssicherung in der invasiven Kardiologie - Eine prospektive Untersuchung zur Bewertung von Indikationen zur Koronarangiographie und zur Koronardilatation nach der Methode der "RAND Corporation", in: Dtsch.med. Wschr., 121. Jg. (1996), S. 465-471

Kakabadse A., Smyllie H. (1994), Effective top teams: luxury or necessity, in: Br.Med.J., Vol. 309 (1994), p. 1653-1654

Kaltenbach T. (1993), Qualitätsmanagement im Krankenhaus,- Qualitäts- und Effizienzsteigerung auf der Grundlage des Total Quality Management, 2. Auflage, Melsungen, Bibliomed - Medizinische Verlagsgesellschaft, 1993, 339 Seiten

Kaluzny A.D., McLaughlin C.P., Kibbe D.C. (1992), Continuous quality improvement in the clinical setting: enhancing adoption, in: Quality Management in Health Care, Vol. 1 (1992), p. 37-44

Karrer D. (1995), Der Kampf um Unterschiede - Medizinisches Feld und Wandel des Pflegeberufs, in: Pflege, Bd. 8, Heft 1 (1995), S. 43-48

Kassirer J. P. (1993), The quality of care and the quality of measuring it, in: N.Engl.J.Med., Vol. 329 (1993), p. 1263-1265

Kassirer J. P. (1994), The use and abuse of practice profiles, in: N.Engl.J.Med., Vol. 330 (1994), p. 634-636

Katterle S. (1988), Ethische Aspekte des Verhaltens von Führungskräften öffentlicher und gemeinnütziger Unternehmen, in: ZögU, Bd. 11 (1988), S. 434-447

Kellnhauser E. (1994), Primary Nursing - Ein neues Pflegemodell. in: Schwester/Pfleger, 33. Jg. (1994), S. 747-752

Kemmler G. (1991), Lebensqualität als Beurteilungskriterium in Therapiestudien: einige kritische Anfragen, in: Ethik Med., Bd. 3, (1991), S. 190-198

v. Kempski C., Winter J., Thess U., Steiner M. (1994), Qualitäts- und Zeitmanagement im Krankenhaus - Reorganisation der Abläufe als Antwort auf das GSG -, in: f&w, 11. Jg. (1994). S. 31-36

Kendel K. (1993), Welche Mitwirkungsrechte sollen dem Chefarzt bei Personalentscheidungen innerhalb seiner Abteilung zustehen?, in: ArztR, 28. Jg. (1993), S. 203-205

Kersting T., Eichhorn S. (1994), Prüfung von Wirtschaftlichkeit und Qualität der Krankenhausbehandlung: Das Modell der amerikanischen Medicare Peer Review Organisation (PRO), in: Chirurg BDC, 33. Jg. (1994), S. 235-241

Kersting T. (1995), Medizinische Aspekte der teilstationären und vor-/ nachstationären Versorgung in:Eichhorn S., Schmidt-Rettig B. (Hrsg.), (1995a), Krankenhausmanagement im Werte- und Strukturwandel, Handlungsempfehlungen für die Praxis, Stuttgart, Berlin, Köln, Kohlhammer Verlag, 1995, S. 46-56

Kessler D. A. (1991), Communicating with patients about their medications, in: N.Engl.J.Med., Vol. 325 (1991), p. 1650-1652

Kieser A. (1984), Zentralisation und Dezentralisation als Organisationsprinzipien in: Archiv PV, 36. Jg. (1984), S. 347-351

Kieser A. (1993) Organisationstheorien, Stuttgart, Berlin, Köln, Kohlhammer Verlag, 1993, 367 Seiten

Kieser A. (1996), Business Process Reengineering - neue Kleider für den Kaiser?, in: zfo, Bd. 65 (1996), S. 179-185

Kirch W. (1992), Fehldiagnosen in der Inneren Medizin, Stuttgart, Jena, New York, Gustav Fischer Verlag, 1992

Klages H. (1993), Wertewandel in Deutschland in den 90er Jahren in: v. Rosenstiel L., Djarrahzadeh M., Einsiedler H.E., Streich R.K., Wertewandel, Herausforderungen für die Unternehmenspolitik in den 90er Jahren, 2. Auflage, USW-Schriften für Führungskräfte Band 13, Stuttgart, Schäffer-Pöschel Verlag, 1993, S. 1-15

Klapp B.F. (1989), Psychologisch-medizinische Untersuchungen zur Intensivmedizin, in: Fortschr. Med., 107. Jg. (1989), Nr. 28, S. 589-591

Klaschik E., Nauck F. (1993), Erfahrungen einer Palliativstation, in: Dtsch. ÄrzteBl., 90. Jg. (1993), Heft 48, S. C2164-2167

Kleinschmidt W. (1993), Über das Vertrauen in der Medizin, insbesondere in der Chirurgie, in: Chirurg BDC, 32. Jg. (1993), Nr. 8, S. 143-145

Klinkenberg U. (1996), Anreizsysteme im Angestelltenbereich des öffentlichen Dienstes, in: Personal, 48. Jg. (1996), S. 23-27

Kloos B M. (1989), Führen statt verwalten - Erwartungen aus der Sicht des Krankenhausträgers -, in: Kr.Hs.Umsch., 58. Jg. (1989), S. 802 -804

Kloos B M. (1994), Das Krankenhaus, Spiegelbild der Gesellschaft, in: Kr.Hs.Umsch., 63. Jg. (1994), S. 677-684

Knoll K.H. (1991), in: Steuer W. und Lutz-Dettinger U. (Hrsg.), Handbuch für das Gesundheitswesen und Prävention, Landsberg, eco med Verlagsgesellschaft mbH, 1991

Knorr K.E. (1994), Die neue Rolle des leitenden Krankenhausarztes vom Nur-Mediziner zum Medizin-Manager, Aus der Sicht des Wirtschaftsprüfers, in: ArztKr.Haus, 67. Jg. (1994), S. 214-217

Koch K. (1996), Qualitätssicherung in der Onkologie, Noch immer mehr Fragen als Antworten, in: Dtsch.ÄrzteBl., 93. Jg. (1996), Heft 1/2, S. C16-C18

Kok W.G.C. (1990), Professionalisierung des Managements im Arztdienst in den Niederlanden, in: Eichhorn S. (1990a), Professionalisierung des Krankenhausmanagements, - Ein Symposium der Bertelsmann Stiftung zur Führung und Organisation von Krankenhausleitungen am 22. und 23. Juni 1989 in Gütersloh -, Gütersloh, Verlag Bertelsmann Stiftung, 1990, S. 87-92

Komaroff A.L. (1978), The PSRO, Quality-assurance blues, in: N.Engl.J.Med., Vol. 298 (1978), p. 1194-1196

Kopetsch T. (1996), Krankenhausfinanzierung - eine grundsätzliche Betrachtung -, in: Sozialer Fortschritt, 45. Jg. (1996), S. 208-214

Krämer W. (1996), Medizin muß rationiert werden, in: MedR, 14. Jg. (1996), S. 1-5

Kramer M., Schmalenberg C. (1989), Magnet-Spitäler, Institutionen mit Spitzenleistungen (1. Teil), in: Pflege, Bd. 2 (1989), Heft 2, S. 122-135

Kramer M., Schmalenberg C. (1990), Magnet-Spitäler, Institutionen mit Spitzenleistungen (2. Teil), in: Pflege, Bd. 3 (1990), Heft 1, S. 13-23

Kravitz R.L., Rolph J.E., McGuigan K. (1991), Malpractice claims data as a quality improvement tool, I. Epidemiology of error in four specialties, in: J.Amer.Med.Ass., Vol. 266 (1991), p. 2087-2092

Kröger J. (1993), Die Klinik als Arbeitgeber, Auftraggeber, Steuerzahler, - Einfluß des Krankenhauses auf Finanzen, Wirtschaft und Handel einer Region -, in: Kr.Hs.Umsch., 62. Jg. (1993), S. 548-553

Krüger W. (1994), Organisation der Unternehmung, 3. Auflage, Stuttgart, Berlin, Köln, Kohlhammer-Lehrbuchreihe Betriebswirtschaft, Kohlhammer Verlag, 1994, 420 Seiten

Küchler T. (1994), Lebensqualität in der Allgemeinchirurgie, in: Arzt Kr.Haus, 67. Jg. (1994), S. 171-176

Kühn H. (1992), Steuerung durch Sonderentgelte, Abteilungspflegesätze, Fallpauschalen und Wettbewerb: Der Run auf den "rentablen Patienten "?, in: Kr.Hs.Umsch., 61. Jg. (1992), S. 25-28

Küster J. (1990), Motivation von Krankenhausführungskräften, insbesondere von Krankenhausärzten, Motivation im Krankenhaus, Tagungsbericht des 21.Colloquiums Gesundheitsökonomie am 14. und 15. Juni 1990, Im Auftrag der Robert Bosch Stiftung, Materialien und Berichte 35 Förderungsgebiet Gesundheitspflege, Bleicher Verlag, Gerlingen, 1990, S. 47-59

Laine Ch., Davidoff F. (1996), Patient-centered medicine - A professional evolution, in: J.Amer.Med.Ass., Vol. 275 (1996), p. 152-156

Langenbucher W.R. (1984), Qualitätssicherung im Journalismus, in:Selbmann H.-K. (1984), Qualitätssicherung ärztlichen Handelns, Beiträge zur Gesundheitsökonomie Band 16, Bleicher Verlag, Gerlingen, 1984, S. 23-31

Laskewitz E., Klingenburg F. (1997), Organisations-Entwicklung im Krankenhaus, in: zfo, Bd. 66 (1997), S. 38-42

Lathrop J.P. (1991), The patient-focused hospital, in: Healthcare Forum Journal, Vol. 34 (1991), Iss. 4, p. 17-20

Lathrop J.P. (1992), The odyssey, in: Healthcare Forum Journal, Vol. 35 (1992), Iss. 6, p. 76-78

Lauffer E. (1988), Probleme der praktischen Umsetzung von Zielsetzungen freigemeinnütziger Krankenhäuser aus der Sicht der Krankenhausverwaltung, in: Eichhorn S. und Lampert H. (Hrsg.), Ziele und Aufgaben der freigemeinnützigen Krankenhäuser, Beiträge zur Gesundheitsökonomie 18 der Robert-Bosch-Stiftung, Gerlingen, Bleicher Verlag, 1988

Laufs A. (1988), Arztrecht, 4. Auflage, NJW-Schriftenreihe Heft 29, München, Verlag C.H. Beck, 1988, 243 Seiten

Laufs A. (1989), Die Entwicklung des Arztrechts 1988/89, in: NJW, 42. Jg. (1989), Heft 24, S. 1521-1528

Laufs A. (1992a), Die Entwicklung des Arztrechts 1991/92, in: NJW, 45. Jg. (1992), Heft 24, S. 1529-1539

Laufs A. (1992b), in: Laufs A., Uhlenbruck W. (1992), Handbuch des Arztrechts - Zivilrecht, Öffentliches Recht, Kassenarztrecht, Krankenhausrecht, Strafrecht -, München, Verlag C.H. Beck, 1992

Laufs A. (1993), Die Entwicklung des Arztrechts 1992/93, in: NJW, 46. Jg. (1993), Heft 23, S. 1497-1506

Laufs A. (1994), Die Entwicklung des Arztrechts 1993/94, in: NJW, 47. Jg. (1994), Heft 24, S. 1562-1571

Laufs A., Uhlenbruck W. (1992), Handbuch des Arztrechts - Zivilrecht, Öffentliches Recht, Kassenarztrecht, Krankenhausrecht, Strafrecht -, 1. Auflage, München, Verlag C.H. Beck, 1992, 1097 Seiten

Leape L.L., Hilborne L.H., Park R.H., Bernstein S.J., Kamberg C.J., Sherwood M. (1993), The appropriateness of use of coronanary artery bypass graft surgery in New York State, in: J.Amer.Med.Ass., Vol. 269 (1993), p. 753-760

Leitko T.A., Szczerbacki D. (1987), Why traditional OD strategies fail in professional bureaucracies, in: organizational dynamics, Vol. 15 (1987), No. 3, p. 52-64

Lemke M. (1989), Umorientierung im Arztstrafrecht, in: Arzt Kr.Haus, 62. Jg. (1989), S. 290-299

Levin P.J., Wolfson J., Akiyama H. (1987), The Role of Management in Japanese Hospitals, in: Hospital & Health Services Administration, Vol. 32 (1987), p. 249-261

Levinsky N.-G. (1990), Age as a criterium for rationing health care, in: N.Engl.J.Med., Vol. 322 (1990), p. 1813-1816

Levinson W. (1994), Physician-Patient Communication, - A key to malpractice prevention, in: J.Amer.Med.Ass., Vol. 272 (1994), p. 1619-1620

Linn L. S., Brook R. H., Clark V. A., Davies A. R., Fink A., Kosecoff J. (1985), Physician and patient satisfaction as factors related to the organization of internal medicine group practices, in: Med. Care, Vol. 23 (1985), p. 1171-1178

Lippert H.D., Kern R. (1991), Arbeits- und Dienstrecht der Krankenhausärzte von A-Z, Berlin, Heidelberg, New York, Springer Verlag, 1991, 179 Seiten

Lippert P. (1993), Stellungnahme aus der Sicht der Praxis, in: Eichhorn S. (1993c), Leitung und Leistung im Krankenhaus - Führungsorganisation aus Sicht des Krankenhausträgers -, Verlag Bertelsmann Stiftung, Gütersloh, 1993, S. 88-96

Lob G.C. (1996), Zur Situation des ärztlichen Dienstes - heute und in Zukunft -, in: Münchner Ärztliche Anzeigen, 84. Jg. (1996), Heft 25, S. 14-17

Localio A.R., Hamory B.H., Sharp T.J., Weaver S.L., TenHave T.R., Landis J.R. (1995), Comparing hospital mortality in adult patients with pneumonia: a case study of statistical methods in a managed care program, in: Ann.Intern.Med., Vol. 122 (1995), p. 125-132

Löblich H. J. (1989), Ärztliche Behandlungsfehler aus der Sicht der Schlichtungsstelle, in: ArztKr.Haus, 62. Jg. (1989), S. 108-110

Logan R.L., Scott P.J. (1996), Uncertainty in clinical practice: implications for quality and costs of health care, in: Lancet, Vol. 347 (1996), p. 595-598

Lomas J., Anderson G.M., Domnick-Pierce K., Vayda E., Enkin M.W., Hannah W.J. (1989), Do practice guidelines guide practice? The effect of a consensus statement on the practice of physicians, in: N.Engl.J.Med., Vol 321 (1989), p. 1306-1311

Longo D.R. (1994), The impact of outcomes measurement on the hospital-physician relationship, in: Topics in Health Care Financing, Vol. 20 (1994), No. 4 (Hospital-Physician Relationships), p. 63-74

Lorsch J.W., Mathias P.F. (1987), When professionals have to manage, in: Harvard Business Review, Vol. 65 (1987), p. 78-83

Lu-Yao G.L., McLerran D., Wasson J., Wennberg J.E. (1993), An assessment of radical prostatectomy, in: J.Amer.Med.Ass., Vol. 269 (1993), p. 2633-2636

Machura S. (1994), Besonderheiten des Managements öffentlicher Unternehmen, in: ZögU, Bd. 16 (1994), S. 169-180

MacPherson D.W. (1995), Evidence-based medicine, in: Can.Med.Assoc.J., Vol. 152 (1995), p. 201-202

Makadon H. J., Gibbons M. P. (1985), Nurses and physicians: prospects for collaboration, in: Ann. Intern. Med., Vol. 103 (1985), p. 134-136

Maleri R. (1991), Grundlagen der Dienstleistungsproduktion, 2. Auflage, Berlin, Heidelberg, New York, Springer Verlag, 1991

Mallach H. J., Schlenker G., Weiser A. (1993), Ärztliche Kunstfehler - Eine Falldarstellung aus Praxis und Klinik sowie ihre rechtliche Wertung, Stuttgart, Jena, New York, Gustav-Fischer-Verlag, 1993, 533 Seiten

Malorny C. (1997), TQM Umsetzung - der Weg zur Business Excellence, in: absatzwirtschaft, Bd. 40 (1997), S. 72-75

Martmüller R. (1991), Sterben im Krankenhaus, in: Schwester/Pfleger, 30. Jg. (1991), S. 72-73

Marx H.M. (1995), Wissenschaftliche Medizin oder alternative Heilmethoden - eine Grundsatzfrage, in: Med.Klin., 90. Jg. (1995), S. 107-112

Maxwell R. (1984), Quality assessment in health, in: Br.Med.J., Vol. 288 (1984), p. 1470-1472

Mayer H. (1996), Bericht zum Assistentenforum am 20.10.95 in Nürnberg, in: Chirurg BDC, 35. Jg. (1996), S. 138

McCall M.W. (1988), Leadership and the professional, in: Katz R. (1988), Managing professionals in innovative organizations - a collection of readings -, Cambridge, Massachusetts, Harper & Row Publishers, 1988, p. 148-161

Mc Carthy E.G., Finkel M.L., Ruchlin H.S. (1984), Zweitbeurteilung von Operationsindikationen, in: Selbmann H.-K. (1984), Qualitätssicherung ärztlichen Handelns, Beiträge zur Gesundheitsökonomie Band 16, Bleicher Verlag, Gerlingen, 1984, S. 177-186

Mc Kee M., Hunter D. (1995), Mortality leage tables: do they inform or mislead?, in: Quality in Health Care, Vol. 4 (1995), p. 5-12

McLaughlin C.P., Kaluzny A.D. (1990), Total quality management in health: Making it work, in: Health Care Manage. Rev., Vol. 15 (1997), S. 7-14

Mc Manus I.C. (1995), Humanity and the medical humanities, in: Lancet, Vol. 346 (1995), p. 1143-1145

Mechanic D., Aiken L.H. (1982), A cooperative agenda for medicine and nursing, in: N.Engl.J.Med., Vol. 307 (1982), p. 747-750

Meffert H., Bruhn M. (1997), Dienstleistungsmarketing - Grundlagen - Konzepte - Methoden - mit Fallbeispielen, 2. Auflage, Wiesbaden, Gabler Verlag, 1997, 792 Seiten

Meier-Baumgartner H.P. (1992), Die Geriatrie als Fachabteilung im Krankenhaus, in: Arzt Kr.Haus, 65. Jg. (1992), S. 178-180

Mellmann H. (1993), LBK Hamburg: ein kommunaler Krankenhausbetrieb, in: Krank.Hs., 85. Jg. (1993), S. 400-401

Mellmann H. (1995), Total Quality Management im LBK Hamburg, in: Krank.Hs., 87. Jg. (1995), S. 11-12

Mendler T.M. (1993), Geborgen sterben dürfen, in: Ethik Med., 5. Jg. (1993), S. 136-146

Merrick N.J., Brook R.H., Fink A., Solomon D.H. (1986), Use of carotid endarterectomy in five California Veterans Administration medical centers, in: J.Amer.Med.Ass., Vol. 256 (1986), p. 2531-2535

Merry M.D. (1993), Physician leadership for the 21st century, in: Quality Management in Health Care, Vol. 1 (1993), Iss. 3, p. 31-41

Merry M.D. (1994), Shared leadership in health care organisations, in: Topics in Health Care Financing, Vol. 20 (1994), No. 4 (Hospital-Physician Relationships), p. 26-38

Meyer B. (1992), Pflegenotstand - Ursachen und Lösungsvorschläge, in: Schwester/Pfleger, 31. Jg. (1992), S. 184-187

Meyer M., Wohlmannstetter V. (1985), Effizienzmessung in Krankenhäusern, in: Z.f.B., 55. Jg. (1985), S. 262-280

Mielck A., John J. (1996), Kostendämpfung im Gesundheitswesen durch Rationierung . Was spricht dafür und was dagegen?, in: Gesundheitswesen, 58. Jg. (1996), S. 1-9

Milakovich M.E. (1991), Creating a total quality health care environment, in: Health Care Manage. Rev., Vol. 16 (1991), S. 9-20

Mills D.H., v. Bolschwing G.E. (1995), Clinical risk management: experiences from the United States, in: Quality in Health Care, Vol. 4 (1995), p. 90-96

Mills M., Davies H.T., Macrae W.A. (1994), Care of dying patients in hospital, in: Br.Med.J., Vol. 309 (1994), p. 583-586

Mintzberg H. (1979), The structuring of organizations - a synthesis of the research -, Englewoods Cliffs, McGill University, Prentice-Hall Inc., 1979

Moers M. (1994), Pflege und Medizin - Emanzipation und Kooperation, in: Schwester/Pfleger, 33. Jg. (1994), S. 940-944

Mohn R. (1990), Die Professionalisierung des Krankenhausmanagements, in: Eichhorn S. (1990), Professionalisierung des Krankenhausmanagements, Ein Symposium der Bertelsmann Stiftung zur Führung und Organisation von Krankenhausleitungen am 22. und 23. Juni 1989 in Gütersloh, Gütersloh, Verlag Bertelsmann Stiftung, 1990, S. 24-44

Mohn R. (1993a), Managementaufgaben des Krankenhausträgers, in: Eichhorn S. (1993c), Leitung und Leistung im Krankenhaus - Führungsorganisation aus Sicht des Krankenhausträgers -, Verlag Bertelsmann Stiftung, Gütersloh, 1993, S. 23-29

Mohn R. (1993b), Mitarbeitermotivation als zentrale Führungsaufgabe, in: Eichhorn S. (1993c), Leitung und Leistung im Krankenhaus - Führungsorganisation aus Sicht des Krankenhausträgers -, Verlag Bertelsmann Stiftung, Gütersloh, 1993, S. 30-34

Molinari C., Alexander J., Morlock L., Lyles C.A. (1995), Does the hospital board need a doctor?, The influence of physician board participation on hospital financial performance, in: Med.Care, Vol. 33 (1995), S. 170-185

Montague J. (1994), Physicians Profiling in practice, in: Hosp.Health Netw., Vol. 68 (1994) Jan. 20, p. 50-51

Morris R.D., Munasinghe R.L. (1994), Geographic variability in hospital admission rates for respiratory disease among the elderly in the United States, in: Chest, Vol. 106 (1994), p. 1172-1181

Moss F., Garside P. (1995), The importance of quality: sharing responsibility for improving patient care, in: Br.Med.J., Vol. 310 (1995), p. 996-999

Münch E., Meder G. (1989), Leistungsanreize in einem Privatkrankenhaus, in: Klinikarzt, 18. Jg. (1989), S. 237-240

Münch E. (1990), Einkommens-, Sicherheits-, Sozial- sowie Aufstiegs- und Weiterbildungsanreize, in: Motivation im Krankenhaus, Hrsg. Eichhorn S., Schmidt-Rettig B., Materialien und Berichte 35, Robert Bosch Stiftung, Gerlingen, Bleicher Verlag, 1990, S. 69-73

Münch E. (1993), Kostentreibende Faktoren im Krankenhauswesen und Ansätze zur Reform, in: Illusionen in der Gesundheitspolitik, Vogel H.R. (1992) (Hrsg.), Stuttgart, New York, Gustav Fischer Verlag, 1993, S. 107-114

Müller-Osten W. (1977), Sicherheit chirurgischer Arbeit, in: Langenbecks Arch.Chir. 345 (Kongreßbericht 1977), S. 463-469

Murken A.H. (1988), Vom Armenhospital zum Großklinikum, Köln, Du Mont Verlag, 1988, 307 Seiten

Naegler H. (1992), Struktur und Organisation des Krankenhausmanagements unter besonderer Berücksichtigung der Abgrenzung zwischen Krankenhausträger und Krankenhausdirektorium, Europäische Hochschulschriften, Reihe V Volks- und Betriebswirtschaft Band 1264, Frankfurt a.M., 1992

Naegler H. (1993), Stellungnahmen aus der Sicht der Krankenhauspraxis, in: Eichhorn S. (1993c), Leitung und Leistung im Krankenhaus, - Führungsorganisation aus Sicht des Krankenhausträgers -, Verlag Bertelsmann Stiftung, Gütersloh, 1993, S. 38-42

Nagel K. (1993), Die 6 Erfolgsfaktoren des Unternehmens, 5. Auflage, Landsberg a. Lech, Verlag moderne industrie, 1993, 320 Seiten

Nash D.B. (1995), Quality of measurement or quality of medicine?, in: J.Amer.Med.Ass., Vol. 273 (1995), p. 1537-1538

Nathanson P. (1994), Influencing physician practice patterns, in: Topics in Health Care Financing, Vol. 20 (1994), No. 4 (Hospital-Physician Relationships), p. 16-25

Neander K. D., Galuschka L., Hahl B., Osterloh G. (1992) (1993), Belastungen des Pflegepersonals (1. Teil und 2. Teil), - Teilergebnisse einer qualitativen Untersuchung an Pflegepersonal, in: Pflege, Bd. 5 (1992), Heft 3, S. 225-241 und Bd. 6 (1993), Heft 1, S. 65-74

Nelson C.W., Goldstein A.S. (1989), Health care quality: The new marketing challenge, in: Health Care Manage Rev, Vol. 14 (1989), p. 87-95

Nelson E.C., Wasson J.H. (1994), Using patient-based information to rapidly redesign care, in: Healthcare Forum Journal, Vol. 37 (1994), Iss. 4, p. 25-29

Neubauer G., Rehermann P., Träger R. (1995), Erprobung der Fallklassifikation "Patient Management Categories" (PMCs) für die Innere Medizin am Kreiskrankenhaus Alt-/Neuötting und dem Diakonissenkrankenhaus Karlsruhe, Studie im Auftrag des Bundesministeriums für Gesundheit, Band 42, Schriftenreihe des Bundesministeriums für Gesundheit, Baden-Baden, Nomos Verlagsgesellschaft, 1995, 101 Seiten

Neuhaus W., Scharkus S. (1994), Wünsche, Erwartungen, Ängste - Schwangere Frauen vor der Geburt, in: Z. Geburtsh. u. Perinat., 198. Jg. (1994), S. 27-32

Neuhoff K. (1995), Die Zivilgesellschaft wird durchleuchtet: Der Dritte Sektor in Zahlen, in: ZögU, Band 18 (1995), S. 233-238

Nierhoff G. (1993), Singuläre Führungsspitze - was sonst?, in: f&w, 10. Jg. (1993), S. 367-370

Nierhoff G. (1996), Berufsfelder für Ärzte im Krankenhausmanagement, in: f&w, 13. Jg. (1996), S. 36-39

Nissen R. (1969), Helle Blätter, dunkle Blätter - Erinnnerungen eines Chirurgen -, Stuttgart, Deutsche Verlags-Anstalt, 1969, 399 Seiten

Noelle-Neumann E., Köcher R. (Hrsg.) (1993), Allensbacher Jahrbuch der Demoskopie 1984-1992, Band 9, München, New York, London, Paris, Verlag Saur, 1993, 1207 Seiten

Nolan M. (1995), Has nursing lost ist way ? Towards an ethos of interdisciplinary practice, in: Br.Med.J., Vol. 311 (1995), p. 305-307

Nolte A. (1992), Pflegestandpunkte: Zusammenarbeit zwischen Ärzten und Pflegenden aus der Sicht der Pflege, in: Schwester/Pfleger, 31. Jg. (1992), S. 511-516

Nolte D. (1995), Alternative Medizin - glauben an das Unglaubliche?, in: Med.Klin., 90. Jg. (1995), S. 372-373

Norden G. (1997), Dritte Stufe der Gesundheitsreform - was wird wann wahrscheinlich Wirklichkeit?-, in: Arzt Kr.Haus, 70. Jg. (1997), S. 161-165

Novak P., Pelikan J., Lobing H. (1994), Organisationsentwicklung einer Krankenhausstation, in: Organisationsentwicklung, 13. Jg. (1994), Heft 3, S. 12-21

Nunius V. (1983), Die ärztliche Weiterbildung im Krankenhaus, Schriftenreihe Arzt, Krankenhaus- und Gesundheitsrecht, Band 3, Köln, Berlin, Bonn, München, Carl Heymanns Verlag KG, 176 Seiten

Ohmann C. (1995), Qualitätssicherung aus theoretischer Sicht, in: Chirurg, 66. Jg. (1995), S. 657-664

Oldiges J.F. (1995a), Qualitätsstandards in der Medizin - Eine notwendige Investition, in: DOK, 5. Jg. (1995), S. 242-246

Oldiges J.F. (1995b), Qualitätssicherung, in: DOK, 5. Jg. (1995), S. 177-180

Oldiges J.F. (1996), Wirtschaftlichkeit und Qualität - Stellenwert in der Reformdiskussion, in: DOK, 6. Jg. (1996), S. 322-327

O´Malley N.C. (1991), Age-based rationing of health care: A descriptive study of professional attitudes, Health Care Manage. Rev., Vol. 16 (1991), p. 83-93

O´Neill M: (1989), Responsible Management in the Nonprofit Sector, in: The future of the nonprofit sector Challenges, Changes, and Policy Considerations, Hodginskon V.A., Lyman R.W. and associates, San Francisco, Jossey-Bass Inc., 1989, 507 pp.

Opderbecke H.W. (1989), Grenzen der Medizin - Grenzen der Krankenhausversorgung - aus ärztlicher Sicht, in: Krank.Hs., 81. Jg. (1989), S. 305-311

Opderbecke H.W. (1992), Eigenständige und gemeinsame Aufgaben im therapeutischen Prozeß, - Probleme der Zusammenarbeit von ärztlichem und Pflegedienst im Krankenhaus, in: Arzt Kr.Haus, 65. Jg. (1992), S. 205-209

Opderbecke H.W. (1996), Arzt und Krankenpflege: Konfliktfelder und Kompetenzen, in: MedR., 14. Jg. (1996), S. 542-545

Opderbecke H.W., Weißauer W. (1989), Die Rechtsstellung des Arztes im Praktikum (AiP), in: MedR., 7. Jg. (1989), S. 306-308

Opderbecke H.W., Weißauer W. (1993a), Das Ambulante Operieren im Krankenhaus, - Perspektiven und Probleme aus ärztlich-organisatorischer Sicht -, in: Chirurg BDC, 32. Jg. (1993), S. 137-141

Opderbecke H.W., Weißauer W. (1993b), Facharztqualität versus formelle Facharztqualifikation, in: MedR., 11. Jg. (1993), S. 2-7

Opderbecke H.W., Weißauer W. (1997), Grenzen der ärztlichen Behandlungspflicht in der Intensivmedizin, in: ArztKr.Haus, 70. Jg. (1997), S. 34-38

Ossen P. (1992), Das Krankenhaus als volkswirtschaftlicher Faktor, - Modernes Krankenhausmanagement im Dienst am kranken Menschen -, in: Kr.Hs.Umsch., 61. Jg. (1992), S. 225-227

Oster S.M. (1995), Strategic management for nonprofit organisations - theory and cases, New York, Oxford, Oxford University press, 1995, 350 pp., Osterwald G. (1991), Qualitätssicherung aus der Sicht der Bundesärztekammer, in: ArztKr.Haus, 64. Jg. (1991), S. 405-408

Pallesen T., Pedersen L.D. (1993), Decentralization of management responsibility: the case of Danish hospitals, in: Int.J.Health Planning and Management, Vol. 8 (1993), p. 275-294

Pauker S.G., Kassirer J.P. (1987), Decision analysis, in: N. Engl.J. Med., Vol. 316 (1987), p. 250-258

Peters T.J., Waterman jr. R.H. (1982), In search of excellence, Lessons from America's Best-Run Companies, Harper & Row, Publishers, New York, 1982, 360 pp.

Pfeiffer W., Weiß E. (1994), Lean-Management - Grundlagen der Führung und Organisation lernender Unternehmen -, 2. Auflage, Berlin, Erich Schmidt Verlag, 1994, 296 Seiten

Pfenninger E., Himmelseher S. (1993), Grenzen der Notfallmedizin, in: Anästh. Intensivmed., 34. Jg. (1993), S. 1-6

Pfleiderer T. (1994), Tendenzen in der modernen Medizin, in: Internist, 35. Jg. (1994), Heft 5, S. M88-M90

Phelps C.E. (1993), The methodologic foundations of studies on the appropriateness of medical care, in: N.Engl.J.Med., Vol. 329 (1993), p. 1241-45

Picot A. (1993), Organisation, in: Vahlens Kompendium der Betriebswirtschaftslehre, Hrsg. Bitz M., Dellmann K., Domsch M., Egner H., 3. Auflage, Band 2, München, Verlag Vahlen, 1993, S. 101-174

Picot A., Schwartz A. (1995), Lean-Management und prozeßorientierte Organisation, - Perspektiven für das Krankenhausmanagement -, in: f&w, 12. Jg. (1995), S. 586-591

Picot A., Reichwald R., Wigand R.T. (1996), Die grenzenlose Unternehmung - Information, Organisation und Management, 2. Auflage, Wiesbaden, Gabler Verlag, 1996, 561 Seiten

Pinter E., Stürwold H., Arnold U., Plocek M., Schramm R., Sommer H. (1995), DIN ISO 9004, Teil 2, als Leitlinie für ein zeitgemäßes Qualitätsmanagement im Krankenhaus, - umfassendes Qualitätsmanagement -, in: Kr.Hs.Umsch.-Special, Beilage zu Heft 2/3 (1995), S. 22-32

Plinke W. (1995), Kundenanalyse, in: Handwörterbuch des Marketing, Enzyklopädie der Betriebswirtschaftslehre Band IV, Hrsg.: Tietz B., Köhler R., Zentes J., 2. Auflage, Stuttgart, Schäffler Pöschel Verlag, 1995, 2935 Seiten

Porter-O'Grady T. (1994), Working with consultants on a redesign, in: Am.J.Nurs., Vol. 94, No. 10, p. 33-37

Porzsolt F. (1996), Klinische Ökonomik - ein Leitfaden für ökonomisches Arbeiten in der Klinik und Praxis, in: Med.Klinik, 91. Jg. (1996), S. 531-535

Prescott P. A., Bowen S. A. (1985), Physician-nurse relationships, in: Ann. Intern. Med., Vol. 103 (1985), p. 127-133

Prien Th. (1995), Medizinische Standards im Gerichtsverfahren - Editorial -, in: Anästhesiol.Intensivmed.Notfallmed.Schmerzther., 30. Jg. (1995), S. 42-43

Priester K. (1989), Ambulant oder stationär? Möglichkeiten und Grenzen der Entlastung des Krankenhaussektors, durch sozialpflegerische Dienste und häusliche Pflege, S. 134-152, in: Deppe H.U., Friedrich H., Müller R., Das Krankenhaus: Kosten, Technik oder humane Versorgung, Frankfurt a.M., New York, Campus Verlag, 1989, 223 Seiten

Pröll U., Streich W. (1984), Arbeitszeit und Arbeitsbedingungen im Krankenhaus, Forschungsbericht Nr. 386 der Bundesanstalt für Arbeitsschutz, Dortmund, 1984

Prößdorf K. (1990), Die Führungsverantwortung des Krankenhausträgers, in: 33. Zentrallehrgang der Verwaltungsleiter Deutscher Krankenanstalten, Dachau, Zauner Verlag, 1990, S. 23-39

Prößdorf K. (1993a), Das Gesundheitsstrukturgesetz - Herausforderung und Chance, - Handlungsbedarf der Krankenhäuser und Krankenhausträger -, in: Krank.Hs., 85. Jg. (1993), S. 1-8

Prößdorf K. (1993b), Qualitätssicherung der ärztlichen Berufsausübung aus der Sicht der DKG, in: Krank.Hs., 85. Jg. (1993), S. 257-259

Quaas M. (1993), Leistungsbudgetierung und Leistungsverweigerung, - Zur Behandlungspflicht des Krankenhauses -, in: Krank.Hs., 85. Jg. (1993), S. 59 -64

Raabe R., Vogel H. (1987), Medizin und Rechtsprechung - Neue Urteile zu Kunstfehlern und zur Aufklärungspflicht in Diagnostik und Therapie -, Landsberg/Lech, Ecomed-Verlag, 1987, 206 Seiten

Raspe H.H. (1978), Die Aufklärung des Krankenhauspatienten und das Problem des Hospitalismus, in: Dtsch. med. Wschr., 103. Jg. (1978), S. 1998-2003

Raspe H.H. (1990), Lebensqualität in der Medizin, in: Ethik Med, 2. Jg. (1990), S. 1-4

Rath T., Heuser J. (1996), Konzept eines einheitlichen Finanzierungssystems für die Krankenhäuser, in: Arbeit und Sozialpolitik, 50. Jg. (1996), Heft 7/8, S. 41-50

Ratzel R. (1994), Personalbefugnisse leitender Krankenhausärzte, in: Frauenarzt, 35. Jg. (1994), Heft 1, S. 54-60

Reagen M.D. (1988), Health care rationing - What does it mean? -, in: N.Engl.J.Med., Vol. 319 (1988), p. 1149-1151

Reck H.-J. (1993), Stellungnahme 2 zum Themenbereich Leitungsorganisation und Rechtsform des Krankenhauses, in: Eichhorn S. (1993c), Leitung und Leistung im Krankenhaus, - Führungsorganisation aus Sicht des Krankenhausträgers -, Verlag Bertelsmann Stiftung, Gütersloh, 1993, S. 97-101

Regler K. (1994a), Neue Aufgaben und neue Entgeltsysteme für die Krankenhäuser, in: Krank.Hs., 86. Jg. (1994), S. 147-153

Regler K. (1994b), Die neue Rolle des leitenden Krankenhausarztes vom Nur-Mediziner zum Medizin-Manager, Aus der Sicht des Krankenhausträgers, in: ArztKr.Haus, 67. Jg. (1994), S. 209-213

Reichhard C. (1988), Der "Dritte Sektor" - Ansätze zur Strukturierung eines Forschungsbereichs, in: ZögU, Band 11 (1988), S. 75-81

Reiners H. (1989), Die stationäre Versorgung im Zeichen der einnahmeorientierten Ausgabenpolitik der Gesetzlichen Krankenversicherung - Zum Verhältnis von Krankenhaus und Krankenkasse, in: Deppe H.U., Friedrich H., Müller R., Das Krankenhaus: Kosten, Technik oder humane Versorgung, Frankfurt a.M., New York, Campus Verlag, S. 9-40

Relman A.S. (1988), Assessment and accountability - the third revoluton in medical care, in: N.Engl.J.Med., Vol. 319 (1988), p. 1220-1222

Relman A.S. (1990), Is rationing inevitable?, in: N.Engl.J.Med., Vol. 322 (1990), p. 1809-1810

Resnick N.M. (1994), Geriatric Medicine, Chapter 8, p. 30-38, in: Isselbacher K.J., Braunwald E., Wilson J.D., Martin J.B., Fauci A.S., Kasper D.L. (1994), Harrison's Principles of Internal Medicine, 13th ed., New York, St. Louis, San Francisco, Vol. 1 and Vol. 2, 1994

Richardson P. (1989), Hospital management: It need doctors, and doctors need it, in: Can.Med.Assoc.J., Vol. 140 (1989), p. 1203-1205

Richter H. (1997), Pro und Contra Profit-Center im Krankenhaus, - eine sinnvolle Managementalternative? -, in: Krank.Hs., 89. Jg. (1997), S. 16-21

Riedl St., Wiebelt H., Bergmann U., Hermanek P. (1995), Postoperative Komplikationen und Letalität in der chirurgischen Therapie des Coloncarzinoms, - Ergebnisse der deutschen Multicenterstudie der Studiengruppe Kolorektales Karzinom -, in: Chirurg, 66. Jg. (1995), S. 597-606

Riegel H.Z., Scheinert H.D. (1995), Externe Qualitätsbeurteilung Krankenhaus, - Weiterentwicklung des Qualitätssicherungsverfahrens bei Fallpauschalen und Sonderentgelten -, in: f&w, 12. Jg. (1995), S. 117-122

Rieger H.-J. (1988), Die Rechtsstellung des Arztes im Praktikum, in: Dtsch.med.Wschr., 113. Jg. (1988), S. 1204-1207

Rieger H.-J. (1993), Der Arzt im Praktikum im Notfalleinsatz, in: Dtsch.med.Wschr., 118. Jg. (1993), S. 314-315

Riegl G.F. (1993), Brauchen Chefärzte Marketing?, in: f&w, 10. Jg. (1993), S. 270-276

Riegl G.F. (1994), Vertikales Klinik-Marketing unter GSG-Bedingungen, Ohne Einweiser läuft nichts, in: f&w, 11. Jg. (1994), S. 206-216

Riordan J.F., Simpson J. (1994), Getting started as a medical manager, in: Br.Med.J., Vol. 309 (1994), p. 1563-1565

Rippel W.H. (1988), Modernes Krankenhausmanagement - Betriebsleitung-Budgetierung-Controlling, in: f&w, 5. Jg. (1988), Heft 1, S. 57-61, Heft 2 S. 36-40

Rockall T.A., Logan R.F.A., Devlin H.B., Norhfield T.C. (1995), Variation in outcome after acute upper gastrointestinal haemorrhage, in: Lancet, Vol. 346 (1995), p. 346-350

Roemer V.M., Römermann-Heger G. (1993), Klinkstruktur und zeitliches Management des Notfall-Kaiserschnittes - Richtwerte und Empfehlungen, in: Z.Geburtsh.u.Perinat., Bd. 197 (1993), S. 153-161

Rösler H.-D., Szewczyk H., Wildgrube K. (1996), Medizinische Psychologie, Heidelberg, Berlin, Oxford, Spektrum Akademischer Verlag, 1996, 395 Seiten

Roessink B., Bernauer J., Schuster H.-P. (1994), Subjektive Einschätzung und objektive Methoden zur Unterstützung in der ärztlichen Entscheidung, in: Med.Klinik, 89. Jg. (1994), S. 500-502

Rohr H.P. (1990), Struktur und Organisation der Krankenhausleitung in der Schweiz, in: Eichhorn S. (1990a), Professionalisierung des Krankenhausmanagements, - Ein Symposium der Bertelsmann Stiftung zur Führung und Organisation von Krankenhausleitungen am 22. und 23. Juni 1989 in Gütersloh -, Gütersloh, Verlag Bertelsmann Stiftung, 1990, S. 97-115

Rosenfield R.H. (1994), Replacing the workshop model, in: Topics in Health Care Financing, Vol. 20 (1994), No. 4 (Hospital-Physician Relationships), p. 1-15

v. Rosenstiel L., Molt W., Rüttinger B. (1995), Organisationspsychologie, 8. Auflage, Grundriß der Psychologie, Band 22, Stuttgart, Berlin, Köln, Kohlhammer Verlag, 1995, 392 Seiten

Rouvinez G., Bertel P., Urban P., Meier B. (1994), Herzeingriffe in der Schweiz 1992, in: Schweiz. med. Wschr., 124. Jg. (1994), S. 1284-1294

Rovelli M., Palmeri D., Vossler E., Bartus S., Hull D., Schweizer R. (1989), Noncompliance in organ transplant recipients, in: Transplant. Proc., Vol. 21 (1989), p. 833-834

Rowan K.M., Kerr J.H., Major E., McPherson K., Short A., Vessey M.P. (1993), Intensive Care Society's APACHE II study in Britain and Ireland – I:, Variations in case mix of adult admissons to general intensive care units and impact on outcome, in: Br.Med.J., Vol. 307 (1993), p. 972-977

Royal College of Radiologists Working Party (1991), A multicentre audit of hospital referral for radiological investigation in England and Wales, in: Br.Med.J., Vol. 303 (1991), p. 809-812

Ryf Balz (1994), Überlegene Organisationsgestaltung, - Erfolgsfaktoren, Effizienz, Kundennähe und Motivation, in: zfo. Bd. 63 (1994) S. 11-17

Sachs I. (1994), Handlungsspielräume des Krankenhausmanagements, Bestandsaufnahme und Perspektiven, Gabler Edition Wissenschaft, Deutscher Universitätsverlag, Wiesbaden, 1994, 315 Seiten

Sachverständigenrat für die Konzertierte Aktion im Gesundheitswesen (1989), Jahresgutachten 1989, Qualität, Wirtschaftlichkeit und Perspektiven der Gesundheitsversorgung, Baden-Baden, Nomos Verlagsgesellschaft, 1989, 288 Seiten

Sachverständigenrat für die Konzertierte Aktion im Gesundheitswesen(1992), Jahresgutachten 1992, Ausbau in Deutschland und Aufbruch nach Europa, Baden-Baden, Nomos Verlagsgesellschaft, 1992

Sachverständigenrat für die Konzertierte Aktion im Gesundheitswesen (1994), Sachstandsbericht 1994, Gesundheitsversorgung und Krankenversicherung 2000: Eigenverantwortung, Subsidiarität und Solidarität bei sich ändernden Rahmenbedingungen, 1. Auflage, Baden-Baden, Nomos Verlagsgesellschaft, 1994, 408 Seiten

Sachverständigenrat für die Konzertierte Aktion im Gesundheitswesen (1996), Gesundheitswesen in Deutschland - Kostenfaktor und Zukunftsbranche -, Band I: Demographie, Morbidität, Wirtschaftlichkeitsreserven und Beschäftigung, Sondergutachten 1996, Kurzfassung, 53 Seiten

Sachweh D. (1993), Die Rechtsstellung des Ärztlichen Direktors heute und in Zukunft, Ärztlicher Direktor oder Sprecher der Chefärzte?, in: ArztR., 28. Jg. (1993), S. 145-147

Sackett D.L., Rosenberg W.C., Gray J.M., Haynes R.B., Richardson W.S. (1996), Evidence based medicine: what it is and what it isn`t, in: Br.Med.J., Vol. 312 (1996), p. 71-72

Satzinger W., Großhans R., Häbler H., Hanel E., Oehring U. (1995), Patientenbefragung und Qualitätsmanagement im Krankenhaus, Erfahrungen aus einer Studie über Patientenzufriedenheit (I), in: f&w, 12. Jg. (1995), S. 501-509

Schadewaldt H. (1973), Die Entwicklung der Krankenhausmedizin im 19. Jahrhundert, in: Kr.Hs.A., 46. Jg. (1973), S. 476-487

Schadewaldt H. (1978), Die Stellung des leitenden Arztes in historischer Sicht, in: Arzt Kr.Haus, 51. Jg. (1978), S. 333-350

Schaefer O.-P., Herholz H. (1996), Qualitätssicherung - eine Herausforderung für Ärzte, in: Dtsch.Ärzte Bl., 93. Jg. (1996), Heft 5, S. A238-240

Schafii C., Kirch W. (1993), Fehldiagnosen an einer Medizinischen Universitätsklinik in drei Jahrzehnten, Theorie und Forschung Band 211, Medizin Band 4, Regensburg, S. Roderer Verlag, 1993, 57 Seiten

Schara J. (1993), Intensivmedizin zwischen Technik und Humanität, in: Z. Med. Ethik, 39. Jg. (1993), Heft 2, S. 111-119

Schega W. (1977), Eröffnungsansprache des Präsidenten, in: Langenbecks Arch. Chir. 345 (Kongreßbericht 1977), S. 3-10

Schega W. (1979), Qualitätssicherung als Aufgabe der ärztlichen Selbstkontrolle, - Ansatzpunkte in der Bundesrepublik Deutschland -, in: Kr.Hs.Umsch., 48. Jg. (1979), S. 478-479

Schega W. (1984), Qualitätssicherung in der Chirurgie, in: Selbmann H.-K. (1984), Qualitätssicherung ärztlichen Handelns, Beiträge zur Gesundheitsökonomie Band 16, Bleicher Verlag, Gerlingen, 1984, S. 91-97

Scheibe O. (1995), Standards von Gesundheitsleistungen im Spannungsfeld von Rationalisierung und Rationierung, in: Chirurg BDC, 34. Jg. (1995), S. 182-184

Schicker H. (1992), Medizinische Versorgungsaspekte der staatlichen Krankenhausplanung in Bayern, - Untersuchungen zur Bedeutung staatlicher Planungsmaßnahmen für die stationäre, ärztliche und pflegerische Versorgung der Bevölkerung, Diss., TU München, 263 Seiten

Schindler C. (1949), Die Stellung des Krankenhausarztes unter besonderer Berücksichtigung der derzeitigen wirtschaftlichen Notstände der Krankenhäuser, in: Kr.Hs.Arzt, 1. Jg. (1949), Heft 2, S. 1-5

Schlund G. H. (1993), Zur Haftung des Anästhesisten aus juristischer Sicht, in: MedR., 11. Jg. (1993), S. 185-189

Schmeling-Kludas C. (1988), Die Arzt-Patient-Beziehung im Stationsalltag, Weinheim, Basel, Cambridge, New York, 1988, VCH Verlagsgesellschaft

Schmeling-Kludas C. (1995), Behandlungszufriedenheit und Kooperation im Krankenhaus und in der Praxis - Einstellungen bei einer Stichprobe internistischer Patienten und ihren behandelnden Ärzten, in: Psychother.Psychosom.med.Psychol., 45. Jg. (1995), S. 193-201

Schmid H. (1984), Die Grundlagen der ärztlichen Aufklärungspflicht, in: NJW, 37. Jg. (1984), Heft 46, S. 2601-2606

Schmidt-Rettig B. (1993), Leitungsorganisation des Krankenhauses, in: Eichhorn S. (1993c), Leitung und Leistung im Krankenhaus, - Führungsorganisation aus Sicht des Krankenhausträgers -, Verlag Bertelsmann Stiftung, Gütersloh, 1993, S. 69-79

Schmidt-Rettig B. (1996), Qualität als Wettbewerbsfaktor und Personal als Erfolgsfaktor?, - Standortbestimmung für das Krankenhaus, in: Krankenhausmanagement im Spannungsfeld zwischen Kundenorientierung und Mitarbeiterorientierung, - Führungsaspekte des TQM -, Arbeitsgruppe "Betriebswirtschaft in Einrichtungen des Gesundheitswesens (BIG) (Hrsg.), Osnabrücker Studien Band 15, 1. Auflage, Osnabrück, 1996, S. 5-27

Schmitt R. (1990), "So ist der Krankenhausalltag wirklich [...]" - Frustrationen eines Assistenzarztes -, in: Dtsch.ÄrzteBl., 87. Jg. (1990), S. B981-B984

Schoenemann J. (1993), Ist das Hierarchieverständnis des ärztlichen Dienstes zeitgemäß?, in: Arzt Kr.Haus, 66. Jg. (1993), S. 181-184

Schott H. (1993), Die Chronik der Medizin, Dortmund, Chronik Verlag, 1993, 648 Seiten

Schreiber H.-L. (1984), Qualitätssicherungssysteme in Recht und Medizin im Vergleich, in: Selbmann H.-K. (1984), Qualitätssicherung ärztlichen Handelns, Beiträge zur Gesundheitsökonomie Band 16, Bleicher Verlag, Gerlingen, 1984, S. 33-40

Schreiner P.W. (1986), Die Zusammenarbeit im Stationsalltag, in: Dtsch. Krankenpflegez., 39. Jg. (1986), S. 309-313

Schreyögg G. (1996), Organisation - Grundlagen moderner Organisationsgestaltung, Wiesbaden, Gabler Verlag, 1996, 602 Seiten

Schriefers K.H. (1995), Die Zukunft des angestellten Arztes im Krankenhaus, in: ArztKr.Haus, 68. Jg. (1995), S. 23-27

Schriefers K.H. (1996a), Die künftige Rolle der leitenden Ärzte im Krankenhaus, in: ArztKr.Haus, 69. Jg. (1996), S. 50-53

Schröder H.-J: (1993), Das Kreiskrankenhaus, in: ArztKr.Haus, 66. Jg. (1993), S. 284-285

Schroeder S.A., Showstack J.A., Schwartz J. (1981), Survival of adult high-cost patients. Report of a vollauf up study from nine acute-care hospitals, in: J.Amer.Med.Ass., Vol. 245 (1981), p. 1446-1449

Schüller A., Strasmann J. (1989), Ansätze zur Erforschung von "Nonprofit Organisations", in: ZögU, Band 12 (1989), S. 201-215

Schulte-Zurhausen M. (1995), Organisation, München, Vahlen Verlag, 1995

Schuster H.-P. (1993), Zur Zukunft der inneren Medizin, in: Internist, 34. Jg. (1993), S. M81-M87

Schuster H.-P. (1994), Präklinische Lyse bei akutem Myokardinfarkt: Aktuelle Situation, in: Intensivmed., 31. Jg. (1994), S. 233-236

Schuster H.-P. (1995), Qualitätsmanagement in der Intensivmedizin - wer und wie?, in: Intensivmed., 32. Jg. (1995), S. 393-396

Schwarz P. (1985), Nonprofit-Organisationen, in: Unternehmung, 39. Jg. (1985), S. 90-111

Schwarz R. (1993), Modernes Management in öffentlichen Krankenhäusern, - Wie kann die Krankenhausleitung den Konsequenzen des GSG begegnen? -, in: Krank.Hs., 85. Jg. (1993), S. 116-120

Schwenk W., Hucke H.-P., Graupe F., Stock W. (1995), Ist der Chirurg ein prognostisch relevanter Faktor nach R0-Resektion colorectaler Carcinome?, in: Chirurg, 66. Jg. (1995), S. 334-343

Scriba P.C. (1995), Krankenversorgung und Klinische Forschung: Wer bezahlt das Personal?, in: Internist, 36. Jg. (1995), S. M85-M87

Seehofer H. (1993), Unwirtschaftliche Strukturen im Krankenhaus sollen beseitigt werden, Auszüge seiner Reden im Bundestag zur 2. und 3. Lesung des GSG am 9.12. und 18.12.93, in: Krank.Hs, 85. Jg. (1993), S. 11-12

Seelos H.-J. (1993), Die Informationsökologie des fraktalen Krankenhauses, in: Krank.Hs., 85. Jg. (1993), S. 563-564

Seidl E., Walter I. (1984), Der Patient und das Krankenhaus, - Studien über Rechte, Information und Schlaf der Kranken, Wien, München, Bern, Verlag Wilhelm Maudrich, 1984, 110 Seiten

Selbmann H.-K. (1984), Qualitätssicherung ärztlichen Handelns, Beiträge zur Gesundheitsökonomie Band 16, Bleicher Verlag, Gerlingen, 1984

Selbmann H.-K. (1990), Konzeption, Voraussetzung und Durchführung qualitätssichernder Maßnahmen im Krankenhaus, in: Krank. Hs, 82. Jg. (1990), S. 470-474

Selbmann H.-K. (1991), Qualitätssicherung aus der Sicht der Wissenschaft, in: Arzt Kr.Haus, 64. Jg. (1991), S. 364-366

Selbmann H.-K. (1992a), Kriterien für die Beurteilung von Konsensuskonferenzen in der Medizin, in: Fortschr. Med., 110. Jg. (1992), S. 377-378

Selbmann H.-K. (1992b), Zauberformel "Konsensus-Konferenz", in: Fortschr. Med., 110. Jg. (1992), Nr. 20, S. 5 und 54

Selbmann H.-K. (1994), Qualitätssicherung: Kontrolle, Management, in: Internist, 35. Jg. (1994), S. M202-205

Selbmann H.-K. (1995a), Blick und Ausblick auf das Qualitätsmanagement im Krankenhaus, - Das Qualitätsmanagement in den deutschen Kliniken steckt noch in den Anfängen -, in: Krankenhaus-Umschau Spezial, Beilage zu Heft 2-3, (1995), S. 2-5

Selbmann H.-K. (1995b), Was ist "Qualitätsmanagement"?, in: Chirurg, 66. Jg. (1995), S. 647-651

Selbmann H.-K. (1996), Entwicklung von Leitlinien in der Medizin - Kunst oder Können? -, in: Chirurg BDC, 35. Jg. (1996), S. 61-65

Seltzer S.E., Kelly P., Adams D.F., Chiango B.F., Viera M.A., Fener E., Rondeau R., Kazanjian N., Laffel G., Shaffer K., Williamson D., Aliabadi P., Gillis A.E., Holman B.L. (1994), Expediting the turnaround of radiology reports: use of Total Quality Management to facilitate radiologists report signing, in: AJR, Vol. 162 (1994), p. 775-781

Senn H.J. (1992), Was tragen die Krankenhäuser zur Lebensqualität der Patienten bei?, in: Schweizer Spital, 56. Jg. (1992), Heft 1, S. 9-14

Seyfarth-Metzger I., Hanel E. (1995), Vertrauen durch Qualität - Die Entwicklung des Münchner Modells im Krankenhaus München-Schwabing, in: Krankenhaus-Umschau Spezial, Beilage zu Heft 2-3, (1995), S. 6-10

Sharpe V.A., Faden A.I. (1996), Appropriateness in Patient Care: A new Conceptual Framework, in: Milbank Quarterly, Vol. 74 (1996), No. 1, p. 115-138

Sherer L. (1994), Hospitals question the return on their TQM investment, in: Hosp.Health Net., April 5, 1994, p. 63

Short J.A. (1995), Has nursing lost its way? - Dual perspective -, in: Br.Med.J., Vol. 311 (1995), p. 303-305

Sieber U., Schmalzriedt L. (1994), Die synergetische Organisation des Krankenhauses - eine Chance für die Pflege, in: Pflege, Jg. 7 (1994), Heft 4, S. 309-317

Siebig J. (1980), Beurteilung der Wirtschaftlichkeit im Krankenhaus, Stuttgart, Berlin, Köln, Mainz, Verlag W. Kohlhammer, 1980, 294 Seiten

Siegmund-Schultze G. (1993), Soll der Chefarzt die Budgetverantwortung übernehmen? aus juristischer Sicht, in: ArztR, 28. Jg. (1993), S. 269-271

Siegrist J. (1978), Arbeit und Interaktion im Krankenhaus, Vergleichende medizinsoziologische Untersuchungen in Akutkrankenhäusern, 1. Auflage, Stuttgart, Ferdinand Enke Verlag, 1978, 148 Seiten

Siepe A. (1994), Auf neuen Wegen zu einer besseren Zusammenarbeit, Kommunikation, Kooperation und Konfliktlösung im Krankenhaus, in: Meier J., Das moderne Krankenhaus: Managen statt Verwalten, Neuwied, Kriftel, Berlin, Luchterhand Verlag, 1994, S. 36-61

Siewert J.R. (1994), Anforderungsprofil in der Position des leitenden Krankenhauschirurgen aus der Sicht des Universitätschirurgen, in: Chirurg BDC, Jg. 33 (1994), Nr. 2, S. 30-32

Simon M. (1996), Die Umsetzung des GSG im Krankenhausbereich: Auswirkungen der Budgetdeckelung auf die Aufnahme- und Verlegungspraxis von Allgemeinkrankenhäusern - Eine Analyse des Jahres 1993, in: Z.f.Gesundheitswiss., 4. Jg. (1996), Heft 1, S. 20-40

Simpson J. (1994), Doctors and management - why bother?, in: Br.Med.J., Vol. 309 (1994), p. 1505-1508

Sing R. (1996), Das Krankenhaus aus Sicht der Krankenkassen, Mit einer Neuorientierung überkommene Strukturen verändern, in: DOK, 6. Jg. (1996), S. 195-202

Singer P.A., Lowy F.H. (1992), Rationing, Patient, Preferences and Cost of Care at the End of Life, in: Arch. Intern. Med., Vol. 152 (1992), p. 478-479

Sitzmann, H. (1992), Qualitätssicherung in der Medizin - aus der Sicht des Kostenträgers, in: Chirurg BDC, 31. Jg. (1992), Nr. 8, S. 150-153

Siu A.L., Sonnenberg F.A., Manning W.G.., Goldberg G.A., Bloomfield E.S., Newhouse J.P., Brook R.H. (1986), Inappropriate use of hospitals in a randomized trial of health insurance plans, in: N.Engl.J.Med., Vol. 315 (1986), p. 1259-1266

Skarabis H., Rost S., Burkowitz J. (1993), Tarifrecht und Arbeitszeitwirklichkeit, in: Berliner Ärzte, Heft 7 (1993), S. 11-16

Slevin M.L. (1992), Quality of life: philosophical question or clinical reality?, in: Br.Med.J., Vol. 305 (1992), p. 466-469

Sloan F.A., Mergenhagen P.M., Burfield W.B., et.al. (1987), Medical malpractice experience of physicians. Predictable or haphazard?, in: J.Amer.Med.Ass., Vol. 267 (1987), p. 3291-3297

Smedira N.G., Evans B.H., Grais L.S., Cohen N.H., Lo B., Cooke M., Schecter W.P., Fink C., Epstein-Jaffe E., May C., Luce J.M. (1990), Withholding and withdrawal of life support from the critically ill, in: N.Engl.J.Med., Vol. 322 (1990), p. 309-315

Smith C., Mc Creadie M., Unsworth J., Wickings H.I., Harrison A. (1995), Patient satisfaction: an indicator of quality in disablement services centres, in: Quality in Health Care, Vol. 4 (1995), p. 31-36

Smith, R. (1995), Rationing: the debate we have to have, - Britain needs a nationwide, prolonged, systematic debate on rationing, in: Br.Med.J., Vol. 310 (1995), p. 686

Smith S.D. (1995), Commentary on "The implementation of total quality management in hospitals: how good is the fit?", in: Health Care Manage. Rev., Vol. 20 (1995), p. 26-27

Sommer Ch., Roche B. (1995), Von der Qualitätssicherung zur fortlaufenden Qualitätsverbesserung im amerikanischen Gesundheitssystem, in: Swiss.Surg., Vol. 1 (1995), S. 61-66

v. Stackelberg J.-M. (1996), Krankenhausreform - eine unendliche Geschichte?, in: DOK, 6. Jg. (1996), Heft 1-2, S. 26-29

Staedele K. (1995), Privates Management führt bayerische Krankenhäuser aus den roten Zahlen, in: ÄrzteZtg., Nr. 135, 24.07.1995, S. 11

Staehle W.H. (1994), Management, - eine verhaltenswissenschaftliche Perspektive -, 7. Auflage, München, Verlag Franz Vahlen, 1994, 1019 Seiten

Statistisches Bundesamt (Hrsg.) (1991), Krankenhäuser, Fachserie 12, Reihe 6, Wiesbaden, Metzler-Poeschel Verlag

Statistisches Bundesamt (Hrsg.) (1992), Ausgaben für Gesundheit 1970 bis 1990, Fachserie 12, Reihe S (Sonderbeiträge) 2, Wiesbaden, Metzler-Poeschel Verlag

Statistisches Bundesamt (Hrsg.) (1995a), Krankenhausstatistik 1993, in: Wirtschaft und Statistik, Heft 4 (1995), S. 301-307

Statistisches Bundesamt (Hrsg.) (1995b), Ausgaben für Gesundheit 1993, in: Wirtschaft und Statistik, Heft 12 (1995), S. 914-922

Steffen E. (1990), Neue Entwicklungslinien der BGH - Rechtssprechung zum Arzthaftungsrecht, 4. Auflage, RWS-Skript 137, Köln, Verlag Kommunikationsforum Recht, Wirtschaft, Steuern, 1990

Steffen E. (1993), Kostendämpfung und ärztlicher Standard - Anforderungen des Haftungsrechts, in: MedR., 11. Jg. (1993), S. 338

Steffen E. (1995a), Einfluß verminderter Ressourcen und von Finanzierungsgrenzen aus dem Gesundheitsstrukturgesetz auf die Arzthaftung, in: MedR., 13. Jg. (1995), S. 190-191

Steffen E. (1995b), Neue Entwicklungslinien der BGH - Rechtssprechung zum Arzthaftungsrecht, 6. Auflage, RWS-Skript 137, Köln, Verlag Kommunikationsforum Recht, Wirtschaft, Steuern, 1995

Steffen E. (1996), Arzt und Krankenpflege: Konfliktfelder und Kompetenzen, in: MedR, 14. Jg. (1996), S. 265-266

Stein L.I., Watts D.T., Howell T. (1990), The doctor-nurse game revisited, in: N.Engl.J.Med., Vol. 322 (1990), p. 546-549

Steinle C., Bruch H., Böttcher K. (1996), Qualitätsmanagement in Dienstleistungsunternehmen, in: Z.f.O., 65. Jg. (1996), S. 308-313

Steinmann H., Schreyögg G. (1993), Management: Grundlagen der Unternehmensführung: Konzepte - Funktionen - Fallstudien, 3. Auflage, Wiesbaden, Gabler Verlag, 1993, 730 Seiten

Stengel M. (1991), Zur Situation von Krankenhausärzten im Spannungsfeld von Arbeit und Freizeit, in: Z.Arb.wiss., 45. Jg. (1991), Heft 1, S. 28-35

Stern K. (1996), Ende eines Traumberufs?, Lebensqualität und Belastungen bei Ärztinnen und Ärzten, Münster, New York, Waxmann Verlag, 1996, 211 Seiten, Stiftung Warentest (Hrsg.) (1995), Eingeliefert - ausgeliefert?, Dienstleistungen im Krankenhaus, in: Test, (1995), Heft 11, S. 100-106

Strauss M. J., LoGerfo J. P., Yeltatzie J. A., Temkin N., Hudson L. D. (1986), Rationing of intensive care unit services. An everyday occurence, in: J.Amer.Med.Ass., Vol. 255 (1986), p. 1143-1146

Strehlau-Schwoll H. (1996), Die Profit-Center-Konzeption, in: f&w, 13. Jg. (1996), S. 317-323

Svensson R. (1996), The interplay between doctors and nurses - a negotiated order perspective, in: Sociology of Health & Illness, Vol. 18 (1996), S. 379-398

Swart E., Böhlert I., Jakobs P., Robra B.-P., Schneider F., Leber W.-D., Dembski U. (1996), Analyse regionaler Unterschiede der Krankenhaushäufigkeit und Berechnungstagesvolumina, in: Gesundheitswesen, 58. Jg. (1996). S. 10-15

Szucs T.D. (1996), Was ist medizinische Ökonomie?, in: Med.Klinik, 91. Jg. (1996), S. 49-53

Tabenkin H., Zyzanski S.J., Alemagno S.A. (1989), Physician managers: personal characteristics versus institutional demands, in: Health Care Manage. Rev., Vol. 14 (1989), p. 7-12

Tanenbaum S.J. (1993), What physicians know, in: N.Engl.J.Med., Vol. 329 (1993), p. 1268-1271

Tannock I.F. (1987), Treating the patient, not just the cancer, in: N.Engl.J.Med., Vol. 317 (1987), p. 1534-1535

Taylor B.E., Chait R.P., Holland T.P. (1996), The New Work of the Nonprofit Board, in: Harvard Business Review, Vol. 74 (1996), Iss. 9/10, p. 36-46

Tecklenburg A. (1995), Koordinations- und Schnittstellenproblematik, in: Eichhorn S., Schmidt-Rettig B. (1995a), Krankenhausmanagement im Werte- und Strukturwandel, Handlungsempfehlungen für die Praxis, Stuttgart, Berlin, Köln, Kohlhammer Verlag, 1995, S. 385-396

Tegtmeyer-Metzdorf H., Grundmann R. (1990), Krankenhausarzt und Recht: Aufklärung, Behandlungsfehler, Dokumentation und Schweigepflicht im Krankenhaus, Melsungen, Bibliomed, Medizinische Verlagsgesellschaft, 1990

Thill K.-D. (1996), Die Kundenzufriedenheitsanalyse als Baustein der Krankenhaus-Kommunikations-Strategie, - Mehr Erfolg durch gezielte Marktforschung -, in: Kr.Hs.Umsch., 65. Jg. (1996), S. 232-234

Thomson R. (1994), The purchaser role in provider quality: lessons from the United States, in: Quality in Health Care, Vol. 3 (1994), p. 65-66

Tischmann P. (1991), Krankenkassenmißtrauen gegen Klinikverweilzeiten - Verschwendung wertvoller Arbeitsproduktivität?, in: Kr.Hs.Umsch., 60. Jg. (1991), S. 942-949

Tjosvold D., MacPherson R.C. (1996), Joint hospital management by physicians and nursing administrators, in: Health Care Manage.Rev., Vol. 21 (1996), p. 43-54

Toellner R. (1988), Die Aufgabe des Arztes in der Zukunft und die Konsequenzen für die ärztliche Ausbildung, in: Arzt Kr.Haus, 61. Jg. (1988), S. 213-219

Toellner R. (1989), Ist die Medizin der Zukunft eine Medizin ohne Arzt?, in: Krank.Hs., 81. Jg. (1989), S. 64-71

Townes C., Petit B., Young B. (1995), Implementing Total quality management in an academic surgery setting: lessons learned, in: Swiss Surg., Vol. 1 (1995), p. 15-23

Trill R. (1996), Krankenhaus-Management - Aktionsfelder und Erfolgspotentiale -, Neuwied, Kriftel, Berlin, Luchterhand Verlag, 1996, 504 Seiten

Tröhler U. (1991), Was ist therapeutische Erfahrung?, in: Dtsch.ÄrzteBl., 88. Jg. (1991), Heft 39, S. B2156-B2162

Tsekos E., Leier M., Boeden G., Blinzler L., Jagschies I., Heuser D. (1993), Qualitätssicherung in der Anästhesie - zwischen Akzeptanz und Realisierung, in: Anästh.Intensivmed., 34. Jg. (1993), S. 325-329

Uhlenbruck W. (1992), in: Handbuch des Arztrechts - Hrsg. v. Laufs, Uhlenbruck (1992), Zivilrecht, Öffentliches Recht, Kassenarztrecht, Krankenhausrecht, Strafrecht -, München, Verlag C.H. Beck, 1097 Seiten

Ulrich W. (1990), Krankenhaus-Versorgungsindikatoren in der Schweiz, in: ZögU, Bd. 13 (1990), H. 1, S. 53-80

Ulsenheimer K. (1991), "Defensives Denken in der Medizin" - Irrweg oder Notwendigkeit?, Zum Thema als Jurist unter besonderer Berücksichtigung des Strafrechts, in: Chirurg BDC, 30. Jg. (1991), Nr. 12, S. 221-226

Ulsenheimer K. (1992), Prozessuale Fragen der Arzthaftung, in: Laufs A., Uhlenbruck W. (Hrsg.), Handbuch des Arztrechts - Zivilrecht, Öffentliches Recht, Kassenarztrecht, Krankenhausrecht, Strafrecht -, München, Verlag C.H. Beck, 1097 Seiten

Ulsenheimer K. (1993), Rechtliche Aspekte des ambulanten Operierens im Krankenhaus, in: Frauenarzt, 34. Jg. (1993), Heft 9, S. 1060-1066

Ulsenheimer K. (1995), Qualitätssicherung und risk-management im Spannungsverhältnis zwischen Kostendruck und medizinischem Standard, in: MedR, 13. Jg. (1995), S. 438-442

Ulsenheimer K. (1997), Neue Wege zur Organisation der Verantwortungsbereiche ärztlicher und pflegerischer Tätigkeit, in: Krank.Hs., 89. Jg. (1997), S. 22-26

Unkel B. (1993), Das Krankenhausdirektorium: Führungsgremium und Managementebene oder Interessenvertretung?, in: Eichhorn S. (1993c), Leitung und Leistung im Krankenhaus, - Führungsorganisation aus Sicht des Krankenhausträgers -, Verlag Bertelsmann Stiftung, Gütersloh, 1993, S. 102-107

Urquhart J. (1996), Patient non-compliance with drug regimens: measurement, clinical correlates, economic impact, in: Eur.Heart J., Vol. 17 (1996), (Suppl. A), p. 8-15

Vaitl, D. (1990), Lebensqualität in der Inneren Medizin, - Die Schwierigkeit, Lebensqualität wissenschaftlich verbindlich zu erfassen, in: Fortschr.Med., Jg. 108 (1990), S. 215-217

Virmani J., Schneiderman L.J., Kaplan R.M. (1994), Relationship of Advance Directives to Physician-Patient Communication, in: Arch. Intern. Med., Vol. 154 (1994), p. 909-913

Volinn E., Turczyn K.M., Loeser J.D. (1994), Patterns in low back pain hospitalizations: implications for the treatment of low back pain in an era of health care reform, in: Clin.J.Pain., Vol. 10 (1994), p. 64-70

Volk H. (1992), Vorschläge zur Verhinderung der Inneren Kündigung, in: Hilb M. (1992), Innere Kündigung - Ursachen und Lösungsansätze -, Zürich, Verlag Industrielle Organisation, 1992, S. 75-83

Volk H. (1994), Wenn alle da sind, aber kaum einer Lust hat! - Die innere Kündigung ist eine gefährlich unterschätzte Leistungsbremse -, in: Kr.Hs. Umsch., 63. Jg. (1994), S. 165-167

Wachtel H.-W. (1984), Determinanten der Ausgabenentwicklung im Krankenhauswesen, Schriften zum Genossenschaftswesen und zur öffentlichen Wirtschaft, Bd. 10, Berlin, Duncker und Humblot, 1984, 332 Seiten

Wawersik J. (1995), Wie entstehen medizinische Standards (Regeln der ärztlichen Kunst)?, in: Anästhesiol.Intensivmed.Notfallmed.Schmerzther., 30. Jg. (1995), S. 43-48

Weber D.O. (1991), Six models of patient-focused care, in: Healthcare Forum Journal, Vol. 34 (1991), Iss. 4, p. 23-31

Weber D.O. (1992), Outcry over outcomes, in: Healthcare Forum Journal, Vol. 35 (1992), Iss. 4, p. 16-26

Weber D.O. (1995), Physician, heal thy organization, in: Healthcare Forum Journal, Vol. (1995), Iss. 4, p. 24-29

Weber D.O., Weber A.L. (1994), Reshaping the American Hospital, in: Healthcare Forum Journal, Vol. 37 (1994), Iss. 5, p. 1-9

Weber M. (1976), Wirtschaft und Gesellschaft: Grundriß der verstehenden Soziologie, 5. Auflage, Halbb. 1 und 2, Tübingen, J.C.B. Mohr Verlag, 1976

Weidner W., Freitag G. (1996), Organisation in der Unternehmung, - Aufbau und Ablauforganisation, Methoden und Techniken praktischer Organisationsarbeit, 5. Auflage, München, Wien, Carl Hanser Verlag, 1996, 347 Seiten

Weisman C.S., Nathanson C.A. (1985), Professional satisfaction and client outcomes, - A comparative organizational analy Med. Care, Vol. 23 (1985), p. 1179-1192

Weißauer W. (1991), Rechtliche Aspekte des ambulanten Operierens, in: Chirurg BDC, 30. Jg. (1991), S. 200-203

Weißauer W., Opderbecke H.W. (1993a), Facharztqualität versus formelle Facharztqualifikation, in: MedR., 11. Jg. (1993), S. 2-7

Weißauer W., Opderbecke H.W. (1993b), Eine erneute Entscheidung des BGH zur "Facharztqualität", in: MedR., 11. Jg. (1993), S. 447-451

Weissauer W. (1994), Qualitätssicherung als Rechtsproblem, in: Arzt Kr.Haus, 67. Jg. (1994), S. 58-60

Weissauer W. (1995), Seehofer-Reform - Bedeutung für den klinisch tätigen Chirurgen, in: Chirurg BDC, 34. Jg. (1995), S. 94-98

Westphal E. (1990), Motivation von Krankenhausführungskräften, insbesondere von Krankenhausärzten, Motivation im Krankenhaus, Tagungsbericht des 21. Colloquiums Gesundheitsökonomie am 14. und 15. Juni 1990, Im Auftrag der Robert Bosch Stiftung, Materialien und Berichte 35 Förderungsgebiet Gesundheitspflege, Bleicher Verlag, Gerlingen, 1990, S. 39-45

Westphal E. (1991), Krankenhausorganisation und -management, Vom kommunalen Regiebetrieb zur gemeinnützigen Gesellschaft, in: f&w, 8. Jg. (1991), S. 316-321

Westphal E. (1992), Perspektiven der kommunalen Krankenhaus-GmbH, in: Krank.Hs., 84. Jg. (1992), S. 215-219

Welch H.G., Miller M.E., Welch W.P. (1994), Physician profiling, An analysis of inpatient practice patterns in Florida and Oregon, in: N.Engl.J.Med., Vol. 330 (1994), p. 607-612

Welch H.G., Wennberg D.E., Welch W.-P. (1996), The use of Medicare home health care services, in: N.Engl.J.Med., Vol. 335 (1996), p. 324-329

Wennberg D.E., Kellet M.A., Dickens J.D., Malenka D.J., Keilson L.M., Keller R.B. (1996), The association between local diagnostic testing intensity and invasive cardiac procedures, in: J.Amer.Med.Ass., Vol. 275 (1996), p. 1161-1164

Werding G. (1996), Ambulantes Operieren, Quo vadis, in: Chirurg BDC, 35. Jg. (1996), S. 242-243

Werner B. (1995), Qualitätssicherung aus Sicht des Medizinischen Dienstes der Krankenversicherung (MDK) in: Chirurg, 66. Jg. (1995), S. 652-656

Werner B., Seidel J. (1996), Vergütungsform des Krankenhauses: Fallpauschalen, Chancen, Risiken und Alternativen, in: DOK, 6. Jg. (1996), S. 61-66

Wertenbruch J. (1995), Der Zeitpunkt der Patientenaufklärung, in: Med.R., 13. Jg. (1995), S. 306-310

Westermann H.P. (1974), Zivilrechtliche Verantwortlichkeit bei ärztlicher Teamarbeit - besondere Rechtsprobleme der Intensivmedizin -, in: NJW, 27. Jg. (1974), S. 577-584

Westphal E. (1991), Krankenhausorganisation und -management - Vom kommunalen Regiebetrieb zur gemeinnützigen Gesellschaft -, in: f&w, 8. Jg. (1991), S. 316-321

Willmanns J.C. (1994), Der Facharzt wird 70, in: Münch.med.Wschr., 136. Jg. (1994), S. 363

Winslow C.M., Kosecoff J.B., Chassin M.R., Kanouse D.E., Brook R.H. (1988), The appropriateness of performing coronary artery bypass surgery, in: J.Amer.Med.Ass., Vol. 260 (1988), p. 505-509

Winslow C.M., Solomon D.H., Chassin M., Kosecoff J., Merrick N.J., Brook R.H. (1988), The appropriateness of carotid endarterectomy, in: N.Engl.J.Med., Vol. 318 (1988), p. 721-727

Wittlin P. (1995), Profit-Center - ein Konzept für das Krankenhaus?, in: Schweizer Spital, 58. Jg. (1995), S. 14-19

Wixforth G. (1993), Stellungnahme 3 aus der Praxis, in: Eichhorn S. (1993c), Leitung und Leistung im Krankenhaus - Führungsorganisation aus Sicht des Krankenhausträgers -, Verlag Bertelsmann Stiftung, Gütersloh, 1993, S. 43-45

Wöhe G. (1993), Einführung in die Allgemeine Betriebswirtschaftslehre, 18. Auflage, München, Franz Vahlen Verlag, 1442 Seiten

Wolf H.P., Weirauch T.R. (1996), Internistische Therapie 1996/97, 11. Auflage, München, Wien, Baltimore, Urban & Schwarzenberg Verlag, 1224 Seiten

Woll A. (1993), Allgemeine Volkswirtschaftslehre, 11. Auflage, München, Franz Vahlen Verlag, 1993, 656 Seiten

Wu A.W. (1995), The measure and mismeasure of hospital quality: appropriate risk-adjustment methods in comparing hospitals, in: Ann.Intern.Med., Vol. 122 (1995), p. 149-150

Wunderer R. (1997), Führung und Zusammenarbeit - Beiträge zu einer unternehmerischen Führungslehre -, 2. Auflage, Stuttgart, Schäffler Poeschel Verlag, 1997, 444 Seiten

Wuttke R.B. (1985), Chefarztabgabe als erfolgsabhängige Tantieme - das sog. Siegburger Modell -, in: f&w, 2. Jg. (1985), Heft 5, S. 65-67

Wuttke R. (1993), Zur Frage der Mitgeschäftsführung des Ärztlichen Direktors in einer Krankenhaus-GmbH, in: f&w, 10. Jg. (1993), S. 370-374

Wysocki S. (1993), Zur Verhältnismäßigkeit ärztlicher und juristischer Vorgaben, in: MedR., 11. Jg. (1993), S. 19-20

Ziegenhagen D.J. (1996), Alternativmedizin - echte Alternative oder nur ein neuer Markt?, in: VersMed., 48. Jg. (1996), S. 33-35

Zimmer A. (1989), Der Dritte Sektor zwischen Markt und Staat: Die wachsende Bedeutung seiner Organisationen im nationalen und internationalen Kontext, in: ZögU, Bd. 12 (1989), S. 552-565

Zimmer A., Nährlich S. (1993), Nonprofit-Management und -Marketing mehr als Betriebsführung und Marktorientierung, in: ZögU, Bd. 19 (1993), S. 345-354

Zollner G. (1995), Kundennähe in Dienstleistungsunternehmen - Empirische Analyse von Banken -, Wiesbaden, Deutscher Universitäts-Verlag, Gabler Edition Wissenschaft, 1995, 260 Seiten

Zuck R. (1987), Die Leistungsverpflichtung des Krankenhauses, in: 30. Zentrallehrgang der Fachvereinigung der Verwaltungsleiter Deutscher Krankenanstalten E.V., Dachau, Zauner Druck und Verlagsgesellschaft, 1987, S. 11-24

Printed in Poland
by Amazon Fulfillment
Poland Sp. z o.o., Wrocław